Bankhaftung für Kreditauskünfte im deutschen und französischen Recht

Studien zum vergleichenden und internationalen Recht -
Comparative and International Law Studies

Herausgeber: Bernd von Hoffmann, Erik Jayme
und Heinz-Peter Mansel

Band 110

PETER LANG
Frankfurt am Main · Berlin · Bern · Bruxelles · New York · Oxford · Wien

Frauke Stuphorn

Bankhaftung für Kreditauskünfte im deutschen und französischen Recht

PETER LANG
Europäischer Verlag der Wissenschaften

Bibliografische Information Der Deutschen Bibliothek
Die Deutsche Bibliothek verzeichnet diese Publikation in der Deutschen Nationalbibliografie; detaillierte bibliografische Daten sind im Internet über <http://dnb.ddb.de> abrufbar.

Zugl.: Köln, Univ., Diss., 2004

D 38
ISSN 0930-4746
ISBN 3-631-54027-2

www.peterlang.de

Für Joaquin und meine Eltern

Ich danke Herrn Prof. Dr. Heinz-Peter Mansel für
die Betreuung der Arbeit und Herrn Prof. Dr. Ulrich
Hübner für die Erstellung des Zweitgutachtens.

Inhaltsverzeichnis

Dritter Teil

Abkürzungsverzeichnis

aA	andere Ansicht
Abs.	Absatz
AcP	Archiv für die civilistische Praxis
AGB	Allgemeine Geschäftsbedingungen
AGBG	Gesetz zur Regelung des Rechts der Allgemeinen Geschäftsbedingungen
ähnl.	ähnlich
AK	Alternativkommentar
Anh.	Anhang
Anm.	Anmerkung
Art.	Artikel
Aufl.	Auflage
BB	Der Betriebs-Berater
Bd.	Band
Bearb.	Bearbeiter
Beschl.	Beschluss
BGB	Bürgerliches Gesetzbuch
BGH	Bundesgerichtshof
BGHZ	amtliche Sammlung der Entscheidungen des Bundesgerichtshofs in Zivilsachen
BT-Drucks.	Bundestags-Drucksache
Bull. civ.	Bulletin des arrêts de la Cour de cassation, chambres civiles
bzw.	beziehungsweise
CA	Cour d´appel, Berufungsgericht
Cass. ass. plén.	Cour de cassation, Assemblée plénière, Vollversammlung des Kassationshofs

Cass. ass. plén.	Cour de cassation, Assemblée plénière, Vollversammlung des Kassationshofs
Cass. civ.	Cour de cassation, Chambre civile, Zivilkammer des Kassationshofs
Cass. com.	Cour de cassation, Chambre commercial, Kammer für Handelssachen des Kassationshofs,
Cass. req.	Cour de cassation, Chambre des requêtes, Historische Kammer des Kassationshofs
Cass. Soc	Cour de cassation, Chambre sociale, 5. Zivilkammer des Kassationshofs für Arbeits- und Sozialsachen
Cc	Code civil, Zivilgesetzbuch
C. com.	Code de commerce, Handelsgesetzbuch
Dalloz	Recueil Dalloz
Dalloz hebdomanaire	Recueil Dalloz hebdomanaire
Dalloz périodique	Recueil Dalloz périodique
DB	Der Betrieb
Diss.	Dissertation
EGBGB	Einführungsgesetz zum Bürgerlichen Gesetzbuch
Einl.	Einleitung
Einf.	Einführung
f.	folgende
Fasc.	Fasciscule
ff.	fortfolgende
Fn.	Fußnote
FS	Festschrift
Gaz. Pal.	Gazette du Palais
GS	Gedächtnisschrift
HGB	Handelsgesetzbuch
Hrsg.	Herausgeber
HS.	Halbsatz
inf. rap.	informations rapides
JBl.	Juristische Blätter

JCl.	Juris-Classeur
JCP	Juris-Classeur périodique (semaine juridique)
JCP éd E	Juris-Classeur périodique (semaine juridique), édition entreprise
JCP éd C	Juris-Classeur périodique (semaine juridique), édition commerce
JuS	Juristische Schulung
JZ	Juristen-Zeitung
Kap.	Kapitel
MDR	Monatsschrift für Deutsches Recht
MüKo	Münchener Kommentar
m.w.N.	mit weiteren Nachweisen
Nachw.	Nachweis
NJW	Neue Juristische Wochenschrift
NJW-RR	Neue Juristische Wochenschrift, Rechtsprechungsreport
Nr.	Nummer
OLG	Oberlandesgericht
RabelsZ	Zeitschrift für ausländisches und internationales Privatrecht
Rép.	Répertoire
Rev.	Revue
Rev. crit. leg. jur.	Revue critique de législation et de jurisprudence
Rev. jur. com.	Revue de jurisprudence commercial (Journal des agréés)
Rev. trim. dr. civ.	Revue trimestrielle de droit civil
Rev. trim. dr. com.	Revue trimestrielle de droit commercial
RG	Reichsgericht
RGZ	amtliche Sammlung der Reichsgerichtsrechtsprechung in Zivilsachen
RGRK	Reichsgerichtsrätekommentar
Rz.	Randziffer

S.	Seite
SchMoG	Schuldrechtsmodernisierungsgesetz
spéc.	Spécial
Trib. com.	Tribunal de commerce
Trib. gr. inst.	Tribunal de grande instance, Landgericht
Urt.	Urteil
v.	vom/vor
vgl.	vergleiche
Vorbem.	Vorbemerkung
WM	Wertpapiermitteilungen
z.B.	zum Beispiel
ZBB	Zeitschrift für Bankrecht und Bankwirtschaft
ZeuP	Zeitschrift für Europäisches Privatrecht
ZGR	Zeitschrift für Unternehmens- und Gesellschaftsrecht
ZGS	Zeitschrift für das gesamte Schuldrecht
ZHR	Zeitschrift für das gesamte Handels- und Wirtschaftsrecht
Ziff.	Ziffer
ZIP	Zeitschrift für Wirtschaftsrecht und Insolvenzpraxis
zit.	zitiert
ZPO	Zivilprozessordnung

Einleitung

Die Erteilung von Kreditauskünften gehört heute zum täglichen Geschäft der Banken und ist als eine im Kreditwesen allgemein herrschende Übung im In- und Ausland anerkannt.[1]

Der Wirtschaftsverkehr ist auf die Einholung von Bonitätsauskünften angewiesen, um Fehlinvestitionen und dadurch drohende finanzielle Verluste zu vermeiden. Die Banken kommen diesem Bedürfnis zumeist unentgeltlich nach, weil die Erteilung von Kreditauskünften zu den marktüblichen Serviceleistungen im Bankgewerbe gehört.[2]

Verletzt ein Kreditinstitut bei der Auskunftserteilung seine vertraglichen oder außervertraglichen Pflichten, so kann es sich dem Anfragenden gegenüber schadensersatzpflichtig machen.[3]

A. Fallgruppen

Bei der Frage, wann eine Bank dem Verwender für die Richtigkeit ihrer Auskunft haftet, sind verschiedene Fallgruppen voneinander zu unterscheiden. Es bietet sich an, eine Einteilung nach Sachverhaltskonstellationen, das heißt nach der Art und Weise des Auskunftskontaktes zwischen der Bank und dem Verwender, vorzunehmen.

In dieser Arbeit mit rechtsvergleichendem Ansatz sollen die sachlichen Voraussetzungen einer Auskunftshaftung in verschiedenen Rechten im Mittelpunkt stehen. Das Sachverhaltsmaterial ist eher losgelöst von der dogmatischen Konstruktion zu untersuchen und einzuteilen. Die Unterschiede in der Sachverhaltskonstellation sind entscheidend bei der rechtsvergleichenden Betrachtung, da

---

[1] *Sichtermann/Feuerborn/Kirchherr/Terdenge*, 389; Schimansky/Bunte/Lwowski/*Bruchner*, § 40 Rz. 18.

[2] *Claussen*, 105, Rz. 15; *Breinersdorfer*, 19; *Sichtermann/Feuerborn/Kirchherr/Terdenge*, 389; *Musielak* in: Hadding/Schneider, 25; *Dirichs*, 37 ff.

[3] *Canaris*, Bankvertragsrecht, Rz. 77; *Musielak* in: Hadding/Schneider, 25.

die dogmatischen Konstruktionen in den verschiedenen Rechtsordnungen oft unvergleichbar sind.[4] Diese Einteilung in Sachverhaltskonstellationen entspricht auch der typologischen Methode der Rechtsvergleichung. Danach können sinnvollerweise nicht einzelne Regeln oder Begriffe verschiedener Rechtsordnungen miteinander verglichen werden, sondern nur Gesamtregelungen eines Lebensbereichs und solche typischen Rechtsgebilde, die jeweils ein bestimmtes soziales Bedürfnis befriedigen. Daher sind nicht die dogmatischen Konstruktionen, sondern die konkreten Sachprobleme dem Vergleich zugrunde zu legen.[5]

Folgende Fallkonstellationen lassen sich bilden:

1. Die Bank erteilt einem eigenen Kunden im Rahmen einer Serviceleistung eine Kreditauskunft. Dies wird als „Bank-an-Kunden-Auskunft" bezeichnet.[6]

2. Sofern Kreditinstitute Bankauskünfte für eigene Zwecke untereinander erteilen und einholen, spricht man von „Bank-an-Bank-Auskünften". Zu dieser Gruppe ist aber auch der Fall zu zählen, dass ein Nichtkunde der auskunftsgebenden Bank die Auskunftserteilung für sich selbst erbittet. Zwar stellt dies keine „Bank-an-Bank-Auskunft" dar, da dem Nichtkunden die Qualifikation einer Bank fehlt, allgemein kann hier aber von der Auskunftserteilung an einen Außenstehenden gesprochen werden, der nicht Kunde der Bank ist.

Kennzeichnend für die bisher aufgeführten Konstellationen ist, dass der direkte Auskunftsempfänger selbst die Kreditauskunft zu einer Vermögensdisposition verwendet. Hierbei handelt es sich daher um einen unmittelbaren Auskunftskontakt.

3. Daneben gibt es auch den Fall, dass eine Bank für einen ihrer Kunden bei einem anderen Kreditinstitut eine Kreditauskunft einholt (Bank-an-Bank-Auskunft im Kundeninteresse). Hier leitet die Hausbank als Auskunftsempfängerin die Kreditauskunft weiter und ihr Kunde tätigt als Dritter auf der Grundlage der Auskunft eine Vermögensdisposition.

Dieser Auskunftskontakt mit Beteiligung Dritter ist vom unmittelbaren Auskunftskontakt zu unterscheiden.

Der Umweg des Kunden über die eigene Hausbank ist deshalb notwendig, weil nach Nr. 2 Abs. 4 AGB der Banken Bankauskünfte im Gegensatz zu der früheren Bankenpraxis nur noch an eigene Kunden sowie andere Kreditinstitute

---

[4] *Zweigert/Kötz*, 33 f.; *Lorenz*, 1. FS Larenz, 575, 580.
[5] *Zweigert/Kötz*, 33 f.; *Lorenz*, 1. FS Larenz, 575, 580.
[6] Schimansky/ Bunte/Lwowski-*Bruchner*, § 40 Rz. 24.

für deren Zwecke oder die ihrer Kunden erteilt werden dürfen.[7] Nichtkunden der auskunftsgebenden Bank sind daher gezwungen, sich die gewünschte Kreditauskunft unter Einschaltung ihrer Hausbank zu beschaffen und können sich nicht direkt an die fremde Bank wenden.

B. Unterschiede der deutschen und französischen Auskunftshaftung als Ergebnis der abweichenden außervertraglichen Haftungsstrukturen

Die Notwendigkeit von Kreditauskünften für den Wirtschaftsverkehr und die bei fehlerhafter Auskunftserteilung eintretende Haftung der auskunftsgebenden Bank gegenüber dem Verwender sind heute unbestritten. Es stellt sich jedoch im Verhältnis der auskunftsgebenden Bank zum Verwender die grundlegende haftungsrechtliche Frage, welcher Haftungsgrund bei der Erteilung einer unrichtigen Kreditauskunft einschlägig ist.[8]

Dieser Haftungsgrund kann in einem vertraglichen Haftungsversprechen, also einem Auskunfts- oder Haftungsvertrag gesehen werden.

Wird die Pflicht zur korrekten Information als allgemeine deliktische Sorgfaltspflicht eingeordnet, so kann die Haftung auch als auf Delikt gegründet angesehen werden.

Die deutsche Rechtsprechung hat in den überwiegenden Fällen den Weg einer vertraglichen Haftung beschritten. Im französischen Recht gründet sich dagegen insbesondere die mittelbare Haftung gegenüber Dritten auf Deliktsrecht. Die Haftung bei unmittelbarem Auskunftskontakt zwischen der Bank und einem ihrer Kunden wird jedoch, wie aufzuzeigen sein wird, auch nach französischem Recht vertraglich begründet.

Diese unterschiedliche haftungsrechtliche dogmatische Einordnung die Dritthaftungsfälle betreffend ergibt sich aus den allgemeinen Strukturunterschieden der Deliktshaftung nach dem Bürgerlichen Gesetzbuch und dem Code civil.

Der für die dogmatische Erfassung der Auskunftshaftung wichtigste Unterschied zwischen der außervertraglichen Haftung im deutschen und im französi-

---

[7] *Baumbach/Hefermehl*, Nr. 2 Abs. 4 AGB-Banken, 687; *Baumbach/Hopt*, Nr. 2 Abs. 4 AGB Banken Rz. 7.

[8] *Baumbach/Hopt*, § 347 HGB, Rz. 8 ff.; *Sichtermann/Feuerborn/Kirchherr/Terdenge*, 389; *Fischer/Klanten*, 176, Rz. 4.69; *Breinersdorfer*, 50; *Musielak*, WM 1999, 1593, 1594; *Köndgen*, 356.

schen Recht besteht in der speziellen tatbestandlichen Eingrenzung einerseits und den deliktischen Generalklauseln andererseits.[9]

Art. 1382, 1383 Cc gehen in einer generalisierenden Bestimmung der Voraussetzungen des Schadensersatzes davon aus, dass jeder, der einen anderen schuldhaft - vorsätzlich oder fahrlässig – schädigt, zum Ersatz verpflichtet ist.

§ 823 Abs. 1 BGB nennt dagegen nur einzelne so genannte absolute Rechtsgüter wie Leben, Gesundheit, Eigentum und Freiheit. Nicht ersetzt werden danach reine Vermögensschäden. Diese werden nur nach § 823 Abs. 2 BGB bei Verletzung von Schutzgesetzen ersetzt.

Eine allgemeine Ersatzpflicht auch für Vermögensschäden gibt es im Übrigen auch nach § 826 BGB bei vorsätzlicher sittenwidriger Schädigung. Die Merkmale des Vorsatzes und der Sittenwidrigkeit werden von der Rechtsprechung hier sehr weit ausgelegt und die Voraussetzungen an ihr Vorliegen nicht sehr hoch angesetzt.[10]

Es stellt sich im deutschen Recht das Problem, dass nach § 823 Abs. 1 BGB der reine Vermögensschaden grundsätzlich nicht ersatzfähig ist. Die Haftung für Vermögensschäden tritt im Bereich der außervertraglichen Haftung vielmehr nur in Ausnahmefällen (§§ 823 Abs. 2, 826 BGB) unter erschwerten Voraussetzungen ein. Als Folge einer falschen Bankauskunft ist aber praktisch nur die Schädigung des Vermögens des Anfragenden bzw. Verwenders denkbar.[11]

Das deutsche Recht war somit gezwungen, eine Reihe von Ersatzlösungen zu entwickeln, um die Ersatzfähigkeit von Vermögensschäden im Falle falscher Bankauskünfte zu erweitern. Dies geschah verstärkt durch die Ausdehnung der vertraglichen Haftung.[12]

---

[9] *Hübner* in: Ebenroth/Rouger, 49, Rz. 67.

[10] Nach BGH Urt. v. 14. 4. 1986 - II ZR 123/85, WM 1986, 904, 906 soll aus einem besonders leichtfertigen Verhalten des Schädigers auf seinen bedingten Vorsatz zur Schadenszufügung zu schließen sein; nach BGH Urt. v. 18.2.1986, - X ZR 95/85, NJW-RR 1986, 1150, 1151 soll grob leichtfertige Begutachtung sittenwidrig sein.

[11] *Sichtermann/Feuerborn/Kirchherr/Terdenge*, 402; *Breinersdorfer*, 166; *Musielak* in: Hadding/Schneider, 39; *Lorenz*, 1. FS Larenz, 575; Schimansky/Bunte/Lwowski-*Bruchner*, § 40 Rz. 61.

[12] *Hübner* in: Ebenroth/Rouger, 49, Rz. 68.

Das französische Recht kann demgegenüber naturgemäß außerhalb von Verträgen auf die Art. 1382,1383 Cc zurückgreifen, wenn die Erteilung von professionellen Auskünften unkorrekt ist.[13]

Das deutsche Recht sieht sich dem Problem der notwendigen Erweiterung der Ersatzfähigkeit von Vermögensschäden ausgesetzt. Das französische Recht ist dagegen mit dem entgegengesetzten Problem einer angemessenen Einschränkung der zu ersetzenden Vermögensschäden konfrontiert. Diese Eingrenzung wird insbesondere durch das Prinzip des Vorrangs der Vertragshaftung (non-cumul) und die Abgrenzung des nicht ersatzfähigen dommage indirect vom dommage direct erreicht.[14]

Im Folgenden ersten Teil werden zunächst die allgemeinen Voraussetzungen der Haftung für falsche Auskunftserteilung im deutschen Recht dargestellt, welche unabhängig von der Haftungsgrundlage erfüllt sein müssen. Daran anknüpfend soll die dogmatische Herleitung der Haftung für falsche Bankauskünfte im deutschen Recht behandelt werden. Zu Beginn soll kurz die Bedeutung des § 675 Abs. 2 BGB abgesteckt werden. Im Anschluss daran werden anhand der verschiedenen Fallgruppen als vertragliche oder vertragsähnliche Haftungsgrundlagen insbesondere der stillschweigende Auskunftsvertrag und die neue gesetzliche Regelung des § 311 Abs. 2 und 3 BGB dargestellt. Mögliche deliktische Ansprüche sowie neue Lösungsansätze der Lehre der Vertrauens- und der Berufshaftung werden abschließend erörtert.

Im daran anschließenden zweiten Teil sollen korrespondierend zum deutschen Recht die allgemeinen Haftungsvoraussetzungen der Auskunftshaftung im französischen Recht herausgearbeitet werden. Der Schwerpunkt der Untersuchung soll aber auch hier auf der Frage der dogmatischen Herleitung der Auskunftshaftung im französischen Recht liegen.

Im dritten und letzten Teil wird der Vergleich zwischen dem deutschen und dem französischen Recht hinsichtlich der allgemeinen Haftungsvoraussetzungen und der dogmatischen Haftungsbegründung gezogen. Schließlich sollen die Ergebnisse unter Herausarbeitung der Haftungsvoraussetzungen und der Haftungsgrundlage zusammenfassend dargestellt werden.

---

[13] *Hübner* in: Ebenroth/Rouger, 49, Rz. 67.
[14] *Hübner* in: Ebenroth/Rouger, 45, Rz. 59.

Erster Teil
Haftung für fehlerhafte Bankauskunft im deutschen Recht

A. Allgemeine Haftungsvoraussetzungen

I. Fehlerhaftigkeit der Auskunft

Die Frage der Fehlerhaftigkeit einer Kreditauskunft hängt in erster Linie von Inhalt und Umfang der sich für die Bank bei der Auskunftserteilung ergebenden Sorgfaltspflicht ab. Entscheidend für eine korrekte Bankauskunft ist, dass diese unter Beachtung der an die Bank im Rahmen des Bankauskunftsverfahrens gestellten Sorgfaltsanforderungen ermittelt und erteilt wird. Die Kreditauskunft muss den typischen Sorgfaltsanforderungen genügen, die den Berufsstandard des Bankgeschäfts bilden.[15] Berufstypische Sorgfaltsanforderungen werden in zweierlei Hinsicht an die Bank gestellt; zum einen im Hinblick auf die der Auskunft zugrunde liegende Recherche, welche voraussetzt, dass der Sachverhaltsaufklärung berufstypische Informationsquellen zugrunde gelegt werden (berufstypischer Erkenntnishorizont);[16] und zum anderen hinsichtlich der Darstellung des Ergebnisses dieser Recherche, das heißt bezüglich der Formulierung der Auskunft nach außen.[17]

1) Berufstypischer Erkenntnishorizont

Vor dem Hintergrund der Zugrundelegung des berufstypischen Erkenntnishorizonts kann von der Bank nicht verlangt werden, dass ihre Kreditauskunft die finanziellen Verhältnisse des angefragten Kunden objektiv richtig schildert.[18] Die Behauptung, eine Kreditauskunft sei bereits immer dann fehlerhaft, wenn sie – bezogen auf den Zeitpunkt der Auskunftserteilung – eine unrichtige, unvollständige oder irreführende Information enthalte und dadurch die Vermö-

---

[15] *Berger*, ZBB 2001, 238, 249; allgemein für die Expertenhaftung: *Schneider*, ZHR 163 (1999), 246, 263 f.; *Grunewald*, JZ 1982, 627, 631.

[16] *Schneider*, ZHR 163 (1999), 246, 264.

[17] *Berger*, ZBB 2001, 238, 249.

[18] *Breinersdorfer*, 34.

gensverhältnisse des Angefragten falsch bewertet würden,[19] kann in dieser Allgemeinheit daher nicht aufrecht erhalten bleiben.[20] Denn es kommt nicht allein auf die objektive Unrichtigkeit der Auskunft an.

Der Bundesgerichtshof hat in seiner jüngsten Entscheidung zur Auskunftshaftung vom 5.12.2000 vielmehr hervorgehoben, dass eine Bankauskunft korrekt ist, „wenn sie dem tatsächlichen Informationsstand der Bank entspricht".[21] Dieser tatsächliche Informationsstand beschränkt sich grundsätzlich auf die Erkenntnisse, die der auskunftsgebenden Zweigstelle der Bank im Zeitpunkt der Auskunftserteilung vorliegen.[22] Dies hängt mit dem datenschutzrechtlich limitierten Ermittlungsrecht der Banken zusammen. Diese dürfen aus Gründen des Datenschutzes im Rahmen des Bankauskunftsverfahrens keine Ermittlung hinsichtlich der Kreditwürdigkeit ihres Kunden betreiben.[23] Erlaubt ist lediglich die Auswertung der Erkenntnisse, die der auskunftsgebenden Zweigstelle der Bank vorliegen.[24] Auch die Informationen, die andere Filialen derselben Bank vorliegen, dürfen nicht herangezogen werden, es sei denn die auskunftsgebende Stelle ist durch ein EDV-System mit anderen Filialen verbunden. Dann müssen auch die dort vorhandenen Informationen bei der Auskunftserteilung Berücksichtigung finden, sofern sie ihrem Zugriffsrecht unterliegen.[25]

Die Haftung knüpft also nicht nur an die objektive Unrichtigkeit des Inhalts der Bankauskunft an. Maßstab für das Vorliegen eines Auskunftsfehlers ist vielmehr die subjektive Erkenntnismöglichkeit der auskunftsgebenden Stelle.[26]

2) Wiedergabe des Erkenntnisstandes nach außen

Die Darstellung des gewonnenen Erkenntnisstandes der Bank erfolgt wegen der in großer Zahl zu beantwortenden Auskunftsersuchen vielfach in Auskunftsformularen, in denen die am häufigsten vorkommenden und gebräuchlichsten

---

[19] *Sichtermann/Feuerborn/Kirchherr/Terdenge*, 393; RGRK-*Steffen*, § 676 BGB Rz. 45; *Michel*, 14.

[20] *Breinersdorfer*, 34.

[21] BGH Urt. v. 5.12.2000 – XI ZR 340/99, ZIP 2001, 108, 109.

[22] Schimansky/Bunte/Lwowski-*Bruchner*, § 40 Rz. 40; *Fischer/Klanten*, Rz. 4.57; *Berger*, ZBB 2001, 238, 249.

[23] *Bruchner/Stützle*, 114.

[24] Spitzenverbände des Kreditgewerbes, Rz. 109.

[25] *Bruchner/Stützle*, 97; *Breinersdorfer*, 34 f.

[26] OLG Frankfurt Urt. v. 5.6.1984 – 5 U 188/83, WM 1985, 253, 254.

Klauseln und Formen vorgedruckt sind. Die im Einzelfall zutreffenden Sätze werden gekennzeichnet und gegebenenfalls durch Zusätze ergänzt.[27]

Der Bundesgerichtshof fordert in seiner Entscheidung vom 5.12.2000 allgemein, dass das vorhandene Wissen bei der Formulierung der Auskunft, wenn auch in knapper Form, zutreffend umgesetzt worden sein muss. Wobei aber eine ins einzelne gehende Angabe der zur Verfügung stehenden und berücksichtigten Informationsquellen nicht erforderlich sein soll.[28]

Die Fehlerhaftigkeit der Auskunft ist daher nicht nur an die subjektive Erkenntnismöglichkeit der Bank, sondern auch an deren fehlerhaftes Verhalten bei der Umsetzung dieses tatsächlichen Wissensstandes im Zeitpunkt der Erteilung der Bankauskunft gebunden.[29]

II. Schaden

Ein Schaden entsteht dem Auskunftsempfänger aus der falschen Auskunft regelmäßig dann, wenn sie zur Grundlage einer Vermögensdisposition, wie z. B. einer Kreditgewährung oder einem Geschäftsabschluss, gemacht wird.[30]

Ein Schaden kann sich etwa daraus ergeben, dass der Auskunftsempfänger mit seiner Kreditforderung in der Insolvenz des Schuldners ganz oder teilweise ausfällt oder dass die Gesellschaft, an der er sich beteiligt hat, insolvent wird.[31]

III. Kausalität

Weiterhin bedarf es eines Kausalzusammenhangs zwischen der Pflichtverletzung durch die falsche Auskunftserteilung und dem Schaden. Diese Feststellung bereitet zumeist jedoch keine Schwierigkeiten, da eine Vermutung dafür besteht, dass die Auskunft für eine vermögenswirksame Maßnahme des Anfragenden ursächlich war.[32] Nach allgemeiner Lebenserfahrung ist davon auszugehen, dass der Auskunftsnehmer die zum Schaden führende Entscheidung nicht getroffen hätte, wenn ihm eine der wahren Sachlage entsprechende Auskunft,

---

[27] *Sichtermann/Feuerborn/Kirchherr/Terdenge*, 390. Eine umfassende Zusammenstellung der üblichen Floskeln ist bei *Bruchner/Stützle*, 88 ff. zu finden.

[28] BGH Urt. v. 5.12.2000 – XI ZR 340/99, ZIP 2001, 108, 109 f.; *Kümpel*, Rz. 2204; Hellner/Steuer-*Weber*, Rz. 1/59; aA *Breinersdorfer*, 30.

[29] Schimansky/Bunte/Lwowski-*Bruchner*, § 40 Rz. 51; *Berger*, ZBB 2001, 238, 249.

[30] *Sichtermann/Feuerborn/Kirchherr/Terdenge*, 394; *Michel*, 16.

[31] *Gaede*, 5.

[32] *Canaris*, Bankvertragsrecht, Rz. 83a; *Kircherr/Stützle*, 71.

das heißt in der Regel eine ungünstigere als tatsächlich erfolgt, erteilt worden wäre.[33] Daher kann bei einer bankmäßigen Kreditauskunft, welche zudem im Rechtsverkehr als besonders vertrauenswürdig gilt, davon ausgegangen werden, dass der Verwender der Auskunft seine schadenstiftende Vermögensdisposition nicht getätigt hätte, wenn die mangelhafte Bonität des Angefragten in der Kreditauskunft richtig dargestellt worden wäre.[34]

Auch wenn die Kreditauskunft lediglich mitursächlich für den Schaden geworden ist, weil der Auskunftsnehmer noch andere Zusatzinformationen zur Entscheidungsgrundlage mit herangezogen hat, ist ein Ursachenzusammenhang zu bejahen. Denn nach der Lebenserfahrung ist davon auszugehen, dass der Geschädigte sich nicht allein auf eine andere günstige Information verlassen hätte, sondern bei einer korrekten, ungünstigeren Kreditauskunft die fehlgeschlagene Investition unterblieben wäre aufgrund der in der Auskunft enthaltenen Warnung.[35]

Die Kausalität zwischen Pflichtverletzung und Schaden besteht jedoch nicht, wenn der eingetretene Schaden vollständig außerhalb des Bereichs derjenigen Gefahren liegt, vor denen der Geschädigte durch die verletzte Sorgfaltspflicht gerade geschützt werden soll. Dieses geschützte Geschäftsrisiko legt der Anfragende durch die Angabe des Verwendungsfalles fest.[36] Eine typische Formulierung lautet hier etwa „Gut für Warenkredit in Höhe von 100.000 DM?".[37] Überschreitet der Auskunftsnehmer bei der Vermögensdisposition die bei der Anfrage genannte Summe, dann ist der dadurch eingetretene Schaden, der über die genannte Summe hinausgeht, nicht ersatzfähig.[38] Dies gilt aber auch dann, wenn der Empfänger die Auskunft für eine ganz andere schädigende Vermögensdisposition verwendet hat, als diejenige, für die die Bankauskunft ihrem Zweck nach gedacht war.[39]

---

[33] Vgl. zum Anscheinsbeweis oder zur Beweislastumkehr im Rahmen der Auskunftshaftung BGH Urt. v. 30.9.1993 – IX ZR 73/93, BGHZ 123, 311, 315; BGH Urt. v. 16.11.1993, BGHZ 124, 151 = ZIP 1994, 116 = EwiR 1994, 251, Anm. *Koller*; BGH Urt. v. 18.6.1996 – VI ZR 121/95, ZIP 1996, 1515, 1517 = WM 1996, 2020, 2021; BGH, Urt. v. 13.1.2000 – III ZR 62/99, ZIP 2000, 355, 357; *Nobbe*, Rz. 131.

[34] *Canaris*, Bankvertragsrecht, Rz. 83a; *Breinersdorfer*, 36; BGH Urt. v. 12.2.1979 – II ZR 177/77, WM 1979, 548, 549.

[35] *Breinersdorfer*, 37; BGH, Urt. v. 5.7.1962, VII ZR 199/60, WM 1962, 1110, 1110.

[36] *Breinersdorfer*, 38; *Berger*, ZBB 2001, 238, 250.

[37] Spitzenverbände des Kreditgewerbes, Rz. 95.

[38] Palandt-*Sprau*, § 675 BGB Rz. 35; *Breinersdorfer*, 38; *Berger*, ZBB 2001, 238, 250.

[39] BGH Urt. v. 30.3.1976 – VI ZR 21/74, WM 1976, 498, 499; BGH Beschl. v. 18. 6. 1991 – XI ZR 282/90, WM 1991, 1629, 1630 = ZIP 1991, 1136, 1137; OLG Köln Urt. v. 15. 2. 1984 – 13 U 207/83, WM 1985, 598, 599; *Schneider*, ZHR 163 (1999) 246, 264 f.; Pa-

IV. Verschulden

Die Bank haftet nur für den eingetretenen Schaden, wenn sie ihn zurechenbar verursacht und somit verschuldet hat. Das Kreditinstitut hat gemäß § 276 Abs. 1 S. 1 BGB Vorsatz und jede Fahrlässigkeit zu vertreten.[40] Das Verschulden der auskunftsgebenden Bank wurde nach altem Recht bei Verletzung der dargestellten Sorgfaltspflichten gemäß § 282 BGB a. F. vermutet. Die Bank musste nachweisen, dass der falschen Auskunftserteilung kein schuldhaftes Verhalten zugrunde lag.[41] Nach neuem Recht gilt gemäß § 280 Abs. 1 S. 2 BGB („... dies gilt nicht, wenn ..."), dass der Schuldner sich hinsichtlich des „Vertretenmüssens" zu entlasten hat, sofern der objektive Pflichtenverstoß feststeht. Diese Verteilung der Darlegungs- und Beweislast gilt für alle Pflichtverletzungen. § 280 Abs. 1 S. 2 BGB geht über den Regelungsbereich der Vorgängervorschrift (§ 282 BGB a. F.) hinaus. Sie wirkt unmittelbar für alle Pflichtverletzungen, das heißt auch für die Fälle der positiven Forderungsverletzung und der culpa in contrahendo.[42]

Ein Kreditinstitut haftet als juristische Personen des öffentlichen oder privaten Rechts gemäß § 89 i.V. m. § 31, 30 BGB bzw. § 31, 30 BGB für seine Organe, also für die Handlungen seines Vorstandes bzw. seiner Vorstandsmitglieder und seiner besonderen verfassungsmäßigen Vertreter, z. B. Filialleiter oder die persönlich haftenden Gesellschafter einer KG.[43] Für Angestellte haftet die Bank im vertraglichen bzw. vertragsähnlichen Bereich gemäß § 278 BGB.[44]

Im deliktischen Bereich erfolgt die Zurechnung über § 831 BGB. Die deliktische Haftung beinhaltet gegenüber der vertraglichen bzw. vertragsähnlichen den Vorteil, dass sich das Kreditinstitut als Geschäftsherr von der Haftung befreien kann, wenn es nachweist, dass es bei der Auswahl und Überwachung des Gehilfen die im Verkehr erforderliche Sorgfalt beachtet hat oder dass der Schaden auch bei Anwendung dieser Sorgfalt entstanden wäre. Die Bank muss also entweder die Vermutung ihres eigenen Verschuldens oder die des ursächlichen Zu-

---

landt-*Sprau*, § 675 BGB Rz. 35; *Berger*, ZBB 2001, 238, 250; diese Fälle sind von den Konstellationen zu unterscheiden, in denen ein Dritter für den die Auskunft nicht bestimmt war, auf ihrer Grundlage Vermögensdispositionen vornimmt, siehe unten S. 93 f.

[40] *Baumbach/Hopt*, § 347 HGB Rz. 35; RGRK-*Steffen*, § 676 BGB Rz. 55.

[41] BGH Urt. v. 6.3.1972 – II ZR 100/69, NJW 1972, 1200, 1201; *Baumbach/Hopt*, § 347 HGB Rz. 37; *Sichtermann/Feuerborn/Kirchherr/Terdenge*, 401; *Berger*, ZBB 2001, 238, 250.

[42] Henssler/Graf v. Westphalen-*Dedek*, 170, Rz. 8; Palandt-*Heinrichs*, SchMoG § 280 BGB Rz. 34 ff.; Westermann-*Buck*, 154.

[43] *Sichtermann/Feuerborn/Kirchherr/Terdenge*, 400; *Breinersdorfer*, 42 f.

[44] *Canaris*, Bankvertragsrecht, Rz. 83.

sammenhangs zwischen ihrem Verschulden und dem dem Dritten zugefügten Schaden widerlegen.[45] Da es bei Bankauskünften regelmäßig um wirtschaftlich bedeutende Angelegenheiten mit einem erheblichen Schadensersatzrisiko geht und der der Bank dabei eine besondere Vertrauensstellung zukommt, sind an Auswahl und Überwachung der Hilfspersonen hohe Anforderungen zu stellen.[46] Zwar lässt die Rechtsprechung bei großen Unternehmen einen dezentralisierten Entlastungsbeweis zu in der Art, dass es für die Exkulpation ausreichend sein soll, wenn höhere Angestellte eine ordnungsgemäße Aufsicht durchführen und diese wiederum von der Geschäftsleitung kontrolliert werden.[47] Andererseits muss durch organisatorische Maßnahmen eine effektive Überwachung des gesamten Personals gesichert sein und den Mittelspersonen ihrerseits eine sorgfältige Wahrnehmung der ihnen übertragenen Aufgaben ermöglicht werden.[48] Daher liegt ein Organisations- oder Beaufsichtigungsverschulden bei Kreditauskünften zumeist nahe und verhindert die Erbringung des Entlastungsbeweises.[49]

V. Haftungsumfang

Die aufgrund einer falschen Bankauskunft erlittenen Schäden sind bei vertraglicher, vertragsähnlicher und deliktischer Haftung nach §§ 249, 251 BGB ersatzfähig. Im Falle der vertraglichen bzw. vertragsähnlichen Haftung ist dem Geschädigten nur der Schaden zu ersetzen, der ihm aufgrund seines Vertrauens auf die unwahre oder unvollständige Auskunft entstanden ist, also nur das negative Interesse.[50] Der Auskunftsempfänger ist so zu stellen, als wenn er eine inhaltlich richtige Auskunft erhalten hätte.[51] Der Geschädigte kann dagegen nicht verlangen, so gestellt zu werden, als stimmten die mitgeteilten Tatsachen mit

---

[45] *Gaede*, 121.

[46] *Canaris*, Banvertragsrecht, Rz. 139; *Breinersdorfer*, 44.

[47] BGH Urt. v. 25.10.1951 – III ZR 95/50, BGHZ 4, 1, 2 f.; RGRK-*Steffen*, § 831 BGB, Rz. 52 ff.; *Breinersdorfer*, 44.

[48] *Gaede*, 121 ff.; *Canaris*, Bankvertragsrecht, Rz. 139; *Breinersdorfer*, 44.

[49] *Gaede*, 122 ff.; *Breinersdorfer*, 44.

[50] Staudinger-*Wittmann*, § 676 BGB Rz. 19; Palandt-*Sprau*, § 675 BGB Rz. 35; Erman-*Ehmann*, § 675 BGB RZ. 196; *Canaris*, Bankvertragsrecht, Rz. 86; *Sichtermann/Feuerborn/Kirchherr/Terdenge*, 415; *Kircherr/Stützle*, 69; *Baumbach/Hopt*, § 347 Rz. 35.

[51] Staudinger-*Wittmann*, § 676 BGB Rz. 19; Palandt-*Sprau*, § 675 BGB Rz. 35; Erman-*Ehmann*, § 675 BGB Rz. 196; *Sichtermann/Feuerborn/Kirchherr/Terdenge*, 415.

der Auskunft überein.[52] Denn das Kreditinstitut ist regelmäßig nicht verpflichtet, überhaupt eine Auskunft zu erteilen.[53]

Handelt es sich um einen deliktischen Ersatzanspruch, so umfasst dieser den Ersatz des Integritäts- oder Erhaltungsinteresses,[54] häufig ebenfalls als negatives Interesse bezeichnet.[55] Der Geschädigte ist danach so zu stellen, als wenn die unrichtige Auskunftserteilung nicht erfolgt wäre, also so wie er vor Gewährung der Auskunft stand.[56]

VI. Mitverschulden

Der Schadensersatzanspruch des geschädigten Auskunftsempfängers kann gemäß § 254 BGB verringert oder auch ganz ausgeschlossen sein, wenn er die Entstehung des Schadens mitverschuldet hat. Der Geschädigte muss sich ein Mitverschulden insbesondere dann anrechnen lassen, wenn er sich blind auf eine ganz allgemein gehaltene Auskunft verlässt, ohne „zwischen den Zeilen zu lesen".[57] Der Auskunftsempfänger muss insbesondere darauf achten, was trotz entsprechender Anfrage in der Kreditauskunft nicht gesagt wird.[58] Unterlässt es die Bank etwa, eine ausdrückliche Antwort darauf zu geben, ob der Angefragte für einen Kredit in bestimmter Höhe gut ist, dann ist darin trotz eines positiven Gesamteindrucks der Kreditauskunft eine Mahnung zu größter Vorsicht zu sehen.[59] Sie ist zu dieser zurückhaltenden Formulierungsweise gezwungen, da sie dem Konflikt zwischen Bankgeheimnis und Informationsbedürfnis des Verwenders Rechnung tragen muss.[60]

---

[52] Staudinger-*Wittmann*, § 676 BGB Rz. 19; Palandt-*Sprau*, § 675 BGB Rz. 35; Erman-*Ehmann*, § 675 BGB Rz. 196; *Canaris*, Bankvertragsrecht, Rz. 87; *Sichtermann/Feuerborn /Kirchherr/Terdenge*, 415.

[53] *Sichtermann/Feuerborn/Kirchherr/Terdenge*, 415.

[54] *Sichtermann/Feuerborn/Kirchherr/Terdenge*, 415.

[55] *Kirchherr/Stützle*, 69; *Canaris*, Bankvertragsrecht, Rz. 86; RGRK-*Steffen*, § 676 BGB Rz. 13; *Sichtermann/Feuerborn/Kirchherr/Terdenge*, 415.

[56] RGRK-*Steffen*, § 676 BGB Rz. 13

[57] BGH Urt. v. 27.6.1989 – XI ZR 52/88, NJW 1989, 2882, 2884 = ZIP 1989, 1250, 1252; *Fischer/Klanten*, Rz. 4.59; Schimansky/Bunte/Lwowski-*Bruchner*, § 40 Rz. 58; *Canaris*, Bankvertragsrecht, Rz. 79; *Berger*, ZBB 2001, 238, 250; *Breinersdorfer*, 28.

[58] BGH Urt. v. 29.3.1971, WM 1971, 817, 818; *Lorenz*, 1. FS Larenz, 575, 585.

[59] OLG Frankfurt Urt. v. 5.6.1984, WM 1985, 253, 254 f.

[60] *Musielak* in: Hadding/Schneider, 13; Soergel-*Häuser/Welter*, § 676 BGB Rz. 90; aA *Breinersdorfer*, 29, welcher aufgrund des für juristische Personen und im Handelsregister eingetragene Kaufleute geltenden Handelsbrauchs eine Auskunftserteilung grundsätzlich ohne Verstoß gegen das Bankgeheimnis für zulässig hält. Da Kaufleute typischerweise Informa-

Hat der Auskunftsempfänger es unterlassen, an anderer Stelle zusätzliche Erkundigungen einzuziehen, obwohl die Bank oder ein anderer kompetenter Dritter ihn darauf hingewiesen hat oder macht er trotz einer erkennbar unvollständigen Auskunft von dem Angebot der Bank zur weiteren Unterrichtung keinen Gebrauch, so muss er die Konsequenzen einer auf der unter Vorbehalt erteilten bzw. lückenhaften Auskunft aufgebauten Fehlentscheidung selbst tragen.[61]

Mitverschulden ist im Übrigen dann anzunehmen, wenn der Geschädigte sich auf die Auskunft verlassen hat, obwohl sie nach den gegebenen Umständen nur oberflächlich sein konnte.[62]

Grundsätzlich kommt es für die Entscheidung, ob dem Kunden ein Mitverschulden zur Last zu legen ist, auf dessen eigene Sachkunde und dem danach für ihn geltenden Sorgfaltsmaßstab an. Weist der Kunde keine Kenntnisse das konkrete Bankgeschäft betreffend auf, wird ein Mitverschulden nur bei grobem Fehlverhalten anzunehmen sein.[63] Den Auskunftsnehmer kann aber in keinem Fall schon deshalb ein Mitverschulden treffen, weil er durch sein Vertrauen in die Auskunft einen Mangel an Sorgfalt bewiesen hat.[64]

VII. Haftungsbeschränkungen

1) Kraft dispositiven Rechts

Vereinzelt wird die Auffassung vertreten, wenn schon eine Haftung für unentgeltliche Auskunftserteilung angenommen werde, so müsse sie auf grobe Fahrlässigkeit oder eigenübliche Sorgfalt beschränkt werden gemäß dem in den §§ 521, 599, 690, 708, 359, 1664, 2113 BGB zum Ausdruck kommenden anerkannten allgemeinen Rechtsgrundsatz.[65]

Diesem Aspekt der Unentgeltlichkeit der Auskunft ist entgegenzusetzen, dass die Banken als Auskunftsgeber regelmäßig ein wirtschaftliches Eigeninteresse

---

tionen über ihre Geschäftspartner einholen und es daher hinnehmen müssen, dass umgekehrt auch andere sich über ihre Bonität erkundigen.

[61] BGH Urt. v. 27.6.1989 – XI ZR 52/88, NJW 1989, 2882, 2883 = ZIP 1989, 1250, 1252; *Gaede*, 135; *Sichtermann/Feuerborn/Kirchherr/Terdenge*, 4156; *Berger*, ZBB 2001, 238, 250.

[62] *Berger*, ZBB 2001, 238, 250.

[63] *Sichtermann/Feuerborn/Kirchherr/Terdenge*, 417; *Berger*, ZBB 2001, 238, 250.

[64] BGH Urt. v. 7.1.1965, WM 1965, 287, 288; *Pikart*, WM 1966, 698, 705; *Gaede*, 135.

[65] *Breinersdorfer*, 80 ff.; *Honsell*, JuS 1976, 621, 626; *ders.* JZ 1985, 952, 953; Erman-*Hauß*, 9. Auflage, § 676 BGB Rz. 5, in der nachfolgenden 10. Auflage hat sich *Ehmann* jedoch dagegen ausgesprochen.

an der Erteilung der Auskunft haben, wenn sie auch keine konkrete Bezahlung in Form eines Honorars oder einer Provision erhalten.[66]

Teilweise wird aber vertreten, ein solches Eigeninteresse läge nur vor, wenn die Bank in Bezug auf das Geschäft, dessen Abwicklung von dem Inhalt der Kreditauskunft abhängig gemacht wird, einen konkreten Vermögensvorteil für sich erzielen will. Ein solcher kann in der Form beabsichtigt sein, dass das Geschäft durch einen Bankkredit an den angefragten Kunden finanziert werden soll oder dass die Bank aus dem abgeschlossenen Geschäft eine Deckung für Verbindlichkeiten, welche der angefragte Kunde ihr gegenüber zu erfüllen hat, erhalten will.[67]

Demgegenüber ist jedoch davon auszugehen, dass eine Bank selten oder nie unentgeltlich im eigentlichen Sinne handelt. Denn ein Kreditinstitut wird entweder geschäftlich im Rahmen des allgemeinen Bankvertrags mit ihrem Kunden oder aufgrund ihrer geschäftlichen Vereinbarung mit anderen Banken tätig. Nichtkunden gegenüber sind Banken gemäß Nr. 2 IV AGB-Banken zwar grundsätzlich nicht zur Auskunft verpflichtet; wenn ihnen aber trotzdem eine Auskunft erteilt wird, so erfolgt dies gleichfalls geschäftlich jedoch vorvertraglich zur Kundenwerbung, in keinem Fall aber altruistisch. Der Bank ist bei der Auskunftserteilung immer bewusst, dass der Anfragende nicht wegen des Umstands, dass kein spezielles Entgelt gezahlt wird, davon ausgeht, dass nur eine geringere Sorgfaltspflicht bei der Erteilung der Auskunft angewandt wird.[68]

Eine Haftungsbeschränkung auf grobe Fahrlässigkeit oder eigenübliche Sorgfalt kann sich aus der Tatsache, dass kein konkretes Honorar für die Auskunftserteilung gezahlt wird, daher grundsätzlich nicht ergeben.

2) AGB der Banken

§ 10 Abs. 2 und 3 AGB-Banken und § 7a Abs. 3 und § 7b AGB-Sparkassen in der Fassung von 1988 enthielten noch Haftungsbeschränkungen für Auskünfte auf grobe Fahrlässigkeit. Dies wurde insoweit als zulässig anerkannt, als die Haftungsbeschränkung auch eine Haftung für leichte Fahrlässigkeit bei Verletzung von vertragswesentlichen Pflichten von besonderer Bedeutung im Einzelfall vorsah. Die Haftungsbeschränkung zeigte daher keine großen Auswirkungen, da in der Praxis die Erteilung einer falschen Auskunft zumeist als eine ver-

---

[66] Erman-*Ehmann*, § 675 BGB Rz. 190.
[67] *Breinersdorfer*, 84; *Dirichs*, 31.
[68] Erman-*Ehmann*, § 675 BGB Rz. 190.

tragswesentliche Pflicht angesehen wurde.[69] Die Haftungsfreizeichnungsklausel wurde rechtlich zum Teil, vor allem Nr. 10 Abs. 3 HS. 2 AGB-Banken, aber auch für unwirksam gehalten.[70] Daher sind die AGB der Banken mit Wirkung zum 1.1.1993 geändert und die Haftungsbeschränkung gestrichen worden.[71] Dies erspart auch die schwierige Abgrenzung zwischen vertragswesentlichen und anderen Pflichten.[72]

3) Kreditauskunft mit Vermerk „ohne unser Obligo“

Die Banken fügen ihren Kreditauskünften regelmäßig die Klausel „ohne unser Obligo“ oder eine ähnliche Formulierung bei. Teilweise wurden diese Formeln als Individualvereinbarungen angesehen.[73] Die Rechtsprechung und ganz überwiegend auch die Literatur sah darin aber eine Verweisung auf eine Freizeichnung im Sinne der § 10, § 7 AGB Banken/Sparkassen in der Fassung von 1986, so dass die Klausel anhand des AGBG zu bewerten sein sollte.[74] Die Klausel sollte demnach die Haftung ausschließen, soweit dies im Rahmen der Rechtsordnung möglich sei.[75] Für die Einordnung als Allgemeine Geschäftsbedingung spricht, dass diese Klauseln für eine Vielzahl von Verwendungsfällen vorformuliert sind.

Die Allgemeinen Geschäftsbedingungen der Banken und Sparkassen beinhalten seit der 1993 erfolgten Änderung jedoch nicht länger eine Haftungsbeschränkung. Die Formel „ohne unser Obligo“ o. Ä. kann daher nicht mehr darauf verweisen. Sie ist vielmehr als eigenständiger Haftungsausschluss einzuordnen,[76] welcher grundsätzlich, auch nach der Neufassung der AGB-Banken, in formularmäßiger Form erfolgen kann.[77] Dieser Haftungsausschluss ist insoweit als zu weit gehend anzusehen, als er jegliche Haftung ausschließt und von daher nicht mit der Wertung des § 309 Nr. 7 b BGB (§ 11 Nr. 7 AGBG a. F.) bzw.

---

[69] Wolf/Horn/Lindacher-*Wolf*, § 9 AGBG Rz. A 170; *Canaris*, Rz. 85.

[70] BGH Urt. v. 24.11.1988 III ZR 188/87, NJW 1989, 222, 223, WM 1989, 186, *Baumbach/Hopt*, Nr. 3 AGB-Banken Rz. 1.

[71] *Baumbach/Hopt*, Nr. 3 AGB-Banken Rz. 1; Staudinger-*Wittman*, § 676 BGB Rz. 21; Erman-*Ehmann*, § 675 BGB Rz. 194.

[72] *Baumbach/Hopt*, Nr. 3 AGB-Banken Rz. 1.

[73] *Sichtermann/Feuerborn/Kirchherr/Terdenge*, 420 f.; Canaris, Bankvertragsrecht, Rz.85.

[74] BGH Urt. v. 6.7.1970 – II ZR 85/68, WM 1970, 1021. 1022; BGH Urt. v. 1.12.1970, IV ZR 118/69, WM 1971, 206; OLG Köln Urt. v. 15.5.1973 – 15 U 196/69, NJW 1973, 1882, 1883.

[75] *Breinersdorfer*, 62, Schimansky/Bunte/Lwowski-*Siol*, § 43, Rz. 49.

[76] *Michel*, 21.

[77] Staudinger-*Wittmann*, § 676 BGB Rz. 22.

§ 307 Abs. 1 und 2 BGB (§ 9 Abs. 1 und 2 AGBG a. F.) zu vereinbaren ist. Diese Einschränkungen, die für allgemeine Geschäftsbedingungen gelten, müssen auch auf den formularmäßigen Haftungsausschluss angewandt werden.[78] Danach kann die Haftung der Bank gegenüber Nichtkaufleuten gemäß § 309 Nr. 7b BGB (§ 11 Nr. 7 AGBG a. F.) nur für einfache Fahrlässigkeit ausgeschlossen sein. Das Kreditinstitut haftet daher für Vorsatz und grobes Verschulden seiner Erfüllungsgehilfen ohne weitere Beschränkung auf Organe und leitende Angestellte.[79] Einen weitergehenden Haftungsausschluss kann die Bank nur durch Individualvereinbarung mit dem Auskunftsempfänger vereinbaren.[80]

Gegenüber Unternehmen, also bei beiderseitigem Handelsgeschäft, schließt § 310 Abs. 1 BGB (§ 24 AGBG a. F.) die Anwendung der §§ 308 und 309 BGB (§§ 10 und 11 AGBG a. F.) aus. § 309 Nr. 7b BGB (§ 11 Nr. 7 AGBG a. F.) gilt danach nicht unmittelbar im Rechtsverkehr unter Kaufleuten. Ob die Bestimmung über §§ 307 Abs. 1 S. 1, 310 Abs. 1 S. 2 BGB (§§ 9, 24 S. 2 AGBG a. F.) mittelbar doch anzuwenden ist,[81] hat der Bundesgerichtshof bisher nicht ausdrücklich entschieden.[82] Der Haftungsausschluss für Vorsatz und grobe Fahrlässigkeit der Bank und ihrer leitenden Angestellten ist aber auch bei beiderseitigem Handelsgeschäft regelmäßig unwirksam.[83]

Schließlich sind Haftungsausschlussklauseln insbesondere bei Vorliegen eines Vertrages immer dann unwirksam, wenn sie so genannte Kardinalpflichten betreffen. Der Verwender von Allgemeinen Geschäftsbedingungen darf sich nicht von solchen Pflichten freizeichnen, deren Erfüllung die ordnungsgemäße Durchführung des Vertrages erst ermöglicht und auf deren Erfüllung der andere Teil vertraut und vertrauen darf. Auch wenn nur die Haftung für einfache Fahrlässigkeit beschränkt wird, kann dies unwirksam sein, wenn die Klausel eine Einschränkung wesentlicher aus der Natur des Vertrages folgender Pflichten

[78] Staudinger-*Wittmann*, § 676 BGB Rz. 22.

[79] MüKo-*Schmidt*, § 347 HGB Rz. 27; Staudinger-*Wittmann*, § 676 BGB Rz. 22.

[80] Staudinger-*Wittmann*, § 676 BGB Rz. 22.

[81] So OLG Frankfurt Urt. v. 4.5.1983 – 17 U 95/82, NJW 1983, 1681, 1682; OLG Karlsruhe Urt. v. 22.7.1982 – 9 U 27/81, BB 1983, 725, 725; OLG München Urt. v 23.6.1993 – 7 U 32 94/92, BB 1993, 1753, 1753; OLG Köln Urt. v. 29.6.1993 – 22 U 38/93, BB 1993, 2044.

[82] BGH Urt. v. 26.11.1984 – VIII ZR 214/83, BGHZ 93, 29, 48 = NJW 1985, 623, 627; BGH Urt. v. 3.7.1985 – VIII ZR 102/84, BGHZ 95, 170, 182 f. = NJW 1985, 2258, 2259; MüKo-*Schmidt*, § 347 HGB Rz. 28.

[83] BGH Urt. v. 19.1.82, BGHZ 89, 363, 366 = NJW 1984, 1350, 1351; BGH Urt. v. 3.7.1985 – VIII ZR 102/84, BGHZ 95, 170, 182 f. = NJW 1985, 2258, 2259; BGH Urt. v. 3.3.1988 – X ZR 54/86, BGHZ 103, 316, 321 ff. = NJW 1988, 1785; BGH Urt. v. 12.10.1995 – I ZR 172/93, BB 1996, 656, 657 = NJW 1996, 1407, 1408; MüKo-*Schmidt*, § 347 HGB Rz. 28.

zum Gegenstand hat und hierdurch eine Erreichung des Vertragszweckes gefährdet wird.[84]

Unterscheidet die Haftungsfreistellung nicht zwischen vertraglichen Haupt- und Nebenpflichten und umfasst sie daher die Auskunftsverpflichtung selbst, dann ist darin die unzulässige Einschränkung der Haftung für die ordnungsgemäße Erfüllung einer Kardinalpflicht zu sehen. Denn die Erfüllung eines Auskunftsvertrages „steht und fällt" gerade mit der Erteilung einer richtigen und vollständigen Auskunft.[85] In diesem Fall wäre der Haftungsausschluss unwirksam.

VIII. Verjährung

Nach altem Recht ergab sich hinsichtlich der Verjährung ein sehr unterschiedliches Bild, je nachdem, auf welche dogmatische Grundlage die Auskunftshaftung zu gründen ist. Vertragliche Schadensersatzansprüche wegen der Verletzung der Pflicht zur ordnungsgemäßen Auskunftserteilung, die nach den Grundsätzen der positiven Forderungsverletzung behandelt werden, unterlagen der 30-jährigen Verjährung gemäß § 195 BGB a. F.[86] Gleiches galt für die vertragsähnliche Haftung aus culpa in contrahendo.[87] Deliktische Ansprüche aufgrund falscher Auskunftserteilung verjährten gemäß § 852 BGB in drei Jahren ab Kenntnis des Geschädigten von dem Schaden und der Person des Ersatzpflichtigen.

Im Zuge der Modernisierung des Schuldrechts ist auch das Verjährungsrecht reformiert worden. Dies hat entscheidende Veränderungen zur Folge. Die regelmäßige Verjährungsfrist gemäß § 195 BGB beträgt nunmehr drei Jahre. Sie beginnt gemäß § 199 Abs. 1 BGB mit Ende des Jahres, in dem der Gläubiger von den den Anspruch begründenden Umständen und der Person des Schuldners Kenntnis erlangt hat oder ohne grobe Fahrlässigkeit hätte Kenntnis erlangen müssen. § 199 Abs. 2 bis 4 BGB sehen zur Herstellung des Rechtsfriedens und der Erlangung der Dispositionsfreiheit absolute Verjährungshöchstfristen vor, nach deren Ablauf, unabhängig von den Voraussetzungen des Abs. 1, Verjährung eintritt. Es bestehen verschiedene Maximalfristen. Es wird zwischen solchen für Schadensersatzansprüche, § 199 Abs. 2 und 3 BGB, und für andere

---

[84] Vgl. nur MüKo-*Schmidt*, § 347 HGB Rz. 29 mit Nachweisen der Rechtsprechung.

[85] BGH Urt. v. 13.1.2000 – III ZR, ZIP 2000, 355, 357.

[86] BGH Urt. v. 11.3.1999 – III ZR 292/97, WM 1999, 1170, 1171; Staudinger-*Wittmann*, § 676 BGB Rz. 26.

[87] *Sichtermann/Feuerborn/Kirchherr/Terdenge*, 402; Staudinger-*Wittmann*, § 676 BGB Rz. 26.

Ansprüche als Schadensersatzansprüche, § 199 Abs. 4 BGB, unterschieden. Hinsichtlich der Schadensersatzansprüche wird weiter nach der Art des verletzten Rechtsguts differenziert. Für höchstpersönliche Rechtsgüter sieht § 199 Abs. 2 BGB eine dreißigjährige absolute Verjährungshöchstfrist vor. Für andere Schadensersatzansprüche und andere Ansprüche als Schadensersatzansprüche ergibt sich gemäß § 199 Abs. 3 S. 1 Nr. 1 und Abs. 4 BGB eine zehnjährige Maximalfrist.[88]

Vermögensschäden, welche die regelmäßige Folge falsch erteilter Kreditauskünfte darstellen, unterfallen als sonstige Schadensersatzansprüche, die nicht aufgrund der Verletzung einer der in § 199 Abs. 2 BGB genannten höchstpersönlichen Rechtsgüter entstanden sind, gemäß § 199 Abs. 3 BGB einer doppelten Maximalverjährungsfrist.[89] Unabhängig von der Kenntnis oder der grob fahrlässigen Unkenntnis verjährt ein bereits entstandener Schadensersatzanspruch gemäß § 199 Abs. 3 S. 1 Nr. 1 BGB spätestens in zehn Jahren von seiner Entstehung (Eintritt des Schadens) an. Darüber hinaus verjährt ein unter § 199 Abs. 3 BGB fallender Schadensersatzanspruch in jedem Fall dreißig Jahre nach Begehung der Handlung, Pflichtverletzung oder Eintritt des sonstigen, den Schadenseintritt auslösenden Ereignisses, unabhängig davon, ob der Schadensersatzanspruch bereits entstanden ist oder von der Kenntnis bzw. grob fahrlässigen Unkenntnis des Gläubigers.[90]

Die Regelverjährung des § 195 BGB geht von einer Einheitsverjährung aus, welche sowohl die vertraglichen als auch die außervertraglichen Ansprüche erfasst. Ebenso wenig differenzieren die Verjährungshöchstfristen gemäß § 199 BGB zwischen vertraglichen und außervertraglichen Ansprüchen.[91]

Eine Anwendung der dreijährigen Regelverjährung findet insbesondere auf alle rechtsgeschäftlichen und rechtsgeschäftsähnlichen Ansprüche im Sinne von § 311 BGB Anwendung. Die Haftung für falsch erteilte Auskünfte unterfällt al-

---

[88] Dauner-Lieb/Heidel/Lepa/Ring-*Mansel*, Schuldrecht, § 199 Rz. 5; Dauner-Lieb/Heidel/Lepa/Ring-*Krebs*, Schuldrecht, § 311 Rz. 45; Dauner-Lieb/Heidel/Lepa/Ring-*Mansel*, Schuldrecht in der anwaltlichen Praxis, § 1 Rz. 4 ff; Haas/Medicus/Rolland/Wendtlandt-*Wendtland*, 2. Kap. Rz. 5; Palandt-*Heinrichs*, SchMoG § 199 BGB Rz. 43; *Lorenz/Riehm*, 3. Kap. Rz. 48 ff.

[89] Dauner-Lieb/Heidel/Lepa/Ring-*Mansel*, Schuldrecht, § 199 Rz. 77; *Lorenz/Riehm*, 3. Kap. Rz. 62.

[90] Dauner-Lieb/Heidel/Lepa/Ring-*Mansel*, Schuldrecht, § 199 Rz. 93 ff.

[91] Dauner-Lieb/Heidel/Lepa/Ring-*Mansel*, Schuldrecht, § 195 Rz. 12; Dauner-Lieb/Heidel/Lepa/Ring-*Mansel*, Schuldrecht in der anwaltlichen Praxis, § 1 Rz. 30; Haas/Medicus/ Rolland/Wendtlandt-*Wendtland*, 2. Kap. Rz. 7; Palandt-*Heinrichs*, SchMoG § 195 BGB Rz. 16; Schimmel/Buhlmann-*Conradi*, 33, Rz. 4.

so in jedem Fall der dreijährigen Verjährungsfrist gemäß § 195, unabhängig davon, ob sie dogmatisch aus Auskunftsvertrag,[92] einer rechtsgeschäftsähnlichen Sonderverbindung im Sinne der culpa in contrahendo,[93] welche in § 311 Abs. 2, 280 Abs.1 BGB geregelt ist, oder aus einem deliktischen Anspruch[94] hergeleitet wird.

Damit ist die starke Abweichung der Verjährungsfristen nach altem Recht zwischen vertraglichen bzw. vertragsähnlichen (dreißig Jahre) und deliktischen Ansprüchen (drei Jahre) angeglichen worden. Die Verjährungsfrist des § 195 BGB deckt sich mit der des § 852 Abs. 1 BGB a. F., welche auch hinsichtlich des Verjährungsbeginns als Vorbild für die Neuregelung des § 199 BGB gedient hat. § 199 Abs. 1 BGB ist für den Gläubiger jedoch ungünstiger als das bisherige Recht, da nach § 199 Abs. 1 BGB nicht nur positive Kenntnis, sondern schon grob fahrlässige Unkenntnis der anspruchsbegründenden Tatsachen und der Person des Schuldners den Fristbeginn zur Folge haben.[95]

B. Bedeutung von § 675 Abs. 2 BGB

§ 675 Abs. 2 BGB, der frühere § 676 BGB, der im Wege der Umsetzung des Artikels 1 des Überweisungsgesetzes vom 21. 7. 1999 mit dem § 675 verbunden wurde, könnte zur Beantwortung der mit der Auskunftshaftung verbundenen Rechtsfragen herangezogen werden. Denn § 675 Abs. 2 BGB findet nicht nur auf den gesetzlich ausdrücklich erwähnten falschen Rat und die falsche Empfehlung Anwendung, sondern auch auf die Auskunftserteilung, welche als ein Minus gegenüber dem Rat bzw. der Empfehlung unbestritten unter § 675 Abs. 2 BGB zu ziehen ist.[96]

§ 675 Abs. 2 BGB beinhaltet aber keine eigenständige Haftungsgrundlage für die Erteilung eines falschen Rats einer falschen Empfehlung oder Auskunft, sondern verweist auf die allgemeinen Vorschriften aus dem Vertrags- und Deliktsrechts und seit der Zusammenfügung des früheren § 676 BGB mit § 675

---

92 Dauner-Lieb/Heidel/Lepa/Ring-*Mansel*, Schuldrecht, § 195 Rz. 13; Dauner-Lieb/Heidel /Lepa/Ring-*Mansel*, Schuldrecht in der anwaltlichen Praxis, § 1 Rz. 31.

93 Dauner-Lieb/Heidel/Lepa/Ring-*Mansel*, Schuldrecht, § 195 Rz. 14; Dauner-Lieb/Heidel /Lepa/Ring-*Mansel*, Schuldrecht in der anwaltlichen Praxis, § 1 Rz. 31.

94 Dauner-Lieb/Heidel/Lepa/Ring-*Mansel*, Schuldrecht, § 195 Rz.17; Dauner-Lieb/Heidel /Lepa/Ring-*Mansel*, Schuldrecht in der anwaltlichen Praxis, § 1 Rz. 33 ff.

95 Dauner-Lieb/Heidel/Lepa/Ring-*Mansel*, Schuldrecht, § 195 Rz. 18 f.

96 Palandt-*Sprau*, § 675 BGB Rz. 26; Staudinger-*Wittmann*, § 676 BGB Rz. 2; Erman-*Ehmann*, § 675 BGB Rz. 135; *Baumbach/Hopt*, § 347 HGB Rz. 9; RG Urt. v. 22.10.1929 - VII 147/29, RGZ 126, 550, 551; RG Urt. v. 13.8.1935 - III 314/34, RGZ 148, 286, 293.

BGB auch auf sonstige gesetzliche Bestimmungen, wie etwa § 45 BörsG bei unrichtigen Prospektangaben.

Da die Auskunftserteilung grundsätzlich aber kein Rechtsgeschäft und keine Willenserklärung, sondern ein tatsächlicher Vorgang ist,[97] läuft die Verweisung auf das Vertragsrecht auf den ersten Blick leer. § 675 Abs. 2 BGB verpflichtet daher grundsätzlich nicht zum Ersatz des durch die falsche Auskunftserteilung entstehenden Schadens. Damit schließt § 675 Abs. 2 BGB grundsätzlich eine Haftung aus.[98] § 675 Abs. 2 BGB spielt heute jedoch keine praktische Rolle mehr.[99] Denn das Bankhaftungsrecht ist vorwiegend Richterrecht. Danach wird eine Ersatzpflicht in erster Linie aus Auskunftsvertrag oder der zwischen dem Auskunftsempfänger und der Bank bestehenden Geschäftsverbindung hergeleitet.

C. Dogmatische Begründung der Auskunftshaftung

Die dogmatische Herleitung der Auskunftshaftung wirft, wie bereits angesprochen, erhebliche Schwierigkeiten auf. Eine Haftung kann vertraglich in einem stillschweigenden Auskunftsvertrag oder vertragsähnlich aufgrund eines objektiv-rechtlichen Schuldverhältnisses i.S.v. § 311 Abs. 2 bzw. 3 BGB begründet sein. Eine Sonderstellung nimmt in diesem Zusammenhang die Möglichkeit einer Haftbarmachung aus Geschäftsverbindung ein. Unabhängig von diesen vertraglichen bzw. vertragsähnlichen Grundlagen kann sich ein Schadensersatzanspruch auch aus Deliktsrecht ergeben, etwa wenn eine vorsätzliche sittenwidrige Schädigung im Sinne von § 826 BGB gegeben ist.

---

[97] Palandt-*Sprau*, § 675 BGB Rz. 27; Staudinger-*Wittmann*, § 676 BGB Rz. 7; RGRK-*Steffen*, § 676 BGB Rz. 2, 10; *Canaris*, Bankvertragsrecht, 66, Rz. 88.

[98] *Scheerer*, FS Bärmann, 803; *Krebs*, 89.

[99] *Baumbach/Hopt*, § 347 HGB Rz. 8.

Nach Durchsicht der höchstrichterlichen und obergerichtlichen Rechtsprechung ist zu erkennen, dass die Auskunftshaftung fast ausschließlich auf den Abschluss eines stillschweigenden Auskunftsvertrages gegründet wird.[100] Da seitens der Rechtsprechung der vertraglichen Haftungsherleitung besondere Bedeutung beigemessen wird, soll mit der Untersuchung des stillschweigenden Auskunftsvertrages begonnen werden.

Im Anschluss ist zu erörtern, ob die Auskunftsfälle, die bisher von der Rechtsprechung mit Hilfe des Auskunftsvertrages gelöst worden sind, als objektivrechtliches Schuldverhältnis im Sinne des § 311 BGB eingeordnet werden können. § 311 BGB ist im Zuge des am 1.1.2002 in Kraft getretenen Schuldrechtsmodernisierungsgesetzes eingefügt worden. Von der Frage der grundsätzlichen Möglichkeit der Anwendung des § 311 BGB auf die Auskunftsfälle ist die Frage zu unterscheiden, ob § 311 BGB diese Einbeziehung auch bezweckt. Weiterhin ist zu untersuchen, ob eine Anwendung des § 311 BGB zu einem Aus-

---

[100] BGH Urt. v. 8.12.1998 – XI ZR 50/98, ZIP 1999, 275, 275; BGH Urt. v. 7.7.1998 – XI ZR 375/97, WM 1998, 1771, 1772 (Auskunftskontakt mit Beteiligung Dritter); BGH Urt. v. 21.5.1996 – XI ZR 199/55, BGHZ 133, 36, 42 (Auskunftskontakt mit Beteiligung Dritter / verdeckte Stellvertretung); BGH Urt. v. 13.2.1992 – III ZR 28/90, NJW 1992, 2080, 2082 (stillschweigender Auskunftsvertrag mit einem zu vorvertraglichen Verhandlungen hinzugezogenen sachkundigen Berater); BGH Urt. v. 16.10.1990 – XI ZR 165/88, NJW 1991, 352, 352 (Auskunftskontakt mit Beteiligung Dritter); BGH Urt. v. 17.10.1989 – XI ZR 39/89, NJW 1990, 513, 513 (Bank-an-Bank-Auskunft); BGH Urt. v. 27.6.1989 – XI ZR 52/88, NJW 1989, 2882, 2884 (Bank-an-Bank-Auskunft); BGH Urt. v. 17.9.1985 – VI ZR 73/84, WM 1985, 1531, 1532, (Auskunftshaftung eines Steuerbevollmächtigten); BGH Urt. v. 28.1.1985 – II ZR 10/84, WM 1985, 381, 381 (stillschweigender Auskunftsvertrag zwischen Bank und Leasing-Gesellschaft); BGH Urt. v. 25.2.1980 – ZR 134/79, WM 1980, 527, 528 (Bank-an-Bank-Auskunft im Kundeninteresse); BGH Urt. v. 22.3.1979 – VII ZR 259/77, BGHZ 74, 103, 106 (Vertretereigenhaftung); BGH Urt. v. 12.2.1979 – II ZR 177/77, WM 1979, 548, 549 f. (Kreditauskunft einer Bank an unbekannte Dritte); BGH Urt. v. 30.3.1976 – VI ZR 21/74, WM 1976, 498, 499 (Auskunftskontakt mit Beteiligung Dritter); BGH Urt. v. 6.11.1974 – VIII ZR 207/72, DB 1974, 2392, 2392; BGH Urt. v. 21.12.1972 – II ZR 132/71, WM 1973,635, 635; BGH Urt. v. 1.12.1970 – VI ZR 118/69, WM 1971, 206, 207 (Bank-an-Bank-Auskunft); BGH Urt. v. 6.7.1970 – II ZR 85/68, WM 1970, 1021, 1022 (Ablehnung eines stillschweigenden Auskunftsvertrages); BGH Urt. v. 14.11.1968 – VII ZR 51/67, WM 1969, 36 (Auskunft eines sachverständigen Kunsthändlers); BGH Urt. 7.1.1965 – VII ZR 28/63, WM 1965, 287, 287 (Auskunft eines beratenden Volkswirts und vereidigten Buchprüfers); BGH Urt. v. 9.12.1963 – VII ZR 101/62, WM 1964, 117, 117; BGH Urt. v. 8.7.1963 – VII ZR 44/62, WM 1963, 913, 914; BGH Urt. v. 5.7.1962, VII ZR 199/60, WM 1962, 1110; 1110; BGH Urt. v. 18.1.1960 – VII ZR 195/58, WM 1960, 660, 662; Urt. v. 29.10.1952 – II ZR 283/51, BGHZ 7, 371, 374 f. (Auskunft eines Wirtschaftstreuhänders); OLG Köln Urt. v. 15.2.1984 – 13 U 207/83, WM 1985, 598, 598 (Ablehnung eines stillschweigenden Auskunftsvertrages mit einem Dritten); OLG Düsseldorf Urt. v. 9.2.1989 – 6 U 97/88, WM 1989, 676 (Revisionsentscheidung dazu BGH Urt. v. 17.10.1989 – XI ZR 39/89, NJW 1990, 513).

schluss des stillschweigenden Auskunftsvertrages als Haftungsgrundlage führen würde oder ob beide Haftungskonstruktionen nebeneinander Anwendung finden können.

Bei der Darstellung der vertraglichen bzw. vertragsähnlichen Haftung soll eine Einteilung nach den oben entwickelten Fallgruppen[101] vorgenommen werden, da sich je nachdem, ob es sich um ein Zweipersonen- oder ein Dreipersonenverhältnis handelt, unterschiedliche Probleme ergeben.

Die anschließende Untersuchung der deliktischen Haftung und der Lösungswege der Literatur ist dagegen besser jeweils in sich geschlossen ohne Unterteilung in Fallgruppen durchzuführen.

Im Anschluss wird daher zunächst überprüft, ob und unter welchen Voraussetzungen bei den unterschiedlichen Fallgruppen vertragliche oder vertragsähnliche Haftungsgrundlagen bei falscher Auskunftserteilung vorliegen.

I. Vertragliche/vertragsähnliche Schadensersatzansprüche

1) Auskunftserteilung an eigenen Kunden der auskunftsgebenden Bank

a) Haftung aus Auskunftsvertrag

Eine dogmatische Haftungsherleitung für falsche Auskunftserteilung aus Vertrag ist grundsätzlich möglich. Zwar ergibt sich aus § 675 Abs. 2 BGB, dass aus der bloßen Auskunftserteilung allein noch keine vertragliche Haftung des Auskunftsgebers für den aus der Verwendung der Auskunft entstandenen Schaden abzuleiten ist.[102] Dies schließt aber, wie § 675 Abs. 2 BGB selbst zu entnehmen ist, die Verantwortlichkeit aus einem speziellen Vertragsverhältnis keineswegs aus.[103]

Voraussetzung einer vertraglichen Haftung der Bank ist, dass die Auskunftserteilung Haupt- oder Nebenpflicht eines Vertrages zwischen der Bank und ihrem Kunden ist. Als Grundlage der Haftung für Schäden aus fehlerhafter Auskunft im Rahmen eines geschäftlichen Kontaktes zwischen einer Bank und ihrem Kunden kann auch ein Auskunftsvertrag angesehen werden. Dieser kann

---

[101] Siehe oben S. 25 ff.
[102] OLG Frankfurt/M Urt. 12.3.1965 – 3 U 251/64, NJW 1965, 1334, 1335.
[103] MüKo-*Kramer*, Einl. § 241 BGB Rz. 33.

auch ohne besondere Vereinbarung, das heißt stillschweigend, zu Stande kommen.[104]

Die Rechtsprechung hat bestimmte Kriterien herausgebildet, bei deren Vorliegen ein stillschweigend geschlossener Auskunftsvertrag angenommen wird.

aa) Voraussetzungen des Auskunftsvertrages

Eine Haftung aus Auskunftsvertrag wird nach gefestigter Rechtsprechung regelmäßig angenommen, wenn die Auskunft für den Empfänger erkennbar von erheblicher Bedeutung ist und er sie zur Grundlage wesentlicher Entscheidungen macht.[105] Dies ist nach der Rechtsprechung insbesondere dann anzunehmen, wenn der Auskunftsgebende besonders sachkundig ist und ein eigenes wirtschaftliches Interesse hat.[106]

Da die Sachkunde bei dem auskunftsgebenden Kreditinstitut regelmäßig vorliegt und Bankauskünfte praktisch ausschließlich als Voraussetzung wirtschaftlicher Dispositionen eingeholt werden, ist bei Bankauskünften in der Regel der Abschluss eines stillschweigenden Auskunftsvertrages anzunehmen.[107]

Wie bereits dargestellt, leitet die Rechtsprechung die Auskunftshaftung fast ausschließlich aus einem stillschweigend geschlossenen Auskunftsvertrag her. Die neuere höchstrichterliche und obergerichtliche Rechtsprechung zu den Fäl-

---

[104] BGH Urt. v. 8.12.1998 – XI ZR 50/98, ZIP 1999, 275; BGH Urt. v. 2.2.1970 – II ZR 266/67, WM 1970, 632; OLG Oldenburg Urt. v. 29.8.1986, 11 U 31/86, WM 1987, 836; *Musielak*, WM 1999, 1593, 1594; *Fischer/Klanten*, 176, Rz. 4.69 f; *Baumbach/Hopt*, § 347 HGB Rz. 13; Schimansky/ Bunte/Lwowski-*Bruchner*, § 40 Rz. 47 ff.

[105] Siehe Rechtsprechungsnachweise in Fn. 100.

[106] BGH Urt. v. 13.2.1992 – III ZR 28/90, NJW 1992, 2080, 2082 (stillschweigender Auskunftsvertrag mit einem zu vorvertraglichen Verhandlungen hinzugezogenen sachkundigen Berater); BGH Urt. v. 17.10.1989 – XI ZR 39/89, NJW 1990, 513, 513 (Bank - an - Bank Auskunft); Urt. v. 17.9.1985 – VI ZR 73/84, WM 1985, 1531, 1532, (Auskunftshaftung eines Steuerbevollmächtigten); BGH Urt. v. 22.3.1979 – VII ZR 259/77, BGHZ 74, 103, 106 (Vertretereigenhaftung); BGH Urt. v. 6.11.1974 – VIII ZR 207/72, DB 1974, 2392, 2392; BGH Urt. v. 2.2.1970 - II ZR 266/67, WM 1970, 632, 633; BGH Urt. v. 14.11.1968 - VII ZR 51/ 67, WM 1969, 36, 37; BGH Urt. v. 7.1.1965 - VII ZR 28/63, WM 1965, 287, 287; BGH Urt. v. 9.12.1963 – VII ZR 101/62, WM 1964, 117, 117; BGH Urt. v. 5.7.1962, VII ZR 199/60, WM 1962, 1110; 1110; Urt. v. 29.10.1952 – II ZR 283/51, BGHZ 7, 371, 374 f. (Auskunft eines Wirtschaftstreuhänders); *Sichtermann/Feuerborn/Kirchherr/Terdenge*, 396; *Baumbach/ Hopt*, § 347 HGB Rz. 13; Schimansky/Bunte/Lwowski-*Bruchner* § 40 Rz. 47.

[107] *Gaede*, 41 ff.; *Scheerer*, FS Bärmann, 805 f.; *Sichtermann/Feuerborn/Kirchherr/Terdenge*, 396; *Fischer/Klanten*, 176; BGH Urt. v. 14.11.1968 - VII ZR 51/ 67, WM 1969, 36, 37; BGH Urt. v. 25.4.1974 - II ZR 161/72, WM 1974, 685, 686.

len der "Bank-an-Kunden-Auskunft", ist aber nicht sehr umfangreich.[108] Zur zweiten Fallgruppe der Auskunft einer Bank an eine andere Bank oder an einen Nichtkunden und zur dritten der Auskunftskontakte mit Drittbeteiligung sind dagegen zahlreiche Entscheidungen ergangen.[109] Es bietet sich an, die Frage, wie im Einzelnen ein stillschweigend geschlossener Auskunftsvertrag zustande kommt, nicht an dieser Stelle zu erörtern, sondern eingehend im Rahmen der Ausführungen zur zweiten Fallgruppe, da hier mehr Fallmaterial zur Untersuchung zur Verfügung steht. Einige von der Literatur vorgebrachte grundlegende Einwände gegen die Annahme eines stillschweigend geschlossenen Auskunftsvertrages seien aber bereits hier angesprochen.

bb) Einwände gegen die Haftung aus Auskunftsvertrag

Der schwerwiegendste Einwand gegen die Konstruktion eines Auskunftsvertrages liegt darin, es handele sich um eine reine Fiktion.[110] Dem Auskunftsgebenden fehle regelmäßig der rechtsgeschäftliche Verpflichtungswille und damit der Rechtsbindungswille, da er durch die Auskunftserteilung nicht zum Ausdruck bringe oder bringen wolle, dass er die Interessen des Auskunftsempfängers in wirtschaftlicher oder rechtlicher Hinsicht wahrnehmen wolle.[111]

Dass der Auskunftsgebende konkludent zum Ausdruck bringe, die Auskunft werde nach bestem Wissen und Gewissen erteilt und sei der Sache nach richtig, beinhalte nicht, dass er auch für die Richtigkeit vertraglich haften wolle. Daher handele es sich um eine reine Wissens- und nicht um eine Willenserklärung.[112]

Da der Auskunftsgebende selbst dann haftet, wenn er einen Vertragsschluss ablehnt, solange er nur erkennt, dass der Auskunftssuchende wichtige Vermögensdispositionen von der Auskunft abhängig macht,[113] hafte der Auskunftsgebende nicht wo er will, sondern wo er soll.[114]

---

[108] BGH Urt. v. 8.12.1998 – XI ZR 50/98, ZIP 1999, 275; BGH Urt. v. 2.2.1970 – II ZR 266/67, WM 1970, 632; OLG Oldenburg Urt. v. 29.8.1986, 11 U 31/86, WM 1987, 836.

[109] Siehe oben Fn. 100.

[110] *Hirte*, 387; *Canaris*, Bankvertragsrecht, 66, Rz. 88, *ders*., ZHR 163 (1999), 206, 213; *Lorenz*, 1. FS Larenz,. 618; *Larenz/Canaris*, 333; Jauernig-*Vollkommer*, § 676 Rz. 6; MüKo-*Mertens*, 3. Aufl., § 823 BGB Rz. 469; MüKo-*Kramer*, Einl. § 241 BGB Rz. 35; *Krebs* 162.

[111] *Canaris*, Bankvertragsrecht, 66, Rz. 88; *Hirte*, 387; Staudinger-*Wittmann*, § 676 BGB Rz. 7; *Häuser*, 1317, 1391.

[112] *Canaris*, Bankvertragsrecht, 66, Rz. 88.

[113] BGH Urt. v. 29.10.1952 – II ZR 283/51, BGHZ 7, 371, 375; RGRK-*Steffen*, § 676 BGB Rz. 21; MüKo-*Kramer*, vor § 241 BGB Rz. 35.

[114] *Medicus*, Rz. 371.

Als weiteres Argument gegen den Abschluss eines Auskunftsvertrages wird die Unentgeltlichkeit der Auskunftserteilung angeführt. Bei unentgeltlich erteilten Informationen könne im Zweifel weder ein Einstandswille für die Richtigkeit der Information noch für die Sorgfalt der Informationsgewährung unterstellt werden. Es fehle ein entsprechender tatsächlicher Parteiwille und ein entsprechender hypothetischer ließe sich selten begründen.[115]

In Wahrheit handele es sich nicht um einen Auskunftsvertrag, sondern um einen bloßen Haftungsvertrag.[116] Denn auch die Vertreter der Konstruktion eines stillschweigenden Auskunftsvertrages lehnten eine Rechtspflicht des Auskunftsgebenden aus dem konkludent geschlossenen Auskunftsvertrag ab, die angeforderte Auskunft zu erteilen. Der stillschweigende Auskunftsvertrag werde lediglich als Grundlage für die Gewährung von Schadensersatzansprüchen herangezogen. Da es somit nicht um die Begründung von „Leistungspflichten", sondern von „Verhaltenspflichten" ginge, bedürfe es gar nicht der Konstruktion eines Vertrages, sondern lediglich der eines "Schuldverhältnisses ohne primäre Leistungspflichten."[117]

b) § 311 Abs. 2 Nr. 2 BGB

Eine Regelung der Bankhaftung für Kreditauskünfte könnte nunmehr auch in § 311 BGB enthalten sein. Von Interesse sind hier insbesondere die in § 311 Abs. 2 und 3 BGB getroffenen Regelungen zu rechtsgeschäftsähnlichen Schuldverhältnissen. § 311 Abs. 3 BGB wird im Rahmen der dritten Fallgruppe auf seine mögliche Anwendung hin zu untersuchen sein, da hier die Dritthaftung geregelt ist. Die Einordnung der direkten Bank-an-Kunden-Auskünfte ist jedoch eher unter § 311 Abs. 2 BGB möglich. Dies soll im Anschluss erörtert werden.

aa) Beschreibung der Änderung

(1) Regelung der culpa in contrahendo in § 311 Abs. 2 Nr. 1 und 2 BGB

Im neuen § 311 Abs. 2 Nr. 1 und Nr. 2 BGB wird die Existenz einer Sonderverbindung (eines Schuldverhältnisses im weiteren Sinne) der culpa in contra-

---

[115] *Mansel*, GS Lüderitz, 487, 508; im Umkehrschluss sei bei einer gegen Entgelt erteilten Information ganz regelmäßig davon auszugehen, dass die Parteien eine vertragliche Bindung und damit auch eine besondere Verantwortlichkeit des Informationsgebers für die Richtigkeit der Information erstrebten; *ders.*, FS Schütze, 485, 493 f.

[116] *Köndgen*, 355; *Canaris*, Bankvertragsrecht, 66, Rz. 89.

[117] *Canaris*, Bankvertragsrecht, 67, Rz. 89.

hendo mit Schutzpflichten gemäß § 241 Abs. 2 BGB kodifiziert, ohne dass dabei der Begriff culpa in contrahendo verwendet wird.[118]

Nr. 1 und 2 HS. 1 betreffen die zwei Grundformen der Begründung eines vorvertraglichen culpa in contrahendo-Verhältnisses. Ein vorvertragliches Schuldverhältnis kann gemäß § 311 Abs. 2 Nr. 1 BGB durch die Aufnahme von Vertragsverhandlungen entstehen. Die zweite Fallgruppe der culpa in contrahendo umfasst gemäß § 311 Abs. 2 Nr. 2 BGB die Vertragsanbahnung mit besonderen Einwirkungsmöglichkeiten bzw. das Anvertrautsein. Sie unterscheidet sich von § 311 Abs. 2 Nr. 1 BGB durch eine weniger ausgeprägte Intensität des geschäftlichen Kontaktes. Anders als in Nr. 1 finden in den Fällen der Nr. 2 HS. 1 keine Vertragsverhandlungen statt. Die Entstehung einer Sonderverbindung rechtfertigt sich vielmehr dadurch, dass der Anspruchsgegner z. B. seine Räumlichkeiten dem Verkehr öffnet, um eine potenzielle rechtsgeschäftliche Beziehung einzugehen. Durch diese dadurch geschaffene Einwirkungsmöglichkeit auf die Rechtsgüter des anderen Teils entstehen sich aus der Sonderverbindung ergebende Obhutspflichten.[119] Mit „Einwirkung" und „anvertraut" lehnt sich der Gesetzeswortlaut an das Konzept der Vertrauenshaftung von *Canaris* an.[120]

Die in § 311 Abs. 2 Nr. 2 BGB für die Entstehung einer Schutzpflicht genannte Voraussetzung der durch die Anbahnung eines Vertrages gegebenen Möglichkeit der Einwirkung auf die Rechte, Rechtsgüter und Interessen des anderen ist jedoch eine selbstverständliche Mindestnotwendigkeit einer Pflichtverletzung und damit einer Haftung. Wenn diese Einwirkungsmöglichkeit nicht gegeben wäre, könnten die Rechte, Rechtsgüter und Interessen des anderen nicht verletzt werden und es entstünde kein Schaden, der die Notwendigkeit nach sich ziehen würde, darüber nachzudenken, ob er infolge einer Schutzpflichtverletzung entstanden ist.[121] Diese Einwirkungsmöglichkeit ist eine conditio sine qua non für die haftungsbegründende Pflichtverletzung. Da aber die Möglichkeit der Einwirkung auf die Rechte und Interessen des anderen ganz

---

[118] Dauner-Lieb/Heidel/Lepa/Ring-*Krebs*, Schuldrecht, § 311 Rz. 2, 22; Huber/Faust-*Faust*, Kap. 3, Rz. 10; zum Verhältnis des Begriffs der Sonderverbindung zu dem des Schuldverhältnis siehe näher *Krebs*, 573 ff.

[119] Henssler/Graf v. Westphalen-*Muthers*, § 311 Rz. 18; Dauner-Lieb/Heidel/Lepa/ Ring-*Krebs*, Schuldrecht § 311 Rz. 2, 18 ff.; Haas/Medicus/Rolland/Schäfer/Wendtland-*Medicus*, Kap. 3 Rz. 165.

[120] Dazu unten S. 170 ff. *Haferkamp* in: Dauner-Lieb/Konzen/K. Schmidt, 178 sieht es aber als Spekulation an, daraus allein zu folgern, dass der Gesetzgeber hier eine Art trojanisches Pferd eingestellt hätte, mittels dessen die Habilitationsschrift von *Canaris* kodifiziert werden soll. Zur Frage der Vertrauenshaftung beim Abbruch von Vertragsverhandlungen *Singer* in: Beiträge für *Canaris* zum 65. Geburtstag, 135-157.

[121] *Ehmann/Sutschet*, 152; *Rieble* in: Dauner-Lieb/Konzen/K. Schmidt, 137, 143.

offensichtlich auch in den Fällen der Aufnahme von Vertragsverhandlungen (Nr. 1) und des ähnlichen geschäftlichen Kontaktes (Nr. 2 2. HS.) Voraussetzung der Entstehung der Schutzpflicht ist, hätte diese Formulierung in allen drei Fällen verwandt werden müssen bzw. man hätte sie aufgrund der Selbstverständlichkeit ihres Vorliegens als überflüssig ganz weglassen sollen.[122]

(2) Ähnliche geschäftliche Kontakte im Sinne von § 311 Abs. 2 Nr. 2 letzter HS. BGB

Welche Fälle von § 311 Abs. 2 Nr. 2 letzter HS. BGB mit der Umschreibung „ähnliche geschäftliche Kontakte" erfasst werden sollen, wird in der Literatur als unklar bezeichnet.[123] Die Regelung wird von Teilen der Lehre als mögliche Auffangregelung für etwaige Lücken bei § 311 Abs. 2 Nr. 1 und 2 BGB angesehen.[124]

Damit komme zum Ausdruck, dass der Gesetzgeber den Anwendungsbereich der culpa in contrahendo nicht auf die klassischen Fälle der Vertragsverhandlungen und der sonstigen Vertragsanbahnungen beschränken wolle, sondern durch die generalklauselartige Formulierung die Möglichkeit zu einer Weiterentwicklung offen halten wolle.[125]

Andere sehen in der Regelung des „ähnlichen geschäftlichen Kontaktes" lediglich einen Schutz dagegen, dass kein Fall aus der Haftung ausgeschlossen wird, der bisher als einer der culpa in contrahendo begriffen wurde.[126]

Die Fallgestaltung des § 311 Abs. 2 Nr. 2 letzter HS. BGB erfasse solche Fälle, bei denen noch kein Vertrag angebahnt aber vorbereitet werden soll. In der Rechtsprechung sei anerkannt, dass schon einseitige Maßnahmen, die den anderen dazu veranlassen sollen, den geschäftlichen Kontakt zu suchen, vertragsbezogene Pflichten entstehen lassen könnten.[127] Voraussetzung einer Haftung in

---

[122] *Ehmann/Sutschet*, 152; *Rieble* in: Dauner-Lieb/Konzen/K. Schmidt, 137, 143.

[123] *Canaris*, JZ 2001, 499, 520; Henssler/Graf v. Westphalen-*Muthers*, § 311 Rz. 20; Dauner-Lieb/Heidel/Lepa/Ring-*Krebs*, Schuldrecht, § 311 Rz. 46.

[124] *Canaris*, JZ 2001, 499, 520; Henssler/Graf v. Westphalen-*Muthers*, § 311 Rz. 20; Dauner-Lieb/Heidel/Lepa/Ring-*Krebs*, Schuldrecht, § 311 Rz. 46; Amann/Brambring/Hertel-*Rombach*, 90.

[125] *Canaris*, JZ 2001, 499, 520; Amann/Brambring/Hertel-*Rombach*, 90.

[126] *Ehmann/Sutschet*, 153.

[127] Henssler/Graf v. Westphalen-*Muthers*, § 311 Rz. 20 unter Hinweis auf: Soergel-*Wiedemann*, vor § 275 BGB Rz. 244.

diesem Sinne sei, dass es sich um Beteiligte des potenziellen Vertrages handele.[128]

Hier soll offenbar der Verhandlungsphase und der vorgelagerten Anbahnungsphase noch eine Anbahnungsvorbereitungsphase vorgeschaltet werden. Dies wird als „Blödsinn"[129] kritisiert und ist in der Tat nicht ganz verständlich, wenn man Folgendes bedenkt: Zu dem Zeitpunkt zu dem vorvertragliche Pflichten begründet sein könnten, hat die Anbahnungsphase doch bereits begonnen. Welcher Sinn dann eine weitere Phase der Vorbereitung der Anbahnung zukommen soll, ist nicht nachzuvollziehen. [130]

Aus dem Wortlaut der Regelung des § 311 Abs. 2 Nr. 2 letzter HS. BGB („geschäftliche") ergibt sich, dass dessen Anwendungsbereich bloße soziale Kontakte nicht umfassen soll.[131] Dies stünde im Übrigen im Widerspruch zu der entgegengesetzten eindeutigen Entscheidung in § 311 Abs. 2 Nr. 2 1. HS. BGB.[132]

bb) Anwendung auf Bankauskunftsfälle

Zunächst soll nur die mögliche Einordnung der Bank-an-Kunden-Auskunftsfälle unter § 311 BGB erörtert werden.

Der Fall, dass eine Bank eine Auskunft unmittelbar an einen ihrer Kunden erteilt, könnte unter § 311 Abs. 2 Nr. 2 letzter HS. BGB zu subsumieren sein. Als Anwendungsfälle des § 311 Abs. 2 Nr. 2 letzter HS. BGB werden in der Literatur teilweise Gefälligkeitsverhältnisse mit rechtsgeschäftlichem Charakter ohne primäre Leistungspflicht angesehen.[133] Insbesondere die Fälle der Scheckauskunft durch die bezogene Bank und die Auskünfte im Allgemeinen, die für den Empfänger von wesentlicher wirtschaftlicher Bedeutung sind, könnten als ähn-

---

[128] Henssler/Graf v. Westphalen-*Muthers*, § 311 Rz. 20 unter Hinweis auf: BT-Drucks. 14/6040 S. 163 und Rz. 23.

[129] *Rieble* in: Dauner-Lieb/Konzen/K. Schmidt, 141.

[130] *Rieble* in: Dauner-Lieb/Konzen/K. Schmidt, 141; *Huber/Faust*, Kap. 3, Rz. 11.

[131] *Ehmann/Sutschet*, 153; *Canaris*, JZ 2001, 499, 520; Henssler/Graf v. Westphalen-*Muthers*, § 311 Rz. 20.

[132] *Canaris*, JZ 2001, 499, 520; Henssler/Graf v. Westphalen-*Muthers*, § 311 Rz. 20.

[133] *Canaris*, JZ 2001, 499, 520; Dauner-Lieb/Heidel/Lepa/Ring-*Krebs*, Schuldrecht, § 311 Rz.46; Henssler/Graf v. Westphalen-*Muthers*, § 311 Rz. 20.

liche geschäftliche Kontakte i. S. d. § 311 Abs. 2 Nr. 2 letzter HS. BGB einzuordnen sein.[134]

Die generalklauselartige Formulierung des § 311 Abs. 2 Nr. 2 letzter HS. BGB soll nach in der Literatur teilweise vertretener Ansicht die Möglichkeit zu einer Weiterentwicklung offen halten. Gleichzeitig fehlen aber konkrete Haftungsvorgaben. Diese Aufgabe der Konkretisierung der einzelnen Haftungsvoraussetzungen, der Tatbestandsmerkmale, kommt der Rechtsprechung und auch der Literatur zu.[135]

Es bleibt festzuhalten, dass vom Wortlaut her grundsätzlich die Möglichkeit gegeben ist, eine Haftung für falsche Auskünfte der Banken an ihre Kunden auf § 311 Abs. 2 Nr. 2 letzter HS. BGB zu gründen.

Fraglich ist jedoch, ob die Einbeziehung der Bank-an-Kunden-Auskunftsfälle auch das Ziel des § 311 Abs. 2 Nr. 2 letzter HS. BGB ist, das heißt, ob dies von seinem Sinn und Zweck her erwünscht ist. Dagegen könnte der systematische Vergleich mit den anderen in § 311 Abs. 2 Nr. 1 und 2 BGB genannten tatbestandlichen Gruppen sprechen. Die in Nr. 1 und 2 neben dem Fall des „ähnlichen geschäftlichen Kontaktes" ausdrücklich formulierten Tatbestände entsprechen in ihrem Anwendungsbereich dem derzeitigen Stand der Lehre von der culpa in contrahendo.[136] Die Aufnahme von Vertragsverhandlungen und die Anbahnung eines Vertrages stellen die klassischen Fälle dar, in denen die culpa in contrahendo zur Begründung einer Haftung von der Rechtsprechung herangezogen worden ist. Es ist daher nahe liegend, dass unter § 311 Abs. 2 Nr. 1 und 2 BGB lediglich die Fälle zu subsumieren sind, bei denen die Rechtsprechung typischerweise bisher schon die culpa in contrahendo Haftung bejaht hat.[137]

Der Tatbestand der Anbahnung eines Vertrages erfasst demnach zum Beispiel die Fälle, in denen ein potenzieller Kunde das Geschäftslokal eines Unternehmers zur Anbahnung eines geschäftlichen Kontaktes aufsucht und dabei einen Schaden erleidet.[138] Unter den Tatbestand des § 311 Abs. 2 Nr. 2 letzter HS.

---

[134] *Canaris*, JZ 2001, 499, 520; Dauner-Lieb/Heidel/Lepa/Ring-*Krebs*, Schuldrecht, § 311 Rz. 46.
[135] Dauner-Lieb/Heidel/Lepa/Ring-*Lieb*, Schuldrecht in der anwaltlichen Praxis, § 3 Rz. 36, 45.
[136] Palandt-*Heinrichs*, SchMoG, § 311 BGB Rz. 5. 8-11.
[137] In diesem Sinne *Ehmann/Sutschet*, 153
[138] Palandt-*Heinrichs*, SchMoG, § 311 BGB Rz. 9.

BGB fallen am Ehesten die bisher als Fälle der bürgerlich-rechtlichen Prospekthaftung bekannten Konstellationen.[139]

Die Fälle der falschen Bankauskunft werden dagegen von der Rechtsprechung bisher nicht über die culpa in contrahendo Haftung, sondern regelmäßig über den stillschweigenden Auskunftsvertrag gelöst. Die Bankauskunftsfälle sind daher nicht unter die klassischen Anwendungsfälle der culpa in contrahendo Haftung zu rechnen.

Der in der Literatur teilweise vertretenen Ansicht, der Tatbestand des „ähnlichen geschäftlichen Kontaktes" stelle eine Auffangregelung dar und diene der Weiterentwicklung über die von der Rechtsprechung herausgebildeten klassischen Fälle der culpa in contrahendo hinaus, ist daher nicht zwingend zu folgen. Diese Auffassung gründet offensichtlich auf der Annahme, § 311 Abs. 2 Nr. 2 letzter HS. BGB würde sonst keinen selbstständigen Sinn ergeben, da die typischen von der Rechtsprechung entwickelten Fälle der culpa in contrahendo Haftung bereits unter die beiden anderen Tatbestände subsumiert werden könnten. Daraus wird der Schluss gezogen, dem Tatbestand des „ähnlichen geschäftlichen Kontaktes" käme nur eine Existenzberechtigung zu als Generalklausel zur Einbeziehung weiterer möglicher, von der Rechtsprechung aber bisher nicht anerkannter Fälle, wie etwa Gefälligkeitsverhältnisse mit rechtsgeschäftlichem Charakter ohne primäre Leistungspflicht, unter die auch die Bankauskunft gezogen werden könnte.

Wie aber gezeigt, gibt es durchaus Einzelfälle in der Rechtsprechung, wie die Prospekthaftung, bei denen eine Haftung bisher schon auf culpa in contrahendo gegründet worden ist und die nach neuem Recht unter den Tatbestand des „ähnlichen geschäftlichen Kontakts" fallen. § 311 Abs. 2 Nr. 2 letzter HS. BGB hat demnach auch dann einen Sinn, wenn man ihn nicht als offenen Tatbestand zur Weiterentwicklung der klassischen Fälle der culpa in contrahendo ansieht. Er kann vielmehr auch einen Auffangtatbestand in dem Sinne darstellen, dass er

---

[139] Henssler/Graf v. Westphalen-*Muthers*, § 311 Rz. 20. Weitere von der Rechtsprechung anerkannte Fallgruppen der culpa in contrahendo, welche unter den Tatbestand „ähnliche geschäftliche Kontakte" fallen, sind z. B. die wettbewerbsrechtliche, rechtmäßige Abmahnung, welche eine Sonderverbindung begründet, innerhalb der für culpa in contrahendo gehaftet wird, und wenn eine Sache von mehreren gemeinsam verkauft wird, ohne dass zwischen ihnen ein besonderes Rechtsverhältnis besteht. In diesem Fall haften sie einander nach den Grundsätzen der c.i.c, Palandt-*Heinrichs*, SchMoG, § 311 BGB Rz. 10. Nach Huber/Faust-*Faust*, Kap. 3 Rz. 11 verbleibt dagegen kein eigenständiger Anwendungsbereich für § 311 Abs. 2 Nr. 2 letzter HS. BGB.

bisher schon der culpa in contrahendo unterfallende Konstellationen, die sich nicht unter Nr. 1 und Nr. 2 erster HS. subsumieren lassen, erfassen soll.[140]

Ein Ausweitung der vertragsähnlichen objektiven Haftung auf die Bankauskunftsfälle ist daher nicht zwingend in § 311 Abs. 2 Nr. 2 letzter HS. BGB verankert, wenn dessen Anwendung auf Auskunftsfälle vom Wortlaut her auch grundsätzlich möglich ist.

Dass eine Ausweitung nicht gewollt war, zeigt auch, dass – wie in der Gesetzesbegründung mehrfach hervorgehoben – das geltende Recht nicht verändert werden sollte. Auch streitige Punkte sollten nicht entschieden werden. Ziel war es einige Regelungen „dem Grunde nach" ins Gesetz zu schreiben.[141]

Es ist fraglich, ob die Rechtsprechung von der nunmehr gesetzlich eröffneten Möglichkeit einer objektiven Haftungsbegründung über § 311 Abs. 2 Nr. 2 letzter HS. BGB Gebrauch machen wird, obwohl sie bei den Fällen einer unmittelbaren Auskunftserteilung der Bank an einen ihrer Kunden bisher ausschließlich den stillschweigenden Auskunftsvertrag als Haftungsgrundlage herangezogen hat.

Weiterhin stellt sich die Frage, ob eine Anwendung des § 311 Abs. 2 Nr. 2 letzter HS. BGB dazu führen würde, dass die Annahme eines stillschweigenden Auskunftsvertrages ausgeschlossen wäre.

cc) Verhältnis des § 311 Abs. 2 Nr. 2 letzter HS. BGB zum stillschweigenden Auskunftsvertrag und die mögliche Position der Rechtsprechung

Mit § 311 Abs. 2 BGB und dem stillschweigenden Auskunftsvertrag stehen sich zwei dogmatisch voneinander zu unterscheidende Haftungsansätze gegenüber. Der Auskunftsvertrag knüpft an den Parteiwillen an. Nur wenn die Bank den Willen hat, für die falsche Auskunft haftungsrechtlich einzustehen, kommt eine vertragliche Bindung zwischen ihr und dem Kunden zustande. Dieser Wille muss nicht ausdrücklich geäußert werden, sondern kann auch, wie grundsätzlich im Vertragsrecht, konkludent zum Ausdruck gebracht werden. Das heißt der subjektive Parteiwille zum Abschluss des Vertrages kann aus objektiven nach Außen tretenden Umständen hergeleitet werden. Anknüpfungspunkt bleibt dogmatisch aber die subjektive Seite.

---

[140] Henssler/Graf v. Westphalen-*Muthers*, § 311 Rz. 20; *Ehmann/Sutschet*, 153.
[141] BT-Drucks. 14/6040, 175 ff.; *Ehmann/Sutschet*, 151.

Die Entstehung eines quasi vertraglichen Schuldverhältnisses im Sinne des § 311 Abs. 2 BGB kann zwar auch aus einer auf eine parteiautonome Entscheidung gründenden Kontaktaufnahme folgen.[142] Dogmatisch handelt es sich aber um ein gesetzliches Schuldverhältnis, welches unabhängig von dem Parteiwillen entsteht. Ob ein ähnlicher geschäftlicher Kontakt im Sinne des § 311 Abs. 2 Nr. 2 letzter HS. BGB herbeigeführt wird, ist zwar vom Willen der Beteiligten oder zumindest eines Beteiligten abhängig. Die an diesen Kontakt geknüpfte Rechtsfolge tritt jedoch unabhängig davon ein, ob dies von den Beteiligten beabsichtigt war. Beim stillschweigenden Auskunftsvertrag muss dagegen auch die Rechtsfolge vom Willen der Vertragsparteien umfasst sein. Wann ein vertragsähnliches Schuldverhältnis im Sinne des § 311 Abs. 2 BGB entsteht, kann zum einen subjektiv anhand der von den Beteiligten gegebenenfalls gemachten Erklärungen und zum anderen anhand objektiver Merkmale ermittelt werden. Im Fall des ähnlichen geschäftlichen Kontaktes steht die objektive Seite aber nicht nur in dogmatischer Hinsicht im Vordergrund, sondern auch bei der Frage der tatsächlichen Voraussetzungen. Denn hier ist im Vergleich zu den anderen Tatbestandsgruppen der Aufnahme von Vertragsverhandlungen und der Anbahnung eines Vertrages die Intensität des vorvertraglichen bzw. vertragsähnlichen Kontaktes deutlich abgeschwächt. Es soll noch kein Vertrag angebahnt oder vorbereitet werden.[143] Es mangelt daher an einer auf ein vertragliches Verhältnis abzielenden Erklärung, deren Auslegung den subjektiven Willen, eine rechtliche Verpflichtung einzugehen, erkennen lassen könnte. Es sind vielmehr objektive Umstände zur Begründung einer rechtlichen Verpflichtung heranzuziehen.

Für das Verhältnis der beiden möglichen Haftungsgrundlagen zueinander ergibt sich Folgendes:

Der stillschweigende Auskunftsvertrag stellt gewissermaßen die Steigerung gegenüber § 311 Abs. 2 BGB dar. Innerhalb des Systems des § 311 Abs. 2 BGB wird zwischen den tatbestandlichen Kategorien nach der Intensität des vorvertraglichen Kontaktes eine Abstufung vorgenommen. Die vertragsähnliche Bindung ist am schwächsten bei dem „ähnlichen geschäftlichen Kontakt" ausgeprägt. Dann folgt in Abstufung die Anbahnung eines Vertrages und die Aufnahme von Vertragsverhandlungen. Der Abschluss des Auskunftsvertrages ist natürlicherweise der intensivste Kontakt zwischen zwei Personen, da er über das vorvertragliche Stadium hinausgeht.

---

[142] *Teichmann*, BB 2002, 1485, 1492.
[143] Henssler/Graf v. Westphalen-*Muthers*, § 311 Rz. 20.

Das bedeutet aber, dass eine Haftung aus § 311 Abs. 2 BGB und Auskunftsvertrag nicht nebeneinander stehen kann. Entweder das Verhältnis zwischen den Beteiligten hat bereits die Intensität einer vertraglichen Bindung erreicht oder es stellt lediglich einen ähnlichen geschäftlichen Kontakt dar. Im letzteren Fall kann aber nicht gleichzeitig neben der Haftung aus § 311 Abs. 2 BGB eine Haftung aus Auskunftsvertrag gegeben sein.

Wenn die Rechtsprechung demnach die Anwendung des § 311 Abs. 2 BGB in einem konkreten Fall bejahen würde, dann müsste das Bestehen eines Auskunftsvertrages verneint werden. Umgekehrt gilt das Gleiche.

Aus zwei Gründen ist es ist jedoch nicht zu erwarten, dass die Rechtsprechung in dem Fall der falschen Auskunftserteilung einer Bank an einen ihrer Kunden von der bisherigen Anwendung des stillschweigenden Auskunftsvertrages abweichen wird.

Zum Einen ist es in dieser Fallgruppe verhältnismäßig unproblematisch aufgrund des direkten Kontaktes zwischen Bank und Kunde bei der Auskunftsanfrage und der Auskunftserteilung eine vertragliche Bindung zu bejahen. Da die Bank regelmäßig unmittelbar von ihrem Kunden über die Bedeutung der Auskunft für ihn und der von ihr abhängenden vermögenswirksamen Entscheidung in Kenntnis gesetzt wird bzw. aufgrund der laufenden Geschäftsverbindung Kenntnis hat, ergeben sich für die Rechtsprechung nach der bisher von ihr vertretenen Lösung keine besonderen Schwierigkeiten, das Bestehen eines stillschweigenden Auskunftsvertrages zu bejahen. Aufgrund des in dieser Fallgruppe bestehenden direkten Auskunftskontaktes sind die dogmatischen Bedenken gegen den stillschweigenden Auskunftsvertrag nicht tragend.

Zum Anderen würde eine dogmatische Wende hin zu einer Anwendung des § 311 Abs. 2 Nr. 2 letzter HS. BGB eine Haftungsbegründung eher erschweren als erleichtern. Denn die Neuregelung sagt nicht, welche Anforderungen an den das Schuldverhältnis begründenden geschäftlichen Kontakt zu stellen sind. Konkrete Pflichten, die bei Vorliegen eines ähnlichen geschäftlichen Kontaktes ausgelöst werden, werden ebenfalls nicht genannt, ebensowenig Regelbeispiele und Fallgruppen. Auch die Rechtsfolgenfragen werden nicht angesprochen. Kodifiziert ist das bloße Rechtsprinzip ohne subsumtionsfähigen konkreten Inhalt.[144] Wenn die Rechtsprechung also bei Anwendung des § 311 Abs. 2 Nr. 2

[144] *Rieble* in: Dauner-Lieb/Konzen/K. Schmidt, 138; Dauner-Lieb/Heidel/Lepa/Ring-*Lieb*, Schuldrecht in der anwaltlichen Praxis, 143 f. Die Frage, wem eine weithin inhaltsleere Generalklausel nützt, ist berechtigt. Ist ihre Daseinsberechtigung tatsächlich darin zu erblicken, dass Ausländer und Studenten im Gesetz eine Grundlage für die allgemeinen Rechtsgrundsätze wie die culpa in contrahendo finden? In der Begründung zum Gesetzestext wird unter

letzter HS. BGB ohnehin aufgrund der bereits von ihr erarbeiteten Grundsätze zur Auskunftshaftung entscheiden müsste, besteht für sie keine Veranlassung, den bisher eingeschlagenen Weg zu verlassen.

Für die Fallgruppe der Bank-an-Kunden-Auskünfte ist nicht damit zu rechnen, dass die Rechtsprechung auf die Möglichkeit der Haftungsbegründung aus § 311 Abs. 2 Nr. 2 letzter HS. BGB zurückgreifen wird.

c) Haftung aus Geschäftsverbindung

Als Haftungsgrundlage bei falscher Auskunftserteilung wurde von der älteren Rechtsprechung auch die Geschäftsverbindung zwischen der Bank und ihrem Kunden angesehen. In der neueren Rechtsprechung tritt die Geschäftsverbindung als Haftungsgrundlage für falsch erteilte Auskünfte dagegen zunehmend in den Hintergrund.[145] Die Rechtsprechung sah ausgehend von einem Urteil des Reichsgerichts[146] in einer dauernden bzw. laufenden Geschäftsverbindung zwischen einem Kreditinstitut und einem seiner Kunden eine ausreichende Grundlage für die vertragliche Haftung für falsche Auskunftserteilung.[147] Die Aus-

---

BT-Drucks. 14/6040 S. 162 darauf verwiesen, dass Auskünfte über deutsches Recht an ausländische Gerichte erleichtert und der Einfluss auf die Europäische Rechtsentwicklung gesteigert würde. In diesem Sinne auch *Fleischer* in: Schulze/Schulte-Nölke, 243, 250 f., der eine Verankerung der culpa in contrahendo Grundsätze als Generalklausel im BGB als förderlich für die Bewusstseinsbildung innerhalb der Rechtsgemeinschaft ansieht, um die Grundpflichten von Verhnadlungspartnern mit höchster Autorität auszustatten. Darüber hinaus sieht er darin eine wertvolle Lern- und Lernhilfe für Dozenten wie Studenten. Zugleich komme der Kodifizierung vorvertraglicher Verhaltenspflichten ermahnende und verhaltenssteuernde Funktion zu. *Köndgen* in: Schulze/Schulte-Nölke, 231, 241 wendet sich gegen eine solche gesetzliche Verankerung bloßer dogmatischer Lehrsätze. Mit drastischen Worten aber im Kern richtig, verweist auch *Rieble* in: Dauner-Lieb/Konzen/K. Schmidt, 138, darauf, dass die vornehmste Aufgabe des Gesetzgebers darin liege, im Interesse der Normunterworfenen die wesentlichen Rechtsfragen eines Rechtsinstituts rechtssicher und zweifelsfrei zu regeln.

[145] Siehe dazu unten S. 65 ff.

[146] RG Urt. v. 31.01.1891 – I. 254/90, RGZ 27, 118 ff.

[147] BGH Urt. v. 3.12.1968 – VI ZR 213/66, WM 1969, 247, 248 (Heizöllieferverntrag); BGH Urt. v. 29.11.1967 – Ib ZR 165/65, BGHZ 49, 167, 168 (Bank-an-Bank-Auskunft); BGH Urt. v. 24.5.1967 - Ib ZR 170/64, WM 1967, 1077, 1078 (Bank-an-Kunden-Auskunft); BGH Urt. v. 7.6.1956 - II ZR 52/55, WM 56, 1056, 1056 (Bank-an-Kunden-Auskunft); BGH Urt. v. 28.4.1954 – II ZR 279/53, BGHZ 13, 198, 200 (Bank-an-Kunden-Auskunft); RG Urt. v. 22.10.1929 - VII 147/29, RGZ 126, 50, 52 (Bank-an-Kunden-Auskunft); RG Urt. v. 24.09.1898 – I 201/98, RGZ 42, 125, 130 (Verkauf von Wertpapieren).

kunftserteilung wurde in diesem Fall als Serviceleistung innerhalb der bestehenden Geschäftsbeziehung angesehen.[148]

Nach der älteren Rechtsprechung ergibt sich die Pflicht, eine Auskunft vollständig und richtig zu erteilen, als Nebenverpflichtung aus der dauernden Geschäftsverbindung, wenn sich im Rahmen dieser Geschäftsverbindung ein Vertrauensverhältnis herausgebildet hat.[149]

aa) Begriff der Geschäftsverbindung

Die Geschäftsverbindung ist der nicht nur auf ein Einmalgeschäft angelegte häufige rechtsgeschäftliche Kontakt, durch den ein besonderes Vertrauensverhältnis geschaffen worden ist. Innerhalb dieses Vertrauensverhältnisses ist die Wahrung von Treu und Glauben stärker zu beachten, als dies im Verkehr von einander fremd gegenüberstehenden Personen notwendig ist.[150] Das durch die Geschäftsverbindung begründete Vertrauensverhältnis verleiht den im Rahmen dieses Verhältnisses vorgenommenen Handlungen wie der Erteilung von Auskünften die Qualität von Rechtsgeschäften.[151] Die Sonderverbindung zwischen Kreditinstitut und Kunde begründet demnach Pflichten zur gegenseitigen Rücksichtnahme. Verletzt die Bank diese Pflicht durch schuldhafte Erteilung einer unrichtigen Auskunft, so haftet sie dem Kunden auf Schadensersatz nach den Prinzipien der Vertragshaftung auf der Grundlage des § 242 BGB.[152]

---

148 *Musielak* in: Hadding/Schneider, 25; *Köndgen*, Bankhaftungsrecht, 96.

149 BGH Urt. v. 24.5.1967 - Ib ZR 170/64, WM 1967, 1077, 1078 (Bank-an-Kunden-Auskunft); BGH Urt. v. 28.4.1954 – II ZR 279/53, BGHZ 13, 198, 200 (Bank-an-Kunden-Auskunft); RG Urt. v. 22.10.1929 - VII 147/29, RGZ 126, 50, 52 (Bank-an-Kunden-Auskunft).

150 *Baumbach/Hopt*, Einl. vor § 343 HGB, Rz. 3; BGHZ 87, 27, 32, Urt. v. 23. 2. 1983 - VIII ZR 325/81; BGH Urt. v. 3. 12. 1968 – VI ZR 213/66, BGH WM 1969, 247, 248; BGH Urt. v. 24. 5. 1967 - Ib ZR 170/64, WM 1967, 1077, 1078; BGH Urt. v. 28. 4. 1954 – II ZR 279/53, BGHZ 13, 198, 200

151 *Baumbach/Hopt*, § 347 HGB, Rz. 16; *Sichtermann/Feuerborn/Kirchherr/Terdenge*, 398.

152 BGH Urt. v. 3.12.1968 – VI ZR 213/66.BGH WM 1969, 247, 248.

bb) Voraussetzungen der Haftung aus Geschäftsverbindung

(1) Geschäftliche Kontaktaufnahme mit beabsichtigter dauerhafter Zusammenarbeit

Für eine Haftung nach Vertragsrecht soll bereits das zu Beginn einer Geschäftsverbindung entstehende Vertrauensverhältnis ausreichen. Es kommt es darauf an, dass ein geschäftlicher Kontakt mit der Absicht zur dauerhaften Zusammenarbeit aufgenommen wird.[153]

(2) Innerer Zusammenhang zwischen Auskunft und Geschäft

Eine bestehende Geschäftsverbindung führt allerdings nicht dazu, dass die Beteiligten ausnahmslos nach Vertragsrecht haften. Das Schadensereignis muss vielmehr einen inneren Bezug zur Geschäftsverbindung aufweisen. Das heißt, die Auskunft muss mit dem eingegangenen Geschäft in einem inneren Zusammenhang stehen.[154]

Das bedeutet nicht, dass ein sachlicher Zusammenhang zu einem einzelnen Bankgeschäft bestehen muss. Denn dann wäre der haftungsrechtliche Weg über die zwischen Bank und Kunde bestehende Geschäftsverbindung ohnehin entbehrlich, da in diesem Fall die Haftung für eine unrichtig erteilte Auskunft ohne weiteres aus einer vertraglichen Nebenpflicht des Einzelvertrages hergeleitet werden könnte. Ausreichend für die Annahme eines inneren Zusammenhangs ist vielmehr, dass die Auskunft allgemein im Rahmen eines normalen Bankgeschäfts erteilt wird.[155]

Dieser innere Zusammenhang des durch die falsche Bankauskunft verursachten Schadens mit der laufenden Geschäftsverbindung zwischen der Bank und ihrem Kunden ist bei der Kreditauskunft als Standardservice der Bank regelmäßig gegeben.

---

[153] BGH Urt. v. 26.11.1973 – II ZR 117/2, WM 1974, 155,156; BGH Urt. v. 15.12.1975 – II ZR 28/74, WM 1976, 630, 631; *Baumbach/Hopt*, § 347 HGB, Rz. 16; Staudinger-*Wittmann*, § 676 BGB Rz. 12.

[154] *Sichtermann/Feuerborn/Kirchherr/Terdenge*, 398; *Schlenke*, 67; *Breinersdorfer*, 51; RGRK-*Steffen*, § 676 BGB Rz. 18; Staudinger-*Wittmann*, § 676 BGB Rz. 12; BGH Urt. v. 24.5.1967 – Ib ZR 170/64, WM 1967, 1077, 1078.

[155] Staudinger-*Wittmann*, § 676 BGB Rz. 12.

Für die im Rahmen einer Geschäftsverbindung zwischen der Bank und ihrem Kunden schuldhaft unrichtig erteilte Auskunft kann die Bank daher nach der älteren Rechtsprechung vertraglich haftbar gemacht werden.

cc) Dogmatische Herleitung der Haftung aus Geschäftsverbindung

Obwohl die ältere Rechtsprechung die Geschäftsverbindung als Grundlage für eine vertragliche Haftung bei schuldhaft unrichtig erteilter Auskunft heranzieht, hat sie dabei offen gelassen, wie diese Haftung dogmatisch zu rechtfertigen ist.[156]

In der Literatur wird hierzu demgegenüber eingehend Stellung bezogen. Im Wesentlichen werden zwei Begründungsansätze vertreten:

(1) Gesetzliches Schuldverhältnis

Teilweise wird, wie in der Rechtsprechung offen gelassen, ob es sich bei der Haftung aus Geschäftsverbindung um eine echte Vertragshaftung oder nur um eine solche nach Vertragsgrundsätzen handelt, da das Geschäftsverhältnis eine rechtliche Sonderverbindung darstelle.[157] Diese sei als gesetzliches Schuldverhältnis ähnlich der culpa in contrahendo anzusehen, welches vertragsähnlich begründet werde.[158] Der in der Rechtsfigur der culpa in contrahendo angelegte Grundsatz des Vertrauensschutzes wird auf die Haftung innerhalb einer Geschäftsverbindung übertragen.[159]

Es ist zwar heute allgemein anerkannt und seit In-Kraft-Treten des Schuldrechtsmodernisierungsgesetzes am 1.1.2002 auch in § 311 BGB gesetzlich verankert, dass die Aufnahme von Vertragsverhandlungen ein gesetzliches Schuldverhältnis entstehen lassen kann, welches die Beteiligten zur Beachtung bestimmter Sorgfaltspflichten zwingen kann, so dass die Geschäftsverbindung als gesetzliches Schuldverhältnis grundsätzlich in Anlehnung an die Haftung aus culpa in contrahendo abgeleitet werden könnte.

---

[156] *Häuser*, 1317, 1340 f.; *Hopt*, 405; *Gaede*, 24 f.

[157] MüKo-*Kramer*, Einl. § 241 BGB Rz. 33 f.; *Schmidt*, 604; *Musielak* in: Hadding/Schneider, 25; *Baumbach/Hopt*, § 347 HGB Rz. 16.

[158] MüKo-*Kramer*, Einl. § 241 BGB Rz. 33 f., 77a; *Canaris*, Bankvertragsrecht, Rz. 12; *Baumbach/Hopt*, § 347 HGB Rz. 16; OLG Düsseldorf Urt. v. 21.12.1994 – 9 U 95/94, WM 1995, 877, 879.

[159] *Canaris*, Bankvertragsrecht, Rz. 12 ff.; Staudinger-*Wittmann*, § 675 BGB Rz. 17, 19; Schlegelberg-*Hefermehl*, § 347 HGB Rz. 39; Ermann-*Ehmann*, § 675 BGB Rz. 144 f; *Baumbach/Hopt*, § 347 HGB, Rz. 16.

Schwierigkeiten bereitete dieser Lösungsansatz aber insoweit, als der Vertrauensschutz der culpa in contrahendo vor seiner gesetzlichen Kodifizierung an ein bestimmtes einzelnes Rechtsgeschäft geknüpft war. Wird eine Kreditauskunft im Rahmen einer Geschäftsverbindung zwischen der Bank und ihrem Kunden erteilt, so besteht die Problematik aber gerade darin, dass kein einzelner Vertrag der Auskunftserteilung zugrunde liegt, sondern der generelle geschäftliche Kontakt.[160]

Eine Haftung aus gesetzlichem Schuldverhältnis im Fall der Kreditauskunft hätte nur hergeleitet werden können, wenn der Vertrauensschutz der culpa in contrahendo auf alle Handlungen und Maßnahmen hätte erweitert werden können, die innerhalb der Geschäftsverbindung liegen. Dies wäre aber nur mit einem gegenüber den normalen Fällen der culpa in contrahendo gesteigerten Vertrauen zu begründen gewesen.[161]

Ein solches hätte nur darin gesehen werden können, dass zwischen der Bank und ihrem Kunden eine gefestigte, bereits vor dem Schadensereignis begründete Geschäftsverbindung besteht. Für eine Haftung aus Geschäftsverbindung soll jedoch nach allgemeiner Meinung gerade das zu Beginn einer Geschäftsverbindung entstehende Vertrauensverhältnis ausreichen.[162]

Es konnte auch nicht davon ausgegangen werden, dass die Banken „alte" und „neue" Kunden haftungsrechtlich ungleich behandeln wollen. Denn es liegt geradezu in ihrem Interesse, sich durch gute Serviceleistungen auf dem Markt positiv darzustellen. Um „Neukunden" zu gewinnen, liegt es daher nahe, dass nicht nur nach langfristigem geschäftlichen Kontakt, sondern gerade zu Beginn einer Geschäftsverbindung der neue Kunde in den Genuss der bestehenden Kundendienstleistungen kommen soll. Diese allgemeinen Interessen der Kreditinstitute sprachen dagegen, dass erst ein langfristiges, gesteigertes Vertrauensverhältnis die Haftungsverpflichtung aus dem Geschäftsverhältnis begründen sollte.

Diese Probleme, die sich aus einer Anlehnung der Geschäftsverbindung als gesetzliches Schuldverhältnis an die culpa in contrahendo ergeben haben, sind dadurch aufgehoben worden, dass der Vertrauensschutz der culpa in contrahendo gemäß § 311 Abs. 2 Nr. 2, letzter HS. BGB nunmehr auch auf „ähnliche geschäftliche Kontakte" ausgedehnt worden und nicht mehr an ein bestimmtes einzelnes Rechtsgeschäft geknüpft ist. Ein genereller geschäftlicher Kontakt,

---

[160] *Breinersdorfer*, 56 f.
[161] *Breinersdorfer*, 56 f.
[162] Siehe oben S. 59.

auch wenn er nur einmalig erfolgt, kann danach für die Begründung einer haftungsrechtlichen Sonderverbindung gemäß §§ 311 Abs. 2 Nr. 2, letzter HS., 241 Abs. 2 BGB als ausreichend angesehen werden, ohne das ein gesteigertes Vertrauen gegenüber den anderen Fällen der culpa in contrahendo, wie der Aufnahme von Vertragsverhandlungen oder der Anbahnung eines Vertrags, gegeben sein müsste. Damit erübrigt sich das Problem der Notwendigkeit eines intensivierten Vertrauensverhältnisses durch eine länger andauernde Geschäftsbeziehung. Vielmehr fällt unter § 311 Abs. 2 Nr. 2, letzter HS. BGB auch schon der erstmalige geschäftliche Kontakt des Kunden zu seiner Bank.

(2) Lehre vom allgemeinen Bankvertrag

Die Lehre vom allgemeinen Bankvertrag führt die Haftung des Kreditinstituts für falsche Auskünfte aus Geschäftsverbindung auf den allgemeinen Bankvertrag zwischen der Bank und dem Kunden zurück.[163] Dem allgemeinen Bankvertrag werden umfassende Sorgfaltspflichten entnommen, welche auch die Erteilung von etwaigen Auskünften umfassen sollen bzw. die weitergehende grundsätzliche Verpflichtung, dem Kunden im Rahmen des Banküblichen die Organisation und Einrichtung des Kreditinstituts zur Verfügung zu stellen.[164] Dadurch wird die Auskunftserteilung der Bank haftungsrechtlich auf eine vertragliche Grundlage gestellt. Die Bank handelt in Erfüllung einer Vertragspflicht, die sich aus dem allgemeinen Bankvertrag ergibt.

(3) § 311 BGB

Dogmatisch könnte die Haftung aus Geschäftsverbindung auch auf § 311 Abs. 2 Nr. 2 letzter HS BGB gegründet werden. Die Geschäftsverbindung könnte als ähnlicher geschäftlicher Kontakt i. S. d. § 311 Abs. 2 Nr. 2 letzter HS BGB eingeordnet werden und als rechtsgeschäftsähnliches gesetzliches Schuldverhältnis eine für eine Haftung ausreichende rechtliche Sonderverbindung zwischen der Bank und ihrem Kunden darstellen.

dd) Einwände gegen die Haftung aus Geschäftsverbindung

Der Haftung aus Geschäftsverbindung wird entgegengehalten, dass sie zu wenig konkrete Anhaltspunkte für eine Haftung vorgebe. Die Geschäftsverbin-

---

[163] RGRK-*v.Godin*, Anh. I zu § 365 HGB Anm. 1 ff.; RGRK-*Steffen*, § 676 BGB Rz. 24; *Hopt*, 393 ff.; *Gaede*, 29 ff; *Pikart*, WM 1957, 1238, 1240; *Claussen*, 110, Rz. 25.
[164] RGRK-*v.Godin*, Anh. I zu § 365 HGB Anm. 1 Nr. 2a); *Gaede*, 31 f.

dung sei inhaltlich zu unbestimmt, um Haftungsfolgen auslösen zu können.[165] Im Übrigen sei der Rechtsprechung nicht zu entnehmen, wie die Haftung aus Geschäftsverbindung dogmatisch herzuleiten sei.[166]

Insbesondere die dogmatische Begründung der Haftung aus Geschäftsverbindung mithilfe der Lehre vom allgemeinen Bankvertrag ist starker Kritik ausgesetzt. Soweit sich der Inhalt des allgemeinen Bankvertrags in der Einigung über die Aufnahme der Geschäftsverbindung erschöpfen soll, seien die Voraussetzungen des allgemeinen Vertragsbegriffs nicht erfüllt. Denn die Aufnahme einer Geschäftsverbindung habe keinerlei rechtliche Gebundenheit zur Folge, da sie jederzeit abgebrochen werden könne. Essenzieller Bestandteil des Vertragsbegriffs sei aber gerade die rechtliche Bindung.[167] Der allgemeine Bankvertrag stelle eine unnötige Überkonstruktion[168] dar, denn die entstehenden Schutzpflichten ließen sich genauso gut, wenn nicht besser, mithilfe eines gesetzlichen Schuldverhältnisses dogmatisch begründen.[169] Die Rechtsprechung verwende den Begriff des Bankvertrages zwar hin und wieder.[170] Sie bringe dabei aber nicht klar zum Ausdruck, ob sie im Bankvertrag einen eigenständigen Vertragstypus sehe oder ob es sich hierbei lediglich um ein Synonym für bestimmte Einzelverträge wie vor allem den Girovertrag handele.[171]

Nicht nur die dogmatische Konstruktion des Bankvertrages wird kritisiert, sondern auch diejenige eines gesetzlichen Schuldverhältnisses. Aufgrund der zu ungenauen Ausgestaltung könnten leicht Unsicherheiten in der Anwendung entstehen.[172]

Vertragliche oder deliktische Lösungswege seien einer rechtsfortbildenden Maßnahme grundsätzlich vorzuziehen.[173] Diesem Einwand kann jedoch entgegengesetzt werden, dass die culpa in contrahendo nunmehr in § 311 BGB kodifiziert ist und die Einordnung der Haftung aus Geschäftsverbindung als gesetzliches Schuldverhältnis nicht mehr lediglich eine rechtsfortbildende Maßnahme darstellt, sondern ihre dogmatische Grundlage direkt auf die gesetzliche Regelung des § 311 Abs. 2 Nr. 2 letzter HS BGB stützen könnte.

---

[165] *Gaede*, 23 f.; *Dirichs*, 53 ff.

[166] Köndgen-*Fischer*, Bankhaftungsrecht, 96; *Gaede*, 24 f.

[167] *Canaris*, Bankvertragsrecht, Rz. 11, 7.

[168] *Scheerer* in: FS Bärmann 808.

[169] MüKo-*Westermann*, vor § 607 BGB Rz. 16; *Canaris*, Bankvertragsrecht, 4, 7, Rz. 4, 11.

[170] BGH Urt. v. 31. 01. 1957 – II ZR 41/56, BGHZ 23, 222, 226 f.

[171] *Canaris*, Bankvertragsrecht, 3, Rz. 2.

[172] *Heymann-Horn*, § 347 HGB, Rz. 48.

[173] *Bürger*, 145; *Rümker* ZHR 147 (1983), 27, 34.

ee) Entwicklung der Rechtsprechung

In der neueren Rechtsprechung verliert die Geschäftsverbindung als Haftungsgrundlage für falsche Auskunftserteilung offensichtlich zunehmend an Bedeutung. Soweit ersichtlich ist in der Rechtsprechung des Bundesgerichtshofs und der Oberlandesgerichte ein Schadensersatzanspruch unmittelbar aus einer bestehenden Geschäftsverbindung seit der Entscheidung des Bundesgerichtshofs vom 3.12.1968[174] nicht mehr hergeleitet worden.

Zwar wird der Begriff der ständigen Geschäftsbeziehung in verschiedenen zeitlich nachfolgenden Urteilen des Bundesgerichtshofs noch verwendet. Dem einen Fall lag aber ein Kreditverhältnis zugrunde.[175] Da es sich hierbei um einen Vertrag handelt, konnte die Haftung unproblematisch gemäß § 242 BGB auf die im Kreditvertrag als Einzelvertrag begründete Nebenpflicht zur Auskunftserteilung gestützt werden. Auch wenn der Bundesgerichtshof hier den Begriff der ständigen Geschäftsverbindung verwendet, geschieht dies daher im Zusammenhang mit einer anderen Sachverhaltskonstellation als der vorliegenden, welche die Erteilung einer Auskunft im Rahmen einer Geschäftsverbindung zwischen der Bank und ihrem Kunden betrifft, nicht jedoch die im Zusammenhang mit einem Einzelvertrag erteilte Auskunft.

Auch in zwei weiteren Entscheidungen[176] wurde die Auskunft als Nebenleistung einer Geschäftsverbindung zwar erwähnt, die Frage, ob die Geschäftsverbindung als eine ausreichende Haftungsgrundlage für falsche Auskunftserteilung angesehen werden konnte, blieb aber in beiden Fällen dahingestellt, um im Anschluss schwerpunktmäßig die Frage des Bestehens eines stillschweigenden Auskunftsvertrages zu prüfen.[177]

Auf eine ähnliche Weise wird in einer weiteren Entscheidung[178] des Bundesgerichtshofs auf die Geschäftsverbindung eingegangen. Hier werden als mögliche Anspruchsgrundlagen zwar besondere Treuepflichten aus Vertrag oder Geschäftsbeziehung genannt. Nach Verneinung eines sonstigen Vertragsverhältnisses wird aber unmittelbar zur Prüfung eines stillschweigend geschlossenen

[174] BGH Urt. v. 3.12.1998 – VI ZR 213/66, WM 1969, 247.

[175] BGH Urt. v. 15.12.1975 – II ZR 28/74, WM 1976, 630.

[176] BGH Urt. v. 2.2.1970 – II ZR 266/67; OLG Urt. v. 29.8.1986 – 11 U 31/86, WM 1987, 836, 837.

[177] BGH Urt. v. 2.2.1970 – II ZR 266/67; OLG Urt. v. 29.8.1986 – 11 U 31/86, WM 1987, 836, 837.

[178] BGH Urt. v. 27.6.1989 – XI ZR 52/88, NJW 1989, 2822.

Auskunftsvertrages übergegangen. Die Geschäftsverbindung wird im Folgenden nicht mehr erörtert.[179]

In allen drei Entscheidungen wird übereinstimmend nach kurzer Nennung der möglichen Haftungsherleitung aus Geschäftsverbindung sogleich die Prüfung eines stillschweigend geschlossenen Auskunftsvertrages eingeleitet. Der Geschäftsverbindung wird daher in der neueren Rechtsprechung keine eigenständige Bedeutung mehr beigemessen. Diese Haftungskonstruktion ist durch den stillschweigend geschlossenen Auskunftsvertrag mehr und mehr verdrängt worden.

ff) Haftungsherleitung aus Geschäftsverbindung oder Auskunftsvertrag

In der Literatur wird entgegen dieser Entwicklung in der Rechtsprechung zum Teil vertreten, der Haftungsgrund des Auskunftsvertrages müsse gegenüber der Haftungsherleitung aus Geschäftsverbindung in den Hintergrund treten, wenn die Bank Auskünfte unmittelbar an ihre eigenen Kunden erteile. Denn in diesem Fall werde die Haftung in der Regel aus dem zugrunde liegenden Geschäftsverhältnis hergeleitet. Die Frage nach dem Zustandekommen eines Auskunftsvertrages stelle sich immer nur dann, wenn die Bank außerhalb bestehender Geschäftsbeziehungen eine Kreditauskunft erteile.[180]

Dem steht aber die dargestellte Entwicklung in der neueren Rechtsprechungspraxis entgegen. Sie sieht das Bestehen einer Geschäftsverbindung zunehmend als unerheblich an und stützt die Haftung direkt auf einen stillschweigend geschlossenen Auskunftsvertrag.

d) Haftung aus der Nebenpflicht eines Einzelvertrages

Im Einzelfall kann sich die Haftung auch aus einer Nebenpflicht zur Erteilung einer richtigen Auskunft ergeben. Diese Nebenpflicht wird durch einen bestimmten zwischen der Bank und ihrem Kunden abgeschlossenen Einzelvertrag (z. B. Girovertrag) ausgelöst.[181]

---

[179] BGH Urt. v. 27.6.1989 – XI ZR 52/88, NJW 1989, 2822, 2884.

[180] *Musielak*, WM 1999, 1593, 1594; Köndgen-*Fischer*, 96; *Müller*, 43 ff.

[181] Staudinger-*Wittmann*, § 676 BGB Rz. 7; BGH Urt. v. 29.6.1977 – VIII ZR 309/75, BGH WM 1977, 1027, 1027; (Hinweispflicht als Nebenpflicht aus Kaufvertrag); BGH Urt. v. 19.10.1989 – III ZR 92/88, VersR 1990, 203, 204, (Aufklärungspflicht als Nebenpflicht eines Sparkontovertrages).

Die Bank hat dann nach den Grundsätzen der positiven Forderungsverletzung bzw. bei einem Verschulden bei Vertragsschluss nach den Grundsätzen der culpa in contrahendo für die Folgen der falschen Auskunft einzustehen.[182]

Voraussetzung für eine Haftung aus einer Nebenpflichtverletzung ist jedoch, dass die Auskunftserteilung in Zusammenhang mit einem Einzelvertrag erfolgt.[183] Da eine Kreditauskunft aber regelmäßig nicht in Zusammenhang mit einem Einzelvertrag erteilt wird, kann diese Konstruktion einer Haftung aus einer vertraglichen Nebenpflicht in den ganz überwiegenden Fällen nicht zur Anwendung gelangen.[184]

Der Haftung aus einer Nebenpflicht eines Einzelvertrages kommt daher - wenn sie auch in der Praxis im Einzelfall tatsächlich bestehen kann - bei der Frage der dogmatischen Herleitung einer Auskunftshaftung nur eine untergeordnete Bedeutung zu.

e) Zwischenergebnis

Gegen die Haftung aus Geschäftsverbindung in Form des allgemeinen Bankvertrages spricht, dass sich die Bank und ihr Kunde nicht darüber bewusst sind, dass sie zu Beginn des geschäftlichen Kontaktes einen Gesamtvertrag abschließen, der alle künftig zu tätigenden Geschäfte umfassen soll. Die Beteiligten möchten Girokontenverträge, Kreditverträge, Sparkonten etc. vielmehr regelmäßig als eigenständige Einzelverträge abschließen.

Dogmatisch erscheint es daher naheliegender, im Rahmen der Haftungsherleitung aus Geschäftsverbindung an das durch die Kontaktaufnahme zwischen der Bank und dem Kunden entstehende Vertrauensverhältnis und das dadurch möglicherweise begründete gesetzliche Schuldverhältnis anzuknüpfen.

Die dogmatische Haftungsbegründung über § 311 Abs. 2 Nr. 2, letzter HS. BGB weist Parallelen gegenüber der Auskunftshaftung aus Geschäftsverbindung auf. Insbesondere die dogmatische Einordnung der Geschäftsverbindung als rechtliche Sonderverbindung, welche als gesetzliches Schuldverhältnis ähn-

---

182 Staudinger-*Wittmann*, § 676 BGB Rz. 7; Ermann-*Ehmann*, BGB § 675 Rz. 145; BGH Urt. v. 29.6.1977 – VIII ZR 309/75, BGH WM 1977, 1027; (Hinweispflicht als Nebenpflicht aus Kaufvertrag); BGH Urt. v. 19.10.1989 – III ZR 92/88, VersR 1990, 203, 204, (Aufklärungspflicht als Nebenpflicht eines Sparkontovertrages).

183 *Sichtermann/Feuerborn/Kirchherr/Terdenge*, 397; Staudinger-*Wittmann*, § 676 BGB Rz. 11; BGH Urt. v. 4.2.1987 – IV a ZR 134/85, NJW-RR 1987, 936, 936.

184 *Musielak* in: Hadding/Schneider, 25; *Canaris*, Bankvertragsrecht, 60, Rz. 78.

lich der culpa in contrahendo angesehen wird, erinnert an § 311 Abs. 2 Nr. 2, letzter HS. BGB.

Im Verhältnis der Haftung aus Geschäftsverbindung zu § 311 Abs. 2 Nr. 2 letzter HS. BGB erscheint erstere Haftungsherleitung als ein Umweg, den es zu vermeiden gilt. Eine Haftung könnte – wenn denn die Haftung aus Geschäftsverbindung der aus stillschweigendem Auskunftsvertrag vorzuziehen wäre – direkt gesetzlich über § 311 Abs. 2 Nr. 2 letzter HS. BGB begründet werden.

Die Anknüpfung an die Geschäftsverbindung zur Begründung einer eigenständigen Haftungsgrundlage erscheint somit in zweierlei Hinsicht überholt. Zum einen durch die überwiegende Anwendung des stillschweigenden Auskunftsvertrages durch die Rechtsprechung und zum anderen durch die nunmehr eröffnete Möglichkeit, die Auskunftsfälle unter § 311 Abs. 2 Nr. 2 letzter HS. BGB zu fassen, welcher die Geschäftsverbindung selbst unter dem Begriff „ähnlicher geschäftlicher Kontakt“ zum Tatbestandsmerkmal erhoben hat.

Bedeutender als die Frage der Haftung aus Geschäftsverbindung ist die Problematik des bestehenden Rechtsbindungswillens beim stillschweigend geschlossenen Auskunftsvertrag.

Dieser Punkt ist von der Frage zu unterscheiden, ob sich die Bank vertraglich verpflichten will, die Auskunft überhaupt zu erteilen, das heißt, ob eine Erfüllungspflicht der Bank besteht. In der Praxis stellt sich die Frage nicht, ob der Auskunftssuchende gegen die Bank auf Erfüllung aus einem konkludent abgeschlossenen Auskunftsvertrag, in dem sie sich zur Erteilung einer Auskunft verpflichtet hat, klagen kann. Denn der Pflichten begründende Vertrag kommt erst mit der vertraglichen Erfüllungshandlung, das heißt mit der tatsächlichen Auskunftserteilung, zustande. Vertragsschluss und Erfüllung fallen bei der Kreditauskunft daher regelmäßig zusammen.[185] Es geht allein darum, inwieweit für den Inhalt einer erteilten Auskunft gehaftet werden soll.[186]

Unabhängig davon, dass die Bank sich zur Erteilung der Auskunft als nicht verpflichtet ansieht, kann sich für sie doch grundsätzlich eine Pflicht zur sorgfältigen Auskunftserteilung ergeben, wenn sie sich entschließt, eine Information denn zu erteilen. Dann kann der Inhalt des Auskunftsvertrages aber lediglich in der Pflicht zur sorgfältigen Auskunftserteilung gesehen werden, so dass der Kunde im Vertrauen auf die Auskunft nicht zu Schaden kommt. Auch einem

---

[185] Soergel-*Häuser/Welter*, § 676 BGB Rz. 14, Fn. 64, Rz. 84.
[186] Soergel-*Häuser/Welter*, § 676 BGB Rz. 14.

solchen Haftungsvertrag muss aber ein rechtsgeschäftlicher Verpflichtungswille zugrunde liegen.

Die auskunftsgebende Bank beschränkt sich aber regelmäßig darauf, die angeforderte Auskunft zu erteilen. Dass sie für die Richtigkeit der Auskunft vertraglich eintreten und Schadensersatz leisten wolle, wenn sich die Information als falsch erweisen sollte, erklärt sie nicht ausdrücklich.

Gegen einen solchen Rechtsbindungswillen der Bank kann die Unentgeltlichkeit der Auskunftserteilung angeführt werden. Die Bank als Auskunftsgeber erhält keine Haftungsprämie, die das für sie bestehende Haftungsrisiko infolge Falschauskunft ganz oder teilweise decken könnte. Aus diesem Grund ist bei der Begründung einer Haftung Zurückhaltung geboten.[187]

Zweifel an dem Bestehen eines Rechtsbindungswillens sind daher berechtigt. Denn der Auskunftsgeber hat gerade aufgrund des mit der Auskunftserteilung verbundenen hohen, unkalkulierbaren Schadensersatzrisikos kein Interesse daran, einen Auskunftsvertrag abzuschließen. Dies ist für den Kunden deutlich erkennbar, was an folgendem Beispiel deutlich wird: Angenommen, der anfragende Kunde würde die Bank dazu auffordern, eine ausdrückliche Erklärung hinsichtlich der Übernahme der Vertragshaftung abzugeben. Dann würde die Bank dieses Ansinnen nahezu immer ablehnen, vielleicht sogar die Abgabe der Auskunft ganz verweigern. Dies muss auch für den Kunden offensichtlich sein.[188]

Andererseits erscheint es als zu einfach, mangels ausdrücklicher Erklärung, der Bank im Falle einer falschen Auskunftserteilung für den entstandenen Schaden haften zu wollen, die Annahme eines Auskunftsvertrages als reine Fiktion zu bezeichnen. Bei jeder Auslegung einer rechtsgeschäftlichen Erklärung stellen sich die Übergänge zwischen Willensfeststellung und Willensunterstellung als fließend dar. Ebenso fließend ist der Fiktionsverdacht. Der Wille muss sich stets auch an seiner Erklärungswirkung messen lassen.[189]

Diese Überlegungen hinsichtlich des Bestehens eines Rechtsbindungswillens der Bank zum Abschluss eines Auskunftsvertrages könnten zurück gestellt wer-

---

[187] *Mansel*, FS Schütze, 485, 493 f.; *ders.*, GS Lüderitz, 487, 491, 501 f., der eine fehlende Reziprozität, wie beim unentgeltlichen Informationsvertrag, gegen die Annahme eines Vertragsverhältnisses anführt. Im Zweifel sei das Vorliegen eines einseitig belastenden Vertrages zu verneinen.

[188] Beispiel aus: *Canaris*, Bankvertragsrecht, 66, Rz. 88.

[189] *Haferkamp* in Dauner-Lieb/Konzen/K.Schmidt, 174. Zu Recht vertrete heute niemand eine reine Willenstheorie.

den, wenn die Auskunftsfälle als ähnliche geschäftliche Kontakte unter § 311 Abs. 2 Nr. 2, letzter HS. BGB gefasst werden und der für den Abschluss eines Auskunftsvertrages erforderliche Nachweis eines Rechtsbindungswillens entfallen könnte.[190]

Rechtsfolge der Anwendung des § 311 Abs. 2 Nr. 2, letzter HS. BGB wäre die Entstehung eines Schuldverhältnisses im Sinne von § 241 Abs. 2 BGB, einer Sonderverbindung zwischen Bank und Auskunftsnehmer. Eine Anwendung des § 311 Abs. 2 Nr. 2 letzter HS. ist zwar möglich aber nicht zwingend. Die Rechtsprechung wird von dieser Möglichkeit voraussichtlich keinen Gebrauch machen. Dies gilt insbesondere für die hier untersuchte Fallgruppe. Bei der Auskunft einer Bank an einen ihrer Kunden wird in der Rechtsprechung der stillschweigende Auskunftsvertrag die nahe liegende haftungsrechtliche Lösung bleiben. Der unmittelbare Auskunftskontakt stellt einen ausreichend intensivierten geschäftlichen Kontakt da. Eine vertragliche Bindung wird daher in dieser Fallgruppe stets von der Rechtsprechung bejaht.[191]

Im Übrigen sind die Haftungsvoraussetzung in § 311 Abs. 2 Nr. 2 letzter HS. BGB nicht ausreichend konkretisiert, so dass die Rechtsprechung ohnehin auf die von ihr für den stillschweigenden Auskunftsvertrag entwickelten Grundsätze zurückgreifen müsste. Die Anwendung des § 311 Abs. 2 Nr. 2 letzter HS. BGB würde insoweit keine Vereinfachung der Haftungsbegründung bringen.

Die Frage des bestehenden Rechtsbindungswillens bleibt für den Abschluss des Auskunftsvertrages somit von Bedeutung. Im Einzelnen wird auf die dogmatische Begründung des Rechtsbindungswillens in der laufenden Untersuchung noch näher einzugehen sein.[192]

2) Auskunftserteilung an andere Banken und sonstige Nichtkunden

Werden Kreditauskünfte von außenstehenden Nichtkunden angefordert, so unterscheiden die Banken danach, wer der Auskunftsempfänger ist. Bei Anfragen von Nichtkunden, denen die Qualifikation als Bank fehlt, wird das angefragte Kreditinstitut in Abweichung zu der früher herrschenden Bankpraxis[193] die gewünschte Auskunftserteilung grundsätzlich ablehnen. Denn nach Nr. 2 Abs. 4 AGB der Banken dürfen Bankauskünfte nur noch an eigene Kunden so-

---

[190] Dauner-Lieb/Heidel/Lepa/Ring-*Krebs*, Schuldrecht, § 311 Rz. 46.
[191] Siehe oben S. 52 ff.
[192] Siehe unten S. 74 ff.
[193] BGH, Urt. v. 28.1.1985 – II ZR 10/84, WM 1985, 381, 382 (stillschweigender Auskunftsvertrag zwischen Bank und Leasing-Gesellschaft).

wie andere Kreditinstitute für deren Zwecke oder die ihrer Kunden erteilt werden.[194] Nichtkunden des auskunftsgebenden Kreditinstitutes, die keine Qualifikation als Bank aufweisen, müssen sich daher an ihre Hausbank wenden, um die gewünschte Information von einer fremden Bank zu erhalten.

Nur im Ausnahmefall kann ein Nichtkunde sich direkt an die auskunftsgebende Bank wenden. Ein solcher liegt vor, wenn der von der Auskunft betroffene Kunde deren Erteilung ausdrücklich zugestimmt hat.[195] In der Praxis wird eine Auskunft im Rahmen eines solchen "Einmal-Kontaktes" zwischen einer Bank und einem Nichtkunden nur selten erteilt.[196]

Anfragen der Banken untereinander kommen dagegen sehr häufig vor. Denn zwischen Kreditinstituten besteht ein als verbindlich angesehener Brauch, sich im Rahmen des rechtlich Zulässigen auf Anfrage Kreditauskünfte zu gewähren.[197] Bei diesen Bank-an-Bank-Auskünften ergeben sich die gleichen rechtlichen Fragen wie bei den selteneren Fällen der Auskunftserteilung an Nichtkunden, die nach den gleichen nunmehr darzulegenden Grundsätzen zu entscheiden sind.[198]

a) Haftung aus Auskunftsvertrag

Wie bereits ausgeführt, wird von der Rechtsprechung bei der Haftung für Auskünfte ganz allgemein überwiegend auf den stillschweigend geschlossenen Auskunftsvertrag zurückgegriffen.[199] Die von der Rechtsprechung getroffenen Aussagen zum Auskunftsvertrag sind nicht auf die in den einzelnen Entscheidungen betreffenden Fallkonstellationen beschränkt. Sie sind vielmehr allgemein für alle stillschweigend geschlossenen Auskunftsverträge formuliert. Die im Rahmen der ersten Fallgruppe bereits dargelegten von der Rechtsprechung entwickelten Voraussetzungen[200] der Haftung aus einem stillschweigend geschlossenen Auskunftsvertrag gelten daher auch für die hier betreffende zweite Fallgruppe (Bank-an-Bank-Auskünfte).

---

[194] *Baumbach/Hefermehl*, Nr. 2 Abs.4 AGB-Banken, 687.
[195] *Kirchherr/Stützle*, 66.
[196] *Musielak* in: Hadding/Schneider , 33.
[197] *Spitzenverbände des Kreditgewerbes*, 42, Rz. 90; Schimansky/Bunte/Lwowski- *Bruchner* § 40 Rz. 26; *Bruchner/Stützle*, 112; *Claussen*, 107, Rz. 20.
[198] *Musielak* in: Hadding/Schneider, 33; *Bruchner/Stützle*, 141.
[199] Siehe Rechtsprechungsnachweise in Fn. 100.
[200] Siehe S. 47.

aa) Untersuchung der für das Vorliegen eines stillschweigenden Auskunftsvertrages sprechenden Kriterien

An dieser Stelle soll nochmals eingehender auf die Kriterien eingegangen werden, die der Bundesgerichtshof zur Prüfung der Frage heranzieht, ob zwischen den Parteien stillschweigend ein Auskunftsvertrag geschlossen worden ist. Die Bedeutung der Kriterien der „Sachkunde" und des „eigenen wirtschaftlichen Interesses" werden genauer zu untersuchen sein. Dabei wird deutlich werden, dass nach Auffassung des Bundesgerichtshofs das Vorliegen dieser Umstände allein nicht als ausreichend erachtet werden, um einen stillschweigend geschlossenen Auskunftsvertrag zu begründen.[201] Sie werden in der Rechtsprechung vielfach lediglich als Indizien bezeichnet. Ihnen wird jedoch ein erhebliches Gewicht beigemessen. Das Vorliegen dieser Indizien kann den Rückschluss auf den stillschweigenden Abschluss eines Auskunftsvertrages zulassen.[202] Als entscheidend werden die Gesamtumstände des Einzelfalles unter Berücksichtigung der Verkehrsauffassung und des Verkehrsbedürfnisses angesehen.[203] Neben der Sachkunde des Auskunftsgebers und dessen eigenen wirtschaftlichen Interesses an dem Geschäftsabschluss sowie der Bedeutung der Auskunft für den Empfänger werden im Einzelfall auch weitere Umstände mitberücksichtigt, wie das persönliche Engagement in der Form von Zusicherungen nach Art einer Garantieübernahme,[204] das Versprechen eigener Nachprüfung der Angaben des Geschäftspartners des Auskunftsempfängers[205] oder eine

---

[201] BGH Urt. v. 13.2.1992 – III ZR 28/90, NJW 1992, 2080, 2082; BGH Urt. v. 11.10.1988 – XI ZR 1/88, WM 1988, 1828, 1829 (Ablehnung einer Auskunftshaftung eines Herstellers gegenüber dem Endabnehmer einer Ware); BGH Urt. v. 17.9.1985 – VI ZR 73/84, WM 1985, 1531, 1532; BGH Urt. v. 24.1.1978 – V ZR 1/76, WM 1978, 576, 577; *Hohenlohe-Oehringen*, BB 1986, 894, 895.

[202] BGH Urt. v. 13.2.1992 – III ZR 28/90, NJW 1992, 2080, 2082; BGH Urt. v. 11.10.1988 – XI ZR 1/88, WM 1988, 1828, 1829 (Ablehnung einer Auskunftshaftung eines Herstellers gegenüber dem Endabnehmer einer Ware); BGH Urt. v. 17.9.1985 – VI ZR 73/84, WM 1985, 1531, 1532; BGH Urt. v. 24.1.1978 – V ZR 1/76, WM 1978, 576, 577; als wichtigen Hinweis auf das Fehlen eines Verpflichtungswillens des Informationsgebers, also gewissermaßen als negatives Indiz, sieht *Mansel*, GS Lüderitz, 487, 508, die Unentgeltlichkeit der Auskunftserteilung an. Das Merkmal der Entgeltlichkeit der Informationserteilung soll aber keine notwendige Voraussetzung für die Annahme eines Vertragsschlusses sein.

[203] BGH Urt. v. 13.2.1992 – III ZR 28/90, NJW 1992, 2080, 2082; BGH Urt. v. 16.10.1990 – XI ZR 165/88, NJW 1991, 352, 352; BGH Urt. v. 17.5.1990 – IX ZR 85/89, WM 1990, 1554, 1554; BGH Urt. v. 11.10.1988 – XI ZR 1/88, WM 1988, 1828, 1829 (Ablehnung einer Auskunftshaftung eines Herstellers gegenüber dem Endabnehmer einer Ware); BGH Urt. v. 19.3.1986 – IV a ZR 127/84, JZ 1986, 1111, 1112; BGH Urt. v. 17.9.1985 – VI ZR 73/84, WM 1985, 1531, 1532; BGH Urt. v. 24.1.1978 – V ZR 1/76, WM 1978, 576, 577.

[204] BGH Urt. v. 29.10.1952 – II ZR 283/51, BGHZ 7, 371, 377.

[205] BGH Urt. v. 7.1.1965 – VII ZR 28/63, WM 1965, 287, 288.

bereits anderweitige bestehende Vertragsbeziehung zwischen Auskunftsgeber und Auskunftsempfänger.[206]

Die Rechtsprechung zieht die genannten Kriterien heran, um zu ermitteln, ob die Parteien die Auskunft zum Gegenstand vertraglicher Rechte und Pflichten gemacht haben, das heißt, ob ein Rechtsbindungswille vorliegt.[207]

Anknüpfend an die Erörterungen zur Haftung aus einem stillschweigend geschlossenen Auskunftsvertrag im Rahmen der ersten Fallkonstellation (Bank-an-Bank-Auskunft), soll, wie angekündigt,[208] im Folgenden näher auf die Frage eingegangen werden, wie im Einzelnen ein stillschweigend geschlossener Auskunftsvertrag unter Berücksichtigung der Notwendigkeit des Vorliegens eines Rechtsbindungswillens zustande kommt.

bb) Dogmatische Begründung des Auskunftsvertrages

Jeder Vertragsschluss erfolgt nach den allgemeinen Regeln von Angebot und Annahme.[209] Bei der rechtlichen Bewertung der Frage des Zustandekommens eines Auskunftsvertrages kommt es darauf an, ob die Bitte um Auskunft als ein Verhalten aufgefasst werden kann, durch das ein Angebot zum Abschluss eines Auskunftsvertrages schlüssig erklärt wird und ob die antwortende Bank diesen Antrag durch die Erteilung der Auskunft schlüssig annimmt. Ob in der Bitte um Kreditauskunft ein stillschweigendes Angebot auf Abschluss eines Auskunftsvertrages gesehen werden kann, welches von der Bank durch Auskunftserteilung konkludent angenommen wird, richtet sich nach den von der Rechtsgeschäftslehre aufgestellten Regeln.

---

[206] BGH Urt. v. 14.11.1968 – VII ZR 51/67, WM 1969, 36, 37.

[207] BGH Urt. v. 13.2.1992 – III ZR 28/90, NJW 1992, 2080, 2082; BGH Urt. v. 17.5.1990 – IX ZR 85/89, WM 1990, 1554, 1554; BGH Urt. v. 11.10.1988 – XI ZR 1/88, WM 1988, 1828, 1829 (Ablehnung einer Auskunftshaftung eines Herstellers gegenüber dem Endabnehmer einer Ware); BGH Urt. v. 19.3.1986 – IV a ZR 127/84, JZ 1986, 1111, 1112; BGH Urt. v. 17.9.1985 – VI ZR 73/84, WM 1985, 1531, 1532; BGH Urt. v. 24.1.1978 – V ZR 1/76, WM 1978, 576, 577.

[208] Siehe S. 48.

[209] Soergel-*Wolf*, § 145 BGB Rz. 1; Erman-*Hefermehl*, Vor § 145 BGB Rz. 7; Palandt-*Heinrichs*, Einf. v. § 145 BGB Rz. 4.

(1) Rechtsbindungswille und Auskunftsvertrag

Die allgemeine Rechtsgeschäftslehre unterscheidet zwischen dem äußeren (objektiven) und inneren (subjektiven) Tatbestand einer Willenserklärung.[210] Dieser setzt ein äußeres Verhalten voraus, das nach der Verkehrssitte und der Würdigung aller Umstände des konkreten Falles, das heißt objektiv, auf die Verwirklichung eines Rechtsfolgenwillens schließen lässt.[211] Der Rechtsbindungswille ist somit unabhängig vom wirklichen inneren Willen des Leistenden nach Treu und Glauben mit Rücksicht auf die Verkehrssitte und unter Zugrundelegung des objektiven Empfängerhorizonts des Leistungsempfängers zu ermitteln.[212] Entscheidend ist, ob in dem Auskunftsersuchen und der Auskunftserteilung der Wille zum Ausdruck kommt, in eine wechselseitige rechtsgeschäftliche Beziehung miteinander treten zu wollen.

Eine Ansicht will das Vorliegen eines Rechtsbindungswillens als Voraussetzung der Willenserklärung zum Abschluss eines Auskunftsvertrages nach objektiven Kriterien bestimmen.[213] Der Rückgriff auf die subjektive Einstellung der Parteien und die Analyse des Parteiwillens könne nicht weiterhelfen. In vielen Fällen mache sich zumindest einer der Partner vor dem Schadensfall keine Gedanken über die rechtliche Relevanz des Verhaltens. Mit Eintritt des Schadens wird jeder dazu neigen, sein Handeln in einem ihm günstigen Sinn zu interpretieren. Die Frage, ob eine Willenserklärung zum Abschluss eines Auskunftsvertrages vorliegt, sei daher abhängig von einer objektiven Beurteilung des Verhaltens der Beteiligten und nicht von deren subjektiven Einstellung.[214]

Teilweise wird vertreten, dass dies auch unter Zugrundelegung der subjektiven Theorie gelte. Diese verlangt als Bestandteil der Willenserklärung ein Erklärungsbewusstsein oder darüber hinausgehend einen Geschäftswillen. Im Interesse der Verkehrssicherheit müsse auch nach der subjektiven Auffassung derjenige, der durch sein Verhalten den Eindruck erwecke, als habe er ein Erklärungsbewusstsein und einen Geschäftswillen, sich so behandeln lassen, als habe

---

[210] Erman-*Hefermehl*, Vor § 116 BGB Rz. 1; Soergel-*Hefermehl*, Vor § 116 BGB Rz. 7; Palandt-*Heinrichs*, Einf. v. § 116 BGB Rz. 1.

[211] MüKo-*Kramer*, Vor § 116 BGB Rz. 17; Erman-*Hefermehl*, Vor § 116 BGB Rz. 5; Soergel-*Hefermehl*, Vor § 116 BGB Rz. 13.

[212] BGH Urt. v. 22.6.1956 – I ZR 198/54, BGHZ 21, 102, 106 f.; BGH Urt. v. 10.10.1984, VIII ZR 152/83, NJW 1985, 313, 313.

[213] *Musielak*, 8 ff.; *ders.* VersR 1977, 973, 974; *Dickes*, 125; *Scheerer*, FS Bärmann, 801, 805; *Breinersdorfer*, 75 ff.; *ders.* WM1992, 1557, 1558; *Müssig*, NJW 1989, 1697, 1700.

[214] *Musielak*, 8.

er tatsächlich diese subjektive Einstellung gehabt.[215] Es komme daher darauf an, ob das Verhalten des Auskunftsgebers objektiv so verstanden werden kann, dass er in dem Bewusstsein gehandelt habe, durch sein Verhalten rechtserheblich bzw. rechtsgeschäftlich tätig zu werden.[216]

Die Auskunftserteilung beruht dann auf einem mit Rechtsbindungswillen konkludent geschlossenen Auskunftsvertrag, wenn – ausgehend von dem objektiven Empfängerhorizont des Anfragenden – nach Auffassung des redlichen Rechtsverkehrs die Bank ihre Kreditauskunft zum Gegenstand vertraglicher Recht und Pflichten macht.[217]

Der Lösungsweg der Rechtsprechung und Teilen der Literatur in Form eines stillschweigenden Auskunftsvertrages findet daher seine Bestätigung in der allgemeinen Rechtsgeschäftslehre.

(2) Die Abgrenzung von reinen Gefälligkeiten

Es gilt nunmehr anhand objektiver Kriterien, den Rechtsbindungswillen zum Abschluss eines stillschweigend geschlossenen Auskunftsvertrages von der bloßen Gefälligkeit abzugrenzen.

(a) Unentgeltlichkeit

Aufgrund der regelmäßig unentgeltlich erteilten Auskunft seitens der Bank könnte es sich um ein bloßes Gefälligkeitsverhältnis ohne vertragliche Bindung handeln. Gegen das Bestehen eines Rechtsbindungswillens wird insbesondere eingewandt, eine Haftungsübernahme ohne Erhalt einer Haftungsprämie als Informationsentgelt liege in einer marktwirtschaftlichen Austauschgesellschaft, die auf Gegenseitigkeit beruht, im Zweifel außerhalb des Willens jedenfalls des Auskunftsgebers. Im Zweifel sei deshalb nicht anzunehmen, der Auskunftsgeber habe durch die unentgeltliche Informationserteilung ein konkludentes Angebot zum Abschluss eines Haftungsvertrages gemacht.[218]

Etwas anderes könne nur gelten, wenn der Haftungs- bzw. Einstandswille in der Auskunftserklärung deutlichen Ausdruck gefunden habe. Die Unentgeltlichkeit sei als wichtiger Hinweis auf das Fehlen eines Verpflichtungswillens

---

[215] *Musielak*, 9; *Hübner*, H., FS Nipperdey, 373 ff.
[216] *Müssig*, NJW 1989, 1697, 1700.
[217] *Breinersdorfer*, 75.
[218] *Mansel*, GS Lüderitz, 487, 506 f.; *ders.*, FS Schütze, 485, 493, f.

des Informationsgebers anzusehen.[219] Im Umkehrschluss sei bei einer gegen Entgelt erteilten Information, wenn dies auch keine zwingende Voraussetzung für die Annahme eines Vertragsschlusses sei, ganz regelmäßig davon auszugehen, dass die Parteien eine vertragliche Bindung und damit auch eine besondere Verantwortlichkeit des Informationsgebers für die Richtigkeit der Information erstrebten.[220]

Im Allgemeinen kommt es bei der Abgrenzung einer unverbindlichen Gefälligkeit von einer rechtsgeschäftlich herbeigeführten Bindung aber nicht nur auf die Frage der Entgeltlichkeit der Leistung an, sondern vielmehr auf die wirtschaftliche und rechtliche Bedeutung des angefragten Verhaltens insbesondere für den Empfänger.[221] Aufgrund der Unentgeltlichkeit der Leistung kommt es überhaupt erst zu der Abgrenzungsschwierigkeit zwischen einem bloßen Gefälligkeitsverhältnis ohne vertragliche Bindung und einem Vertrag. Wird ein Entgelt als Gegenleistung erbracht, dann ist ganz unproblematisch zumeist von einem bestehenden Vertrag auszugehen.[222] Der Umstand, der die genannte Problematik aber erst begründet, kann nicht gleichzeitig das entscheidende Abgrenzungskriterium darstellen.

Im Übrigen wird von der Geltendmachung eines Entgelts seitens der Bank für ihre Dienste auch deshalb abgesehen, weil es sich bei den übermittelten Informationen um Gelegenheitswissen handelt. Dies entsteht, ohne dass besondere Kosten anfallen bzw. der Informationserzeuger solche benennen könnte. Die Bank kann die tatsächlichen Kosten der Auskunft nicht berechnen, da das zugrunde liegende Wissen im alltäglichen Geschäft entstanden ist. Wegen des fehlenden Wissens um die konkret anfallenden Kosten wird Gelegenheitswissen häufig im Rahmen von ständigen Geschäftsverbindungen oder geschäftlichen Serviceleistungen weitergegeben.[223]

Die Banken berechnen somit auch deshalb kein Entgelt für die erbrachte Auskunftsleistung, weil sie praktisch nicht in der Lage sind, die für die Ermittlung ihrer Kenntnisse entstandenen Kosten zu beziffern. Diese rein tatsächlichen Umstände dürfen aber nicht allein entscheidend sein für die Beantwortung der rechtlichen Haftungsfrage.

---

219 *Mansel*, GS Lüderitz, 487, 508.

220 *Mansel*, GS Lüderitz, 487, 507 f.

221 Soergel-*Wolf*, Vor § 145 BGB Rz. 95; Palandt-*Heinrichs*, Einf. v. § 662 BGB Rz. 4; Erman-*Hefermehl*, Vor § 145 BGB Rz. 4; BGH Urt. v. 22.6.1956 – I ZR 198/54, BGHZ 21, 102, 107.

222 *Musielak*, 8.

223 *Mansel*, GS Lüderitz, 485, 493.

Der Unentgeltlichkeit der Auskunft kann lediglich eine Indizwirkung zukommen. Um eine Haftung der Bank mangels Rechtsbindungswillen auszuschließen, müssten somit weitere Umstände gegeben sein, die gegen einen Einstandswillen sprechen.

(b) Indizien zur Abgrenzung des Rechtsbindungswillens von einer bloßen Gefälligkeit

Bei der Abgrenzung einer unverbindlichen Gefälligkeit von rechtsgeschäftlichem Handeln entsprechend der Rechtsprechung des Bundesgerichtshofs ist entscheidend, wie der Partner das Verhalten des Erklärenden nach Treu und Glauben mit Rücksicht auf die Verkehrssitte auffassen darf.[224] Bei den Auskunftsfällen sind Art, Grund und Zweck der Beratung oder der Auskunft, die wirtschaftliche Bedeutung insbesondere für den Empfänger, der Beruf und die Sachkunde des Auskunftsgebers, das rechtliche und wirtschaftliche Interesse der Beteiligten bedeutsame Anhaltspunkte für die Entscheidung über den Bindungswillen. Deren Vorliegen spricht für das Bestehen eines Verpflichtungswillens der Bank[225]

(aa) Eigenes wirtschaftliches Interesse des Auskunftsgebers

Ein Handeln der auskunftsgebenden Bank im vertraglichen Bereich ist insbesondere dann anzunehmen, wenn sie ein eigenes wirtschaftliches Interesse an der Auskunftserteilung hat. Die Kreditauskunft wird hier bei wirtschaftlicher Betrachtungsweise zur Gegenleistung für den Vorteil, den die Bank aus der Auskunftserteilung zieht.[226] Darin liegt eine Annäherung an eine Entgeltlichkeit der Auskunftserteilung, welche den Schluss rechtfertigt, dass die Bank mit einer vertraglichen Absicherung des Auskunftskontaktes einverstanden ist.[227]

Der angestrebte wirtschaftliche Vorteil kann unmittelbar in dem Geschäft liegen, für das die Kreditauskunft verwendet werden soll. Die Auskunft dient dazu das zwischen dem Anfragenden und dem Kunden der auskunftsgebenden Bank geplante Geschäft abzusichern. An diesem Geschäft kann die Bank inso-

---

[224] BGH Urt. v. 22.6.1956 – I ZR 198/54, NJW 1956, 1313; *Musielak*, 9.

[225] BGH Urt. v. 22.6.1956 – I ZR 198/54, NJW 1956, 1313 f; *Musielak*, 9. Zu den auch von der Rechtsprechung herangezogenen Kriterien der besonderen Bedeutung der Auskunft und der Sachkunde des Auskunftsgebers siehe bereits oben S. 46.

[226] *Breinersdorfer*, 77.

[227] *Breinersdorfer*, 77.

weit beteiligt sein, als sie es mit Krediten finanzieren oder sie eine Deckung für eigene Forderungen gegenüber ihrem Kunden erlangen will.[228]

Das wirtschaftliche Interesse der Bank kann sich aber auch aus einem anderen Gesichtspunkt ergeben. Wenn die Bank auch unmittelbar kein Entgelt für die Erteilung einer Bankauskunft erhält, so geschieht dies auch sonst, abgesehen von dem oben genannten direkten Vorteil, nicht völlig uneigennützig. Sie ist zur Auskunftserteilung bereit, weil ihre Kunden dies als Serviceleistung erwarten und sie sich deshalb im Wettbewerb mit anderen Kreditinstituten dieser Leistung nicht entziehen kann. Im Bankauskunftswesen ist es im Übrigen üblich,[229] dass sich Banken untereinander aufgrund freiwilliger lang dauernder Übung Auskünfte über ihre Kunden erteilen.[230]

(bb) Wirtschaftliche Bedeutung der Auskunft für den Empfänger und die besondere Sachkunde des Auskunftsgebers

Neben dem wirtschaftlichen Eigeninteresse des Auskunftsgebers wird noch ein weiterer Umstand für den Willen der auskunftsgebenden Bank zur rechtsgeschäftlichen Sorgfalt angeführt. Eine Auskunft verliere den Charakter einer unverbindlichen Gefälligkeit, wenn sie von einer sachkundigen Person erteilt werde und der Anfragende von ihr eine wesentliche Vermögensdisposition abhängig mache. In diesem Fall liege in dem Auskunftsersuchen wegen der wirtschaftlichen Bedeutung der Angelegenheit nicht nur eine Bitte um die Mitteilung von Tatsachen. Eigentliches Ziel des Anfragenden sei es vielmehr, dass der Auskunftsgeber ein geschäftliches Risiko beherrschen helfe. Das könne eine sachkundige Person nach Auffassung des redlichen Rechtsverkehrs nur ganz oder gar nicht.[231] Lässt der sachkundige Auskunftsgeber sich demnach überhaupt auf eine Auskunftserteilung ein, dann könne der Anfragende davon ausgehen, dass der Auskunftsgeber sich rechtlich zu einer sorgfältigen Auskunftserteilung verpflichtet. Den Eindruck eines bestehenden Rechtsbindungswillens könne der Auskunftsgeber nur durch die Verweigerung der Auskunft zerstören.[232]

---

[228] *Breinersdorfer*, 77, welcher aufgrund der notwendigen Parallele zur Entgeltlichkeit einen unmittelbaren wirtschaftlichen Vorteil der Bank sogar als zwingend erachtet.

[229] Siehe dazu unten S. 80.

[230] *Musielak*, WM 1999, 1593, 1594; *Musielak* in: Hadding/Schneider, 22 f; Erman-*Ehmann*, § 675 BGB führt dieses Argument gegen eine Haftungsbeschränkung auf grobe Fahrlässigkeit an.

[231] *Breinersdorfer*, 78.

[232] *Breinersdorfer*, 78.

Dass der Anfragende regelmäßig von dem Inhalt der Kreditauskunft für ihn wirtschaftlich bedeutsame Entscheidungen abhängig macht und der Bank eine besondere Sachkunde zuzusprechen ist, sei daher ebenfalls für das Bestehen eines rechtlich erheblichen und damit verbindlichen Verhaltens anzuführen.[233]

cc) Zwischenergebnis

Die Kriterien der besonderen wirtschaftlichen Bedeutung der Auskunft für den Empfänger und der besonderen Sachkunde des Auskunftsgebers sowie des eigenen wirtschaftlichen Interesses sind als Hilfskriterien heranzuziehen. Ihr Vorliegen kann je nach Einzelfall für den Abschluss eines stillschweigend geschlossenen Auskunftsvertrags angeführt werden. Das Vorhandensein eines Hilfskriteriums allein kann jedoch eine vertragliche Verbindlichkeit nicht begründen oder ausschließen. Die Hilfskriterien sind zu den Hauptmerkmalen für einen Auskunftsvertrag mit heranzuziehen. Hauptmerkmale sind die erkennbare Bedeutung der Auskunft für den Empfänger und dass dieser sie zur Grundlage wesentlicher Entscheidungen macht.[234]

Die Rechtsprechung zum stillschweigenden Auskunftsvertrag fügt sich hier in die Rechtsordnung ein. Die von ihr beim Auskunftsvertrag verwendeten Kriterien stimmen mit den allgemeinen Merkmalen überein, die zur Abgrenzung einer rechtlich verbindlichen, eine vertragliche Haftung begründenden Handlung von einer bloßen Gefälligkeit herangezogen werden.

Ein Rechtsbindungswille ist vom objektiven Empfängerhorizont her in Abgrenzung zu einer bloßen Gefälligkeit nach allgemeinen Rechtsgrundsätzen immer dann anzunehmen, wenn die Angelegenheit von hoher Bedeutung ist und der Empfänger ein erkennbares Interesse an der Leistung hat.

In gleichem Sinne löst die Rechtsprechung die Auskunftsfälle bei Annahme eines stillschweigenden Auskunftsvertrages. Sie macht das Zustandekommen des Auskunftsvertrages von der Erkennbarkeit der Wichtigkeit der Angelegenheit für den Auskunftsgeber abhängig.

Bei den Auskunftshaftungsfällen bestehen also keine Besonderheiten gegenüber der allgemeinen Abgrenzung eines Rechtsbindungswillens zur bloßen Gefälligkeit. Die Rechtsprechung zum stillschweigenden Zustandekommen eines Auskunftsvertrages ordnet sich in das Rechtssystem ein und stellt keine abwei-

---

[233] *Breinersdorfer*, 78; *Musielak*, WM 1999, 1593, 1594; *Musielak* in: Hadding/Schneider, 22 f.

[234] *Müller*, 50.

chende Sonderentwicklung dar.[235] Diese homogene Einfügung in den Gesamtregelungsbereich spricht für die Richtigkeit der genannten Kriterien.

b) Anwendung des § 311 Abs. 2 Nr. 2 letzter HS. BGB auf Bankauskunftsfälle

Die falsche Auskunftserteilung einer Bank an eine andere Bank oder an einen Nichtkunden könnte auch unter § 311 Abs. 2 Nr. 2 letzter HS. BGB zu subsumieren sein. Dann müsste es sich hier um einen „ähnlichen geschäftlichen Kontakt" handeln.

Holt eine Bank im eigenen Interesse eine Auskunft bei einer anderen Bank ein, so baut dies auf international geübtem Handelsbrauch auf, welcher auf freiwilliger Übung basiert.[236] Banken erteilen daher anderen Banken aufgrund lang dauernder Übung über ihre Kunden Auskünfte. Dies geschieht zwar ohne Begründung einer Rechtspflicht, eine unverbindliche Gefälligkeit stellt diese Handhabung aber auch nicht dar, weil beide Banken ein Interesse an sorgfältiger Auskunftserteilung haben.[237]

Der Fall der Bank-an-Bank-Auskunft könnte wie auch die Bank-an-Kunden-Auskunft als Gefälligkeitsverhältnis mit rechtsgeschäftlichem Charakter ohne primäre Leistungspflicht einzuordnen sein und als solches dem § 311 Abs. 2 Nr. 2 letzter HS. BGB unterfallen. Allerdings beschränkt sich die Zusammenarbeit zwischen den Banken bei der Auskunftserteilung auf Realakte. Denn der Auskunftskontakt stellt gerade keine rechtsgeschäftliche Zusammenarbeit dar. Da aber in § 311 Abs. 2 Nr. 2 letzter HS. BGB bereits der geschäftliche Kontakt als solcher für die Annahme eines gesetzlichen Schuldverhältnisses ausreicht, steht eine mangelnde rechtsgeschäftliche Zusammenarbeit einer Haftung aus § 311 Abs. 2 Nr. 2 letzter HS. BGB nicht entgegen.

Auch bei Nichtkunden kann somit bereits die erstmalige und einmalige Auskunftsanfrage bei einer Bank als ausreichend für einen ähnlichen geschäftlichen Kontakt im Sinne des § 311 Abs. 2 Nr. 3 BGB angesehen werden, welcher eine haftungsbegründende Sonderverbindung zwischen Bank und Nichtkunde begründet.

---

[235] *Müller*, 49.

[236] *Spitzenverbände des Kreditgewerbes*, 42, Rz. 90; Schimansky/Bunte/Lwowski-*Bruchner*, § 40 Rz. 26; *Bruchner/Stützle*, 112; *Claussen*, 107, Rz. 20.

[237] Spitzenverbände des Kreditgewerbes, 42, Rz. 90; *Sichtermann/Feuerborn/Kirchherr/Terdenge*, 407.

Wie bei den Bank-an-Kunden-Auskunftsfällen muss aber seitens der Rechtsprechung eine Konkretisierung der Haftungsvoraussetzungen durchgeführt werden. Im Einzelnen muss fallbezogen überprüft werden, welche Umstände für das Bestehen einer Sonderverbindung angeführt werden können.

Auch in dieser Fallgruppe ergibt sich, wie bei den Bank-an-Kunden-Auskunftsfällen,[238] grundsätzlich die Möglichkeit einer Anwendung des § 311 Abs. 2 Nr. 2 letzter HS. BGB; zwingend ist dies jedoch nicht. Geht die Rechtsprechung vom Abschluss eines stillschweigenden Auskunftsvertrages aus, dann ist die Haftungsbegründung über § 311 Abs. 2 Nr. 2 letzter HS. BGB nicht notwendig und auch ausgeschlossen, da eine vertragliche Bindung intensiver ist als ein „ähnlicher geschäftlicher Kontakt". Im Übrigen sei an dieser Stelle auf die oben zu dieser Frage gemachten Ausführungen verwiesen.[239]

c) Haftung aus Geschäftsverbindung

Da Banken in vielfältiger Weise zusammenarbeiten, kommt bei der bankmäßigen Auskunftsanfrage das Bestehen einer Geschäftsverbindung als Haftungsgrund in Betracht.

Ein geschäftlicher Kontakt besteht im Rahmen des Lastschrift- und Überweisungsverkehrs zwischen einem Großteil der Banken, so dass über diesen Weg in den allermeisten Fällen eine Haftung aus Geschäftsverbindung konstruiert werden könnte.

Wie bereits dargelegt,[240] darf die Auskunftshaftung aus Geschäftsverbindung aber nicht an jede Form der Zusammenarbeit anknüpfen. Zwischen der Auskunftserteilung und der Geschäftsverbindung muss vielmehr ein innerer Zusammenhang bestehen. Dieser wird jedoch gerade im Rahmen des Überweisungs- und Lastschriftverkehrs zwischen zwei Banken als nicht ausreichend angesehen, um eine Haftung für fehlerhafte Kreditauskünfte zu begründen. Denn das Überweisungs- und Lastschriftverfahren diene der Abwicklung typisierter Massengeschäfte und erzeuge daher nur verminderte Schutzpflichten,[241] die eine Haftung außerhalb des betreffenden Lastschrift- bzw. Überweisungsverfahrens nicht begründen können.[242]

---

[238] Siehe oben S. 52 ff., 55 ff.
[239] Siehe oben S. 52 ff., 55 ff..
[240] Siehe oben S. 61
[241] Soergel-*Hadding*, Anh. § 328 BGB Rz. 31.
[242] *Breinersdorfer*, 66.

Eine Geschäftsverbindung als Haftungsgrund kann aber vorliegen, sobald Kreditinstitute regelmäßig miteinander in Auskunftskontakt treten. Der Annahme einer Geschäftsverbindung könnte hier aber entgegenstehen, dass es sich bei den Auskunftserteilungen um Realakte handelt, [243] welche im Einzelfall durchaus den alleinigen geschäftlichen Kontakt darstellen können. Demgegenüber wird teilweise für das Vorliegen einer Geschäftsverbindung eine Abfolge mehrerer Rechtsgeschäfte gefordert.[244] Danach wäre der regelmäßige Auskunftskontakt nicht ausreichend, um eine Geschäftsverbindung zu begründen. In diesem Zusammenhang ist aber zu berücksichtigen, dass sich die vertragliche Haftung innerhalb einer Geschäftsverbindung aufgrund des besonderen Vertrauens der Beteiligten zueinander ergibt. Dieses Vertrauen kann sich aber grundsätzlich auch bei einer Zusammenarbeit auf tatsächlichem Gebiet, das heißt dem regelmäßigen Auskunftskontakt, ergeben. Die Rechtsprechung lässt dies daher für die Annahme einer Geschäftsverbindung ausreichen.[245]

Die Rechtsprechung wird diesbezüglich nunmehr auch gesetzlich gemäß § 311 Abs. 2, letzter HS. BGB bestätigt. Danach kann sich ein haftungsbegründendes rechtsgeschäftsähnliches Schuldverhältnis bereits aufgrund eines ähnlichen geschäftlichen Kontakts ergeben. Dies spricht dafür, dass eine Haftung aus Geschäftsverbindung nicht zwingend eine Abfolge mehrerer Rechtsgeschäfte voraussetzt, sondern dass die Zusammenarbeit in Form der Auskunftserteilung zwischen den Banken, welche zumindest einen geschäftlichen Kontakt darstellt, als ausreichend für eine Haftung angesehen werden kann.

Dogmatisch ergibt sich daher auch für die zweite Fallgruppe die grundsätzliche Möglichkeit einer Haftungsherleitung aus einer bestehenden Geschäftsverbindung.

In der Praxis ist jedoch die entgegengesetzte Tendenz zu beobachten. Die Geschäftsverbindung als Haftungsgrundlage für falsche Auskunftserteilung verliert zunehmend an Bedeutung, wie auch bereits die Untersuchung der ersten Fallkonstellation (Bank-an-Kunden-Auskunft) ergeben hat.[246] Die Durchsicht der höchstrichterlichen Rechtsprechung ergibt, dass lediglich in einem Fall der Bank-an-Bank-Auskunft die Auskunftshaftung direkt aus der laufenden Geschäftsverbindung hergeleitet worden ist.[247] In allen anderen ähnlich gelagerten

---

[243] Siehe oben S. 43; Palandt-*Sprau*, § 675 BGB Rz. 27; Staudinger-*Wittmann*, § 676 BGB Rz. 7; RGRK-*Steffen*, § 676 BGB Rz. 2, 10; *Canaris,* Bankvertragsrecht, 66, Rz. 88.

[244] *Philipowski*, 15 ff.

[245] BGH Urt. v. 29. 11. 1967 - Ib ZR 165/65, BGHZ 49, 167, 168 f.; OLG Stuttgart, Urt. v. 5.2.1969 - 4 U 149/68, WM 1969, 278, 279.

[246] Siehe oben S. 65.

[247] BGH Urt. v. 29.11.1967 – Ib ZR 165/65, BGHZ 49, 167, 168 f.

Fällen wurde ausschließlich die Konstruktion eines stillschweigend geschlossenen Auskunftsvertrages gewählt.[248] Nur in einem dieser Fälle, einem Urteil des Bundesgerichtshofs vom 27.6.1989,[249] wurde die Frage einer Haftung aus Geschäftsbeziehung überhaupt angesprochen. Als Haftungsvoraussetzung wird hier genannt, dass eine „besondere Treuepflicht aus Vertrag oder Geschäftsbeziehung bereits bestanden" habe oder „ein Auskunftsvertrag zustande kam." Im konkreten Fall wird aber das Bestehen eines „Vertragsverhältnis[ses], das über den begrenzten Vertragszweck der Kreditablösung hinaus besondere Treuepflichten begründet", womit eine Geschäftsverbindung gemeint ist, mit einem Satz abgelehnt, um unmittelbar im Anschluss daran ausführlich die Haftung aus einem stillschweigend geschlossenen Auskunftsvertrag zu prüfen und ebenfalls im Ergebnis abzulehnen.[250]

Dieses Ergebnis stimmt mit der allgemeinen Neigung der Rechtsprechungspraxis überein, die Haftung für falsch erteilte Auskünfte zunehmend auf die Konstruktion des stillschweigend geschlossenen Auskunftsvertrages zu stützen und die Haftung aus Geschäftsverbindung generell immer mehr in den Hintergrund treten zu lassen. Dies ist wohl mit ein Grund dafür, dass in der zweiten Fallgruppe nur ein Beispiel aus der Rechtsprechung zu finden ist, in dem die Haftung auf eine bestehende Geschäftsverbindung gestützt wird.

d) Haftung aus gesetzlichem Schuldverhältnis bzw. objektivem Vertrauenstatbestand

Da eine aufgrund häufigen Auskunftskontaktes zwischen zwei Banken bestehende Geschäftsverbindung in der Regel nicht ohne weiteres mit der zwischen einer Bank und ihrem Kunden eingegangenen Bankverbindung verglichen werden kann und teilweise sogar angenommen wird, bei einer Haftung gegenüber Nichtkunden könne eine Anspruchsgrundlage von vornherein nicht in einer Geschäftsverbindung zu suchen sein, da eine solche nicht bestünde,[251] wird teilweise dogmatisch ein etwas anderer Ansatz gewählt.

---

[248] BGH Urt. v. 17.10.1989 – XI ZR 39/89, NJW 1990, 513, 513 (Bank-an-Bank-Auskunft); BGH Urt. v. 27.6.1989 – XI ZR 52/88, NJW 1989, 2882, 2884 (Bank-an-Bank-Auskunft); BGH Urt. v. 28.1.1985 – II ZR 10/84, WM 1985, 381, 381 (stillschweigender Auskunftsvertrag zwischen Bank und Leasing-Gesellschaft); BGH Urt. v. 1.12.1970 – VI ZR 118/69, WM 1970, 206, 207.

[249] BGH Urt. v. 27.6.1989 – XI ZR 52/88, NJW 1989, 2882, 2884 (Bank-an-Bank-Auskunft).

[250] BGH Urt. v. 27.6.1989 – XI ZR 52/88, NJW 1989, 2882, 2884 (Bank-an-Bank-Auskunft).

[251] *Canaris*, Bankvertragsrecht, 65, Rz. 88.

Hiernach wird besonders hervorgehoben, dass der Grund für die Auskunftshaftung, das vom Auskunftsgeber in Anspruch genommene und vom Auskunftsnehmer gewährte Vertrauen sei.[252] Die Funktion der Geschäftsverbindung bestünde lediglich darin, den für die Vertrauenshaftung erforderlichen rechtsgeschäftlichen Kontakt zu begründen. Diese Funktion könne aber auch durch andere Formen eines rechtsgeschäftlichen Kontaktes ersetzt werden.[253] Die Haftung der Bank sei daher aus einem gesetzlichen Schuldverhältnis ohne primäre Leistungspflicht herzuleiten.[254] Leicht abweichend davon, wird auch vertreten, dass sich die Haftung direkt aus dem von dem Auskunftsgebenden in objektiver Hinsicht gesetzten Vertrauenstatbestand ergebe.[255] Diese so genannte Lehre der Vertrauenshaftung wird an anderer Stelle noch eingehend darzustellen sein.[256]

3) Haftung beim Auskunftskontakt mit Beteiligung Dritter

Neben der Auskunft von einer Bank an eine andere werden Bankauskünfte laut Nr. 2 Abs. 4 AGB[257] der Banken nur an eigene Kunden erteilt. Nichtkunden erhalten unmittelbar keine Bankauskünfte. Sie können aber ihre Hausbank bitten, die gewünschte Information bei der Bank des Angefragten einzuholen. Dazu wird sich die Hausbank regelmäßig bereit erklären, da die so genannte Bank-an-Bank-Auskunft im Kundeninteresse zu den marktüblichen Serviceleistungen im Bankgewerbe gehört (s. o. S. 1). Rechtsprechung zu dieser die Dritthaftung für Auskünfte betreffenden Fallgruppe ist zahlreich ergangen.[258]

Bei den Dritthaftungsfällen sind aufgrund der Beteiligung von drei Personen verschiedene Anspruchsgegner denkbar, gegen die seitens des geschädigten

---

[252] Staudinger-*Wittmann*, § 676 BGB Rz. 7, S. 687 unten.

[253] *Canaris*, Bankvertragsrecht, 9, 61, 65, Rz. 14, 78 u. 88.

[254] *Canaris*, Bankvertragsrecht, 60, Rz. 78; *Sichtermann/Feueborn/Kirchherr/Terdenge*, 407; OLG Düsseldorf Urt. v. 21.12.1994 – 9 U 95/94, WM 1995, 877, 879.

[255] Staudinger-*Wittmann*, § 676 BGB Rz. 7, S. 687 unten.

[256] Siehe unten S. 170 ff.

[257] AGB der Banken sind abgedruckt in: *Baumbach/Hefermehl*, AGB-Banken, 685 ff.

[258] BGH Urt. v. 7.7.1998 – XI ZR 375/97, WM 1998, 1771; BGH Urt. v. 21.5.1996 – XI ZR 199/95, BGHZ 133, 36 = WM 1996, 1618 (verdeckte Stellvertretung); BGH Beschl. 18.6.1991 – XI ZR 282/90, WM 1991, 1629 = ZIP 1991, 1136; BGH Urt. 16.10.1990 – XI ZR 165/88, WM 1991, 352; BGH Urt. v. 19.3.1986 – IV a ZR 127/84, JZ 1986, 1111 (Vorlage einer Vermögensaufstellung eines Wirtschaftsprüfers durch den Auftraggeber gegenüber einer kreditgebenden Bank); BGH Urt. v. 25.2.1980 – II ZR 134/79, WM 1980, 527; BGH Urt. v. 12.2.1979 – II ZR 177/77, WM 1979, 548 (Haftung einer Bank für falsche Kreditauskunft, erteilt an unbekannte Personen); BGH Urt. v. 30.3.1976 – VI ZR 21/74, WM 1976, 498; BGH Urt. v. 25.4.1974 – II ZR 161/72, WM 1974, 685; OLG Köln Urt. v. 15.2.1984 – 13 U 207/83, WM 1985, 598.

Auskunftsempfängers ein Schadensersatzanspruch geltend gemacht werden kann. Zum einen kommt die Inanspruchnahme der Hausbank des auskunftssuchenden Kunden in Betracht und zum anderen die der auskunftserteilenden Korrespondenzbank.

a) Schadensersatzansprüche des Kunden gegen sein Kreditinstitut

Dem Kunden könnte unmittelbar gegen seine Hausbank ein Schadensersatzansprüche wegen falscher Auskunftserteilung zustehen.

Die Hausbank erteilt jedoch keine Auskunft aus eigenen Erkenntnissen, sondern sie leitet eine von dritter Seite erhaltene Auskunft regelmäßig unverändert weiterleitet. Eine Haftung für eigenes Verschulden des Kreditinstituts des anfragenden Kunden wird daher grundsätzlich abgelehnt.[259] Im Ausnahmefall kann die Hausbank aber für eigenes Verschulden haften, wenn sie die Auskunftsanfrage falsch weitergegeben oder die erhaltenen Auskunft dem Kunden nicht, nicht rechtzeitig oder mit sinnentstellenden Umformulierungen mitgeteilt hat.[260]

Eine Haftung für das Verschulden der auskunftsgebenden fremden Bank könnte sich jedoch nach § 278 BGB ergeben. Vorausgesetzt der Hausbank kann das fehlerhafte Verhalten der auskunftsgebenden Bank zugerechnet werden. Dann müsste die Auskunftserteilung der fremden Bank als Gehilfentätigkeit qualifiziert werden können. Dies hätte jedoch zur Voraussetzung, dass die Hausbank die erhaltene Auskunft als eigene weitergeben würde. Erklärt die Bank dem Kunden demgegenüber, dass sie die Auskunft nicht aus eigenem Wissen erteilt, sondern nur eine fremde Auskunft weiterleitet, so haftet sie nur für die sorgfältige Auswahl des Informanten und die korrekte Weitergabe der Auskunft. Eine Haftung nach § 278 BGB für fremdes Verschulden der Korrespondenzbank scheidet in diesem Fall aus.[261]

Da in der Praxis üblicherweise durch Formulierungen wie „wie wir hören" oder „wie wir erfahren haben" kenntlich gemacht wird, dass lediglich die Kreditauskunft einer anderen Bank weitergeleitet wird, kann ein Verschulden der auskunftsgebenden Bank der Hausbank des anfragenden Kunden regelmäßig

---

[259] *Bruchner/Stützle*, 169; *Sichtermann/Feueborn/Kirchherr/Terdenge*, 408; *Musielak* in: Hadding/Schneider, 34.

[260] *Sichtermann/Feueborn/Kirchherr/Terdenge*, 408; *Kirchherr/Stützle*, 73.

[261] *Canaris*, Bankvertragsrecht, 63, Rz. 83; *Kirchherr/Stützle*, 73; *Musielak* in: Schneider/Hadding, 34.

nicht nach § 278 BGB zugerechnet werden.[262] Die Rechtsprechung hat in den Kreditauskunftsfällen mit Beteiligung Dritter eine Auskunftshaftung desjenigen, der die Auskunft weiterleitet, somit durchgängig abgelehnt oder in den ganz überwiegenden Fällen nicht einmal in Erwägung gezogen.[263] Ein Schadensersatzanspruch kann regelmäßig nicht gegen die eigene Hausbank geltend gemacht werden.

b) Schadensersatzansprüche des Kunden gegen die von seiner Hausbank eingeschaltete Korrespondenzbank

Da der geschädigte Kunde keine Haftungsansprüche gegen seine Hausbank hat, ist er gezwungen, gegen die auskunftsgebende Korrespondenzbank vorzugehen. Die Rechtsprechung hat in diesen Fällen zwei unterschiedliche vertragliche Haftungsgrundlagen in Betracht gezogen. Die eine Möglichkeit ist die Annahme eines stillschweigend zustande gekommenen Auskunftsvertrages zwischen dem anfragenden Kunden und der auskunftsgebenden Korrespondenzbank. Die andere ist die, dass aus den vertraglichen Beziehung zwischen den Banken über die Konstruktion des Vertrages mit Schutzwirkung zugunsten Dritter Ersatzansprüche zugunsten des Geschädigten abgeleitet werden. Diese Lösungswege sollen zu Beginn dargestellt werden. Weiterhin ist zu untersuchen, ob § 311 Abs. 3 BGB auf Auskunftsfälle angewandt werden kann und in welchem Verhältnis diese Haftung zu dem vertraglichen Ansatz der Rechtsprechung steht.

aa) Haftung aus Auskunftsvertrag

(1) Problemdarstellung

Die Frage, ob ein Auskunftsvertrag auch unmittelbar mit einem Dritten zu Stande kommen kann, erscheint aus folgenden Gründen problematisch:

---

[262] *Sichtermann/Feueborn/Kirchherr/Terdenge*, 408; *Musielak* in: Schneider/Hadding, 34; Kirchherr/Stützle, 73.

[263] In diesem Sinne BGH Urt. v. 7.7.1998 – XI ZR 375/97, WM 1998, 1771, 1771 (Zustandekommen eines Auskunftsvertrages durch Vorlage einer Bankbescheinigung, welche hier von dem Generalunternehmer einer GmbH weitergeleitet wurde); BGH Urt. v. 25.2.1980 – II ZR 134/79, WM 1980, 527, 528; BGH Urt. v. 12.2.1979 – II ZR 177/77, WM 1979, 548, 549 (Vorlage einer Bankauskunft durch einen Vermögensmakler); BGH Urt. v. 30.3.1976 – VI ZR 21/74, WM 1976, 498, 499; BGH Urt. 25.4.1974 – II ZR 161/72, WM 1974, 685, 686; OLG Köln Urt. v. 15.2.1984 – 13 U 207/83, WM 1985, 598, 599; OLG Karlsruhe Urt. v. 13.4.1967 – 9 U 295/65, WM 1967, 1257, 1258.

Bei einer Auskunftsanfrage unter Zwischenschaltung des Kreditinstituts des anfragenden Kunden ist kein direkter Kontakt zwischen dem anfragenden Kunden und der Korrespondenzbank gegeben, aus dem sich eine direkte vertragliche Beziehung ergeben könnte.[264] Ein direkter Kontakt[265] bzw. eine unmittelbare Fühlungnahme[266] liegt vor, wenn beide Personen in einer Art und Weise zusammentreffen, dass sich die Möglichkeit ergibt, Willenserklärungen auszutauschen.[267] Im Falle der Bank-an-Bank-Auskunft im Kundeninteresse fehlt es jedoch regelmäßig an einem solchen rechtsgeschäftlichen Kontakt zwischen Auskunftsgeber und Drittem, da der auskunftssuchende Kunde und die auskunftsgebende Bank (bzw. einer ihrer Mitarbeiter) sich im Regelfall nie begegnen oder unmittelbar schriftlich miteinander in Kontakt treten und die Bank mitunter noch nicht einmal weiß, wer hinter der Auskunftsanfrage steht.[268] Auch das Zustandekommen eines Auskunftsvertrages im Wege einer Stellvertretung des auskunftssuchenden Kunden durch seine Hausbank wirft Schwierigkeiten auf, da das vermittelnde Kreditinstitut die Auskunftsanfrage nach Nr. 3 Abs. 2 S. 1 AGB der Banken als eigenes Ersuchen im eigenen Namen stellt,[269] auch wenn sie dabei nach Nr. 2 der „Grundsätze für die Durchführung des Bankauskunftsverfahrens zwischen Kreditinstituten" das Ersuchen als „Anfrage im Kundeninteresse" zu kennzeichnen hat.[270] Darüber hinaus wird die Auskunft nach Nr. 8 der „Grundsätze für die Durchführung des Bankauskunftsverfahrens zwischen Kreditinstituten"[271] grundsätzlich auch nicht dem Kunden unmittelbar erteilt, sondern dessen Hausbank, die die Information an den Kunden weiterleitet.[272] Daher könnte dem geschädigten Kunden grundsätzlich die Qualifikation als Auskunftsempfänger im Zusammenhang mit der Annahme eines Angebots zum Abschluss eines Auskunftsvertrages fehlen.[273]

---

[264] *Kirchherr/Stützle*, 73; *Fischer/Klanten*, 177, Rz. 4.71.

[265] *Schmitz*, DB 1989, 1909.

[266] BGH Urt. v. 5. 12. 1972 – VI ZR 120/71, WM 1973, 141, 143 = NJW 1973, 321, 323; *Ebke/Scheel*, WM 1991, 389, 391.

[267] *Dickes*, 122.

[268] *Dickes*, 132.

[269] BGH Beschl. v. 18.6.1991 – XI ZR 282/90, WM 1991, 1629, 1629; BGH Urt. v. 25.2.1980 – II ZR 134/79, WM 1980, 527, 528; BGH Urt. v. 6.3.1972 – II ZR 100/69, WM 1972, 583, 585; *Baumbach/Hefermehl*, Nr. 3 Abs. 2 AGB-Banken, 687; *Musielak* in: Hadding/Schneider, 35.

[270] Abgedruckt in ZIP 1987, 608; Schimansky/Bunte/Lwowski-*Bruchner*, § 40 Rz. 48, S. 697.

[271] ZIP 1987, 608.

[272] BGH Urt. v. 25.2.1980 – II ZR 134/79, WM 1980, 527, 528; BGH Urt. v. 6.3.1972 – II ZR 100/69, WM 1972, 583, 585.

[273] So *Breinersdorfer*, 112.

Aus diesen Gründen erscheint es problematisch, das Zustandekommen eines Vertrages unmittelbar zwischen der Korrespondenzbank und dem anfragenden Kunden im Wege einer Stellvertretung des Kunden durch seine Hausbank anzunehmen, so dass hier allenfalls der Abschluss eines Auskunftsvertrages zwischen den Banken in Betracht zu ziehen sein könnte.

Bei Annahme des Zustandekommens eines stillschweigenden Auskunftsvertrages zwischen den Banken wäre aber auszuschließen, dass durch die Weitergabe einer schriftlich erteilten Auskunft an einen Kunden durch seine Hausbank daneben ein weiterer Auskunftsvertrag zwischen der auskunftserteilenden Bank und dem Kunden der anfragenden Bank geschlossen werden könnte, da bereits zwischen den beteiligten Banken im konkreten Fall aufgrund der Anfrage ein Auskunftsvertrag zustande gekommen wäre.[274] Die Auskunftserteilung der Korrespondenzbank kann nicht auf der einen Seite eine konkludent erklärte Annahme des in der Anfrage liegenden Angebots zum Abschluss eines Auskunftsvertrags mit der anfragenden Bank darstellen und andererseits zugleich ein Angebot zum Abschluss eines Auskunftsvertrages mit dem Kunden der anfragenden Bank, an den die Auskunft weitergegeben wird.[275]

Anders könnte es sich jedoch darstellen, wenn die Korrespondenzbank die Auskunft an den anfragenden Kunden adressiert und ausdrücklich nur „zur Weiterleitung" an die Hausbank des Anfragenden gibt. In diesem Fall scheint offensichtlich kein Abschluss eines Auskunftsvertrages zwischen den beteiligten Banken gewollt, da das die Auskunft empfangende Kreditinstitut, die Information gar nicht zu eigenen Zwecken verwenden, sondern lediglich an einen ihrer Kunden weiterleiten will. Daher wird teilweise angenommen, das auskunftserteilende Institut übernehme dem auskunftsersuchenden Kunden gegenüber mittelbar die Haftung dafür, dass die Auskunft mit der erforderlichen Sorgfalt und Gewissenhaftigkeit entsprechend der ihm erkennbaren Bedeutung der Angelegenheit gegeben werde.[276]

(2) Entwicklung der Rechtsprechung

Auch die Rechtsprechung bejaht, trotz der oben angeführten Problematik, ausnahmsweise auch dann eine vertragliche Haftung der Korrespondenzbank,

---

[274] *Musielak*, WM 1999, 1593, 1595.
[275] *Musielak*, WM 1999, 1593, 1595.
[276] OLG München, WM 1974, 538, 587; *Sichtermann/Feueborn/Kirchherr/Terdenge*, 409.

wenn die Auskunft nicht dem auf sie vertrauenden Dritten, sondern dessen Hausbank erteilt wird.[277]

Voraussetzung für eine Haftung soll aber sein, dass die Auskunft zumindest auch für den Dritten bestimmt gewesen ist und der Auskunftsgeber sich bewusst war, dass die Auskunft für den Dritten bzw. für weite Kreise[278] in der erwähnten Weise bedeutsam und als Grundlage entscheidender Vermögensverfügungen dienen werde.[279]

Die weiteren Kriterien der Rechtsprechung sind im Übrigen etwa die gleichen, wie die beim unmittelbaren Auskunftskontakt verwendeten.[280] Wie bereits ausgeführt, sind die von der Rechtsprechung getroffenen Aussagen zur Frage, wann ein Auskunftsvertrag anzunehmen ist, so allgemein gehalten, dass sie bei allen genannten und hier untersuchten Fallgruppen hinsichtlich der Frage, ob

---

[277] BGH Urt. v. 7.7.1998 – XI ZR 375/97, WM 1998, 1771 (Vorlage einer Bankbescheinigung zur Abgabe einer Bankbürgschaft); BGH Urt. v. 21.5.1996 – XI ZR 199/95, BGHZ 133, 36, 42 = WM 1996, 1618 (verdeckte Stellvertretung); BGH Urt. v. 16.10.1990 – XI ZR 165/88, NJW 1991, 352, 352 (Auskunftsanfrage eines Landrates im Rahmen einer gesellschaftlichen Veranstaltung bei dem Vorstandssprecher einer Bank, ob Finanzierung eines privaten Bauprojekts gesichert sei); BGH Urt. v. 25.2.1980 – II ZR 134/79, WM 1980, 527, 528 (Bank-an-Bank-Auskunft im Kundeninteresse); BGH Urt. v. 12.2.1979 – II ZR 177/77, WM 1979, 548 (Haftung einer Bank für falsche Kreditauskunft, erteilt an unbekannte Personen); BGH Urt. v. 30.3.1976 – VI ZR 21/74, WM 1976, 498, 499 (Bank-an-Bank-Auskunft im Kundeninteresse); BGH Urt. v. 30.3.1976 – VI ZR 21/74, WM 1976, 498, 499 = VersR 1976, 830, 831 (Bank-an-Bank-Auskunft im Kundeninteresse); BGH Urt. v. 25.4.1974 – II ZR 161/72, WM 1974, 685, 686 (Bank-an-Bank-Auskunft im Kundeninteresse); OLG Köln Urt. v. 15.2.1984 – 13 U 207/83, WM 1985, 598, 598; Auskunftshaftung im allgemeinen: BGH Urt. v. 11.10.1988 – XI ZR 1/88, WM 1988, 1828, 1829 = NJW 1989, 1029;1030 (Auskunftsvertrag zwischen Hersteller und Endabnehmer einer Ware); BGH Urt. v. 12.7.1966 – VI ZR 1/65, WM 1966, 1148, 1149 (Sachverständigengutachten über Wert eines Grundstücks); *Musielak* in: Hadding/Schneider, 35, *Musielak*, WM 1999, 1593, 1593.

[278] BGH Urt. v. 30.3.1976 – VI ZR 21/74, WM 1976, 498, 499 (Bank-an-Bank-Auskunft im Kundeninteresse); BGH Urt. v. 12.7.1966 – VI ZR 1/65, WM 1966, 1148, 1149 (Sachverständigengutachten über Wert eines Grundstücks); OLG Köln Urt. v. 15.2.1984 – 13 U 207/83, WM 1985, 598, 598.

[279] BGH Urt. v. 7.7.1998 – XI ZR 375/97, WM 1998, 1771, 1772 = NJW-RR 1998, 1343 (Vorlage einer Bankbescheinigung zur Abgabe einer Bankbürgschaft); BGH Urt. v. 21.5.1996 – XI ZR 199/55, BGHZ 133, 36, 42 (verdeckte Stellvertretung); BGH Urt. v. 16.10.1990 – XI ZR 165/88, NJW 1991, 352, 352 (Auskunftsanfrage eines Landrates im Rahmen einer gesellschaftlichen Veranstaltung bei dem Vorstandssprecher einer Bank, ob Finanzierung eines privaten Bauprojekts gesichert sei); BGH Urt. v. 11.10.1988 – XI ZR 1/88, WM 1988, 1828, 1829 = NJW 1989, 1029;1030 (Auskunftsvertrag zwischen Hersteller und Endabnehmer einer Ware); *Musielak* in: Hadding/ Schneider- 35; *Musielak*, WM 1999, 1593, 1593.

[280] Siehe S. 46 f. und S. 72.

die Voraussetzungen für die Annahme eines stillschweigend geschlossenen Auskunftsvertrag gegeben sind, heranzuziehen sind.[281]

Der Unterschied zu den Auskunftshaftungsfällen mit unmittelbarem Auskunftskontakt zwischen zwei Personen ist darin zu sehen, dass bei den Dritthaftungsfällen aufgrund des mangelnden unmittelbaren Auskunftskontaktes zwischen der Korrespondenzbank und dem auskunftssuchenden Kunden zusätzlich zu den übrigen Voraussetzungen noch die der Bestimmung der Auskunft für den Dritten und die des Bewusstseins des Auskunftsgebers darüber, dass die Auskunft für den Dritten bzw. für weite Kreise bedeutsam ist und zur Grundlage entscheidender Vermögensdispositionen dienen soll, hinzukommen muss.

Diese Notwendigkeit einer Verschärfung der Haftungsvoraussetzungen zulasten des Auskunftsempfängers als Gläubiger ergibt sich aus der Gefahr eines für den Auskunftsgeber unübersehbaren Haftungsrisikos. Diese Gefahr entsteht ihrerseits aus der seitens der Rechtsprechung vorgenommenen Ausweitung der Auskunftshaftung auf Fallkonstellationen, bei denen es an einer unmittelbaren Beziehung zwischen der auskunftsgebenden Bank und dem Geschädigten fehlt. Sie wird insbesondere dadurch erhöht, dass die Bank, nachdem sie die Auskunft in Umlauf gebracht hat, faktisch nicht mehr kontrollieren kann, an wen der Auskunftsnehmer die darin enthaltenen Informationen weiterleitet und wer durch diese Mitteilung in den Stand versetzt wird, auf ihrer Grundlage Vermögensverfügungen vorzunehmen und dadurch einen Schaden erleidet.[282] Die auskunftsgebende Bank kann daher wegen der potenziellen Ubiquität der Information im Zeitpunkt ihrer Mitteilung die Art und Weise sowie die Größenordnung eines im Falle der Unrichtigkeit der Information eintretenden Schadens und die Person des Geschädigten nicht immer umfassend übersehen. Aus dieser mangelnden Beherrschbarkeit der Information und möglicher Dispositionsschäden ergibt sich das besondere Haftungsrisiko der Bank.[283] Dies macht es notwendig, einen Weg zu finden, den Kreis der möglichen Anspruchsberechtigten, die Schadensersatz aus der Verletzung eines Auskunftsvertrages geltend machen können, einzugrenzen.

Ob die Gruppe der möglichen Anspruchsberechtigten durch die von der Rechtsprechung herausgebildete Voraussetzung der „Bestimmung der Auskunft für den Dritten" tatsächlich überschaubar gehalten werden kann, ist im Folgenden zu untersuchen.

---

[281] Siehe S. 72.
[282] *Mansel*, FS Schütze, 485, 492.
[283] *Mansel*, FS Schütze, 485, 492.

(a) Bestimmung der Auskunft und Bewusstsein des Auskunftsgebers von der vermögensrechtlichen Bedeutung der Auskunft für den Dritten

In einigen Entscheidungen wird es als ausreichend erachtet, dass die Auskunft (allgemein) bzw. (auch)[284] für Dritte bestimmt und dem Auskunftsgeber bewusst sein muss, dass sie für weite Kreise bedeutsam sein wird.[285] Eine Einschränkung des Haftungsrisikos des Auskunftsgebers ergibt sich danach jedoch nur bedingt. Denn der Adressatenkreis der möglichen Anspruchsberechtigten wird völlig offen gelassen, solange dem Auskunftsgebenden nur bekannt ist, dass die Auskunft auch oder allgemein an dritte Personen gelangen kann. Weiß er von dieser möglichen Weiterleitung an ihm unbekannte Dritte, so haftet er hiernach für falsch kundgemachte Auskünfte.

Eine weitergehende Verschärfung der Haftungsvoraussetzungen nimmt die höchstrichterliche Rechtsprechung demgegenüber in zwei neueren Entscheidungen vor.[286] Hiernach ist erforderlich, dass die Auskunft für jenen, den Dritten, bestimmt und der Auskunftsgeber sich bewusst war, dass die Auskunft für diesen in der erwähnten Weise bedeutsam werde.[287] Damit wird der Dritte, der möglicherweise Schadensersatzansprüche wegen falsch erteilter Auskunft geltend machen kann, auf die konkrete, später geschädigte Person festgelegt. Es reicht demnach nicht aus, dass die Auskunft für „weite Kreise" bedeutsam ist. Vielmehr muss sie für den konkreten Dritten, für den sie bestimmt ist, bedeutsam sein.

Darüber hinaus setzt hiernach die Annahme des stillschweigenden Zustandekommens eines Auskunftsvertrages voraus, dass nach dem Willen der unmittelbaren Gesprächspartner die Auskunft die Grundlage für wesentliche Vermögensdispositionen desjenigen bilden soll, für den die Auskunft bestimmt ist.[288] Das bedeutet, dass bei dem unmittelbaren Kontakt zwischen dem Auskunftsgeber und dem unmittelbaren Auskunftsempfänger die Absicht der Übermittlung

---

[284] BGH Urt. v. 7.7.1998 – XI ZR 375/97, WM 1998, 1771, 1771.

[285] BGH Urt. v. 30.3.1976 – VI ZR 21/74, WM 1976, 498, 499; BGH Urt. v. 12.7.1966 – VI ZR 1/65, WM 1966, 1148, 1149; ähnl.OLG Hamm Urt. v. 29.4.1986 – 9 U 290/85, NJW-RR 1987, 209, 209; OLG Köln Urt. v. 15.2.1984 – 13 U 207/83, WM 1985, 598, 598.

[286] BGH Urt. v. 21.5.1996 – XI ZR 199/95, BGHZ 133, 36, 42 = WM 1996, 1618 unter Hinweis auf das folgende Urteil: BGH Urt. v. 16.10.1990 – XI ZR 165/88, NJW 1991, 352, 352.

[287] BGH Urt. v. 21.5.1996 – XI ZR 199/95, BGHZ 133, 36, 42 = WM 1996, 1618 unter Hinweis auf das folgende Urteil: BGH Urt. v. 16.10.1990 – XI ZR 165/88, NJW 1991, 352, 352.

[288] BGH Urt. v. 16.10.1990 – XI ZR 165/88, NJW 1991, 352, 352

und die von ihr abhängenden Entscheidungen des Dritten unmissverständlich zum Ausdruck kommen müssen.[289]

Eine Haftung des Auskunftsgebers tritt nur ein, wenn er die notwendigen Kenntnisse über die beabsichtigte Weiterleitung der Auskunft an eine dritte Person erhält, welche ihrerseits von der Information eine wichtige Vermögensdisposition abhängig macht. Im Falle der Kreditauskunft heißt das, die Bank haftet nur jenem Dritten für die Richtigkeit der Auskunft, für den sie von vornherein bestimmt war.

Eine Übertragung der Ausführungen, die der Bundesgerichtshofs in dem Urteil vom 16.10.1990 gemacht hat, allgemein auf Bank-an-Bank-Auskünfte-im-Kundeninteresse könnte jedoch nicht völlig unproblematisch sein, da es sich hier nicht um einen typischen Fall der Kreditauskunft handelte. Die Auskunftserteilung vollzog sich nicht im Rahmen einer regulären Bankgeschäftshandlung, sondern einer gesellschaftlichen Veranstaltung, bei der sich ein Landrat bei dem Vorstandssprecher einer Bank nach der Finanzierung eines privaten Bauprojekts erkundigte. Der Landrat seinerseits hat die an ihn erteilte Auskunft dann an die an dem Bauprojekt beteiligten Handwerker weitergegeben, welche daraufhin für den Weiterbau hohe finanzielle Leistungen erbracht haben.[290]

Für eine allgemeine Anwendung der in diesem Urteil getroffenen Aussagen zur Bestimmtheit der Auskunft für den Dritten spricht aber wiederum, dass die Ausführungen sehr allgemein für alle stillschweigend geschlossenen Auskunftsverträge formuliert sind.[291]

Dementsprechend verweist das zweite oben zitierte Urteil des Bundesgerichtshofs vom 21.5.1996 auf das Urteil vom 16.10.1990 (jeweils derselbe Zivilsenat).[292] Obgleich es sich bei dem Urteil vom 21.5.1996 um einen klassischen Fall der Bank-an-Bank-Auskunft-im-Kundeninteresse handelte, dessen einzige Besonderheit darin lag, dass die Hausbank des auskunftssuchenden Kunden gegenüber der Korrespondenzbank in verdeckter Stellvertretung aufgetreten ist, ohne deutlich zu machen, dass die Auskünfte als Grundlage für Vermögensentscheidungen eines Dritten dienen sollten.[293] Daraus ist zu schließen, dass der Bundesgerichtshof die in dem Urteil vom 16.10.1990 getroffenen Aussagen als allgemein gültige Grundsätze ansieht, die auf alle Fälle des Auskunftskontaktes mit Beteiligung Dritter anzuwenden sind.

---

289 BGH Urt. v. 16.10.1990 – XI ZR 165/88, NJW 1991, 352, 352.
290 BGH Urt. v. 16.10.1990 – XI ZR 165/88, NJW 1991, 352, 352.
291 Siehe oben S. 72 und S. 90.
292 BGH Urt. v. 21.5.1996 – XI ZR 199/95, BGHZ 133, 36, 42 = WM 1996, 1618.
293 BGH Urt. v. 21.5.1996 – XI ZR 199/95, BGHZ 133, 36, 37 = WM 1996, 1618.

(b) Von der auskunftsgebenden Bank ausgehende zweckgerichtete Kreditauskünfte an ihr unbekannte Dritte

Die obige Fallkonstellation ist dadurch gekennzeichnet, dass der aktive auskunftssuchende Kontakt von dem Dritten ausgeht. Davon ist der Sachverhalt zu unterscheiden, dass die Bank sich selbst aktiv an eine ihr unbekannte dritte Person wendet. Diesen Kontakt stellt sie durch eine schriftliche Kreditbescheinigung her, welche sie über einen Mittler der dritten unbekannten Person zur Kenntnis gelangen lässt, um sie zu einer Vermögensverfügung zu veranlassen.

Zu dieser Fallgruppe sind vier vom Bundesgerichtshof entschiedene Urteile zu zählen. In den zwei älteren Urteilen ging es jeweils um eine schriftliche Bescheinigung, welche darauf ausgerichtet war, dritte Personen als Privatanleger zu einer Darlehensgewährung zu motivieren.[294] In einem neueren Urteil diente die Bestätigung der Bank dem Zweck, ihr unbekannte Dritte zur Beibringung einer Bürgschaft zu veranlassen.[295] In dem jüngsten Urteil wurde die Bonitätsauskunft einer Bank in einem Prospekt veröffentlicht, der für die Beteiligung an einem als Gesellschaft bürgerlichen Rechts ausgestalteten geschlossenen Immobilienfonds warb. Die günstige Auskunft war darauf ausgerichtet, den der Bank unbekannten Dritten zur Erbringung einer Einlage zu bewegen.[296]

Allen genannten Fällen ist gemeinsam, dass das die Bescheinigung in Umlauf bringende Kreditinstitut zwar wusste oder zumindest wissen musste, dass der unmittelbare Empfänger der Information diese Dritten vorlegen werde, um sie von der Richtigkeit der Auskunft zu überzeugen und sie dadurch zu Vermögensdispositionen zu veranlassen. Der Bank ist im Zeitpunkt der Auskunftserteilung aber nicht bekannt gewesen, wem die Bestätigung oder Bescheinigung konkrer vorgelegt werden würde.[297]

Die Tatsache, dass die Bonitätsauskunft nicht dafür gedacht gewesen ist, in einer Werbeschrift veröffentlicht zu werden, steht einer Haftung der Bank nicht entgegen. Nicht die Form der Übermittlung ist entscheidend, sondern der Umstand, dass die Auskunft Anlageinteressenten als Grundlage für die Beurteilung des Bonitätsrisikos dienen soll.[298]

---

[294] BGH Urt. v. 22.9.1982 – IV a ZR 322/80, NJW 1983, 276, 277; BGH Urt. v. 12.2.1979 – II ZR 177/77, WM 1979, 548, 549.

[295] BGH Urt. v. 7.7.1998 – XI ZR 375/97, WM 1998, 1771, 1772.

[296] BGH Urt. v. 5.12.2000 – XI ZR 340/99, ZIP 2001, 108.

[297] *Musielak*, WM 1999, 1593, 1595.

[298] BGH Urt. v. 5.12.2000 – XI ZR 340/99, ZIP 2001, 108, 109.

Das Kriterium, dass die Auskunft für den Dritten bestimmt sein muss, ist in dieser Fallkonstellation auf den ersten Blick nicht geeignet, den Kreis der möglichen Anspruchsberechtigten, die auf die Bankbescheinigung vertrauen, einzugrenzen. Denn nach der Rechtsprechung umfasst das Merkmal der Auskunftsbestimmung für den Dritten die positive Kenntnis, dass die Auskunft an jenen, den an der Auskunft interessierten Dritten, weitergegeben wird. In der hier untersuchten Fallkonstellation ist der Dritte als einzelne Person, an die die Auskunft weitergeleitet werden soll, im Vorhinein aber gerade noch nicht bestimmt. Es muss daher ein anderer Ansatz zur Eingrenzung des Kreises möglicher Anspruchsberechtigter ermittelt bzw. untersucht werden, ob hier eine Haftungsbegrenzung überhaupt interessengerecht und erforderlich erscheint.

Eine solche Einengung könnte sich nach Ausführung des Bundesgerichtshofs[299] aus der von der Bank in diesen Fällen regelmäßig vorgenommenen Zweckbestimmung der Bescheinigung ergeben. Eine Zweckbestimmung wird insoweit vorgenommen, als die Bank sich an einen ganz bestimmt umgrenzten Interessentenkreis wendet. Hierbei handelt es sich um private Geldgeber, die an einer Darlehensgewährung für ein bestimmtes Projekt, wie den Bau eines Hotels,[300] interessiert sind,[301] oder auf andere Weise, etwa durch die Erbringung einer Bürgschaft,[302] die Durchführung eines bestimmten Projektes sichern wollen oder auch um Anlageinteressenten, die sich mit einer Einlage in einer bestimmten Höhe an einer Gesellschaft beteiligen wollen.[303] Die Bankbescheinigung richtet sich daher nur an eine bestimmte Personengruppe, an deren Gewinnung das Kreditinstitut ein besonderes Interesse hat und von der es weiß, dass die Auskunft Grundlage wesentlicher vermögensrechtlicher Entscheidungen sein wird.[304]

Die Konkretisierung des Empfängerkreises wird von dem Aussteller der Bescheinigung selbst, anhand der mit der Auskunft verbundenen Zielsetzung der Finanzierung bzw. Absicherung bestimmter Projekte, etwa komplexe Darlehens- oder Finanzierungsvorgänge bzw. Gesellschaftsbeteiligungen, vorgenommen.[305] Die Eckdaten dieser geplanten Vorgänge und damit auch die Gruppe möglicher Auskunftsadressaten und potenzieller Schadensersatzgläubiger

---

[299] BGH Urt. v. 7.7.1998 – XI ZR 375/97, WM 1998, 1771, 1772; BGH Urt. v. 22.9.1982 – IV a ZR 322/80, NJW 1983, 276, 277; BGH Urt. v. 12.2.1979 – II ZR 177/77, WM 1979, 548, 550.

[300] BGH Urt. v. 12.2.1979 – II ZR 177/77, WM 1979, 548, 550.

[301] BGH Urt. v. 22.9.1982 – IV a ZR 322/80, NJW 1983, 276, 277.

[302] BGH Urt. v. 7.7.1998 – XI ZR 375/97, WM 1998, 1771, 1772.

[303] BGH Urt. v. 5.12.2000 – XI ZR 340/99, ZIP 2001, 108, 108.

[304] BGH Urt. v. 12.2.1979 – II ZR 177/77, WM 1979, 548, 550.

[305] *Wiegand*, 62.

sind der auskunftsgebenden Bank spätestens im Zeitpunkt der Auskunftserteilung, das heißt im Zeitpunkt der Ausstellung der Bescheinigung bekannt zu machen oder hätten ihr bekannt sein müssen. Die Haftung erstreckt sich nur auf solche Dritte, die in der betreffenden Transaktion eine typischerweise, das heißt abstrakt bestehende, vermögensbezogene Rolle oder Funktion haben als Investor (Anlageinteressent), Bürge, Kreditgeber oder Versicherer.[306]

Bei dieser Fallgestaltung handelt es sich jedoch nicht, wie in der Literatur vereinzelt vertreten,[307] um eine „Auskunft an den, den es angeht".[308] Denn die Auskunft wendet sich zwar an der Bank noch unbekannte Personen. Diese sind aber vom Interesse her bestimmbar und stellen einen überschaubaren Personenkreis dar.[309] Daher wendet sich die Bank dem erkennbaren Zweck der Bescheinigung nach nur an private Geldgeber, die an einer Darlehensgewährung für das bestimmte Projekt, z. B. ein Hotelbau, interessiert sind, nicht aber auch an andere Personen, die zwar keinen Projektfinanzierungskredit geben möchten, aber in Kenntnis der Bankbestätigung sicherungslos vorleisten, wie z. B. die Lieferanten des Hotels.[310] Würde es sich um eine „Auskunft an den, den es angeht" handeln, dann müsste jeder, der Kenntnis von der Auskunft erhält, durch die Annahme der Auskunft und ihre Verwertung bestimmen können, dass sie ihn etwas angeht.[311] Dem steht aber gerade die Zweckbestimmung der Bescheinigung durch die Bank entgegen. Danach sind nur solche Dritte als schützenswert anzusehen, denen die Bescheinigung bestimmungsgemäß vorgelegt wird. Eine „Auskunft an den, den es angeht" liegt daher nicht vor.

Auch wenn es sich nicht um eine „Auskunft an den, den es angeht" handelt, wird jedoch durch die Zweckbestimmung der Bank keine so weit gehende Haftungsbegrenzung erreicht, wie durch das haftungseinschränkende Merkmal der positiven Kenntnis der Bank von der Weiterleitung an jenen zuvor festgelegten Dritten, der die Auskunft zu einer bestimmten, der Bank ebenfalls bekannten Vermögensdisposition verwendet.[312]

Denn der Bank wird trotz der von ihr vorgenommenen Zweckbestimmung der Auskunft ein erhebliches Risiko auferlegt, da die Zahl der Personen, denen

---

[306] *Berger*, ZBB 2001, 238, 247.
[307] *Wiegand*, 63.
[308] BGH Urt. v. 12.2.1979 – II ZR 177/77, WM 1979, 548, 550; *Musielak*, WM 1999, 1593, 1595, 1596.
[309] BGH Urt. v. 12.2.1979 – II ZR 177/77, WM 1979, 548, 550.
[310] BGH Urt. v. 12.2.1979 – II ZR 177/77, WM 1979, 548, 550; *Musielak*, WM 1999, 1593, 1596.
[311] So auch *Müller*, 69.
[312] So auch *Musielak*, WM 1999, 1593, 1596.

die Bescheinigung vorgelegt wird, nicht bekannt ist und auch sehr hoch sein kann. Auf diese Weise können sehr viele Verträge zustande kommen, die eine Haftung bei Unrichtigkeit der Auskunft begründen.[313] Ein stillschweigender Auskunftsvertrag kann daher nicht bloß mit einem bestimmten Dritten, sondern mit einer Gruppe von Dritten, die der auskunftsgebenden Bank nicht bekannt sind, zustande kommen.[314] Das Angebot der Bank zum Abschluss eines Auskunftsvertrages in Form der Bonitätsbescheinigung kann zum Abschluss einer Vielzahl einzelner Auskunftsverträge führen mit jedem Dritten, der an der Projektfinanzierung oder Gesellschafterbeteiligung interessiert ist.

Andererseits ist die Bank selbst verantwortlich für dieses erhöhte Haftungsrisiko. Sie ergreift die Initiative zur Erteilung einer Information und setzt eine Bescheinigung über die Kreditwürdigkeit eines bestimmten Projektes in Umlauf, um dessen Finanzierung oder die Gewinnung von Anlageinteressenten zugunsten eines ihrer Bankkunden zu gewährleisten. Neben den Interessen ihres Bankkunden hat die Bank oftmals ein eigenständiges Interesse an der Fortführung der problematischen Projektfinanzierung. Ein solches liegt vor, wenn sie ihrerseits ein Darlehen für das Projekt erteilt hat.[315] Der mittelbare Empfänger der Auskunft wird darüber hinaus zumeist erst durch die vorgelegte Bescheinigung selbst dazu motiviert, im Vertrauen auf sie Investitionen zu tätigen. Der Fall liegt hier also gerade umgekehrt gegenüber dem regulären Kreditauskunftsfall. Die Bank muss angesichts der mit der Auskunft von ihr verfolgten Ziele damit rechnen, dass ihre Auskunft im Sinne einer rechtsgeschäftlich verbindlichen Erklärung von dem in Betracht kommenden Rechtsverkehr verstanden wird.[316] Aufgrund dieser Interessenlage erscheint es gerechtfertigt das Kreditinstitut mit dem hohen Haftungsrisiko zu belasten.

(c) Zwischenergebnis

Zusammenfassend lässt sich festhalten, dass die neuere Rechtsprechung auf der einen Seite die Haftungsvoraussetzungen für eine falsche Auskunftserteilung an Dritte höher angesetzt hat, als dies in älteren Entscheidungen der Fall war. Die Auskunft muss nicht nur (allgemein) bzw. (auch) für einen Dritten, sondern für jenen, das heißt den konkreten Dritten, bestimmt sein. Es reicht nicht aus, dass die Auskunft für weite Kreise bedeutsam ist. Die Auskunft muss vielmehr für jenen Dritten in der erwähnten Weise bedeutsam sein. Damit soll

---

[313] *Musielak*, WM 1999, 1593, 1595, 1596.
[314] *Berger*, ZBB 2001, 238, 247.
[315] BGH Urt. v. 12.2.1979 – II ZR 177/77, WM 1979, 548, 548; ähnl. BGH Urt. v. 22.9.1982 – IV a ZR 322/80, NJW 1983, 276, 276.
[316] BGH Urt. v. 12.2.1979 – II ZR 177/77, WM 1979, 548, 550.

die Gefahr von unübersehbaren, aus der interessenmäßigen Wertung nicht mehr zu rechtfertigenden, Haftungsrisiken vermieden werden.[317]

Andererseits wird das Kriterium der Bestimmung der Auskunft für den Dritten sehr viel weiter aufgefasst in den Fällen, in denen sich die Bank selbst aktiv an ihr unbekannte dritte Personen wendet, indem sie eine schriftliche Kreditbescheinigung über einen Mittler diesen zur Kenntnis gelangen lässt, um sie zu einer Vermögensverfügung zu veranlassen. Hier kann ein Auskunftsvertrag nicht nur mit einer einzelnen, bestimmten dritten Person zustande kommen, sondern eine Vielzahl von einzelnen Verträgen mit einer Gruppe von Dritten. Als schützenswert werden dabei alle dritten Personen angesehen, denen die Auskunft bestimmungsgemäß, das heißt im Rahmen der seitens der Bank vorgenommenen Zweckbestimmung zugeleitet wurden.

Im Vordergrund der Rechtsprechung steht die Herausbildung von Abgrenzungskriterien für den schützenswerten Personenkreis. Der Rechtsprechung ist dabei nicht zu entnehmen, wie der Auskunftsvertrag zwischen dem Auskunftsgebenden und dem Dritten im Einzelnen zustande kommen soll[318] und welche Rolle in diesem Zusammenhang die vermittelnde Hausbank spielt.

(3) Einordnung der Mittlerposition der Hausbank

Die Hausbank des anfragenden Kunden kann bei ihrer Tätigkeit entweder als Bote oder Stellvertreter rechtlich eingeordnet werden. Hierüber gehen die Meinungen auseinander.

(a) Botenstellung

Wird die Hausbank bei der Bank-an-Bank-Auskunft im Kundeninteresse als Bote angesehen, dann leitet sie den in der Anfrage ihres Kunden liegenden Antrag auf Abschluss eines Auskunftsvertrages an die Korrespondenzbank weiter und übermittelt dem Kunden die Kreditauskunft der Bank. Die Erteilung der Auskunft stellt die Annahme des Antrages dar.[319]

Auch der umgekehrte Weg könnte beschritten werden. Der Mittler überbringt als Erklärungsbote dem Dritten eine von der auskunftsgebenden Bank ausgestellte Informationsbescheinigung. Diese stellt ein Angebot zum Abschluss ei-

---

[317] BGH Urt. v. 21.5.1996 – XI ZR 199/95, BGHZ 133, 36, 42 = WM 1996, 1618.

[318] *Breinersdorfer*, 112; *Musielak* in: Hadding/Schneider, 35; *ders.*, WM 1999, 1593, 1593.

[319] *Bürger*, 187 ff.

nes Auskunftsvertrages dar. Der Auskunftsvertrag kommt dann durch Annahme der Offerte durch den Dritten zu Stande.[320] Diese beiden Möglichkeiten unterscheiden sich dadurch, dass im ersten Fall die Angebotsinitiative vom auskunftssuchenden Kunden ausgeht und im zweiten von der auskunftsgebenden Bank. Sie korrespondieren mit den oben untersuchten Fallkonstellationen, wo zum einen der aktive auskunftssuchende Kontakt von dem Dritten ausgeht[321] und zum anderen die Bank selbst durch Vorlage einer Kreditbescheinigung aktiv dem Dritten gegenüber tritt.[322]

Gegen die Botenstellung der vermittelnden Hausbank ergeben sich jedoch aufgrund der Funktion des Boten grundsätzliche Bedenken. Für den Boten ist kennzeichnend, dass er eine „fertige" fremde Willenserklärung an den Empfänger überbringt.[323] Er vermittelt nur das Wirksamwerden einer bereits abgegebenen Willenserklärung, indem er tatsächlich deren Zugang bewirkt.[324] Ein Bote ist nicht befugt, die Willenserklärung inhaltlich abzuändern, geschweige denn über den Zugang der Erklärung selbst eigenmächtig zu entscheiden. Die Botenstellung ist auf eine im eigentlichen Sinne bloß technische Transportfunktion beschränkt.[325]

Es erscheint zweifelhaft, dem Mittler der Auskunftsanfrage und -abgabe lediglich eine Botenstellung zukommen zu lassen. Denn in dem Fall, dass die Anfrage auf Abgabe einer Auskunft zuerst von dem auskunftssuchenden Kunden ausgeht, wird schon die Auskunftsanfrage nicht unverändert bei der Korrespondenzbank eingereicht. Die Hausbank überträgt sie vielmehr auf eigene Formulare und ersetzt den Namen des Kunden durch den Vermerk „im Kundeninteresse". Als bloße Formalität ist dieses Vorgehen nicht anzusehen, denn die Hausbank macht dadurch gegenüber der Korrespondenzbank deutlich, dass sie hinter dem Auskunftsersuchen steht und daher insbesondere ein Missbrauch des Bankenauskunftsverfahren nicht vorliegt.[326] Das Auskunftsersuchen kann daher nicht als Erklärung des hinter der Anfrage stehenden Kunden angesehen wer-

---

[320] *Sichtermann/Feueborn/Kirchherr/Terdenge*, 409; *Musielak*, WM 1999, 1593, 1595.
[321] Siehe S. 91 f.
[322] Siehe S. 93 f.
[323] *Brox*, Rz. 518.
[324] MüKo-*Schramm*, vor § 164 BGB Rz. 40; Palandt-*Heinrichs*, Einf. v. § 164 BGB Rz. 11.
[325] *Dickes*, 135; *Breinersdorfer*, 113.
[326] *Breinersdorfer*, 113.

den, welche durch die Hausbank als Botin lediglich technisch übermittelt wird. Als Erklärende gilt vielmehr die Hausbank selbst.[327]

Kann die Hausbank bereits die Auskunftsanfrage selbst – wenn dies auch regelmäßig nur unwesentlich erfolgen wird – abändern, so kommt ihr diese Befugnis bei der Weiterleitung der Auskunft an ihren Kunden ebenfalls zu. Im Allgemeinen wird die Hausbank in der Praxis zwar von der Möglichkeit der Abänderung der Kundenanfrage oder der Auskunft selber nur selten Gebrauch machen, um die dadurch entstehende Gefahr einer Haftung für eigenes Verschulden zu vermeiden. Diese kann eintreten, wenn sie die Auskunftsanfrage falsch weitergegeben oder die erhaltene Auskunft dem Kunden nicht, nicht rechtzeitig oder mit sinnentstellenden Umformulierungen mitgeteilt hat.[328] Andererseits darf die Hausbank die Auskunft aber auch nicht völlig unkritisch ohne Prüfung übermitteln. Denn sie trifft grundsätzlich die Pflicht, die weiterzuleitende Kreditauskunft nochmals zu prüfen und darüber zu entscheiden, ob die Auskunft an ihren Kunden weitergegeben werden kann. Bei begründeten Zweifeln an der Richtigkeit der Auskunft muss die Hausbank ihren Kunden darüber unterrichten.[329] Gibt die Hausbank die Auskunft an ihren Kunden weiter, obwohl begründete Zweifel bestanden, welche sich etwa aus anderen in der gleichen Sache eingeholten Kreditauskünften ergeben können, dann haftet sie ihrem Kunden für den im Vertrauen auf die Auskunft entstandenen Schaden.[330] Diesen Kontrollpflichten kann die Hausbank aber nicht nachkommen, wenn sie nicht als Erklärungsempfänger über Inhalt und Weitergabe der Auskunft entscheiden darf. Ist sie aber mit diesen Befugnissen ausgestattet, dann kann sie nicht Bote sein.

Ob dies in dem anderen Fall, dass die Initiative zur Information von der auskunftserteilenden Bank ausgeht, ebenfalls zutrifft, hängt wiederum davon ab, welche Funktion hier dem Übermittler der Auskunft zukommt, das heißt, ob die Hausbank hier die Funktion eines Boten erfüllt. Gegenstand der Auskunftserteilung ist hier regelmäßig eine schriftliche Kreditbescheinigung, die über einen Mittler einem ganz bestimmt umgrenzten, konkret im Einzelnen aber unbekann-

---

[327] In dieser Argumentation ist eine Parallele zu der Frage zu sehen, ob die Hausbank als Stellvertreterin fungiert. Hier wird regelmäßig dagegen argumentiert: Bank-an-Bank-Auskünfte-im-Kundeninteresse würden üblicherweise auf eigenes Ersuchen der Kreditinstitute und nicht im Namen der interessierten Kunden erbeten. So BGH Beschl. v. 18.6.1991 - XI ZR 282/90, WM 1991, 1629, 1629; BGH Urt. v. 25. 2. 1980 – II ZR 134/79, WM 1980, 527, 528; BGH Urt. v. 6.3.1972 – II ZR 100/69, WM 1972; 583, 585; *Musielak* in: Hadding/Schneider, 35.

[328] *Sichtermann/Feueborn/Kirchherr/Terdenge*, 408; *Kirchherr/Stützle*, 73.

[329] *Kirchherr/Stützle*, 73; *Sichtermann/Feueborn/Kirchherr/Terdenge*, 408

[330] *Sichtermann/Feueborn/Kirchherr/Terdenge*, 408; *Breinersdorfer*, 113.

ten Interessentenkreis zur Kenntnis gelangt, um sie zu einer Vermögensverfügung zu veranlassen.

Von den regulären Kreditauskunftsfällen unterscheidet sich diese Sachverhaltskonstellation insbesondere dadurch, dass diese von der Bank in Umlauf gebrachten Bestätigungen dem potenziellen Interessentenkreis immer unverändert, in der Originalversion und auf einem Briefkopfbogen der Bank vorgelegt oder in einem Werbeprospekt veröffentlicht wurden.[331]

Bei dem Übermittler der Bescheinigung handelte es sich auch in keinem Fall um ein Kreditinstitut, wie bei den Bank-an-Bank-Auskünften im Kundeninteresse, sondern den Geschäftsführer einer GmbH,[332] eine Kommanditgesellschaft, einen Finanzmakler[333] oder um einen Immobilienfond.[334] Diese Personengruppen trifft im Gegensatz zu Kreditinstituten nicht per se eine Kontrollpflicht bezüglich der Richtigkeit der vorgelegten Bestätigungen. Die Verantwortung für den Inhalt tragen allein die Banken, die die Bescheinigungen in Umlauf gebracht haben, da sie als Aussteller durch Verwendung ihres Briefkopfbogens unproblematisch als Verantwortliche zu erkennen waren[335] bzw. in dem Werbeprospekt als Verfasserin der veröffentlichten Bonitätsauskunft ausdrücklich genannt waren.[336]

Die Übermittler der Bescheinigungen traf lediglich die Pflicht, den Zugang einer Willenserklärung in Form der schriftlichen Bestätigung, die die Bank abgegeben hat, zu bewirken, ohne die Befugnis, die Willenserklärung inhaltlich abzuändern. Daher erscheint es gerechtfertigt in diesen besonderen Fallkonstellationen, wo die Informationsinitiative von der Bank ausgeht, den Übermittler der Auskunft als Erklärungsboten einzuordnen.[337] Aus diesem Grund kann in

---

[331] BGH Urt. v. 5.12.2000 – XI ZR 340/99, ZIP 2001, 108; BGH Urt. v. 7.7.1998 – XI ZR 375/97, WM 1998, 1771, 1772; BGH Urt. v. 22.9.1982 – IV a ZR 322/80, NJW 1983, 276, 277; BGH Urt. v. 12.2.1979 – II ZR 177/77, WM 1979, 548, 549.

[332] BGH Urt. v. 7.7.1998 – XI ZR 375/97, WM 1998, 1771, 1771.

[333] BGH Urt. v. 12.2.1979 – II ZR 177/77, WM 1979, 548, 548.

[334] BGH Urt. v. 5.12.2000 – XI ZR 340/99, ZIP 2001, 108.

[335] BGH Urt. v. 7.7.1998 – XI ZR 375/97, WM 1998, 1771, 1771; BGH Urt. v. 12.2.1979 – II ZR 177/77, WM 1979, 548, 549.

[336] BGH Urt. v. 5.12.2000 – XI ZR 340/99, ZIP 2001, 108, 108.

[337] So BGH Urt. v. 12.2.1979 – II ZR 177/77, WM 1979, 548, 550; *Musielak*, WM 1999, 1593, 1595; aA *Dickes*, 135, unter Hinweis darauf, dass es auf das äußere Auftreten dem Dritten gegenüber ankomme, führt er aus: Aufgrund der zumeist zwischen dem Finanzmakler und dem Anleger/Kunden bestehenden vertraglichen Beziehungen und der Verwendung der Information seitens des Maklers zur Herbeiführung eines Geschäftsabschlusses mit dem Kunden, stelle sich aus Sicht des Kunden die Vorlage der Bankauskunft als Teil der Bemü-

dem hier untersuchten besonderen Sachverhalt ein Vertragsverhältnis als zustande gekommen angesehen werden, wenn ein potenzieller Adressat auf die Auskunft vertraut und deshalb eine vermögensrechtliche Entschließung gefasst hat.[338]

(b) Stellvertreterstellung

Die Tätigkeit der die Information weiterleitenden Bank wurde demgegenüber von der Rechtsprechung in dem Urteil vom 25.2.1980 als die eines Stellvertreters eingeordnet. Ein vertragliches Rechtsverhältnis unmittelbar zwischen dem anfragenden Kunden und der auskunftsgebenden Korrespondenzbank wird danach mit der Begründung bejaht, die anfragende Bank werde als Stellvertreterin ihres Kunden tätig. Allerdings wurde dies nicht als Regelfall, sondern als „im Einzelfall nicht ausgeschlossen angesehen".[339] Die Besonderheit dieses Falles, die die Annahme eines Stellvertreterverhältnisses rechtfertigen sollte, wurde darin gesehen, dass das vermittelnde Kreditinstitut die Auskunftsanfrage bei der auskunftsgebenden Bank nicht lediglich allgemein „im Kundeninteresse", sondern unter Nennung des Kundennamens stellte. Die konkrete Kenntnis des Dritten, für den die Auskunft bestimmt sein sollte, wurde vom Bundesgerichtshof als Begründung dafür angeführt, dass durch die Anfrage und deren Beantwortung stillschweigend ein Auskunftsvertrag unmittelbar zwischen der Korrespondenzbank und dem auskunftssuchenden Kunden zustande kommt.[340]

Dass es sich hierbei aber nur um einen Ausnahmefall handelt, ergibt sich auch aus der Gegenüberstellung mit einem älteren Urteil des Bundesgerichtshofs vom 6.3.1972. Darin wurde darauf hingewiesen, dass die Voraussetzungen für ein Vertragsverhältnis zwischen dem interessierten Kunden und der Korrespondenzbank regelmäßig fehlen, da Auskünfte üblicherweise auf eigenes Ersuchen der Hausbank, wenn auch manchmal unter Benennung ihres Kunden, erbeten und vom angefragten Kreditinstitut auch nicht an den Kunden der anfragenden Bank direkt erteilt werden (Bank-an-Bank-Auskunft).[341] In diesem Urteil wurde die Sache zur weiteren Aufklärung an das Berufungsgericht zurückverwiesen, um zu ermitteln, ob der anfragende Kunde den Abschluss eines Auskunftsvertrages in seinem Namen durch die vermittelnde Bank mit der Korrespondenzbank nachgewiesen hat. Danach kam es darauf an, ob die vermittelnde

hungen des Finanzmaklers dar, im eigenen Profitinteresse eine Anlagemöglichkeit zu vermitteln. Die Charakterisierung des Finanzmaklers als Boten erscheine daher lebensfremd.

338 BGH Urt. v. 12.2.1979 – II ZR 177/77, WM 1979, 548, 550.

339 BGH Urt. v. 25.2.1980 – II ZR 134/79, WM 1980, 527, 528.

340 BGH Urt. v. 25.2.1980 – II ZR 134/79, WM 1980, 527, 528.

341 BGH Urt. v. 6.3.1972 – II ZR 100/69, WM 1972 583, 585.

Sparkasse den Auskunftsvertrag im eigenen Namen abgeschlossen hatte. In dem Fall sollte das Handeln der Sparkasse lediglich als eine mittelbare Stellvertretung des anfragenden Kunden angesehen werden, welcher daher Ansprüche gegen die auskunftsgebende Bank nur aufgrund einer Abtretung der Ersatzansprüche der vermittelnden Sparkasse (sog. Drittschadensliquidation) geltend machen könne.[342]

In diesem Sinne argumentiert der Bundesgerichtshof auch in einem Urteil aus neuerer Zeit vom 18.6.1991. Gegen das Zustandekommen eines stillschweigenden Auskunftsvertrages zwischen dem anfragenden Kunden und der auskunftsgebenden Korrespondenzbank spreche § 164 BGB.[343] Danach komme es für die Frage, zwischen wem Auskunftsverträge zustande gekommen sind, nicht entscheidend darauf an, in wessen Interesse die Auskunft erbeten worden sei, sondern darauf, ob die Bank als Mittlerin das Auskunftsgesuch im eigenen oder aber im fremden Namen an die Korrespondenzbank gerichtet habe.[344] In diesem Zusammenhang wird unter Hinweis auf die Urteile vom 6.3.1972 und 25.2.1980 dargelegt, der Bundesgerichtshof habe bereits mehrfach ausgeführt, dass Bank-an-Bank-Auskünfte üblicherweise auf eigenes Ersuchen der Kreditinstitute und nicht im Namen der interessierten Kunden erbeten würden. Für ein Handeln der anfragenden Bank im Namen ihres Kunden bedürfe es hingegen besonderer Umstände, welche bei der zu entscheidenden Sachverhaltskonstellation nicht vorgelegen hätten. Ein Auskunftsvertrag wurde hier daher nur zwischen den beiden Banken als gegeben angesehen.[345]

Ähnlich argumentiert auch die Literatur, welche es im Regelfall als ausgeschlossen ansieht, dass ein Auskunftsvertrag über die vermittelnde Bank als Vertreter ihres Kunden zustande kommt, da die Hausbank des Kunden im Allgemeinen gegenüber der Korrespondenzbank im eigenen Namen auftritt. Da in Fällen dieser Art eine Durchbrechung des Offenkundigkeitsprinzips ausgeschlossen sei, könnten insoweit Vertragsbeziehungen wegen der fehlenden Fremdbezogenheit der Erklärungen nur zwischen den Banken selbst entste-

---

[342] BGH Urt. v. 6.3.1972 – II ZR 100/69, WM 1972 583, 585.

[343] BGH Beschl. v. 18.6.1991 – XI ZR 282/90, WM 1991, 1629, 1629.

[344] BGH Beschl. v. 18.6.1991 – XI ZR 282/90, WM 1991, 1629, 1629.

[345] BGH Beschl. v. 18.6.1991 – XI ZR 282/90, WM 1991, 1629, 1629, die Frage, ob zwischen dem Kunden der Bank und der Korrespondenzbank ein Auskunftsvertrag bestand, stand allerdings auch gar nicht zur Entscheidung, da die Hausbank gegen die Korrespondenzbank klagte .

hen.[346] Das Offenkundigkeitsprinzip steht daher der Annahme einer Stellvertretung grundsätzlich entgegen.[347]

Teilweise wird die Stellvertreterstellung auch in der von der Rechtsprechung als Ausnahmefall angesehenen Sachverhaltskonstellation, dass die anfragende Bank den Namen des Kunden nennt, für den die Auskunft bestimmt ist, abgelehnt.[348] Die Namensnennung sei zwar ein gewichtiges Indiz für ein Handeln als Stellvertreter. Rechtlich maßgebend sei jedoch, ob die Mittelsperson als Repräsentant eines anderen auftrete, indem sie die rechtlichen Wirkungen des von ihr abzuschließenden Rechtsgeschäfts erkennbar auf einen Dritten beziehe. Insbesondere im Bankauskunftsverfahren sei dies aber nicht der Fall, da die Banken den Auskunftskontakt gerade bei der Bank-an-Bank-Auskunft im Kundeninteresse als interne Angelegenheit behandelten, was sich auch darin abzeichnet, dass die Auskunft nicht unmittelbar dem auskunftssuchenden Kunden selbst erteilt wird. Die Bank könne bei dieser Verfahrensgestaltung nicht nur deshalb als bloßer Stellvertreter rechtlich aus dem Auskunftskontakt ausgegliedert werden, weil der Name des Kunden mehr oder weniger zufällig genannt würde.[349] Aufgrund der mangelnden Fremdbezogenheit des Handelns der Mittlerbank erscheint es zumindest äußerst problematisch, im Regelfall sogar als unmöglich, diese als Stellvertreterin ihres Kunden anzusehen.

Ob der Mittler des Auskunftskontaktes in dem Fall, dass die Informationsinitiative von der Bank selbst ausgeht durch Übermittlung einer schriftlichen Kreditbescheinigung, als Stellvertreter der Bank handelt, erscheint ebenfalls problematisch. Eine Stellvertretung scheidet hier bereits wegen des hohen Formalisierungsgrades aus, den die Erteilung einer Vertretungsvollmacht gerade bei Banken hat.[350] Denn es geht hier nicht um die Frage der Vertretung des Kunden, sondern um die Vertretung der die Bescheinigung herausgebenden Bank.

Für diesen Fall wurde oben aber bereits festgestellt, dass der Mittler als Bote zu qualifizieren ist[351] Ein Rückgriff auf die Figur des Stellvertreters ist daher ohnehin nicht notwendig, um zwischen der Bank und dem auf die Bescheinigung vertrauenden Kunden einen Auskunftsvertrag als stillschweigend zustande gekommen ansehen zu können.

---

[346] *Musielak* in: Hadding/Schneider, 35; *Kirchherr/Stützle*, 73; *Michel*, 40.
[347] *Dickes*, 139.
[348] *Breinersdorfer*, 115.
[349] *Breinersdorfer*, 116.
[350] *Wiegand*, 60.
[351] Siehe oben S. 100 f.

(c) Zwischenergebnis

Den Abschluss eines Auskunftsvertrages durch eine Boten- bzw. Stellvertretereigenschaft der Hausbank zu begründen, bereitet erhebliche Schwierigkeiten. Die Rechtsprechung setzt sich darüber hinweg. Ganz überwiegend wird lediglich geprüft, ob die Voraussetzungen für das stillschweigende Zustandekommen eines Auskunftsvertrages vorliegen, wie die Bestimmung für den Dritten und das Bewusstsein des Auskunftsgebers darüber, dass die Auskunft für den Dritten bzw. für weite Kreise in der erwähnten Weise bedeutsam und als Grundlage entscheidender Vermögensverfügungen dienen werde.[352] Die Stellung des Mittlers beim Auskunftskontakt wird rechtlich nicht genauer eingeordnet.

In dem Sonderfall, dass die Bank von sich aus durch Übermittlung einer Kreditbescheinigung an den Kunden herantritt, kann die Stellung des Mittlers ausnahmsweise aufgrund der von ihm zu erfüllenden Funktion auf die eines Boten reduziert werden.[353]

bb) Vertrag mit Schutzwirkung zugunsten Dritter

Ein Haftungsgrund zwischen der auskunftsgebenden Korrespondenzbank und dem geschädigten Kunden der Hausbank könnte sich nicht nur aus einer unmittelbar vertraglichen Rechtsbeziehung, sondern auch mittelbar aus einer Einbeziehung des Geschädigten in den haftungsrechtlichen Schutz eines vertraglichen bzw. vertragsähnlichen Rechtsverhältnisses zwischen den Banken ergeben.

Ein Anspruch des anfragenden Kunden gegen das auskunftsgebende Kreditinstitut wird insbesondere aus dem gesetzlich nicht normierten Vertrag mit Schutzwirkung zugunsten Dritter hergeleitet.[354]

Eine Einbeziehung in den Schutzbereich eines Vertrages oder vertragsähnlichen Verhältnisses zwischen den Banken kommt aber nur dann überhaupt in Betracht, wenn tatsächlich ein Vertrag oder vertragsähnliches Verhältnis zwi-

---

[352] Siehe oben S. 88.

[353] Siehe oben S. 100 f..

[354] BGH Urt. v. 21.1.1993 – III ZR 15/92, WM 1993, 897; BGH WM 1990, 1991; BGH Urt. v. 18.10.1988 - XI ZR 12/88, WM 1989, 375, 376 f.; BGH Urt. v. 26.11.1986 – IV a ZR 86/85, NJW 1987, 1758, 1759 = WM 1987, 257, 259; BGH Urt. v. 19. 3. 1986, WM 1986, 711; BGH WM 1985, 450; BGH NJW 1982, 2431; BGHZ 133, 36; *Canaris*, Bankvertragsrecht, 15 Rz. 25; *Sichtermann/Feueborn/Kirchherr/ Terdenge*, 411; *Kirchherr/Stützle*, 75; *Musielak* in: Hadding/Schneider, 38; Köndgen-*Fischer*, 97; MüKo-*Seiler*, § 676 BGB Rz. 17; Erman-*Ehmann*, § 675 BGB Rz. 151 ff..

schen den Banken besteht.[355] Ausreichender Anknüpfungspunkt in diesem Sinne kann sowohl ein zwischen den Kreditinstituten durch die Auskunftsanfrage und deren Beantwortung begründeter Auskunftsvertrag sein als auch eine zwischen den Kreditinstituten ohnehin bereits bestehende Geschäftsbeziehung.[356] Gegen die Annahme, dass aus der Beziehung zwischen den Banken eine Schutzwirkung zugunsten Dritter hergeleitet werden soll, könnte aber sprechen, dass zwischen den Kreditinstituten grundsätzlich keine Forderungsrechte bestehen, da die Banken sich untereinander Kreditauskünfte aus Gefälligkeit erteilen, ohne dass damit eine Verbindlichkeit für das auskunftsgebende Institut entstehen soll. Gegen diesen berechtigten Einwand wird vorgebracht, die von dem auskunftsgebenden Kreditinstitut gegenüber der anfragenden Bank zu beachtenden Sorgfaltspflichten bestünden bei Annahme eines Vertrages mit Schutzwirkung zugunsten Dritter auch zugunsten des anfragenden Kunden.[357] Ob die Verpflichtung der Korrespondenzbank gegenüber der anfragenden Hausbank zur sorgfältigen Auskunftserteilung ausreicht, um eine Beziehung zwischen den Banken zu begründen, aus der sich wiederum etwaige Schutzpflichten gegenüber Dritten ableiten ließe erscheint jedoch fraglich.

Im Folgenden ist auf Basis der ergangenen Rechtsprechung zu untersuchen, unter welchen Voraussetzungen ein Auskunftsvertrag bzw. ein vertragsähnliches Verhältnis auch einen Dritten, dem die Auskunft übermittelt wird, schützen soll. Neben den Auskunftshaftungsfällen wird auch die Rechtsprechung zur Experten- bzw. Gutachterhaftung bewertet. Hierbei handelt es sich um eine klassische Fallgruppe, in der von der Rechtsprechung zur Haftungsbegründung der Vertrag mit Schutzwirkung zugunsten Dritter herangezogen wird.

(1) Die klassischen Voraussetzungen des Vertrages mit Schutzwirkung zugunsten Dritter

(a) Leistungsnähe

Es stellt sich die Frage, ob die für die Einbeziehung eines Dritten in einen Vertrag grundsätzlich erforderliche Leistungsnähe des geschädigten Dritten zum haftungsbegründenden Vertrag auch Voraussetzung für das Bestehen der

---

[355] BGH Urt. v. 16.10.1990 – XI ZR 165/88, NJW 1991, 352, 352; dazu *Breinersdorfer*, WM 1991, 977, 978.

[356] *Kirchherr/Stützle*, 75, *Canaris*, Bankvertragsrecht, 15, Rz. 25; *Sichtermann/Feueborn/Kirchherr/Terdenge*, 411.

[357] *Bruchner/Stützle*, 174; *Kirchherr/Stützle*, 75, *Canaris*, Bankvertragsrecht, 15 Rz. 25; *Sichtermann/Feueborn/Kirchherr/Terdenge*, 411.

Auskunfts- bzw. Expertenhaftung ist. Die Leistungsnähe im „klassischen“ Sinn liegt vor, wenn der Dritte bestimmungsgemäß mit der Leistung in Berührung kommt und den Gefahren von Schutzpflichtverletzungen ebenso ausgesetzt ist, wie der Gläubiger.[358]

Das Kriterium der "Leistungsnähe" als Voraussetzung eines Vertrages mit Schutzwirkung zugunsten Dritter wird in den höchstrichterlichen Entscheidungen zur Frage der Einbeziehung eines Dritten in den Schutzbereich eines Auskunfts- oder Gutachtervertrages nicht erwähnt.[359] Die Voraussetzung der Leistungsnähe könnte durch andere Kriterien verdrängt worden sein. Möglich ist auch eine terminologische Korrektur, in der Weise, dass die ursprünglichen Auslegungsregeln allgemein unter einem neuen Namen mit im Wesentlichen unverändertem Inhalt auch weiterhin noch anzuwenden sind.[360]

Es wird vertreten, die Rechtsprechung sei dazu übergegangen, den Begriff der Leistungsnähe mit der Formulierung zu umschreiben, dass der geschützte Dritte einem abgrenzbaren Personenkreis angehören müsse. Die beiden Begriffe "Leistungsnähe" und "abgrenzbarer Personenkreis"[361] würden im Wesentlichen synonym in der Rechtsprechung verwendet.[362] Es ergebe sich eine Parallele in-

---

[358] Erman-*H.P.Westermann*, § 328 BGB Rz. 13; Palandt-*Heinrichs*, § 328 BGB Rz. 16; Staudinger-*Jagmann*, §§ 328 BGB Rz. 98; Soergel-*Hadding*, Anh. § 328 BGB Rz. 16; BGH Urt. v. 22.1.1968 – VIII ZR 195/65, BGHZ 49, 350, 354; BGH Urt. v. 15.2.1978 – VIII ZR 47/77, BGHZ 70, 327, 329.

[359] BGH Urt. v. 13.11.1997 – X ZR 144/94, WM 1998, 440 (Grundstückswertgutachten); BGH Urt. v. 21.1.1993 – III ZR 15/92, WM 1993, 897 (Wirtschaftsprüferbilanz); BGH Urt. 17.5.1990 – IX ZR 85/89, WM 1990, 1554, 1555 (Auskunftshaftung des Anwalts gegenüber dem Verhandlungspartner seines Mandanten); BGH Urt. v. 18.10.1988 – XI ZR 12/88, NJW-RR 1989, 696 (Haftung des Steuerberaters für Testat unter verfälschtem Jahresabschluss); BGH Urt. v. 11.10.1988 – XI ZR 1/88, WM 1988, 1828, 1830 (Auskunftshaftung des Herstellers einer Ware gegenüber dem Endabnehmer); BGH Urt. v. 26.11.1986 – IV a ZR 86/85, NJW 1987, 1758, 1760 (Zwischenabschlussprüfung eines Steuerberaters); BGH Urt. v. 19.3.1986 – IV a ZR 127/84, JZ 1986, 1111 (Wirtschaftsprüferbilanz); BGH Urt. v. 25.9.1985 – IV a ZR 237/83, WM 1985, 1520 (Haftung für unrichtige Angaben in Werbeunterlagen); BGH Urt. v. 23.1.1985 – IV a ZR 66/83, WM 1985, 450, 451 (Grundstückswertgutachten/Konsulfall); BGH Urt. v. 2.11.1983 – IV a ZR 20/82, NJW 1984, 355, 356 (Grundstückswertgutachten); BGH Urt. v. 30.3.1976 – VI ZR 21/74, WM 1976, 498, 499 (Bank-an-Bank-Auskunft im Kundeninteresse); OLG Karlsruhe Urt. v. 22.12.1989 – 14 U 152/88, NJW-RR 1990, 861 (Grundstückswertgutachten).

[360] So *Dickes*, 161.

[361] BGH Urt. v. 26.11.1986 – IV a ZR 86/85, NJW 1987, 1758, 1760; OLG Frankfurt, Urt. v. 7.7.1988 – 3 U 15/87, NJW-RR 1989, 357, 358; ähnl. BGH Urt. v. 23.1.1985 – IV a ZR 66/83, WM 1985, 450, 452 = JZ 1985, 951 und BGH Urt. v. 2,11,1983 – IV a ZR 20/82, NJW 1984, 355, 355 (die zu schützende Personengruppe muss objektiv abgrenzbar sein).

[362] *Dickes*, 161.

soweit, als der Bundesgerichtshof die Zugehörigkeit zu einem abgrenzbaren Personenkreis immer dann annehme, wenn der Dritte potenziell zu den Personen gehöre, die mit der Auskunft in Kontakt kämen und auf sie vertrauten. Gerade diese Personen seien es auch, die von den Gefahren der falschen Auskunft in gleichem oder noch größerem Ausmaß bedroht seien wie der Auskunftsgläubiger und die sich daher auch in Leistungsnähe befänden.[363]

Mit ähnlichen Argumenten wird von anderer Seite die Voraussetzung der Leistungsnähe insbesondere bei den Bank-an-Bank-Auskunftsfällen im Kundeninteresse unproblematisch als erfüllt angesehen. Der Kunde sei ähnlich einem Gläubiger am Auskunftskontakt der Banken beteiligt, da die eingeholte Kreditauskunft entweder ausschließlich oder – falls die anfragende Hausbank ausnahmsweise selbst ein Informationsinteresse an der Kreditauskunft hat – zumindest auch von ihm verwendet werden solle.[364] Die Möglichkeit einer terminologischen Korrektur des Begriffs der Leistungsnähe durch den des abgrenzbaren Personenkreises wird hier aber nicht in Betracht gezogen.

Teilweise wird die Rechtsprechung auch dahingehend interpretiert, dass die Frage, ob ein Vertrag Schutzwirkung zugunsten eines Dritten entfaltet, allgemein durch Vertragsauslegung zu bestimmen sei.[365] Im Rahmen der Auslegung werden bestimmte Sachkriterien von der Rechtsprechung herangezogen. Zu diesen Kriterien gehört auch der „abgrenzbare Personenkreis“.[366] Das Kriterium der Leistungsnähe findet demgegenüber keine Erwähnung.

Der Ansicht, dass das Kriterium der Leistungsnähe bei den Auskunftsfällen durch das Merkmal des „abgrenzbaren Personenkreises” ausgefüllt würde, ist entgegenzuhalten, dass letzterer Begriff lediglich in vier Entscheidungen[367] der gesichteten Rechtsprechung zur Abgrenzung der Frage, ob ein Vertrag Schutzwirkung zugunsten eines Dritten entfaltet oder nicht, herangezogen worden ist. Die anderen Entscheidungen, die sich ebenfalls mit dem Problem der Schutzwirkung eines Auskunftsvertrages zugunsten eines Dritten auseinander gesetzt haben, erwähnen das Kriterium des abgrenzbaren Personenkreises nicht.[368] Hier werden andere noch unter dem Gliederungspunkt „Vertragsauslegung” darzulegende Auslegungskriterien herangezogen. Das Merkmal „abgrenzbarer Personenkreis” beansprucht keine Allgemeingültigkeit wie die Leistungsnähe. Diese muss als klassische Voraussetzung zwingend erfüllt sein, damit ein Vertrag mit

---

[363] *Dickes*, 161.
[364] *Breinersdorfer*, 130; *Musielak* in: Hadding/Schneider, 38.
[365] *Müller*, 78.
[366] *Müller*, 78, 79.
[367] Siehe Fn. 361.
[368] Siehe die anderen Entscheidungen in Fn. 359.

Schutzwirkung zugunsten Dritter zustande kommt. Die Rechtsprechung setzt nicht in jedem Fall, das heißt grundsätzlich, das Vorliegen eines abgrenzbaren Personenkreises voraus, damit ein Auskunftsvertrag Schutzwirkung entfalten kann. Vielmehr werden hier die unterschiedlichsten Sachkriterien berücksichtigt, welche auf eine Schutzwirkung des Vertrages schließen lassen können.

Dies deutet daraufhin, dass entsprechend der zuletzt genannten Meinung die Rechtsprechung immer dann eine Einbeziehung in den Schutzbereich des Auskunftsvertrages annimmt, wenn bestimmte Sachkriterien vorliegen, die im Wege der Auslegung des Vertrages für eine solche Vereinbarung der Parteien sprechen.

Den beiden erstgenannten Ansichten ist jedoch insoweit zuzustimmen, dass in den Fällen der Auskunftshaftung, insbesondere den Bank-an-Bank-Auskunftsfällen im Kundeninteresse, das Merkmal der Leistungsnähe regelmäßig vorzuliegen scheint. Der auskunftssuchende Kunde nimmt als geschädigter Dritter zur Leistung und zu den bei ihrer Erbringung entstehenden Gefahren eine vergleichbare Stellung ein wie seine Hausbank als Vertragsgläubiger.

Im Ergebnis bleibt daher festzuhalten, dass die Rechtsprechung das Vorliegen des Merkmals der Leistungsnähe bei den Auskunftshaftungsfällen nicht konkret prüft. Vielmehr wird im Allgemeinen nur festgestellt, dass im Wege der Auslegung zu ermitteln ist, ob und welche Schutzpflichten der Auskunftsvertrag gegenüber dem Dritten entfaltet.[369] Dabei kann auch der Frage, ob der Dritte bestimmungsgemäß mit der Leistung in Berührung kommt, insoweit Bedeutung beigemessen werden, als dieser Umstand als Indiz dafür angesehen werden kann, dass der Vertrag Schutzwirkungen zugunsten eines Dritten entfaltet. Dass der Dritte in Leistungsnähe zum Auskunftsvertrag steht, kann zwar keine zwingende Voraussetzung für die Annahme einer Schutzpflicht des Vertrages zugunsten des Dritten darstellen, wenn die Rechtsprechung sie nicht ausdrücklich in jedem Einzelfall prüft. Andererseits ist die Geltendmachung eines Anspruchs seitens des Dritten gegen die auskunftsgebende Bank nicht denkbar, wenn der Kunde nicht durch die falsche Auskunftserteilung der Korrespondenzbank in gleicher Weise oder stärker geschädigt wäre wie seine Hausbank. Indirekt muss dem Kriterium der Leistungsnähe durch Berücksichtigung bei der Auslegung

[369] BGH Urt. v. 17.5.1990 – IX ZR 85/89, WM 1990, 1554, 1554; BGH Urt. v. 22.12.1989 – 14 U 152/88, NJW-RR 1990, 861, 861; BGH Urt. v. 26.11.1986 – IV a ZR 86/85, NJW 1987, 1758, 1759; BGH Urt. v. 19.3.1986 – IV a ZR 127/84, JZ 1986, 1111, 1111; BGH Urt. v. 23.1.1985 – IV a ZR 66/83, WM 1985 450, 451 f.; Urt. v. 2.11.1983 – IV a ZR 20/82, NJW 1984, 355, 356.

des Vertrages daher auch bei den Auskunftshaftungsfällen Bedeutung zukommen.

(b) Persönliches Fürsorgeverhältnis

Hinsichtlich der Möglichkeit der Einbeziehung des Dritten in den Schutzbereich des zwischen den Banken bestehenden Schuldverhältnisses könnten sich insoweit Bedenken ergeben, als es zwischen dem anfragenden Kunden und dessen Kreditinstitut an einem besonderen „Fürsorgeverhältnis mit personenrechtlichem Einschlag" fehlt. Denn in früheren Entscheidungen des Bundesgerichtshofs zur Frage der Auskunftshaftung wurde die Bejahung einer Drittschutzwirkung eines Vertrages nicht nur von dem Bestehen der Leistungsnähe und der Erkennbarkeit der Einbeziehung des Dritten,[370] sondern auch von dem Vorliegen eines persönlichen Fürsorgeverhältnisses im Sinne der "Wohl und Wehe" Rechtsprechung abhängig gemacht. Eine Schutzwirkung des zwischen den Banken bestehenden Auskunftsvertrages wurde mit der Begründung abgelehnt, in den zu entscheidenden Fällen habe kein Fürsorgeverhältnis zwischen dem Gläubiger des mit dem Auskunftsgeber geschlossenen Vertrages und dem durch die Auskunft geschädigten Dritten bestanden.[371]

Diese Entscheidungen folgten mit ihrem Hinweis auf das Erfordernis eines Fürsorgeverhältnisses der so genannten „Wohl und Wehe" Rechtsprechung zum Vertrag mit Schutzwirkung zugunsten Dritter, wonach das Fürsorgeverhältnis mit personenrechtlichem Einschlag notwendige Voraussetzung für das schutzwürdige Interesse des Gläubigers an der Einbeziehung des Dritten in den Schutzbereich des Vertrages ist.[372]

Die Rechtsprechung aus neuerer Zeit hat jedoch richtig gestellt, dass ein derart stark eingeschränkter Anwendungsbereich des Vertrages mit Schutzwirkung zugunsten Dritter nicht beabsichtigt gewesen sei. Mit der „Wohl und Wehe"

---

[370] Dazu unter Punkt (c) Erkennbarkeit der Schutzpflicht des Gläubigers für den Dritten und der Drittbezogenheit der Leistung, S. 111 ff.

[371] BGH Urt. v. 5.12.1972 – VI ZR 120/71, WM 1973, 141, 143 = NJW 1973, 321, 323; BGH Urt. v. 30.3.1976 – VI ZR 21/74, WM 1976, 498, 499; ebenso das Berufungsgericht in BGH Urt. v. 19.3.1986 – IVa ZR 127/84, JZ 1986, 1111, 1111 und BGH Urt. v. 18.10.1988 - XI ZR 12/88, WM 1989, 375, 375, in beiden Fällen wurde in der Revisionsinstanz durch den Bundesgerichtshof aber klargestellt, dass die Einbeziehung in den Schutzbereich eines Vertrages nicht alleine wegen dem mangelnden personenrechtlichen Einschlag des Fürsorgeverhältnisses abzulehnen, sondern unter bestimmten Voraussetzungen möglich sei.

[372] Erman-*Westermann*, § 328 BGB Rz. 13; Palandt-*Heinrichs*, § 328 BGB Rz. 17; Staudinger-*Jagmann*,
§ 328 BGB Rz. 100; Soergel-*Hadding*, Anh. § 328 BGB Rz. 15.

Rechtsprechung habe der Bundesgerichtshof keine Grenzen für die Einbeziehung Dritter in den Schutzbereich eines Vertrages ziehen wollen.[373] Vielmehr habe lediglich die Frage entschieden werden sollen, unter welchen Voraussetzungen allein aufgrund der objektiven Interessenlage – also ohne konkreten Anhaltspunkt in ausdrücklichen Parteierklärungen oder im sonstigen Parteiverhalten – die stillschweigende Vereinbarung einer Schutzpflicht für Dritte anzunehmen sei.[374] Den Vertragsparteien sei es daher unbenommen, eine Schutzpflicht auch zugunsten von solchen Personen zu begründen, die nicht ihrer Fürsorge anvertraut seien.[375] Ob ein solcher geschäftlicher Wille bestehe, habe der Tatrichter nach allgemeinen Auslegungsgrundsätzen zu ermitteln.[376] Auch in diesem Zusammenhang könne es von Bedeutung sein, ob dem Auftraggeber die Fürsorge für den infrage kommenden Dritten anvertraut gewesen sei; dies sei jedoch keine notwendige Voraussetzung für die Bejahung einer Schutzpflicht.[377]

Im Übrigen ist das Kriterium des persönlichen Fürsorgeverhältnisses als Voraussetzung des Vertrages mit Schutzwirkung zugunsten Dritter von der Rechtsprechung in Fällen entwickelt worden, in den es um den Ersatz von Personenschäden ging.[378] Daher wollte die Rechtsprechung das Kriterium des Fürsorgeverhältnisses im Sinne einer Mitverantwortlichkeit für „Wohl und Wehe" des Dritten nur auf Fälle angewandt sehen, in denen es um den Schutz gegen physische Einwirkungen geht und nicht auf Sachverhalte ausdehnen, welche den Schutz gegen Vermögensschäden betreffen.[379] Das Fürsorgeverhältnis mit personenrechtlichem Einschlag ist demnach auf den Ersatz von Personenschäden zugeschnitten und nicht ohne weiteres auf Bankauskunftsfälle, in denen es um den Ersatz vom reinen Vermögensschäden geht, übertragbar.

Zusammenfassend lässt sich festhalten, dass nach der Rechtsprechung die Einbeziehung eines Dritten in die Schutzwirkung eines Vertrages davon abhängig zu machen ist, ob nach allgemeinen Auslegungsgrundsätzen den Parteierklärungen, sonstigen Parteiverhaltens oder aufgrund besonderer Umstände im

---

[373] BGH Urt. v. 26.11.1986 – IV a ZR 86/85, WM 1987, 1758, 1759; BGH Urt. v. 23.1.1985 – IV a ZR 66/83, WM 1985, 450, 451, 452; BGH Urt. v. 2.11.1983 – IV a ZR 20/82, NJW 1984, 355, 356.

[374] Siehe Nachweise in Fn. 373.

[375] Siehe Nachweise in Fn. 373.

[376] Siehe Nachweise in Fn. 373.

[377] BGH Urt. v. 2.11.1983 – IV a ZR 20/82, NJW 1984, 355, 356.

[378] BGH Urt. v. 23.1.1985 – IV a ZR 66/83, WM 1985, 450, 451; BGH Urt. v. 28.2.1977 – II ZR 52/75, BGHZ 69, 82, 86 = WM 1977, 1041, 1042.

[379] BGH Urt. v. 23.1.1985 – IVa ZR 66/83, WM 1985, 450, 451; BGH Urt. v. 28.2.1977 – II ZR 52/75, BGHZ 69, 82, 86 = WM 1977, 1041, 1042.

Einzelfall ausdrücklich beziehungsweise konkludent zu entnehmen ist, dass die Vertragsparteien den Willen hatten, zugunsten des Dritten eine Schutzpflicht aus dem Vertrag zu begründen, unabhängig davon, ob der Dritte dem Gläubiger des Vertrages im Rahmen eines persönlichen Fürsorgeverhältnisses anvertraut ist.[380]

(c) Erkennbarkeit der Schutzpflicht des Gläubigers für den Dritten und der Drittbezogenheit der Leistung

Nach den „klassischen" Voraussetzungen des Vertrages mit Schutzwirkung zugunsten Dritter haftet der Schuldner nur, wenn für ihn die Schutzpflicht des Gläubigers für den Dritten und die Drittbezogenheit der Leistung erkennbar sind.[381]

Nach einer Ansicht beansprucht diese Voraussetzung – wie auch die Voraussetzung der Leistungsnähe – mit im Wesentlichen unverändertem Inhalt weiterhin Geltung. Die Rechtsprechung habe lediglich eine terminologische Korrektur vorgenommen.[382] Dies sei hier noch deutlicher, als bei dem Kriterium der Leistungsnähe. Das für die Auskunftshaftung formulierte Merkmal des „Kennenmüssens" beziehungsweise „Rechnenmüssens" mit der Drittweitergabe und der Bedeutung für den Dritten[383] stelle lediglich die Umsetzung des abstrakten Merkmals der Erkennbarkeit in die konkrete Fallgestaltung der Auskunftshaftung dar. Hier sei für den Auskunftsgeber die Erkennbarkeit der Leistungsnähe

---

380 BGH Urt. v. 17.5.1990 – IX ZR 85/89, WM 1990, 1554, 1554; BGH Urt. v. 22.12.1989 – 14 U 152/88, NJW-RR 1990, 861, 861; BGH Urt. v. 11.10.1988 – XI ZR 1/88, WM 1988, 1828, 1830; BGH Urt. v. 7.7.1988 – 3 U 15/87, NJW-RR 1989, 337, 338; BGH Urt. v. 26.11.1986 – IV a ZR 86/85, NJW 1987, 1758, 1759; BGH Urt. v. 19.3.1986 – IV a ZR 127/84, JZ 1986, 1111, 1111; BGH Urt. 23.1.1985 – IV a ZR 66/83, WM 1985 450, 451 f.; Urt. v. 2.11.1983 – IV a ZR 20/82, NJW 1984, 355, 356; BGH Urt. v. 11.10.1988 – XI ZR 1/88, NJW 1989, 1029, 1030.

381 Ermann-*Westermann*, § 328 BGB Rz. 15; Palandt-*Heinrichs*, § 328 BGB Rz. 18; Staudinger-*Jagmann*, § 328 BGB Rz. 105; Soergel-*Hadding*, Anh. § 328 BGB Rz. 16 f.

382 *Dickes*, 161 f.

383 BGH Urt. v. 11.10.1988 – XI ZR 1/88, WM 1988, 1828, 1830; BGH Urt. v. 7.7.1988 – 3 U 15/87, NJW-RR 1989, 337, 338; BGH Urt. v. 26.11.1986 – IV a ZR 86/85, NJW 1987, 1758, 1760; BGH Urt. v. 23.1.1985 – IV a ZR 66/83, WM 1985 450, 452; BGH Urt. v. 2.11.1983 – IV a ZR 2082, NJW 1984, 355, 356 (Auskunftshaftung wurde abgelehnt, da nicht mit Drittweitergabe gerechnet werden musste); BGH Urt. v. 5.12.1972 – VI ZR 120/71, WM 1973, 141, 142 (2. Spalte unten, hier wurde eine Schutzpflicht allerdings noch mangels Fürsorgeverhältnis abgelehnt); OLG Karlsruhe Urt. v. 22.12.1989 – 14 U 152/88, NJW-RR 1990, 861, 861.

immer dann gegeben, wenn er damit rechnen musste, dass der Auskunftsgläubiger die Information an einen Dritten weiterleiten würde.[384]

Im Gegensatz zu dem Merkmal des „abgrenzbaren Personenkreises" kann bei dem Begriff des „Kennenmüssens" der Ansicht, es handele sich hierbei lediglich um eine terminologische Korrektur des Kriteriums der „Erkennbarkeit", nicht entgegengesetzt werden, dass der Begriff des „Kennenmüssens" nur vereinzelt von der Rechtsprechung angeführt und geprüft werde und somit keine Allgemeingültigkeit wie die „klassischen" Voraussetzungen des Vertrages mit Schutzwirkung zugunsten Dritter beanspruchen könne. Denn das Merkmal des „Kennenmüssens" beziehungsweise „Rechnenmüssens" wird in einer Vielzahl von Entscheidungen zur Frage der Schutzpflicht eines Vertrages herangezogen und geprüft.[385] Allerdings gilt auch hier, dass das Kriterium des „Kennenmüssens/Rechnenmüssens" lediglich ein Merkmal neben anderen darstellt, die die Rechtsprechung im Rahmen der Auslegung der Parteierklärungen und des Parteiverhaltens in einem Für und Wider des Vorliegens eines Vertrages mit Schutzwirkung zugunsten Dritter gegeneinander abwägt. Diesem Merkmal kommt aber offensichtlich aufgrund der häufigen Erwähnung in den gerichtlichen Entscheidungen eine hohe Indizwirkung zu hinsichtlich der Frage, ob ein Vertrag Schutzpflichten zugunsten Dritter entfaltet.

Diese bedeutsame Gewichtung des Merkmals der Erkennbarkeit der Drittbezogenheit für den Auskunftsschuldner ergibt sich daraus, dass das Haftungsrisiko für ihn billigerweise beim Abschluss des Vertrages überschaubar und kalkulierbar sein muss,[386] um den Auskunftsgeber nicht in unzumutbarer Weise mit Schadensersatzpflichten gegenüber Dritten zu belasten.[387] Weiß der Auskunftsschuldner nicht, dass die erteilte Auskunft an Dritte weitergeleitet wird, kann er auch nicht absehen, welche zusätzlichen Gefahren für ihn aus der Erteilung einer falschen Auskunft erwachsen können.

Auch unter Zugrundelegung dieser Überlegungen erscheint die Voraussetzung der Erkennbarkeit der Drittbezogenheit der Auskunft für die auskunftserteilende Korrespondenzbank in solchen Fällen, in denen ein Kreditinstitut ausdrücklich im Interesse eines Kunden die Auskunftsanfrage stellt, regelmäßig vorzuliegen.[388] Denn die Hausbank hat nach Nr. 2 der „Grundsätze für die

---

[384] *Dickes*, 161.

[385] Siehe die Nachweise in Fn. 383.

[386] *Musielak* in: Hadding/Schneider, 38; für den Auskunftsvertrag so: OLG Köln Urt. v. 15.2.1984 – 13 U 207/83, WM 1985, 598, 599.

[387] BGH Urt. v. 2.11.1983 – IV a ZR 20/82, NJW 1984, 355, 356.

[388] Soergel-*Hadding*, Anh. § 328 BGB Rz. 31; *Sichtermann/Feueborn/Kirchherr/Terdenge*, 412; MüKo-*Gottwald*, § 328 BGB Rz. 109; RGRK-*Ballhaus*, § 328 BGB Rz. 94;

Durchführung des Bankauskunftsverfahren zwischen Kreditinstituten" das Ersuchen als „Anfrage im Kundeninteresse" zu kennzeichnen.[389] Sie hat klar zu stellen, ob die Auskunft in ihrem eigenen Interesse oder im Kundeninteresse eingeholt wird. Aus dem Interessenvermerk der Hausbank kann die Korrespondenzbank gegebenenfalls entnehmen, dass einem Dritten, der Kunde bei der anfragenden Bank ist, die Kreditauskunft als Entscheidungsgrundlage dienen soll.

Nur wenn in der Auskunftsanfrage unrichtigerweise die Angabe der Drittbezogenheit fehlt, obwohl die Auskunft für den Kunden der anfragenden Bank bestimmt ist und an ihn weitergeleitet werden soll, scheidet ein Vertrag mit Schutzwirkung zugunsten Dritter aus, weil die Korrespondenzbank die Beteiligung des Dritten am Auskunftskontakt nicht erkennen kann. Mangels anderweitiger Angaben in der Auskunftsanfrage ist davon auszugehen, dass es sich um ein Auskunftsersuchen im Eigeninteresse der Bank handelt und die Auskunft nicht zugleich auch im Wege der Weitergabe an Dritte als Entscheidungshilfe für deren wirtschaftliche Dispositionen dienen soll.[390]

(2) Schutzwirkung aufgrund von Vertragsauslegung

Im Wege der Auslegung ist zu bestimmen ist, ob und welche Schutzpflichten gegenüber einem Dritten bestehen. Im Folgenden ist zu untersuchen, welche Kriterien die Rechtsprechung im Rahmen dieser Auslegung heranzieht.

Es fällt auf, dass die höchstrichterliche und oberlandesgerichtliche Rechtsprechung oftmals nur ganz allgemein darauf verweist, dass durch Auslegung der Parteierklärungen oder des Parteiverhaltens zu ermitteln sei, ob ein Dritter als in den Schutzbereich des Vertrages mit einbezogen angesehen werden kann.[391] Teilweise wird gar nicht auf das Erfordernis der Auslegung eingegan-

---

Staudinger-*Jagmann*, § 328 BGB Rz. 164; *Canaris*, Bankvertragsrecht, 69, Rz. 93; *Breinersdorfer*, 130 ff.

[389] Abgedruckt in ZIP 1987, 608; Schimansky/Bunte/Lwowski-*Bruchner*, § 40 Rz. 48, S. 697.

[390] OLG Köln Urt. v. 15.2.1984 – 13 U 207/83, WM 1985, 598, 599 (hier wurde mangels Erkennbarkeit der Drittbezogenheit ein Auskunftsvertrag zwischen Korrespondenzbank und Kunde abgelehnt); *Musielak* in: Hadding/Schneider, 38; *Canaris*, Bankvertragsrecht, 70, Rz. 93; *Breinersdorfer*, 132; aA *Kirchherr/Stützle*, 63, mangels gegenteiliger Angaben im Auskunftsersuchen sei stets davon auszugehen, dass die Auskunft für einen Kunden der anfragenden Bank bestimmt sei.

[391] BGH Urt. v. 18.10.1988 – XI ZR 12/88, NJW-RR 1989, 696, 696; BGH Urt. v. 19.3.1986 – IV a ZR 127/84, JZ 1986, 1111, 1111; BGH Urt. v. 2.11.1983 – IV a ZR 20/82, NJW 1984, 355, 351.

gen[392] oder nur knapp festgestellt, dass ein Vertrag Schutzwirkungen zugunsten eines Dritten entfalte[393] oder nicht.[394] Hinsichtlich der Auslegung selber wird zumeist auf die Tatsacheninstanz verwiesen. In einigen Entscheidungen nennt der Bundesgerichtshof aber selbst bestimmte Sachkriterien, deren Vorliegen für oder gegen die Einbeziehung eines Dritten in den Schutzbereich des Vertrages sprechen können.

Wie bereits angesprochen, werden nicht nur die für eine Schutzpflicht sprechenden Kriterien geprüft, sondern auch diejenigen, die gegen eine solche sprechen und somit die Haftung zugunsten des Auskunftsgebers beschränken. Zu diesen Merkmalen gehört, dass der Auskunftsgeber nicht in unzumutbarer Weise mit Schadensersatzpflichten gegenüber Dritten belastet werden soll.[395] Andererseits soll die Einbeziehung in den Schutzbereich des Vertrages nicht davon abhängig sein, dass der Auskunftsgeber weiß, dass die Auskunft an einen Dritten weitergegeben wird und für diesen von vermögensrechtlicher Bedeutung ist. Es reiche vielmehr aus, dass nur mit der Weitergabe an den Dritten und der vermögensrechtlichen Bedeutung für diesen gerechnet werde.[396] Darüber hinaus müssen dem Schutzpflichtigen die zu schützenden Personen weder der Zahl noch ihrem Namen nach bekannt sein.[397] Das bedeute aber nicht, dass der Kreis der unter die Schutzpflicht fallenden Personen uferlos ausgeweitet werden dürfe. Vielmehr müsse die Schutzpflicht auf eine überschaubare, klar abgrenzbare Personengruppe beschränkt beziehungsweise die Personengruppe der ersatzberechtigten Dritten objektiv abgrenzbar sein.[398]

Ein weiterer Gesichtspunkt, der gegen das Vorliegen eines Vertrages mit Schutzwirkung zugunsten Dritter angeführt wird, ist die Gegenläufigkeit der In-

---

[392] BGH Urt. v. 28.4.1982 – IV a ZR 312/80, NJW 1982, 2431, 2431.

[393] BGH Urt. v. 13.11.1997 – X ZR 144/94, WM 1998. 440, 441; BGH Urt. v. 21.1.1993 – III ZR 15/92, WM 1993, 897, 897.

[394] OLG Köln Urt. v. 14.12.1990 – 19 U 283/89, VersR 1991, 564, 565.

[395] BGH Urt. v. 2.11.1983 – IV a ZR 20/82, NJW 1984, 355, 356.

[396] BGH Urt. v. 11.10.1988 – XI ZR 1/88, WM 1988, 1828, 1830; BGH Urt. v. 7.7.1988 – 3 U 15/87, NJW-RR 1989, 337, 338; BGH Urt. v. 26.11.1986 – IV a ZR 86/85, NJW 1987, 1758, 1760; BGH Urt. 23.1.1985 – IV a ZR 66/83, WM 1985 450, 452; BGH Urt. v. 2.11.1983 – IV a ZR 20/82, NJW 1984, 355, 356; OLG Karlsruhe Urt. v. 22.12.1989 – 14 U 152/88, NJW-RR 1990, 861, 861.

[397] BGH Urt. v. 7.7.1988 – 3 U 15/87, NJW-RR 1989, 337, 338; BGH Urt. v. 26.11.1986 – IV a ZR 86/85, NJW 1987, 1758, 1760; BGH Urt. v. 2.11.1983 – IV a ZR 20/82, NJW 1984, 355, 355.

[398] BGH Urt. v. 26.11.1986 – IV a ZR 86/85, NJW 1987, 1758, 1760; BGH Urt. v. 23.1.1985 – IV a ZR 66/83, WM 1985, 450, 452 = JZ 1985, 951, 952; BGH Urt. v. 2.11.1983 – IV a ZR 20/82, NJW 1984, 355, 355 OLG Frankfurt, Urt. v. 7.7.1988 – 3 U 15/87, NJW-RR 1989, 357, 358.

teressen. Ein solcher Interessengegensatz wird angenommen, wenn der Anfragende ein anderes Interesse an der Auskunft hat als der Dritte, der in den Schutzbereich einbezogen werden soll. Daher könne die Einbeziehung des Dritten nicht dem mutmaßlichen Parteiwillen entsprechen.[399] Diese Problematik der widerstreitenden Interessen zeigt sich verstärkt im Bereich von Gutachterfällen. Hier kommt es demjenigen, der das Gutachten in Auftrag gibt, oftmals auf ein besonders günstiges Gutachten an, da das Gutachten zur Vorlage gegenüber dem Dritten dient, von dem er einen Kredit erhalten will. Je positiver aber im Gutachten die vermögensrechtliche Situation des Auftraggebers beschrieben ist, desto wahrscheinlicher ist es, dass der Kredit erteilt wird. Der Dritte möchte als Kreditgeber demgegenüber ein möglichst neutrales Gutachten erhalten, das die möglicherweise vorhandenen Risiken offenbart.[400]

Dem Einwand der Gegenläufigkeit der Interessen wird entgegengesetzt, der Ersatzpflichtige hafte nicht deshalb, weil dies von ihm selbst oder – näher liegend – von seinem Vertragspartner gewollt werde, sondern gerade unabhängig von dessen Willen. Die Inanspruchnahme eines Schädigers dürfe nicht mit dessen dem Grunde nach bestehender Haftpflicht verwechselt werden. Eine mögliche Gegenläufigkeit der Interessen von Vertragspartner und Drittem könne durch die Konkretisierung des Merkmals der Vertragseinbeziehung relativiert werden. Diese sei eben nicht abhängig vom Willen des Vertragspartners, sondern von den Kriterien der Leistungs- und Gläubigernähe des Dritten.[401]

Auch der Bundesgerichtshof hat in einigen Urteilen das Kriterium der Gegenläufigkeit der Interessen als ungeeignet angesehen, um gegen die Einbeziehung eines Dritten in die Schutzwirkung eines Vertrages zu argumentieren.[402] Zum einen sei jemand, der bei einer Person, die über eine besondere vom Staat anerkannte Sachkunde verfügt (z. B. öffentlich bestellter Sachverständiger, Wirt-

---

[399] BGH Urt. v. 18.2.1987 – IV a ZR 232/85, KTS 1988, 314, 316; BGH Urt. v. 5.12.1972 – VI ZR 120/71, WM 1973, 141, 143 = NJW 1973, 321, 323; OLG Köln Urt. v. 14.12.1990 – 19 U 283/89, VersR 1991, 564, 566; Dauner-Lieb/Heidel/Lepa/Ring-*Krebs*, Schuldrecht, § 311 Rz. 52; Dauner-Lieb/Heidel/Lepa/Ring-*Lieb*, Schuldrecht in der anwaltlichen Praxis, § 3 Rz. 45 f.

[400] *Köndgen*, 374 ff.; *Dickes*, 155 f; *Müller*, 80; *Ebke/Scheel*, WM 1991, 389, 392; *Müssig*, NJW 1989, 1697, 1699; *Grunewald*, AcP 187 (1987), 285, 290; *Lammel*, AcP 179 (1979), 337, 344; *Canaris*, JZ 1995, 441, 443 f.; allgemein zur Gegenläufigkeit der Interessen auch *Canaris*, ZHR 163 (1999), 206, 215 ff.

[401] *Eckebrecht*, MDR 2002, 425, 428.

[402] BGH Urt. v. 17.5.1990 – IX ZR 85/89, WM 1990, 1554, 1555; BGH Urt. v. 18.10.1988 – XI ZR 12/88, NJW-RR, 696, 696; BGH Urt. v. 26.11.1986 – IV a ZR 86/85, NJW 1987, 1758, 1759; BGH Urt. v. 23.1.1985 – IV a ZR 66/83, WM 1985, 450, 452; *Damm*, JZ 1991, 373, 379; *Dickes*, 157; *Müller*, 80.

schaftsprüfer, Steuerberater), ein Gutachten erbete, um davon gegenüber einem Dritten Gebrauch zu machen, in der Regel daran interessiert, dass die Ausarbeitung die entsprechende Beweiskraft besitze. Dies sei nur dann gewährleistet, wenn der Gutachter sie objektiv nach bestem Wissen und Gewissen erstelle.[403]

Zum anderen könne gerade ein öffentlich bestellter Sachverständiger bei der Begutachtung Sorgfaltspflichten gegenüber mehreren Personen mit unterschiedlichen Interessenrichtungen zu beachten haben.[404]

Diesen Ausführungen zur Gegenläufigkeit der Interessen kommt aber im Bereich der Kreditauskünfte nicht die gleiche Bedeutung zu wie bei den Gutachterfällen. Denn in der Regel hat die auskunftssuchende Hausbank kein eigenes Interesse an der Auskunft, wenn sie sie lediglich im Interesse des Kunden anfordert und an diesen weiterleitet. Ein Interessenkonflikt kann daher nur im Ausnahmefall entstehen.

Der Gesichtspunkt der besonderen, vom Staat anerkannten Sachkunde eines Gutachters wird aber nicht nur als Argument gegen die Heranziehung des Kriteriums der Gegenläufigkeit der Interessen angeführt, sondern unabhängig davon auch als gesondertes Merkmal gewertet, welches für die Schutzpflicht eines Vertrages sprechen soll.[405] Ein rechtsgeschäftlicher Wille zur Einbeziehung Dritter in den Schutzbereich eines Vertrages sei demnach regelmäßig anzunehmen, wenn eine Person, die über eine besondere vom Staat anerkannte Sachkunde verfügt, auftragsgemäß ein Gutachten oder ein Testat abgibt, das erkennbar zum Gebrauch gegenüber einem Dritten bestimmt ist und deshalb in der Regel nach dem Willen des Bestellers mit einer entsprechenden Beweiskraft ausgestattet sein soll.[406]

(3) Exkurs: Einwendungsdurchgriff gemäß § 334 BGB

Aus der Konstruktion der Auskunftshaftung über den Vertrag mit Schutzwirkung zugunsten Dritter ergibt sich, dass sich der Dritte nach der gefestigten Dogmatik des Vertrages mit Schutzwirkung zugunsten Dritter analog § 334 BGB die Einwendungen aus dem Verhältnis zwischen dem Auskunftsgeber und

---

[403] BGH Urt. v. 26.11.1986 – IV a ZR 86/85, NJW 1987, 1758, 1759.

[404] BGH Urt. v. 18.10.1988 – XI ZR 12/88, NJW-RR, 696, 696; BGH Urt. v. 23.1.1985 – IV a ZR 66/83, WM 1985, 450, 452.

[405] BGH Urt. v. 13.11.1997 – X ZR 144/94, WM 1998, 440, 441; BGH Urt. v. 11.10.1988 – XI ZR 1/88, WM 1988, 1828, 1830 = NJW 1989, 1029, 1030; BGH Urt. v. 7.7.1988 – 3 U 15/87, NJW-RR 1989, 337, 338; BGH Urt. v. 26.11.1986 – IV a ZR 86/85, NJW 1987, 1758, 1759 = WM 1987, 257.

[406] Siehe Nachweise in vorhergehender Fn.

demjenigen, der die Auskunft an den Dritten übermittelt, entgegenhalten lassen muss.[407] Das kann der Fall sein, wenn der Übermittler der Auskunft die Äußerung des Auskunftsgebers durch Weitergabe falscher Informationen an den Auskunftsgeber bewusst oder fahrlässig manipuliert. Dann müsste sich der Dritte die Einwendung des Auskunftsgebers entgegenhalten lassen, das Verschulden desjenigen, der die Information übermittelt, sei ihm – dem Dritten – zuzurechnen.[408] Die Rechtsprechung greift zur Vermeidung dieses Ergebnisses auf die Annahme zurück, mit der Vereinbarung der Einbeziehung eines Dritten in den Schutzbereich des Vertrages sei der Einwendungsdurchgriff vertraglich abbedungen worden.[409] Daran wird kritisiert, dass eine weitere Fiktion – die des Ausschlusses des Einwendungsdurchgriffs gemäß § 334 BGB – notwendig sei, um eine Haftung des Auskunftsgebers zu begründen. Es müsse zweimal eine ergänzende Vertragsauslegung herangezogen werden: Zum einen, um den Dritten in den Vertrag einzubeziehen und zum anderen um § 334 BGB stillschweigend abzubedingen. Eine solche doppelte ergänzende Vertragsauslegung wirke äußerst gekünstelt.[410]

Dieses Problem wird insbesondere im Fall der Gutachterhaftung diskutiert. Es ergibt sich nicht ohne Weiteres auch bei den Fällen der Kreditauskunft. Hier ist die auskunftsgebende Bank nicht auf Informationen der anfragenden Bank angewiesen – wie oftmals der Sachverständige auf den Auftraggeber des Gutachtens –, um die Auskunft zu erstellen. Die Kreditauskunft wird vielmehr ausschließlich aufgrund eigener Erkenntnisquellen der Korrespondenzbank erteilt. Das die Auskunft an den Dritten weiterleitende Kreditinstitut kann den Inhalt der Auskunft nur manipulieren, nachdem die Korrespondenzbank die Auskunft an sie ausgegeben hat, indem sie dann vor der Weiterleitung an den Dritten Änderungen der Information vornimmt. Verfälscht die Hausbank die Auskunft aber durch eine von ihr vorgenommene Abänderung oder Hinzufügung, so haftet sie gegenüber ihrem Kunden unmittelbar aus eigenem Verschulden.[411] Diese Sachverhaltskonstellation ist nicht mit den Gutachterfällen zu vergleichen, bei denen der Sachverständige selbst quasi als Werkzeug dazu benutzt wird, unwissentlich falsche Informationen des Auftraggebers in sein Gutachten zu übernehmen. Der Sachverständige soll auch aus dem Grund haften, weil er die Informationen ungeprüft übernommen hat, ohne dass dies dem Dritten gegenüber

---

407 Staudinger-*Jagmann*, § 328 BGB Rz. 108.

408 *Canaris*, ZHR 163 (1999), 206, 216 ff.; *Schneider*, ZHR 163 (1999), 246, 253; *Grunewald*, AcP 187 (1987), 285, 289 f.

409 BGH Urt. v. 13.11.1997 – X ZR 144/94, WM 1998, 440, 442; BGH Urt. v. 10.11.1994 – VIII ZR 41/94, BGHZ 127, 378, 385 ff; vgl. *Zugehör*, Rz. 343.

410 *Canaris*, JZ 1995, 441, 444.

411 Siehe oben S. 84, 99.

kenntlich gemacht worden ist.[412] Bei den Kreditauskunftsfällen ist die Korrespondenzbank demgegenüber in keiner Weise an der Falschinformation beteiligt und hat auch keine Einflussmöglichkeiten, wenn die Hausbank von sich aus im Nachhinein Abänderungen vornimmt und der Dritte dadurch Schaden erleidet.

Die Problematik des Einwendungsdurchgriffs könnte sich bei den Kreditauskunftsfällen aber in anderer Hinsicht stellen. Ist zwischen der Hausbank des Kunden und der Korrespondenzbank eine Haftungsbegrenzung vereinbart worden, dann stellt sich die Frage, inwieweit dies auch Wirkung gegenüber dem in die Schutzwirkung des Vertrages oder der Geschäftsverbindung zwischen den beiden Banken einbezogenen Dritten entfaltet. Grundsätzlich müsste der auskunftssuchende Kunde sich als Dritter gemäß § 334 BGB die Einwendung der Korrespondenzbank entgegenhalten lassen, sie hafte nur entsprechend der Haftungsbegrenzungsvereinbarung, die sie mit der anfragenden Hausbank getroffen hat. Der Einwendungsdurchgriff der Korrespondenzbank erscheint hier auch interessengerecht. Ohne diese Möglichkeit würde die Korrespondenzbank gegenüber einem Dritten strenger haften als gegenüber einem direkten Vertragspartner, mit dem sie stillschweigend einen Auskunftsvertrag geschlossen hat. Hinsichtlich bestehender Haftungsbegrenzungsklauseln kann der Einwendungsdurchgriff gemäß § 334 BGB daher nicht als konkludent abbedungen angesehen werden.

(4) Einordnung unter § 311 Abs. 3 BGB

Als Basis für die Rechtsfigur des Vertrages mit Schutzwirkung zugunsten Dritter könnte auch § 311 Abs.3 BGB dienen. Zwei Möglichkeiten der gesetzlichen Kodifizierung des Vertrages mit Schutzwirkung zugunsten Dritter waren grundsätzlich denkbar. Zum einen hätte eine spezielle gesetzliche Regelung erfolgen können und zum anderen bestand die Möglichkeit, im Zuge der ohnehin beabsichtigten künftigen Kodifikation der culpa in contrahendo den Drittschutz zu etablieren.[413]

Ob der Gesetzgeber in § 311 Abs. 3 S. 1 BGB eine ausdrückliche Regelung des Vertrages mit Schutzwirkung zugunsten Dritter verankern wollte, ist umstritten.[414] Nach *Canaris* konnte in § 311 BGB das Problem der Schutzwirkun-

---

[412] BGH Urt. v. 13.11.1997 – X ZR 144/94, WM 1998, 440, 441.

[413] *Eckebrecht*, MDR 2002, 425, 427.

[414] Gegen eine Einbeziehung des Vertrages mit Schutzwirkung zugunsten Dritter: Palandt-*Heinrichs*, SchMoG, § 241 BGB Rz. 27; Palandt-*Heinrichs*, § 311 BGB Rz. 60, § 328 Rz. 34; *Haferkamp* in: Dauner-Lieb/Konzen/K. Schmidt, 179; *Olzen/Wank*, S. 61 f., Rz. 310, 312; *Teichmann*, BB 2001, 1485, 1492; *Rieble* in: Dauner-Lieb/Konzen/K. Schmidt, 137,

gen für Dritte nicht explizit angesprochen werden, weil hier nicht der richtige Ort für die Bestimmung des Kreises der schutzberechtigten Dritten sei. Damit sieht *Canaris* den Vertrag mit Schutzwirkung zugunsten Dritter zwar nicht ausdrücklich in § 311 BGB geregelt. Vom Grundsatz her setzt er aber seine Erfassung durch § 311 Abs. 3 S. 1 BGB voraus. Er sieht diese Lösung als vorzugswürdig an, weil dadurch alle „Drittfälle" in dieser Bestimmung zusammengefasst wären.[415]

Vom sehr weit gefassten Wortlaut her eröffnet § 311 Abs. 3 S. 1 BGB zwar tatsächlich grundsätzlich die Möglichkeit die genannte Rechtsfigur mitzuerfassen.[416] Dies würde aber darauf hinauslaufen, seine Einbeziehung nur deshalb anzunehmen, weil kein ausdrücklicher Ausschluss erfolgt ist. Dies kann jedoch nicht richtig sein. Gerade die Offenheit des § 311 Abs. 3 S. 1 BGB steht vielmehr einer expliziten Einbeziehung des Vertrages mit Schutzwirkung zugunsten Dritter entgegen.[417]

Im Übrigen würde sich aus der einheitlichen Erfassung aller im Rahmen der culpa in contrahendo möglichen „Drittfälle" in § 311 Abs. 3 BGB auch kein besonderer Vorteil ergeben, da hier die Voraussetzungen für die Einbeziehung Dritter in den Schutzbereich eines vorvertraglichen Schuldverhältnisses nicht genannt sind.[418]

Zudem habe der Gesetzgeber in § 311 Abs. 3 S. 2 BGB die Haftungsbegründung durch die Inanspruchnahme besonderen persönlichen Vertrauens hervorgehoben. Dies spreche dafür, dass ausschließlich die Linie des durch die culpa in contrahendo-Rechtsprechung vorgezeichneten Lösungswegs verfolgt und so der vertraglichen Einbeziehung eines zu schützenden Dritten eine Absage erteilt werden solle.[419] Bei dieser Auslegung des § 311 Abs. 3 S. 2 BGB würde der

---

142; *Schumacher/Lada*, ZGS 2002, 450, 454; *Ehmann/Sutschet*, 158; Staudinger-*Jagmann*, § 328 BGB Rz. 91, der aber § 311 Abs. 3 i.V.m. § 241 Abs. 2 als mögliche Grundlage – offenbar neben dem Vertrag mit Schutzwirkung zugunsten Dritter – einer Expertenhaftung ansieht, wenn er diese auch als völlig konturenlos bezeichnet. Zweifelnd im Hinblick auf den unklaren Wortlaut: Dauner-Lieb/Heidel/Lepa/Ring-*Lieb*, Schuldrecht in der anwaltlichen Praxis, § 3 Rz. 44. Dafür: *Lorenz/Riehm*, Rz. 376; *Eckebrecht*, MDR, 2002, 425, 427 f.; Dauner-Lieb/Heidel/Lepa/Ring-*Krebs*, Schuldrecht, § 311 Rz. 52.

415 *Canaris*, JZ 2001, 499, 520. *Haferkamp* in: Dauner-Lieb/Konzen/K. Schmidt, 179 interpretiert *Canaris* hier unrichtigerweise dahingehend, dass er sich gegen eine Erfassung des Vertrages mit Schutzwirkung zugunsten Dritter in § 311 Abs. 3 S. 1 BGB ausspreche.

416 Dauner-Lieb/Heidel/Lepa/Ring-*Lieb*, Schuldrecht in der anwaltlichen Praxis, § 3 Rz. 45.

417 *Haferkamp* in: Dauner-Lieb/Konzen/K. Schmidt, 179.

418 *Schumacher/Lada*, ZGS 2002, 450, 454.

419 *Eckebrecht*, MDR 2002, 425, 427.

vertragliche Drittschutz nicht im Wege der Erstreckung vertraglicher Schutzpflichten wie beim Vertrag mit Schutzwirkung zugunsten Dritter, sondern durch die Begründung einer unabhängigen vertragsähnlichen Eigenhaftung Dritter, im Sinne einer Direkthaftung, erreicht. Die Rechtsfigur des Vertrages mit Schutzwirkung zugunsten Dritter hätte dann keine eigene Existenzberechtigung mehr.[420]

Dem wird entgegengesetzt, dass die Gutachten- oder Beratertätigkeit im Interesse zunächst des unmittelbaren Ausftraggebers erfolgt. Mit der Begründung einer unabhängigen Eigenhaftung des Dritten würde die Dritthaftung von diesem Vertragsverhältnis zwischen Gutachter und Auftraggeber gelöst werden. Dies könnte Friktionen mit dem primären Beratungsvertrag auslösen, aus dem die Expertenpflicht stammt. Im Dreieck könne es stets gegenläufige Interessen geben, die das Schuldrecht mit seinem auf zwei Personen bezogenen Interessenausgleich nur schwer bewältigen könne.[421]

Gegen diese Interpretation des Gesetzes wird im Übrigen vorgebracht, dass der Gesetzgeber dann das haftungsbegründende Tatbestandsmerkmal des Vertrauens weitergehend hätte qualifizieren müssen. Bei einer ausschließlichen Favorisierung des Gedankens einer Vertrauenshaftung hätte eine Beschreibung der Qualität des enttäuschten Vertrauens nahegelegen, etwa durch den Zusatz „persönliches Vertrauen". Dies sei jedoch nicht geschehen. Demgegenüber habe der Gesetzgeber an anderer Stelle detaillierter gearbeitet.[422]

Dieses Argument ist nicht überzeugend. Anstelle der von der Rechtsprechung häufig verwendeten Qualifizierung „persönliches Vertrauen" wurde in der Gesetzesfassung die Umschreibung der Inanspruchnahme von Vertrauen „für sich" vorgezogen. Mit dieser abweichenden Formulierung soll lediglich dem Missverständnis vorgebeugt werden, dass durch das Wort „persönlich" eine besondere personale Intensität gefordert wird, obwohl es tatsächlich lediglich darum geht, dass der Dritte das Vertrauen für seine eigene Person, also „für sich" und nicht für den potenziellen Vertragspartner, für den er agiert, wie z. B. für den Vertretenen, in Anspruch nimmt.[423] Das enttäuschte Vertrauen ist demnach sehr wohl näher qualifiziert durch die Umschreibung „für sich", welche lediglich zur Klarstellung das Merkmal „persönlich" ersetzt hat.

---

[420] *Eckebrecht*, MDR 2002, 425, 427.

[421] *Rieble* in Dauner-Lieb/Konzen/K. Schmidt, 137, 144.

[422] *Eckebrecht*, MDR 2002, 425, 427: Im Regierungsentwurf habe etwa § 241 Abs. 2 noch die Pflicht zur „besonderen Rücksicht" enthalten. In der Endfassung sei dieses Merkmal zu einer einfachen „Rücksicht" geworden.

[423] *Canaris*, JZ 2001, 499, 520 f; Henssler/Graf v. Westphalen-*Muthers*, § 311 Rz. 25; *Schumacher/Lada*, ZGS 2002, 450, 455.

Damit kann das Argument, wonach sich aus der gesetzlichen Hervorhebung des Vertrauensgedankens der Ausschluss des Vertrages mit Schutzwirkung zugunsten Dritter ergibt, zunächst aufrechterhalten bleiben.

Gegen den bewussten Ausschluss der bisherigen Fälle des Vertrages mit Schutzwirkung zugunsten Dritter durch § 311 Abs. 3 S. 2 BGB könnte aber sprechen, dass die Inanspruchnahme besonderen Vertrauens nur eine beispielhafte Nennung ist („insbesondere"), die es nicht verbiete, die bisherigen Fälle des Vertrages mit Schutzwirkung zugunsten Dritter unter § 311 Abs. 3 BGB einzuordnen.[424]

Der Vertrag mit Schutzwirkung zugunsten Dritter wird daher zum Teil als eine neben den in § 311 Abs. 3 S. 2 BGB geregelten Fällen vorvertraglicher Dritthaftung fortbestehende Fallgruppe angesehen.[425]

Gegen die Einbeziehung des Vertrags mit Schutzwirkung zugunsten Dritter wird aber überzeugenderweise Folgendes ausgeführt:

Es sei unwahrscheinlich, dass der Gesetzgeber die Frage, ob der Vertrag mit Schutzwirkung zugunsten Dritter gesetzlich oder vertraglich fundiert sei, gesetzlich festlegen wollte. Die Gesetzesbegründung zu § 241 Abs. 2 BGB bestätige dies. Zur Klarstellung wird hier darauf hingewiesen, dass die Frage, ob das „die Schutzpflichten erzeugende Schuldverhältnis in jedem Fall auf Gesetz beruht oder auch auf einem wirksamen Rechtsgeschäft beruhen kann," bewusst nicht entschieden worden sei. Die systematische Einordnung des Vertrages mit Schutzwirkung zugunsten Dritter sei insoweit der Rechtswissenschaft überlassen.[426]

Die Gesetzessystematik spricht aber eher gegen eine Einordnung unter § 311 Abs. 3 BGB. Würde diese Gesetzesvorschrift durch die Einbeziehung der Aktivlegitimationsfälle zur allgemeinen Rechtsgrundlage des Vertrages mit Schutzwirkung zugunsten Dritter erhoben, so wäre dies nicht systemgerecht. Der Vertrag mit Schutzwirkung zugunsten Dritter steht in einem engen Sachzu-

---

[424] *Eckebrecht*, MDR 2002, 425, 427; ähnl. Dauner-Lieb/Heidel/Lepa/Ring-*Krebs*, Schuldrecht, § 311 Rz. 51.

[425] *Eckebrecht*, MDR 2002, 425, 427; ähnl. Dauner-Lieb/Heidel/Lepa/Ring-*Krebs*, Schuldrecht, § 311 Rz. 51.

[426] *Haferkamp* in: Dauner-Lieb/Konzen/K. Schmidt, 179; BT-Drucks. 14/7052, S. 182.

sammenhang mit dem Vertrag zugunsten Dritter. Wenn überhaupt – müsste er also bei § 328 BGB geregelt werden.[427]

Wenn demnach der Vertrag mit Schutzwirkung zugunsten Dritter zwar nicht generell als in § 311 Abs. 3 BGB geregelt angesehen wird, so ist nach teilweise vertretener Ansicht eine Anwendung aber für einzelne Fälle des Vertrages mit Schutzwirkung zugunsten Dritter – wie die Expertenhaftung – zu bejahen. Danach soll die Expertenhaftung künftig einheitlich unter § 311 Abs. 3 S. 2 BGB zu fassen sein. Die typischen Gutachterfälle fallen danach unter § 311 Abs. 3 S. 2 BGB.[428]

Andere sehen die Aufgabe des bisherigen Lösungsansatzes für die Gutachterfälle (Vertrag mit Schutzwirkung zugunsten Dritter) seitens der Rechtsprechung durch § 311 Abs. 3 BGB nicht als zwingend gesetzlich vorgegeben an.[429] Daran werden unterschiedliche Prognosen für die Entwicklung der Rechtsprechung in dieser Frage angeknüpft:

Eine dogmatische Wende der Rechtsprechung in der Sachverständigenproblematik wird teilweise für sehr wahrscheinlich gehalten.[430]

Es wird auch vertreten, es bleibe abzuwarten, inwieweit die Gerichte von dieser Möglichkeit Gebrauch machen werden; jedenfalls erspare sie gegenüber der Vertragskonstruktion aber die Argumentation aus einem mehr oder weniger fiktiven Parteiwillen. An den Ergebnissen würde die neue Konstruktion aber kaum etwas ändern.[431]

Von anderer Seite wird eingewandt, es handele sich zwar um eine vertretbare Konstruktion, unbedingt zwingend und vorzugswürdig vor der Konstruktuion des BGH sei sie aber nicht. Da der Modernisierungsgesetzgeber diese Art der Sachwalterhaftung jedoch auch nur „angesprochen" haben wollte, sei die Rechtsprechung nicht gehindert, an ihrer bisherigen Konstruktion festzuhalten.[432]

---

[427] *Schumacher/Lada*, ZGS 2002, 450, 454 f.; *Rieble* in: Dauner-Lieb /Konzen/ K. Schmidt, 142; Staudinger-*Jagmann*, § 328 Rz. 90 f.; *Dauner-Lieb / Arnold/ Dötsch/ Kitz*, 212 f., Fall 103; ähnlich Palandt-*Heinrichs*, § 311 Rz. 60, § 328 Rz. 34, wonach es für die Sachverständigenhaftung bei den bisher von der Rechtsprechung angewandten Grundsätzen des Vertrages mit Schutzwirkung zugunsten Dritter bleibt.

[428] *Haferkamp* in: Dauner-Lieb/Konzen/K. Schmidt, 179; *Olzen/Wank*, 60, Rz. 305.

[429] *Ehmann/Sutschet*, 161; *Schumacher/Lada*, ZGS 2002, 450, 455 f.

[430] *Schumacher/Lada*, ZGS 2002, 450, 455 f.

[431] Haas/Medicus/Rolland/Schäfer/Wendtland-*Medicus*, 119, Rz. 171.

[432] *Ehmann/Sutschet*, 161.

Schließlich wird vertreten, dass ein Sachverständiger Dritten gegenüber für ein von ihm erstattetes unrichtiges Gutachten nicht aufgrund von § 311 Abs. 3 BGB, sondern nach wie vor nach den von der Rechtsprechung entwickelten Grundsätzen des Vertrages mit Schutzwirkung zugunsten Dritter hafte.[433]

Dieser Streit bezieht sich zwar dem Grunde nach auf die Expertenhaftung und betrifft damit nicht direkt die Bank-an-Bank-Auskünfte im Kundeninteresse, da diese nicht zu den Gutachterfällen an sich zu zählen sind.

In einem weiteren Verständnis dieses Streits um die Anwendung des § 311 Abs. 3 BGB betrifft er aber die Auskunftshaftungsfälle im Allgemeinen. In diesem Zusammenhang ist nicht damit zu rechnen, dass die Rechtsprechung den Weg einer Haftung über § 311 Abs. 3 BGB einschlagen wird und damit von ihrer bisherigen dogmatischen Lösung abweichen wird. Welchen Vorteil hätte sie auch davon!? Ein Prüfung des Einzelfalls müsste weiterhin mangels Subsumtionsfähigkeit des § 311 Abs. 3 BGB anhand der von der Rechtsprechung zur Auskunftshaftung entwickelten Kriterien erfolgen.[434] Dogmatisch erscheint die Lösung der Gutachterfälle über § 311 Abs. 3 S. 2 BGB im Übrigen nicht minder kompliziert als die der Rechtsprechung (Vertrag mit Schutzwirkung zugunsten Dritter). Leitet der BGH die Haftung aus einem Geschäftsbesorgungsvertrag des Verkäufers mit dem Gutachter zugunsten des Käufers her, so wird eine Haftung des Gutachters i.S.d. § 311 Abs. 3 S. 2 BGB auf seine Stellung als Verhandlungsgehilfe des Verkäufers in dessen Vertrag mit dem Käufer gegründet.[435] Auch aus dogmatischer Sicht ergibt sich also keinen Grund für die Rechtsprechung, ihre bisherige Konstruktion aufzugeben.

Unabhängig von diesem Streit wird das Institut des Vertrages mit Schutzwirkung zugunsten Dritter als durch eine zu starke Ausdehnung konturenlos geworden kritisiert und zumindest eine Neuordnung gefordert.[436] Das Gesetz enthalte keinerlei Anhaltspunkte für die Beantwortung der schon bisher streitigen Abgrenzungsfragen („Wohl und Wehe"-Formel). Der Rechtsanwender sei genauso wie vor der angeblichen Modernisierung des Gesetzes darauf verwiesen,

---

433 Palandt-*Heinrichs*, § 311 Rz. 60, § 328 Rz. 34.

434 Siehe zu Entwicklung der Rechtsprechung betreffend des Anwendungsverhältnisses stillschweigender Auskunftsvertrag und § 311 Abs. 3 BGB unten S. 124 ff.

435 *Canaris*, ZHR 163 (1999), 206, 222 ff.

436 Dauner-Lieb/Heidel/Lepa/Ring-*Krebs*, Schuldrecht, § 311 Rz. 52; *Krebs*, 429 f., 432, 437 f.; *Haferkamp* in: Dauner-Lieb/Konzen/K. Schmidt, 171.

die einzelnen Haftungsvoraussetzungen der Rechtsprechung und Literatur zu entnehmen.[437]

Zusammenfassend kann festgehalten werden, dass die Frage, ob § 311 Abs. 3 BGB die Rechtsfigur des Vertrages mit Schutzwirkung zugunsten Dritter regelt, nicht einheitlich beantwortet wird. Die überwiegenden Argumente sprechen aber gegen eine Anwendung des § 311 Abs. 3 BGB. Im Übrigen würde die mangelnde gesetzliche Konkretisierung der Tatbestandsmerkmale eine Heranziehung der in Rechtsprechung und Literatur entwickelten Grundsätze zum Vertrag mit Schutzwirkung zugunsten Dritter nach wie vor unerlässlich machen.

Für die vorliegende Untersuchung ist es aber nicht entscheidend, ob der Vertrag mit Schutzwirkung zugunsten Dritter unter § 311 Abs. 3 BGB zu fassen ist. Wie die nachfolgenden Ausführungen zeigen werden, ist für den Spezialfall der Haftung für falsche Bankauskünfte der direkte Auskunftsvertrag gegenüber dem Vertrag mit Schutzwirkung zugunsten Dritter die näherliegende dogmatische Haftungsherleitung. Denn zwischen den Banken lassen sich vertragliche Pflichten nur schwer begründen im Gegensatz zu den Gutachterfällen. Da es sich bei den Bank-an-Bank-Auskünften im Kundeninteresse nicht um einen Fall des „klassischen" Vertrages mit Schutzwirkung zugunsten Dritter handelt, ist eine Haftungsbegründung über diesen Weg eher zweitrangig.

(5) Vergleich mit stillschweigendem Auskunftsvertrag

Bei der vergleichenden Gegenüberstellung der Haftungsgrundlage des Vertrages mit Schutzwirkung zugunsten Dritter und des stillschweigenden Auskunftsvertrages zeigt sich, dass der besonderen Sachkunde des Auskunftsgebers gleichermaßen Bedeutung beigemessen wird. Im Rahmen des stillschweigenden Auskunftsvertrages wird das Kriterium der Sachkunde des Auskunftsgebers zwar nicht allein als ausreichend angesehen, um einen stillschweigend geschlossenen Auskunftsvertrag zu begründen. Die bestehende Sachkunde des Auskunftsgebers wird aber als Indiz angesehen, welchem bei der Frage, ob ein stillschweigender Auskunftsvertrag geschlossen worden ist, ein erhebliches Gewicht beigemessen wird.[438] In ähnlicher Weise wird die berufliche Stellung und Kompetenz des Auskunftsgebers auch für die Einbeziehung eines Dritten in den Schutzbereich eines Vertrages angeführt. Die Sachkunde des Auskunftsgebers wird jedoch ebenfalls nicht allein, sondern nur im Zusammenhang mit an-

---

[437] Dauner-Lieb/Heidel/Lepa/Ring-*Lieb*, Schuldrecht in der anwaltlichen Praxis, § 3 Rz. 45 f.; *Schumacher/Lada*, ZGS 2002, 450, 454; äußerst kritisch *Rieble* in: Dauner-Lieb/Konzen/K. Schmidt, 137 ff.

[438] Siehe oben S. 90 unter Hinweis auf S.71.

deren Umständen („Erkennbarkeit der Drittweitergabe") als ausreichend angesehen, um die Einbeziehung in den Schutzbereich eines Vertrages zu rechtfertigen.

Eine weitere Parallele zeigt sich hinsichtlich der Voraussetzung der Kenntnis des Auskunftsgebers von der Drittweitergabe und der Bedeutung der Auskunft für den Dritten. Bei der Haftung aus stillschweigend geschlossenem Auskunftsvertrag wird das Bewusstsein des Auskunftsgebers darüber vorausgesetzt, dass die Auskunft an einen Dritten weitergegeben wird und welche vermögensrechtliche Bedeutung die Auskunft für den Dritten hat.[439] Im Vergleich dazu haftet der Auskunftsgeber aufgrund eines Vertrages mit Schutzwirkung zugunsten Dritter bereits dann, wenn er mit der Weitergabe der Auskunft rechnen muss, ohne dass das Wissen von der Drittweitergabe erforderlich ist. Auch hinsichtlich der Bedeutung der Auskunft für den Dritten kommt es hier lediglich darauf an, dass diese für den Auskunftsgeber erkennbar war, unabhängig davon, ob der Auskunftsgeber sich tatsächlich darüber bewusst war.[440]

Es ist daher im Rahmen der Haftungsgrundlage des Vertrages mit Schutzwirkung zugunsten Dritter eine gewisse Haftungsverschärfung zulasten des Auskunftsgebers zu beobachten.

Im Übrigen ergibt sich jedoch eine große Übereinstimmung bei der Gegenüberstellung der Voraussetzungen der beiden Haftungsgrundlagen. Dies lässt sich damit erklären, dass es sich beim Auskunftsvertrag und beim Vertrag mit Schutzwirkung zugunsten Dritter um zwei von der Rechtsprechung herangezogene Erklärungsversuche handelt, die Haftung des Auskunftsgebers gegenüber dem geschädigten Dritten dogmatisch herzuleiten und zu rechtfertigen. Da beiden Haftungsmöglichkeiten aber grundsätzlich austauschbare Sachverhaltskonstellationen zugrunde liegen, stellt sich die Interessenlage der beteiligten Personen als identisch dar, so dass zur Haftungsbegründung auf sehr ähnliche Voraussetzungen abgestellt wird. Daraus ergibt sich, dass mehrfach die gleichen Abgrenzungsfragen und materiellen Begründungselemente im Rahmen unterschiedlicher Anspruchsgrundlagen auftauchen.[441] Dies wird auch als Beliebigkeit der Haftungsgrundlagen bezeichnet.[442] Wobei die Haftungsgründe dabei zugunsten der Haftungsstandards an Bedeutung verlieren würden.[443] Die Austauschbarkeit und die Wechselbezüglichkeit der von der Rechtsprechung ver-

[439] Siehe S. 88.
[440] Siehe S. 111 ff.
[441] *Damm*, JZ 1991, 373, 377.
[442] *Damm*, JZ 1991, 373, 379.
[443] *Baumbach/Hopt*, § 347 HGB Rz. 22 (allgemein für Vertrag, Geschäftsverbindung und Delikt); *Damm*, JZ 1991, 373, 379.

wendeten Begründungselemente erwecke den Verdacht, dass die Wahl der Anspruchsgrundlagen von unvorhersehbaren Zufälligkeiten abhängig sei, aber jedenfalls nicht vom Rechtssystem her geboten erscheine.[444]

Aufgrund der weitgehenden Übereinstimmung in den Haftungsvoraussetzungen stellt sich daran anschließend die Frage, in welchem Verhältnis die beiden Haftungsgrundlagen zueinander stehen. Die Rechtsprechung hat in einigen Entscheidungen sowohl das Zustandekommen eines stillschweigenden Auskunftsvertrages als auch eines Vertrages mit Schutzwirkung zugunsten Dritter geprüft[445] beziehungsweise die Sache zur Überprüfung dieser beiden Fragen an die Tatsacheninstanz zurückverwiesen.[446] Offenbar wird davon ausgegangen, dass in einem Fall beide Haftungsgrundlagen parallel geprüft werden können. Ob die Anspruchsgrundlagen aber in einem Konkurrenzverhältnis zueinander stehen oder möglicherweise gleichzeitig Anwendung finden können, wird nicht erörtert, ebenso wenig, welcher haftungsrechtlichen Konstruktion der Vorzug eingeräumt wird.

In diesem Zusammenhang wird vertreten, die Rechtsprechung sei in neuerer Zeit dazu übergegangen, die Fälle der Auskunftshaftung mit Beteiligung Dritter überwiegend nach den Grundsätzen des Vertrages mit Schutzwirkung zugunsten Dritter zu lösen.[447] Das mag im Bereich der Expertenhaftung der Fachleute und Sachverständigen richtig sein, auf den sich auch vorwiegend die jüngere Literatur zum Vertrag mit Schutzwirkung zugunsten Dritter bezieht.[448] Im Bereich der Bank-an-Bank-Auskünfte im Kundeninteresse kann eine Tendenz der Rechtsprechung hin zu einer bevorzugten Anwendung des Vertrages zugunsten Dritter jedoch nicht festgestellt werden. Auch in neuerer Zeit wird die Haftung vielmehr ganz überwiegend auf einen stillschweigend zustande gekommenen Auskunftsvertrag gestützt.[449]

---

[444] *Lammel*, AcP 179 (1979), 337, 342 (Vergleich vertragliche und deliktische Haftung); *Damm*, JZ 1991, 373, 384. In diesem Sinne kritisiert auch *Mansel*, GS Lüderitz, 487, 508, diese stark ergebnisorientierte Sichtweise.

[445] BGH Urt. v. 16.10.1990 – XI ZR 163/88, NJW 1991, 352, 352; BGH Urt. v. 30.3.1976-VI ZR 21/74, WM 1976, 498, 499 (Schutzpflicht wurde hier aber noch mangels Fürsorgepflicht abgelehnt).

[446] BGH Urt. v. 19.3.1986 – IV a ZR 127/84, JZ 1986, 1111, 1112.

[447] *Grunewald*, AcP 187 (1987), 285, 295; *Ebke/Scheel*, WM 1991, 389, 391; *Damm*, JZ 1991, 373, 377; *Dickes*, 165; *Canaris*, ZHR 163 (1999), 206, 213, 215; *Schneider*, ZHR 163 (1999), 246, 253.

[448] *Damm*, JZ 1991, 373, 377; *Grunewald*, AcP 187 (1987), 285, 288 ff.; *Lammel*, AcP 179 (1979), 337, 344 ff.; *Canaris*, ZHR 163 (1999), 206, 213 ff.; *Ebke/Scheel*, WM 1991, 389, 391 ff.; *Schneider*, ZHR 163 (1999), 246 ff.; *Littbarski*, NJW 1984, 1667 ff.

[449] Siehe Nachweise in Fußnote 277.

Diese Vorgehensweise, wonach der stillschweigende unentgeltliche Auskunftsvertrag als regelmäßige Haftungsgrundlage herangezogen wird, wird als stark ergebnisorientierte Sichtweise kritisiert, welche den Auskunftsvertrag als „Haftungsjoker" benutze.[450]

Festzuhalten ist jedoch, dass die Haftung aus Vertrag mit Schutzwirkung zugunsten Dritter in einem Ausschlussverhältnis zum Auskunftsvertrag steht. Entweder kommt zwischen der auskunftsgebenden Bank und dem auskunftssuchenden Kunden unmittelbar ein Auskunftsvertrag zustande oder der Kunde wird in den Schutzbereich eines zwischen den Banken geschlossenen Auskunftsvertrages einbezogen. Ausgeschlossen ist dagegen, dass die auskunftsgebende Bank mit einer anderen Bank einen Auskunftsvertrag schließt und gleichzeitig einen zweiten Auskunftsvertrag mit deren auskunftssuchenden Kunden eingeht.[451] Einen Auskunftsvertrag zwischen der Korrespondenzbank und dem Kunden zu konstruieren ist dann auch gar nicht notwendig, da der Kunde in den Schutzbereich des Auskunftsvertrages zwischen den Banken einbezogen werden kann.[452]

(6) Zwischenergebnis

Stellt sich bereits die dogmatische Rechtfertigung des Zustandekommens eines stillschweigenden Auskunftsvertrages als schwierig dar, so muss die Einbeziehung eines Dritten in einen solchen Auskunftsvertrag erst recht als problematisch angesehen werden. Denn dies kann nur durch eine doppelte vertragliche Konstruktion erfolgen. Ein Vertrag mit Schutzwirkung zugunsten Dritter kann nur dort in Betracht gezogen werden, wo auch zwischen der auskunftsgebenden Bank und der Bank, die die Auskunft weiterleitet, ein Vertrag besteht. Nur wenn diese Voraussetzung gegeben ist, kann überhaupt ein Ansatzpunkt für die Herleitung einer Schutzpflicht gefunden werden, aus der die auskunftsgebende Bank einem geschädigten Dritten gegenüber haften könnte. Im Bereich der Expertenhaftung kann an den Geschäftsbesorgungs- oder Gutachtervertrag zwischen dem Sachverständigen und seinem Auftraggeber angeknüpft werden. Bei Kreditauskünften ist demgegenüber im Einzelfall der Nachweis erforderlich, dass die Korrespondenzbank und die Hausbank als Auskunftsempfänger hin-

---

[450] *Mansel*, GS Lüderitz, 487, 508.
[451] *Musielak*, WM 1999, 1593, 1594; ähnl. für die Expertenhaftung: *Schneider*, ZHR 163 (1999), 246, 252; *Lammel*, AcP 179 (1979), 337, 343.
[452] *Musielak*, WM 1999, 1593, 1594.

sichtlich der Kreditauskunft einen Auskunftsvertrag geschlossen haben.[453] Dies ist, wie bereits gezeigt, nicht ganz einfach.

Die Haftung aus einem Vertrag mit Schutzwirkung zugunsten Dritter herzuleiten, ist in der Literatur starker Kritik ausgesetzt.[454] Hier wird darauf verwiesen, dass die Stimmen, die den Vorwurf der Fiktion beim stillschweigenden Auskunftsvertrag für berechtigt gehalten hätten, diesen Vorwurf kaum im Bereich des Vertrages mit Schutzwirkung zugunsten Dritter als entkräftet ansehen könnten, lediglich weil die Parteien der haftungsbegründenden Abrede gewechselt hätten.[455]

Eine Verschärfung dieses Fiktionsvorwurfs werde im Übrigen dadurch herbeigeführt, dass eine weitere Fiktion des Ausschlusses des Einwendungsdurchgriffs gemäß § 334 BGB notwendig sei, um eine Auskunftshaftung zu begründen. Bei den Kreditauskunftsfällen greift dieser Einwand aber aufgrund der besonderen Interessenlage der beteiligten Personen – welche von den Gutachterkonstellationen abweicht – aber allenfalls bei Haftungsbegrenzungsklauseln.[456]

Die Bankauskunftsfälle unterscheiden sich neben der geringeren Bedeutung des § 334 BGB von den Gutachterfällen und den klassischen Fällen der Haftung aus Vertrag mit Schutzwirkung zugunsten Dritter noch in einem weiteren Gesichtspunkt: Zwischen den Banken bestehen im Grunde keinerlei vertragliche Pflichten, da die auskunftssuchende Hausbank regelmäßig keinen Anspruch auf die Auskunftserteilung hat, keinen Schaden bei falscher Auskunftserteilung erleidet und die Korrespondenzbank daher der Hausbank gegenüber auch keiner Haftung ausgesetzt ist. Es geht daher für alle Beteiligten offensichtlich ausschließlich um den Schutz des Dritten, der auf die Auskunft vertraut.

Darin ist der grundlegende Unterschied zu den Gutachterfällen zu sehen. Hier bestehen – wie regelmäßig in den klassischen Fällen des Vertrages mit Schutzwirkung zugunsten Dritter – auch vertragliche Pflichten zwischen dem Auftraggeber des Gutachtens und dem Sachverständigen. Der Auftraggeber hat einen Anspruch gegen den Sachverständigen auf Gutachtenerstellung. Der Sachverständige hat einen Anspruch auf das vereinbarte Entgelt für das

---

[453] *Breinersdorfer*, WM 1991, 977, 978.

[454] *Lammel*, AcP 179 (1979), 337, 344; *Grunewald*, AcP 187 (1987), 285, 290 f; *Canaris*, ZHR 163 (1999), 206, 214 ff.; *Ebke/Scheel*, WM 1991, 389, 393 f.; *Schneider*, ZHR 163 (1999), 246, 253 f.; *Müssig*, NJW 1989, 1697, 1699 f.; siehe auch die Darstellung dieses Streits mit weiteren Nachweisen bei Staudinger-*Jagmann*, § 328 Rz. 89 ff.

[455] *Schneider*, ZHR 163 (1999), 246, 253.

[456] Siehe oben S. 116 ff.

Gutachten. Diese Abweichung der Bankauskunftsfälle mit Drittbezug von den klassischen Fälen des Vertrages mit Schutzwirkung zugunsten Dritter lässt diesen als Haftungskonstruktion zumindest im Bereich der Kreditauskünfte in den Hintergrund treten. Dieses Ergebnis stimmt auch mit der Rechtspre-. chung überein. Danach wird der direkte Auskunftskunftsvertrag zwischen der Korrespondebank und dem Auskunftssuchenden als Haftungsherleitung regelmäßig demVertrag mit Schutzwirkung zugunsten Dritter vorgezogen.

Im Übrigen ist nicht damit zu rechnen, dass die Rechtsprechung als Rechtsgrundlage der Rechtsfigur des Vertrages mit Schutzwirkung zugunsten Dritter zukünftig § 311 Abs. 3 BGB heranziehen wird. Aus diesem Grund ergibt sich auch nicht die Frage, ob die Bank-an-Bank-Auskunft im Kundeninteresse unter § 311 Abs. 3 BGB zu subsumieren ist, weil der Vertrag mit Schutzwirkung zugunsten Dritter nunmehr dort geregelt sein könnte. Selbst wenn der Vertrag mit Schutzwirkung zugunsten Dritter als Haftungsgrundlage der falschen Bank-an-Bank-Auskunft im Kundeninteresse angesehen würde, würde dies voraussichtlich nicht unter Anknüpfung an § 311 Abs. 3 BGB erfolgen.

Aus den genannten Gründen ergibt sich eine Haftung der Korrespondenzbank gegenüber dem Auskunftsverwender für eine falsch erteilte Bankauskunft nicht aus Vertrag mit Schutzwirkung zugunsten Dritter.

cc) Drittschadensliquidation

In zwei älteren Entscheidungen hat der Bundesgerichtshof die Grundsätze der Drittschadensliquidation für den Fall für anwendbar erklärt, dass eine Bank im Interesse eines Kunden in mittelbarer Stellvertretung die Auskunft einer anderen Bank einholt.[457] In beiden Fällen wurde die Sache aber lediglich an die Tatsacheninstanz zurückverwiesen. Dabei wurde in einer Entscheidung auf die grundsätzliche Möglichkeit der Anwendung der Grundsätze der Drittschadensliquidation hingewiesen.[458] Die andere Entscheiung hob die Parallele des wirtschaftlichen Ergebnisses bei der Anwendung des § 328 Abs. 1 BGB und der Anwendung der Drittschadensliquidation bei Bank-an-Bank-Auskünften im Kundeninteresse in mittelbarer Stellvertretung hervor.[459] Es wurde aber nicht entschieden, ob die Voraussetzungen der Drittschadensliquidation vorliegen.

---

[457] BGH Urt. v. 24.4.1974 – II ZR 161/72, WM 1974, 685, 686; BGH Urt. v. 6.3.1972 – II ZR 100/69, WM 1972, 583, 585.

[458] BGH Urt. v. 6.3.1972 – II ZR 100/69, WM 1972, 583, 585.

[459] BGH Urt. v. 24.4.1974 – II ZR 161/72, WM 1974, 685, 686.

Im Folgenden ist zu untersuchen, ob die Voraussetzungen einer Haftung nach den Grundsätzen der Drittschadensliquidation im Falle der Kreditauskunftsfälle zu bejahen sind.

(1) Voraussetzungen der Drittschadensliquidation

Die Drittschadensliquidation stellt eine Ausnahme von dem Grundsatz dar, dass aufgrund eines Vertrages nur derjenige Ersatz des Schadens verlangen kann, bei dem der Schaden tatsächlich eingetreten ist.[460] Das Rechtsinstitut der Drittschadensliquidation betrifft die Schadensersatzleistung in den Fällen, in denen Anspruchsberechtigter und Geschädigter nicht identisch sind. In diesem Zusammenhang kommt es entscheidend auf die zufällige Schadensverlagerung an, die vorliegt, wenn aufgrund besonderer Umstände der Schaden nicht bei dem Ersatzberechtigten, sondern ausschließlich bei einem Dritten eintritt.[461]

Zu den Fällen, in denen von der Rechtsprechung eine Drittschadensliquidation angenommen worden ist, gehört auch die mittelbare Stellvertretung.[462] Kennzeichnend für die mittelbare Stellvertretung ist, dass der Vertreter den Vertrag im eigenen Namen, aber im Auftrag und für Rechnung eines Dritten abschließt.[463]

Eine Bank-an-Bank-Auskunft im Kundeninteresse müsste demnach zunächst einmal überhaupt als mittelbare Stellvertretung eingeordnet werden können. Weiterhin stellt sich die Frage, ob auch in dem Fall der mittelbaren Stellvertretung die zufällige Schadensverlagerung als Voraussetzung für die Annahme einer Haftung aus Drittschadensliquidation anzusehen ist und ob die zufällige Schadensverlagerung – falls sie eine notwendige Haftungsvoraussetzung darstellt – bei den Bank-an-Bank-Auskünften im Kundeninteresse vorliegt.

---

[460] BGH Urt. v. 21.5.1996 – XI ZR 199/95, BGHZ 133, 36, 41 = WM 96, 1618; MüKo-*Oetker*, Vor § 249 BGB Rz. 276; Erman-*Kuckuk*, Vor § 249 BGB Rz. 130.

[461] *Sichtermann/Feueborn/Kirchherr/Terdenge*, 412; *Canaris*, Bankvertragsrecht, Rz. 26, 45; Palandt-*Heinrichs*, Vorbem. v. § 249 BGB Rz. 112; MüKo-*Oetker*, Vor § 249 BGB Rz. 276 f; BGH Urt. v. 10.7.1963 – VIII ZR 204/61, BGHZ 40, 91, 106; Erman-*Kuckuk*, Vor § 249 BGB Rz. 137.

[462] Palandt-*Heinrichs*, Vorbem. v. § 249 BGB Rz. 115; MüKo-*Oetker*, Vor § 249 BGB Rz. 277; Erman-*Kuckuk*, Vor § 249 BGB Rz. 140.

[463] Palandt-*Heinrichs*, Einf. v. § 164 BGB Rz. 6; MüKo-*Schramm*, Vor § 164 BGB Rz. 13; Erman-*Kuckuk*, Vor § 249 BGB Rz. 140; *Breinersdorfer*, 135; *Sichtermann/Feuerborn/Kirchherr/Terdenge*, 412.

(a) Mittelbare Stellvertretung als anerkannter Fall der Drittschadensliquidation

Die Konstellation der mittelbaren Stellvertretung scheint bei den Kreditauskunftsfällen regelmäßig vorzuliegen, wenn die Anfrage im Kundeninteresse erfolgt.[464] Denn die Hausbank tritt gegenüber der Korrespondenzbank regelmäßig im eigenen Namen auf.[465] Die Anfrage erfolgt aber im Interesse des Kunden der anfragenden Hausbank, welcher von der Auskunft eine vermögensrechtliche Disposition abhängig macht. Die Kreditauskunft betrifft in wirtschaftlicher Hinsicht regelmäßig alleine den Kunden, so dass die Banken ihre vertragliche Beziehung alleine in seinem Interesse aufnehmen.[466]

(b) Notwendigkeit der Schadensverlagerung bei der mittelbaren Stellvertretung

Problematisch erscheint jedoch, ob auch bei der Fallkonstellation der mittelbaren Stellvertretung eine zufällige vollständige Schadensverlagerung auf den Dritten gegeben sein muss.

Teilweise wird angenommen in den Fällen der mittelbaren Stellvertretung sei die Zulässigkeit einer Drittschadensliquidation anerkannt, ohne dass es auf das Vorliegen einer Schadensverlagerung ankomme.[467] Wenn von der Rechtsordnung die Möglichkeit der Konstellation einer mittelbaren Stellvertretung vorgesehen sei, dann müsste sie als logische Konsequenz die Interessen des Geschäftsherrn auch haftungsrechtlich anerkennen. Anderenfalls verlöre die mittelbare Stellvertretung mangels bestehender Haftungsfolgen für den Rechtsverkehr jeden Sinn.[468]

Die ganz herrschende Meinung geht demgegenüber davon aus, dass das Gewohnheitsrecht bei der Drittschadensliquidation grundsätzlich, also auch in den Fällen der mittelbaren Stellvertretung, eine vollständige Schadensverlagerung

---

[464] *Sichtermann/Feueborn/Kirchherr/Terdenge*, 412; *Dickes*, 198 f. hält die mittelbare Stellvertretung im Einzelfall für denkbar, wenn der Auskunftsgläubiger die Auskunft allein im Interesse eines dahinterstehenden Dritten einholt, will sie aber in der Mehrzahl der Fälle insbesondere der Gutachtenfälle mangels ausschließlichen Interesses des Dritten ablehnen; *Michel*, 48; BGH Urt. v. 21.5.1996 – XI ZR 199/95, BGHZ 133, 36, 41 f. = WM 96, 1618.

[465] *Musielak* in: Hadding/Schneider, 34 f.; *Dirichs*, WM 1976, 1078, 1078; *Breinersdorfer*, 136, BGH Urt. v. 25.2.1980 – II ZR 134/79, WM 1980, 527, 528.

[466] *Breinersdorfer*, 136.

[467] *Hadding* in: FS Werner, 165, 180 ff.; *Möschel*, AcP 186 (1986) 223; *Enneccerus-Lehmann*, § 17 I; *Heck*, § 16; *Esser*, § 43 II 1; *Breinersdorfer*, 146 f.

[468] *Enneccerus-Lehmann*, § 17 I; *Heck*, § 16; *Esser*, § 43 II 1.

auf den Vertretenen verlangt.[469] Anderenfalls würde die Drittschadensliquidation praktisch jede Kontur verlieren und das einzige sichere Abgrenzungskriterium zwischen dem Vertrag mit Schutzwirkung zugunsten Dritter und der Drittschadensliquidation verloren gehen.[470]

Ein Verzicht auf das Merkmal der Schadensverlagerung bei der mittelbaren Stellvertretung ist daher mit der herrschenden Meinung abzulehnen.

(c) Schadensverlagerung bei der Bank-an-Bank-Auskunft im Kundeninteresse

Wird die Beziehung zwischen der Hausbank und ihrem Kunden bei der Bank-an-Bank-Auskunft im Kundeninteresse als mittelbare Stellvertretung eingeordnet, dann müsste nach der überwiegenden Ansicht in Rechtsprechung und Literatur somit die Voraussetzung der zufälligen vollständigen Schadensverlagerung auf den Vertretenen erfüllt sein.

Eine Schadensverlagerung als solche liegt aber gerade nicht vor, da nicht immer nur der Kunde geschädigt wird, an den die Auskunft weitergeleitet wird. Es besteht die Möglichkeit, dass auch das zwischengeschaltete Kreditinstitut einen Schaden erleidet, wenn es die Auskunft für eigene Zwecke verwendet. Gegebenenfalls können auch weitere Kunden geschädigt werden, wenn mehrere Kunden Kenntnis von der Auskunft erhalten. Es besteht die Gefahr einer kumulativen Schadenshäufung und damit einer für die Drittschadensliquidation untypischen Schadenserweiterung.[471]

Selbst wenn der Schaden aber nur bei dem anfragenden Kunden eintritt und damit im Einzelfall eine Schadensverlagerung vorliegt, scheitert die Annahme einer Drittschadensliquidation an der mangelnden Zufälligkeit der Schadensver-

---

[469] *Caemmerer* ZHR 127 (1965), 241, 256 f; *Büdenbender*, JZ 1995, 920, 925; *Hagen*, 253; *Peters* AcP 180 (1980) 329 ff; *Medicus*, 841; *Sichtermann/Feueborn/Kirchherr /Terdenge*, 412; *Canaris*, Bankvertragsrecht, Rz. 26; *Dickes*, 199 f; *Dirichs*, 111 ff; BGH Urt. v. 21.5.1996 – XI ZR 199/95, BGHZ 133, 36, 41 = WM 96, 1618; BGH Urt. v. 26.9.1957 – II ZR 267/56, BGHZ 25, 250, 258;BGH Urt. v. 10.7.1963 – VII ZR 204/61, BGHZ 40, 91, 100; BGH Urt. v. 26.11.1968 – VI ZR 212/66. BGHZ 51, 91, 93.

[470] *Canaris*, Bankvertragsrecht, Rz. 26; *Dickes*, 200; *Müller*, 186 f.

[471] *Sichtermann/ Feueborn/ Kirchherr/Terdenge*, 412; *Canaris*, Bankvertragsrecht, Rz. 26; *Dickes*, 199 f; *Müller*, 186.

lagerung. Denn der Schaden tritt nicht bloß zufällig bei dem Dritten, sondern typischerweise, das heißt grundsätzlich, bei diesem ein.[472]

(d) Die neuere Entwicklung der Rechtsprechung

Ähnlich argumentiert der Bundesgerichtshof in einer jüngeren Entscheidung. Darin wird für den Fall, dass eine Bank in verdeckter Stellvertretung eine Auskunft für einen Dritten einholt, die Anwendung der Grundsätze der Drittschadensliquidation – in Abweichung von der früheren Rechtsprechung – abgelehnt.[473] Zur Begründung wird darauf verwiesen, dass es sich bei dem zu entscheidenden Bankauskunftsfall nicht um eine Sachverhaltskonstellation mit „typischer Schadensverlagerung" handele.[474] Eine typische Schadensverlagerung soll gegeben sein, wenn das durch den Vertrag geschützte Interesse infolge besonderer Rechtsbeziehungen zwischen dem aus dem Vertrag berechtigten Gläubiger und dem Träger des Interesses dergestalt auf den Dritten verlagert ist, dass der Schaden ihn und nicht den Gläubiger trifft. Nur in diesem Fall soll der Dritte berechtigt sein, den Drittschaden geltend zu machen.[475] In diesem Zusammenhang wird der Begriff „typisch" nicht in dem obigen Sinne als Gegensatz zu „zufällig" verwandt. Der Begriff der „Fallgestaltung typischer Schadensverlagerung" bezieht sich vielmehr auf die Vorgehensweise der Rechtsprechung. Diese läßt nur in ganz besonders gelagerten Fällen eine Drittschadensliquidation zu. Allen diesen Fällen ist „typischerweise" gemeinsam, dass eine Schadensverlagerung von dem Gläubiger auf den Dritten vorliegt.

Eine in diesem Sinne typische Schadensverlagerung liegt aber nach der Rechtsprechung in dem Fall der Bank-an-Bank-Auskunft im Kundeninteresse nicht vor. Denn durch die fehlerhafte Auskunft sei kein Schaden eingetreten, der als Folge typischer Schadensverlagerung den Dritten anstelle des Gläubigers getroffen habe.[476] Die Auskunft als solche habe weder unmittelbar zu einem Schaden bei dem Dritten geführt noch habe die auskunftssuchende Hausbank als mittelbare Vertreterin des Dritten die Auskunft zur Grundlage einer den Dritten schädigenden Vermögensverfügung gemacht. Vielmehr habe der Dritte, nachdem ihm die Auskunft der Korrespondenzbank durch seine Hausbank übermittelt worden war, selbstständig Vermögensdispositionen getroffen.[477] Es

---

[472] *Müller*, 186; *Dickes*, 199; *Sichtermann/Feueborn/Kirchherr/Terdenge*, 412; *Dirichs*, 113; *ders.*, WM 1976, 1078, 1081; ähnl. *Canaris*, Bankvertragsrecht, Rz. 26.
[473] BGH Urt. v. 21.5.1996 – XI ZR 199/95, BGHZ 133, 36, 41 f. = WM 96, 1618.
[474] BGH Urt. v. 21.5.1996 – XI ZR 199/95, BGHZ 133, 36, 41 = WM 96, 1618.
[475] BGH Urt. v. 21.5.1996 – XI ZR 199/95, BGHZ 133, 36, 41 = WM 96, 1618.
[476] BGH Urt. v. 21.5.1996 – XI ZR 199/95, BGHZ 133, 36, 41 = WM 96, 1618.
[477] BGH Urt. v. 21.5.1996 – XI ZR 199/95, BGHZ 133, 36, 41 f = WM 96, 1618.

handelt sich daher eher um einen eigenen, selbstständigen Schaden des Kunden und nicht um einen Schaden, der eigentlich der Hausbank als Gläubiger der Auskunft zuzuordnen ist und nur aufgrund besonderer Umstände bei dem Dritten statt bei dem die Auskunft übermittelnden Kreditinstitut entstanden ist.[478]

Der Bundesgerichtshof erwägt im Weiteren die Ausdehnung der Drittschadensliquidation auf den Spezialfall der Bankauskunft. Er sieht dafür jedoch kein Bedürfnis, da eine Haftung der auskunftsgebenden Korrespondenzbank gegenüber dem auf die Auskunft vertrauenden Dritten nach den Grundsätzen des Vertrages mit Schutzwirkung zugunsten Dritter[479] hergeleitet werden kann, wenn die Auskunft für den Dritten bestimmt und die auskunftsgebende Bank sich bewusst war, dass sie für diesen in der erwähnten Weise bedeutsam und als Grundlage entscheidender Vermögensverfügungen dienen werde. Werde dies jedoch nicht offenbar, so müsse die Bank auch nicht mit der atypischen Situation rechnen, dass der anfragende Kunde die Auskunft in verdeckter Stellvertretung für einen Dritten einhole.[480] Darüber hinaus sei eine solche Ausdehnung auf Fälle, in denen eine Bankauskunft vom Kunden in verdeckter Stellvertretung eingeholt wird, auch im Hinblick auf die in § 676 BGB (§ 675 Abs. 2 n. F. BGB) enthaltene Wertung bedenklich und brächte die Gefahr von unübersehbaren, aus der interessenmäßigen Wertung nicht mehr zu rechtfertigenden, Haftungsrisiken mit sich.[481]

Es bleibt daher festzuhalten, dass die Rechtsprechung die Grundsätze der Drittschadensliquidation in den Bankhaftungsfällen für nicht anwendbar erklärt. Zwar handelte es sich bei dieser Entscheidung um den Sonderfall einer verdeckten Stellvertretung, bei der der auskunftsgebenden Korrespondenzbank nicht offenbart worden ist, dass die Auskunft für einen Dritten, den Kunden der auskunftssuchenden Hausbank, eingeholt wurde. Aus den hier gemachten Ausführungen lässt sich aber auch ein Rückschluss auf den häufiger vorkommenden Fall der mittelbaren Stellvertretung ziehen, in dem die Drittweitergabe bekannt ist oder bekannt sein muss. Denn auch hier besteht nicht die Notwendigkeit, auf die Drittschadensliquidation auszuweichen, um unberechtigte Vorteile der auskunftsgebenden Korrespondenzbank zu vermeiden, da eine Haftung hier regel-

---

[478] *Sichtermann/Feueborn/Kirchherr/Terdenge*, 412.

[479] BGH Urt. v. 21.5.1996 – XI ZR 199/95, BGHZ 133, 36, 42 = WM 96, 1618. Die Haftung aus Vertrag mit Schutzwirkung zugunsten Dritter wird zwar nicht ausdrücklich erwähnt, sondern nur deren Voraussetzungen. Dies und der Verweis auf die Entscheidung des BGH vom 16.10.1990, welche die Haftung aus Vertrag mit Schutzwirkung zugunsten Dritter zum Gegenstand hatte, lässt diesen Rückschluss jedoch zu.

[480] BGH Urt. v. 21.5.1996 – XI ZR 199/95, BGHZ 133, 36, 42 = WM 96, 1618.

[481] BGH Urt. v. 21.5.1996 – XI ZR 199/95, BGHZ 133, 36, 42 = WM 96, 1618.

mäßig über den Vertrag mit Schutzwirkung zugunsten Dritter hergeleitet werden kann.

(2) Stellungnahme

Gegen die Anwendung der Drittschadensliquidation sprechen die überwiegenden Argumente in Literatur und Rechtsprechung.

Dass Rechtsinstitut der Drittschadensliquidation befindet sich zudem allgemein auf dem Rückzug. Das Anwendungsfeld des Vertrages mit Schutzwirkung zugunsten Dritter wird von der Rechtsprechung dagegen zunehmend ausgedehnt.[482] Eine Ausdehnung der Drittschadensliquidation auf weitere Spezialfälle wie die Bankhaftung würde dieser allgemeinen Tendenz widersprechen. Es erscheint daher sinnvoll, die Drittschadensliquidation auf die von der Rechtsprechung entwickelten typischen Anwendungsfälle zu beschränken.

Darüber hinaus ist es nicht sach- und interessengerecht, im Falle der Drittschadensliquidation die vertraglich verletzte Hausbank als Anspruchsinhaberin zwischen die auskunftsgebende Korrespondenzbank und den geschädigten Kunden zu schalten, da dies die Notwendigkeit der Abtretung des Ersatzanspruches an den geschädigten Dritten zur Folge hätte. Denn der Hausbank des geschädigten Kunden ist regelmäßig kein legitimes Interesse daran zuzusprechen, dass der Schadensersatzanspruch durch ihr Vermögen geht und sie dadurch dessen Abtretung aufgrund von Pfand- und Zurückbehaltungsrechten (§ 307 Abs. 1 und 2 BGB / Ziff. 9 AGBG a.F.) verzögern, verhindern oder selbst einklagen und auf den Erlös zurückgreifen kann.[483] Es erscheint dem geschädigten Kunden auch nicht zumutbar, unter Umständen erst gegen seine Hausbank auf Abtretung und dann gegen die Korrespondenzbank auf Schadensersatz klagen zu müssen. Dies gilt um so mehr, als Banken oftmals nur sehr zurückhaltend Unterstützung dabei gewähren, wenn ihr Kunde gegen eine andere Bank vorgehen möchte und mitunter die Abtretung des Ersatzanspruches verweigern könnten, indem sie bereits dessen Existenz bestreiten.[484]

---

[482] *Canaris*, Bankvertragsrecht, Rz. 26; *Müller*, 187.

[483] *Canaris*, Bankvertragsrecht, Rz. 26; *Michel*, 49.

[484] *Canaris*, Bankvertragsrecht, Rz. 26; so auch *Breinersdorfer*, 154, welcher es im Ergebnis aber als dem Kunden zumutbar erachtet, eine Schadensregulierung „über Eck" vorzunehmen, weil eine mögliche gütliche Einigung zwischen den Banken für den Kunden von Vorteil sein könne, wenn es zu einem kulanten Schadensausgleich zu seinen Gunsten komme.

In Übereinstimmung mit der ganz überwiegenden Literatur und der Rechtsprechung ist eine Haftung nach den Grundsätzen der Drittschadensliquidation in den Fällen der Bank-an-Bank-Auskünfte im Kundeninteresse abzulehnen.

dd) § 311 Abs. 3 BGB

Wie oben auf Seite 49 angekündigt und auf den Seiten 118 ff. im Zusammenhang mit der Rechtsfigur des Vertrages mit Schutzwirkung zugunsten Dritter bereits erörtert, soll nun untersucht werden, ob § 311 Abs. 3 BGB als Haftungsgrundlage im Falle der Erteilung einer falschen Auskunft an eine dritte Person herangezogen werden kann.

(1) Beschreibung der Änderungen

§ 311 Abs. 3 BGB regelt die Einbeziehung Dritter in den Tatbestand der culpa in contrahendo.[485] Hier ist vom Gesetz erstmals die allgemeine Kategorie der Dritt- oder Direkthaftung gegenüber Dritten, die nicht selbst Vertragspartei werden sollen, erwähnt. Die Regelung bezieht sich zwar unmittelbar nur auf vorvertragliche Verhältnisse. Mittelbar kann aus ihr jedoch die Anerkennung der generellen Existenz von Dritthaftung geschlossen werden. Da kein grundsätzlicher Unterschied zwischen einer Dritthaftung bei einem vorvertraglichen Verhältnis und der bei einer sonstigen Sonderverbindung, wie z. B. einem Vertrag, besteht, kann die isolierte Regelung für die culpa in contrahendo als verallgemeinerungsfähig angesehen werden.[486]

Mit seiner Aussage, dass ein Schuldverhältnis auch zu Personen entstehen kann, die nicht selbst Vertragspartei werden sollen, also im bisherigen Verständnis Dritte sind, hält § 311 Abs. 3 S. 1 BGB völlig offen, ob diese Dritten berechtigt oder verpflichtet werden sollen. Wenn *Canaris* hierzu ausführt, Satz 1 sei so offen formuliert, dass man darunter nicht nur die Passiv-, sondern auch die Aktivlegitimation subsumieren kann,[487] legt dies den Schluss nahe, dies sei bewusst und mit Absicht erfolgt.[488] Gleichzeitig muss sich der Gesetzgeber aber fragen lassen, warum er seiner Aufgabe, Rechtsfolgen zu setzen und subsumti-

---

[485] *Canaris*, JZ 2001, 499, 520; Henssler/Graf v. Westphalen-*Muthers*, § 311 Rz. 21; *Schumacher/Lada*, ZGS 2003, 450, 453.

[486] Dauner-Lieb/Heidel/Lepa/Ring-*Krebs*, Schuldrecht, § 311 Rz. 47.

[487] *Canaris*, JZ 2001, 499, 520.

[488] Dauner-Lieb/Heidel/Lepa/Ring-*Lieb*, Schuldrecht in der anwaltlichen Praxis, § 3 Rz. 44; Henssler/Graf v. Westphalen-*Muthers*, § 311 Rz. 23.

onsfähige Normen zu schaffen, an dieser Stelle derartig zurückhaltend nachgekommen ist und nicht deutlichere Ausführungen gemacht hat.[489]

(a) Inanspruchnahme besonderen Vertrauens

§ 311 Abs. 3 S. 2 BGB regelt beispielhaft[490] („insbesondere") die Entstehung unmittelbarer Schutzpflichten bei Inanspruchnahme besonderen Vertrauens. Welche Fälle unter dieses Tatbestandsmerkmal subsumiert werden können, hängt davon ab, in welchem Sinn man es auslegt.

Es könnte eng ausgelegt werden dahingehend, dass sich das Vertrauen unmittelbar auf eine Person beziehen muss.[491] Die Gesetzesverfasser beabsichtigten dagegen eine weite Auslegung, welche auch das eher abstrakte Vertrauen in die fachlichen Fähigkeiten und Neutralität eines Sachwalters (Sachverständiger, Wirtschaftsprüfer, Steuerberater oder Anwalt) mit erfassen würde.[492] Nach der Begründung zum Regierungsentwurf soll die gesetzliche Regelung im Kontext des gesetzlichen Schuldverhältnisses der culpa in contrahendo der Rechtsprechung aufzeigen, dass diese Fälle nicht nur über einen stillschweigenden Auskunftsvertrag, sondern auch über die culpa in contrahendo gelöst werden können.[493]

Gegen letztere weite Auslegung wird angeführt, durch sie würde eine hinsichtlich ihres Umfangs problematische Haftung gesetzlich festgeschrieben, ohne dass bislang haftungsbeschränkende Kriterien gefunden worden wären, die zur Erhaltung der notwendigen Handlungsfreiheit unverzichtbar seien. Dies habe zur Folge, dass nicht mehr der Fall der Haftung begründungsbedürftig wäre, sondern der Fall, dass die Haftung ausnahmsweise entfällt. Dies folge aus der

---

[489] Dauner-Lieb/Heidel/Lepa/Ring-*Lieb*, Schuldrecht in der anwaltlichen Praxis, § 3 Rz. 44; äußerst kritisch dazu *Rieble* in Dauner-Lieb/Konzen/K. Schmidt, 137 ff.

[490] Dauner-Lieb/Heidel/Lepa/Ring-*Krebs*, Schuldrecht, § 311 Rz. 48; Amann/Brambring /Hertel-*Rombach*, 90; *Schumacher/Lada*, ZGS 2002, 450, 454; Palandt-*Heinrichs* § 311 BGB Rz. 60.

[491] Dauner-Lieb/Heidel/Lepa/Ring-*Krebs*, Schuldrecht, § 311 Rz. 49; Palandt-*Heinrichs* § 311 BGB Rz. 63; wohl auch *Ehmann/Sutschet*, 161.

[492] Ebenso Amann/Brambring/Hertel-*Rombach*, 90; *Canaris*, JZ 2001, 499, 520; *Teichmann*, BB 2001, 1485, 1492; *Schumacher/Lada*, ZGS 2002, 450, 455 f.; nicht eindeutig *Rieble* in Dauner-Lieb/Konzen/K. Schmidt, 137, 144; *Olzen/Wank*, 60, Rz. 305.

[493] Huber/Faust-*Faust*, 3. Kap. Rz. 13; *Berger*, ZBB 2001, 238, 245 und Haas/Medicus/ Rolland/Schäfer/Wendtland-*Medicus*, 3. Kap. Rz. 171 unter Hinweis auf die Begründung des Regierungsentwurfs zum Schuldrechtsmodernisierungsgesetz, BT-Drucks. 14/6040, S. 163; Dauner-Lieb/Heidel/Lepa/ Ring-*Krebs*, Schuldrecht, § 311 Rz. 49; *Schumacher/Lada*, ZGS 2002, 450, 454; *Rieble* in Dauner-Lieb/ Konzen/K. Schmidt, 137, 144.

Formulierung „entsteht", wonach die Haftung anders als in §§ 241 Abs. 2, 311 Abs. 2, Abs. 3 S. 1 BGB nicht nur als mögliche, sondern als zwingende Folge angesehen wird.[494]

Der Wortlaut („entsteht") des § 311 Abs. 3 S. 2 BGB wird dagegen falsch ausgelegt, wenn man aus seiner „apodiktischen" Fassung den Willen des Gesetzgebers lesen wollte, eine Korrektur der Rechtsprechung zur Sachverständigenhaftung herbeiführen, das heißt eine Abkehr von der Haftungsherleitung über den Vertrag mit Schutzwirkung zugunsten Dritter erzwingen zu wollen.[495] Aufgrund der Gesetzesausgestaltung ist die Umsetzung dieses unterstellten Willen des Gesetzgebers gar nicht möglich. Allenfalls ist im oben beschriebenen Sinn die Rechtsfolge der Anwendung des § 311 Abs. 3 S. 2 BGB – die Haftung – zwingend. In keinem Fall aber ist aus dem Wort „entsteht" zu schließen, dass die Anwendung der Rechtsvorschrift selbst zwingend bzw. empfohlen sein soll. Dafür fehlt es an den tatbestandlichen Voraussetzungen, die vorgeben könnten, wann dieser zwingende bzw. empfohlene Anwendungsfall des § 311 Abs. 3 S. 2 BGB vorliegen sollte. So bleibt die Frage der Anwendung letztlich offen. Lediglich die zwingende Rechtsfolge der Haftung steht fest, für den Fall der im Einzelfall von der Rechtsprechung zu bestimmenden Anwendung.

Ergibt sich aus dem Wort „entsteht" die zwingende Rechtsfolge einer Haftung, so eröffnet § 311 Abs. 3 S. 1 BGB durch die Formulierung „kann ... entstehen". lediglich die grundsätzliche Möglichkeit einer Direkthaftung gegenüber vertragsunbeteiligten Dritten. Wann eine solche Haftung bestehen soll und wann nicht, regelt § 311 Abs. 3 S. 1 BGB dagegen nicht. Die Formulierung „kann ... entstehen" ist notwendig, um eine Abgrenzung zu den nicht schutzwürdigen Dritten vornehmen zu können, bei denen ein Schuldverhältnis nach § 241 Abs. 2 BGB gerade nicht entstehen soll. Denn Direkthaftung kommt bei Vorliegen bloß mittelbarer Beziehungen Ausnahmecharakter zu und bedarf somit der Rechtfertigung. Wäre Direkthaftung die Regel, dann wäre nicht ihr Bestehen, sondern ihr (ausnahmsweises) Fehlen zu begründen.[496]

Selbst *Canaris* stellt fest, dass der Kreis der Dritten, die möglicherweise aus culpa in contrahendo haften, durch das Bemühen um Abdeckung aller einschlä-

---

[494] Dauner-Lieb/Heidel/Lepa/Ring-*Krebs*, Schuldrecht, § 311 Rz. 49.

[495] So aber *Schumacher/Lada*, ZGS 2002, 450, 455: Dieses Wortlautargument wird jedoch wieder abgeschwächt mit dem Hinweis, es sei nicht überzubewerten. Eine Rechtsprechungswende sollte damit nicht erzwungen werden, aber eine Empfehlung hin zu dieser Korrektur. Im Ergebnis ist der Gesetzesbegründung wie gezeigt diese Schlussfolgerung zwar zu entnehmen. Im Gesetz selbst („entsteht") kommt dieser gesetzgeberische Wille aber nicht zum Ausdruck.

[496] *Krebs*, 276.

gigen Fallgruppen reichlich weit geraten sei. Er rechtfertigt dies aber damit, dass die Entwicklung insoweit noch nicht hinreichend konsolidiert sei, um die Formulierung eines abgrenzenden Kriteriums zu erlauben, zumal die Rechtsprechung ohnehin eher zu einer noch stärkeren Ausweitung tendiere.[497]

Diese Haltung wird als irritierend und ausweichend bezeichnet. Wenn die Entwicklung noch nicht genügend konsolidiert gewesen sei, dann hätte der Gesetzgeber ganz die Finger davon lassen sollen. Oder der Gesetzgeber wäre seiner ureigenen Aufgabe nachgekommen und hätte eine ausdrückliche Entscheidung getroffen.[498]

Würde man aufgrund der dargestellten Problematik einer weiten Auslegung eine enge Auslegung der Norm vorziehen, hätte dies zur Folge, dass § 311 Abs. 3 S. 2 BGB nur die klassischen Fälle der Inanspruchnahme eines besonderen (persönlichen) Vertrauens erfassen würde. Dazu gehören die Fälle, in denen der Vertreter oder Sachwalter für sich selbst als Person und nicht nur als Mitglied einer besonderen Berufsgruppe oder seiner Funktion als Sachverständiger Vertrauen in Anspruch genommen hat.[499] In den anderen Fällen wäre eine Dritthaftung zwar möglich, da der Fall der Inanspruchnahme besonderen Vertrauens nur beispielhaft aufgezählt ist. Aufgrund der Formulierung „kann“ bedürfte sie aber einer besonderen Rechtfertigung (§ 311 Abs. 3 S. 1 BGB).[500]

In keinem Fall stellt § 311 Abs. 3 BGB aber eine zwingende Vorgabe dar. Die Rechtsvorschrift enthält – wie ihrer Begründung zu entnehmen ist – einen Hinweis des Gesetzgebers an die Rechtsprechung, ihren dogmatischen Ansatz zu überdenken.[501] Die Rechtsprechung ist daher nicht gehindert an ihren bisherigen Lösungswegen über den stillschweigenden Auskunftsvertrag bzw. Vertrag mit Schutzwirkung zugunsten Dritter festzuhalten.

---

[497] *Canaris*, JZ 2001 , 499, 520 unter Hinweis auf BGH Urt. v. 26.9.2000 – X ZR 94/98, NJW 2001, 360, 363 f.

[498] Dauner-Lieb/Heidel/Lepa/Ring-*Lieb*, Schuldrecht in der anwaltlichen Praxis, § 3 Rz. 47.

[499] Palandt-*Heinrichs* § 311 BGB Rz. 63; Dauner-Lieb/Heidel/Lepa/Ring-*Krebs*, Schuldrecht, § 311 Rz. 47, 49.

[500] Dauner-Lieb/Heidel/Lepa/Ring-*Krebs*, Schuldrecht, § 311 Rz. 47, 49; *Krebs*, 276; aA Palandt-*Heinrichs* § 311 BGB Rz. 60, wonach es für die Sachverständigenhaftung bei der Anwendung der Grundsätze des Vertrages mit Schutzwirkung zugunsten Dritter bleiben soll und auch § 311 Abs. 3 S. 1 BGB nicht als Haftungsgrundlage heranzuziehen ist.

[501] Haas/Medicus/Rolland/Schäfer/Wendtland-*Medicus*, Kap. 3, Rz. 171; *Schumacher/ Lada*, ZGS 2002, 450, 456; *Dauner-Lieb/Arnold/Dötsch/Kitz*, 221, Fall 111.

(b) Erhebliche Beeinflussung der Vertragsverhandlungen oder des Vertragsschlusses

Neben der besonderen Inanspruchnahme von Vertrauen sieht § 311 Abs. 3 S. 2 BGB als weitere Haftungsvoraussetzung vor, dass dadurch Vertragsverhandlungen oder der Vertragsschluss erheblich beeinflusst werden. Das besondere Vertrauen, welches der Schuldner für sich geltend macht, muss daher für das Verhandlungsergebnis kausal sein. In den Begriffen des allgemeinen Vertrauensschutzprinzips von *Canaris*[502] ausgedrückt, handelt es sich hier um die erforderliche Vertrauensdisposition des Vertrauenden.[503]

(2) Anwendung auf Bankauskunftskontakte mit Beteiligung Dritter

Ob die Fälle der Bankauskünfte mit Drittbeteiligung unter § 311 Abs. 3 S. 2 BGB gefasst werden müssen bzw. können, hängt davon ab, ob das Tatbestandsmerkmal der Inanspruchnahme besonderen Vertrauens eng oder weit auszulegen ist.

Bei von den Gesetzesverfassern beabsichtigter weiter Auslegung wäre Anknüpfungspunkt einer Haftung ein eher abstraktes Vertrauen in die fachlichen Fähigkeiten und Neutralität eines Sachwalters.[504] Damit könnten alle Fallgruppen, die sich bisher zur vertrauensrechtlich begründeten Dritthaftung in der Rechtsprechung herausgebildet haben, unter dieses Tatbestandsmerkmal gefasst werden,[505] also auch die Bankauskunftsfälle mit Drittbeteiligung.

Bei einer engen Auslegung würden dagegen von § 311 Abs. 3 S. 2 BGB nur die klassischen Fälle der Inanspruchnahme eines besonderen (persönlichen) Vertrauens erfasst werden.[506]

Der engen Auslegung ist zuzugeben, dass bei weiter Interpretation des § 311 Abs. 3 S. 2 BGB das Haftungsrisiko der Bank unverhältnismäßig hoch wäre. Denn die Haftung ist bei Subsumtion unter diese Norm eine zwingende Folge. Nicht mehr die Haftung, sondern deren ausnahmsweises Entfallen wäre damit begründungsbedürftig. Dies ist mit der freiheitlichen Wirtschaftsordnung nur schwer in Einklang zu bringen.[507] Denn es ist grundsätzlich der Tatbestand der

---

[502] Siehe dazu unten S. 170 ff.
[503] Dauner-Lieb/Heidel/Lepa/Ring-*Krebs*, Schuldrecht, § 311 Rz. 50.
[504] Dauner-Lieb/Heidel/Lepa/Ring-*Krebs*, Schuldrecht, § 311 Rz. 49.
[505] *Canaris*, JZ 2001, 499, 520.
[506] Palandt-*Heinrichs* § 311 BGB Rz. 63; Dauner-Lieb/Heidel/Lepa/Ring-*Krebs*, Schuldrecht, § 311 Rz. 47, 49.
[507] Dauner-Lieb/Heidel/Lepa/Ring-*Krebs*, Schuldrecht, § 311 Rz. 49.

Haftung und nicht deren Wegfall zu begründen. Dies gilt erst Recht im Hinblick auf den Ausnahmecharakter einer Direkthaftung in mittelbarer Beziehung.[508]

Bei Banken wäre eine zwingende Haftungsfolge auch aufgrund des wegen der nicht vorhandenen „Haftungsprämie" erhöhten Haftungsumfangs als problematisch anzusehen. Denn die Bank erteilt die Auskunft regelmäßig unentgeltlich.[509] Das Haftungsrisiko der Bank ist im Übrigen auch deshalb erhöht, weil die durch die Auskunft weitergegebene Information ihrer Natur nach ubiquitär ist. Nachdem die Bank die Auskunft entäußert hat, kann sie faktisch nicht mehr kontrollieren, an wen die darin enthaltene Information weitergeleitet wird und wer durch diese Mitteilung in die Lage versetzt wird, auf ihrer Grundlage Vermögensverfügungen vorzunehmen und sich dabei selbst zu schädigen.[510] Dies spricht dafür, das Tatbestandsmerkmal der Inanspruchnahme besonderen Vertrauens eher eng zu fassen, so dass die Fälle der Bankauskunft, bei denen die Bank lediglich als Mitglied einer besonderen Berufsgruppe Vertrauen in Anspruch genommen hat, nicht unter § 311 Abs. 3 S. 2 BGB zu subsumieren wären.

Eine Dritthaftung wäre im Falle der Bank-an-Bank-Auskünfte im Kundeninteresse dann allenfalls über § 311 Abs. 3 S. 1 BGB möglich. Dem Wortlaut des § 311 Abs. 3 S. 1 BGB („kann") nach bedarf eine Dritthaftung hier einer besonderen Rechtfertigung.[511] Ein Rückgriff auf die in der Rechtsprechung entwickelten Haftungskriterien ist somit erforderlich. Dies gilt allerdings auch für die Anwendung des S. 2, welcher zwar von einer zwingenden Haftung ausgeht und an und für sich daher auch keiner besonderen Haftungsrechtfertigung bedürfte. Die tatbestandlichen Voraussetzungen gibt er jedoch ebenfalls nur ansatzweise vor.

Es besteht im Ergebnis grundsätzlich die Möglichkeit, § 311 Abs. 3 BGB auf die Bank-an-Bank-Auskunft im Kundeninteresse anzuwenden, entweder bei dessen weiter Auslegung § 311 Abs. 3 S. 2 BGB oder bei enger Auslegung von S. 2 im Wege einer Anwendung des S. 1, ohne dass dies zwingend vorgegeben wäre.

Fraglich ist jedoch, wie sich der stillschweigende Auskunftsvertrag hierzu verhalten würde und ob die Rechtsprechung von der Option des § 311 Abs. 3 BGB Gebrauch machen wird.

---

[508] *Krebs*, 276.
[509] *Berger*, ZBB 2001, 238, 246; *Mansel*, FS Schütze, 485, 493.
[510] *Berger*, ZBB 2001, 238, 246; *Mansel*, FS Schütze, 485, 491 f.
[511] Dauner-Lieb/Heidel/Lepa/Ring-*Krebs*, Schuldrecht, § 311 Rz. 49.

(3) Verhältnis des § 311 Abs. 3 BGB zum stillschweigenden Auskunftsvertrag und die mögliche Position der Rechtsprechung

Wie bereits oben auf Seite 55 ff. ausgeführt, gründet die Haftung aus Auskunftsvertrag auf den subjektiven Parteiwillen. Wie die Haftung aus § 311 Abs. 2 ist auch die aus Abs. 3 BGB dagegen objektiv begründet. Ein Schuldverhältnis nach § 241 Abs. 2 BGB entsteht hier unabhängig vom Parteiwillen, wenn die Haftungsvoraussetzungen gegeben sind.[512] Die tatbestandlichen Fallgruppen des § 311 Abs. 2 und 3 BGB sind gewissermaßen als Minus gegenüber einer vertraglichen Bindung anzusehen. Dies wird auch aus der Unterscheidung in der Überschrift des § 311 BGB in rechtsgeschäftliche und rechtsgeschäftsähnliche Schuldverhältnisse deutlich. Die rechtsgeschäftsähnlichen Schuldverhältnisse des § 311 Abs. 2 und 3 BGB stellen an einen Vertrag angenäherte Sonderverbindungen dar, die in ihrer Intensität gegenüber dem Vertrag zwar abgeschwächt, aber trotzdem stark genug sind, um bereits gewisse Sorgfaltspflichten zu begründen.

Da bei weiter Auslegung des § 311 Abs. 3 S. 2 BGB die Haftung daraus in den Fällen falscher Auskunftserteilung einer Bank an einen Dritten zwingende Folge wäre, könnte bei Vorliegen der tatbestandlichen Voraussetzungen des § 311 Abs. 3 S. 2 BGB die Annahme eines stillschweigenden Auskunftsvertrages ausgeschlossen sein. Da aber jedes Vertragsverhältnis von einem besonders starken Vertrauen geprägt ist und damit immer auch die Voraussetzungen des § 311 Abs. 3 S. 2 BGB gegeben wären, könnte ein stillschweigender Auskunftsvertrag bei der falschen Bank-an-Bank-Auskunft im Kundeninteresse niemals bestehen. Denn die zwingende Anwendung des § 311 Abs. 3 S. 2 BGB bei Vorliegen seiner tatbestandlichen Voraussetzungen würde dies ausschließen.

Dem steht aber zum einen entgegen, dass § 311 Abs. 3 BGB als rechtsgeschäftsähnliches gesetzliches Schuldverhältnis gewissermaßen ein Minus gegenüber der stärkeren vertraglichen Bindung darstellt. Zum anderen ergibt sich aus § 311 Abs. 1 BGB selbst, dass zur Begründung eines Schuldverhältnisses durch Rechtsgeschäft ein Vertrag erforderlich ist. Nur wenn sich gesetzlich, wie etwa aus § 311 Abs. 3 BGB, etwas anderes ergibt, kann ein Schuldverhältnis auch ohne Vertrag begründet sein. Damit wird dem Vertrag eine besondere Be-

---

512 *Ehmann/Sutschet*, 161, geben zu bedenken, dass auch der Entstehungsgrund der Schutzpflichten auf den Parteiwillen gründe und nicht bloß auf irgendein diffuses Vertrauen, von dem ein Vertragspartner glaube, der Dritte habe es in einem besonderem Maße in Anspruch genommen. Damit wollen sie sich offenbar gegen eine Anwendung des § 311 Abs. 3 BGB aussprechen.

deutung eingeräumt, die nicht durch die Existenz eines rechtsgeschäftsähnlichen Schuldverhältnisses nach § 311 Abs. 3 BGB ausgehöhlt werden kann. Die zwingende Anwendung des § 311 Abs. 3 S. 2 BGB kann nur insoweit gegeben sein, als nicht bereits ein rechtsgeschäftliches Schuldverhältnis aus Vertrag begründet ist. Dem entspricht im Übrigen die Formulierung in § 311 Abs. 3 S. 1 BGB „die nicht selbst Vertragspartei werden sollen". Liegt ein Vertrag vor, dann sind die Bank und der Auskunftsnehmer Parteien des Auskunftsvertrages. Eine Anwendung des § 311 Abs. 3 BGB bei Vorliegen eines Vertrages ist schon deshalb ausgeschlossen, weil dann keine vertragsfremde Person beteiligt wäre.

Es bleibt festzuhalten, dass nicht das Vorliegen der tatbestandlichen Voraussetzungen des § 311 Abs. 2 S. 2 BGB die Annahme eines Vertrages ausschließt, sondern umgekehrt das Bestehen eines rechtsgeschäftlichen Schuldverhältnisses eine Haftung aus § 311 Abs. 3 und auch aus Abs. 2 BGB verhindert.

Eine Haftungsbegründung aus § 311 Abs. 3 BGB käme daher nur dann in Betracht, wenn im konkreten Fall kein stillschweigender Auskunftsvertrag angenommen werden könnte. Nach ständiger Rechtsprechung wird im Falle der Bank-an-Bank-Auskunft im Kundeninteresse eine Haftung aber regelmäßig aufgrund stillschweigenden Auskunftsvertrages bejaht. Bisher hat sich die Rechtsprechung auch nicht von den in der Literatur geltend gemachten Bedenken, dass es sich dabei um eine bloße Fiktion handele, von dieser Lösung abbringen lassen. Gleichwohl hat sie in dieser Fallgruppe schärfere Haftungsvoraussetzungen entwickelt. Denn auch die Rechtsprechung musste zugeben, dass aufgrund der Haftungsausweitung auf Dritte, zu denen kein unmittelbarer Auskunftskontakt besteht, für die Bank ein erhöhtes Haftungsrisiko besteht, welches durch Begrenzung der möglichen Schadensersatzberechtigten berechenbar gemacht werden sollte.

Es ist zu bezweifeln, dass die Rechtsprechung es für notwendig erachten wird, von dem eingeschlagenen Weg abzuweichen und die Möglichkeit einer Haftungsherleitung über § 311 Abs. 3 BGB wahrnehmen wird. Praktische Vorteile in der Haftungsbegründung würden sich dadurch nicht ergeben. Mangels Konkretisierung der tatbestandlichen Voraussetzungen des § 311 Abs. 3 S. 2 BGB (S. 1 gibt insoweit schon keine Tatbestandsmerkmale an) müsste dies von der Rechtsprechung selbst anhand der von ihr entwickelten Kriterien ohnehin durchgeführt werden. Daher könnte lediglich das Argument einer dogmatisch klareren Lösung für die Anwendung des § 311 Abs. 3 BGB sprechen. Da die Rechtsprechung die dogmatische Begründung einer Auskunftshaftung über den stillschweigenden Auskunftsvertrag aber nicht als unsauber ansieht, dürfte darin auch kein für sie überzeugendes Anwendungsargument liegen.[513]

Bleibt schließlich die Möglichkeit, § 311 Abs. 3 BGB zur Schließung von Haftungslücken heranzuziehen. Diese sind bei der hier zu untersuchenden Fallgruppe denkbar, weil es sich nur um einen mittelbaren Auskunftskontakt handelt. Die Rechtsprechung tendiert in neuerer Zeit dazu, einen stillschweigenden Auskunftsvertrag nicht nur mit einem bestimmten Dritten, sondern mit einer Gruppe von Dritten anzunehmen, wenn die Bank eine Bonitätsauskunft zweckgerichtet ihr unbekannten dritten Personen zur Kenntnis bringt. In diesem Bereich erscheint es möglich, dass die Rechtsprechung zur Haftungsbegründung in Zukunft § 311 Abs. 3 BGB heranziehen wird. Denn hier handelt es sich um Grenzfälle, bei denen im Einzelfall der Rechtsbindungswille der Bank nicht unbedingt erkennbar ist. Es sind eine Vielzahl von dritten, der Bank unbekannte Personen, betroffen. Das Haftungsrisiko der Bank ist damit nicht kontrollierbar und daher stark erweitert.

II. Deliktische Schadensersatzansprüche

Neben den vertraglichen und vertragsähnlichen Ansprüchen können sich Schadensersatzansprüche auch aus Deliktsrecht ergeben. Dies gilt insbesondere dann, wenn zwischen dem Anfragenden und dem Kreditinstitut ausnahmsweise keine vertraglichen Pflichten begründet worden sind. Als deliktische Anspruchsgrundlagen kommen § 823 Abs. 1 und Abs. 2 BGB sowie § 826 BGB in Betracht.

1) § 823 Abs. 1 BGB

Eine Auskunftshaftung nach § 823 Abs. 1 BGB erscheint problematisch. Denn der Ersatz des reinen Vermögensschadens wird von § 823 Abs. 1 BGB nicht erfasst. Als Folge einer falschen Bankauskunft ist aber praktisch nur die Schädigung des Vermögens des Verwenders denkbar.[514] Das Vermögen als solches gehört nicht zu den geschützten Rechtsgütern des § 823 Abs. 1 BGB, auch nicht als sonstiges Recht.

Dies ergibt sich aus dem Offenkundigkeitsanspruch des Deliktsrechts. Die Offenkundigkeit dient dem Schutz der Handlungsfreiheit des Schädigers. Of-

---

[513] *Schumacher/Lada*, ZGS 2002, 450, 456, welche eine dogmatische Wende des BGH für die Fälle der Sachverständigenhaftung für wahrscheinlicher denn je halten.

[514] Siehe oben S. 28.

fenkundig sind deliktische Pflichten nur, wenn sie sich auf den Schutz besonderer Rechtsgüter und besonders fixierter Schutzpflichten beschränken.[515]

Als deliktische Haftungsbegründung käme bei Geschäftskunden allenfalls ein Eingriff in den "eingerichteten und ausgeübten Gewerbebetrieb" in Betracht. Dessen Eigenschaft als sonstiges Recht i. S. d. § 823 Abs. 1 BGB ist von der Rechtsprechung anerkann.[516] Zum einen ist hier jedoch regelmäßig problematisch, ob die Annahme der notwendigen „Betriebsbezogenheit" bzw. „Unmittelbarkeit des Eingriffs" bejaht werden kann.[517] Zum anderen stellt das Recht am Gewerbebetrieb keinen fest umrissenen Schutzbereich dar, sondern nur ein Bündel von Verhaltensnormen, die für bestimmte Fallgruppen aufgrund eines besonderen Schutzbedürfnisses entwickelt worden sind.[518] Die Anerkennung einer neuen Fallgruppe stellt einen Akt der Rechtsfortbildung und nicht eine bloße Gesetzesanwendung des § 823 Abs. 1 BGB dar, wie bei den klassischen absoluten Rechten.[519] Für den Fall der Falschauskunft wird aber eine Rechtsfortbildung als nicht angezeigt angesehen, da das Recht am Gewerbebetrieb einerseits als systemwidrige, contra legem entstandene Rechtsfigur in möglichst engen Grenzen gehalten werden sollte und andererseits die offensichtliche Gefahr einer gesetzeswidrigen „Erschleichung" eines Deliktsschutzes für allgemeine Vermögensschäden gegeben sei.[520]

Darüber hinaus greift der deliktsrechtliche Schutz des „eingerichteten und ausgeübten Gewerbebetriebes" gemäß § 823 Abs. 1 BGB grundsätzlich nur subsidiär ein.[521] Danach tritt das Recht am Gewerbebetrieb als bloßer „Auffangtatbestand", der lediglich zur Füllung von Schutzlücken bestimmt ist, grundsätzlich hinter konkurrierenden Ansprüchen zurück.[522] Ein deliktsrechtlicher Schadensersatzanspruch gemäß § 823 Abs. 1 BGB, der auf eine Verletzung des Rechts auf ungestörte wirtschaftliche Betätigung gründet, kann von dem ge-

---

[515] *Krebs*, 486.

[516] BGHZ 24, 200, 206, Urt. v. 10.5.1957 I ZR 2321/55; BGHZ 45, 296, 307, Urt. v. 21.6.1966 - VI ZR 261/64; BGH, Urt. v. 18.12.1962 - VI ZR 220/61, NJW 1963, 484, 485; Erman-*Schiemann*, § 823 BGB Rz. 49.

[517] *Spitzenverbände des Kreditgewerbes*, 67, Rz. 158; *Canaris*, Bankvertragsrecht, 71 u. 89, Rz. 96, 128; aA *Scheerer,* FS Bärmann, 810; *Kirchherr/Stützle*, 68; *Bruchner/Stützle*, 161; Schimansky/Bunte/Lwowski-*Bruchner,* § 40 Rz. 61; *Breinersdorfer*, 170.

[518] *Larenz/Canaris*, § 81 II 2, 545; *Fikentscher*, § 103 II 1 Rz. 1217 ff.

[519] *Canaris*, Bankvertragsrecht, 71, Rz. 96.

[520] *Canaris*, Bankvertragsrecht, 71, Rz. 96.

[521] BGH Urt. v. 5.11.1962 – I ZR 39/61, BGHZ 38, 200, 204; BGH Urt. v. 9.12.1975 – VI ZR 157/73, BGHZ 65, 325, 328; Soergel-*Zeuner*, § 823 BGB Rz. 114; Staudinger-*Hager*, § 823 BGB Rz. D 20 ff.; MüKo-*Wagner*, § 823 BGB Rz. 188; *Larenz/Canaris*, § 81 I 4, 543.

[522] *Larenz/Canaris*, § 81 I 4, 543.

schädigten Verwender einer fehlerhaften Kreditauskunft daher ohnehin nur außerhalb der vertraglichen oder vertragsähnlichen Auskunftshaftung geltend gemacht werden.[523] Da eine Auskunftshaftung aus Vertrag aber von der Rechtsprechung in der Regel bejaht wird, kommt eine Haftung gemäß § 823 Abs. 1 BGB wegen einer Verletzung des eingerichteten und ausgeübten Gewerbebetriebs bereits aus dem Grund der Subsidiarität nicht in Betracht.

2) § 823 Abs. 2 BGB

Der durch die falsche Bankauskunft verursachte Vermögensschaden könnte gem. § 823 Abs. 2 BGB zu ersetzen sein. Dann müsste ein Schutzgesetz i. S. dieser Vorschrift verletzt worden sein. Als Schutzgesetze können zum einen Vorschriften des positiven Rechts zu qualifizieren sein und zum anderen diejenigen Berufspflichten oder Verkehrspflichten zugunsten fremden Vermögens, die von der Rechtsprechung im Einzelfall entwickelt worden sind.

a) § 263 StGB, § 95 S. 1 BörsG

Hinterfragt man die Schutzgesetzeigenschaft einzelner Normen des geschriebenen Rechts, so ist bei der Kreditauskunft § 263 StGB in Betracht zu ziehen.[524] Wobei der Nachweis der betrügerischen Absicht und damit eines vorsätzlichen Fehlverhaltens kaum zu führen sein dürfte.[525] Für den Spezialfall der Wertpapierberatung ist § 95 S. 1 BörsG in Erwägung zu ziehen.[526]

Damit ist die Haftung aus § 823 Abs. 2 BGB aufgrund eines Verstoßes gegen einzelne Bestimmungen des positiven geschriebenen Rechts, denen Schutzgesetzeigenschaft zukommt, auf Ausnahmefälle beschränkt und ihre praktische Bedeutung gering.

---

[523] *Breinersdorfer*, 172.

[524] *Dirichs*, 69 ff.; *Gaede*, 71 ff; *Müssig*, NJW 1989, 1697, 1703; *Lang*, WM 1988, 1001, 1003; *Canaris*, Bankvertragsrecht, 89, Rz. 129; BGH, Urt. v. 22.6.1992 - II ZR 178/90, NJW 1992, 3167, 3172 ff.

[525] *Ebke/Scheel*, WM 1991, 389, 389; *Wiegand*, 146; *Lang*, WM 1988, 1001, 1003; *Canaris*, Bankvertragsrecht, 89, Rz. 129.

[526] *Scheerer*, FS Bärmann, 810; *Sichtermann/Feueborn/Kirchherr/Terdenge*, 402.

b) Berufs- oder Verkehrspflichten zugunsten fremden Vermögens als Schutzgesetze

aa) Darstellung

Teilweise wird auch angenommen, dass es Verkehrspflichten zum Schutz fremden Vermögens gebe, deren Verletzung zu einer Haftung nach Deliktsrecht führe.[527] Die dogmatische Einordnung in das deliktische System erfolgt jedoch nicht einheitlich.[528]

Nach einer Ansicht stellt die „deliktische Informationshaftung" nur eine Konkretisierung des allgemeinen Grundsatzes deliktischer Berufshaftung in Form einer Verkehrspflicht dar, für einen geordneten Verlauf bei der eigenen Berufsausübung zu sorgen. Diese Pflicht sei daher in § 823 Abs. 1 BGB einzuordnen, was auch der üblichen Einordnung der Verkehrspflichten innerhalb von § 823 BGB entspreche. Sie umfasse aber auch den Schutz reiner Vermögensinteressen, wenn den einschlägigen Berufen die Wahrung von Vermögensinteressen obliege.[529]

Ein anderer Ansatz geht dahin, die in Verkehrs- bzw. Berufspflichten konkretisierten Verhaltensnormen als Schutzgesetze im Rahmen des § 823 Abs. 2 BGB zu behandeln.[530]

Ein dritter Lösungsansatz geht dahin, die Berufs- und Verkehrspflichten bei einem gedachten Abs. 3 des § 823 BGB anzusiedeln.[531]

---

[527] *Huber,* FS von Caemmerer, 359, 377; *von Bar*, Verkehrspflichten, 233 ff.; *ders*., ZGR 1983, 476, 510; *ders*., RabelsZ 44 (1980), 454 ff.; ähnl. *Brüggemeier*, AcP 182 (1982), 385, 423; MüKo-*Mertens*, 3. Aufl., § 826 BGB Rz. 175 ff; § 823 Rz. 469 ff; *Mertens*, AcP 178 (1978), 227, 231 ff., 252; a.A. MüKo-*Wagner*, 4. Aufl., § 823 Rz. 60, 213 ff.

[528] Siehe dazu auch *Mansel*, FS Lorenz, 215, 216, Fn. 4, m.w.N.

[529] *Brüggemeier*, 291, Rz. 456. Da aber hier die Verkehrspflicht den Bereich der in § 823 Abs. 1 BGB geschützten Rechte und Rechtsgüter bestimmt, ohne dass es näher begründet wird, dürfte der Vorschlag mit dem geltenden Recht nicht vereinbar sein, so: *Müller*, 150 f.

[530] *Huber,* FS von Caemmerer, 359, 377; *von Bar*, Verkehrspflichten, 233 ff.; *ders*. ZGR 1983, 476, 510; *ders*., RabelsZ 44 (1980), 454 ff.; *Assmann*, 262; MüKo-*Mertens*, 3. Aufl., § 826 BGB Rz. 175 ff; § 823 BGB Rz. 469 ff; *Mertens*, AcP 178 (1978), 227, 231 ff., 252, welcher ein „bewegliches System des Deliktsrechts" vorschlägt (234) und keine eindeutige Einordnung in den Bereich von Verkehrspflichten vornimmt, aber § 823 Abs. 2 BGB als eigentlichen deliktischen Grundtatbestand ansieht (252).

[531] *V. Bar,* Gutachten, 1681, 1761; *Häuser*, 1317 ff.

Allen dogmatischen Begründungen ist jedoch gemeinsam, dass namentlich im Bereich der Berufshaftung ein erweiterter deliktsrechtlicher Vermögensschutz über die berufshaftungsrechtliche Komponente von Verkehrspflichten ermöglicht werden soll.[532]

Es wird behauptet, eine Durchsicht und Analyse der zur Auskunftshaftung ergangenen Rechtsprechung ergebe, dass hier der Sache nach bereits berufsbezogene Verkehrspflichten Anwendung finden würden, wenn auch in Form anderer dogmatischer Lösungen.[533] Denn das deutsche Recht verfüge über einen schon weit ausgebauten, nicht rechtsgeschäftlichen Schutz primärer Vermögensinteressen unterhalb der Vorsatzschwelle.[534] Die von der Rechtsprechung herangezogenen dogmatischen Konstruktionen könnten den Auskunftshaftungsfällen aber nicht gerecht werden.[535] Aus Gründen der Systemehrlichkeit und -genauigkeit seien die deliktsrechtlichen Verkehrspflichten zum Schutz fremden Vermögens aus dem dogmatischen und rechtssystematischen Niemandsland herauszunehmen und offen als solche zu bezeichnen und zu verwenden.[536] In erster Linie soll es um eine neue dogmatische Einordnung der bisher schon bestehenden Ergebnisse gehen zum Zwecke der Bewahrung der Widerspruchsfreiheit der Gesetzes- und Rechtsanwendung.[537]

Ohne die Akzeptanz von Berufsverkehrspflichten zum Schutz fremden Vermögens bestünde eine Ungleichbehandlung zwischen den Berufen, bei deren Ausübung es zu Einwirkungen auf die in § 823 Abs. 1 BGB geschützten Rechte und Rechtsgüter komme und dabei Verkehrspflichten zu beachten seien und den Berufen, bei deren Ausübung fremdes Vermögen betroffen und an ihm Schaden verursacht werde, deren Angehörige keine Verkehrspflichten träfe.[538] Die durch die gerichtliche Anwendung und Ausgestaltung der Verkehrspflichten verursachte geringe Vorausbestimmung der Haftung wird im Interesse der Einzelfallgerechtigkeit bewusst akzeptiert. Dies entspreche dem Lebensgefühl einer hochzivilisierten Nation.[539]

---

[532] *V. Bar*, ZGR 1983, 476, 510.

[533] *Huber*, FS v. Caemmerer, 359, 366, 379; *v. Bar*, Verkehrspflichten, 240 ff, 211, 216, 235; *Assmann*, 255.

[534] *V. Bar*, ZGR 1983, 476, 511.

[535] *Huber*, FS v. Caemmerer, 359, 368, 375.

[536] *V. Bar*, RabelsZ 44 (1980), 455, 471, *ders.*, ZGR 1983, 476, 511; *ders.* Verkehrspflichten, 234.

[537] *V. Bar*, ZGR 1983, 476, 511; *ders.*, Verkehrspflichten, 235.

[538] *V. Bar*, Verkehrspflichten, 234; *Mertens*, AcP 178 (1978), 227, 240 f.; *Huber*, FS v. Caemmerer, 359, 368, 378 f.; *Assmann*, 275.

[539] *V. Bar*, Verkehrspflichten, 168.

bb) Einwände gegen die Einordnung der Berufspflichten als Verkehrspflichten zum Schutz fremden Vermögens

An diesem Lösungsweg wird allerdings gerade der zuletzt genannte Umstand kritisiert, dass die Entwicklung der Pflichten, die als Schutzgesetz im Sinne des § 823 Abs. 2 BGB angesehen werden, ohne festen Bezugspunkt im Wege freier Rechtsfortbildung erfolgen würden.[540] Die Beschränkung auf spezifische Berufspflichten stelle de lege lata keinen eigenständigen Grund für eine Haftung dar. Für die Annahme eines solchen Sonderdelikts würden die §§ 823 ff. BGB nicht den geringsten Ansatzpunkt bieten. Es sei daher zwar richtig, dass Verkehrspflichten auch an berufliche Rollen geknüpft sein könnten, es erscheine aber geradezu willkürlich, aus dem generalklauselartigen Tatbestand der Verkehrspflichtverletzungen ausgerechnet den Aspekt der Berufspflichten herauszugreifen und zu einer selbstständigen Haftungsgrundlage zu erheben.[541]

Diese Entwicklung "freier" Verkehrspflichten zum Schutz reiner Vermögensinteressen sei im Übrigen mit der Entscheidung des Gesetzgebers, ein Deliktsrecht ohne Generalklausel und umfassenden Vermögensschutz zu schaffen, nicht zu vereinbaren.[542] Die tatbestandliche Ausformung des Deliktsrechts sei nicht nur ein Mittel der Rechtstechnik, sondern ein Instrument der Freiheitssicherung. Das Deliktsrecht dürfe nicht nur die Interessen des potenziell Geschädigten, sondern müsse auch die des Schädigers berücksichtigen. Haftpflicht schütze nicht nur, sondern sie binde auch. Die Bindung müsse vorhersehbar und grundsätzlich begrenzt sein. Einer Generalklausel hingegen wohne die Tendenz zu einer einseitigen Bevorzugung des Geschädigten inne.[543] Die Integration von beruflichen Verkehrspflichten in § 823 Abs. 2 BGB verschiebe diese vom Gesetzgeber gezogenen Grenzen und berge die Gefahr einer gesetzeswidrigen "Erschleichung" eines Deliktsschutzes für allgemeine Vermögensschäden. Sie habe damit einer Sprengung des gesamten gesetzlichen Systems zur Folge.[544]

Nach dem Haftungskonzept der Verkehrspflichten wird der Rechtsprechung die Möglichkeit zur Entwicklung solcher Verkehrspflichten außerhalb des abgegrenzten Bereichs des Rechts- und Rechtsgüterschutzes nach § 823 Abs. 1

---

[540] *Grunewald*, AcP 187 (1987), 285, 297; *Canaris*, 2. FS Larenz, 27, 83; *Picker*, AcP (183) 1983, 369, 496 f.

[541] *Canaris*, 2. FS Larenz, 27, 83.

[542] *Damm*, JZ 1991, 373, 382; *Grunewald*, AcP 187 (1987), 285, 297; *Canaris*, 2. FS Larenz, 27, 83; *ders.*, Bankvertragsrecht, 71, Rz. 96; *Wiegand*, 132; *Picker*, AcP (183) 1983, 369, 496; *von Bar*, ZGR 1983, 476, 505.

[543] *Canaris*, 2. FS Larenz, 27, 35 ff.

[544] Siehe Fn. 542.

BGB eingeräumt.[545] Ein Rechtsverständnis, das die Ausbildung von Verkehrspflichten als Fortführung und ständige Aktualisierung des Katalogs der Schutzgesetze i. S. d. § 823 Abs. 2 BGB auffasse, sei schon von seinem Ausgangspunkt her auf den Richter als „Schutzgesetzgeber“ angewiesen.[546] Gegen diese richterliche Herausbildung von Schutznormen i. S. d. § 823 Abs. 2 BGB wird eingewandt, dass die Gerichte hinsichtlich ihrer Funktionsweise und Organisation mit dieser Art von fallübergreifender Rechts- und Sozialgestaltung überfordert seien.[547] Dies gelte um so mehr als es nicht nur um eine bloße Anwendung des geltenden Rechts in Form der Konkretisierung des unbestimmten Begriffs der „im Verkehr erforderlichen Sorgfalt“, sondern um die Fortbildung und Änderung des geltenden Rechts gehe.[548] Im Übrigen könne das Gericht auch deshalb keine abstrakten Rechtsregeln aufstellen, weil sie für den zu entscheidenden Fall zu spät kämen, da der Schädiger die nachträglich aufgestellten Verkehrspflichten als Schutzgesetze noch nicht beachten konnte. Die Ausführungen des Gerichts beträfen daher „kompetenz- und funktionswidrig“ nicht den zu entscheidenden Fall, sondern ausschließlich mögliche künftige Fälle. Das Urteil beziehe sich aber grundsätzlich auf den jeweiligen Einzelfall und entfalte keine Verbindlichkeit für künftige Fälle. Selbst eine höchstrichterliche Grundsatzentscheidung werde, auch wenn sie eine gesetzlich nicht geregelte Materie beträfe, nicht zu einer gesetzesvertretenden Norm, welche den Geltungsgrad eines Gesetzes erlange. Sie bleibe vielmehr „zwischen“ Gesetz und Entscheidung und erhalte deshalb nicht den Charakter einer Rechtsquelle im technischen Sinne.[549]

In diesem Zusammenhang wird darauf hingewiesen, dass die Anerkennung richterlich herausgebildeter Verkehrspflichten bereits am Begriff des Schutzgesetzes im Sinne von § 823 Abs. 2 BGB gemäß Art. 2 EGBGB scheitere.[550] Als Schutzgesetz i. S. d. Art. 2 EGBGB käme zwar grundsätzlich jede „Rechtsnorm“ in Betracht, was an sich auch ungeschriebene Normen einschließe. Diese könnten sowohl auf Gewohnheitsrecht als auch auf richterlicher Rechtsfortbildung beruhen. Die Praxis lasse jedoch die Tendenz erkennen, nur geschriebene Vorschriften als Schutzgesetze anzuerkennen. Selbst wenn aber „rechtsquellentheoretisch“ Richterrecht als Schutzgesetz in Erwägung gezogen werde, so sei doch die „freie“ Aufstellung von Verhaltenspflichten zum Schutze beliebiger Rechtsgüter als unzulässig anzusehen. Im Interesse der Bestimmtheit des Deliktsrechtssystems sei vielmehr eine Orientierung an der geschriebenen Norm

---

[545] *V. Bar*, ZGR 1983, 476, 505; 511; *Mertens*, AcP 178 (1978), 227, 230;
[546] *Picker*, AcP 183 (1983), 369, 496 f.
[547] *Picker*, JZ 1987, 1041, 1047; *Jost*, 188.
[548] *Picker*, AcP 183 (1983), 369, 495.
[549] *Picker*, AcP 183 (1983), 369, 501 f.
[550] *Canaris*, 2. FS Larenz, 27, 45 ff; *Picker*, AcP 183 (1983), 369, 499.

erforderlich. Im Zweifel solle die Schutzgesetzeigenschaft vom Vorhandensein einer Strafbewehrung abhängig gemacht werden.[551]

Daran anknüpfend wird auch eingewandt, die richterliche Entwicklung von Verkehrspflichten vereitle den Zweck des Enumerationssystem des § 823 Abs. 2 BGB und des Art. 2 EGBGB, einen kalkulierbaren Handlungsfreiraum zu schaffen und Unberechenbarkeit und Unsicherheit zu vermeiden, die ohne eine feste gesetzliche Grundlage für die richterliche Entscheidung drohten.[552]

Gegen die Verkehrspflichtenlehre sei im Übrigen entscheidend anzuführen, dass ihr keine praktische Relevanz zukomme, da die Rechtsprechung ihr bislang durch Nichtbefassung mit dieser Konstruktion indirekt eine Absage erteilt habe.[553] Denn die Rechtsprechung ist den Weg über § 823 Abs. 2 BGB selbst in den Fällen nicht gegangen, in denen Berufspflichten durch Bundesgesetz festgelegt sind. So wurde die Frage, ob die Bestimmungen der Wirtschaftsprüferordnung oder der Sachverständigenordnung einer Industrie- und Handelskammer Schutzgesetze im Sinne des § 823 Abs. 2 BGB sind, von der Rechtsprechung entweder nicht einmal erwähnt[554] oder sogar ausdrücklich verneint.[555]

cc) Stellungnahme

Eine Lösung der Auskunftshaftung über § 823 Abs. 2 BGB erscheint nicht nur angesichts dieser Fülle von fundierter Einwände gegen die Verkehrspflichtenlehre problematisch, sondern auch aufgrund der Sonderstellung des Schutzes reiner Vermögensinteressen innerhalb des deliktsrechtlichen Systems. Der reine Vermögensschaden ist nur im Rahmen des § 826 BGB als ersatzfähig erklärt worden. Darüber hinaus hat das BGB auf einen Schutz des reinen Vermögens durch das Deliktsrecht verzichtet. Dies kann bei der Rechtsanwendung nicht unberücksichtigt bleiben. Anderenfalls hätte dies eine Erschleichung eines Deliktsschutzes für allgemeine Vermögensschäden zur Folge.

---

[551] *Canaris*, 2. FS Larenz, 27, 45 ff.

[552] *Picker*, AcP 183 (1983), 369, 498 f.

[553] *Damm*, JZ 1991, 373, 382; *Grunewald*, AcP 187 (1987), 285, 297.

[554] BGH Urt. v. 2.4.1998 – III ZR 245/96, BB 1998, 1152 ff.; dazu *Grunewald*, ZGR 1999, 583, 589 f.

[555] BGH Urt. v. 5.12.1972 – VI ZR 120/71, WM 1973, 141, 141 = NJW 73, 321, 321; BGH Urt. v. 12.7.1966 – VI ZR 1/65; WM 1966, 1148, 1150; OLG Saarbrücken Urt. v. 12.7.1978 – 1 U 174/76, BB 78, 1434, 1436; *Grunewald*, AcP 187 (1987), 285, 297; *Wiegand*, 152 f; *Damm*, JZ 1991, 373, 382 f.; *Ebke/Scheel*, WM 1991, 389, 389; *Müssig*, NJW 1989, 1697, 1703; allgemein zu möglichen Schutzgesetzverletzungen bei Bankgeschäften: *Canaris*, Bankvertragsrecht, 89 f, Rz.129.

Es erscheint somit nicht überzeugend, reine Vermögensinteressen in weitem Umfang grundsätzlich deliktsrechtlich zu schützen. Die Einordnung der Berufs- oder Verkehrspflichten zugunsten fremden Vermögens als Schutzgesetze i. S. d. § 823 Abs. 2 BGB hätte zu tief greifende Veränderungen des Deliktsrechts zur Folge, welche auch nicht durch besondere Vorteile dieser Lehre gerechtfertigt wären. So fehlen insbesondere differenzierte tatbestandliche Abgrenzungskriterien, anhand derer in nachvollziehbarer Weise überprüft werden kann, wann ein Fall einer einen Schadensersatz auslösenden falschen Auskunftserteilung gegeben ist. Diese Aufgabe der Ausbildung von Verkehrspflichten soll vom Prinzip dieser Lehre her ja gerade der Rechtsprechung überlassen bleiben. Dieser Lösungsansatz ist daher auch praktisch kaum umsetzbar.

3) § 826 BGB

Im Rahmen der deliktischen Ansprüche kommt jedoch eine Haftung nach § 826 BGB in Betracht, wenn der Auskunftsempfänger durch die Auskunft in vorsätzlicher sittenwidriger Weise geschädigt wird.

Wegen der aufgezeigten Schwierigkeiten bei der Begründung einer vertraglichen Auskunftshaftung bei Bank-an-Bank-Auskünften im Kundeninteresse und der Möglichkeit auch allgemeine Vermögensschäden ersetzt zu verlangen, wird bei Auskunftskontakten mit Beteiligung Dritter eine Haftung auch aus § 826 BGB hergeleitet.[556]

---

[556] *Jost*, 181; *v. Bar*, Verkehrspflichten, 216; *Grunewald*, AcP 187 (1987), 285, 306, Müller, 70; *Scheerer*, FS Bärmann, 811; *Schneider*, ZHR 163 (1999), 246, 251; *Wiegand*, 125; *Damm*, JZ 1991, 373, 383; *Dickes*, 209; *Larenz/Canaris*, § 78 IV 3; *Canaris*, ZHR 163 (1999), 206, 207; RGRK-*Steffen*, § 826 BGB Rz. 56; Staudinger-*Oechsler*, § 826 BGB Rz. 211; BGH Urt. v. 11.10.1988 – XI ZR 1/88, WM 1988, 1828, 1830 f. (Ablehnung einer Auskunftshaftung eines Herstellers gegenüber dem Endabnehmer einer Ware); BGH Urt. v. 26.11.1986 – IV a ZR 86/85, NJW 1987, 1758, 1758 f. (Steuerberater); BGH Urt. v. 19.3.1986 – IV a ZR 127/84, JZ 1986, 1111, 1111; BGH Urt. v. 25.9.1985 – IV a ZR 237/83, WM 1985, 1520, 1522 (Prospekthaftung); BGH, Urt. v. 17.9.1985 - VI ZR 37/84, WM 1985, 1531, 1532 f. (Steuerberater); BGH Urt. v. 6.7.1970 – II ZR 85/68, NJW 1970, 1737, 1738 (Bankauskunft); BGH Urt. v. 12.7.1966 – VI ZR 1/65; WM 1966, 1148 (öffentlich bestellter Sachverständiger); BGH, Urt. v. 13.6.1956 - VI ZR 132/55, WM 1956, 1229 (Wirtschaftsprüfer); aA MüKo-*Mertens*, 3. Aufl., § 826 BGB Rz. 177, wonach durchweg nicht mehr auf § 826 BGB Bezug genommen werde, sondern von der Rechtsprechung bei falscher Auskunftserteilung Schadensersatz auf der Basis eines angeblich konkludenten Auskunftsvertrages gewährt werde; MüKo-*Wagner*, 4. Aufl., § 826 Rz. 59: Die Rechtsprechung erarbeite de facto das dispositive und das zwingende (!) Recht des Gutachtervertrags. Ganz entbehrlich werde § 826 BGB dadurch selbstverständlich aber nicht, sondern er bleibe ein unverzichtbares Instrument, wenn etwa das Gutachten von einem inkorporierten Unternehmensträger,

Nach dem Wortlaut des § 826 BGB haftet der Schädiger im Gegensatz zur oben dargestellten vertraglichen Haftung, welche lediglich ein fahrlässiges Verhalten voraussetzt, nur dann, wenn er vorsätzlich handelt. Daraus könnte geschlossen werden, dass die Haftung gemäß § 826 BGB außerhalb des Untersuchungsbereichs der Haftung für durch fahrlässig falsche Auskünfte verursachte primäre Vermögensschäden liegt.[557] In diesem Zusammenhang wird jedoch im Folgenden darzulegen sein, dass die Rechtsprechung den Anwendungsbereich des § 826 BGB dadurch ausdehnt, dass sie die Voraussetzungen an die Tatbestandsmerkmale der Sittenwidrigkeit und des Schädigungsvorsatzes herabsetzt.[558] Dies ist grundsätzlich möglich, da es sich bei Sittenwidrigkeit und Schädigungsvorsatz um zwei tatsachenleere Merkmale handelt, deren geringe Subsumtionsvorgaben je nach der im Rahmen des § 826 BGB vorliegenden Fallgruppe durch den Richter im Wege der Auslegung mit konkreten Sachmerkmalen zu füllen und nicht allgemein zu definieren sind.[559]

a) Sittenwidrigkeit

Nach der Rechtsprechung handelt der Auskunftsgeber danach in diesen Fällen nicht nur dann sittenwidrig, wenn er wissentlich eine falsche Auskunft erteilt,[560] sondern auch dann, wenn dies leichtfertig und gewissenlos bzw. grob fahrlässig erfolgt. Sittenwidriges Handeln liegt auch bei Angaben vor, die "ins Blaue hinein" gemacht werden und sich hinterher als falsch erweisen oder wenn sich der Auskunftsgeber grob fahrlässig der Erkenntnis verschließt, dass die Auskunft unrichtig ist.[561]

---

bspw. einer GmbH erstattet worden ist, und derjenige sachverständige persönlich in Anspruch genommen werden soll, der als Gesellschafter das Gutachten erstattet hat.

[557] *Ebke/Scheel*, WM 1991, 389, 389; *Lammel*, AcP 179 (1979), 337, 341; *Littbarski*, ZIP 1996, 812, 814.

[558] *Ebke/Scheel*, WM 1991, 389, 389; *Lammel*, AcP 179 (1979), 337, 341.

[559] *Wiegand*, 130; *Müller*, 71; *Bruchner/Stützle*, 161 f.; Ermann-*Schiemann*, § 826 BGB Rz. 5; MüKo-*Mertens*, 3. Aufl., § 826 BGB Rz. 12; RGRK-*Steffen*, § 826 BGB Rz. 14; *Huber*, FS v. Caemmerer, 359, 373.

[560] BGH, Urt. v. 22.6.1992 - II ZR 178/90, NJW 1992, 3167, 3174; BGH, Urt. v. 3.12.1973 - II ZR 144/72, WM 1974, 153, 154; BGH, Urt. v. 21.12.1972 - II ZR 132/71, WM 1973, 635, 636; BGH, Urt. v. 15.2.1957 - VI ZR 30/55, WM 1957, 545, 546; OLG Karlsruhe, Urt. v. 13.4.1967 - 9 U 295/65, WM 1967, 1257, 1258; OLG Hamburg, Urt. v. 23.2.1975 – 1 U 67/71, WM 1975, 703, 705; *Dirichs*, 77; *Pikart*, WM 1966, 698, 701; *Honsell*, Jus 1976, 621, 627; *Canaris*, Bankvertragsrecht, 71, Rz. 97; *Baumbach/ Hopt*, § 347 HGB, Rz. 18; *Bruchner/Stützle*, 162; Schimansky/Bunte/Lwowski-*Bruchner*, § 40 Rz. 62.

[561] BGH Urt. v. 24.9.1991 - VI ZR 293/90, NJW 91, 3282, 3283 (Sachverständiger); BGH Urt. v. 26.11.1986 – IV a ZR 86/85, NJW 1987, 1758, 1758 (Steuerberater); BGH Urt. v.

Der Bundesgerichtshof führt dazu in einer neueren Entscheidung aus, die leichtfertige Erteilung einer falschen Auskunft stelle eine Rücksichtslosigkeit gegenüber dem Adressaten der Auskunft und den in seinem Informationsbereich stehenden Dritten dar.[562] Diese Rücksichtslosigkeit zeige sich dadurch, dass der Auskunftsgeber nachlässige Ermittlungen zu den Grundlagen seines Auftrages anstellt oder durch "ins Blaue" gemachte Angaben sich der Gutachtenaufgabe leichtfertig entledige.[563] Das rücksichtslose Verhalten müsse darüber hinaus angesichts der Bedeutung, die die Auskunft für die Entschließung desjenigen, für den sie bestimmt ist und für die in seinem Informationsbereich stehenden Dritten hat, und der von dem Auskunftsgeber in Anspruch genommenen Kompetenz als gewissenlos bezeichnet werden können.[564] In diesem Sinne liegt ein leichtfertiges oder gewissenloses Verhalten etwa dann vor, wenn der Handelnde damit einen eigenen Vorteil ohne Rücksicht auf die Belange Dritter sucht, wenn er sich über bereits geltend gemachte Bedenken hinwegsetzt oder wenn es ihm aus sonstigen Gründen gleichgültig ist, welche Folgen sein leichtfertiges Verhalten hat.[565]

Zwei hier angesprochene Aspekte, die für ein gewissenloses Verhalten des Auskunftsgebers sprechen sollen, sind hervorzuheben, da sie bereits im Bereich anderer Haftungsgrundlagen eine Rolle gespielt haben. Auf den Vergleich mit anderen Haftungsgrundlagen wird unten noch einzugehen sein.

Als bedeutende Gesichtspunkte sind zum einen die Bedeutung des Gutachtens oder der Auskunft für den Adressaten und den dritten Empfänger und zum anderen die in Anspruch genommene Kompetenz des Auskunftsgebers zu nennen. Der letzte Punkt ist auch schon in älteren Entscheidungen bei der Frage, ob ein gewissenloses, leichtfertiges Verhalten vorliegt, berücksichtigt worden. Ein solches Verhalten wurde insbesondere dann angenommen, wenn der Schädiger

---

17.9.1985 - VI ZR 37/84, WM 1985, 1531, 1533 (Steuerberater); BGH Urt. v. 20.2.1979 – VI ZR 189/78, NJW 1979, 1599, 1599 (Bankauskunft); BGH Urt. v. 13.7.1956 - VI ZR 132 /55, WM 1956, 1229, 1229 (Wirtschaftsprüfer); OLG Karlsruhe, Urt. v. 13.4.1967 – 9 U 295/65, WM 1967, 1257, 1258 (Bankauskunft); Anm. *Ebke/Fechtrup*, JZ 1986, 1111, 1113; *Baumbach/Hopt*, § 347 HGB, Rz. 18; *Sichtermann/Feuerborn/Kirchherr/Terdenge*, 403; Erman-*Drees*, § 826 BGB Rz. 14; *Bruchner/Stützle*, 163 f; *Gaede*, 75 f.; *Musielak* in: Hadding/Schneider, 40; *Kötz*, Rz. 671.

[562] BGH Urt. v. 24.9.1991 - VI ZR 293/90, NJW 91, 3282, 3283.

[563] BGH Urt. v. 24.9.1991 - VI ZR 293/90, NJW 91, 3282, 3283.

[564] BGH Urt. v. 24.9.1991 - VI ZR 293/90, NJW 91, 3282, 3283.

[565] BGH Urt. v. 24.9.1991 - VI ZR 293/90, NJW 91, 3282, 3283.

mit Rücksicht auf sein Ansehen oder seinen Beruf eine Vertrauensstellung einnimmt.[566]

Im Bereich der Bankauskunft wurde von der Rechtsprechung ein sittenwidriges Verhalten z. B. in folgenden Fällen angenommen: Obwohl der Kunde in einer Reihe von Fällen Wechsel bei Verfall nicht einlösen konnte, ungedeckte Schecks auf die auskunftsgebende Bank gezogen hatte und diese selbst ihrem Kunden bei Nichteinlösung eines Wechsels mit gerichtlichen Maßnahmen gedroht hatte, wurde seitens des Kreditinstituts eine positive Kreditauskunft über diesen Kunden erteilt.[567]

Es wird eine positive Auskunft über Zahlungsfähigkeit und Vertrauenswürdigkeit gegeben, obwohl dem Auskunftsgebenden bekannt ist, dass die Konkurseröffnung unmittelbar bevorsteht und der Kunde eine längere Freiheitsstrafe antreten muss.[568]

Liegt ein sittenwidriges Verhalten des Schädigers vor, so ist grundsätzlich dessen Bewusstsein der Sittenwidrigkeit nicht erforderlich. Wäre das Bewusstsein der Sittenwidrigkeit Voraussetzung einer Haftung aus § 826 BGB, dann würden besonders "abgestumpfte" Menschen privilegiert, welche sich der Sittenwidrigkeit ihres Verhalten erst gar nicht bewusst werden. Die Rechtsprechung sieht es für eine Haftung aus § 826 BGB daher als ausreichend an, dass der Schädiger Kenntnis derjenigen Umstände hat, auf denen der Vorwurf der Sittenwidrigkeit beruht.[569] Das heißt hinsichtlich der subjektiven Seite der Sittenwidrigkeit ist grundsätzlich die Kenntnis der Sachverhaltsumstände erforderlich, wonach das Verhalten als sittenwidrig bewertet werden kann.

Zu diesen Umständen, deren Kenntnis das Urteil der Sittenwidrigkeit begründen, gehört im Bereich der Auskunftshaftung die grob fahrlässig verursachte Unrichtigkeit der Auskunft. Die positive Kenntnis eines fahrlässigen Verhaltens stellt jedoch einen Widerspruch in sich dar, da bei Kenntnis der Handlung

---

[566] BGH Urt. v. 7.2.1985 – 12 U 132/82, WM 1985, 940, 942; BGH Urt. v. 20.2.1979 – VI ZR 189/78, NJW 1979, 1599, 1600 (Bankauskunft); BGH Urt. v. 12.7.1966 – VI ZR 1/65, WM 1966, 1148, 1149 (Sachverständiger); BGH Urt. v. 28.6.1966 – VI ZR 287/64; WM 1966, 1150, 1151 (Grundstückswertgutachten); BGH Urt. v. 13.7.1956 - VI ZR 132 /55, WM 1956, 1229, 1229 (Wirtschaftsprüfer); OLG Karlsruhe Urt. v. 7.2.1985 – 12 U 132/82, WM 1985, 940, 942; *Lang*, WM 1988, 1001, 1003.

[567] OLG Hamburg Urt. v. 23.2.1973 – 1 U 67/71, WM 1975, 703, 704.

[568] *Sichtermann/Feueborn/Kirchherr/Terdenge*, 403.

[569] BGH Urt. v. 8.3.1951 – III ZR 44/50, NJW 1951, 596;597; Palandt-*Sprau*, § 826 BGB Rz. 11; RGRK-*Steffen*, § 826 BGB Rz. 29; MüKo-*Mertens*, 3. Aufl., § 826 BGB Rz. 42 f.; *Ebke/Scheel*, WM 1991, 389, 390; *Dickes*, 210; *Müssig*, NJW 1989, 1697, 1703; *Müller*, 73; *Bruchner/Stützle*, 164; *Gaede*, 76; *Musielak* in: Hadding/Schneider, 40.

bereits Vorsatz hinsichtlich der Erteilung der falschen Auskunft gegeben wäre und nicht mehr lediglich Fahrlässigkeit. Da aber nur eine grob fahrlässige Verursachung der Unrichtigkeit der Auskunft vorliegen muss, verzichtet die Rechtsprechung hier zum Teil nicht nur auf das Bewusstsein der Sittenwidrigkeit sondern darüber hinaus auch auf die Kenntnis der Umstände, aus denen sich die Sittenwidrigkeit ergibt.[570]

b) Vorsatz

Das zweite Tatbestandsmerkmal des § 826 BGB, welches es gewissermaßen zu überwinden gilt, ist der Vorsatz. Für den Schädigungsvorsatz ist bedingter Vorsatz ausreichend. Zum erforderlichen dolus eventualis gehört, dass der Auskunftsgeber in dem Bewusstsein handelt, dass seine Auskünfte von anderen als Entscheidungsgrundlage für erhebliche wirtschaftliche Vermögensdispositionen verwendet werden könnten.[571] Einen daraus möglicherweise entstehenden Schaden muss der Auskunftsgebende billigend in Kauf nehmen.[572] Von der konkreten Person des Geschädigten oder der Höhe des eingetretenen Schadens braucht er dagegen keine Vorstellung zu haben. Es reicht aus, dass dem Auskunfts-geber die Richtung, in dem sich sein Verhalten zum Schaden anderer auswirken kann, und die Art des drohenden Schadens bekannt waren.[573]

Bei Auskunftsfällen mit Drittbeteiligung liegt ein vorsätzliches Verhalten aber nur dann vor, wenn der Auskunftsgeber tatsächlich damit gerechnet hat, dass die Auskunft an Dritte weitergeleitet wird, ohne dass er jedoch Kenntnis davon haben muss, wer dieser geschädigte Dritte sein wird.[574]

---

[570] *Honsell*, JuS 1976, 621, 628; *Müller*, 73; *Breinersdorfer*, 175.

[571] BGH Urt. v. 26.11.1986 – IV a ZR 86/85, NJW 1987, 1758, 1759; BGH, Urt. v. 15.2.1957 - VI ZR 305/55, WM 1957, 545, 546; Erman-*Schiemann*, § 826 BGB Rz. 14 f.; *Sichtemann/Feueborn/Kirchherr/ Terdenge*, 403.

[572] *Musielak* in: Hadding/Schneider, 40; *Bruchner/Stützle*, 164; Schimansky/Bunte/Lwowski-*Bruchner*, § 40 Rz. 62; BGH, Urt. v. 22.6.1992 - II ZR 178/90, NJW 1992, 3167, 3174; BGH, Urt. v. 17.9.1985, VI ZR 73/84, WM 1985, 1531, 1533 (Steuerberater); BGH Urt. v. 7.2.1985 – 12 U 132/82, WM 1985, 940, 942; BGH Urt. v. 30.3.1976 – VI ZR 21/74, WM 1976, 498, 499 f.; BGH Urt. v. 12.7.1966 – VI ZR 1/65, WM 1966, 1148, 1149; BGH Urt. v. 28.6.1966 – VI ZR 287/64, WM 1966, 1150, 1152; BGH Urt. v. 13.7.1956 – VI ZR 132/55, WM 1956, 1229, 1229.

[573] BGH, Urt. v. 18.2.1986 - X ZR 95/85, NJW RR 1986, 1150, 1151; BGH, Urt. v. 28.6.1966 - VI ZR 287/64, WM 1966, 1150, 1152; BGH Urt. v. 13.7.1956 – VI ZR 132/55, WM 1956, 1229, 1229 .

[574] BGH Urt. v. 24.9.1991 – VI ZR 293/90, NJW 1991, 3282, 3283; BGH Urt. v. 26.11.1986 – IV a ZR 86/85, NJW 1987, 1758, 1759; BGH Urt. v. 17.9.1985 – VI ZR 73/84, WM 1985, 1531, 1533; BGH Urt. v. 7.2.1985 – 12 U 132/82, WM 1985, 940, 942; BGH Urt.

Hierzu führt der Bundesgerichtshof aus, zur Annahme eines vorsätzlichen Handelns genüge es nicht, dass mit einer Drittweitergabe der Auskunft lediglich gerechnet werden musste.[575] Muss der Auskunftsgeber zwar mit der Schädigung rechnen, steht aber nicht fest, dass er tatsächlich damit gerechnet hat, dann ist lediglich eine fahrlässige und noch keine vorsätzliche Schädigung gegeben, weshalb die Haftung aus § 826 BGB nicht greift.[576] Bei der Beurteilung der Frage, ob der Auskunftsgeber mit einer Drittweitergabe gerechnet hat, dürfen jedoch allgemeine Erfahrungswerte nicht außer Betracht gelassen werden.[577] Danach ist die Frage, ob der Auskunftsgeber mit der Weitergabe der Auskunft an den Dritten gerechnet hat, im Einzelfall bereits dann zu bejahen, wenn nach allgemeinen Erfahrungswerten eine solche Kenntnis kaum abgestritten werden kann.

Im konkreten Fall ging es darum, ob ein Steuerberater mit der Vorlage eines von ihm für einen Unternehmer angefertigten Zwischenabschlusses an einen Kreditgeber rechnete. Das heißt, ob der Steuerberater davon ausgehen konnte, dass der Zwischenabschluss zur Erlangung eines Kredites verwendet würde. Es wurde als Erfahrungstatsache angesehen, dass Unternehmer, wie der Auskunftsnehmer einer war, in der Regel ihr Geschäft unter Ausnutzung eines Dispositionskredits in Form einer Kreditlinie betrieben, insbesondere einzelne Geschäfte, wie in der Größenordnung des konkreten Falles, wo es um den Erwerb von Geschäftsanteilen im Wert von 500.000 DM ging, würden nach der Lebenserfahrung regelmäßig teilweise fremd finanziert werden. Wobei einschränkend bemerkt wurde, dass im Einzelfall der Käufer eines Unternehmens durchaus in der Lage sein könne, den vereinbarten Kaufpreis aus eigenen Mitteln aufzubringen. Die Regel sei dies aber nicht.[578] Diese Erfahrungssätze ließen es nahe liegend erscheinen, dass der Auskunftsgeber aufgrund seiner Berufserfahrung mit der Möglichkeit einer Kreditaufnahme des Auskunftsnehmers bzw. Käufers zum Zwecke der Finanzierung des Kaufpreises rechnete. Eine andere Beurteilung ergebe sich nur dann, wenn der Auskunftsgeber positive Anhaltspunkte dafür gehabt hätte, dass der Auskunftsnehmer den Verkauf ausschließlich aus eigenen Mitteln finanzieren wollte.[579] Dann hätte für ihn keine Not-

---

v. 30.3.1976 – VI ZR 21/74, WM 1976, 498, 500; BGH Urt. v. 12.7.1966 – VI ZR 1/65, WM 1966, 1148, 1149; BGH Urt. v. 28.6.1966 - VI ZR 287/64, WM 1966, 1150, 1152; BGH Urt. v. 15.2.1957 – VI ZR 305/55, WM 1957, 545, 546; BGH Urt. v. 13.7.1956 – VI ZR 132/55, WM 1956, 1229, 1229; OLG Hamburg, Urt. v. 23.2.1973 – 1 U 67/71, WM 1975, 703, 704 (bestätigt durch BGH Beschl. v. 17.5.1975 – VI ZR 69/73).

575 BGH Urt. v. 26.11.1986 – IV a ZR 86/85, NJW 1987, 1758, 1759 = WPM 1987, 257.

576 Breinersdorfer, 174.

577 BGH Urt. v. 26.11.1986 – IV a ZR 86/85, NJW 1987, 1758, 1759.

578 BGH Urt. v. 26.11.1986 – IV a ZR 86/85, NJW 1987, 1758, 1759.

579 BGH Urt. v. 26.11.1986 – IV a ZR 86/85, NJW 1987, 1758, 1759.

wendigkeit bestanden, den Zwischenabschluss einem Kreditinstitut zur Erlangung eines Kredits vorzulegen.

Ähnlich wird in einem zeitlich nachfolgenden oberlandesgerichtlichen Urteil[580] argumentiert. Auch hier ging es um die Frage, ob ein Steuerberater mit der Vorlage eines Zwischenabschlusses an einen Kreditgeber gerechnet hat. Danach muss der Auskunftsgeber positive Anhaltspunkte dafür haben, dass der Auftraggeber eine testierte Bilanz nur für eigene Zwecke verwendet, um seinen Vorsatz ausschließen zu können.[581] Diese rechtliche Beurteilung sei jedoch auf Geschäfte der vorliegenden Art beschränkt, das heißt auf die Erstellung von Zwischenabschlüssen durch Steuerberater.[582] Auf andere Auskunftsfälle ist sie nicht ohne Weiteres zu übertragen.

Diese Ausführungen werden in der Literatur als Umkehr der Darlegungs- und Beweislast zum Nachteil des Auskunftsgebers gedeutet. Der Schädiger habe zu beweisen, dass er aufgrund besonderer Umstände annehmen durfte, dass der Empfänger der Auskunft diese nur für eigene Zwecke verwende.[583]

Eine weitere Reduzierung der Vorsatzerfordernisse nimmt der Bundesgerichtshof vor, indem er darauf hinweist, dass die Banken vom Bundesaufsichtsamt für das Kreditwesen angehalten werden, von den Kreditnehmern testierte Jahresabschlüsse zu verlangen. Testierte Unternehmensabschlüsse würden daher im Geschäftsverkehr zwischen Kreditnehmern und Banken benötigt. Hat der Aussteller des Unternehmensabschlusses Kenntnis davon, so könnte daraus der Schluss zu ziehen sein, dass er mit der Verwendung eines von ihm mit Testat versehenen Abschlusses als Kreditbeschaffungsunterlage gerechnet habe.[584]

Diese Ausführungen erwecken den Eindruck, der Auskunftsgeber müsse gar nicht mehr tatsächlich damit rechnen, dass die Information an Dritte weitergegeben werde, obwohl dies ständige Rechtsprechung ist.[585] Vielmehr wird es scheinbar als ausreichend angesehen, dass der Auskunftsgeber lediglich damit rechnen können musste, nämlich aufgrund dessen, dass ihm z. B. die Praxis des Bundesaufsichtsamtes des Kreditwesens bekannt gewesen ist. Diese Zugrundelegung objektiver Sorgfaltsmängel betrifft aber in erster Linie den konkreten Fall der Erstellung von Unternehmensabschlüssen durch einen Steuerberater und ist nicht ohne Weiteres auf die Bankauskunftsfälle zu übertragen.

---

[580] OLG Frankfurt Urt. v. 20.9.1988 – 11 U 15/88, WM 1989, 1618, 1620.
[581] OLG Frankfurt Urt. v. 20.9.1988 – 11 U 15/88, WM 1989, 1618, 1620.
[582] OLG Frankfurt Urt. v. 20.9.1988 – 11 U 15/88, WM 1989, 1618, 1620.
[583] *Ebke/Scheel*, WM 1991, 389, 390.
[584] BGH Urt. v. 26.11.1986 – IV a ZR 86/85, NJW 1987, 1758, 1759.
[585] Siehe oben Fn. 574.

Eine Ausweitung des Anwendungsbereichs des § 826 BGB wird von der Rechtsprechung im Übrigen dadurch herbeigeführt, dass aus der Art und Weise des Sittenverstoßes Anhaltspunkte für den Vorsatz hinsichtlich der Drittschädigung gezogen werden. Danach wird von dem leichtfertigen und gewissenlosen Verhalten, bei dem, wie bereits dargelegt, nur grobe Fahrlässigkeit hinsichtlich der Unrichtigkeit der Auskunft erforderlich ist, auf den Schädigungsvorsatz geschlossen.[586] Auf bedingten Vorsatz lässt ein leichtfertiges, gewissenloses Verhalten insbesondere dann schließen, wenn der Auskunftsgeber selbst erkannt hat, dass er sich so verhält.[587]

c) Vergleich des § 826 BGB mit stillschweigendem Auskunftsvertrag und Vertrag mit Schutzwirkung zugunsten Dritter

Vergleicht man nun die von der Rechtsprechung zur Ausfüllung der Tatbestandsmerkmale der Sittenwidrigkeit und des Vorsatzes herangezogenen Kriterien mit den Merkmalen, die für das Vorliegen eines stillschweigend geschlossenen Auskunftsvertrages sprechen sollen,[588] so stößt man auf weitgehende Parallelen. Gleiches gilt für den Vergleich mit der Haftung aus Vertrag mit Schutzwirkung zugunsten Dritter.[589]

Im Rahmen der Haftung aus stillschweigend geschlossenem Auskunftsvertrag[590] und Vertrag mit Schutzwirkung zugunsten Dritter[591] wird auf die Kriterien der besonderen Bedeutung der Auskunft für den Empfänger und der besonderen Sachkunde des Auskunftsgebers abgestellt. Das erstere erscheint in der gleichen Formulierung bei der Frage der Sittenwidrigkeit im Rahmen des § 826 BGB und das letztere ist gleichzusetzen mit dem Merkmal der in Anspruch genommene Kompetenz des Auskunftsgebers beziehungsweise der Vertrauensstellung, die der Schädiger aufgrund seines Ansehens oder Berufs einnimmt, welches ebenfalls zur Eingrenzung der Sittenwidrigkeit verwandt wird.

---

[586] BGH Urt. v. 17.9.1985 – VI ZR 73/84, WM 1985, 1531, 1533; BGH Urt. v. 12.12.1978 – VI ZR 132/77, VersR 1979, 283, 284; BGH Urt. v. 12.7.1966 – VI ZR 1/65, WM 1966, 1148, 1149; BGH Urt. v. 28.6.1966 – VI ZR 287/64, WM 1966, 1150, 1152; *Ebke/Scheel*, WM 1991, 389, 390; *Müssig*, NJW 1989, 1697, 1703; *Damm*, JZ 1991, 373, 383; MüKo-*Mertens*, 3. Aufl., § 826 BGB Rz. 60 ff.; Palandt-*Sprau*, § 826 BGB Rz. 9; Staudinger-*Oechsler*, § 826 BGB Rz. 215.

[587] BGH Urt. v. 24.9.1991 – VI ZR 293/90, NJW 1991, 3282, 3283.

[588] Siehe oben S. 46 f. und 91 ff.

[589] Siehe oben S. 111, 113 f. und 116.

[590] Siehe oben S. 46 f.

[591] Siehe oben S. 113 f. und 116.

Der Grund für die Heranziehung der Berufsstellung des Schädigers zur näheren Bestimmung, ob ein sittenwidriges Verhalten gegeben ist, liegt im Rahmen des § 826 BGB darin, dass in den Auskunftsgeber und die von ihm erteilte Information aufgrund seiner Berufsausübung als Wirtschaftsprüfer, Steuerberater oder Bankangestellter seitens des Auskunftsverwenders ein besonderes gegenüber anderen Berufen erhöhtes Vertrauen gesetzt wird. Diese besondere Vertrauensstellung nimmt auch der Sachkundige ein, welcher aufgrund seines Berufes ein spezielles Fachwissen in dem Bereich der Auskunft aufweist, so dass die besondere Sachkunde auch im Rahmen des stillschweigenden Auskunftsvertrages für den Vertragsschluss und beim Vertrag mit Schutzwirkung zugunsten Dritter für eine Haftung angeführt wird. Für die Frage, ob die Beziehung zwischen Auskunftsgeber und Auskunftsempfänger als Auskunftsvertrag beziehungsweise als Vertrag mit Schutzwirkung zugunsten Dritter eingeordnet werden kann, spielt daher das Vertrauen, welches der Empfänger in die Auskunft setzt, eine große Rolle. Sowohl bei der vertraglichen als auch bei der deliktischen Haftung wird das enttäuschte Vertrauen des Auskunftsempfängers zu einer Haftungsvoraussetzung gemacht.

Eine weitere Parallele zeigt sich bei der Gegenüberstellung von vertraglicher und deliktischer Auskunftshaftung insoweit als in beiden Haftungsherleitungen das Merkmal der Kenntnis der Drittweitergabe von Bedeutung ist.

Eine Haftung aus § 826 BGB besteht nur, wenn der Auskunftsgeber tatsächlich mit der Drittweitergabe gerechnet hat. Diese Anforderungen bleiben nur geringfügig unter denjenigen, die an eine Haftung aufgrund eines Auskunftsvertrages gestellt werden, welche nur angenommen wird, wenn der Auskunftsgeber von der Weitergabe an Dritte allgemein oder eine konkrete dritte Person wusste.[592] Bei einer Haftung aufgrund Vertrages mit Schutzwirkung zugunsten Dritter haftet der Auskunftsgeber dagegen bereits dann, wenn ihm die Weitergabe an den Dritten bekannt sein musste oder er damit rechnen musste.[593] Im Vergleich der drei Haftungsgrundlagen zueinander zeigt sich, dass der Auskunftsgeber bei einem Vertrag mit Schutzwirkung zugunsten Dritter schärfer haftet als bei einem stillschweigend geschlossenen Auskunftsvertrag oder bei § 826.[594]

Im Falle der deliktischen Haftung aus § 826 BGB könnte diese Erhöhung der Haftungsvoraussetzungen zugunsten des Auskunftsgebers damit zu erklären sein, dass § 826 BGB vorsätzliches Handeln erfordert. Dieses umfasst ein Wis-

---

[592] Siehe oben S. 91 ff.

[593] Siehe oben S. 111.

[594] Zum Vergleich Vertrag mit Schutzwirkung zugunsten Dritter und Auskunftsvertrag siehe bereits oben S. 124.

sens- und ein Wollenselement. Da als Vorsatzform dolus eventualis als ausreichend erachtet wird und der Auskunftsgeber die Schädigung des Dritten nicht wollen, sondern nur billigend in Kauf nehmen muss, ist das voluntative Element hier stark herabgesetzt. Um die Voraussetzungen, die an das Tatbestandsmerkmal des Schädigungsvorsatzes gestellt werden, nicht zu stark zu reduzieren und den Vorsatz nicht völlig leer laufen zu lassen, erscheint es gerechtfertigt die Anforderungen an das kognitive Element höher anzusetzen, indem nicht nur die Kenntnis des Auskunftsgebers verlangt wird, dass eine Schädigung eintreten kann, sondern auch, dass die Auskunft an einen Dritten weitergegeben wird.[595]

Die Auswirkungen in der Praxis dieser zugunsten des Auskunftsgebers erhöhten Haftungsvoraussetzung dürften in der Praxis jedoch gering sein, da die Rechtsprechung – wie aufgezeigt – diese Kenntnis im Einzelfall aus allgemeinen Erfahrungswerten herleitet und so der Nachweis der Kenntnis der Drittweitergabe erleichtert wird. Die Haftungsherleitung aus § 826 BGB nimmt daher in der Gesamtsystematik der Auskunftshaftung einen festen Platz ein. Dies wird im Hinblick auf die vielfachen Beispiele aus der Rechtsprechung deutlich, die trotz der Hinwendung zum Auskunftsvertrag insbesondere bei den Bankauskunftsfällen mit Drittbeteiligung in fast allen einschlägigen Fällen die Vorschrift des § 826 BGB zur Prüfung mit heranzieht.[596]

Schließlich sind die Haftungsvoraussetzungen im Rahmen des § 826 BGB noch insoweit gegenüber der vertraglichen Auskunftshaftung erhöht als dort eine leichtfertige bzw. grob fahrlässige Auskunftserteilung verlangt wird, während bei der vertraglichen Haftung einfache Fahrlässigkeit genügt.[597]

Zusammenfassend lässt sich feststellen, dass in allen drei Haftungsgrundlagen von der Rechtsprechung im Wesentlichen die gleichen Begründungselemente verwandt werden, wenn auch mit geringen Abweichungen. Dies ergibt sich daraus, dass die Rechtsprechung die Haftungsgrundlagen lediglich als verschiedene dogmatische Erklärungsversuche einer Auskunftshaftung gegenüber Dritten heranzieht. Allen Haftungsmöglichkeiten liegen identische Sachverhaltskonstellationen und Interessenlagen der beteiligten Personen zugrunde. Daraus ergibt sich, dass mehrfach die gleichen materiellen Begründungselemente im Rahmen unterschiedlicher Anspruchsgrundlagen herangezogen werden.[598]

---

595 *Dickes*, 212.
596 *Dickes*, 212 f.
597 *Müller*, 83.
598 Siehe dazu bereits oben im Rahmen des Vergleichs des Vertrages mit Schutzwirkung zugunsten Dritter und des Auskunftsvertrages auf S. 125.

d) Einwände gegen die Ausdehnung des Anwendungsbereichs des § 826 BGB

Ein Kritikpunkt setzt an dem Tatbestandsmerkmal der Sittenwidrigkeit an. Die notwendige Abgrenzung des grob fahrlässigen Verhaltens, aus dem sich allein ein Sittenverstoß ergeben kann, von leichter Fahrlässigkeit sei von der Rechtsprechung nur unzureichend vorgenommen worden. Die Verwendung des Terminus des leichtfertigen Handelns nehme vielmehr der Grenzlinie zwischen einfacher und grober Fahrlässigkeit die erforderliche Schärfe.[599] Der Begriff der „Leichtfertigkeit“ rücke den Schuldvorwurf zu sehr in die Nähe von Leichtsinn und leichter Fahrlässigkeit. In diesem Sinne fehle es häufig an Ausführungen dazu, ob eine Auskunft lediglich aufgrund leichter Fahrlässigkeit oder Leichtfertigkeit falsch erteilt worden ist.[600] Im Übrigen sei die Grenze zwischen grober und gewöhnlicher Fahrlässigkeit schwerer zu ziehen, als die zwischen dolus eventualis und grober Fahrlässigkeit. Je weniger sich aber grobe und leichte Fahrlässigkeit voneinander abgrenzen ließen, um so größer sei die Gefahr, dass § 826 BGB auch auf Sachverhalte angewandt würde, in denen ein grob fahrlässiger Verstoß gegen Berufspflichten nicht evident sei.[601] Aus diesem Grund und um einer Entwicklung des § 826 BGB hin zu einer bloßen Fahrlässigkeitshaftung im Wege einer Gleichsetzung des fahrlässigen Berufspflichtverstoßes mit der Sittenwidrigkeit[602] entgegenzutreten, wird teilweise vertreten, dass das Gesetz Vorsatz hinsichtlich beider Tatbestandsmerkmale des § 826 BGB, der Sittenwidrigkeit und der Schädigung, erforderlich mache. Denn der Vorsatz hinsichtlich der Schädigung könne den Vorsatz bezüglich des eigentlichen Tatbestandsmerkmals der Sittenwidrigkeit nicht ersetzen.[603] Im Ergebnis wird demnach seitens des Schädigers das Bewusstsein der Sittenwidrigkeit verlangt.

In diesem Zusammenhang wird das Zusammenspiel des fahrlässigen Sittenverstoßes mit dem bedingten Schädigungsvorsatz angegriffen. Die Trennung zwischen Fahrlässigkeit hinsichtlich der Sittenwidrigkeit und Vorsatz bezüglich der Schädigung sei logisch nicht nachvollziehbar, weil die Umstände, welche die Sittenwidrigkeit begründen, regelmäßig dieselben seien, die auch zur Vermögensschädigung führten. Ein und derselbe Umstand könne aber nicht zugleich fahrlässig und vorsätzlich herbeigeführt sein.[604] Daher bestehe nur die Möglichkeit, entweder den Begriff der Sittenwidrigkeit in § 826 BGB vollständig vom Vorstellungsbild des Schädigers abzukoppeln oder § 826 BGB auf die

---

599 *Wiegand*, 126.
600 *Wiegand*, 126; *Huber*, FS Caemmerer, 359, 374.
601 *Honsell*, Jus 1976, 621, 629.
602 Erman-*Schiemann*, § 826 BGB Rz. 12.
603 *Honsell*, Jus 1976, 621, 628; *ders*. FS Medicus, 211, 215 .
604 *Honsell*, FS Medicus, 211, 215 f.; *Breinersdorfer*, 176 f.

Fälle der arglistig bzw. vorsätzlich[605] falsch erteilten Auskunft zu beschränken.[606] Letztere Alternative wird als vorzugswürdig erachtet, da eine ausschließlich objektive Auslegung der Sittenwidrigkeit nicht vertreten werde.[607] Den Beweisschwierigkeiten, die damit verbunden seien, könnte durch die Beweiserleichterung des prima-facie-Beweises[608] bzw. eine Beweislastumkehr[609] Rechnung getragen werden.

Andererseits wird im Rahmen der Auskunftshaftung aus § 826 BGB gerade gerügt, dass die Rechtsprechung dazu neige, den Verschuldensmaßstab zu objektivieren. Teilweise werde bereits ein objektiver Verstoß gegen die Berufsregeln als ausreichend erachtet, ohne dass die Schwere des Verschuldens erörtert würde.[610]

Die Bedenken, die im Zusammenhang mit dem Merkmal der Sittenwidrigkeit geäußert werden, gehen über in die Kritik an der Ausdehnung des Schädigungsvorsatzes durch die Rechtsprechung.

Die Verwässerung des Merkmals der Sittenwidrigkeit gehe mit der Abkehr vom Erfordernis der Vorsätzlichkeit hin zu einer Haftung für fahrlässige Vermögensschäden einher. Die Rechtsprechung habe im Ergebnis eine durch die Begriffe „grob leichtfertiges und gewissenloses Verhalten" kaschierte Haftung für grobe Fahrlässigkeit unter dem Deckmantel des „Vorsatzes" in den § 826 BGB eingeführt.[611] Dies wird auch als Denaturierung der Vorsatzhaftung des § 826 BGB[612] bezeichnet oder Vorsatz und Sittenwidrigkeit werden als anforderungsreduzierte Elemente gekennzeichnet.[613] Das Wissen und Wollen des rechtswidrigen Erfolges werde zum Ahnen und Vermuten, das durch die Formulierung des „Rechnens mit dem Schadenseintritt" verschleiert würde.[614]

Schließlich wird gegen den Rückgriff auf § 826 BGB im Rahmen der Auskunftshaftung noch auf einen weiteren Punkt hingewiesen. Bei Annahme von

---

[605] *Honsell*, FS Medicus, 211, 215 f.
[606] *Breinersdorfer*, 177.
[607] *Breinersdorfer*, 177.
[608] *Honsell*, FS Medicus, 211, 216; *ders.*, Jus 1976, 621, 629; aA *Breinersdorfer*, 177, welcher etwaige deliktsrechtliche Haftungslücken durch einen Rückgriff auf das Recht auf ungestörte, wirtschaftliche Betätigung gemäß § 823 Abs. 1 BGB schließen will .
[609] Erman-*Schiemann*, § 826 BGB Rz. 12; *Mayer-Maly*, 43.
[610] *Huber*, FS Caemmerer, 359, 374; *Wiegand*, 128; *Mayer-Maly*, 13.
[611] *Ebke/Scheel*, WM 1991, 389, 390; *Littbarski*, ZIP 1996, 812, 814; *Honsell*, FS Medicus, 211, 215.
[612] *Hopt*, AcP 183 (1983), 608, 633.
[613] *Damm*, JZ 1991, 373, 383.
[614] *Wiegand*, 127 f.

Vorsatz drohe dem Sachverständigen nach § 152 VVG der Verlust des Schutzes einer etwaigen Haftpflichtversicherung. Dem stehe aber entgegen, dass es sich bei der extensiven Auslegung von § 826 BGB sachlich nicht um den Vorwurf des Vorsatzes, sondern um die „Konstruktion" einer Fahrlässigkeitshaftung für primäre Vermögensschäden in einem bestimmten Teilbereich handele. Daher sei von den Gerichten eine restriktive Auslegung des § 152 VVG zu fordern, wonach das Verbot einer Versicherung von Vorsatztaten für diesen Fall nicht gedacht sein dürfte.[615] Zusammenfassend kritisiert das Schrifttum eine Aufweichung und Überdehnung der tatbestandlichen Voraussetzungen des § 826 BGB.[616]

e) Stellungnahme

aa) Vergleich mit anderen Fallgruppen des § 826 BGB

Der im Schrifttum geäußerten Kritik ist kaum zu widersprechen. Dies gilt um so mehr, wenn die Auskunftshaftung im Vergleich zu anderen Fallgruppen des § 826 BGB gesehen wird. Dabei fällt auf, dass die Rechtsprechung in der Fallgruppe der falschen Auskunftserteilung unter geringeren Anforderungen an die Tatbestandsmerkmale des § 826 BGB eine Haftung bejaht als in anderen Fallgruppen des § 826 BGB. Denn zumindest die Person, deren Schädigung der Auskunftsgeber beabsichtigt, ist in anderen Fällen des § 826 BGB deutlicher bestimmt, so z. B. bei der Ausnutzung von titulierten, erschlichenen Ansprüchen, der Abwerbung von Arbeitskräften, der Verleitung zum Vertragsbruch oder der Knebelung durch langjährige Verträge.

bb) Fehlende Konkretisierung des Vorsatzerfordernisses

Um die Verschwimmung des Vorsatzbegriffs im Rahmen des § 826 BGB zu vermeiden, wäre es notwendig, seitens der Rechtsprechung im konkreten Einzelfall genauer festzulegen, wann die Vorstellung des Täters, wer geschädigt werden könnte, noch konkret genug ist, um Vorsatz bejahen zu können, und

---

[615] *Hirte*, 426; *Grunewald*, ZGR 1999, 583, 592; *Canaris*, ZHR 162 (1999), 206, 214; *Ebke/Scheel*, WM 1991, 389, 390.

[616] *Damm*, JZ 1991, 373, 383; *v. Bar*, RabelsZ, 44 (1980), 455, 465; *Grunewald*, AcP 187 (1987). 285, 307; *dies*. ZGR 1999, 583, 591; Erman-*Schiemann*, § 826 BGB Rz. 12, 14; *Lammel*, AcP 179 (1979), 337, 341 f.; *Honsell*, FS Medicus, 211, 216; *Jost*, 262 f. ; *Littbarski*, ZIP 1996, 812, 814; *Schiemann*, FS Gernhuber, 387, 403; *Wiegand*, 125; *Canaris*, ZHR 163 (1999), 206, 214 f.

wann nicht mehr.[617] Im Falle der Bank-an-Bank-Auskunft im Kundeninteresse müsste im Einzelnen festgestellt werden, ob eine leichtfertige Auskunft der Korrespondenzbank ausreicht, um Vorsatz bejahen zu können, oder ob auch die Größenordnung des möglichen Verschuldensgrades berücksichtigt werden müsste. Darüber hinaus müsste für die Frage des Vorsatzes ausdrücklich durch die Rechtsprechung erläutert werden, ob die Annahme eines vorsätzlichen Verhaltens daran scheitern müsste, dass die anfragende Bank versehentlich der Anfrage nicht den Hinweis beigefügt hatte, dass sie im Kundeninteresse erfolgt.

Ein einheitliches Bild ergibt sich hinsichtlich dieser Fragen bei Durchsicht der Rechtsprechung jedoch nicht: Teilweise wurde zwar gerade mit der Begründung, dass die Auskunftsanfrage auf einem Vordruck für Auskunftserteilung „für eigene Zwecke" vorgenommen wurde, bezweifelt, dass der Auskunftsgeber vorsätzlich hinsichtlich der Schädigung eines Dritten gehandelt bzw. mit der Weitergabe der Auskunft durch die anfragende Bank an einen Dritten gerechnet habe. Vielmehr wurde daraus geschlossen, dass der Auskunftsgeber gemäß Zeugenaussage geglaubt habe, dass eine interne Auskunft erwünscht werde und er sich darauf habe verlassen können, dass diese nicht weitergegeben werde.[618] Dies könnte dafür sprechen, dass allgemein bei Bank-an-Bank-Auskünften mangels Anfrage im Kundeninteresse ein Drittschädigungsvorsatz abgelehnt werden müsste. Andererseits wurde diese vom Berufungsgericht aufgeworfene Frage vom Bundesgerichtshof in dem gleichen Verfahren ausdrücklich offen gelassen. Denn zum einen sei unklar, ob das Berufungsgericht mit der Einordnung als „zweifelhaft" habe sagen wollen, dass es sich von der Wahrheit der durch Zeugenaussage vorgebrachten tatsächlichen Umstände nicht habe überzeugen können oder ob es die Frage an sich habe offen lassen wollen. Zum anderen wäre der bedingte Vorsatz bereits aus einem anderen Grund im konkreten Fall zu verneinen und damit eine Haftung aus § 826 BGB abzulehnen gewesen.[619] Eine konkrete Aussage wurde vom Bundesgerichtshof hier demnach nicht zur Frage der Bedeutung des fehlenden Hinweises auf das Kundeninteresse gemacht.

In einem anderen Fall wurde – wiederum in der Berufungsinstanz – eine Haftung aus § 826 BGB aus folgendem Grund abgelehnt: Die Anfrage habe sich auf ein bestimmtes Geschäft und einen begrenzten Kredit bezogen. Dieser Kredit sollte an die Person, über die die Auskunft erteilt wurde, ausgezahlt werden.

---

617 *Wiegand*, 128.

618 BGH Urt. v. 30.3.1976 – VI ZR 21/74, WM 1976, 498, 500. Das OLG München hat in der dieser Entscheidung des BGH vorangehenden Berufungsentscheidung mit dieser Begründung – wie in der BGH Entscheidung ausgeführt – eine Haftung nach § 826 BGB abgelehnt.

619 BGH Urt. v. 30.3.1976 – VI ZR 21/74, WM 1976, 498, 500.

Eine Kreditgewährung sei dann aber nicht durch die Bank erfolgt, „in deren Interesse“ – wie vom Berufungsgericht ausgeführt – die Auskunft eingeholt worden sei, sondern von einer dritten Person. Es seien jedoch keine Anhaltspunkte dafür ersichtlich gewesen, dass der Auskunftsgeber auch mit einer Kreditgewährung durch eine andere Person als derjenigen, in deren Interesse bei ihm angefragt worden sei, gerechnet habe. Die Kreditgewährung seitens einer dritten Person und der dadurch bei ihr eingetretene Schaden wurde daher nicht als von einem etwaigen Vorsatz des Auskunftsgebers mitumfasst angesehen.[620]

Auch hier wurde die Annahme des Vorsatzes davon abhängig gemacht, in wessen Interesse die Auskunft eingeholt worden ist. Da das Kreditinstitut die Auskunft „im eigenen Interesse“ eingeholt hat, schloss dies den Vorsatz des Auskunftsgebers aus, einen Dritten durch Weitergabe der Auskunft an diesen und dessen dadurch veranlasste Kreditgewährung zu schädigen. Nach seinen Ausführungen sieht es das Berufungsgericht für die Annahme eines vorsätzlichen Verhaltens offenbar als notwendig an, dass die anfragende Bank der Anfrage den Hinweis auf eine Drittweitergabe der Auskunft beifügt.

Auch in diesem Fall wendet sich der Bundesgerichtshof jedoch gegen diese Ausführungen und weist die Sache zur erneuten Verhandlung insbesondere hinsichtlich des Schädigungsvorsatzes an das Berufungsgericht zurück. In tatsächlicher Hinsicht geht der Bundesgerichtshof davon aus, dass die Bank die Auskunft nicht im eigenen Interesse, sondern im Interesse eines Kunden eingeholt habe. Daher würde eine schlüssige Beweisführung zum einen voraussetzen, dass die Bank die im Interesse dieses bestimmten Kunden eingeholte Bankauskunft außer dem Dritten, welcher tatsächlich Gebrauch von der Auskunft gemacht habe, auch diesem Kunden zugeleitet hätte. Notwendig wäre zum anderen, dass die Kreditfähigkeit der Person, über die die Auskunft erteilt wurde, auf den bestimmten Betrag begrenzt worden wäre. Da dies nicht geschehen sei, habe es nahegelegen, dass die anfragende Bank die Auskunft über den ursprünglichen Zweck hinaus weiteren Kunden zur Verfügung stellen würde.[621]

Es kommt somit in tatsächlicher Hinsicht nicht deutlich zum Ausdruck, ob die auskunftseinholende Bank darauf hingewiesen hat, dass die Auskunft an einen Dritten weitergeleitet werden sollte oder nicht. Die Ausführungen des BGH sprechen aber für eine großzügige Beurteilung der Frage, ob der Auskunftsge-

---

[620] BGH Urt. v. 15.2.1957 – VI ZR 305/55, WM 1957, 545, 546. Das Berufungsgericht hat in der dieser Entscheidung des BGH vorangehenden Berufungsentscheidung mit dieser Begründung – wie in der BGH Entscheidung ausgeführt - eine Haftung nach § 826 BGB abgelehnt.

[621] BGH Urt. v. 15.2.1957 – VI ZR 305/55, WM 1957, 545, 547.

ber mit der Weitergabe an Dritte gerechnet hat und gegen die Notwendigkeit einer nach bestimmten Kriterien vorgenommenen konkreten Eingrenzung des Schädigungsvorsatzes, etwa durch konkreten Hinweis darauf, ob und an wen die Auskunft weitergegeben werden soll.

Allgemein lässt sich feststellen, dass im Bereich der Bankauskünfte auf die oben auf Seite 164 f. angesprochenen Aspekte nicht ausreichend eingegangen wird. Es werden seitens der Rechtsprechung keine Kriterien zur näheren Eingrenzung der Frage ausgebildet, wann die Vorstellung des Täters, wer geschädigt werden könnte, noch konkret genug ist, um Vorsatz bejahen zu können. Insbesondere die tatsächliche Frage, ob die Anfrage im Kundeninteresse erfolgt ist oder nicht wird in der Rechtsprechung zumeist völlig ausgespart oder unzureichend beantwortet.[622]

Für die Annahme eines Schädigungsvorsatzes betreffend dritter Personen wird es vielmehr, wie oben auf Seite 156 f. ausgeführt, allgemein und nicht nur im Falle einer Bankauskunft als ausreichend erachtet, dass der Auskunftsgeber überhaupt weiß, dass die Information an Dritte weitergeleitet wird. Der Bundesgerichtshof macht im konkreten Fall der Bankauskunft aber keine Ausführungen dazu, ob der Bank als Auskunftsgeber diese Kenntnis erst dann zugesprochen werden kann, wenn die Korrespondenzbank angegeben hat, dass die Auskunft im Kundeninteresse erfolgt oder ob von der Kenntnis der Drittweitergabe im Einzelfall auch ohne diese Angabe ausgegangen werden kann. Der Dritte kann für den Schädiger daher völlig unbestimmt oder unbestimmbar gewesen sein. [623]

cc) Objektivierung der Tatbestandsmerkmale des § 826 BGB

Gleichzeitig zeigt sich entgegen teilweiser Ansicht in der Literatur[624] eine Tendenz der Rechtsprechung hin zu einer Reduzierung des Vorsatzerfordernisses auf objektive Sorgfaltsmängel. Denn der Bundesgerichtshof nimmt bereits dann an, dass der Auskunftsgeber mit der Weitergabe der Auskunft an den Dritten gerechnet hat, wenn nach allgemeinen Erfahrungswerten eine solche Kenntnis kaum abgestritten werden kann. Bestimmte Erfahrungssätze könnten es als

---

[622] BGH Urt. v. 30.3.1976 – VI ZR 21/74, WM 1976, 498, 499 f.; BGH Urt. v. 15.2.1957 – VI ZR 305/55, WM 1957, 545 ff.; OLG Hamburg v. 23.2.1973 – 1 U 67/71, WM 1975, 703 ff. (bestätigt durch Beschl. des BGH v. 17.5.1975 – VI ZR 69/73);

[623] *V. Bar*, Gutachten, 1681, 1761, schlägt daher vor, in einem neuen § 828 Ziff. 1 die deliktische Haftung davon abhängig zu machen, dass die Auskunft oder Empfehlung einer *bestimmten* Person erteilt wurde.

[624] Siehe oben S. 162, *Breinersdorfer*, 177.

nahe liegend erscheinen lassen, dass der Auskunftsgeber, z.B. aufgrund seiner Berufserfahrung, mit der Möglichkeit der Weitergabe der Auskunft an Dritte rechnete.[625]

Scheinbar völlig losgelöst vom Vorstellungsbild des Täters erscheint auch der weitere von der Rechtsprechung angeführte Umstand, dass ein Steuerberater mit der Verwendung eines von ihm mit Testat versehenen Zwischenabschlusses als Kreditbeschaffungsunterlage gerechnet habe, weil ihm die Praxis des Bundesaufsichtsamtes für das Kreditwesen bekannt gewesen sei, Banken anzuhalten, sich testierte Jahresabschlüsse vorlegen zu lassen.[626]

Ob diese Tendenz der Objektivierung der Tatbestandsmerkmale des § 826 BGB auch auf den Bereich der Bankauskunftsfälle übertragen werden kann oder auf den konkreten Fall der Erstellung eines Unternehmensabschlusses durch einen Steuerberater beschränkt bleibt, erscheint problematisch. Denn die Ausführungen des Bundesgerichtshofs sind auf die regulären Bankauskunftsfälle von der Sachverhaltskonstellation her regelmäßig nicht anwendbar. Die dargestellte Praxis des Bundesaufsichtsamtes betrifft zwar gerade die Banken, jedoch nicht in ihrer Funktion als Auskunftsgeber, sondern als Kreditgeber, welche sich eine von einem Steuerberater erteilte Auskunft in Form eines Unternehmensabschlusses vorlegen lassen. Die Banken stehen hier also als dritte Auskunftsnehmer gerade auf der anderen Seite der Auskunft.

Auffällig ist allerdings, dass bei der Prüfung, ob der Auskunftsgeber mit der Weitergabe der Auskunft gerechnet hat oder nicht, auch im Bereich der Bankauskunftsfälle regelmäßig äußerst unscharf argumentiert wird. Teilweise werden sehr pauschale Erwägungen getroffen, wie z.B., dass jede Bank, die eine Auskunft über die Kreditwürdigkeit eines ihrer Kunden erteile, die Möglichkeit in Betracht ziehen müsse, dass ein Dritter im Vertrauen auf die Richtigkeit der Auskunft Geschäfte abschließe und dadurch, wenn der Bankkunde kreditunwürdig sei, Schaden erleiden könne. Dies gelte ungeachtet dessen, dass Auskünfte der Banken untereinander unter der Voraussetzung erteilt würden, dass sie nur dann an Dritte weitergegeben werden dürften, wenn dabei jede Haftung für die auskunftsgebende Bank ausgeschlossen würde.[627]

Auch im Bereich der Bankauskunftsfälle wird der Schädigungsvorsatz gegenüber einem Dritten somit auch aus äußeren Umständen und Erfahrungssät-

---

[625] Siehe oben S. 157

[626] Siehe oben S. 157.

[627] OLG Hamburg Urt. v. 23.2.1973 – 1 U 67/71, WM 1975, 703, 704 (bestätigt durch BGH Beschl. v. 17.5.1975 – VI ZR 69/73).

zen, die der bestimmten Berufsgruppe der Banken bekannt sein müssen, geschlossen und nicht lediglich aus dem subjektiven Vorstellungsbild des Auskunftsgebenden hergeleitet. Dass der Täter tatsächlich mit der Weitergabe der Auskunft gerechnet hat, scheint auch bei den Bankauskunftsfällen in der Sache nicht mehr ausnahmslos notwendig zu sein für die Bejahung des Schädigungsvorsatzes, wenn die Rechtsprechung dies im Grunde auch weiterhin so darstellt.[628]

dd) Richterliche Ausfüllung der Tatbestandsmerkmale des § 826 BGB

Neben diesen Kritikpunkten an der rein praktischen Handhabung der Haftungsgrundlage des § 826 BGB, welche an mangelnder Konkretisierung der Tatbestandsmerkmale, insbesondere des Vorsatzerfordernisses, durch die Rechtsprechung leidet, sprechen auch methodische Überlegungen gegen die Haltbarkeit des Lösungsweges der Auskunftshaftung über § 826 BGB.

Der Methodik im Bereich des § 826 BGB kann zwar nur eine geringere Bedeutung zukommen, da von der Systematik des § 826 BGB her dessen tatsachenleeren Tatbestandsmerkmale der Sittenwidrigkeit und des Schädigungsvorsatzes vom Richter durch Auslegung ausgefüllt werden. Da methodisch gesehen Auslegung durch den Richter immer zulässige Rechtsfindung ist[629] und hier Grenzen lediglich bei Verstößen gegen Auslegungsregeln, Auslegungsgrundsätze, Erfahrungssätze, Denkgesetze oder Verfahrensvorschriften gesetzt sind,[630] kann der Anwendung von § 826 BGB auf Dritthaftungsfälle mithilfe methodischer Einwände lediglich eingeschränkt Grenzen gezogen werden. Es bleibt dem Richter überlassen, im Rahmen des § 826 BGB eine Verhaltensnorm aufzustellen und den Verstoß gegen diese Bezugsnorm in der gleichen Entscheidung als sittenwidrig darzulegen. Dabei muss aber der Stellung des § 826 BGB als schärfste deliktische Norm, der besonders grobe und evidente Regelverstöße vorbehalten bleiben sollen, Rechnung getragen werden.[631]

Sieht man § 826 BGB aber generell als geeignet an, nicht nur offensichtliche Verstöße wie die wissentlich falsche Auskunftserteilung, sondern darüber hinaus auch weniger gravierende Auskunfts- bzw. Berufshaftungsfälle haftungsrechtlich zu regeln, dann würden die bereits jetzt angestellten umfassenden berufsethischen und auskunftshaftungsrechtlichen Überlegungen in § 826 BGB verlagert. Die Eingrenzung der Fälle, welche unter § 826 BGB fallen sollen und

---

[628] Siehe oben Fn. 574.
[629] Palandt-*Heinrichs*, Einl. BGB Rz. 46, 49.
[630] *Thomas/Putzo*, § 550 ZPO Rz. 6.
[631] *Wiegand*, 130 f.

welche nicht, würde aber dadurch erschwert, dass § 826 BGB selbst als tatsachenleerer und damit auslegungsbedürftiger Tatbestand dem Richter keine hinreichenden Anhaltspunkte dafür gibt. Da aber nach vielfach in der Literatur vertretener Ansicht eine über den jetzigen § 826 BGB hinausgehende Dritthaftung von Fachleuten bestehen soll, hätte dies notwendigerweise eine tatbestandliche Erweiterung der Norm zur Folge. § 826 BGB erscheint nicht als geeigneter Ort eine differenzierte Einordnung der Dritthaftungsfälle vorzunehmen. Die Anwendung des § 826 BGB sollte auf eklatante Dritthaftungsfälle beschränkt bleiben.

III. Neuere Lösungswege der Literatur

In der Literatur wird auf verschiedenen Wegen versucht, eine einheitliche, grundsätzlich anwendbare rechtliche Grundlage der Auskunftshaftung zu schaffen. Eine Einheitslösung als Haftungsgrund für falsch erteilte Auskünfte liegt nahe, weil auch die Rechtsprechung, obwohl sie, wie gesehen, eine Haftung auf ganz unterschiedliche dogmatische Konstruktionen stützt, diese dogmatischen Gerüste mit ganz ähnlichen, teilweise übereinstimmenden Sachkriterien ausfüllt.

Diese neuen Lösungsansätze werden zwischen der haftungsrechtlichen Dualität von Vertrags- und Deliktsrecht angesiedelt, indem zwischen Auskunftsgeber und Empfänger ein gesetzliches Schuldverhältnis oder eine sonstige rechtliche Sonderverbindung angenommen wird.

Angesichts der kaum mehr überschaubaren Vielfalt der Konzeptionen,[632] welche hier einzuordnen sind, kann im Rahmen dieser Arbeit nicht auf jeden einzelnen Lösungsansatz eingegangen werden. Die unterschiedlichen Stimmen in der Literatur werden daher nach dem jeweiligen Haftungsgrund zusammengefasst und in der Darstellung auf die zwei dominierenden Lehren der Vertrauens- und der Berufshaftung beschränkt.[633]

1) Lehre von der Vertrauenshaftung

Zunächst soll die Lehre von der Vertrauenshaftung dargestellt werden, welche grundlegenden Einfluss auf § 311 Abs. 2 und 3 BGB genommen hat.

---

[632] *Picker*, FS Medicus, 397, 424.

[633] Hinsichtlich der weiteren Lösungsansätze von *Stoll*, FS Flume, 741 ff. („Vertrauenshaftung und einseitiges Leistungsversprechen"); *Köndgen*, 97 ff.; *Picker*, AcP 183 (1983), 369, 495 ff („Willensunabhängige Haftung in einer Sonderverbindung") wird auf die ausführliche Darstellung bei *Müller*, 99 ff. verwiesen.

a) Darstellung

Das System der Vertrauenshaftung ist vorwiegend von *Canaris*[634] entwickelt worden. Als allgemeine Voraussetzungen der Vertrauenshaftung nennt er insbesondere den Vertrauenstatbestand, sowie schutzwürdiges Vertrauen, Vertrauensinvestition und Zurechenbarkeit, wobei die beiden letztgenannten Merkmale im Ausnahmefall auch als verzichtbar angesehen werden.[635]

Als Rechtsfolge ergebe sich entweder ein Anspruch auf Vertrauensentsprechung („positiver Vertrauensschutz") oder auf Ersatz des Vertrauensschadens („negativer Vertrauensschutz").[636] Die sich auf die Vertrauenshaftung gründende Einstandspflicht für den Ersatz des entstandenen Schadens ist in der vorliegenden Arbeit allein von Interesse, so dass der Bereich der Haftung für Vertrauensentsprechung ausgeklammert werden kann.

Die Fälle der Schadensersatzhaftung werden als eine selbstständige Gruppe innerhalb der Vertrauenshaftung unter dem Oberbegriff „Erklärungshaftung" zusammengefasst.[637] Der tragende Grund der Einstandspflicht läge hier darin, dass jemand für die Folgen einer von ihm abgegebenen fehlerhaften Erklärung aufzukommen habe.[638]

Im Einzelnen heißt das, der Auskunftsempfänger baut eine Erwartungshaltung gegenüber dem Auskunftsgeber auf, indem er von einem sorgfältigen Vorgehen bei der Erarbeitung der Kenntnisse, die der Auskunft zugrunde liegen, ausgeht.[639]

Diese Verhaltenserwartung des Auskunftsempfängers gegenüber dem Auskunftsgeber müsse von letzterem zurechenbar hervorgerufen worden sein.[640] Vertrauen als solches genüge daher nicht als Haftungsgrundlage. Dieses Ver-

---

[634] *Canaris*, Vertrauenshaftung, 490 ff.; *ders*, 2. FS Larenz , 27, 93 ff., *ders*., ZHR 163 (1999), 206, 220 ff; *ders*. Bankvertragsrecht, Rz. 12 ff; *ders*., FS BGH, 129 ff.; *ders*. FS Schimansky, 43 ff; andere Vertreter der Vertrauenshaftung: *Bohrer*, 81 ff.; Schlegelberg-*Hefermehl*, § 347 HGB Rz. 42; Staudinge-*Wittmann*, § 676 BGB Rz. 7; *Lorenz*, 1. FS Larenz, 575, 618 ff.; *Rümker*, ZHR 147 (1983), 27, 32; *Ballerstedt*, AcP 151 (1950/51), 501, 506, 508, wobei die beiden letzteren eine stärkere Anbindung an die culpa in contrahendo aufweisen.

[635] *Canaris*, Vertrauenshaftung, 491.

[636] *Canaris*, Vertrauenshaftung, 491.

[637] *Canaris*, 2. FS Larenz, 27, 106; *ders*, Vertrauenshaftung, 491.

[638] *Canaris*, Vertrauenshaftung, 532 ff.

[639] *Bohrer*, 80.

[640] *Canaris*, Vertrauenshaftung, 473.

trauen müsse dem Auskunftsempfänger auch gewährt worden sein. Die Haftung basiere daher auf der Gewährung und Inanspruchnahme von Vertrauen.[641]

Danach ist derjenige, der innerhalb eines geschäftlichen Kontaktes[642] zurechenbarerweise einen Vertrauenstatbestand setzt, zum Ersatz des daraus entstandenen Schadens verpflichtet.

Was die Einordnung der Vertrauenshaftung im Bereich der Vertrags- oder Deliktshaftung angeht, so soll dies im Wege der Anerkennung einer „dritten Spur" zwischen beiden erfolgen. Diese müsse aber nicht erst neu erschaffen werden, sondern existiere bereits im Bürgerlichen Gesetzbuch. Repräsentativ seien in erster Linie Vorschriften wie die §§ 122, 179 Abs. 2, 307, 309 und 663 BGB. Diese ließen sich weder als Tatbestände des Vertragsbruchs noch als solche der Haftung für unerlaubte Handlung einordnen. Zudem stehe die gewohnheitsrechtlich anerkannte Culpa in contrahendo ebenfalls irgendwo zwischen Vertrags- und Deliktshaftung.[643]

Allein der Umstand, dass die genannten Vorschriften weder als Delikts- noch als Vertragshaftung qualifiziert werden könnten, könne zwar nicht ohne weiteres eine Einordnung in die Vertrauenshaftung zur Folge haben. Allerdings ergebe sich eine solche Qualifizierung aus dem Gesetzeswortlaut.[644] Ersetzt werde nach §§ 122, 307, 179 Abs. 2 BGB der Schaden, den der andere Teil dadurch erleide, dass er auf die Gültigkeit des Vertrages bzw. auf die Vertretungsmacht „vertraue". Im Übrigen entfalle der Anspruch gemäß §§ 122 Abs. 2, 179 Abs. 3, 307 Abs. 1 S. 2 BGB, wenn der andere Teil den Mangel kannte oder kennen musste.[645] Auch wenn eine solche Verknüpfung mit dem Prinzip des Gutglaubensschutzes keine notwendige Voraussetzung für die Annahme einer Vertrauenshaftung darstelle (sondern bei anderen Tatbeständen durch die flexiblere Anwendung von § 254 BGB ersetzt werde), bilde sie doch einen ganz besonders aussagekräftigen Anhaltspunkt für das Vorliegen einer solchen Vertrauenshaftung.[646].

In diesem Zusammenhang weist *Canaris* darauf hin, die Vertrauenshaftung als eigenständige Grundlage für Ansprüche auf Schadensersatz heranzuziehen,

---

[641] *Lorenz*, 1. FS Larenz, 575, 618; *Ballerstedt*, AcP 151 (1950/51), 501, 506, 508.
[642] *Canaris*, Vertrauenshaftung, 442, 538; *ders*. Bankvertragsrecht, Rz. 14.
[643] *Canaris*, ZHR 163 (1999), 206, 220; *ders*, 2. FS Larenz, 27, 84 ff., 93, 102; *ders*., FS Schimansky, 43, 49, 51; *ders*., FS BGH, 129, 171 ff, 175.
[644] *Canaris*, FS Schimansky, 43, 50.
[645] *Canaris*, FS BGH, 129, 171 f.
[646] *Canaris*, FS Schimansky, 43, 50 f.

wäre methodologisch äußerst kühn, vielleicht sogar unzulässig, wenn dafür nicht die soeben aufgeführten gesetzlichen Ansatzpunkte vorhanden wären.[647]

Diese gesetzlichen Anknüpfungspunkte für eine Vertrauenshaftung sind durch die Kodifikation in § 311 Abs. 2 und 3 BGB verstärkt worden. Dies gilt unabhängig davon, ob ein eher abstraktes Vertrauen in die fachlichen Fähigkeiten und Neutralität eines Sachwalters (Sachverständiger, Wirtschaftsprüfer, Steuerberater oder Anwalt) von § 311 Abs. 3 S. 2 BGB erfasst ist oder nicht.[648] Mit der Einordnung als rechtsgeschäftsähnliches Schuldverhältnis gemäß § 311 Abs. 2 und 3 BGB ist der Charakter der culpa in contrahendo und der Dritthaftung als ein grundsätzlich außerdeliktischer entschieden worden.[649] Die Existenz einer „dritten Spur" zwischen Vertrags- und Deliktsrecht, der die Vertrauenshaftung zuzuordnen ist, scheint damit gesetzlich ausdrücklich begründet worden zu sein. Nach der Lehre von der Vertrauenshaftung stellt sich daher allenfalls die Frage, wie weit diese „dritte Spur" reicht. Diesbezüglich wird die These vertreten, dass die „dritte Spur" allgemein die Haftung für Schutzpflichtverletzungen, unter die auch die Vertrauenshaftung zu fassen ist, beinhalte.[650] Dies steht im Zusammenhang mit dem oben auf Seite 61 angesprochenen gesetzlichen Schuldverhältnis, welches die dogmatische Begründung für die Auskunftshaftung aus Geschäftsverbindung darstellt. Hierbei handelt es sich um ein „Schuldverhältnis ohne primäre Leistungspflichten", welches lediglich Verhaltenspflichten begründen soll. Erst wenn diese verletzt würden, entstünden Schadensersatzansprüche und damit sekundäre Leistungspflichten.[651] Dieses einheitliche gesetzliche Schuldverhältnis umfasse alle Schutzpflichten unabhängig vom Zeitpunkt ihrer Entstehung oder ihrer Verletzung.[652]

Die Lehre von der Vertrauenshaftung setzt daher der von ihr kritisierten vertraglichen Auskunftshaftung die „Schutzpflicht ohne primäre Leistungspflicht" entgegen. Da es gar keine vertragliche Pflicht zur Auskunftserteilung als vertraglich vereinbarte Leistung und damit auch keinen Anspruch des Auskunftsempfängers auf die Erteilung einer Auskunft gebe, wäre die Konstellation der Auskunftsfälle vielmehr durch den Gedanken der „Schutzpflicht ohne primäre Leistungspflicht" zu charakterisieren. Denn der Auskunftsgeber sei zwar nicht

---

[647] *Canaris*, FS Schimansky, 43, 49.
[648] Siehe dazu oben S. 137, 140 ff.
[649] Dauner-Lieb/Heidel/Lepa/Ring-*Krebs*, Schuldrecht, § 311 Rz. 5.
[650] *Canaris*, 2. FS Larenz, 27, 84 ff., 93, 102; *Canaris*, ZHR 163 (1999), 206, 220.
[651] *Canaris*, Bankvertragsrecht, Rz. 12.
[652] *Canaris*, Bankvertragsrecht, Rz. 12; *ders.*, 2. FS Larenz, 27, 102.

verpflichtet, eine Auskunft zu erteilen, solle aber gleichwohl dann auf Schadensersatz haften, wenn er dennoch eine Auskunft erteile und diese falsch sei.[653]

Ein solches „Schutzverhältnis ohne primäre Leistungspflicht" läge schließlich insbesondere dort regelmäßig vor, wo eine Vertrauenshaftung eingreife, so dass der Vertrauenshaftung ihr Platz innerhalb der „dritten Spur", welche allgemein die Haftung für Schutzpflichtverletzungen beinhalte, zugewiesen sei.[654]

In diesem Sinn will *Canaris* Gefälligkeitsverhältnisse mit rechtsgeschäftlichem Charakter ohne primäre Leistungspflicht als „ähnlichen geschäftlichen Kontakt" gemäß § 311 Abs. 2 Nr. 2, letzter HS. BGB einordnen.[655]

b) Feststellung des Vertrauens

Hinsichtlich der Frage, wie das Vertrauen festzustellen ist, gibt es zwei unterschiedliche Ansatzpunkte: Nach der ersten Ansicht ist grundsätzlich zwischen dem Vertrauen als realem, sozial-psychologisch fassbaren Phänomen einerseits und seiner rechtlichen Schutzwürdigkeit andererseits, also zwischen einer faktischen und normativen Sichtweise zu unterscheiden.[656] Danach muss das Vertrauen nicht als psychische Tatsache jeweils von Fall zu Fall positiv festgestellt werden. Vielmehr sollen insoweit auch unbewusste, seelische Vorgänge genügen. Denn bei Vertrauen könne es sich auch um das bloße Fehlen von Misstrauen handeln. Zumal darin häufig die intensivste Form des Vertrauens läge, da niemand stärker vertraue, als derjenige, dem sein Vertrauen nicht einmal zu Bewusstsein komme.[657] Hier sei aber zu beachten, dass das Vertrauen bei der Vertrauenshaftung nur innerhalb eines spezifisch rechtlichen Zusammenhangs relevant sei. Für die Begriffsbildung seien daher nicht allein psychologische, sondern auch juristisch-normative Kategorien maßgeblich. Daher müsste die Prüfung, ob ein schutzwürdiges Vertrauen vorliegt, nicht notwendig auf den Einzelfall bezogen sein, sondern sie könnte auch typisierend erfolgen.[658] Nach dieser Ansicht ist es daher ausreichend Vertrauen an äußeren, typischerweise

---

653 *Canaris*, Bankvertragsrecht, Rz. 78, 88 f.; Schlegelberg-*Hefermehl*, § 347 HGB Rz. 42.

654 *Canaris*, Bankvertragsrecht, Rz. 89.

655 *Canaris*, JZ 2001, 499, 520.

656 *Canaris*, FS Schimansky, 43, 56; *ders*. Vertrauenshaftung, 504.

657 *Canaris*, Vertrauenshaftung, 504; *ders*.; FS Schimansky, 43, 56; so auch *Bohrer*, 86-89, der daraus aber eine andere Schlussfolgerung zieht, dazu im Anschluss.

658 *Canaris*, Vertrauenshaftung, 504; *ders*.; FS Schimansky, 43, 56 ff., welcher sich allerdings in gewisser Hinsicht widerspricht, wenn er in dem an erster Stelle zitierten Werk ausführt, das schutzwürdige Vertrauen könnte auch in typisierender Weise ermittelt werden und in dem letztgenannten Beitrag der Meinung ist, die Ansicht des Bundesgerichtshofs, auch typisiertes Vertrauen könnte eine Haftung begründen, hätte Verwirrung gestiftet.

für eine Vertrauensbeziehung sprechende Kennzeichen festzumachen. Denn rein innerliches Vertrauen stelle regelmäßig keinen hinreichenden Grund für ein Eingreifen der Rechtsordnung dar. Das Vertrauen müsse sich grundsätzlich in einer bestimmten Maßnahme wie der Vertrauensinvestition objektiviert haben.[659] Diese Ansicht wird daher als objektive Theorie bezeichnet.

Eine andere Ansicht fordert, dass der geschädigte Anspruchsteller wirklich im subjektiven Sinne vertraut hat. Danach muss das Vertrauen des Auskunftsempfängers als psychische Tatsache positiv festgestellt werden. Auch hier wird aber vertreten, Vertrauen als psychische Realität sei dann am größten, wenn es gar nicht nach außen zum Ausdruck gebracht werde.[660] Zur Begründung wird ausgeführt, mit einem objektivierten bzw. funktionellen Vertrauensbegriff lasse sich eine vertragsmäßige Sanktion nicht rechtfertigen. Dem liegt eine nach dieser Ansicht vorzunehmende Aufspaltung der culpa in contrahendo in zwei verschiedene Institute zugrunde. Von diesen Instituten soll eins, das dem Schutz von Erhaltungsinteressen dient, ohne Vertrauen auskommen, während das andere eine Vertrauenshaftung mit subjektivem Vertrauen ausmacht.[661] Nach dieser als subjektive Theorie bezeichneten Ansicht muss das Vertrauen im konkreten Fall tatsächlich vorliegen und nachgewiesen werden. Im Ergebnis muss aber auch die subjektive Theorie an äußere, objektive Merkmale anknüpfen, um von ihnen auf die innere Tatsache, dass bei einem Menschen Vertrauen vorlag, schließen zu können.[662]

Der Unterschied zwischen der objektiven und der subjektiven Theorie ist damit praktisch nicht sehr groß.

c) Voraussetzungen der Vertrauenshaftung

Die auf Seite 171 ff. bereits angesprochene Voraussetzung der Vertrauenshaftung, welche kurz zusammengefasst in einem in zurechenbarer Weise geschaffenen Vertrauenstatbestand gesehen werden kann, welcher von dem Auskunftssuchenden in gutem Glauben zur Grundlage einer Disposition gemacht wird,[663] soll im folgenden in einzelne Kriterien des Vertrauenstat-bestandes unterteilt und differenziert untersucht werden.

---

[659] *Canaris*, Vertrauenshaftung, 491.
[660] *Bohrer*, 80 ff., 86-89, 265, 254 ff.
[661] *Bohrer*, 262-264.
[662] *Loges*, 74.
[663] *Canaris*, Bankvertragsrecht, Rz. 89.

Unter Hinweis auf die Rechtsprechung, welche eine Haftung des Dritten allgemein dann annehme, wenn dieser wirtschaftlich selbst an dem Abschluss des Vertrages stark interessiert sei und aus dem Geschäft persönlichen Nutzen erstrebe, oder wenn er in besonderem Umfange persönliches Vertrauen in Anspruch genommen habe, werden als mögliche Kriterien des Vertrauenstatbestandes die persönliche Vertrauenswerbung einerseits und das wirtschaftliche Eigeninteresse andererseits angesehen.[664]

aa) Persönliche Vertrauenswerbung

Eine Haftung nach der Lehre von der Vertrauenshaftung hat daher zunächst zur Voraussetzung, dass der in Anspruch Genommene eine besondere persönliche Vertrauenswerbung entfaltet hat.[665] Wobei „persönlich“ nichts mit einer besonderen personalen Intensität des Vertrauens zu tun habe, sondern nur bedeute, dass das Vertrauen für die eigene Person und nicht für den Vertretenen bzw. den Kunden in Anspruch genommen werde.[666] Dieses Kriterium des besonderen persönlichen Vertrauens wird von Canaris offenbar mit dem Begriff des besonderen Sachverstandes bzw. Sachkunde gleichgesetzt.[667]

Im Falle der Kreditauskunft wird eine besondere persönliche Vertrauenswerbung regelmäßig als gegeben angesehen. Denn die Bank werde gerade deshalb über die Kreditwürdigkeit eines ihrer Kunden befragt, weil von ihr ein besonders zuverlässiges Urteil über ihren Kunden zu erwarten sei und nur sie wissen könne, ob ihre Bestätigung zutrifft. Daher nehme sie, ähnlich wie ein Sachverständiger, in besonderem Maße Vertrauen für sich selbst in Anspruch, wenn sie die Kreditauskunft erteilt.[668]

Die Vertrauenswerbung aufgrund besonderer Sachkunde wurde von *Wiegand* tatbestandlich näher konkretisiert.[669] Danach sind als mögliche Bezugspunkte einer berechtigten Vertrauenshaftung zum einen die Fachkunde von natürlichen

---

[664] *Canaris*, Bankvertragsrecht, Rz. 27, 89, 92.

[665] *Canaris*, Bankvertragsrecht, Rz. 92; *Nirk*, FS Hauß, 267, 282; ähnl. *Wiegand*, 248, zur Vertrauenswerbung kraft Berufsausübung..

[666] *Canaris*, FS Schimansky, 43, 63; *ders.* ZHR 163 (1999), 206, 232.

[667] *Canaris*, Bankvertragsrecht, Rz. 89, hier werden als mögliche maßgeblich Kriterien einer Haftung der besondere Sachverstand und das Eigeninteresse genannt unter Hinweis auf Rz. 27. An dieser Stelle wird aber nicht der besondere Sachverstand, sondern die besondere persönliche Vertrauenswerbung neben dem wirtschaftlichen Eigeninteresse erwähnt.

[668] *Canaris*, Bankvertragsrecht, Rz. 92; *ders.* FS Schimansky, 43, 63.

[669] *Wiegand*, 248 ff.

Personen bzw. bei juristischen Personen deren „Kundigkeit" und zum anderen die freiwillige Siegelführung bestimmter Berufsgruppen anzusehen.[670]

Im Rahmen der Bankauskunftshaftung könnte lediglich der Vertrauensumstand der Fachkunde von natürlichen Personen bzw. die „Kundigkeit" von juristischen Personen und weniger der der freiwilligen Siegelführung heranzuziehen sein, da hier die Fälle des Wirtschaftsprüfersiegels im Vordergrund stehen.

Die Fachkunde von natürlichen Personen soll demnach durch das Vorliegen einer Berufsausübung gekennzeichnet sein. Dabei soll es nicht auf das Niveau einer Ausbildung, sondern auf deren Einschlägigkeit bzw. Bezogenheit im Hinblick auf die durch die erteilte Auskunft möglicherweise motivierte Vermögensdisposition ankommen bzw. den dadurch motivierten Abschluss des Geschäfts. Denn Vertrauen könne sich nur dann berechtigterweise auf die Fachkunde einer Person gründen, wenn die Fachkunde den Betreffenden gerade für das fragliche Geschäft qualifiziert.[671]

Einer juristischen Person müsse in diesem Sinne die Ausbildung und auch die Berufsausübung der natürlichen Person zugerechnet werden, die für die juristische Person die Geschäfte führt. Darüber hinaus könne bei der juristischen Person als vertrauensbegründendes Merkmal an deren Erfahrung angeknüpft werden. Als ausreichend könne ein im Zeitpunkt der fraglichen Information bereits über einige Zeit andauerndes Auftreten in der Branche angesehen werden, zu der das Geschäft des Vertrauenden gehört.[672]

Bei der Erteilung einer Kreditauskunft durch eine Bank hieße das, die Bank würde aufgrund der qualifizierten Ausbildung ihrer Bankangestellten und einer ausgeprägten bereits länger andauernden Präsenz im Bankgeschäft eine besondere persönliche Vertrauenswerbung vornehmen.

Dieses Haftungsmerkmal der persönlichen Vertrauenswerbung ist in Form der „Inanspruchnahme von Vertrauen in besonderem Maße für sich" in den neuen § 311 Abs. 3 S. 2 BGB aufgenommen worden.

bb) Wirtschaftliches Eigeninteresse

Ein weiteres mögliches Haftungskriterium, das wirtschaftliche Eigeninteresse, ist in den Fällen der Vertretereigenschaft und der Sachwalterhaftung aus

[670] *Wiegand*, 284.
[671] *Wiegand*, 249, 251.
[672] *Wiegand*, 250.

culpa in contrahendo entwickelt worden.[673] Die Rechtsprechung nimmt danach eine Haftung Dritter allgemein auch dann an, wenn der Dritte wirtschaftlich selbst an dem Abschluss des Vertrages stark interessiert ist. Während daher die Rechtsprechung neben der persönlichen Vertrauenswerbung auch das eigene wirtschaftliche Interesse alternativ genügen lässt, wird im Schrifttum teilweise allein die persönliche Vertrauenswerbung als ausschlaggebend angesehen.[674]

Teilweise wird auch vertreten, in den Auskunftsfällen allgemein passe das Merkmal des wirtschaftlichen Eigeninteresses nicht wirklich. Von der Lehre der Vertrauenshaftung werde dieses Kriterium lediglich deshalb als Vertrauensumstand verwendet, weil diese Lehre aus der culpa in contrahendo entwickelt worden sei und an deren Merkmale grundsätzlich angeknüpft werde. Hier könne dem Vertreter oder dem Sachwalter aber nur aus dem Grund die Haftung auferlegt werden, weil ausnahmsweise nicht der Vertretene derjenige sei, der an dem Geschäft wirtschaftlich interessiert sei, sondern der Vertreter oder der Sachwalter. Daraus ließe sich entnehmen, dass das Merkmal des wirtschaftlichen Eigeninteresses nur in Vertreterfällen wesentliche Bedeutung habe. Ein Auskunftsgeber habe aber nur in Ausnahmefällen ein wirtschaftliches Eigeninteresse.[675]

Im Bereich der Kreditauskunftsfälle geht *Canaris* dagegen davon aus, dass das Merkmal des Eigeninteresses häufig vorliege, ohne jedoch im Einzelnen darzulegen, worauf dieses Eigeninteresse sich gründet. Denn es komme für die Begründung einer Vertrauenshaftung gar nicht auf das Bestehen eines wirtschaftlichen Eigeninteresses an, da die Bank als in Anspruch Genommene regelmäßig eine besondere persönliche Vertrauenswerbung entfalte.[676]

Bei genauerer Betrachtung der Kreditauskunftsfälle erweist sich die Annahme als richtig, dass eine Bank häufig ein eigenes wirtschaftliches Interesse an der Erteilung der Auskunft hat. Das ist der Fall, wenn die auskunftsgebende Bank selbst dem Kunden, über den sie eine Kreditauskunft an eine andere Bank erteilt, bereits Kredit eingeräumt hat. Dann hat sie ein eigenes wirtschaftliches Interesse daran, dass dem Kunden von dritter Seite Kredit gewährt wird oder auch Ware geliefert wird auf Kreditbasis. Denn nur auf diesem Wege kann der Kunde seine Geschäfte weiter fortführen und wird gegebenenfalls in Zukunft in der Lage sein, den Kredit der auskunftsgebenden Bank wieder zu tilgen. Dieses Interesse der Bank die vermögensrechtliche, wirtschaftliche Lage ihres Kunden möglichst positiv darzustellen, damit er bei dritten Personen weiterhin kredit-

---

[673] *Canaris*, Bankvertragsrecht, Rz. 89, 92, 27.
[674] *Canaris*, Bankvertragsrecht, Rz. 27, *Ballerstedt*, AcP 151, 501 ff.
[675] *Müller*, 104; *Wiegand*, 216 ff., 229.
[676] *Canaris*, Bankvertragsrecht, Rz. 92.

würdig bleibt, erscheint um so stärker, wenn das Risiko besteht, dass der Kunde ohne einen weiteren Kredit oder Zahlungsaufschub in konkrete Zahlungsschwierigkeiten oder sogar Insolvenzgefahr geraten könnte.

Innerhalb der Lehre der Vertrauenshaftung ist umstritten, ob der Auskunftsgeber ein wirtschaftliches Eigeninteresse, welches demjenigen des Auskunftsempfängers entgegensteht, diesem gegenüber aufdecken muss. Teilweise wird vertreten, dass ein bestehendes wirtschaftliches Eigeninteresse nicht verschwiegen werden darf.[677] Während nach anderer Ansicht, der Auskunftsgeber nur als verpflichtet angesehen wird, sich von seinem eigenen wirtschaftlichen Interesse nicht beeinflussen zu lassen.[678]

Aufgrund der Nähe der Lehre der Vertrauenshaftung zu § 311 Abs. 3 S. 2 BGB soll an dieser Stelle in einem kurzen Exkurs darauf eingegangen werden, warum in § 311 Abs. 3 S. 2 BGB das Haftungskriterium des wirtschaftlichen Eigeninteresses nicht ausdrücklich genannt worden ist, sondern nur der Tatbestand der Vertrauenshaftung eigenständig ausgeformt worden ist.

Das Kriterium des wirtschaftlichen Eigeninteresses könnte lediglich über § 311 Abs. 3 S. 1 BGB herangezogen werden. Satz 1 lässt Raum für die Berücksichtigung andere Haftungsvoraussetzungen. Dies ist der Formulierung „... kann auch zu Personen entstehen ..." sowie der daran anschließende Wendung in Satz 2 „... entsteht insbesondere ..." zu entnehmen. Daraus ergibt sich, dass „die Inanspruchnahme besonderen Vertrauens" ein beispielhaft aufgeführtes Haftungskriterium darstellt.[679]

Obwohl, wie gezeigt, in Rechtsprechung und Literatur als weiteres Haftungskriterium das „Eigeninteresse" des Auskunftsgebenden eine Rolle spielt, hat die Schuldrechtskommission den Vorschlag der zuständigen Arbeitsgruppe nicht übernommen, neben die Fälle der Vertrauenshaftung explizit die Fälle zu stellen, in denen Dritte „auf die Vertragsverhandlungen oder den Vertragsschluss maßgeblich einwirken und am Vertragsschluss ein überragendes eigenes Interesse haben".[680] Dies ist darauf zurückzuführen, dass der Bundesgerichtshof seine frühere Rechtsprechung zum Stellenwert des Eigeninteresses im Rahmen der culpa in contrahendo ausdrücklich aufgegeben hat. In dem zugrunde liegenden Fall hatte sich der Geschäftsführer und Alleingesellschafter einer GmbH für deren Schuld verbürgt und zusätzlich dingliche Sicherheiten gegeben, so dass er

---

[677] *Lorenz*, 1. FS Larenz, 575, 620; so auch *Hopt*, FS Gernhuber, 169, 182, wonach das Kreditinstitut den Kunden über wesentliche Interessenkonflikte aufklären muss.
[678] *Canaris*, Bankvertragsrecht, Rz. 88.
[679] *Canaris*, JZ 2001, 499, 520.
[680] *Canaris*, JZ 2001, 499, 520.

„seine wirtschaftliche Existenz weit gehend mit dem Erfolg der GmbH verknüpft" hatte. Obwohl hier offensichtlich ein „überragendes" Eigeninteresse vorgelegen hat, wurde eine Haftung des Geschäftsführers und Alleingesellschafters abgelehnt.[681]

Mit einer ausdrücklichen Regelung der Haftungsfälle des wirtschaftlichen Eigeninteresses hätte der Gesetzgeber daher riskiert, hinter die Rechtsentwicklung in diesem Bereich zurückzufallen.[682]

Wenn diesem Kriterium überhaupt noch Bedeutung beigemessen werden könnte, was § 311 Abs. 3 BGB offen hält, aber auch offen lässt, dann müsste das Eigeninteresse noch stärker als „überragend" ausgeprägt sein. In Betracht kommen daher allenfalls Extremfälle wie derjenige, welcher der Ausgangsentscheidung des Reichsgerichts zugrunde lag,[683] wo der Dritte eine „Stellung als eine Art von procurator in rem suam" innehatte.[684]

Bei den Bankauskunftsfällen kommt dem eigenen wirtschaftlichen Interesse des Kreditinstituts aber aus einem anderen Grund zwar keine unmittelbar haftungsbegründende aber doch ein gewisse Indizwirkung zu. Da Kreditauskünfte regelmäßig ohne konkretes Entgelt erbracht werden, erscheint die Abgrenzung zu einem bloßen Gefälligkeitsverhältnis zunächst problematisch.[685] Das Vorliegen des wirtschaftlichen Eigeninteresses des Auskunftsgebers wird von der Rechtsprechung als Indiz dafür gewertet, dass dieser sich rechtsgeschäftlich binden und nicht bloß eine unverbindliche Gefälligkeit erbringen will.[686]

cc) Gerichtetheit der Auskunft

Als weitere Voraussetzung des Tatbestandes der Vertrauenswerbung ist die Gerichtetheit der Auskunft anzusehen.[687] Dieses Merkmal wird auf unterschiedliche Weise verstanden.

Lorenz fasst die Richtungsbedürftigkeit der Auskunft streng auf. Der Kreis derer, die Vertrauen auf gegebene Auskünfte in Anspruch nehmen, müsse für den Auskunftsgeber nicht nur allgemein überschaubar sein, sondern es bedürfe

---

[681] BGH Urt. v. 6.6.1994 – ZR 292/91, BGHZ 126, 181, 182.
[682] *Schumacher/Lada*, ZGS 2002, 450, 454.
[683] *Medicus*, Rz. 200a; *Canaris*, JZ 2001, 499, 520.
[684] RG Urt. v. 1.3.1928 – VI 258/27, RGZ 120, 249, 253.
[685] Siehe oben S. 75 ff.
[686] Siehe oben S. 77 ff.
[687] *Canaris*, 2. FS Larenz, 27, 95; *Lorenz*, 1. FS Larenz, 575, 619; *Wiegand*, 255; *Nann*, 161 ff.

eines besonderen Auskunftskontaktes mit einem bestimmten Auskunftssuchenden.[688] An diesen Auskunftssuchenden, welcher derjenige ist, welcher sich später als Geschädigter auf die Vertrauenswerbung beruft, muss die Auskunft gerichtet sein.

Teilweise wird dies so interpretiert, dass die Auskunftskontakte mit Beteiligung Dritter danach regelmäßig aus der Haftung heraus fielen.[689] Denn die Auskunft wird dem Dritten von seiner Hausbank übermittelt, ohne dass er selbst direkt mit der auskunftsgebenden Bank in Kontakt tritt, so dass es an einem unmittelbaren Auskunftskontakt fehlt.

Den Ausschluss der Drittauskunftsfälle aus der Haftung hat *Lorenz* aber offensichtlich nicht zum Ausdruck bringen wollen. Er sieht vielmehr gerade auch die Fälle als Anwendungsfälle der Vertrauenshaftung an, in denen die Auskunftsanfrage zur sachkundigen Bearbeitung an einen Dritten weitergeleitet wird, der die Antwort dann auf demselben Weg zurückgehen lässt[690] (Bank-an-Bank-Auskünfte im Kundeninteresse). Denn er erkennt in diesen Fällen ein Bedürfnis für den Ersatz primärer Vermögensschäden vom Grundsatz her an.[691] Die Ausführungen *Lorenz'* sind nicht dahingehend zu verstehen, dass das Bestehen eines besonderen Auskunftskontaktes bereits bei einem mittelbaren Auskunftskontakt zu verneinen ist bzw. stets ein unmittelbarer geschäftlicher Kontakt zwischen Auskunftsgeber und geschädigtem Dritten erforderlich sein soll.[692] Um der Richtungsbedürftigkeit zu genügen, kommt es vielmehr darauf an, dass der Auskunftskontakt mit einem „bestimmten Auskunftssuchenden“ in Abgrenzung zu einer Vielzahl möglicher Auskunftsnehmer erfolgt. Damit nähert er sich der neueren Rechtsprechung an, wonach die Auskunft für jenen, den Dritten, bestimmt sein muss. Danach haftet die Bank nur jenem Dritten für die Richtigkeit der Auskunft, für den sie von vornherein bestimmt war.[693] Wenn eine Einzelperson als Dritter im Rahmen des Auskunftskontaktes als Verwender der Auskunft vorhergesehen ist, dann ist die Auskunft in ausreichender Weise an einen bestimmten Auskunftssuchenden gerichtet und ein besonderer Auskunftskontakt gegeben, auch wenn dieser lediglich mittelbar erfolgt.

---

[688] *Lorenz*, 1. FS Larenz, 575, 619.

[689] *Müller*, 105; *Canaris*, 2. FS Larenz, 27, 95 Fn. 226, für welchen bei *Lorenz* nicht ganz klar zwischen Gerichtetheit der Erklärung und Unmittelbarkeit des Kontakts unterschieden wird.

[690] *Lorenz*, 1. FS Larenz, 575, 583 (die von ihm bezifferte Fallgruppe 5).

[691] *Lorenz*, 1. FS Larenz, 575, 616, 618.

[692] *Musielak*, 29.

[693] Siehe oben S. 77 ff.

Canaris weist zur Klarstellung hinsichtlich der von *Lorenz* gemachten Ausführungen darauf hin, dass es, insbesondere im Falle von Bankauskünften, eines unmittelbaren rechtsgeschäftlichen Kontaktes gerade nicht bedürfe.[694] Der Auskunftsgeber brauche darüber hinaus auch keine Kenntnis von der Person des Dritten zu haben.[695] Ganz allgemein sei daher nicht die Person des Dritten, dem der Auskunftsgeber eventuell haftet, sondern das ins Auge gefasste Projekt, bei dessen Umsetzung die Auskunft Verwendung finden solle, von ausschlaggebender Bedeutung, weil sich das Haftungsrisiko des Auskunftsgebers nach Letzterem richte.[696] In diesem Sinne ist eine Auskunft bereits dann als an den darauf Vertrauenden und durch sie Geschädigten gerichtet bzw. adressiert anzusehen, wenn dieser die Auskunft im Rahmen desjenigen wirtschaftlichen Projekts verwendet, auf das die Auskunft ihrem Sinn und Zweck nach abgezielt habe. Die beabsichtigte Verwendung der Auskunft erschöpfe sich nicht in der Beeinflussung eines ganz bestimmten Rechtsgeschäfts.[697]

Zur Veranschaulichung wird als Beispiel der Fall eines Beleihungsgutachtens genannt. Danach haftet der Experte demjenigen Dritten für den das Gutachten sozusagen „gemacht" ist, also z. B. der kreditgebenden Bank bei einem Beleihungsgutachten oder dem Käufer bei einem zum Zwecke des Verkaufs eines Hausanwesens erstellten Bewertungsgutachten. Wenn hier z. B. der Auftraggeber eines Beleihungsgutachtens zwar nicht bei der ursprünglich ins Auge gefassten, wohl aber bei einer anderen Bank den gewünschten Kredit erhält, beeinträchtige das die Interessen des Gutachters grundsätzlich nicht, weil sich sein Haftungsrisiko dadurch nicht vergrößere und ihm die Person des Kreditgebers folglich gleichgültig sein könne.[698]

Gleiches muss gelten, wenn eine Bank einem ihrer Kunden, einem Bauunternehmer, eine Finanzierungsbestätigung erteilt, in der sie angibt, dass die Finanzierung eines seiner Bauvorhaben durch sie selbst und ein weiteres Kreditinstitut „gesichert" sei und sie weiß, dass diese Bescheinigung dazu bestimmt ist, dazu verwendet zu werden, einen Dritten, einen Subunternehmer, zur Abgabe einer Bürgschaft zu veranlassen, in dem Sinne, dass der Dritte ohne die positive Kreditauskunft und die darin liegende faktische Absicherung zum Abschluss des Subunternehmervertrages und der Gewährung einer Bürgschaft nicht bereit

---

[694] *Canaris*, 2. FS Larenz, 27, 96; *ders.* Bankvertragsrecht, 92; *ders.* ZHR (1999), 206, 234; *Nirk*, FS Hauß, 267, 282.
[695] *Nirk*, FS Hauß, 267, 282; *Canaris,* ZHR (1999), 206, 235.
[696] *Canaris,* ZHR (1999), 206, 235.
[697] *Canaris,* ZHR (1999), 206, 236.
[698] *Canaris,* ZHR (1999), 206, 235.

wäre.[699] Würde der Subunternehmervertrag zwar nicht mit dem zunächst anvisierten, dagegen aber mit einem anderen Subunternehmen abgeschlossen und auch die Bürgschaft von diesem gewährt, dann muss es nach dieser Ansicht wie auch im ähnlichen Fall des Beleihungsgutachtens für die Gerichtetheit der Auskunft als ausreichend erachtet werden, dass die Auskunft für das von vornherein ins Auge gefasste Projekt der Beibringung einer Bürgschaft des Subunternehmens und des Abschlusses eines Subunternehmervertrages für ein bestimmtes Bauprojekt verwendet worden ist. Dies gilt unabhängig davon, welcher Subunternehmer letztendlich mit dem Kunden der auskunftsgebenden Bank den Subunternehmervertrag abschließt und die Bürgschaft beibringt.[700] Nach dieser Ansicht soll auch eine Auskunft ad incertas personas möglich bleiben und gegebenenfalls zu einer Haftung führen.[701]

Dieses Verständnis der Gerichtetheit der Auskunft weist starke Parallelen zur Rechtsprechung des Bundesgerichtshofs zur Zweckbestimmung der Auskunft auf. Die Bank konkretisiert hier den Empfängerkreis, indem sie die Bankbescheinigung regelmäßig nur an eine bestimmte Gruppe von Personen, an deren Gewinnung sie ein besonderes Interesse hat und von der sie weiß, dass die Auskunft Grundlage wesentlicher vermögensrechtlicher Entscheidungen sein wird. Dieser Gruppe gehören nur solche Personen an, die an der mit der Auskunft verbundenen Zielsetzung der Finanzierung bzw. Absicherung bestimmter Projekte, aufgrund ihrer Eigenschaft als Investor (Anlageinteressent), Bürge, Kreditgeber oder Versicherer ein besonderes Interesse haben. Die Bank haftet demnach nur solchen Personen für die Richtigkeit der Auskunft, denen die Bescheinigung bestimmungsgemäß zugeleitet worden ist. [702]

Eine weitere Ansicht verlangt als Mindesterfordernis einer Gerichtetheit, dass der Hinweis auf die Berufsstellung etc. und die vertrauenswerbende Äußerung nach außen gegeben worden ist oder dass ihr Inverkehrbringen geduldet worden

---

[699] BGH Urt. v. 7.7.1998 – XI ZR 375/97, ZIP 1998, 1434; siehe dazu *Canaris*, FS Schimansky, 43, 63.

[700] Siehe hierzu auch die Entscheidung des BGH Urt. v. 15.2.1957 – VI ZR 305/55, WM 1957, 545, 546, welche oben auf S. 166 im Rahmen des Vorsatzerfordernisses des § 826 BGB eingehend besprochen wurde. Hier wurde vom Bundesgerichtshof eine Haftung aus § 826 BGB bejaht, obwohl, die Anfrage sich auf ein bestimmtes Geschäft einer Kreditgewährung bezogen hatte, welches zwischen der Person, über die die Auskunft erteilt wurde, und einem bestimmten Kreditinstitut abgeschlossen werden sollte. Eine Kreditgewährung erfolgte dann aber nicht durch die Bank, „in deren Interesse“ angeblich die Auskunft ursprünglich eingeholt worden war, sondern durch eine dritte Person.

[701] *Canaris*, 2. FS Larenz, 27, 95; *Nirk*, FS Hauß, 267, 282.

[702] Siehe oben S. 93 ff.

ist.[703] Die Gerichtetheit sei zwar grundsätzlich erforderlich, um zu vermeiden, dass zufällige Kenntnisnahme von einer Vertrauenswerbung zu einer Haftungsgefahr für den Dritten führt. Die Anforderungen an die Gerichtetheit dürften jedoch nicht zu streng sein, damit man nicht durch sie wieder quasi einen Vertragsschluss fordere, obwohl es nur um vertragsähnliche Haftung gehen solle.[704]

Könne der Geschädigte eine vertrauenswerbende Äußerung nachweisen, so spreche eine gewisse Vermutung dafür, dass die Äußerung an den Dritten gerichtet worden sei, da die Äußerung in diesem Fall immerhin in seinen Einflussbereich gelangt sei, anderenfalls hätte er ja überhaupt keine Kenntnis von ihr erlangt. Bei Nachweis der vertrauenswerbenden Äußerung durch den Geschädigten solle die Gerichtetheit an ihn als indiziert angesehen werden. Dem Auskunftsgeber, der die Äußerung aus seiner Sphäre herausgegeben habe, solle es dann obliegen, sich zu entlasten, indem er nachweist, dass er den Geschädigten oder Personen wie den Geschädigten aus dem Empfängerkreis der Information ausgeschlossen habe und dass dies für den Geschädigten auch erkennbar gewesen sei.[705]

Diese Ausdehnung des Haftungskriteriums der Gerichtetheit dürfte aber zu weit gehen. Als nicht schutzwürdig sind gerade solche dritte Personen anzusehen, die zwar von der Bonitätsbescheinigung Kenntnis erlangen, an denen die Bank aber aufgrund der fehlenden Funktion als Anlageinteressent oder Kreditgeber für das bestimmte Projekt kein besonderes Interesse hat. Die Bescheinigung ist daher nicht an Personen gerichtet, die keinen Projektfinanzierungskredit geben möchten, aber in Kenntnis der Bankbestätigung sicherungslos vorleisten, wie z. B. Lieferanten des Kunden der Bank. Die zuletzt genannte Ansicht würde einer Auskunft an den, den es angeht, gleichkommen.[706]

Grundsätzlich ist das Haftungskriterium der Gerichtetheit der Auskunft mit der Bestimmung der Auskunft für den Dritten und mit der Zweckbestimmung der Auskunft zu vergleichen, welche als Haftungsvoraussetzungen auf der Grundlage eines Auskunftsvertrages von der Rechtsprechung herangezogen werden. Die Rechtsprechung hat das Kriterium der Zweckbestimmung aber bisher immer nur in den Fällen anerkannt, in denen die Bank selbst aktiv über einen Mittler die Auskunft in Umlauf gebracht hat und der mittelbare Empfänger der Auskunft durch die von der Bank ausgestellte Bescheinigung erst dazu mo-

---

[703] *Wiegand*, 256.
[704] *Wiegand*, 257.
[705] *Wiegand*, 257.
[706] Siehe dazu oben S. 95 f.

tiviert wurde, im Vertrauen auf sie Investitionen zu tätigen.[707] Bei den regulären Bank-an-Bank-Auskunftsfällen im Kundeninteresse kommt es demgegenüber regelmäßig darauf an, dass die Auskunft für jenen anfragenden Dritten oder zumindest auch für diesen bestimmt ist. Auch die oben dargestellte zweite Ansicht bezieht sich aber auch nur auf Fälle, in denen die Initiative von der Bank ausgeht, so dass sie das Kriterium der Projektbezogenheit der Auskunft scheinbar auch nur auf diese besonderen Sachverhaltskonstellationen anwenden will.

dd) Geschäftlicher Auskunftskontakt

Im Zusammenhang mit der Voraussetzung der Gerichtetheit der Auskunft wurde bereits unter Punkt cc) auf das Erfordernis der Geschäftlichkeit des Auskunftskontaktes hingewiesen. Danach ist für eine Vertrauenshaftung ein geschäftlicher Auskunftskontakt[708] bzw. die Teilnahme am geschäftlichen Verkehr[709] notwendig. Dogmatisch gesehen habe der Begriff des Vertrauensschutzes dabei haftungsbegründende Funktion und der des rechtsgeschäftlichen Kontaktes dagegen haftungsbegrenzende Funktion.[710] Anhand dieses Merkmals soll herausgestellt werden, dass eine die Haftung auslösende falsche Auskunft berufseinschlägig erfolgen muss und nicht nur gelegentlich eines sonstigen sozialen Kontaktes.[711] Im Ergebnis ist damit lediglich eine Haftung für private Auskünfte außerhalb des Geschäftslebens ausgeschlossen.

ee) Kenntnis der vermögenswirksamen Bedeutung der Auskunft

Eine als Haftungsgrundlage taugliche Vertrauenslage sei im Weiteren nur dort anzunehmen, wo die Auskunftsperson die vermögenswirksame Bedeutung ihrer Mitteilung in einer Weise erkennen kann, dass ihr eine Einschätzung des daran geknüpften Haftungsrisikos möglich ist. Unüberschaubare und spekulative Geschäfte des Auskunftsempfängers würden damit von vornherein aus dem gewöhnlichen Haftungsbereich ausscheiden.[712] Canaris ordnet das Kriterium der Einschätzung des Haftungsrisikos unter dem Merkmal der Gerichtetheit der Auskunft ein. Diese Voraussetzung sei insbesondere deshalb unverzichtbar, weil sie dem von der Haftung Bedrohten deren Möglichkeit hinreichend deut-

---

[707] Siehe oben S. 93 ff.
[708] *Lorenz*, 1. FS Larenz, 575, 619.
[709] *Canaris*, 2. FS Larenz, 27, 108; *ders*, Bankvertragsrecht, Rz. 14; 91.
[710] *Canaris*, 2. FS Larenz, 27, 107; *ders*. Vertrauenshaftung, 538.
[711] *Canaris*, 2. FS Larenz, 27, 107; *ders*, Bankvertragsrecht, Rz. 14; *Lorenz*, 1. FS Larenz, 575, 619.
[712] *Lorenz*, 1. FS Larenz, 575, 619.

lich vor Augen stelle.[713] Im Ergebnis kommen die Ansichten sachlich zu dem gleichen Ergebnis, nur die systematische Anordnung unterscheidet sich voneinander.

Diese Voraussetzung der Kenntnis des Auskunftsgebers von der vermögenswirksamen Bedeutung der Auskunft für den Empfänger findet sich ebenfalls ganz ähnlich in der Rechtsprechung zum Auskunftsvertrag. Eine Haftung des Auskunftsgebers für die Richtigkeit der Auskunft hängt hier davon ab, dass die Auskunft für den Empfänger erkennbar von erheblicher Bedeutung ist und er sie zur Grundlage wesentlicher Entscheidungen macht.[714] Bei den Dritthaftungsfällen ist nach der Rechtsprechung im Übrigen erforderlich, dass die Auskunft für den Dritten in der zuvor erwähnten Weise bedeutsam wird.[715]

ff) Vertrauenserweis

Nach anderer Meinung soll quasi als Gegenstück zur Vertrauenswerbung seitens des später Geschädigten als weitere Haftungsvoraussetzung ein an äußeren Zeichen erkennbar gewordener Vertrauenserweis notwendig sein. Der Auskunftsempfänger soll schriftlich oder mündlich deutlich machen, dass ein Rechtsgeschäft abgeschlossen werden soll und er sich diesbezüglich auf die Fachkunde des Auskunftsgebers verlässt. Der Vertrauenserweis solle dem Fachmann durch eine „Rückmeldung" über die Wirkungen seiner Information ermöglichen, den Schadenseintritt zu verhindern oder gering zu halten.[716] Das solle allerdings nur für diejenigen Fälle gelten, in denen der Fachmann lediglich ein einmaliges Honorar und keine Provision für das durch die Auskunft motivierte Geschäft erhält. Denn bei Erhalt einer Provision erfahre der Fachmann bereits durch den Eingang der Provision von dem Abschluss des Geschäftes. Er werde von den weiteren Wirkungen seiner Auskunft und den von ihr ausgelösten Schadensrisiken nicht überrascht. Darüber hinaus werde das Haftungsrisiko wenigstens teilweise durch den Provisionsanspruch aufgehoben.[717]

Dieser Lösungsansatz unterscheidet sich von den anderen innerhalb der Lehre der Vertrauenshaftung dadurch, dass das Vertrauen des Geschädigten nicht allein aus der Sicht des Schädigers bei Abgabe seiner vertrauenswerbenden Äußerung ermittelt wird, sondern auch Anforderungen an das Verhalten des Ge-

---

[713] *Canaris*, 2. FS Larenz, 27, 95.
[714] Siehe oben S. 47.
[715] Siehe oben S. 91.
[716] *Wiegand*, 261f.
[717] *Wiegand*, 262 f., 265.

schädigten, der sich auf die Enttäuschung seines Vertrauens berufen will, gestellt werden.[718]

Kreditauskünfte werden regelmäßig unentgeltlich erteilt, also weder gegen einmaliges Honorar noch auf Provision. Der Auskunftsgeber weiß oftmals nicht, welches Geschäft konkret aufgrund der Auskunft abgeschlossen werden soll. Die Gründe, die bei einer Auskunftserteilung gegen ein einmaliges Honorar aber ohne Provisionsanspruch für die Notwendigkeit eines nach außen erkennbaren, aktiven Vertrauenserweises im oben genannten Sinn sprechen sollen, sind im Falle von Kreditauskünften sogar noch offensichtlicher. Denn hier wird das Haftungsrisiko der auskunftsgebenden Bank weder durch eine an den Geschäftsabschluss gebundene Provision noch durch ein einmaliges Honorar aufgewogen.[719] Dieser Umstand müsste nach dieser Ansicht verstärkt für einen Schutz des Auskunftsgebers sprechen, welcher durch das Erfordernis einer für eine Haftung notwendigen aktiven „Rückmeldung" erreicht werden könnte.[720]

Dieser Vertrauenserweis liegt bei den regulären Bank-an-Bank-Auskünften im Kundeninteresse unproblematisch vor. Der Umstand, dass der spätere Verwender und Geschädigte aktiv um Erteilung der Auskunft angefragt hat, macht unzweifelhaft deutlich, dass er bei Übermittlung der Auskunft diese zur Grundlage einer vermögenswirksamen Entscheidung machen wird und er sich auf den Sachverstand des Auskunftsgebers verlässt. Der Vertrauenserweis ist der Informationserteilung lediglich vorgelagert und erfolgt daher nicht in Form einer Rückmeldung.

Schwieriger könnte es sich jedoch in den Auskunftsfällen darstellen, in denen die Bank sich über einen Mittler in Form einer Bonitätsbescheinigung an einen nach vorgegebener Zweckbestimmung bzw. Projektbezogenheit abgegrenzten Personenkreis wendet. Hier geht die Initiative von der Bank aus und der Verwender wird zumeist erst durch die Bescheinigung zu der Darlehensgewährung oder vermögensrechtlichen Anlage, der später schädigenden Handlung, motiviert. Der Auskunftsverwender hat mangels vorherige Anfrage weder seine Absicht bekundet, die Auskunft zur Grundlage seiner vermögensrechtlichen Entscheidungen zu machen noch zum Ausdruck gebracht, dass er sich aufgrund der Fachkunde des Auskunftsgebers auf die Richtigkeit der Information verlässt. In diesem Fall müsste nach der Ansicht der Notwendigkeit der Erbringung eines

---

[718] *Wiegand*, 264.

[719] Zur Unentgeltlichkeit der Informationserteilung und der daraus folgenden mangelnden Haftungsprämie siehe *Mansel*, GS Lüderitz, 487, 506 f.; *ders.*, FS Schütze, 485, 493 f.

[720] *Mansel*, GS Lüderitz, 487, 508 f.; *ders.*, FS Schütze, 485, 493 f., will die Haftung im Zweifel ganz verneinen.

Vertrauenserweises eine Rückmeldung des Auskunftsverwenders erfolgen. Da diese regelmäßig nicht vorliegt, müsste nach dieser Ansicht eine Haftung der Bank auszuschließen sein.

Einen Vertrauenserweis des Auskunftsnehmers zur Haftungsvoraussetzung zu erklären, schränkt die Haftung der Bank für unrichtig erteilte Auskünfte zu sehr ein. Die ausdrückliche Mitteilung, dass die Information zur Grundlage des Abschlusses eines Rechtsgeschäfts, z. B. einer Kreditgewährung, gemacht werde und der Auskunftsnehmer sich auf die Fachkunde des Auskunftsgebers verlasse, kommt einer konkludenten Willenserklärung zum Abschluss eines Vertrages gleich. Die „Quasi-Forderung" nach einem Vertragsschluss hat *Wiegand* aber bei der Frage der Gerichtetheit der Auskunft selbst abgelehnt, da es nur um vertragsähnliche Haftung ginge.[721] Ein Vertrauenserweis als Haftungsvoraussetzung ist daher abzulehnen.

d) Einwände gegen die Lehre der Vertrauenshaftung

An der Lehre von der Vertrauenshaftung wird vielfältige Kritik geübt. Der Begriff des „gesetzlichen Schuldverhältnisses" solle den gesetzlich geregelten außervertraglichen Anspruchsgrundlagen wie der Geschäftsführung ohne Auftrag gemäß §§ 677 ff. BGB, der Bereicherung gemäß §§ 812 ff. BGB und der unerlaubten Handlung gemäß §§ 823 ff. BGB vorbehalten bleiben. Zum anderen sei die culpa in contrahendo, auf die die Vertrauenshaftung auch gestützt wird, bislang[722] auf das vorvertragliche Stadium sowie auf nichtige Verträge beschränkt gewesen. Wer den bloßen sozialen Kontakt zum Haftpflichttatbestand mache, öffne eine Büchse der Pandora mit zahllosen Haftungsfällen.[723]

aa) Mangelnde tatbestandliche Konturierung

An der „klassischen" Lehre der Vertrauenshaftung wird aber zuvorderst kritisiert, dass kein klar formulierter Tatbestand zur Verfügung gestellt werde, anhand dessen das haftungsbegründende vom unbeachtlichen Vertrauen abge-

---

[721] Siehe oben S. 184.

[722] Bis zum Inkrafttreten des Schuldrechtsmodernisierungsgesetzes am 1.1.2002.

[723] *Honsell*, FS Medicus, 211, 221, Fn. 50. Durch die Einführung des § 311 Abs. 3 S. 2 BGB ist die culpa in contrahendo nunmehr gerade auch auf die Fälle der Inanspruchnahme von Vertrauen in besonderem Maße ausgeweitet worden, so dass dieses Argument so nicht mehr aufrecht erhalten werden kann.

grenzt werden könne.[724] Ein bestimmtes Merkmal könne aber nur dann den tragenden Haftungsgrund darstellen, wenn anhand dieses Merkmals, die haftungsrelevanten Fälle herausgestellt werden können. Denn der Haftungsgrund könne nur ein solches Merkmal sein, das nur, aber auch immer, da auftrete, wo es die entsprechende Folge nach sich ziehen solle.[725] Für die Entscheidung der Frage, ob für einen Schaden gehaftet werden soll, der durch eine unrichtige Auskunft herbeigeführt wurde, mangele es der Vertrauenskategorie an Kennzeichnungs- und Anleitungskraft.[726] Der juristische Vertrauensbegriff im Privatrecht meine nicht die sozial psychologische Tatsache, dass jemand auf eine Person vertraue, sondern normativiertes Vertrauendürfen, also schutzwürdiges oder berechtigtes Vertrauen.[727] Wann aber derart haftungsbegründendes Vertrauen zu bejahen sei, könne aus dem Begriff des Vertrauens nicht entnommen werden.[728] Die entscheidende Problematik der Auswahl des rechtlich relevanten "Vertrauens" bliebe völlig offen.[729]

Vertrauen sei ein so vielgestaltiges Phänomen, dass es als rechtlicher Anknüpfungspunkt für die Definition von Schutzpflichten nicht ernsthaft infrage komme. Im Übrigen sei das Vertrauensprinzip lediglich ein allgemeines Rechtsprinzip, dass sich als solches nicht konkretisieren lasse.[730] Ein „eigenständiges Rechtsinstitut“ der Vertrauenshaftung könne es daher nicht geben.[731] Durch die Anwendung des Vertrauensprinzips würden zwei voneinander zu trennende Fragen miteinander vermischt: Ob jemand einer anderen Person als Verantwortlicher nur erscheint und jene von diesem Zuverlässigkeit erwartet oder ob er tatsächlich verantwortlich „ist“ und deswegen von ihm Zuverlässigkeit erwartet werden „darf“.[732] Im Übrigen besage der Umstand, dass entweder im konkreten Fall personales Vertrauen oder im Rechtsverkehr allgemeiner typisches Vertrauen gewährt werde, noch nichts darüber, ob und inwieweit dieses Vertrauen berechtige, das heißt zu honorieren sei.[733] Der Begriff des Vertrauens

---

[724] *Picker*, AcP 183 (1983), 369, 420; *ders.*, FS Medicus, 397, 422 f.; *Hopt*, AcP 183 (1983), 608, 641; *Köndgen*, 102; *Grunewald*, AcP 187 (1987), 285, 298; *Huber*, FS von Caemmerer, 359, 376; *Loges*, 28.

[725] *Loges*, 27.

[726] AK-*Hart*, vor § 116 BGB Rz. 139.

[727] *Köndgen*, 116; *Assmann*, 231.

[728] *Assmann*, 231; *ders.*, NJW 1982, 1083, 1085; *Jost*, 127.

[729] *Picker*, FS Medicus, 397, 424; *Assmann*, 231.

[730] *Hopt*, AcP 183 (1983), 608, 641; *v. Bar*, ZGR 1983, 476, 482: „das allgemeinste Prinzip unserer Rechtsordnung – das Vertrauensprinzip“.

[731] *Flume*, § 10, 5, S. 132.

[732] *V. Bar*, ZGR 1983, 476, 482.

[733] *Hopt*, AcP 183 (1983), 608, 641.

sei somit von zweifelhafter Klarheit und als Legitimation fragwürdig.[734] Daraus resultiere eine Krise des „Vertrauens“ als Rechtsbegriff.[735]

An dieser mangelnden Konkretisierung des Vertrauenstatbestandes ändere auch die Haftungsvoraussetzung des geschäftlichen Auskunftskontaktes nichts. Denn dieser Begriff werde inhaltlich beliebig jeweils so ausgefüllt, dass einem als schutzwürdig eingestuften Haftungsbedürfnis Rechnung getragen werden könne.[736]

Diese mangelnde Konkretisierung des Vertrauenstatbestandes zeige sich in der Praxis an der Schwierigkeit unter einen Vertrauenstatbestand zu subsumieren. Denn die Zahl der Entscheidungen, in denen Gerichte tatsächlich eine Haftung wegen einer Inanspruchnahme solchen Vertrauens für begründet hielten, sei erstaunlich gering.[737]

Werde das Vertrauen trotz der aufgeführten Bedenken zum Haftungsgrund gemacht, so gebe das dem Richter die Möglichkeit, den jeweiligen Einzelfall rein gefühlsmäßig zu entscheiden. Der Ausgang einer konkreten Streitigkeit wäre zum Nachteil für die betroffenen Parteien völlig unberechenbar. Vorherige rechtliche Überprüfung des Einzelfalles durch den Rechtsbeistand des Betroffenen könnten nur schwerlich eine Prognose über den Ausgang und die Erfolgsaussichten eines Prozesses zum Ergebnis haben.[738] Die Vertrauenshaftung sei daher von einer allgegenwärtigen Billigkeitserwägung abhängig.[739] Die Abhängigkeit von der gefühlsmäßig motivierten Entscheidung des Richters zeige sich daran, dass unter den Vertrauenstatbestand dann subsumiert werde, wenn der Sachverhalt sonst schwer zu erfassen sei, da sich das Vertrauen anbiete, bei geschickter Formulierung durch den Richter zu einer Haftung aus diesem Rechtsgrund zu gelangen, ohne das der Haftungsgrund im Einzelnen dargelegt werden müsste.[740]

---

[734] *Schmidt K.*, § 18 III 1 c, 415.

[735] *Hopt*, AcP 183 (1983), 608, 641, unter Hinweis auf *Köndgen*, 206 ff., von dem der Ausdruck stammt. *Köndgen* untersucht hier das „Vertrauen“ aber nicht als Rechtsbegriff, sondern als sozialen Umstand. Zur Krise des Vertrauens in die freien Berufe siehe *Mansel*, FS Henrich, 425, 435 ff.

[736] *Breinersdorfer*, 180; *Picker*, AcP 183 (1983), 369, 421: „Blankett des sozialen Kontakts“; *Huber*, FS v. Caemmerer, 359, 376.

[737] *Wiegand*, 234.

[738] *Picker*, AcP 183 (1983), 369, 421; *Wiegand*, 235.

[739] *Breinersdorfer*, 180.

[740] *Wiegand*, 235.

bb) Typisiertes Vertrauen

Die Gewährung und Inanspruchnahme von Vertrauen würden sich in gewisser Hinsicht als Kernelemente des Vertrauenshaftungstatbestandes als zu eng erweisen.[741] Wenn es innerhalb der Lehre von der Vertrauenshaftung als ausreichend angesehen werde, das „Vertrauen" in typisierender Weise festzustellen, ohne eine auf den Einzelfall bezogene Prüfung vorzunehmen[742] und auch von der Rechtsprechung bei Prospekthaftungsfällen in dieser Weise verfahren werde,[743] dann käme es auf das konkrete Vertrauen in eine bestimmte Person gar nicht mehr an. Als Anknüpfungspunkt genüge danach die Tatsache der Tätigkeit und der Verantwortung als solches.[744]

Die Begründung einer Haftung mit Vertrauen erscheine hier geradezu hilflos. Der Begriff des Vertrauens sei vollends zur Leerformel geworden.[745] In diesem Sinne wird auch von einer „Vertrauenshaftung ohne Vertrauen" [746] bzw. von einer „glatten Abkehr vom Vertrauensgedanken"[747] gesprochen. Das Vertrauen sei dadurch als Tatbestandsmerkmal und als innerer Grund der Haftung diskreditiert[748] und als Anleitung zur Pflichtenbegründung untauglich geworden.[749]

Der Einwand *Canaris* gegen diese Kritik erscheint widersprüchlich, wenn er ausführt, diese Kritik sei von der Rechtsprechung herausgefordert worden,[750] obwohl er selbst an anderer Stelle in gleicher Weise von einem „typisierenden" Verfahren der Vertrauensfeststellung gesprochen hat.[751]

cc) Gewährung von Vertrauen gegenüber einer juristischen Person

In anderer Hinsicht wird der Ansatz der Gewährung und Inanspruchnahme von Vertrauen als Kernelement eines Haftungstatbestandes auch als zu weit

[741] *V. Bar*, ZGR 1983,476, 488.
[742] *Canaris*, Vertrauenshaftung, 504; siehe zur Problematik des institutionalisierten Vertrauens in die Kompetenz des Freiberuflers trotz fortschreitenden Verlustes der besonderen gesellschaftlichen Stellung *Mansel*, FS Henrich, 425, 438 f. und unten S. 210 f.
[743] BGH Urt. v. 16.11.1978 – II ZR 94/77, BGHZ 72, 382, 387; BGH Urt. v. 6.10.1980 – II ZR 60/80, BGHZ 79, 337, 341.
[744] *V.Bar*, ZGR 1983,476, 488; *Assmann*, 230; *Hartmann*, 42 f.; *Hopt*, AcP 183 (1983), 608, 644; *Loges*, 79; *Strauch*, JuS 1992, 897, 900.
[745] *Hopt*, AcP 183 (1983), 608, 644.
[746] *V. Bar*, ZGR 1983,476, 488.
[747] *Loges*, 79.
[748] *Loges*, 79.
[749] *Assmann*, 230.
[750] *Canaris*, FS Schimansky. 43, 58.
[751] *Canaris*, Vertrauenshaftung, 504.

empfunden. Denn Vertrauen könne nicht auf eine juristische Person bezogen werden, da diese als solche Vertrauen gar nicht wecken könne. Denn Vertrauen beziehe sich, soweit es vorliege und schützenswert erscheine, nicht auf eine GmbH oder AG, da diese nichts anderes darstellen würden, als zum Rechtssubjekt aufgewertete Vermögensmasse. Vielmehr könne Vertrauen nur in natürliche Personen gesetzt werden. Das Vertrauen könne daher nur den hinter der juristischen Person stehenden natürlichen Personen, das heißt den maßgeblichen Gesellschaftern entgegengebracht werden.[752]

dd) Ubiquität des Vertrauensgedanken

Ein anderer Kritikpunkt geht dahin, dass die Lehre der Vertrauenshaftung keinen gegenüber der Haftung aus Vertrag und Delikt eigenständigen Haftungsgrund aufweisen könne.[753] Das Kriterium des „Vertrauens" sei ubiquitär, das heißt in allen vertraglichen und deliktischen Haftungsbereichen verbreitet.[754] Das für die vermeintliche Sonderhaftung „zwischen" Vertrag und Delikt angeblich konstitutive „Vertrauen" bestehe gleich strukturiert und intensiviert auch in Fällen einer vertraglichen und deliktischen Haftung. Ein und dasselbe Moment, das allen Haftungsformen als integrierender Bestandteil gemein ist, könne schon gedanklich nicht das Spezifikum lediglich einer dieser Haftungen sein.[755]

Canaris wendet gegen diesen Kritikpunkt ein, von Vertrauenshaftung werde nur gesprochen, wenn der Vertrauensgedanke als konstituierendes Prinzip herangezogen werde und die Inanspruchnahme und Gewährung von Vertrauen also eine notwendige Voraussetzung und damit tragenden Grund der Haftung darstelle.[756] Bei Tatbeständen wie denen der §§ 122, 179 Abs. 2, §§ 307, 309 BGB sei dies der Fall, während im Rahmen der Vertrags- und Deliktshaftung der Vertrauensgedanke zwar ebenfalls eine wichtige Bedeutung zukomme, aber eben nur als eine ergänzende Hilfsfunktion. Im letzteren „schwachen" Sinne wohne nahezu allen allgemeinen Rechtsprinzipien ein ubiquitäres Element inne, deshalb nenne man sie ja „allgemein".[757] Im Übrigen müssten die Kritiker der Lehre von der Vertrauenshaftung zunächst einmal selbst darlegen wie die Vorschriften der §§ 122, 179 Abs. 2, §§ 307, 309 BGB, die für die Lehre von der

---

[752] *V. Bar*, ZGR 1983,476, 482, 489.
[753] *Picker*, AcP 183 (1983), 369, 421.
[754] *Picker*, FS Medicus, 397, 423 f.; *ders.*, AcP 183 (1983), 367, 427; *Köndgen*, 98; *Gernhuber*, § 8 I 6 b; *Loges*, 81; *Assmann*, 232, Fn. 134.
[755] *Picker*, FS Medicus, 397, 423 f.; *ders.*, AcP 183 (1983), 367, 427.
[756] *Canaris*, FS Schimansky, 43, 55; *ders.*, Vertrauenshaftung, 2.
[757] *Canaris*, FS Schimansky, 43, 55; *ders.*, Vertrauenshaftung, 2 f.

Vertrauenshaftung von grundlegender Bedeutung sind, einordnen wollten, um eine fruchtbare Auseinandersetzung in Gang zu bringen.[758]

Dem ersten Einwand *Canaris'* wird entgegengehalten, dem Vertrauensgesichtspunkt käme bei Vertrag und Delikt gerade deshalb eine untergeordnete Rolle zu, weil es unbezweifelbar und berechtigterweise vorliege.[759] Gerade innerhalb eines bestehenden Vertrages sei das Vertrauen häufig faktisch am intensivsten und rechtlich am schutzwürdigsten.[760] Als Haftungsgrund würde es aber deshalb nicht herangezogen, weil hier bereits andere, vom geltenden Recht selbst genannte Gründe die Einstandspflicht tragen würden. Je mehr das Vertrauen als haftungsrelevanter Gesichtspunkt wirklich vorhanden sei, desto mehr verliere es aufgrund dieser Selbstverständlichkeit der Existenz von Vertrauen aber an dogmatischer Bedeutung. Am Beispiel der Auskunftshaftung zeige sich, dass das „Vertrauen“ als Haftungsgrund regelmäßig nicht einmal in Betracht gezogen werde, wenn die Beteiligten einen Auskunftsvertrag geschlossen haben, wenn also der Geschädigte den denkbar besten Grund zum Vertrauen besitze. Dagegen werde das Vertrauen zum alles beherrschenden Thema, wenn eine Vertragspflicht nicht vorliege, wenn also die Tatsache wie die Berechtigung eines Vertrauens auf die gegebene Auskunft zweifelhaft werde.[761]

Das Vertrauen bilde also nach der Lehre der Vertrauenshaftung in nicht nachvollziehbarer Weise gerade dort den „tragenden Grund“, wo es regelmäßig nur in geminderter Intensität vorliege und übe lediglich eine „ergänzende Hilfsfunktion“ aus in den Fällen, in denen es sozial- und individualpsychologisch als Tatsache manifest sei.[762]

Konsequent wäre dagegen, das Vertrauen als das konstitutive Element aller drei unterschiedenen Haftungsformen anzuerkennen, damit aber auch gleichzeitig auf alle Differenzierung zu verzichten, oder dieses ubiquitäre Moment als Haftungskriterium ganz aufzugeben. Dies hätte aber zur Folge, die Konzeption der Vertrauenshaftung insgesamt aufgeben zu müssen.[763]

Da das „Vertrauen“ somit als Bedingung von Einstandspflichten ein Faktor aller Haftungen ist, schrumpfe seine Bedeutung zusammen auf die Banalität,

---

[758] *Canaris*, FS Schimansky, 43, 54.
[759] *Picker*, AcP 183 (1983), 369, 422 ff.
[760] *Breinersdorfer*, 180.
[761] *Picker*, AcP 183 (1983), 369, 422 ff.
[762] *Picker*, AcP 183 (1983), 369, 424; *Breinersdorfer*, 180.
[763] *Picker*, AcP 183 (1983), 369, 427.

dass es ohne „Vertrauen" keine Kontakte und folglich praktisch keine haftungsbegründenden Eingriffe gäbe.[764]

Die theoretischen Abgrenzungsversuche, der verschwimmenden Figur der Vertrauenshaftung Identität zu verschaffen, bestätigten die genannten Bedenken, weil deren Vertreter die Defizite dieser Lehre spürten und sich daher um eine Anreicherung, Anlehnung und fallgruppenbezogene Distinktion bemühten.[765]

ee) Mangelnder Rechtsscheintatbestand bei der negativen Vertrauenshaftung

Weiter wird kritisiert, die negative Vertrauenshaftung im Sinne der Erklärungshaftung lasse sich im Gegensatz zur positiven Vertrauenshaftung (§§ 122, 170 ff, 179, 307, 309, 932 ff BGB) nicht aus dem Gesetz ableiten. Denn die negative Vertrauenshaftung beruhe nicht wie die positive Vertrauenshaftung der Rechtscheinhaftung auf einem Rechtsscheintatbestand.[766] Das komme darin zum Ausdruck, dass in den Auskunftsfällen nicht auf den Schein einer Rechtslage, sondern auf tatsächliche Umstände vertraut werde.[767]

Auch eine Herleitung der Vertrauenshaftung aus einer Analogie zu bestimmten Normen des BGB, z. B. §§ 307, 309, 463, 523 I, 600, 663, 694 BGB, müsse an der mangelnden strukturellen Vergleichbarkeit der von den Normen geregelten Sachverhalte und der Konstellationen, auf die sie in Form einer Gesetzesanalogie erstreckt werden sollen, scheitern.[768]

ff) Zeitpunkt des Vorliegens von Vertrauen

Ein weiterer Einwand gegen die Vertrauenshaftung geht dahin, das zeitlich nachfolgende Vertrauen in die Richtigkeit einer Auskunft könne nicht schon vor Abgabe der Erklärung eine Schutzpflicht des Erklärenden entstehen lassen. Dieses Vorgehen sei deshalb rechtsdogmatisch ausgeschlossen, weil man nicht aus der Ursächlichkeit eines Verhaltens eine diesem Verhalten vorgelagerte Schutzpflicht begründen könne. Das Vertrauen des Geschädigten sei daher nur Kausalglied zwischen der Erteilung der falschen Auskunft seitens des Schädigers

---

[764] *Picker*, FS Medicus, 397, 424.
[765] *Picker*, AcP 183 (1983), 369, 423; *ders.*, FS Medicus, 397, 424.
[766] *Loges*, 47.
[767] *Loges*, 44 ff., 47; *Schmitz*, 30.
[768] *Loges*, 52 ff.

und dem Schaden, der durch die im Vertrauen auf die Richtigkeit vorgenommenen Vermögensdispositionen entsteht.[769]

Diesem Einwand wird erfolgreich entgegengesetzt, die Vertrauenshaftung beruhe nicht auf dem Vertrauen als bloßem Teil der Ursachenkette, sondern es gehe um Verhaltenserwartungen des Vertrauenden an den Auskunftgeber.[770] Diese Erwartungen könnten aber schon vor der Auskunft der schadenbringenden Vermögensverfügung des Vertrauenden vorliegen.[771] Denn die Verhaltenserwartungen an den Auskunftgeber hinsichtlich seiner Vorgehensweise bei der Beschaffung der nötigen Information und der Erteilung der Auskunft, liegen regelmäßig schon vor der Auskunft vor, wenn sich der Auskunftsempfänger an den Auskunftgeber wendet. Voraussetzung dafür ist, dass „Vertrauen" im Sinne einer Vertrauensbeziehung zu der Person des Vertrauensveranlassers begriffen wird und den Gegenstand des Vertrauens nicht lediglich in der Richtigkeit der Information sieht.[772] Die auf den zeitlichen Gesichtspunkt der Vertrauensgewährung zielende Kritik ist damit kein überzeugender Einwand gegen die Vertrauenshaftung.

gg) Vorverlagerung des Rechts gegenüber dem Vertrauensschutz

Kritisch wird darüberhinaus angemerkt, dass das Vertrauen auf normkonformes Verhalten anderer den Bestand von Normen voraussetze. Aus dem ihrem Erlass nachfolgenden Vertrauen könnten keine weiteren Normen abgeleitet werden. Das Recht sei daher dem Vertrauensschutz vorgelagert.[773]

Die Lehre von der Vertrauenshaftung verfolge demgegenüber aber den gedanklichen Zirkelschluss, dass man Vertrauen dürfe, weil eine Anspruchsgrundlage bestehe, diese aber entstehe, weil man vertraue.[774]

Dem stünde aber entgegen, dass die Rechtsordnung und ihre Durchsetzung in der Rechtsprechung erst das Vertrauen schafften, welches angeblich geschützt würde. Dieses richte sich aber nicht auf Personen und ihr Verhalten, sondern

---

[769] *Frotz*, FS Gschnitzer, 163, 170; *Schmitz*, 107.

[770] *Bohrer*, 80; *Müller*, 113.

[771] *Loges*, 75; *Müller*, 113; *Picker*, AcP 183 (1983), 369, 428; wenn *ders.* in FS Medicus, 397, 423, ausführt, „Vertrauen" sei „*immer* ein Glied in der Ursachenkette", so geht es ihm hier nicht um den zeitlichen Aspekt der Vertrauensgewährung, sondern um die Problematik der Ubiquität des Vertrauensgedankens, was auch durch die Hervorhebung des Wortes „immer" deutlich wird..

[772] *Loges*, 75

[773] *Loges*, 70.

[774] *V. Bar*, ZGR 1983, 476, 500.

darauf, dass die Rechtsordnung in der Wirklichkeit durchgesetzt werde. In Wahrheit werde also auf den Rechtsschutz vertraut.[775] Der gesamte Gedanke des Vertrauensschutzes verlagere sich daher auf das Vertrauen in die rechtliche Sanktionierung. Wenn demnach das Recht die Verhaltenserwartungen schütze, dann bleibe Vertrauen weit gehend funktionslos.[776] Der Vertrauensschutz sei Schutzziel aber nicht Schutzgut.[777]

hh) Wechselwirkung von Vertrauen als Ursache und Folge eines Sanktionsbefehls

Eine andere kritische Stimme sieht „Vertrauen" nicht einseitig entweder als bloß kausales Element innerhalb einer zum Schaden führenden Ursachenkette oder als Folge eines rechtlichen Sanktionsbefehls an. Vielmehr soll zwischen beiden Gesichtspunkten eine unlösbare Wechselwirkung bestehen, die jede Verabsolutierung zu einer Ursache-Folge-Beziehung verbiete. Der Sanktionsbefehl habe zwar regelmäßig eine gewisse soziale Erwartungshaltung zum Anknüpfungspunkt. Gleichzeitig sei es aber das ordnungspolitische Ziel des Sanktionsbefehls, solche Haltungen zur Sicherung des Verkehrs zu schaffen oder zumindest durch rechtliche Absicherung zu stabilisieren.[778] Der Vertrauensgedanke stelle danach gleichermaßen ein Element des Schutzgrundes wie des Schutzziels dar.[779]

In dieser unlösbaren Wechselwirkung würden aber gerade Inhalt und Grenzen der dogmatischen Funktion des Vertrauensgedankens offenbar werden. Der Vertrauensbegriff diene lediglich dazu, diejenigen Verhaltensweisen zu definieren, auf deren Einhaltung der Auskunftgeber sich einstelle und einstellen solle, sie also von den Verhaltensweisen zu trennen, deren Erwartung als „blindes" Vertrauen nicht schutzwürdig sei. Der Vertrauensgedanke verdeutliche, löse aber nicht die eigentliche juristische Arbeit der Formierung von Einstandspflichten, die die „legitime Erwartung" immer zugleich voraussetzen und begründen würden. Dem Vertrauensgesichtspunkt komme daher nur eine deskriptive Funktion zu.[780]

---

[775] *Assmann*, 232; *Loges*, 83; *Müller*, 116, *Jost*, 126.
[776] *Assmann*, 232.
[777] *Loges*, 83.
[778] *Picker*, AcP 183 (1983), 369, 428.
[779] *Picker*, AcP 183 (1983), 369, 429.
[780] *Picker*, AcP 183 (1983), 369, 429.

e) Stellungnahme

Die vorgebrachten Einwände haben deutlich gemacht, dass die Lehre von der Vertrauenshaftung keinen subsumtionsgeeigneten Tatbestand zur Verfügung stellt, anhand dessen die Rechtsprechung sich orientieren kann. Es mangelt daher an der Möglichkeit der Vorhersehbarkeit der Haftungsrisiken. Das Gericht kann vielmehr allgemein in Fällen, in denen Vertrauen in eine Person und die Richtigkeit einer von ihr erteilten Auskunft für eine Vermögensentscheidung den Ausschlag gegeben hat, unter Anwendung sprachlicher Geschicklichkeit eine Haftung aus dem Rechtsgrund des Vertrauens herleiten, ohne diesen Haftungsgrund eingehend darzulegen. Eine genauere tatbestandliche Konkretisierung der Vertrauenshaftung ist daher unverzichtbar.

Zwar wurde von *Wiegand* ein Versuch unternommen, Sachkriterien zur schärferen Konturierung der Vertrauenshaftung herauszubilden. Diese Merkmale der Berufsausübung oder Fachkunde des Auskunftgebers sind jedoch zum einen bisher von der „klassischen" Lehre der Vertrauenshaftung nicht ausdrücklich zu Tatbestandsmerkmalen der Vertrauenshaftung erhoben worden, sondern stellen eine vereinzelt gebliebene Fortentwicklung des Vertrauenstatbestandes dar. Zum anderen ist bei der Hervorhebung der Berufsausübung als Tatbestandsmerkmal der Übergang zu dem von der Vertrauenshaftung zu trennenden Konzept der Berufshaftung als Haftungsgrundlage, welches im Folgenden darzustellen sein wird, fließend. Eine Kennzeichnung gerade der Lehre von der Vertrauenshaftung in der ursprünglichen dogmatischen Begründung kann mit dem Merkmal der Berufsausübung jedoch nicht getroffen werden.

Die Notwendigkeit der Bildung einzelner Tatbestände der Vertrauenshaftung erkennt auch *Canaris* selbst an.[781] Hierzu führt er aus, die Vertrauenshaftung könne auch „ungeschriebene" Tatbestände umfassen.[782] Die Frage, wie eine konkrete Ausgestaltung dieser einzelnen Tatbestände aussehen könnte, beantwortet er dagegen nicht ausreichend. Er weist lediglich darauf hin, dass die Entwicklung dieser Tatbestände behutsam vorgenommen werden müsste im Wege einer Anknüpfung an gesetzlich geregelte Tatbestände oder die gewohnheitsrechtlich anerkannte culpa in contrahendo.[783] Die Entwicklung der Einzeltatbestände selbst ist dagegen sehr allgemein gehalten. Es wird grundsätzlich zwischen vier verschiedenen Tatbeständen unterschieden: die Rechtscheinshaftung,[784] die Erfüllungshaftung kraft rechtsethischer Notwendigkeit,[785] die Erklä-

---

[781] *Canaris*, Vertrauenshaftung, 525; *ders.*, FS Schimansky, 43, 59.
[782] *Canaris*, FS Schimansky, 43, 59.
[783] *Canaris*, FS Schimansky, 43, 59.
[784] *Canaris*, Vertrauenshaftung, 526.

rungshaftung kraft Risikozurechnung und die Erklärungshaftung wegen Schutzpflichtverletzung.[786] Die Auskunftshaftung ist wie bereits erläutert unter den zuletzt genannten Tatbestand zu fassen.

Bei dieser groben Einteilung der einzelnen Tatbestände lässt *Canaris* es jedoch bewenden. Subsumtionsfähige einzelne Merkmale dieser Tatbestände, anhand derer im Einzelfall geprüft werden kann, ob der Auskunftgeber für den Schaden, der durch eine von ihm unrichtig erteilte Auskunft verursacht worden ist, zu haften hat, werden nicht erarbeitet. Damit bleibt der Kritikpunkt der mangelnden Konkretisierung des Vertrauenstatbestandes bestehen.

Hinsichtlich des Kriteriums des „typisierten" Vertrauens will *Canaris* die daran geäußerte Kritik darauf reduzieren, dass seitens der Rechtsprechung die falsche Begriffswahl Verwirrung gestiftet und die Kritik geradezu herausgefordert habe.[787] Die Rechtsprechung des Bundesgerichtshofs sei abgesehen von der falschen Begriffswahl aber im Ergebnis durchaus zutreffend. Denn entscheidend sei, ob der bei der Prospekthaftung bestehende Vertrauenstatbestand den „Hintermännern", zugerechnet werden könne, obwohl sie anonym geblieben sind und sie damit kein „persönliches" auf die eigene Person bezogenes Vertrauen in Anspruch genommen haben. Dies sei richtigerweise zu bejahen, weil die „Hintermänner" die Tatherrschaft innehätten und Adressaten der Pflicht zur korrekten Abfassung des Prospekts gewesen seien, so dass sie für den in dessen Herausgabe liegenden Vertrauenstatbestand unter dem Gesichtspunkt der mittelbaren Täterschaft einzustehen hätten.[788]

Es erscheint doch widersprüchlich, wenn *Canaris* einerseits die Begriffswahl des „typisierten" Vertrauens als verwirrend und Kritik herausfordernd bezeichnet und gleichzeitig selbst an anderer Stelle ausführt, es stehe der Rechtsordnung frei, auf eine auf den Einzelfall bezogene Prüfung des „Vertrauens" zu verzichten und stattdessen insoweit typisierend zu verfahren.[789]

Im Übrigen nimmt *Canaris* selbst eine Prüfung des Einzelfalles vor, wenn er die Frage aufwirft, ob der Vertrauenstatbestand den „Hintermännern" zugerechnet werden kann. Bei dieser Vorgehensweise wird konkret geprüft, ob Vertrauen gerade dem Schädiger entgegengebracht worden ist bzw. ob ihm das Vertrauen, das in den Prospekt gesetzt worden ist, zuzurechnen ist. Von „typisierenden" Vertrauen kann hier nicht mehr gesprochen werden. Das lässt den

---

[785] *Canaris*, Vertrauenshaftung, 528.
[786] *Canaris*, Vertrauenshaftung, 532.
[787] *Canaris*, FS Schimansky, 43, 58.
[788] *Canaris*, FS Schimansky, 43, 58.
[789] *Canaris*, Vertrauenshaftung, 504.

Schluss darauf zu, dass *Canaris* selbst die Problematik erkannt hat und entgegen seiner früher vertretenen Auffassung doch eine auf den Einzelfall bezogene Prüfung für erforderlich hält und eine „typisierende“ Prüfung ablehnt. Er kann dann aber nicht gleichzeitig behaupten, die Rechtsprechung habe lediglich aufgrund der Wahl des Begriffs „typisierend“ Verwirrung gestiftet. Die Rechtsprechung hat den Zurechnungsgesichtspunkt nämlich gerade nicht angesprochen, sondern bei der Prospekthaftung eine grundsätzliche Haftung der „Hintermänner“ befürwortet aufgrund „typisierten“ Vertrauens, ohne im Einzelnen zu prüfen, ob tatsächlich ein Vertrauenstatbestand besteht. Wenn *Canaris* im Ergebnis auch ebenso wie der Bundesgerichtshof zu einer Haftung der „Hintermänner“ gelangt, so liegen dem doch voneinander abweichende Lösungswege zugrunde. Damit bleibt aber der Einwand bestehen, dass innerhalb der Rechtsprechung eine Vertrauenshaftung ohne Vertrauen geschaffen werde.

In dogmatischer Hinsicht lässt sich der Umstand, dass Vertrauen ein Faktor ist, der in gewisser Weise der gesamten Rechtsordnung und insbesondere der Rechtsgeschäftslehre zugrunde liegt, nicht leugnen. Nach der Lehre von der Vertrauenshaftung wird der Vertrauensgedanken aber nur bei Fällen herangezogen, zu deren Haftungsbegründung er dienen soll, obwohl nicht abgestritten werden kann, dass er auch beim Deliktsrecht- und Vertragsrecht eine Rolle spielt. Hier wird er aber gewissermaßen ausgeschaltet, indem er als „unzweckmäßig“[790] bezeichnet wird. Diese besondere Hervorhebung der haftungsrechtlichen Bedeutung des Vertrauensgedankens im Rahmen der Vertrauenshaftung lässt sich nicht damit begründen, dass das Vertrauen in einer Sonderbeziehung, wie sie der Vertrauenshaftung regelmäßig zugrunde liegen soll, als besonders intensiv anzusehen ist, weil es auf eine bestimmte oder bestimmbare Person gerichtet ist. Denn insbesondere bei der Vertragshaftung steht das Vertrauen in die Redlichkeit des Vertragspartners an Intensität und Spezifizierung dem in die Redlichkeit einer anderen Person, zu der man in nicht vertraglicher Sonderverbindung steht, wie im Falle der Vertrauenshaftung, in nichts nach. Innerhalb eines Vertrages kommt dem Vertrauen sogar noch eine gewichtigere Rolle zu als innerhalb einer bloßen Sonderverbindung außerhalb eines Vertrages.

Den Einwand der Ubiquität des Vertrauensgedankens kann Canaris auch nicht mit dem Argument ausräumen, dass auch andere Prinzipien diese Eigenschaft aufwiesen. So wirke das Risikoprinzip in vielfältiger Weise auf die Vertrags- und Deliktshaftung, aber auch auf das Recht der Leistungsstörungen und der ungerechtfertigten Bereicherung ein. Trotzdem sehe sich dadurch aber niemand gehindert, dem Risikoprinzip bei der Gefährdungshaftung systemtragenden Charakter zuzuerkennen und diese demgemäß als eigenständiges Rechtsin-

790 *Canaris*, Vertrauenshaftung, 2.

stitut anzuerkennen.[791] Ähnlich verhalte es sich mit der Vertrauenshaftung. Wie bei der Gefährdungshaftung jedes Verschuldenselement wegfalle und dadurch der risikorechtliche Gesichtspunkt, der ja auch bei der Verschuldenshaftung eine Rolle spiele, rein hervortrete, so fielen bei den Schutzpflichtverletzungen sowohl die vertrags- als auch die deliktsrechtlichen Aspekte und ließen nur noch die vertrauensrechtlichen (in Verbindung mit den verschuldensrechtlichen) übrig.[792]

Ein derartiger Vergleich zwischen Vertrauens- und Gefährdungshaftung ist aus dem Grund abgelehnt worden, weil sich beide voneinander dadurch unterscheiden, dass sich Letztere aus dem Gesetz ergebe und es eine „ungeschriebene Gefährdungshaftung kraft Risikoprinzips" eben nicht gebe.[793] Dies konnte Canaris auch nicht insoweit leugnen, als er darauf hingewiesen hat, dass sich auch die Vertrauenshaftung unter Anknüpfung an die §§ 122, 179 Abs. 2, 307 BGB aus dem Gesetz ergebe.[794]

Denn diese Anknüpfungspunkte im BGB für die Vertrauenshaftung stellen, wie Canaris selbst einräumt,[795] lediglich ein Modell für die vertrauensrechtliche Schadensersatzhaftung dar. Sie regeln die Vertrauenshaftung als solche aber nicht. Die Gefährdungshaftung ist dagegen ausdrücklich tatbestandlich in den §§ 833, 701, 231 BGB und weiteren Sondergesetzen geregelt. Eine grundsätzliche allgemeine Gefährdungshaftung gibt es darüber hinaus im Privatrecht aber nicht.[796]

Der Vergleich zwischen Vertrauens- und Gefährdungshaftung könnte im Zuge des Inkrafttretens des Schuldrechtsmodernisierungsgesetzes aber nunmehr gerechtfertigt sein. Denn in § 311 Abs. 3 S. 2 BGB ist zumindest eine Basis für eine Haftung gegenüber Dritten aufgrund der Inanspruchnahme von Vertrauen für sich in besonderem Maße verankert worden. Die Vertrauenshaftung ist daher wie die Gefährdungshaftung gesetzlich geregelt, wenn die tatbestandlichen Voraussetzungen auch nicht besonders deutlich ausgeprägt sind.[797]

Hinsichtlich des Mangels an tatbestandlichen Klarheit und an Sachkriterien innerhalb der Lehre von der Vertrauenshaftung könnte ergänzend das Haftungskonzept der Berufshaftung herangezogen werden.

---

[791] *Canaris*, FS Schimansky, 43, 55; *ders.* 2. FS Larenz, 27, 105 f.
[792] *Canaris*, 2. FS Larenz, 27, 106.
[793] *Loges*, 82.
[794] *Canaris*, FS Schimansky, 54.
[795] *Canaris*, FS Schimansky, 54.
[796] Palandt-*Sprau*, Einf. v. § 823 BGB Rz. 6.
[797] Siehe oben S. 52 ff.

2) Berufshaftung

Innerhalb der Berufshaftung werden zwei grundlegende Lösungsansätze verfolgt. Der eine beschränkt sich auf den Beruf beziehungsweise die Berufszugehörigkeit des Auskunftgebers und will eine Haftung aus einem gesetzlichen Schuldverhältnis herleiten. Der andere Lösungsansatz geht dahin, den Berufsangehörigen bestimmte deliktsrechtliche Verkehrspflichten bei der Erteilung von Auskünften im Interesse fremden Vermögens aufzuerlegen und die Haftung aus deren Verletzung herzuleiten. Dieser Weg über das Deliktsrecht wurde bereits oben auf den Seiten 147 ff. im Rahmen der deliktischen Auskunftshaftung dargestellt und bedarf keiner weiteren Ausführungen. Im Folgenden wird daher nur die außerdeliktische Lösung vorgestellt.

Im Rahmen dieses Lösungsweges wird ein enger auf die eigentliche Auskunftshaftung aufgrund bestehender Berufspflichten beschränkter und ein breiterer Ansatz verfolgt, der dem beruflichen Auftreten am Markt im Ganzen gerecht werden will.[798]

a) Breiter Lösungsansatz

Zum Zwecke der Regelung des beruflichen Auftretens am Markt soll eine Kategorie des Berufsrechts entwickelt werden, welche in vier Schichten unterschieden wird. Bedeutung komme danach dem Berufsrecht als Teil des Vertragsrechts, das heißt als Vertragsinhalt zu. Daneben kann es auch den Eintritt von Vertragsfolgen ohne privatautonomen Vertrag anordnen, z. B. durch das Schweigen des Kaufmanns nach § 362 HGB oder das Bestätigungsschreiben. Weiterhin sollen durch das Berufsrecht durch Gesetz begründete berufliche Einstandspflichten festgelegt werden, z.B. im Rahmen der Gebrauchtwagenhändlerfälle.

Die praktisch größte Bedeutung wird auch im Rahmen dieses breiten Berufsrechtsansatzes aber den beruflichen Schutzpflichten zugesprochen, deren Verletzung zur eigentlichen Berufshaftung führen soll.[799] Diese letzte Schicht stimmt hinsichtlich ihres Regelungsbereichs mit dem engen Ansatz, der Berufshaftung mit Auskunftshaftung gleichsetzt, überein.

Da die vorliegende Untersuchung sich auf die Frage der möglichen Haftungsgrundlage der Auskunftshaftung beschränkt, können die angesprochenen Gesichtspunkte des Berufsrechts im allgemeinen von einer eingehenden Be-

---

[798] *Hopt*, AcP 183 (1983), 608, 639.
[799] *Hopt*, AcP 183 (1983), 608, 658.

trachtung ausgeschlossen werden und die eigentliche Berufshaftung in den Vordergrund gerückt werden.

b) Enger Lösungsansatz

Innerhalb des engeren Ansatzes der Berufshaftung befürworten einige Vertreter eine Kombination mit der Vertrauenshaftung. Die Anknüpfung an bestimmte Berufsgruppen soll dazu dienen innerhalb der Lehre von der Vertrauenshaftung eine Konkretisierung der Tatbestandsmerkmale herbeizuführen.[800]

aa) Darstellung

Der entscheidende Haftungsgrund wird darin gesehen, dass es sich bei der Auskunftserteilung um eine berufliche Tätigkeit handelt.[801] Der Haftung aufgrund beruflicher Stellung liegt ein Rechtsgedanke zugrunde, der aus dem römischen Recht in Gestalt der sog. mensorischen Klage (Mensor=Feldmesser) vertraut ist. Danach stellt die entscheidende Wertungsgrundlage für die Haftung das Vertrauen in die beruflichen Fähigkeiten des Experten dar.[802]

Die Vertreter der Berufshaftung nehmen für ihre Theorie in Anspruch, dass es sich bei dem Wertungsgesichtspunkt der Zugehörigkeit zu einer bestimmten Berufsgruppe um ein in der Rechtsprechung immer wiederkehrendes, zentrales Merkmal handelt, welches für die Bejahung einer Haftung eines Berufsangehörigen herangezogen wird.[803] Charakteristisches Motiv für die Annahme eines stillschweigenden Auskunftsvertrages sei für die Rechtsprechung bei der über-

---

[800] *Grunewald*, AcP 187 (1987), 285, 300; *dies.*, JZ 1982, 627, 630; *dies.*, ZGR 1999, 583, 596, 598; *Herrmann*, JZ 1983, 422, 425; so wohl auch *Lorenz*, 1. FS Larenz, 575, 591, 618 f., der grundsätzlich die Vertrauenslage als solche als Haftungsgrundlage ansieht und die Berufstätigkeit nur zu ihrer Konkretisierung heranzieht und *Canaris*, ZHR 1999, 206, 219, welche aber nicht der Berufshaftung, sondern der Lehre von der Vertrauenshaftung zuzuordnen sind.

[801] *Lammel*, AcP 179 (1979), 337, 365; *Hopt*, AcP 183 (1983), 608, 644; *ders.* FS Gernhuber, 169, 176 f.; ders., FS *Pleyer*, 341, 359; *Grunewald*, AcP 187 (1987), 285, 300; *dies.*, JZ 1982, 627, 630; *dies.*, ZGR 1999, 583, 596, 598; *Damm*, JZ 1991, 373, 384; *Baumbach/Hopt*, § 347 HGB Rz. 22; *Hohloch*, NJW 1979, 2369, 2369; *Hirte*, 412 ff.; *Herrmann*, JZ 1983, 422, 425; ähnl. Schneider, ZHR 1999, 246 ff.; *Lorenz*, 1. FS Larenz, 575, 591; *Assmann*, 248: Hinsichtlich der Prospekthaftung dränge sich eine Parallele zur Berufshaftung auf.

[802] *Lammel*, AcP 179 (1979), 337, 347.

[803] *Hopt*, AcP 183 (1983), 608, 634 f.; *Lammel*, AcP 179 (1979), 337, 358 f.; *Huber*, FS Caemmerer, 359, 366; *Lorenz*, 1. FS Larenz, 575, 591; so auch *Lang*, WM 1988, 1001, 1006.

wiegenden Zahl der Fälle die Betonung des beruflichen Vertrauens, das dem Auskunftsgeber entgegen gebracht wurde.[804]

Weiterhin wird darauf hingewiesen, dass in der Rechtsprechung nur bestimmte Berufsgruppen zum Schadensersatz herangezogen würden. Hierbei handele es sich stets um vermögenssorgende Berufe wie Wirtschaftsprüfer, Steuerberater, Rechtsanwälte/Notare und Banken.[805] Es stellt sich unmittelbar die Frage, welche besonderen Anforderungen an eine berufliche Tätigkeit zu stellen sind, damit eine Verletzung der aus ihr erwachsenden Berufspflicht eine Haftung aufgrund Berufsstellung nach sich zieht.

bb) Voraussetzungen

(1) Am Markt aktualisierte berufliche Spezialisierung

Ausgangspunkt der Berufshaftung soll die berufliche, am Markt aktualisierte Spezialisierung sein.[806] Die berufliche Spezialisierung sei dadurch geprägt, dass der Nichtfachmann auf die Fachkunde und kompetente Berufsausübung des Fachmanns angewiesen sei. Dieses Abhängigkeitsverhältnis bestehe bereits dann, wenn der Nichtfachmann als Ratsuchender annehmen durfte, entsprechend der vorgegebenen Berufsrolle beraten zu werden.[807] Die eine bestimmte Handlungsweise, wie eine richtige Auskunftserteilung, fordernde Erwartung wird demnach bereits dadurch legitimiert, dass Personen in der beruflichen Rolle als Anwalt, Wirtschaftsprüfer oder „Bank" auftreten.[808] Entscheidend sei nicht, ob derjenige, der am Markt als Angehöriger einer bestimmten Berufsgruppe auftritt, tatsächlich die berufsüblichen Fähigkeiten und Kenntnisse aufweise, sondern die Berufsrolle und Berufsstandards, welche von Verhalten und Fähigkeiten des einzelnen Berufsinhabers unabhängig seien.[809]

---

[804] *Lammel*, AcP 179 (1979), 337, 359.

[805] *Lammel*, AcP 179 (1979), 337, 358, welcher bei den von ihm ausgewerteten überprüften Entscheidungen festgestellt hat, dass es sich 73mal um Banken. 19mal um Wirtschaftsprüfer und Steuerberater, 19mal um Rechtsanwälte und/oder Notare und 14mal um öffentlich bestellte Sachverständige gehandelt hat; *Grunewald*, JZ 1982, 627, 630, „bestimmter Spezialisten"; *Herrmann*, JZ 1983, 422, 425; *Huber*, FS v. Caemmerer, 359, 366, der die Berufshaftung als Verkehrspflicht deliktisch einordnet.

[806] *Hopt*, AcP 183 (1983), 608, 645 f.; *Baumbach/Hopt*, § 347 HGB Rz. 22; *Lammel*, AcP 179 (1979), 337, 361: „Beschäftigung mit einem dem Jedermanns-Wissen entzogenen Fachgebiet".

[807] *Lammel*, AcP 179 (1979), 337, 359; *Hopt*, AcP 183 (1983), 608, 645.

[808] *Lammel*, AcP 179 (1979), 337, 360.

[809] *Hopt*, AcP 183 (1983), 608, 645.

Die Notwendigkeit der Aktualisierung am Markt beinhaltet, dass die Berufshaftung den Betroffenen nicht als Person schlechthin und damit immer trifft, sondern nur, wenn eine Rollenbeziehung vorliegt, in der bestimmte Erwartungen zwischen Rollenträger und Gegenüber aufgebaut werden und der selbständige Berufsangehörige in dem konkreten Fall in seiner Berufsrolle aufgetreten ist.[810] Dieses Kriterium dient dazu, private Tätigkeiten von einer Berufshaftung auszuschließen.

(2) Berufliche Gewährübernahme

Eine sachgerechte Einbeziehung geschädigter Dritter in den Schutzbereich der Auskunfts- und Beratungspflichten erreicht die Berufshaftung durch die Annahme einer berufliche Gewährübernahme des Auskunftgebers. Diese liege vor, wenn ein Gutachten bzw. eine Auskunft mit Wissen und Willen des Gutachters bzw. Auskunftgebers am Markt seiner Bestimmung gemäß eingesetzt werde. Dann übernehme der Gutachter beziehungsweise Auskunftsgeber diesem bestimmbaren Kreis gegenüber die berufliche Gewähr für die Richtigkeit seines Gutachtens beziehungsweise seiner Auskunft.[811] Aufgrund der besonderen Bedeutung, die den Gutachten oder Auskünften einer bestimmten Berufsgruppe im Alltag zugemessen werde, ginge man allgemein davon aus, dass der Sachverständige hinter seinem Gutachten bzw. seiner Auskunft stehe und dafür auch einstehe, falls er schuldhaft gehandelt habe. Diese Sachlage sei dem Experten auch bekannt. Ein Gutachten bzw. eine Auskunft enthalte eine derartige Garantieerklärung aber nur dann, wenn eine gewisse Seriositätsschwelle überschritten werde.[812] Diese Anforderungen seien nicht erfüllt, wenn das Gutachten oder die Auskunft nicht mit der für solche Stellungnahmen üblichen Gewichtung in Erscheinung trete, das Gutachten seinen Zweck für den Dritten erkennbar bereits bei dem Auftraggeber erfüllt habe oder wenn sich das Gutachten bzw. die Auskunft bestimmungsgemäß an eine Vielzahl von Personen richte.[813]

(3) Legitimation der Berufshaftung

(a) Waffengleichheit am Markt

Die Legitimation der Berufshaftung sieht *Hopt* darin, dass der Fachmann durch seine berufliche Spezialisierung nicht nur die Vorteile seiner Berufstätig-

[810] *Hopt*, AcP 183 (1983), 608, 646.
[811] *Hopt*, FS Pleyer, 341, 359; ähnl. *Schneider*, ZHR 1999, 246, 259.
[812] *Grunewald*, AcP 187 (1987), 285, 299 f.
[813] *Grunewald*, AcP 187 (1987), 285, 308.

keit unter Abweisung von Pflichten und Lasten in Anspruch nehmen dürfe. Dies sei in einem liberalen Wirtschaftssystem selbstverständlich. In diesem Sinne diene die Haftbarmachung des Fachmanns am Markt dem Schutz des abhängigen, schwächeren Nichtfachmanns.[814] Durch die Berufshaftung solle potentielle Waffengleichheit am Markt gesichert werden.[815]

(b) Offenes Berufsbild und ausreichende Professionalisierung

Nach *Lammel* führt Rollenverhalten im Regelfall zur gesetzlichen Festlegung des Berufsinhalts wie des Berufszugangs und diese wiederum zur Legitimierung der aktiven wie passiven Rollenerwartung. Die Erwartung eines Nichtvertragspartners sei daher nur dann von der fixierten Rolle gedeckt, wenn ein offenes Berufsbild vorläge.[816] Darunter versteht *Lammel* ein gesellschaftsbezogenes Berufsbild im Sinne einer nicht ausschließlichen Bindung an den Vertragspartner oder, dass ein offenes Angebot gemacht wird.[817] In diesem Zusammenhang mit der gesetzlichen Regelung des Zugangs zu Berufen und deren Inhalte wird auf die stufenweise Verwirklichung einer Professionalisierung verwiesen, von deren Fortschreiten auf die Höherbewertung des ausgeübten Berufs geschlossen werden könnte.[818]

Bei den wichtigsten auskunftsbehafteten Berufen sei die Stellung im Sinne der Rollenhaftung formell und materiell durch Gesetz definiert. Ein offenes, gesellschaftsbezogenes Berufsbild läge bei diesen Berufen regelmäßig vor. Rechtsanwalt, Wirtschaftsprüfer, Steuerberater und Sachverständiger müßten ihre Berufe unabhängig bzw. unparteiisch ausüben (§ 1 BRAO, § 43 Abs. 1 WPO, § 22 Abs. StBerG, § 36 GewO). Dies indiziere die Öffnung des Berufes zur Allgemeinheit.[819]

Bei Banken kämen demgegenüber zwei Elemente als Legitimation zusammen. Zum einen die gesetzliche Regelung in Grundzügen und zum anderen die eigene Werbung im Einzelnen. Die Tätigkeit der Banken sei lediglich durch das Gesetz über das Kreditwesen (KWG) geregelt, dessen Einführung mit der großen wirtschaftlichen Bedeutung des Kreditwesens begründet wurde, jedoch reduziert auf Einlagensicherung und solides Geschäftsgebahren. Das dem Kreditgewerbe entgegengebrachte Vertrauen könne sich daher gesetzlich legitimiert

---

[814] *Hopt*, AcP 183 (1983), 608, 650.
[815] *Hopt*, AcP 183 (1983), 608, 651f.
[816] *Lammel*, AcP 179 (1979), 337, 361 f.
[817] *Lammel*, AcP 179 (1979), 337, 362.
[818] *Lammel*, AcP 179 (1979), 337, 360.
[819] *Lammel*, AcP 179 (1979), 337, 362 f.

lediglich auf diese beiden Tätigkeitsfelder beziehen. Solides Geschäftsgebahren impliziere aber auch zutreffende Auskunftserteilung. Über diese gesetzliche Regelung hinaus beruhe das den Banken entgegengebrachte Vertrauen materiell vor allem auf dem eigenen Bestreben der Banken, sich kundenwerbend als die sachverständigen Berater in allen Vermögensangelegenheiten darzustellen. Das Vertrauen erstrecke sich auf alle Tätigkeiten, mit denen sich Banken im Wirtschaftsleben befaßten und aus denen auf ihren besonderen Einblick in diese wirtschaftlichen Zusammenhänge rückgeschlossen werden könnte. Die Öffnung der Berufstätigkeit nach außen erfolge daher durch die Berufsträger, das heißt die Banken selbst, mittels ihrer Selbstorganisation in Allgemeinen Geschäftsbedingungen.[820]

An die Professionalisierung knüpft auch *Herrmann* an, wenn er ausführt, bei dem tatsächlichen Vertrauenssachverhalt ginge es um die Merkmale der sogenannten. Professionalisierung vermögenssorgender Berufe, von denen er folgende nennt: Theoretisch fundierte und langjährige Spezialausbildung, starke berufsethische Bindung, insbesondere durch Berufsverbände, Berufszulassung und –aufsicht durch staatliche Lizenzvergabe und aufsichtsrechtliche Sanktionsmittel, Verpflichtung auf ein Verantwortungsbewußtsein zum Dienst an der Allgemeinheit.[821]

cc) Dogmatische Einordnung

In dogmatisch, systematischer Hinsicht soll es sich um eine Haftung kraft Berufsstellung zwischen Vertrag und Delikt handeln. Systematisch dürfe nicht versucht werden, die Fälle der Auskunftshaftung in den herkömmlichen Rahmen von Vertrag und Delikt zu pressen. Die Berufshaftung sei vielmehr als ein eigenständiges Rechtsinstitut in Gestalt einer privatrechtlichen Haftung kraft Amtes einzuordnen.[822]

Berufshaftung brauche keinen Gegensatz zur culpa in contrahendo darstellen, sondern könne als Konkretisierung des gesetzlichen Schuldverhältnis verstanden werden.[823] Die Klärung der Haftungsgrundlage sei im übrigen zwar unentbehrlich, aber die Haftungsgründe würden heute zunehmend zugunsten des Haftungsstandards an Bedeutung verlieren. Inhalt und Umfang der Haftung bestimmten sich daher weitgehend unabhängig davon, welche Haftungsgrundlage

---

[820] *Lammel*, AcP 179 (1979), 337, 363 f.
[821] *Herrmann*, JZ 1983, 422, 425.
[822] *Lammel*, AcP 179 (1979), 337, 365.
[823] *Hopt*, FS Gernhuber, 169, 176.

gewählt werde.[824] Rechtspolitisch gesehen spreche zwar vieles für die deliktische Rechtsnatur derartiger Schutzpflichten kraft Berufsstellung, da es doch allgemein um den Schutz fremder Rechtsgüter vor Schädigung gehe. De lege lata wird aber eine von den deliktsrechtlichen Schwächen (Gehilfenhaftung, Verjährung, Beweislastverteilung) befreite Berufshaftung zur Wahrung des bisher gewährten Rechtsgüter- und Vermögensschutzes bei Verletzung von Berufspflichten für erforderlich gehalten. Berufliche Schutzpflichten müßten daher sachgerecht herausgebildet und ohne funktionswidrige Beschränkungen sanktioniert werden können. Ob dies dann als Haftung für berufliche Schutzpflichten oder als gesetzliches Schuldverhältnis aus geschäftlichem Auskunftskontakt oder als Sonderdeliktsrecht bezeichnet werde, sei sekundär.[825] Eine volle Einordnung in das allgemeine Deliktsrecht werde aber nach dem derzeitigen Stand der Rechtsprechung der besonderen Beziehungsstruktur zwischen dem berufsangehörigen Schädiger und dem Geschädigten noch nicht gerecht.[826]

Teilweise wird noch weitergehend eine dogmatische Einordnung in das Vertrags- oder Deliktsrecht gänzlich als nicht notwendig erachtet.[827]

Für die Haftung der Banken für Kreditauskünfte ergebe sich zudem eine Sonderstellung. Hinsichtlich der Aufklärungspflichten der Kreditinstitute soll die Bedeutung der Berufshaftung als Haftungsgrundlage gegenüber dem Bankvertrag zurücktreten. Mit der Figur des Bankvertrages und noch allgemeiner derjenigen eines gesetzlichen Schuldverhältnisses stehe eine Haftungsgrundlage im Bankenbereich nahezu immer zur Verfügung.[828]

Teilweise wird die Berufshaftung dogmatisch auch als genuines Vertragsrecht eingeordnet, ohne aber die Frage nach der Anspruchsgrundlage klar zu beantworten.[829]

dd) Einwände gegen die Berufshaftung

Einer der grundlegenden Einwände kann von den Vertretern der Berufshaftung selbst kaum zurückgewiesen werden. Wie bereits bei der Lehre von der Vertrauenshaftung fehlt auch der Berufshaftung eine wirkliche Konkretisierung

---

[824] *Hopt*, FS Gernhuber, 169, 176 f.; *Baumbach/Hopt*, § 347 HGB Rz. 22; *Damm*, JZ, 1991, 373, 384;
[825] *Hopt*, AcP 183 (1983), 608, 662.
[826] *Hopt*, AcP 183 (1983), 608, 662.
[827] *Hirte*, 424.
[828] *Hopt*, FS Gernhuber, 169, 176.
[829] *Hirte*, 424 ff.; *Jost*, 255 f.

der Sachkriterien der Haftung. Dies werde wenn überhaupt nur im Ansatz versucht.[830] In diesem Sinne liefere die Berufshaftung keine Legitimation der haftungsrechtlichen Verpflichtung des Auskunftgebers, sondern eher eine Beschreibung ihres Anwendungsbereichs, welche gleichzeitig eine Neubewertung des gegenwärtigen Zustandes in der Rechtsprechung darstellen soll.[831]

Aber selbst diesen herabgesetzten Bestrebungen, den gegenwärtigen Zustand in der Rechtsprechung zu beschreiben, werde die Theorie der Berufshaftung nicht gerecht. Die Rechtsprechung lasse gerade nicht auf eine Akzeptanz des Kriteriums der Berufstätigkeit als Tatbestandsmerkmal schließen. Vielmehr distanziere sich der Bundesgerichtshof von dieser Aussage wenn er ausführt: „Die Annahme, ein Rechtsanwalt sei allein aufgrund des von ihm ausgeübten Berufes eine Vertrauensperson, die für die Erklärungen der von ihr beratenen Partei unter allen Umständen geradestehen wolle, findet im geltenden Recht keine Stütze."[832]

Weiterhin stelle der Umstand, dass die Haftung wegen fehlerhaftem Rat häufig die Angehörigen bestimmter Berufsgruppen treffe, lediglich eine tatsächliche Erscheinung dar. Dies sei aber keine hinreichende rechtliche Grundlage für eine Verpflichtung der Angehörigen der genannten Berufe für schuldhaftes Verhalten jeder Art jedermann gegenüber zum Schadensersatz verpflichtet zu sein.[833] Die Wahrnehmung beruflicher Funktionen könne zwar den Inhalt von Rechtspflichten beeinflussen, stelle aber de lege lata keinen eigenständigen Grund für eine Haftung dar. Es erscheine daher willkürlich ausgerechnet den Aspekt der beruflichen Rolle hervorzuheben und zu einer selbständigen Haftungsgrundlage zu verabsolutieren.[834]

Die Berufshaftung werde im übrigen auch den einschlägigen Sachproblemen nicht gerecht. Der Begriff der Berufspflichtverletzung sei zu eng.[835] Von einer solchen könne zwar bei einer Fehlauskunft durch eine Bank oder einen Wirtschaftsprüfer gesprochen werden. Dieser Gesichtspunkt läge aber schon dann neben der Sache, wenn z. B. ein Architekt den Handwerkern eine unzutreffende beruhigende Erklärung über die Vermögenslage des Bauherrn gebe. Denn es gehöre nicht zu den typischen Berufsaufgaben von Architekten, sich um vermö-

---

[830] Z.B. von *Lammel*, AcP 179 (1979), 337, 358, welcher sich die Aufgabe stellt „Tatbestandsmerkmale einer beruflichen Auskunftshaftung" festzustellen.

[831] *Müller*, 146; *Loges*, 147, 151.

[832] *Loges*, 147, unter Hinweis auf BGH Urt. v. 11.7.1988 – II ZR 232/87, NJW 1989, 294.

[833] Erman-*Ehmann*, § 675 BGB Rz. 158; *Koziol*, JBl. 1994, 209, 221.

[834] *Canaris*, 2. FS Larenz, 27, 83; *Koziol*, JBl. 1994, 209, 221.

[835] *Canaris*, 2. FS Larenz, 27, 84; *Loges*, 152; *Breinersdorfer*, 187; *Picker*, AcP 183 (1983), 369, 502; so auch *Assmann*, 247.

gensrechtliche Belange zu kümmern. Der Aspekt beruflicher Pflichtenprägung sei somit weder erforderlich noch ausreichend, um eine Haftung für falsche Auskünfte oder Ratschläge zu begründen.[836] Es erscheine daher nicht einleuchtend ein Kriterium zum tatbestandlichen Anknüpfungspunkt zu erheben, welches mit dem „inneren Grund" der Haftung, des bestehenden Informationsvorsprungs, nur mittelbar zu tun habe.[837]

In Wahrheit ginge es nicht um die Verletzung spezifischer Berufspflichten, sondern die Abgabe von Erklärungen. Dies weise dorthin, wo die Auskunftshaftung herkömmlich angesiedelt werde: in die Richtung der Vertragshaftung und der mit dieser verbundenen Einstandspflicht für sogenannte Schutzpflichtverletzungen.[838]

Eine rein vertragsrechtliche Qualifikation der Berufshaftung könne aber nicht gelingen. Zwar richte sich der Inhalt der sogenannten Berufshaftung im wesentlichen nach den gleichen Regeln wie die Vertragshaftung. Doch wenn es um die von den inhaltlichen Gesichtspunkten zu unterscheidende Frage der tatbestandlichen Grundlage der Berufshaftung gehe, helfe die Anlehnung an das Vertragsrecht nicht weiter. Denn bei der Konstruktion des Abschlußtatbestandes würde man sich zwangsläufig wieder in dieselben Fiktionen verwickeln wie bei der Annahme eines konkludenten Auskunfts- oder Garantievertrages. Der einzige dogmatischen Ausweg, die Berufshaftung als eigenständiges Rechtsinstitut zwischen Delikt und Vertrag einzuordnen, stelle aber eine zu kühne Rechtsfortbildung dar, für die im geltenden Recht keine hinreichenden Anhaltspunkte vorhanden seien.[839]

Die Rechtfertigung einer Haftung für unrichtige Auskunft wegen der Zugehörigkeit zu einer bestimmten Berufsgruppe kann aber auch wegen eines anderen von *Mansel* im Zusammenhang mit der Eigen- und Fremdverantwortung im Haftungsrecht angesprochenen Gesichtspunkts angezweifelt werden. *Mansel* wirft hier die Frage auf, welche Auswirkung der Verlust der besonderen gesellschaftlichen Stellung der Vertreter freier Berufe, welche – sofern die Berufe gehobene Bildungsqualifikationen voraussetzten – zur Bildungselite des 19. Jahrhunderts zählten, auf die Haftungsausweitung im Bereich der Informationshaftung hat.[840] Die freien Berufe waren zumindest bis zum Anfang des 20. Jahrhunderts eher von nicht-ökonomischen Idealen in ihrem Selbstbewußtsein ge-

---

[836] *Canaris*, 2. FS Larenz, 27, 84; *Breinersdorfer*, 187; *Loges*, 152: Ein relevanter Informationsvorsprung könne auch der eines nicht eindeutig „Berufstätigen" sein.
[837] *Loges*, 152.
[838] *Canaris*, 2. FS Larenz, 27, 84.
[839] *Canaris*, ZHR 1999, 206, 219.
[840] *Mansel*, FS Henrich, 425, 436 f.

prägt. Sie waren vom Idealbild des honorigen und neutralen Fachmanns her eher altruistisch, nicht primär gewinnorientiert. Demgegenüber ist heutzutage der ökonomische Gesichtspunkt in weiten Bereichen prägend. Deshalb ist die juristische Bewertung der Leistungen der Freiberufler anders, nämlich stärker an ökonomischen Kategorien orientiert. Sie werden zunehmend den für sonstigen Dienstleistungsanbieter geltenden Regeln unterworfen.[841] Aufgrund dieser Entwicklung und der gesellschaftlichen Einebnung überkommener Schichtungen erfolgte ein mit dem Verlust des „Nimbus des Höheren“ einhergehender Abbau der bisher oft gegebenen Scheu, freie Berufe für ihre Tätigkeit haftbar zu machen. Daraus resultierte eine wachsende Bereitschaft zur haftungserweiternden Rechtsfortbildung.[842] Auch das heutige allgemein höhere Bildungsniveau trägt dazu bei, dass die in einem Wissensvorsprung wurzelnde überkommene Autorität der Freiberufler immer weniger akzeptiert wird.[843]

Im Zuge der Angleichung der freien Berufe an die rechtliche Haftungsbegründung und die faktische Inanspruchnahme bei den freien Berufen erfolgt gleichzeitig im Bereich der (Informations)-dritthaftung eine Anonymisierung der Haftung durch einen Perspektivenwechsel: Statt Individualisierung der anspruchsberechtigten Dritten und Überschaubarkeit des Haftungsrisikos wird das abstrakte Vertrauen in bestimmte Berufsstellungen zur haftungsbegründenden Wertung.[844] Dies wird von *Mansel* als inkonsequent kritisiert. Der Schluß, dass bei den freien Berufen mit fortschreitender „Nimbuszerstörung“ die Bedeutung des institutionalisierten Vertrauens in die Kompetenz des Freiberuflers schwindet, würde nicht gezogen. Vielmehr würde trotz der beklagten Vertrauenskrise das institutionalisierte Vertrauen vermehrt zur Haftungsbegründung herangezogen. Das paternalistische Idealbild offenbar vergangener Zeiten würde zum Zwecke der normativen Haftungsbegründung weiter gepflegt.[845]

c) Stellungnahme

Auf die Kreditauskunftsfälle bezogen ist das Konzept der Berufshaftung zwar nicht als zu eng anzusehen, da es gerade zu den typischen Berufsaufgaben von Banken gehört, die vermögensrechtlichen Fragen ihrer Kunden zu betreuen. Die Berufshaftung ist daher grundsätzlich geeignet die im Zusammenhang mit Bankauskunftsfällen auftretende sachliche Problematik von ihrem Regelungsbereich her zu umfassen.

---

[841] *Mansel*, FS Henrich, 425, 436, f.
[842] *Mansel*, FS Henrich, 425, 436, f.
[843] *Mansel*, FS Henrich, 425, 437.
[844] *Mansel*, FS Henrich, 425, 438.
[845] *Mansel*, FS Henrich, 425, 438 f.

Es fehlt jedoch an sachlichen Kriterien, anhand derer eingegrenzt werden kann, wann ein Fall einer zum Schadensersatz verpflichtenden falschen Auskunftserteilung vorliegt. Die einzige konkrete Voraussetzung der „Berufszugehörigkeit“ stellt keinen systematisch klassifizierbaren Rechtsbegriff dar.

Allerdings will *Hopt* bei der Auskunftshaftung von Kreditinstituten die Berufshaftung nicht als Haftungsgrundlage heranziehen. Er sieht die Berufshaftung als von der spezielleren Haftung aufgrund des bestehenden Bankvertrages oder allgemeiner eines gesetzlichen Schuldverhältnisses verdrängt an. Wenn von einem Vertreter der Berufshaftung selbst dieser Theorie im Bankenbereich die Bedeutung abgesprochen wird, erscheint eine Anwendung dieser Lehre bei Bankhaftung für Kreditauskünfte nicht überzeugend.

Gegen die Berufszugehörigkeit als haftungsbegründendes Element spricht auch der von *Mansel* dargelegte zunehmende Ansehensverlust der freien Berufe, welcher eher den Schluß nahelegen würde, dass die Bedeutung des institutionalisierten Vertrauens in die Kompetenz der Freiberufler schwindet.[846] Im Widerspruch dazu zieht die Lehre von der Berufshaftung aber gerade das berufliche Vertrauen zur Haftungsbegründung heran.

Das Konzept einer reinen Berufshaftung ist schließlich auch deshalb abzulehnen, weil eine nähere systematisch dogmatische Einordnung dieses Ansatzes nicht gegeben ist und zum derzeitigen Stand dies seitens deren Vertreter auch noch nicht einmal versucht worden ist, da teilweise die Notwendigkeit einer dogmatischen Klassifizierung geleugnet wird. Angesichts dieser vagen Ausgestaltung auf tatbestandlicher wie auf dogmatischer Seite kann in der Berufshaftung keine geeignete Lösung des Problems der Auskunftshaftung gesehen werden.

IV. Zwischenergebnis zur Auskunftshaftung nach deutschem Recht

Von den neueren Lösungswegen der Literatur ist keiner ohne jede Einschränkung in der Praxis umzusetzen. Die Darstellung und Bewertung der neueren Haftungsansätze hat ergeben, dass eine Auseinandersetzung mit dem Problem der Auskunftshaftung sich zumeist auf den Versuch einer dogmatischen Herleitung beschränkt, ohne eine Konkretisierung der Haftungsvoraussetzungen vorzunehmen. Für die Beteiligten ist der Eintritt der Haftung nicht vorhersehbar. Die Loslösung von den gesetzlichen Vorgaben beinhaltet daher keinen Vorteil gegenüber den gesetzesanwenden beziehungsweise gesetzesnahen Lösungen – etwa in Form der Verbesserung der Kalkulierbarkeit des Haftungsrisikos. Sie ist

---

[846] *Mansel*, FS Henrich, 425,438.

daher nicht als gerechtfertigt anzusehen.[847] Die Lehre von der Vertrauenshaftung hat zwar durch die gesetzliche Verankerung des Vertrauensgedankens in § 311 Abs. 3 S. 2 BGB im Rahmen der Kodifizierung der culpa in contrahendo eine Bestätigung zumindest des ihr zugrundeliegenden Kernaspekts erfahren und findet daher einen Anknüpfungspunkt im Gesetz. Die Problematik der mangelnden Präzisierung der Haftungsvorgaben bleibt jedoch auch hier bestehen. Denn auch die Tatbestandsmerkmale des § 311 Abs. 2 Nr. 2 letzter HS. und Abs. 3 S. 2 BGB bedürfen der näheren Konkretisierung, wenn sie auch zumindest im letzteren Fall deutlicher ausgeprägt sind als an einigen anderen Stellen der Kodifikation von Richterrecht im Rahmen des Schuldrechtsmodernisierungsgesetzes.[848]

Zur Haftungsbegründung und Eingrenzung des Personenkreises, der in den Schutzbereich der Auskunft einbezogen ist, wird von den neueren Lösungsansätzen auf das Erfordernis einer Sonderverbindung zwischen Auskunftsgeber und später Geschädigtem zurückgegriffen. Während hiernach jedoch regelmäßig eine vertragsähnliche Verbindung zwischen dem Auskunftsgeber und dem Empfänger, dem später Geschädigten, herangezogen wird, könnte der Vertrag die viel naheliegendere Sonderverbindung darstellen.

Diesen Weg geht bekanntlich die Rechtsprechung, indem sie einen stillschweigend geschlossenen Auskunftsvertrag der Haftung zugrundelegt. Diese Lösung wird auch in der Lehre zum Teil unterstützt. Die Richtigkeit dieser Begründung wird dadurch bestätigt, dass die Frage des Zustandekommens eines stillschweigenden Auskunftsvertrages durch die Rechtsprechung nach den gleichen Kriterien zu beurteilen ist, wie sie die allgemeine Rechtsgeschäftslehre bei der Problematik der Abgrenzung rechtlich verbindlichen Verhaltens von einer bloßen Gefälligkeit anwendet. Dabei kommt es darauf an, ob das Verhalten des Auskunftsgebers vom objektiven Empfängerhorizont her so verstanden werden kann, dass er in dem Bewußtsein gehandelt hat, durch sein Verhalten rechtserheblich bzw. rechtsgeschäftlich tätig zu werden.
Die objektive Feststellung eines Rechtsbindungswillens ist auch nicht als ungerechtfertigte Beeinträchtigung der Privatautonomie zu bewerten, da die Bank aufgrund ihrer Berufsstellung ausschließlich im geschäftlichen Bereich Auskünfte erteilt und dieser Beruf die Erteilung von Auskünften nach der

[847] So auch *Müller*, 203.
[848] Dauner-Lieb/Heidel/Lepa/Ring-*Lieb*, Schuldrecht in der anwaltlichen Praxis, § 3 Rz. 47.

Verkehrssitte typischerweise mit sich bringt.[849] Denn ihr Handeln wird aufgrund ihrer besonderen Stellung im Geschäftsleben per se ernst genommen. Die Bank ist sich daher darüber bewußt, dass schärfere Anforderungen an sie gestellt werden.[850]

Eine Sonderverbindung könnte aber nicht nur in einem Vertrag zu finden sein, sondern auch gesetzlich in einem Schuldverhältnis gemäß § 311 Abs. 2 bzw. 3 i. V. m. § 241 Abs. 2 BGB. Insbesondere durch die in § 311 Abs. 3 S. 2 BGB geschaffene Regelung im Kontext des gesetzlichen Schuldverhältnisses der culpa in contrahendo sollte nach der Begründung zum Regierungsentwurf der Rechtsprechung aufgezeigt werden, dass gerade die Fälle der Auskünfte mit Beteiligung Dritter nicht nur über einen stillschweigenden Auskunftsvertrag, sondern auch über die culpa in contrahendo gelöst werden können.[851] Auch die Tatbestandsmerkmale des § 311 Abs. 3 S. 2 BGB („besondere Inanspruchnahme von Vertrauen") bedürfen aber der Konkretisierung durch die Rechtsprechung. Die nähere Ausgestaltung der Haftungsvoraussetzungen ist daher nach wie vor von der Rechtsprechung auszufüllen. Weitere richterliche Entwicklungen, Einschränkungen und Erweiterungen sind abzuwarten.[852] Dies gilt erst Recht für § 311 Abs. 3 S. 1 BGB, der allgemein die Möglichkeit der Entstehung eines Schutzpflichtverhältnisses gegenüber Dritten, die nicht selbst Vertragspartei werden sollen, schafft. Hier wird zwar mittelbar die generelle Existenz von Dritthaftung anerkannt. Unter welchen Voraussetzungen diese gegeben sein soll, bleibt aber offen. Auch § 311 Abs. 2, Nr. 2 letzter HS. BGB eröffnet lediglich die Option die Fälle des unmittelbaren Auskunftskontaktes unter „ähnliche geschäftliche Kontakte" zu fassen und somit ein rechtsgeschäftsähnliches Schuldverhältnis bzw. eine Sonderverbindung von Gesetzes wegen unabhängig vom Parteiwillen als gegeben anzusehen. Wann ein ähnlicher geschäftlicher Kontakt gegeben sein soll, wird jedoch nicht präzisiert. Allenfalls die Basis der Auskunftshaftung könnte somit § 311 Abs. 2 und 3 BGB zu entnehmen sein.

Sieht man aber die objektive Feststellung des Rechtsbindungswillens als ausreichend für die Annahme eines stillschweigend geschlossenen Auskunftsvertrages an, dann wäre die Anwendung des § 311 Abs. 2 oder 3 BGB und die Heranziehung einer rechtsgeschäftsähnlichen, gesetzlich begründeten Sonderver-

---

[849] Die berufliche Stellung der Bank ist dann aber nicht Haftungsgrundlage wie bei der Lehre der Berufshaftung, sondern Element der Auslegung.

[850] *Müller*, 204.

[851] *Berger*, ZBB 2001, 238, 245 unter Hinweis auf Begründung RegE SchMoG, BT-Drucks. 14/6040, S. 163; Dauner-Lieb/Heidel/Lepa/Ring-*Krebs*, Schuldrecht, § 311 Rz. 49.

[852] Dauner-Lieb/Heidel/Lepa/Ring-*Lieb*, Schuldrecht in der anwaltlichen Praxis, § 3 Rz. 45.

bindung nicht notwendig und auch ausgeschlossen, da diese bereits vertraglich begründet ist.

Für die Rechtsprechung ergibt sich nicht die Notwendigkeit, auf § 311 Abs. 2 oder 3 BGB zur Haftungsbegründung in den Fällen falscher Auskunftserteilung zurückzugreifen, da sie regelmäßig einen stillschweigenden Auskunftsvertrag als dogmatische Haftungsgrundlage heranzieht. Dies ist nach der hier vertretenen Ansicht aufgrund der möglichen objektiven Feststellung des Rechtsbindungswillens auch überzeugend.

Allenfalls bei den Grenzfällen der Bonitätsbescheinigung erscheint es naheliegend, § 311 Abs. 3 BGB anzuwenden. Denn hier findet eine starke Haftungserweiterung statt, indem eine Haftung gegenüber einer Gruppe von Dritten angenommen wird, die der auskunftsgebenden Bank nicht bekannt sind. Im Einzelfall kann hier die Möglichkeit der Feststellung des Rechtsbindungswillens anhand objektiver Kriterien zumindest zweifelhaft sein. Die Bank weiß hier zwar regelmäßig, dass die in der Bonitätsbescheinigung enthaltene Auskunft für denjenigen, der sie sich zunutze macht, von vermögensrechtlicher Bedeutung ist. Denn der Dritte soll in diesen Fällen zur Finanzierung eines bestimmten Projekts motiviert werden. Hinsichtlich der dritten Person liegt aber keine Bestimmtheit der Auskunft vor, wie sie etwa bei den Bank-an-Bank-Auskünften im Kundeninteresse gegeben ist. Diese mangelnde Bestimmtheit der Auskunft für den konkreten einzelnen Dritten im Zeitpunkt ihrer Erteilung hat die Rechtsprechung dadurch zu beseitigen versucht, dass sie die Zweckgerichtetheit der Auskunft zur Haftungskonkretisierung herangezogen hat. Ob dies aber ausreicht, um einen Rechtsbindungswillen zum Abschluß eines Vertrages bejahen zu können, ist zweifelhaft. Dies Unsicherheit könnte durch eine Haftungsbegründung über § 311 Abs. 3 BGB beseitigt werden.

Die zusammengetragenen Ergebnisse der Bankhaftung für falsche Auskunftserteilung im deutschen Recht sollen im Folgenden durch die Untersuchung des französischen Rechts ergänzt werden. Da, wie bereits zu Beginn erwähnt, das französische Recht verstärkt den deliktsrechtlichen Haftungsansatz in den Vordergrund stellt, könnte sich aus seiner Analyse eine ganz andere Sichtweise auf die dogmatische Begründung der Auskunftshaftung ergeben.

Zweiter Teil

Haftung für fehlerhafte Bankauskunft im französischen Recht

A. Wirtschaftliche Bedeutung der Kreditauskunft in Frankreich

Die wirtschaftliche Notwendigkeit und Bedeutung der Auskunftserteilung seitens der Banken ist in Frankreich ebenso ausgeprägt wie in Deutschland. Das Recht der Kreditinstitute, Auskünfte zu erteilen, wird als Handelsbrauch angesehen und ist als solcher nie in Zweifel gezogen worden.[853]

Insbesondere im Bereich der Kreditauskünfte sind Geschäftsleute und Unternehmen entschieden auf die Hilfe der Banken angewiesen. Denn ein grundsätzliches wirtschaftliches Problem der Unternehmen liegt in der mangelnden Zahlungsbereitschaft oder Zahlungsfähigkeit der Kunden.[854] So wurden im Jahre 1991 im Geschäftsbereich als jährliche Verzugssumme der offenen, noch nicht beglichenen Forderungen ca. 50 Milliarden französische Francs angegeben. Danach hat sich die Anzahl der sich in Zahlungsverzug befindlichen Unternehmen in Frankreich in zehn Jahren vervierfacht. Der vorherrschende Grund für diese verzögerte Zahlungsweise ist der, dass die Kunden dieser Unternehmen ihrerseits, die bestehenden, offenen Forderungen nicht oder nur nach mehrmaliger Anmahnung begleichen.[855] Die mangelnde Zahlungsfähigkeit ihrer Kunden bringt die Unternehmen selbst in Liquiditätsschwierigkeiten. Nach einer Studie des „Crédit d'Equipement des Petites et Moyennes Entreprises“ (Ausstattungskredit der kleineren und mittleren Unternehmen) war bei mehr als 55 Unternehmen von 300, die zwischen 1983 und 1984 in Konkurs gefallen sind, der Grund hierfür mangelnde Verfügbarkeit von flüssigen Geldmitteln.[856] Dies hängt unter anderem mit den langen Zahlungsfristen in Frankreich zusammen (wenigstens 90 Tage Zahlungsziel). Denn je ausgedehnter die Zahlungsfristen

---

[853] *Rives-Lange/Contamine-Raynaud*, Rz. 813; *Escarra/Rault*, 147, Rz. 266; *Scheerer*, FS *Bärmann*, 817.

[854] *Dagognet*, Rev. Banque 1991, 609; *Delebecque*, JCl. Contrats/Distribution, Fasc. 795, Contrat de renseignement, Rz. 1.

[855] *Delebecque*, JCl. Contrats/Distribution, Fasc. 795, Contrat de renseignement, Rz. 1.

[856] *Delebecque*, JCl. Contrats/Distribution, Fasc. 795, Contrat de renseignement, Rz. 1.

sind, desto eher läuft ein Unternehmen Gefahr bei Fristablauf bzw. Fälligkeit für die erbrachte Leistung nicht bezahlt zu werden.[857] Um dieser Gefahr entgegenzuwirken, werden über die Solvenz des Kunden im Vorfeld Erkundigungen eingeholt. Da Banken aufgrund ihrer Tätigkeiten im vermögensrechtlichen wie kreditrechtlichen Bereich vielfach über die gewünschten Informationen verfügen, sind sie für Unternehmen die ideale Quelle, um die Zahlungsfähigkeit ihrer Kunden zu überprüfen.[858]

B. Grundlagen des französischen Haftungsrechts

Bevor die Haftung für fehlerhafte Auskunftserteilung im französischen Recht dargestellt wird, sollen zum besseren Verständnis die Grundlagen des französischen Haftungsrechts erläutert werden.

Im französischen Haftungsrecht wird als zivilrechtliche Haftung (responsabilité civile) die Verpflichtung verstanden, den einem anderen durch ein haftungsauslösendes Verhalten zugefügten Schaden zu ersetzen.[859] Jede zivilrechtliche Haftung beinhaltet drei grundsätzliche Voraussetzungen: Haftungsursache (faute), Schaden und Kausalzusammenhang zwischen Schaden und Haftungsursache.[860] Die responsabilité civile umfasst als Oberbegriff die vertragliche (responsabilité contractuelle) und deliktische Haftung (responsabilité délictuelle et quasi-délictuelle).[861]

I. Vertragsrecht

Das vertragliche Haftungsrecht ist in Artt. 1134 - 1155 Cc geregelt. Als responsabilité contractuelle wird die Verpflichtung eines Vertragspartners bezeichnet, den Schaden zu ersetzen, der durch die Nichterfüllung einer ihm auferlegten Vertragspflicht entstanden ist. Eine Pflicht wird demnach immer dann als vertragliche eingeordnet, wenn der beim Geschädigten eingetretene

---

[857] *Delebecque*, JCl. Contrats/Distribution, Fasc. 795, Contrat de renseignement, Rz. 1.

[858] *Bonneau*, Rz. 771; *Vezian*, Rz. 347; *Delebecque*, JCl. Contrats/Distribution, Fasc. 795, Contrat de renseignement Rz. 2, 31; *Grua*, Rz. 220; CA Paris 26.3.1982, Rev. trim. dr. com. 1982, 276, Nr. 9, Anm. *Cabrillac/Teyssié* = J.C.P. 1982, IV, 361; Cass. com., 24.11.1983, Dalloz 1984, inf. rap., 306 f., Anm. *Vasseur* = Bull. civ. 1984, IV, 279 f., Nr. 322 (Revisionsentscheidung zu CA Paris 26.3.1983).

[859] *Tunc* in: Rép. de droit civil, responsabilité (en général), Rz. 5.

[860] *Starck/Roland/Boyer*, Obligations, Bd. 2, Rz. 1436; *Mazeaud/Chabas*, Rz. 406 ; *Hübner/Constantinesco*, 181.

[861] *Tunc* in: Rép. de droit civil, responsabilité (en général), Rz. 5; *Starck/Roland/Boyer*, Obligations, Bd. 1, Nr. 10-12.

als vertragliche eingeordnet, wenn der beim Geschädigten eingetretene Schaden sich aus der Nichterfüllung einer Vertragspflicht ergibt.[862]

1) Faute

Im vertraglichen Haftungsrecht gründet sich die faute als Haftungsursache grundsätzlich auf die Nichterfüllung einer Vertragspflicht.[863] Bei wörtlicher Anwendung des Art. 1147 Cc würde der Schuldner einer vertraglichen Pflicht bei Nichterfüllung ohne jedes Verschulden haften, soweit er nicht das Vorliegen einer cause étrangère nachweisen kann.[864] Da dies im Widerspruch zu Art. 1137 Cc stünde, wonach derjenige, der zur Erhaltung einer Sache verpflichtet ist, die Sorgfalt eines ordentlichen Familienvaters (bon père de famille) schuldet, unterscheiden Rechtsprechung und Lehre zwei Arten vertraglicher Verbindlichkeiten: Unter Art. 1147 Cc fallen nur obligations de résultat, unter Art. 1137 Cc dagegen obligations de moyens.[865]

a) Obligation résultat

Bei einer obligation de résultat verpflichtet sich der Schuldner dazu, einen bestimmten Erfolg herbeizuführen.[866] Bleibt dieser Erfolg aus und kann der Schuldner auch keine cause étrangère nachweisen, so steht die Verantwortlichkeit des Schuldners, die faute, fest. Die Verletzung der obligation de résultat begründet damit automatisch faute. Die faute bleibt zwar notwendige Haftungsvoraussetzung; bei einem Verstoß gegen eine vorgegebene bestimmte Pflicht wird das Bestehen der faute aber unterstellt. Es wird vermutet, dass die Pflichtverletzung durch ein schuldhaftes Verhalten des Schädigers verursacht worden

---

[862] *Starck/Roland/Boyer*, Obligations, Bd. 1, Rz. 10; *Tunc* in: Rép. de droit civil, responsabilité (en général), Rz. 8; *Légier* in: Rép. de droit civil, responsabilité contractuelle, Rz. 1.

[863] *Tunc* in: Rép. de droit civil, responsabilité (en général), Rz. 65, 81; *Hübner/Constantinesco*, 179.

[864] *Malaurie/Aynès*, Obligation Bd. 2, Rz. 551; *Terré/Simler/Lequette*, Rz. 552 .

[865] *Légier* in: Rép. de droit civil, responsabilité contractuelle, Rz. 59; *Malaurie/Aynès*, Obligation Bd. 2, Rz. 551, 553; *Tunc* in: Rép. de droit civil, responsabilité (en général), Rz. 81 ff.; *Terré/Simler/Lequette*, Rz. 553; *Starck/Roland/Boyer*, Obligations, Bd. 1, Rz. 1018 ff., 1022 ff.; *Sonnenberger/Autexier*, Rz. 85, S. 131; *Mazeaud/Chabas*, Rz. 440; *Hübner/Constantinesco*, 180.

[866] *Starck/Roland/Boyer*, Obligations, Bd. 2, Rz. 1018, 1457; *Malaurie/Aynès*, Obligation Bd. 2, Rz. 559; *Terré/Simler/Lequette*, Rz. 552; *Légier* in: Rép. de droit civil, responsabilité contractuelle, Rz. 59.

ist. Ihm obliegt der Beweis, dass der Schaden durch eine anderweitige, nicht von ihm ausgehende Einwirkung verursacht worden ist.[867]

Ein Vergleich mit § 282 BGB aufgrund der Vermutung der faute ist insofern zweifelhaft, als dass sich der Schuldner bei der obligations de résultat nicht mit dem Nachweis fehlender faute entlasten kann. Er wird vielmehr nur durch den Nachweis einer cause étrangère, insbesondere Verhalten Dritter, höherer Gewalt nach Art. 1148 Cc entlastet.[868]

b) Obligations de moyens

Bei einer obligation de moyens verpflichtet sich der Schuldner lediglich dazu, bei der Erfüllung seiner Verpflichtung mit der Sorgfalt eines bon père de famille vorzugehen. Der Eintritt eines darüber hinausgehenden Erfolgs wird nicht Vertragsinhalt.[869] Der Gläubiger muss einen Sorgfaltsverstoß des Schuldners, ein comportement fautif, darlegen. Er muss beweisen, dass der Schuldner nicht alle ihm zur Verfügung stehenden Mittel eingesetzt hat und damit nicht die erforderliche Sorgfalt angewandt hat.[870]

Ein Verstoß gegen die obligation de moyens begründet nicht ohne weiteres faute. Vielmehr geht die Prüfung der faute in eine Verschuldensprüfung über.[871] Da die faute sich aus der Art des konkreten Verhaltens des Schuldners ergibt, also aus seinem persönlichen Handeln, kann sie nicht bereits mangels Herbeiführung eines bestimmten Erfolges vermutet werden. Das Verschulden stellt eine Haftungsvoraussetzung dar, deren Vorliegen konkret am einzelnen Fall zu überprüfen ist.[872] Nach deutscher Terminologie überwiegt in diesem Fall das in der faute enthaltene Schuldmoment.[873] In diesem Sinne wird ein Verstoß gegen die obligation de résultat als Gefährdungs- bzw. Erfolgshaftung (responsabilité

---

[867] *Mazeaud/Chabas*, Rz. 440; *Tunc* in: Rép. de droit civil, responsabilité (en général), Rz. 82; *Terré/Simler/Lequette*, Rz. 552; *Malaurie/Aynès*, Obligation Bd. 2, Rz. 559; *Starck/ Roland/Boyer*, Obligations, Bd. 2, Rz. 1020; 1457 ff.; *Hübner/Constantinesco*, 180.

[868] *Sonnenberger/Autexier*, 131, Rz. 85.

[869] *Starck/Roland/Boyer*, Obligations, Bd. 2, Rz. 1022, 1466; *Malaurie/Aynès*, Obligation Bd. 2, Rz. 553; *Terré/Simler/Lequette*, Rz. 554; *Légier* in: Rép. de droit civil, responsabilité contractuelle, Rz. 59.

[870] *Malaurie/Aynès*, Obligation Bd. 2, Rz. 553; *Terré/Simler/Lequette*, Rz. 554; *Starck/ Roland/Boyer*, Obligations, Bd. 2, Rz. 1466; *Tunc* in: Rép. de droit civil, responsabilité (en général), Rz. 82; *Légier* in: Rép. de droit civil, responsabilité contractuelle, Rz. 59; *Hübner/Constantinesco*, 180.

[871] *Mazeaud/Chabas*, Rz. 440.

[872] *Ferid/Sonnenberger*, 2 O 113, 2 O 138.

[873] *Ferid/Sonnenberger*, 2 O 103.

objective) und der Verstoß gegen die obligation de moyens als Verschuldenshaftung (responsabilité subjective) eingeordnet.[874]

Zu welcher Kategorie eine Verpflichtung gehört, ist nicht für alle Vertragsarten geklärt. Die Rechtsprechung hat hierzu eine umfangreiche Kasuistik entwickelt.

c) Einteilung der faute in verschiedene Haftungsstufen

Es werden die faute dolosive bzw. intentionelle, faute lourde, faute inexcusable und faute ordinaire bzw. légère unterschieden.

aa) Faute dolosive

Faute dolosive liegt vor bei arglistigem Verhalten. Voraussetzung einer faute dolosive ist entweder Schädigungsabsicht oder Bösgläubigkeit. Letztere ist zu bejahen, wenn gegen den Vertrag bewusst und wohl überlegt verstoßen worden ist, ohne dass in diesem Fall Schädigungsabsicht vorliegen muss. Es reicht vielmehr aus, dass der Schuldner die Gewissheit hat, dass sein Verhalten den Schaden verursacht.[875]

bb) Faute lourde

Die faute lourde beinhaltet kein vorsätzliches Verhalten. Dadurch unterscheidet sie sich von der faute dolosive.[876] Faute lourde ist bei grober Fahrlässigkeit gegeben.[877] Der Schuldner hat den Schaden zwar nicht herbeiführen und die Vertragserfüllung nicht ablehnen wollen, sich aber so grob fahrlässig verhalten, als ob dies der Fall gewesen wäre.[878] Sie beinhaltet einen besonders schwerwiegenden Verstoß. Dieser gravierende Mangel kann entweder in dem fehlerhaften Verhalten des Schuldners oder in den sich aus dem Mangel ergebenden Konsequenzen liegen, welche die Grundlage des Vertrages zerstören, dass heißt zu einer Nichterfüllung einer Hauptleistungspflicht führen. Eine faute lourde ist ge-

---

[874] *Légier* in: Rép. de droit civil, responsabilité contractuelle, Rz. 59; *Starck/Roland/* Boyer, Obligations, Bd. 2, Rz. 1464.

[875] *Malaurie/Aynès*, Obligation Bd. 2, 339, Rz. 564; *Mazeaud/Chabas*, Rz. 446; *Tunc* in: Rép. de droit civil, responsabilité (en général), Rz. 108; *Terré/Simler/Lequette*, Rz. 549; *Marty/Raynaud*, 537.

[876] *Terré/Simler/Lequette*, 516, Rz. 550; *Malaurie/Aynès*, Obligation Bd. 2, 339, Rz. 564; *Mazeaud/ Chabas*, Rz. 447.

[877] *Terré/Simler/Lequette*, 516 Rz. 550; *Mazeaud/Chabas*, Rz. 447.

[878] *Mazeaud/Chabas*, Rz. 447.

geben, wenn der Schuldner eine Hauptleistungspflicht nicht erfüllt (obligation essentielle).[879]

cc) Faute inexcusable

Die faute inexcusable wird vom Gesetz für eine Haftung in bestimmten Fällen vorausgesetzt. Sie ist eine Eigenart des Transport-, Luftfahrt- und Seerechts sowie des Arbeitsunfalls- und Straßenverkehrsrechts. Sie verschärft die Haftung des Schuldners.[880] Sie beinhaltet eine unentschuld-bare grobe Fahrlässigkeit. Im Unterschied zur faute lourde muss bei der faute inexcusable ein Gefährdungsbewusstsein vorhanden sein, ohne dass vorsätzliches Handeln erforderlich wäre.[881]

dd) Faute ordinaire ou légère

Die faute légère ist einfache Fahrlässigkeit, welche für eine Haftung als ausreichend angesehen wird.[882]

2) Schaden

a) Allgemeiner Schadensbegriff

Weitere Voraussetzung einer vertraglichen Haftung ist der Eintritt eines Schadens bei dem Gläubiger. Diesem obliegt die Beweislast für den eingetretenen Schaden. Im Bereich der vertraglichen Haftung wird das Vorliegen eines Schaden bei Nichterfüllung des Vertrages aber vermutet.[883]

Der Begriff des Schadens stimmt im Delikts- und Vertragsrecht überein.[884] Der ersatzfähige Schaden wird durch die Kriterien direct, certain und légitime

---

879 *Malaurie/Aynès*, Obligation Bd. 2, 339, Rz. 564; *Marty/Raynaud*, 538.

880 *Malaurie/Aynès*, Obligation Bd. 2, 339, Rz. 564; *Mazeaud/Chabas*, 443, Rz. 447.

881 *Terré/Simler/L*equette, 617, Rz. 550; *Mazeaud/Chabas*, 443, Rz. 447.

882 *Malaurie/Aynès*, Obligation Bd. 2, 339, Rz. 564; *Mazeaud/Chabas*, 451, Rz. 450; *Légier* in: Rép. de droit civil, responsabilité contractuelle, Rz. 143.

883 *Malaurie/Aynès*, Obligation Bd. 2, Rz. 574; *Légier* in: Rép. de droit civil, responsabilité contractuelle, Rz. 155; *Carbonnier*, 260, Rz. 155.

884 *Légier* in: Rép. de droit civil, responsabilité contractuelle, Rz. 158; *Starck/Roland/Boyer*, Obligations Bd. 2 , Rz. 1437; *Mazeaud/Chabas*, Rz. 407.

bestimmt.[885] Auf den Schadensbegriff im Allgemeinen soll unten bei der Darstellung des Deliktsrechts eingegangen werde.[886]

Eine vertragliche Besonderheit des Schadensbegriff, welche nicht im Deliktsrecht wiederzufinden ist, stellt das in Art. 1150 Cc verankerte Prinzip der Vorhersehbarkeit des Schadens dar.

b) Vorhersehbarkeit des Schadens

Art. 1150 Cc begrenzt den Schadensersatz auf den vorhersehbaren Schaden. Der Schuldner soll nur für den Schaden haftbar gemacht werden können, den er bei Vertragsschluß vorhergesehen hat, bzw. der für ihn vorhersehbar war.

Die vertragliche Haftung basiert auf dem Willen der Vertragspartner. Wenn ein Vertrag geschlossen wird, dann werden bestimmte Risiken der Vertragsausführung mit einbezogen. Der Schuldner haftet nur für den Schaden, dessen Eintritt von ihm zuvor in Betracht gezogen werden musste. Der Schuldner soll nur zu etwas verpflichtet werden, das er erkennen und überblicken kann.[887]

Da diese Begründung aber nur bei vertraglichen Verpflichtungen zutrifft, gilt die Beschränkung auf den dommage prévisible nicht für das Deliktsrecht.

Die Begrenzung des Schadensersatzes auf den vorhersehbaren Schaden gilt gemäß Art. 1150 Cc ebenfalls nicht bei dol bzw. faute intentionelle. Der arglistigen bzw. vorsätzlichen Nichterfüllung der vertraglichen Verpflichtung hat die Rechtsprechung die faute lourde gleichgestellt.[888] Auch bei faute lourde soll der Schuldner den unbegrenzten Schaden ersetzen müssen, ohne dass es auf dessen Vorhersehbarkeit ankommt.[889]

---

[885] *Malaurie/Aynès*, Obligation Bd. 2, Rz. 575 f.; *Terré/Simler/Lequette*, Rz. 670-673; *Starck/Roland/Boyer*, Obligations Bd. 1, Rz. 91, 101, 1200; *Mazeaud/Chabas*, Rz. 410.

[886] Siehe unten S. 223 ff.

[887] *Starck/Roland/Boyer*, Obligations Bd. 2, Rz. 1438 ff., 1444; *Légier* in: Rép. de droit civil, responsabilité contractuelle, Rz. 163; *Malaurie/Aynès*, Obligation Bd. 2, Rz. 577; *Hübner /Constantinesco*, 183.

[888] Cass. req. 24.10.1932, Dalloz 1932, I, 176, Anm. *Esmein*; *Malaurie/Aynès*, Obligation Bd. 2, 339, Rz. 564; *Légier* in: Rép. de droit civil, responsabilité contractuelle, Rz. 167; *Starck/Roland/Boyer*, Obligations Bd. 2, Rz. 1451.

[889] Cass. com., 25.3.1963, Dalloz 1964, jurisprudence, 17, Anm. *Rodière*, 3ème espèce.

3) Kausalität

Der Kausalzusammenhang zwischen der Nichterfüllung des Vertrages und dem Schaden ist die dritte Voraussetzung der vertraglichen Haftung.

Die Nichterfüllung der Vertragspflicht muss für den Schaden ursächlich sein. Legt man Art. 1151 Cc zugrunde, so scheint das Gesetz der Bedingungstheorie zu folgen. Zugleich wird aber verlangt, dass die Nichterfüllung den Schaden unmittelbar und direkt verursacht hat. Unter Berücksichtigung von Art. 1150 Cc (Vorhersehbarkeit des Schadens) und Art. 1147 Cc (cause étrangère) wird zunehmend die Adäquanztheorie befürwortet.[890]

Da sich die im Zusammenhang mit der Kausalität aufgeworfenen Fragen im Vertrags- und Deliktsrecht decken, kann an dieser Stelle auf die im deliktsrechtlichen Teil noch folgenden Ausführungen verwiesen werden.[891]

4) Haftungsbeschränkungsklauseln

Grundsätzlich kann ein Vertrag durch eine Haftungsfreizeichnungsklausel (clause de non-responsabilité) beschränkt werden. Darin kann vereinbart werden, dass der Schuldner bei Nichterfüllung oder mangelhafter Erbringung der Leistung nicht haftet und keinen Schadensersatz zu leisten hat.

Ursprünglich sah die Rechtsprechung in solchen Klauseln nur eine Beweislastumkehr zu Lasten des Gläubigers, die sich praktisch nur bei obligations de résultat auswirken konnte und im Ergebnis zur deliktsrechtlichen Beweislastverteilung führte.[892] Heute wird dagegen ein echter Haftungsausschluss angenommen. Eine Haftungsausschlussklausel oder -beschränkungsklausel befreit den Schuldner daher auch dann von seiner Haftung, wenn bewiesen ist, dass er faute begangen hat.[893] Der Schuldner kann sich aber nur von der Haftung für faute légère befreien. Unzulässig ist dagegen

---

[890] *Mazeaud/Chabas*, Rz. 566; *Hübner/Constantinesco*, 182.

[891] Siehe unten S. 234.

[892] Cass. civ. 9.11.1915, Dalloz 1921, I, 23; *Capitant/Terré/Lequette*, Nr. 95; *Terré/Simler/Lequette*, Rz. 594.

[893] Cass. soc. 3.8.1948, Dalloz 1950, jurisprudence, 536; Cass. com., 6.7.1955, Gaz.Pal. 1955, II, 253; Cass. com. 15.6.1959, Dalloz 1960, jurisprudence, 97, Anm. *Rodière*; *Capitant/Terré/Lequette*, Nr. 96; Cass. civ. 12.12.1984, Rev. trim. dr. civ. 1986, 772, Anm. *Huet*; *Terré/Simler/Lequette*, Rz. 594; *Starck/Roland/Boyer*, Obligations Bd. 2 , Rz. 1631 ff.; *Légier* in: Rép. de droit civil, responsabilité contractuelle, Rz. 262; *Carbonnier*, 297, Rz. 182.

faute légère befreien. Unzulässig ist dagegen die Freizeichnung hinsichtlich Arglist, Vorsatz und faute lourde.[894]

5) Effet relatif des contrats

Ein Vertrag entfaltet gemäß Art. 1165 Cc grundsätzlich nur Rechtswirkung zwischen den Vertragsparteien. Eine haftungsrechtliche Verantwortlichkeit aus Vertrag ergibt sich für den Schädiger nur, wenn er zu dem Geschädigten in vertraglichen Beziehungen steht. Schädiger und Geschädigter müssen daher die Vertragsparteien des Vertrages sein, dessen Nichterfüllung den Schaden verursacht hat. Die Nichterfüllung der vertraglichen Verpflichtung muss durch die eine Vertragspartei, den Schuldner, verursacht und der Schaden bei dem anderen Vertragspartner, dem Gläubiger, eingetreten sein. Wenn der Schädiger oder der Geschädigte ein Dritter ist, dann ist auf die außervertragliche Haftung zurückzugreifen.[895]

Von diesem Grundsatz werden jedoch Ausnahmen zugelassen. Dadurch wird der ursprünglich begrenzte Anwendungsbereich des vertraglichen Haftungsbereichs weiter ausgedehnt.[896] Die Ausweitung eines Vertrages auf dritte Personen kann auf zwei verschiedene Arten erreicht werden: Zum einen durch die Annahme eines Vertrages zugunsten Dritter (stipulation pour autrui) und zum anderen im Wege einer action directe (Durchgriffshaftung).[897]

II. Deliktsrecht

Das französische Deliktsrecht geht in Art. 1382 und 1383 Cc von zwei Generalklauseln aus. Art. 1382 Cc (délit) regelt die vorsätzliche und Art. 1383 Cc (quasi-délit) die fahrlässige Handlung. Nach Art. 1382 Cc verpflichtet jedes Handeln eines Menschen, das einem anderen Schaden zufügt, denjenigen, durch

---

[894] Cass. com. 7.6.1952, Dalloz, jurisprudence, 651; Cass. com. 15.6.1959, Dalloz 1960, jurisprudence, 97; Cass. civ. 4.2.1969, Dalloz 1969, jurisprudence, 601, Anm. *Mazeaud*; Cass. Ass. plén. 30.6.1998, J.C.P. 1998, II, 10146, Anm. *Delebecque* = Rev. trim. dr. civ. 1999, 119, Anm. *Jourdain*; *Terré/Simler/Lequette*, Rz. 595; *Starck/Roland/Boyer*, Obligations Bd. 2, Rz. 1624; *Légier* in: Rép. de droit civil, responsabilité contractuelle, Rz. 251 ff.; *Carbonnier*, Rz. 182, S. 297; *Malaurie/Aynès*, Obligation Bd. 2, Rz. 599; *Hübner/Constantinesco*, 180.

[895] *Légier* in: Rép. de droit civil, responsabilité contractuelle, Rz. 41; *Terré/Simler/Lequette*, Rz. 460 ff.; *Malaurie/Aynès*, Obligation Bd. 2, Rz. 391 ff.; *Starck/Roland/ Boyer*, Obligations Bd. 2 , Rz. 1252.

[896] *Légier* in: Rép. de droit civil, responsabilité contractuelle, Rz. 41.

[897] *Malaurie/Aynès*, Obligation Bd. 2, Rz. 410 ff.; *Terré/Simler/Lequette*, Rz. 481 ff.; *Légier* in: Rép. de droit civil, responsabilité contractuelle, Rz. 41; *Hübner/Constantinesco*, 185.

dessen Verschulden dieser eingetreten ist, zum Schadensersatz. Art. 1383 Cc ergänzt Art. 1382 Cc, indem er bestimmt, dass jedermann nicht nur für den Schaden haftet, den er vorsätzlich herbeiführt, sondern auch für denjenigen, den er durch seine Fahrlässigkeit oder Nachlässigkeit verursacht. Damit wird eine allgemeine Haftung für schuldhaft verursachte Schäden begründet.[898]

Die beiden Begriffe délit und quasi délit werden heute meist ohne weiteres nebeneinander gestellt, da deren Unterscheidung keine praktische Relevanz mehr hat. Beide Normen können als Grundnormen der responsabilité délictuelle zusammengefaßt werden.[899]

Voraussetzung einer deliktsrechtlichen Haftung ist, wie bei der vertraglichen Haftung, eine faute des Schädigers, ein Schaden des Verletzten, sowie Kausalität.[900] Zum Schadensersatz verpflichtet daher jedes menschliche Verhalten, das auf faute beruht und einen Schaden herbeiführt.

Die Generalklausel weist keine Beschränkungen auf wie sie im deutschen Recht durch den Numerus clausus der absolut geschützten Rechte des § 823 Abs. 1 BGB oder durch das grundsätzliche Verbot der Kompensation von Nichtvermögensschäden in Geld gegeben sind. Reine Vermögensschäden sind grundsätzlich ebenso ersatzfähig wie Nichtvermögensschäden.[901]

Es wurde bewußt darauf verzichtet, Art, Umfang und Reichweite deliktsrechtlicher Ansprüche gesetzlich zu strukturieren und zu begrenzen. Diese Aufgabe wurde von der Rechtsprechung und in geringerem Maße auch von der Literatur durch differenzierte Auslegung der drei Tatbestandsmerkmale faute, Schaden und Kausalität ausgefüllt.[902] Das Deliktsrecht in Frankreich ist somit durch die Rechtsprechung geprägt und geformt und kann als Richterrecht bezeichnet werden.[903]

---

[898] *Gotthardt* in: v. Bar, Deliktsrecht in Europa, 16; *Hübner/Constantinesco*, 201.

[899] *Ferid/Sonnenberger*, 2 O 3, Fn. 10; *Tunc* in: Rép. de droit civil, responsabilité (en général), Rz. 52; *Terré/Simler/Lequette*, Rz. 654, Fn. 2; *Starck/Roland/Boyer*, Obligations, Bd. 1, Rz. 5.

[900] *Tunc* in: Rép. de droit civil, responsabilité (en général), Rz. 8; *Hübner /Constantinesco*, 201.

[901] *Gotthardt* in: v. Bar, Deliktsrecht in Europa, 17; *Sonnenberger/Autexier*, 138 f.

[902] *Gotthardt* in: v. Bar, Deliktsrecht in Europa, 17.

[903] *Ferid/Sonnenberger*, 2 O 11.

1) Faute

Aufgrund der Weite der deliktsrechtlichen Generalklausel mussten einschränkende Kriterien einer Haftung gefunden werden. Wichtigster Ansatzpunkt hierfür ist eine Eingrenzung des Begriffs der faute.

a) Abstrakte Definition

Im Deliktsrecht wurden umfangreiche Diskussionen über eine mögliche Definition der faute geführt.[904] In der Literatur ist versucht worden, eine allgemeine abstrakte Definition des Begriffs der faute zu formulieren.[905] Nach der Definition Planiols soll eine Schadensersatzpflicht nur ausgelöst werden, wenn gegen eine obligation préexistante verstoßen wird. In diesem Sinne setzt eine Haftung einen Verstoß gegen eine bestehende Verpflichtung voraus. Im Deliktsrecht handelt es sich um eine gesetzliche Verpflichtung und im Vertragsrecht um eine vertragliche.[906] Die Verpflichtung muss daher bereits vor dem Verstoß bestanden haben.

Nach Mazeaud beinhaltet die faute einen Verhaltensfehler, der einer verständigen Person, unter den gleichen äußeren Umständen wie diejenigen, in denen sich der Schädiger befand, nicht unterlaufen wäre („La faute est une erreur de conduite telle qu'elle n'aurait pas été commise par une personne avisée, placée dans les mêmes circonstances externes que le défendeur").[907]

Bei der Bestimmung des Begriffs der faute besteht, bei Abweichungen im einzelnen, im übrigen insoweit Einigkeit, als die faute einen Verstoß gegen eine Verhaltenspflicht darstellt. Das heißt, das Verhalten des Schädigers muss pflichtwidrig im weitesten Sinne gewesen sein.[908] Diese Versuche, eine abstrakte Definition des Begriffs der faute zu formulieren, sind jedoch sehr allgemein gehalten und können kaum als ausreichend angesehen werden, um im konkreten Fall die faute einzugrenzen.

---

[904] *Tunc* in: Rép. de droit civil, responsabilité (en général), Rz. 70 ff.

[905] Siehe Übersicht bei *Conte* in: Rép. de droit civil, responsabilité du fait personnel, Rz. 9.

[906] *Planiol*, Rev. crit. leg. juris. 1905, 277, 283; *Mazeaud/Chabas*, Rz. 442; *Malaurie/Aynès*, Rz. 52.

[907] *Mazeaud/Chabas*, Rz. 453.

[908] *Tunc* in: Rép. de droit civil, responsabilité (en général), Rz. 70 ff; *Malaurie/Aynès*, Rz. 52 f; *Terré/Simler/Lequette*, Rz. 687; *Starck/Roland/Boyer*, Obligations Bd. 1, Rz. 275 f.

b) Praktische Bestimmung der faute

Andere Stimmen in der französischen Literatur sind der Ansicht, eine abstrakte Definition könne keine Antwort auf die Frage geben, worin diese abstrakt definierte Verpflichtung besteht. Eine Definition der faute sei nicht zu erreichen. Mit faute sei allgemein ein Unwerturteil gemeint, in das sowohl soziale als auch sittlich-moralische Elemente einfließen. Eine nähere Bestimmung der faute ist danach nur im Wege einer pragmatischen Vorgehensweise zu erreichen, die tatsächlich auf die Bildung von Fallgruppen hinausläuft.[909]

Dem ist zuzustimmen, denn der Ansatz der Generalklausel im französischen Deliktsrecht macht es notwendig, ein und denselben nicht genau abstrakt definierten Begriff (faute) für eine kaum begrenzbare Anzahl schädigender Handlungen zu verwenden.[910]

Auch die französische Rechtsprechung hat zu keinem Zeitpunkt eine Definition des Begriffs der faute ausdrücklich bestätigt. Sie hat immer einzelfallbezogen aus Zweckmäßigkeitsgesichtspunkten heraus entschieden.[911] Mal hat sie die Definition Planiols herangezogen,[912] mal den Begriff des bon père de famille,[913] der den Maßstab der verkehrsüblichen Sorgfalt beschreibt. Der Richter wird daher seiner Entscheidung nicht die in der Literatur entwickelte abstrakte Definition des Begriffs der faute zugrunde legen, sondern seine Entscheidung vielmehr davon abhängig machen, wie er sich selbst unter gleichen Umständen verhalten hätte.[914]

c) Elemente der faute

Die faute verbindet Elemente der Rechtswidrigkeit und des Verschuldens. Es wird nicht zwischen objektivem Unwerturteil und subjektiver Zurechenbarkeit unterschieden.[915] Dass hier nicht wie im deutschen Deliktsrecht eine klare Trennung vorgenommen wird, ist beabsichtigt und beruht auf der Überzeugung, dass beides ineinander übergeht. Je nachdem ob die faute lediglich in einem Verstoß gegen eine vorgegebene Norm liegt oder sie sich gerade aus der Art des

---

[909] *Conte* in: Rép. de droit civil, responsabilité du fait personnel, Rz. 11, 13.

[910] *Gotthardt* in: v. Bar, Deliktsrecht in Europa, 18; *Ferid/Sonnenberger*, 2 O 105 f.

[911] *Conte* in: Rép. de droit civil, responsabilité du fait personnel, Rz. 11.

[912] Cass. civ. 25.10.1973, Bull. Civ. 1973, II, Nr. 278.

[913] Cass. req. 5.5.1942, Recueil Sirey 1942, 1, 125; Cass. civ. 16.7.1953, J.C.P.1953, II, 7792.

[914] *Conte* in: Rép. de droit civil, responsabilité du fait personnel, Rz. 11.

[915] *Planiol*, Rev. crit. leg. juris. 1905, 277, 283; *Mazeaud/Chabas*, Rz. 448; *Gotthardt* in: v. Bar, Deliktsrecht in Europa, 17; *Ferid/Sonnenberger*, 2 O 138.

konkreten Verhaltens erst ergibt, wird dem Verschuldensmoment mehr oder weniger große Bedeutung beigemessen.[916]

aa) Pflichtverletzung

Auch wenn die Rechtswidrigkeit nicht als eigenständiger Begriff besteht, so stellt die Pflichtverletzung doch ein zwingendes Element der faute délictuelle dar.[917] Zu unterscheiden sind Verstöße gegen ganz bestimmte vorgegebene Pflichten (obligation de résultat ou obligation determinée) von der generellen Pflicht zu sorgfältigem Verhalten (obligation de moyens, simple diligence).

(1) Einzelne Pflichtverletzungen

Pflichten, deren Nichtbefolgung als faute gilt, können zum einen in geschriebenen Rechtssätzen begründet sein, wie förmliche (lois) oder materielle Gesetze (décrets, ordonnances, arrêtes).[918] Zum anderen können aber auch Verstöße gegen außergesetzliche Verhaltensregeln ein schuldhaftes Fehlverhalten beinhalten.[919] Daher kann auch die Nichteinhaltung von Verkehrssitten und kollektiven Verhaltensnormen, wie Berufsordnungen und in bestimmten Kreisen herrschende Gebräuche als faute gewertet werden.[920] Sogar Verstöße gegen an sich außerrechtliche Normen, die sich aus den Geboten von Sitte und Anstand ergeben, lassen sich auf diese Weise einordnen. In das Unwerturteil über das Fehlverhalten fließen auch sittlich-moralische Wertungen ein.[921]

Pflichtwidrig ist schließlich jedes Verhalten, das von dem eines Menschen von durchschnittlicher Sorgfalt und Einsichtskraft in gleicher Lage abweicht (obligation générale de prudence et diligence).[922]

Der an die Sorgfaltspflicht anzulegende Maßstab ist grundsätzlich abstrakter Natur.[923] Unerheblich ist, ob sich der Schädiger so verhalten hat, wie man es von ihm aufgrund seiner persönlichen Eigenschaften, Kenntnisse und Fähigkei-

---

[916] *Ferid/Sonnenberger*, 2 O 103; *Tunc* in: Rép. de droit civil, responsabilité (en général), Nr. 10 ff., 62; *Hübner/Constantinesco*, 201.

[917] Siehe oben S. 225.

[918] *Terré/Simler/Lequette*, Rz. 687; *Malaurie/Aynès*, Rz. 53.

[919] *Malaurie/Aynès*, Rz. 53.

[920] *Starck/Roland/Boyer*, Obligations Bd. 1, Rz. 280; *Sonnenberger/Autexier*, 138 f.

[921] *Malaurie/Aynès*, Rz. 53; *Starck/Roland/Boyer*, Obligations Bd. 1, Rz. 279 ff; *Terré/Simler/Lequette*, Rz. 691.

[922] *Mazeaud/Chabas*, Rz. 440; *Tunc* in: Rép. de droit civil, responsabilité (en général), Rz. 70 ff.

[923] *Starck/Roland/Boyer*, Obligations Bd. 1, Rz. 307.

ten erwarten konnte. Es wird vielmehr darauf abgestellt, wie sich eine ordentliche und sorgfältige Person, der im Code civil verschiedentlich erwähnte bon père de famille, verhalten hätte.[924] Allerdings werden auch auf dieser abstrakten Ebene bestimmte individualisierende Aspekte zugelassen. Denn maßgeblich ist das Verhalten eines Menschen in der konkreten Lage des Schädigers.[925]

Nach deutscher Systematik könnte die allgemeine Sorgfaltspflicht unter den Fahrlässigkeitsbegriff einzuordnen sein.[926] Bei Behandlung des Verschuldens wird darauf zurückzukommen sein. Derartige systematische Abgrenzungsfragen stellen sich für die französische Lehre nicht, da nicht zwischen objektivem Unwerturteil und subjektiver Zurechenbarkeit unterschieden wird.[927]

(2) Fehlen der faute kraft eines Rechtfertigungsgrundes

Da das französische System des Deliktsrechts den Begriff der Rechtswidrigkeit nicht kennt, haben an sich auch Rechtfertigungsgründe keinen Platz.[928] Bei Vorliegen eines Rechtfertigungsgrundes wird die faute selbst als ausgeschlossen angesehen.[929]

Die einzelnen Gründe, deren Vorliegen bei einer schädigenden Handlung faute ausschließen (faits justificatifs), sind meist im Strafrecht entwickelt und von dort in das Zivilrecht übernommen worden.[930] Einzelne Rechtfertigungsgründe sind Notwehr,[931] Nothilfe oder Notstand[932] und Befehl der Staatsgewalt.[933] Auch das Handeln aufgrund und im Rahmen eines dem Schädiger zu-

---

[924] *Terré/Simler/Lequette*, Rz. 698; *Starck/Roland/Boyer*, Obligations Bd. 1, Rz. 307; *Malaurie/Aynès*, Rz. 54 f; *Mazeaud/Chabas*, Rz. 448; *Tunc* in: Rép. de droit civil, responsabilité (en général), Rz. 70.

[925] *Starck/Roland/Boyer*, Obligations Bd. 1, Rz. 307.

[926] *Ferid/Sonnenberger*, 2 O 124.

[927] Siehe oben S. 226.

[928] *Ferid/Sonnenberger*, 2 O 125.

[929] *Terré/Simler/Lequette*, Rz. 703; *Sonnenberger/Autexier*, 138; *Conte* in: Rép. de droit civil, responsabilité du fait personnel, Rz. 54; *Gotthardt* in: v. Bar, Deliktsrecht in Europa, 22; *Ferid/Sonnenberger*, 2 O 125; *Hübner/Constantinesco*, 201.

[930] *Terré/Simler/Lequette*, Rz. 703; *Starck/Roland/Boyer*, Obligations Bd. 1, Rz. 292 ff.; *Conte* in: Rép. de droit civil, responsabilité du fait personnel, Rz. 55; *Gotthardt* in: v. Bar, Deliktsrecht in Europa, 22; *Ferid/Sonnenberger*, 2 O 125.

[931] *Starck/Roland/Boyer*, Obligations Bd. 1, Rz. 293.

[932] *Starck/Roland/Boyer*, Obligations Bd. 1, Rz. 300; *Terré/Simler/Lequette*, Rz. 704.

[933] *Terré/Simler/Lequette*, Rz. 704; *Conte* in: Rép. de droit civil, responsabilité du fait personnel, Rz. 57; *Starck/Roland/Boyer*, Obligations Bd. 1, Rz. 298.

stehenden Rechts schließt Pflichtwidrigkeit des Handelns aus, es sei denn, es liegt Rechtsmissbrauch (abus de droits) vor.[934]

Ob bei Einwilligung des Verletzten faute gegeben ist, hängt vom Verständnis der Allgemeinheit und nicht vom Willen des Opfers ab. Sie setzt insbesondere die Verfügungsbefugnis des Geschädigten über das verletzte Recht voraus. Die Einwilligung ist daher nur beachtlich, wenn Vermögensinteressen verletzt sind. Bei einer Körperverletzung ist sie unbeachtlich.[935]

Die Risikoübernahme durch den Verletzten kann allenfalls dazu führen, dass ihm ein Mitverschulden angelastet wird. Dies kann allerdings bis zur vollen Schadenstragungspflicht des Verletzten führen.[936] Behördliche Genehmigung des schädigenden Tuns stellt keinen Rechtfertigungsgrund dar.[937]

bb) Schuldvorwurf

Entsprechend den beiden Bestimmungen der Generalklausel, Art. 1382 und Art. 1383 Cc, werden zwei Arten der faute unterschieden. Das vorsätzliche Fehlverhalten des Art. 1382 Cc (délit) und das fahrlässige Fehlverhalten des Art. 1383 Cc (quasi-délit).

(1) Vorsatz

Bei der faute intentionelle richtet sich der Wille zum einen auf die schädigende Handlung und zum anderen auf den schädigenden Erfolg.[938] Nach der herrschenden Auffassung setzt der Vorsatz trotz der Bezeichnung faute intentionelle nicht etwa eine Schädigungsabsicht voraus, sondern es genügt vielmehr die Inkaufnahme des als möglich erkannten Schadens.[939]

Bei der faute intentionelle bedarf es nicht des Verstoßes gegen eine besondere gesetzliche, moralische oder sonstige Pflicht. Handeln mit Schädigungsab-

---

[934] *Terré/Simler/Lequette*, Rz. 708 ff.

[935] *Conte* in: Rép. de droit civil, responsabilité du fait personnel, Rz. 58; *Terré/Simler/Lequette*, Rz. 707; *Starck/Roland/Boyer*, Obligations Bd. 1, Rz. 302.

[936] *Terré/Simler/Lequette*, Rz. 707; *Starck/Roland/Boyer*, Obligations Bd. 1, Rz. 304.

[937] *Sonnenberger/Autexier*, 138; *Ferid/Sonnenberger*, 2 O 129.

[938] *Starck/Roland/Boyer*, Obligations Bd. 1, Rz. 311.

[939] *Mazeaud/Chabas*, Rz. 446; *Terré/Simler/Lequette*, Rz. 696; *Starck/Roland/Boyer*, Obligations Bd. 1, Rz. 311; *Conte* in: Rép. de droit civil, responsabilité du fait personnel, Rz. 70; Cass. civ. 1er 4.2.1969, Dalloz 1969, jurisprudence, 601; Cass civ. 1er 22.10.1975, Dalloz 1976, jurisprudence, 151; Cass. civ. 3e 11.4.1973, Bull. civ. 1973, III, Nr. 282.

sicht fällt schon von sich aus unter den Begriff der faute. Der Schädiger muss beweisen, dass die Kausalität fehlt oder sein Verhalten rechtmäßig war.[940]

(2) Fahrlässigkeit

Art. 1383 Cc unterscheidet zwar innerhalb der Fahrlässigkeit nicht zwischen mehreren Schuldstufen. Rechtsprechung und Literatur nehmen aber, wie bei der vertraglichen Haftung, zwischen faute très légère, légère und lourde eine Abgrenzung vor. Dabei wird der faute lourde besondere Bedeutung beigemessen. Hinzu kommt eine weitere Kategorie, die faute inexcusable.[941]

(a) Fahrlässigkeitsstufen

Es wird zwischen vier Fahrlässigkeitsstufen unterschieden: faute très légère, légère, lourde und faute inexcusable.

Da nach dem Code civil jegliche Fahrlässigkeit ausreicht, genügt bereits faute très légère, um die deliktische Haftung auszulösen.[942] Versuche einer genaueren Definition gibt es jedoch kaum.

Für wichtiger wird die Abgrenzung faute légère von faute lourde erachtet, da das Vorliegen der faute lourde bei einigen gesetzlichen Regelungen Haftungsvoraussetzung ist. Auch hier erschöpfen sich die Unterscheidungsmerkmale aber in allgemeinen Umschreibungen. Die faute lourde wird als besonders offenkundige Sorglosigkeit bezeichnet. Danach handelt es sich bei der faute lourde um ein Werturteil, dass die besonders grobe Leichtfertigkeit und situationsbezogene Verfehlung des Schädigers zum Ausdruck bringt.[943]

Die faute inexcusable unterscheidet sich von der faute intentionelle dadurch, dass hier der Schadenseintritt vom Standpunkt des Schädigers aus nur wahrscheinlich, nicht aber sicher ist. Der Begriff wird definiert als bewusste Fahrläs-

---

[940] *Gotthardt* in: v. Bar, Deliktsrecht in Europa, 20 f.; *Ferid/Sonnenberger*, 2 O 142.

[941] *Starck/Roland/Boyer*, Obligations Bd. 1, Rz. 312 ff.; *Terré/Simler/Lequette*, Rz. 697; *Mazeaud/Chabas*, Rz. 450; *Malaurie/Aynès*, Rz. 58, 59; *Tunc* in: Rép. de droit civil, responsabilité (en général), Rz. 109 ff.

[942] *Mazeaud/Chabas*, Rz. 450; *Starck/Roland/Boyer*, Obligations Bd. 1, Rz. 315.

[943] *Malaurie/Aynès*, Rz. 58; *Starck/Roland/Boyer*, Obligations Bd. 1, Rz. 313.

sigkeit, welche das Bewusstsein der Wahrscheinlichkeit des Schadenseintritts und seine waghalsige Inkaufnahme ohne rechtfertigenden Grund umfasst.[944]

(b) Bon père de famille

An dieser Stelle ist nun wieder auf den Begriff des bon père de famille zurückzukommen (siehe oben Seite 228). Zum einen dient dieser Begriff des durchschnittlichen Rechtsgenossen als Maßstab für eine bestimmte Verhaltensnorm. Gleichzeitig kann er aber auch als Richtlinie für die Zurechnung eines Verhaltens als fahrlässig herangezogen werden. Denn ein Verhalten ist dann als fahrlässig einzustufen, wenn es der Verhaltensnorm, wie ein bon père de famille zu handeln, nicht entspricht.[945]

Wie bereits erörtert, ist dieser Maßstab abstrakter Natur mit individualisierenden Einschlägen.[946] Diese Relativität der culpa in abstracto zeigt sich darin, dass an die Stelle des allgemeinen Begriffs des bon père de famille situations- bzw. berufsbezogene Begriffe wie bon professionel, bon conducteur, bon alpiniste oder bon fabricant treten können.[947] Mit diesen Kurzformeln werden sowohl die Fähigkeitsanforderungen umschrieben, nach denen der Schädiger sich beurteilen lassen muss, als auch die Regeln, nach denen er sich zu verhalten hat.

2) Schaden

a) Definition

Als Schaden kann allgemein jede Beeinträchtigung materieller oder immaterieller Art angesehen werden, die ein Geschädigter an welchem Rechtsgut und auf welchem Weg auch immer erleidet.[948] Das französische Recht sieht sich aufgrund dieser durch die Generalklausel verursachten allgemeinen offenen

---

[944] *Starck/Roland/Boyer*, Obligations Bd. 1, Rz. 312; *Malaurie/Aynès*, Rz. 59; *Mazeaud/ Chabas*, Rz. 447; Chambres réunies 15.7.1941, Gaz. Pal. 1941, 2, 254 = Dalloz Recueil 1941, 117.

[945] *Mazeaud/Tunc*, Rz. 423, S. 495.

[946] *Terré/Simler/Lequette*, Rz. 698; *Starck/Roland/Boyer*, Obligations Bd. 1, Rz. 307 ff.; *Malaurie/Aynès*, Rz. 54 f.; *Mazeaud/Chabas*, Rz. 449.

[947] *Mazeaud/Chabas*, Rz. 449.

[948] *Starck/Roland/Boyer*, Obligations Bd. 1, Rz. 90; *Mazeaud/Chabas*, Rz. 409; *Viney*, conditions, Rz. 249 ff.

Haltung des Deliktsrechts mit dem Problem einer angemessenen Einschränkung insbesondere der zu ersetzenden Vermögensschäden konfrontiert.[949]

Der ersatzfähige Schaden wird durch die Kriterien direct, certain und actuel eingegrenzt.[950] Darüberhinaus ist ein Schaden nur ersatzfähig, wenn er als légitime anzusehen ist.[951]

b) Eingrenzung des Schadensbegriffs

aa) Direct

„Direct" bedeutet nicht, dass dadurch der Ersatz des Schadens mittelbar Geschädigter ausgeschlossen ist.[952] Der Schaden muss vielmehr eine unmittelbare und direkte Folge der schädigenden Handlung sein. Die Unmittelbarkeit des Schadens als Erfordernis der Ersatzfähigkeit gehört daher zur Kausalitätsfrage.[953]

bb) Actuel – certain

Mit der Voraussetzung der actualité werden nicht etwa Schäden, die sich erst in der Zukunft verwirklichen können, von der Ersatzfähigkeit ausgeschlossen. Die Frage der actualité wird zusammen mit der Frage erörtert, wann das Eintreten eines Schadens als sicher (certain) gelten kann. Es geht daher vielmehr darum, ob der Schadenseintritt als natürliche Fortsetzung des jetzigen Zustands erscheint, wie man ihn im gegenwärtigen Zeitpunkt der Entscheidung durch den Instanzrichter einschätzen kann.[954] Der aktuelle und sichere Schaden ist von dem nur möglichen Schaden (dommage eventuel) abzugrenzen, der nicht ersatzfähig ist.[955]

---

[949] *Hübner* in: Ebenroth/Rouger, 45, Rz. 59; *Gotthardt* in: v. Bar, Deliktsrecht in Europa, 22.

[950] *Malaurie/Aynès*, Rz. 96, 241; *Terré/Simler/Lequette*, Rz. 670-672; *Starck/Roland/Boyer*, Obligations Bd. 1, Rz. 101, 1200; *Mazeaud/Chabas*, Rz. 410; *Hübner/Constantinesco*, 182.

[951] *Starck/Roland/Boyer*, Obligations Bd. 1, Rz. 91; *Terré/Simler/Lequette*, Rz. 673.

[952] *Terré/Simler/Lequette*, Rz. 672.

[953] *Terré/Simler/Lequette*, Rz. 672; *Viney*, conditions, Rz. 359; *Malaurie/Aynès*, Rz. 96.

[954] *Terré/Simler/Lequette*, Rz. 670; *Viney*, conditions, Rz. 276, 277; *Malaurie/Aynès*, Rz. 241; *Starck/Roland/Boyer*, Obligations Bd. 1, Rz. 101 f.; *Mazeaud/Chabas*, Rz. 411.

[955] *Terré/Simler/Lequette*, Rz. 670; *Viney*, conditions, Rz. 277; *Malaurie/Aynès*, Rz. 241; *Starck/Roland/Boyer*, Obligations Bd. 1, Rz. 102 f.; *Mazeaud/Chabas*, Rz. 412.

In diesem Zusammenhang wird auch die Möglichkeit der Ersatzfähigkeit des entgangenen Gewinns[956] neben dem positiven Schaden erörtert. In Art. 1149 Cc ist entsprechend § 252 Satz 1 BGB der Ersatz des entgangenen Gewinns geregelt. Diese Regel steht zwar im Vertragsrecht gilt aber auch für das Deliktsrecht.[957]

Ersatzfähig ist auch die Verletzung einer bloßen Gewinnaussicht (perte d'une chance). Die dafür erforderliche Einschätzung des voraussichtlichen und wahrscheinlichen Verlaufs ist naturgemäß unsicher. Hierbei kommt es für die Schadensbemessung auch auf die Wahrscheinlichkeit an, mit der sich die Chance verwirklicht hätte.[958]

cc) Intérêt légitime

Als legitim gilt ein Schaden, wenn ein rechtmäßiges Interesse des Geschädigten verletzt worden ist.[959] Grundsätzlich verpflichtet die Verletzung eines subjektiven Rechts sowie eines ausdrücklich rechtlich geschützten Interesses zum Ersatz des dadurch entstandenen Schadens. Das gilt aber auch für die Verletzung rein tatsächlicher, noch gar nicht rechtlich geschützter Interessen. Gemeint ist hier stets ein Vermögensinteresse.[960] Ausgeschlossen ist lediglich der Ersatz eines Interesses, das sich aus einer unsittlichen oder unerlaubten Beziehung herleitet, das heißt ein Schaden, der auf rechtlichen oder tatsächlichen Beziehungen beruht, die rechtswidrigen oder unmoralischen Charakter tragen.[961] Als illegitim und damit nicht ersatzfähig wurden Ansprüche auf Ersatz entgangenen Gewinns aus rechtswidrigen oder unmoralischen Geschäften angesehen.[962]

c) Schadensbemessung

Die Bestimmung des Schadens erfolgt unabhängig davon, ob der Schaden konkret als Verletzung des geschädigten Rechtsguts selbst oder abstrakt als Dif-

---

[956] *Terré/Simler/Lequette*, Rz. 670; *Starck/Roland/Boyer*, Obligations Bd. 1, Rz. 99; *Hübner/Constantinesco*, 183.

[957] *Malaurie/Aynès*, Obligation Bd. 2, Rz. 577; *Starck/Roland/Boyer*, Obligations Bd. 1, Rz. 99

[958] *Malaurie/Aynès*, Rz. 242; *Terré/Simler/Lequette*, Rz. 671; *Starck/Roland/Boyer*, Obligations Bd. 1, Rz. 102; *Mazeaud/Chabas*, Rz. 412; *Hübner/Constantinesco*, 183.

[959] *Terré/Simler/Lequette*, Rz. 673; *Starck/Roland/Boyer*, Obligations Bd. 1, Rz. 90-1 ff.

[960] *Starck/Roland/Boyer*, Obligations, Bd. 1, Rz. 91 f.

[961] *Terré/Simler/Lequette*, Rz. 674 f.; *Starck/Roland/Boyer*, Obligations Bd. 1, Rz. 95.

[962] Trib. com. Seine 10.6.1942, G. P. 1942, 2, 149; Trib. com. Paris 17.10.1951, Sirey Dalloz 1952, J, 438.

ferenz zwischen dem tatsächlichen Vermögen des Geschädigten und dem hypothetischen Vermögen zu berechnen ist, welches sich ohne die schädigende Handlung ergeben hätte. Da der französische Richter die Schadenshöhe frei und unabhängig ermitteln kann ohne Nachprüfungsmöglichkeit durch die Kassationsinstanz, fehlt für eine Unterscheidung in konkrete und abstrakte Schadensbemessung das Bedürfnis.[963]

3) Kausalzusammenhang

Die Schadensersatzpflicht ist dadurch begrenzt, dass der Schaden durch eine schädigende Handlung kausal verursacht worden sein muss. Wie die Kausalität zu bestimmen ist, ist in der Literatur umstritten. Die Definition der Kausalität als Voraussetzung des Schadensersatzes bereitet im französischen Recht erhebliche Schwierigkeiten.[964] Dies ist darauf zurückzuführen, dass die Schuld (faute) in der französischen Dogmatik die Rechtswidrigkeit miteinschließt. Daraus ergibt sich notwendigerweise eine erhebliche Einschränkung der objektiven Merkmale. Aufgrund dieses Übergewichts des Schuldmoments tritt im französischen Recht die Untersuchung der Kausalität in den Hintergrund.[965]

Die französische Rechtslehre geht wie auch im vertraglichen Haftungsrecht überwiegend von der Adäquanztheorie aus.[966] Dabei werden aber auch Wertungsgesichtspunkte berücksichtigt. Dies kann zu reinen Gefühls- oder Billigkeitserwägungen führen.[967] Denn die Frage der Kausalität zwischen schädigender Handlung und Schaden sei nicht nur mit Logik zu erfassen.[968] Vielmehr seien das Billigkeitsdenken und der gesunde Menschenverstand des Richters und sein Rechtsgefühl ausschlaggebend dafür, welche von mehreren als Ursache in Frage kommenden Faktoren als beherrschende anzusehen ist.[969]

Die Rechtsprechung neigt dazu, als kausal anzusehen, was vom Standpunkt einer vernünftigen Person aus den Eintritt eines Schadens erwarten lässt.[970] Im französischen Recht wird somit kein einheitlicher Kausalitätsbegriff angewendet. Bei der Ermittlung des Ursachenzusammenhangs werden auch subjektive Erwägungen mit herangezogen. Die Frage der faute und ihres Ausmaßes wird

---

963 *Ferid*, 2 B 87.
964 *Motulsky*, RabelsZ 25 (1960), 244 ff.
965 *Motulsky*, RabelsZ 25 (1960), 244.
966 *Mazeaud/Chabas*, Rz. 566; *Terré/Simler/Lequette*, Rz. 819; *Malaurie/Aynès*, Rz. 93.
967 *Mazeaud/Chabas*, Rz. 566.
968 *Carbonnier*, 345, Rz. 213.
969 *Malaurie/Aynès*, Rz. 96; *Carbonnier*, 346, Rz. 213.
970 *Carbonnier*, 347, Rz. 213.

bei der Feststellung der Kausalität unproblematisch mit berücksichtigt. Liegt z.B. eine absichtliche Schädigung (faute intentionelle) vor, so wird ohne weiteres die Kausalität bejaht, ohne dass es einer weiteren Prüfung bedarf. Auch die Annahme einer besonders schwerwiegenden Pflichtverletzung kann bei der Ermittlung des Ursachenzusammenhangs Berücksichtigung finden.[971]

Ein an sich bestehender Kausalzusammenhang gilt als unterbrochen, wenn der Schädiger nachweisen kann, dass eine dritte, nicht aus seinem Bereich stammende Ursache in das Kausalgeschehen eingegriffen hat, die er nicht vorhersehen konnte und deren Wirkung unausweichlich war.[972]

Es bleibt festzuhalten, dass die französische Rechtslehre eine einheitliche theoretische Erfassung der Kausalität als unmöglich ansieht. Dies führt dazu, dass bei der Bestimmung der Kausalität neben objektiven auch subjektive Elemente an Bedeutung gewinnen. Die Kausalität wird mehr als konkrete, fallbezogen wertende Billigkeitserwägung begriffen, als als logischer nach den Gesetzen der Wahrscheinlichkeit zu ermittelnder Ursachenzusammenhang wie im deutschen Recht.

III. Unterschiede zwischen Vertrags- und Deliktsrecht

Obwohl im Vertrags- und Deliktsrecht die gleichen Grundvoraussetzungen (faute, Schaden, Kausalität) für eine Haftung bestehen, weichen die Haftungsvoraussetzungen im einzelnen voneinander ab.[973] Die wichtigsten Unterschiede sollen noch einmal kurz zusammen gefasst werden:

Im Deliktsrecht muss der Geschädigte stets eine faute des Schädigers beweisen. Im Vertragsrecht steht er nur insoweit günstiger, als der Schädiger eine obligation de résultat verletzt hat. Bei dem Verstoß gegen eine obligation de moyen bleibt es bei der gleichen Beweislastverteilung wie im Deliktsrecht.

Hinsichtlich der Möglichkeit, eine Haftungsbeschränkung zu vereinbaren, erscheint das vertragliche Haftungsrecht für den Geschädigten weitaus ungünsti-

---

[971] *Starck/Roland/Boyer*, Obligations Bd. 1, Rz. 829, 835; Cass.civ. 11.2.1986 J.C.P. 87 II.20775.

[972] *Carbonnier*, Rz. 214; *Malaurie/Aynès*, 60; *Mazeaud/Chabas*, Rz. 571, *Viney*, conditions, Rz. 383.

[973] *Mazeaud/Chabas*, Rz. 395.

ger als das Deliktsrecht. Denn bei letzterem sind Haftungsbeschränkungen generell unwirksam.[974]

Zudem fehlt im Deliktsrecht die Begrenzung des Schadensersatzes auf den vorhersehbaren Schaden, die Art. 1150 Cc für das Vertragsrecht vorsieht.[975]

Bei der Verjährungsfrage, welche bisher nicht angesprochen worden ist, ist nicht allgemein gültig festzustellen, welche Haftungsgrundlage für den Geschädigten günstiger erscheint. Im Vertragsrecht sieht Art. 2262 Cc eine dreißigjährige Verjährungsfrist vor. Für Handelsgeschäfte gilt nach Art. 189 bis C.com. eine zehnjährige Frist. Für einzelne Bereiche gelten Sonderbestimmungen. Im Deliktsrecht galt lange Zeit ebenfalls die dreißigjährige Verjährungsfrist. Das Gesetz Nr. 85-677 vom 5. Juli 1985 hat diese auf zehn Jahre verkürzt (Art. 2270-1 Cc).[976]

IV. Grundsatz des non-cumul

Die Unterschiede in den Anspruchsgrundlagen erlangen um so größere Bedeutung als sie nicht frei miteinander konkurrieren. Vielmehr gilt der Grundsatz des non-cumul.

In diesem Zusammenhang wurde in der französischen Literatur und Rechtsprechung aber niemals in Frage gestellt, dass der Geschädigte nicht aus zwei Anspruchsgrundlagen zweifachen Schadensersatz erhalten dürfe. Dies ist selbstverständlich. Aber der Geschädigte würde gelegentlich gerne zwischen den beiden Anspruchsgrundlagen wählen. Da sie auf unterschiedlichen Haftungskriterien aufbauen, kann sich unter Umständen eine Anspruchsgrundlage für den Geschädigten günstiger erweisen als die andere.[977] Es geht daher um die Frage, ob ein und dasselbe Verhalten sowohl nach Vertragsrecht als auch nach Deliktsrecht mit Haftung bewehrt werden darf. Non-cumul bedeutet lediglich, diese Frage zu verneinen.[978] Eine Wahl zwischen den Anspruchsgrundlagen wird daher im französischen Recht ausgeschlossen. Tritt ein Schaden aufgrund von Umständen ein, die die Voraussetzungen der vertraglichen Haftung erfüllen, so ist für den Geschädigten jeder Rückgriff auf die deliktische Haftung ver-

---

974 Cass. civ. 17.2.1955, Dalloz, jurisprudence, 17; *Capitant/Terré/Lequette*, Nr. 108; *Starck/Roland/Boyer*, Obligations Bd. 2, Rz. 1631; *Tunc* in: Rép. de droit civil, responsabilité (en général), Rz. 155; *Terré/Simler/Lequette*, Rz. 593; *Mazeaud/Chabas*, Rz. 395.

975 *Mazeaud/Chabas*, Rz. 395.

976 *Mazeaud/Chabas*, Rz. 395.

977 *Tunc* in: Rép. de droit civil, responsabilité (en général), Rz. 174; *Légier* in: Rép. de droit civil, responsabilité contractuelle, Rz. 5.

978 *V. Bar*, Deliktsrecht, Rz. 432.

sperrt. Dieser Grundsatz wird einhellig in Literatur und Rechtsprechung vertreten.[979]

Eine Haftung kann daher nur als vertragliche oder nur als deliktische eingeordnet werde. Damit soll verhindert werden, dass die beiden Haftungsregime durch Heranziehung der jeweils günstigeren Regelungen vermischt werden. Dies ist durch den Grundsatz des non-cumul untersagt.[980] Eine Anwendung der deliktischen Haftung auf die Parteien eines Vertrages, welche zum Ziel hat, eine vertragliche Haftungsbeschränkungsklausel zu umgehen, kann daher nicht erfolgen.[981]

Zur Begründung wird auf die Spezifität des Vertrages verwiesen, der der gesetzlichen Regelung vorgeht. Wenn der Gesetzgeber und die Rechtsprechung die Grundsätze der vertraglichen Haftung eindeutig beschrieben und festgelegt haben, dann kann es nicht zulässig sein, dass eine Vertragspartei das auf diese Weise verankerte Recht umwälzt, indem sie sich auf gesetzliche Regelungen beruft, die einer anderen Haftungsgrundlage zuzuordnen sind.[982] Vertragshaftung greift danach stets bei Nichterfüllung einer Vertragspflicht ein. Die Ausdehnung von vertraglichen Nebenpflichten drängt zugleich das Deliktsrecht zurück.[983] Zudem muss gerade der Gläubiger der verletzten Pflicht betroffen sein. Dies ist unproblematisch bei direkten Vertragspartnern. In diesem Fall greift bei Verletzung gerade einer vertraglichen Pflicht stets auch Vertragsrecht ein. Eine Erweiterung der vertraglichen Haftung schafft aber die Gewährung von vertraglichen Direktansprüchen an Dritte.[984] Auch insoweit wird das Deliktsrecht zurückgedrängt.

---

[979] *Tunc* in: Rép. de droit civil, responsabilité (en général), Rz. 172 ff.; *Carbonnier*, Rz. 292, 296; *Terré/Simler/Lequette*, Rz. 758; *Légier* in: Rép. de droit civil, responsabilité contractuelle, Rz. 5 ff.; *Mazeaud/Chabas*, Rz. 404; *Malaurie/Aynès*, Obligation Bd. 2 Rz. 620; *Hübner/Constantinesco*, 181; Cass. civ. 6.1.1981, Bull. civ., I, Nr. 87; Cass. civ. 11.5.1982, Gaz.Pal. 1982, 2, 612; Cass. civ. 29.4.1987, Bull. civ., III, Nr. 90; Cass. civ. 24.6.1987, Bull. civ. III, Nr. 90.

[980] *Tunc* in: Rép. de droit civil, responsabilité (en général), Rz. 177.

[981] *Tunc* in: Rép. de droit civil, responsabilité (en général), Rz. 180.

[982] *Tunc* in: Rép. de droit civil, responsabilité (en général), Rz. 175; *Mazeaud/Chabas*, Rz. 401; *Malaurie/Aynès*, Obligation Bd. 2, Rz. 620.

[983] *Starck/Roland/Boyer*, Obligations Bd. 2, Rz. 1781-1796; *Mazeaud/Chabas*, Rz. 401; *Malaurie/Aynès*, Obligation Bd. 2, Rz. 616-619.

[984] *Starck/Roland/Boyer*, Obligations Bd. 2, Rz. 1801 ff., 1809 ff.; *Tunc* in: Rép. de droit civil, responsabilité (en général), Rz. 184; *Mazeaud/Chabas*, Rz. 399; *Malaurie/Aynès*, Obligation Bd. 2, Rz. 613 f.

C. Im Zusammenhang mit Auskunftserteilung verwendete Begriffe

Um eine korrekte Analyse der französischen Rechtsprechung und Literatur zur Auskunftshaftung vornehmen zu können, ist es zunächst notwendig, die im Zusammenhang mit der Auskunftserteilung im französischen Recht verwendeten Begriffe zu definieren und voneinander abzugrenzen. Hier werden unterschieden: avis, renseignement, expertise, conseil, mise en garde und assistance.[985]

I. Avis

Avis beinhaltet eine einfache Meinungskundgabe, welche lediglich die Ansicht über einen bestimmten Punkt zum Ausdruck bringt, welche für die vom Empfänger zu fällende Entscheidung völlig ohne Bedeutung sein kann.[986]

II. Renseignement und expertise

Der renseignement fügt als Auskunft der bloßen Meinungskundgabe das Element der objektiven Gewissheit (element de certitude) hinzu, welches der Meinung als subjektive Aussage fehlt.[987] In ähnlicher Weise bewertet die expertise als Gutachten schlicht und einfach die Probleme, die von dem Auftraggeber des Gutachtens mitgeteilt werden.[988]

III. Conseil

Der conseil geht noch über den renseignement und die expertise hinaus. Der Beratende teilt dem Ratsuchenden seine Meinung über eine bestimmte Frage mit und klärt ihn darüber auf, was am besten zu tun ist, um das von ihm angestrebte Ziel zu erreichen und das gestellte Problem zu lösen. Im Gegensatz dazu

---

985 *Reboul*, 14, 55, Rz. 3, 52 ff.; *Savatier*, Dalloz 1972, Chronique XXIII, Nr. 10; *Veaux*, JCl. Contrats Distribution, Fasc. 430, Contrats de conseil, Rz. 4; *Delebecque*, JCl. Contrats Distribution, Fasc. 795, Contrat de renseignement, Rz. 40; *Vezian*, 349; *Vasseur*, Banque 1983, 943, 948.

986 *Savatier*, Dalloz 1972, Chronique XXIII, Nr. 10.

987 *Delebecque*, JCl. Contrats Distribution, Fasc. 795, Contrat de renseignement, Rz. 40; *Savatier*, Dalloz 1972, Chronique XXIII, Nr. 10.

988 *Reboul*, 55, Rz. 52.

beinhaltet der renseignement ausdrücklich keine Anregung, in einer bestimmten Weise zu handeln.[989]

IV. Mise en garde und assistance

Die mise en garde beinhaltet eine Warnung vor einem bestimmten Umstand. Die assistance stellt die umfassenste Tätigkeit dar, welche nicht nur daraus besteht in bestimmten Situationen hinsichtlich der Vorgehensweise zu beraten, sondern weitergehend noch bei der Durchführung der angeratenen Maßnahmen zu helfen.[990]

V. Einordnung der Kreditauskunft

An die jeweiligen Tätigkeiten werden unterschiedliche Leistungsanforderungen gestellt.[991] Von avis bis assistance ist eine Steigerung hinsichtlich der zu erbringenden Leistung festzustellen. Im Rahmen der Erteilung eines conseil werden daher höhere Anforderungen an den zu erbringenden Sorgfaltsmaßstab gestellt als bei dem renseignement. Daher ist das Haftungsrisiko bei Erteilung eines conseil auch größer im Falle mangelnder Leistungserbringung.[992]

Bei der Kreditauskunft einer Bank handelt es sich bei Zugrundelegung der aufgeführten Definitionen begrifflich um einen renseignement, eine Auskunft, da die Bank es bei der bloßen Informationserteilung belässt, ohne den Anfragenden, wie bei einem conseil, ausdrücklich hinsichtlich seines weiteren Vorgehens zu beraten.

Die dogmatisch zwischen renseignement und conseil vorgenommene Trennung ist in der Praxis jedoch nicht immer scharf beizubehalten. Derjenige, der eine Information oder eine Auskunft begehrt, macht von dem Inhalt regelmäßig die Vorname einer Handlung oder deren Unterlassung abhängig. Dies ist für den Auskunftgeber im Falle einer Anfrage über die Zahlungsfähigkeit eines

---

[989] *Reboul*, 14, 55, Rz. 3, 52; *Vasseur*, Banque 1983, 943, 948; *Savatier*, Dalloz 1972, Chronique XXIII, Nr. 10; *Delebecque*, JCl. Contrats Distribution, Fasc. 795, Contrat de renseignement, Rz. 40; *Veaux*, JCl. Contrats Distribution, Fasc. 430, Contrats de conseil, Rz. 4; *Vezian*, 349.

[990] *Veaux*, JCl. Contrats Distribution, Fasc. 430, Contrats de conseil, Rz. 4; *Reboul*, 52, Rz. 48.

[991] *Delebecque*, JCl. Contrats Distribution, Fasc. 795, Contrat de renseignement, Rz. 40; *Vasseur*, Banque 1983, 943, 949.

[992] *Delebecque*, JCl. Contrats Distribution, Fasc. 795, Contrat de renseignement, Rz. 40; *Vasseur*, Banque 1983, 943, 949; *Savatier*, Dalloz 1972, Chronique XXIII, Nr. 10.

Schuldners auch offensichtlich. Denn wenn dem Anfragenden mitgeteilt wird, dass sein Schuldner nicht solvent ist, dann wird er weitere Leistungen an ihn auf Kredit einstellen.[993] Wenn es für den Auskunftsgeber aber erkennbar ist, dass der Anfragende seine Vorgehensweise nach dem Inhalt der Information richtet, dann muss ihm bewusst sein, dass die von ihm erteilte Auskunft unmittelbar das Verhalten des Empfängers beeinflusst. Mit anderen Worten, der von ihm erteilte renseignement enthält fast immer stillschweigend auch einen conseil.[994]

Dies gilt aber nicht nur dann, wenn der Auskunftsgeber die Beweggründe des Anfragenden kennt, sondern auch für den Fall, dass die erteilte Information nur eine einzige Handlung bzw. Reaktion des Empfängers nach sich ziehen kann.[995] Dies ist der Fall bei einer Informationseinholung über die Zahlungsfähigkeit eines Kunden und wenn eine Bank einem Kunden mitteilt, dass mehrere von einem seiner Schuldner ausgestellte Schecks mangels Deckung nicht eingelöst werden konnten. Diese Information beinhaltet gleichzeitig stillschweigend den Rat, diesem Schuldner keinen Kredit mehr zu gewähren bzw. Vorsicht walten zu lassen (conseil de prudence).[996] Aus diesem Grund wird die Auskunftstätigkeit von Banken in der französischen Literatur unter den contrat de conseil eingeordnet.[997]

Aus der Sicht des Auskunftsgebers gibt es keinen Grund eine Unterscheidung zwischen renseignement und conseil zu treffen.[998] Denn hinsichtlich der von ihm anzuwendenden Sorgfalt bei Erteilung der Information hat der Auskunftsgeber zu berücksichtigen, dass die Auskunft den Empfänger in seiner Entscheidung unmittelbar beeinflussen wird. Was die anzuwendende Sorgfalt und die daran geknüpfte mögliche Haftung betrifft, so ist der Auskunftsgeber in den oben genannten Fällen so zu behandeln, als ob er einen conseil erteilt, auch wenn es sich bei der Information von der Definition her lediglich um einen ren-

---

[993] *Savatier*, Dalloz 1972, Chronique XXIII, Nr. 10.

[994] *Veaux*, JCl. Contrats Distribution, Fasc. 430, Contrats de conseil, Rz. 4; *Savatier*, Dalloz 1972, Chronique XXIII, 140, 146, Nr. 10, 22 B; *Vezian*, 349; *Reboul*, 56, Rz. 54; ähnl. *Vasseur*, Banque 1983, 943, 948, der allerdings die renseignements als avis bezeichnet, welche versteckt auch einen conseil enthalten können soll.

[995] *Reboul*, 56, Rz. 54.

[996] *Savatier*, Dalloz 1972, Chronique XXIII, S. 146, Nr. 22 B; *Veaux*, JCl. Contrats Distribution, Fasc. 430, Contrats de conseil, Rz. 5; *Reboul*, 56, Rz. 54; CA Angers 18.7.1951, Dalloz 1951, jurisprudence, 691, 692.

[997] *Savatier*, Dalloz 1972, Chronique XXIII, S. 146, Nr. 22 B; *Reboul*, 56, Rz. 54.

[998] *Vezian*, 349.

seignement handelt. Stillschweigend gehen Auskunftsgeber und Empfänger von dem Vorliegen eines conseil aus.[999]

In diesem Sinne nimmt auch die französische Rechtsprechung keine Abgrenzung zwischen einer obligation de conseil oder obligation de renseignement vor. Die Cour de cassation verwendet die Formulierung „obligation de renseignement et de conseil“ bzw. „obligation d'information et de conseil“ wie einen unteilbaren feststehenden Rechtsbegriff.[1000] Die Ausführungen in der französischen Rechtsprechung und Literatur zur Erteilung eines renseignement und eines conseil können gleichermaßen zur Beurteilung der Frage bezüglich der Haftung der Banken für Kreditauskünfte herangezogen werden.

D. Dogmatische Begründung der Auskunftshaftung

Wie bereits im deutschen Recht ausgeführt,[1001] ist Voraussetzung einer vertraglichen Haftung der Bank, dass die Auskunftserteilung Haupt- oder Nebenpflicht eines Vertrages zwischen der Bank und ihrem Kunden darstellt. Auch im französischen Recht kann nur dann ein vertraglicher Schadensersatzanspruch gegeben sein, wenn überhaupt ein vertragliches Verhältnis der Auskunftserteilung zugrunde liegt.

Die Untersuchung der Auskunftshaftung der Banken im französischen Recht wird, wie im deutschen Recht, nach Fallgruppen unterschieden.[1002] Zunächst wird die vertragliche Haftung anhand der Bank-an-Kunden-Auskunft dargestellt, daran anschließend die Bank-an-Bank bzw. Nichtkunden-Auskunft und die Auskunft an einen Kunden einer Bank unter Einschaltung einer dritten fremden Bank.

I. Auskunftserteilung an eigenen Kunden der auskunftsgebenden Bank

Im Bereich der vertraglichen Haftung arbeitet die französische Literatur mit dem contrat de conseil[1003] bzw. contrat de renseignement.[1004] Die französische

[999] *Savatier*, Dalloz 1972, Chronique XXIII, Nr. 10; *Vezian*, 349.
[1000] *Veaux*, JCl. Contrats Distribution, Fasc. 430, Contrats de conseil, Rz. 116; *Tourneau*, Dalloz 1987, Chronique XIX, 102, 102; Cass. com., 5.11.1991, Bull.civ. 1991, IV, Nr. 327.
[1001] Siehe oben S. 46.
[1002] Siehe S. 26.
[1003] *Veaux*, JCl. Contrats Distribution, Fasc. 430, Contrats de conseil, Rz. 47 ff.; *Savatier*, Dalloz 1972, Chronique XXIII, 146, Nr. 22 B; *Reboul*, 397 ff.
[1004] *Delebecque*, JCl. Contrats Distribution, Fasc. 795, Contrat de renseignement, Rz. 37 ff.

Rechtsprechung gibt dem abgeschlossenen Vertrag dagegen keine bestimmte Bezeichnung, sondern spricht allgemein von der responsabilité contractuelle.[1005] Im Ergebnis sind hier aber keine Abweichungen aufgrund dieser unterschiedlichen Deklarierung festzustellen. Durch die genannte Kennzeichnung wird lediglich in einem schlagwortartigen Begriff festgehalten, dass es sich um die vertragliche Vereinbarung der Erteilung einer Information handelt. Der contrat de conseil bzw. contrat de renseignement ist daher von der Verwendung her dem Auskunftsvertrag im deutschen Recht gleichzustellen. Dieser bezeichnet ebenfalls lediglich die vertragliche Übereinkunft, eine Auskunft sorgfältig zu erteilen.

1) Begriff des contrat de conseil

Der contrat de conseil besteht aus zwei Definitionsteilen dem conseil[1006] und dem contrat. Bei der Definition des vertraglichen Teils des contrat de conseil ist eine Abgrenzung zur obligation de conseil vorzunehmen.[1007] Der Begriff obligation de conseil ist im juristischen Sprachgebrauch und auch in der Umgangssprache Frankreichs vertraut.[1008] Zwar beinhaltet der contrat de conseil immer auch eine obligation de conseil, indem ein Vertragspartner sich aufgrund des abgeschlossenen Beratungs- bzw. Auskunftsvertrags verpflichtet, eine bestimmte Auskunft zu erteilen. Eine obligation de conseil kann sich auch aus einem anderen Vertrag als einem contrat de conseil ergeben. Im Gegensatz zum contrat de conseil besteht in diesen Verträgen die Pflicht zur sorgfältigen Auskunft oder Beratung nur als Nebenpflicht, die nur gelegentlich bzw. nur eventuell besteht (accessoire occasionnel/éventuel). In diesem Sinne ist von der französischen Rechtsprechung grundsätzlich bei Verträgen zwischen professionel und non-professionel eine obligation de conseil als stillschweigend vereinbart angesehen worden. Nicht selten wird einem Vertragspartner aufgrund seiner beruflichen Qualifikation die Pflicht auferlegt, den anderen zu informieren, um den für ihn aufgrund seiner Fachkenntnisse bestehenden Vorteil auszugleichen

---

[1005] CA Paris 3.4.1987, Petites affiches 1987, 13, Nr. 144 = Rev. trim. dr. com. 1988, 272, Nr. 15, Anm. *Cabrillac/Teyssié*; CA Versailles 25.4.1984, Rev. jur. com. 1986, 224 f., Nr. 1131; CA Paris 2.2.1979, Dalloz 1980, inf. rap., 56.

[1006] Siehe oben S. 238 f.

[1007] *Veaux*, JCl. Contrats Distribution, Fasc. 430, Contrats de conseil, Rz. 6, 39; *Reboul*, 15, Rz. 5.

[1008] *Reboul*, 15, Rz. 5.

und damit das gestörte Gleichgewicht zwischen den Vertragspartnern wiederherzustellen.[1009]

Diese obligation de conseil ist nicht systematisch und stillschweigend in jedem Vertrag enthalten. Nach der französischen Rechtsprechung fehlt ihr vielmehr jede Daseinsberechtigung, wenn der non-professionel bzw. Verbraucher als „sachant" (Wissender) selbst über die notwendigen Kenntnisse verfügt.[1010]

Als Beispiel für eine obligation de conseil als accessoire occasionnel wird der Kaufvertrag genannt. Hier muss der geschäftsmäßige Verkäufer den Käufer als Laien z.B. hinsichtlich der Benutzung des Kaufgegenstandes beraten.[1011]

Das Vorliegen einer obligation accessoire occasionnel de conseil berechtigt somit nicht, von einem contrat de conseil zu sprechen, da sich der Rechtsgrund für diese Verpflichtung zur Auskunft als Nebenverpflichtung aus einem anderen Vertrag als einem contrat de conseil ergibt.[1012] Mit anderen Worten, um einen contrat de conseil handelt es sich nur dann, wenn die in ihm enthaltene obligation de conseil eine wesentliche (prestation essentielle) oder zwingende Leistung (prestation inéluctable) darstellt, deren Notwendigkeit sich aus dem Vertrag ergibt.[1013]

Es sind im Ergebnis zwei Kategorien des contrat de conseil zu unterscheiden. Diejenigen Verträge, die als Hauptpflicht (prestation essentielle) die Verpflichtung zur sorgfältigen Auskunftserteilung enthalten und auch contrats de conseil par nature genannt werden. Daneben gibt es die contrats de conseil, bei denen die Pflicht zur sorgfältigen Auskunftserteilung als Nebenpflicht zwangsläufig

---

[1009] *Delebecque*, JCl. Contrats Distribution, Fasc. 795, Contrat de renseignement, Rz. 41; *Veaux*, JCl. Contrats Distribution, Fasc. 430, Contrats de conseil, Rz. 6; *Reboul*, 15, Rz. 5; *Malaurie/Aynès*, 371, Rz. 631 ff.

[1010] *Delebecque*, JCl. Contrats Distribution, Fasc. 795, Contrat de renseignement, Rz. 41; *Légier* in: Rép. de droit civil, responsabilité contractuelle, Rz. 32.

[1011] *Reboul*, 15 f., Rz. 5; *Veaux*, JCl. Contrats Distribution, Fasc. 430, Contrats de conseil, Rz. 6, 39.

[1012] *Reboul*, 15 f., Rz. 5; *Veaux*, JCl. Contrats Distribution, Fasc. 430, Contrats de conseil, Rz. 6; *Delebecque*, JCl. Contrats Distribution, Fasc. 795, Contrat de renseignement, Rz. 41.

[1013] *Veaux*, JCl. Contrats Distribution, Fasc. 430, Contrats de conseil, Rz. 6; aA *Reboul*, 16, Rz. 5, 6, welche zu den eigentlichen „véritables contrats de conseil" nur die „prestation essentielle" bzw. „obligation de conseil principale" zählt. Dies dient jedoch lediglich dazu, die dargestellten speziellen Verträge auf diejenigen zu beschränken, welche als Hauptpflicht eine Auskunfts- bzw. Raterteilung enthalten. Es ist nicht beabsichtigt, den Fällen, in denen es sich um eine notwendige Nebenpflicht handelt, den vertraglichen Charakter abzusprechen.

besteht, weil der Vertrag ohne diese Verpflichtung nicht existieren kann, die contrats de conseil par accessoire.[1014]

Hierzu gehören nicht solche Verträge, die die Informationspflicht lediglich als Nebenverpflichtung enthalten und deshalb auch ohne diese Nebenpflicht Bestand haben können, wie z.B. der Kaufvertrag.

Für eine Abgrenzung ist in diesem Zusammenhang nicht entscheidend, dass es sich um einen conseil accessoire, also um eine Nebenpflicht handelt, sondern dass die Informationserteilung nur gelegentlich (occasionnel) oder eventuel erfolgt. Im Gegensatz dazu besteht die Pflicht zur Informationserteilung beim contrat de conseil zwingend in jedem Fall. Dass die zuletzt genannten Verträge „conseil par accessoire" bezeichnet werden, erscheint als Unterscheidungskriterium nicht besonders geeignet. „Accessoire" beinhaltet lediglich, dass es sich um eine Nebenpflicht zur Auskunft handelt. Diese kann aber, wie dargestellt, auch bei einem Vertrag bestehen, der kein contrat de conseil ist.

a) Contrat de conseil par nature

Als contrat de conseil par nature ist z.B. der Vertrag mit einem Auskunftsbüro (agence de renseignement commerciaux) einzuordnen. Ein solcher Vertrag wird allein deshalb geschlossen, um eine bestimmte Information zu erhalten, z.B. ob ein Geschäftspartner des Kunden oder jemand, mit dem der Kunde beabsichtigt in geschäftliche Beziehungen einzutreten, kreditwürdig bzw. zahlungsfähig ist. Da es sich in diesem Fall bei der Auskunftserteilung um die Hauptpflicht des Auskunftgebers handelt, ist der Vertrag bereits aus seinem ureigensten Charakter heraus als contrat de conseil einzuordnen.[1015]

b) Contrat de conseil par accessoire

Wie bereits oben erläutert, gehören unter den Begriff „contrat de conseil" bzw. „contrat de renseignement par accessoire" die Verträge, bei denen die obligation de conseil zwar nicht den ausschließlichen und einzigen Gegenstand des Vertrages ausmacht, sie aber für den Vertrag als solchen unentbehrlich und damit zwingend erforderlich ist.

[1014] *Veaux*, JCl. Contrats Distribution, Fasc. 430, Contrats de conseil, Rz. 6.

[1015] *Veaux*, JCl. Contrats Distribution, Fasc. 430, Contrats de conseil, Rz. 43; *Delebecque*, JCl. Contrats Distribution, Fasc. 795, Contrat de renseignement, Rz. 32 f.

Um einen solchen Vertrag handelt es sich bei einem Kreditinstitut mit einem seiner Kunden.[1016] Die Auskunftserteilung stellt sich hier als eine activité accessoire dar, eine Art Zusatzleistung, die insbesondere in Verbindung mit Kreditgeschäften erfolgt.[1017] Der Vertrag zwischen einer Bank und einem ihrer Kunden hat nicht die Auskunftserteilung zum alleinigen Vertragsgegenstand, wie bei Auskunftsbüros.

Im Übrigen ist ein solcher contrat de conseil par accessoire auch nicht als mit jedem Bankkunden geschlossen anzusehen. Insbesondere die privaten Kunden, die lediglich Inhaber eines Spar- oder Bankkontos sind, werden keine Notwendigkeit darin sehen, von der Möglichkeit der Inanspruchnahme eines contrat de conseil par accessoire Gebrauch zu machen. Bei den Kunden, mit denen die Bank einen contrat de conseil par accessoire abschließt, handelt es sich vielmehr um Unternehmen, die über ihre Bank die Zahlungsfähigkeit eines anderen Unternehmens in Erfahrung bringen möchten, mit dem sie geschäftlich in Kontakt treten wollen.[1018]

2) Voraussetzungen des contrat de conseil

a) Entgeltlichkeit

Eine vertragliche Haftung wird in Frankreich immer dann unproblematisch bejaht, wenn die Auskunft von der Bezahlung eines Entgelts an den Auskunftgeber abhängig gemacht wird.[1019] Was als Entgelt einzuordnen ist, ist jedoch auslegungsfähig. Die französische Rechtsprechung hat sich hinsichtlich der Auslegung des Begriffs „Entgelt" im Laufe der Zeit einem Wandel unterzogen.

[1016] *Delebecque*, JCl. Contrats Distribution, Fasc. 795, Contrat de renseignement, Rz. 31.

[1017] *Vasseur*, 50; *Delebecque*, JCl. Contrats Distribution, Fasc. 795, Contrat de renseignement, Rz. 31.

[1018] *Veaux*, JCl. Contrats Distribution, Fasc. 430, Contrats de conseil, Rz. 47.

[1019] Cour de Besancon 24.2.1909, Dalloz, sommaires, 27; CA Nimes 16.12.1927, Dalloz, hebdomaire 1928, 234, 235; Cass. req. 21.6.1937, Dalloz 1938, I, 28 ff., Anm. *Mimin*; CA Montpellier 14.1.1955, Gaz. Pal., 238, 238 = Rev. trim. dr. com. 1955, 364, 365, Anm. *Becqué/Cabrillac*; CA Paris 2.2.1979, Dalloz 1980, inf. rap., 56; CA Versailles 25.4.1984, Rev. juris. com. 1986, Nr. 1131, S. 224, 225 f.; CA Paris 3.4.1987, Petites affiches 1987, Nr. 144, S. 13 = Rev. trim. dr. com. 1988, S. 272, Nr. 15, Anm. *Cabrillac/Teyssié*; *Bonneau*, S. 483, Rz. 773; *Vezian*, S. 240, Rz. 350; *Rives-Lange/ Contamine-Raynaud*, S. 747, Rz. 814; *Veaux*, JCl. Contrats Distribution, Fasc. 430, Contrats de conseil, Rz. 24; *Delebecque*, JCl. Contrats Distribution, Fasc. 795, Contrat de renseignement, Rz. 69; *Grua*, S. 216, Rz. 225.

aa) Darstellung der älteren französischen Rechtsprechung

(1) Deliktische Haftung

Die ältere französische Rechtsprechung erkannte als Entgelt in diesem Sinne nur eine spezielle Bezahlung für die konkrete Auskunftserteilung an. Da eine solche in den Fällen der Bankauskunft nicht üblich ist und regelmäßig nicht erfolgt, wurde eine vertragliche Haftung abgelehnt. Die ältere Rechtsprechung sah es als nicht ausreichend für die Annahme einer entgeltlichen Leistung an, dass die Banken regelmäßig ein starkes eigenes Interesse an der Unterstützung ihrer Kunden durch die Erteilung der begehrten Auskunft haben. Dieses Eigeninteresse besteht darin, ihre Kunden durch die Serviceleistung der Auskunftserteilung zufrieden zu stellen und damit an sich zu binden oder aufgrund der Bekanntheit ihres guten Kunden-Service neue Kunden zu gewinnen.[1020] Trotz dieses Eigeninteresses der Bank ordnete die frühere Rechtsprechung die Auskunftserteilung als unentgeltliche Leistung ein.[1021]

Aufgrund dieser mangelnden Bezahlung sah die frühere Rechtsprechung in der Auskunftserteilung der Bank weder einen Auftrag (mandat) noch einen Dienstvertrag (louage de services) und schloss grundsätzlich das Vorliegen eines Vertrages aus.[1022]

Die Situation der Bank, welche sich über die Zahlungsfähigkeit eines Unternehmens äußert, wurde mit der einer Hausherrin verglichen, die über die Zuverlässigkeit eines ehemaligen Hausangestellten, der eine neue Anstellung sucht, Auskünfte erteilt bzw. mit einem Beamten, der ein Werturteil über einen Kollegen abgibt, der sein Amt abgeben möchte. In keinem der Fälle sei eine Verpflichtung eingegangen worden, die Informationen zusammenzutragen, sie auf ihre Richtigkeit hin zu überprüfen oder überhaupt zu erteilen. Da sie somit ohne vertragliche Vereinbarung und unentgeltlich handeln, könne sich eine haftungsrechtliche Verantwortung nur aus Delikt gemäß Art. 1382 f. Cc ergeben.[1023]

[1020] Anm. *Mimin*, Cass. req., 21.6.1937, Dalloz 1938 I, 28, 28.

[1021] Cour de Besancon 24.2.1909, Dalloz, sommmaires, 27; CA Nimes 16.12.1927, Dalloz, hebdomaire 1928, 234, 235; Cass. req. 21.6.1937, Dalloz 1938 I, 28, 28, Anm. *Mimin*; CA Montpellier 14.1.1955, Gaz. Pal., 238, 239 = Rev. trim. dr. com. 1955, 364, 365, Anm. *Becqué/Cabrillac*

[1022] Cass. req. 21.6.1937, Dalloz 1938 I, 28, 28, Anm. *Mimin*.

[1023] Anm. *Mimin*, Cass. req., 21.6.1937, Dalloz 1938 I, 28, 28. Im Ergebnis ebenso: Cour de Besancon 24.2.1909, Dalloz, sommaires, 27; CA Nimes, 16.12.1927, Dalloz, hebdomaire 1928, 234, 235; CA Montpellier 14.1.1955, Gaz. Pal., 238, 239 = Rev. trim. dr. com. 1955, 364, 365, Anm. *Becqué/Cabrillac*; *Mazeaud/Tunc*, 568, Rz. 501, Fn. 2, hier wird zwar vertre-

(2) Haftungsbeschränkung auf faute lourde oder Haftung für faute légère

Die Unentgeltlichkeit der Auskunftserteilung wurde von einem Teil der älteren französischen Rechtsprechung noch in einer anderen Hinsicht als bedeutend angesehen. Sie diente als Argument für eine Haftungsbeschränkung auf die faute lourde zugunsten des Auskunftsgebers.

Grundsätzlich umfasst die deliktische Haftung aber jede Handlung, die eine faute très légère, légère lourde oder inexcusable ausmachen kann. Es können daher Verstöße von ganz schwerwiegend bis leicht und verzeihlich eine deliktische Haftung auslösen.[1024]

Teilweise wird die faute très légère dementsprechend als ausreichend für ein haftungsbegründendes Verhalten im Falle einer falschen Auskunftserteilung angesehen, auch wenn es sich um eine unentgeltliche Auskunft handelt.[1025]

In einer Entscheidung wird die Klage gegen eine Bank aufgrund eines erlittenen Schadens wegen einer falschen Auskunftserteilung nur zurückgewiesen, nachdem festgestellt worden ist, dass die Bank kein quasi-délit begangen hat.[1026] Da ein quasi-délit aber auch die faute légère beinhaltet, hätte auch eine faute légère der Bank deren deliktische Haftung begründen können.

In einer weiteren Entscheidung wird eine Klage gegen eine Bank wiederum nur unter der Bedingung zurückgewiesen, dass ihr keine faute im Sinne des Art. 1382 f. Cc zurechenbar ist.[1027] Hier wäre also auch die faute légère als ausreichend angesehen worden, um eine Haftung zu bejahen.

In einer anderen Entscheidung wird der Hinweis der beklagten Bank, dass aufgrund der unentgeltlich erbrachten Leistung („service purement gratuit") allein eine faute lourde ihre haftungsrechtliche Verantwortung nach sich ziehen

---

ten, eine Haftung wäre überwiegend vertraglich einzuordnen. Die dort genannte Rechtsprechung geht demgegenüber aber von einer deliktsrechtlichen Haftung aus.

[1024] Cass. req. 21.6.1937, Dalloz 1938 I, 28, 28, Anm. *Mimin*

[1025] CA Rouen 30.6.6.1851, Dalloz 1853 II, 154, 155 (Empfehlungsschreiben); CA Paris 26.7.1869, Dalloz 1870 II, 150 (Auskunftserteilung über einen ehemaligen Angestellten); CA Bordeaux 19.7.1869, Dalloz 1870 II, 151 (Auskunftserteilung über einen ehemaligen Angestellten); CA Nancy 3.7.1878, Recueil Sirey 1978 II, 249, Anm. *May* (Bank-an-Bank-Auskunft); CA Paris 6.8.1889, Dalloz 1890 II, 263, 264, 2ème espèce; Cass. req. 1.7.1909, Dalloz I 1909, 502, 503 (Auskunft eines Notars über einen anderen Notar); CA Nimes 16.12.1927, Dalloz, hebdomaire 1928, 234, 235.

[1026] CA Nancy 3.7.1878, Recueil Sirey 1978 II, 249, Anm. *May* (Bank-an-Bank-Auskunft).

[1027] CA Paris 6.8.1889, Dalloz 1890 II, 263, 264.

könnte, ausdrücklich verworfen. Zur Begründung führt das Gericht aus, in dem konkreten Fall handele es sich nicht um eine faute, welche aufgrund der Nichterfüllung einer vertraglichen Verpflichtung bestehe („faute résultant de la non-exécution d'un contrat"), sondern um eine einfache faute quasi-délictuelle. Für das Vorliegen einer deliktischen Haftung sei es aber nicht erforderlich, dass ein grobes und schweres Fehlverhalten, welches absolut unentschuldbar ist, vorliege („il n'est pas besoin que [la faute quasi-délictuelle] affecte le caractère d'une faute grossière et lourde, absolument inexcusable").[1028]

In einem anderem Fall, in dem ein Notar über einen anderen Notar zu günstige Auskünfte erteilt hat, wurde eine Haftung des auskunftsgebenden Notars mit der Begründung abgelehnt, er habe seiner Meinung mit aller Aufrichtigkeit und allem Pflichtbewusstsein („en toute sincérité et en toute loyauté") Ausdruck verliehen, so dass ihm keinerlei Fahrlässigkeit oder Leichtfertigkeit vorzuwerfen gewesen wäre („qu'aucune imprudence ni aucune légèreté ne pouvait lui être reprochée").[1029]

In diese Rechtsprechung, welche es bei Auskunftserteilung für eine deliktische Haftung als ausreichend erachtet, dass eine faute légère Ursache für die falsche Auskunft ist, fügen sich schließlich auch zwei weitere Entscheidungen ein, welche bei einer falschen, zu günstigen Auskunft, die ohne Entgelt erteilt wurde, einfache Fahrlässigkeit für eine Haftung des Auskunftsgebers haben genügen lassen.[1030]

In anderen Entscheidungen wird dagegen für eine deliktische Haftung wegen falscher aber unentgeltlicher Auskunftserteilung das Vorliegen einer faute lourde gefordert und die faute légère als nicht ausreichend für ein haftungsbegründendes Verhalten angesehen. Aus dem kostenlosen Charakter des Service der Bank wird geschlussfolgert, dass eine deliktische Haftung aufgrund von fahrlässigem Verhalten (quasi-délictuelle) ausnahmsweise nur bei faute lourde bestehen kann.[1031]

[1028] CA Nimes 16.12.1927, Dalloz, hebdomaire 1928, 234, 235.

[1029] Cass. req. 1.7.1909, Dalloz I 1909, 502, 503 (Auskunft eines Notars über einen anderen Notar).

[1030] CA Paris 26.7.1869, Dalloz 1870 II, 150 (Auskunftserteilung über einen ehemaligen Angestellten); CA Bordeaux 19.7.1869, Dalloz 1870 II, 151 (Auskunftserteilung über einen ehemaligen Angestellten).

[1031] Anm. *Grillet/Vaysse*, CA Rouen 30.6.1851, Dalloz 1853 II, 154, 155, Fn. 3; CA Montpellier 20.12.1889, Dalloz 1890 II, 263; Cour de Besancon 24.2.1909, Dalloz, sommaires, 27; Cass. req. 20.10.1941, Gaz. Pal. 1941 II, 480, 480; CA Montpellier 14.1.1955, Gaz. Pal. 1955, 238, 239 =Rev. trim. dr. com. 1955, 364, 365, Anm. *Becqué/Cabrillac*.

In diesem Sinne wird in einer Entscheidung sogar davon ausgegangen, dass die Erteilung einer falschen Auskunft solange kein haftungsbegründendes Verhalten darstellt, wie der Auskunftsgeber gutgläubig und ohne Schädigungsabsicht handelt.[1032]

Diese beschränkte Haftung der Banken wird insbesondere mit dem Vergleich der Haftung der Auskunftsbüros begründet, welche im Gegensatz zu den Banken regelmäßig eine Vergütung für ihre Dienste erhalten. Dementsprechend sei aber auch der Aufgabenbereich ein anderer. Wenn die Bank Auskünfte an ihre Kunden über andere Personen erteilt, mit denen der Kunde in geschäftliche Beziehungen treten will, dann betreffen diese Auskünfte in der Regel deren Bankgeschäfte („situation bancaire“) und nicht deren persönliche und moralische Verhaltensweise oder die wirtschaftliche Bewertung eines Unternehmens. Die Bank beschränkt sich hinsichtlich der Erteilung von Auskünften auf ihren wahren und eigentlichen Aufgabenbereich der Bankgeschäfte. Sie gibt daher regelmäßig nur Informationen finanzieller und bankrechtlicher Art heraus.[1033] Der Aufgabenbereich der Auskunftsbüros ist demgegenüber ein anderer und im Auskunftsbereich natürlicherweise umfassender, da die Auskunftsbüros einzig und allein tätig werden, um bestimmte Auskünfte zu ermitteln und zu erteilen. Sie informieren ihre Kunden über alle Aktivitäten der betreffenden Person. Diese Informationen entziehen sich aber zumeist dem Kontrollbereich der Banken.[1034]

Im Übrigen handelt es sich bei den von der Bank übermittelten Informationen oftmals um nicht verbürgte Auskünfte, die die Bank sich nicht zu eigen macht bzw. aus ihrem eigenen Wissen heraus geschöpft hat, sondern aus anderer fremder Quelle. Sie stellt daher eher die Rolle eines bloßen Informationsüberbringers dar. Ihre haftungsrechtliche Verantwortung müsse daher eingeschränkter als die eines Auskunftsbüros angesehen werden.[1035]

In der älteren Literatur wird dieses Problem von einer anderen Seite her angegangen. Dass die Haftung einer Bank, die unentgeltlich Auskünfte erteilt, gegenüber der Haftung eines Auskunftsbüros, welches regelmäßig eine Vergütung für seine Tätigkeit erhält, zugunsten der Bank großzügiger zu handhaben ist, wird nicht in Frage gestellt. Die Besserstellung der Bank gegenüber dem Aus-

---

[1032] CA Montpellier 20.12.1889, Dalloz 1890 II, 263.

[1033] CA Montpellier 14.1.1955, Gaz. Pal. 1955, 238, 239 = Rev. trim. dr. com. 1955, 364, 365, Anm. *Becqué/Cabrillac*.

[1034] CA Montpellier 14.1.1955, Gaz. Pal. 1955, 238, 239 = Rev. trim. dr. com. 1955, 364, 365, Anm. *Becqué/Cabrillac*.

[1035] Cour de Besancon 24.2.1909, Dalloz, sommaires, 27.

kunftsbüro soll aber nicht durch eine Haftungsbeschränkung auf die faute lourde herbeigeführt werden, sondern durch eine Einschränkung des Pflichtenumfangs. Die Erteilung einer falschen Auskunft soll nicht immer notwendigerweise eine faute, auch keine verzeihliche, darstellen, so dass dann auch keine faute légère gegeben ist. Eine Haftung entfällt dann mangels faute, ohne dass eine Beschränkung auf die faute lourde notwendig ist.[1036]

Wann ein fahrlässiges Handeln der Bank vorliegt und wann ein Auskunftsbüro fahrlässig handelt, ist nach der Literatur aufgrund der unterschiedlichen Haftungsgrundlagen nach anderen Kriterien zu beurteilen. Eine Bank, welche aufgrund der Unentgeltlichkeit ihrer Dienstleistung gemäß Art. 1382 f. Cc haftet, kann danach nicht die gleichen Haftungsrisiken wie ein Auskunftsbüro treffen, welches gemäß dem vereinbarten Vertrag haftet.[1037]

Ein Auskunftsbüro legt die vertraglichen Pflichten im Vertrag mit dem Auskunftsuchenden fest. Es verpflichtet sich gegenüber seinem Vertragspartner zur Nachforschung und zur Überprüfung des Wahrheitsgehalts der Information.[1038] Wenn sich ein Auskunftsuchender an ein Auskunftsbüro wendet, dann erwartet er nicht bloß die Informationen zu erhalten, die ohnehin schon jedermann bekannt sind, sondern tiefergehende Auskünfte („Lorsqu'on s'adresse à une agence du renseignements, ce n'est pas pour apprendre d'elle ce que tout le monde sait ou croit savoir, mais bien pour obtenir quelquechose de plus").[1039] Wenn ein Auskunftsbüro nicht die erforderlichen Bemühungen entfaltet, um die gewünschten Informationen in Erfahrung zu bringen, so begeht sie eine faute. Denn ein Auskunftsbüro verpflichtet sich vertraglich, die notwendigen Nachforschungen durchzuführen. Die Bank verpflichtet sich demgegenüber vertraglich nicht, die Informationen durch Nachforschung in Erfahrung zu bringen. Mangels vertraglicher Verpflichtung ist sie allenfalls deliktisch haftbar zu machen. Zu ihren Sorgfaltspflichten gehört nur, die ihr zur Verfügung stehenden oder auf einfache Art und Weise zu beschaffenden Informationen an den Auskunftsuchenden zu übermitteln.[1040] Ihr kann lediglich vorgeworfen werden, dass sie eine Information, die ihr vorliegt, falsch wiedergibt, ihr etwas hinzufügt oder wegstreicht. Unterlässt es die Bank, die nicht in ihrem unmittelbaren Zugriffsbereich liegenden Informationen auf ihren Wahrheitsgehalt hin zu überprüfen,

---

[1036] Anm. *Mimin*, Cass. req. 21.6.1937, Dalloz 1938 I, 28, 29.
[1037] Cass. req. 21.6.1937, Dalloz 1938 I, 28, Anm. *Mimin*, 29.
[1038] Cass. req. 27.11.1911, Dalloz 1913 I, 111; CA Paris 22.12.1897, Dalloz 1900 II, 64; Cass. req. 21.6.1937, Dalloz 1938 I, 28, Anm. *Mimin* 29.
[1039] CA Paris 12.5.1920, Dalloz 1921, II, 39.
[1040] Anm. *Mimin*, Cass. req. 21.6.1937, Dalloz 1938, I, 28, 29.

so kann ihr dies nicht als sorgfaltswidriges Verhalten vorgeworfen werden, wenn sie nicht behauptet hat, dass sie diese Nachforschung anstellen werde.[1041]

Es ist festzuhalten, dass die Auskunftsbüros, welche entgeltlich tätig werden, gegenüber den Banken, welche ohne Vergütung die Auskunft erteilen, ein größeres Haftungsrisiko tragen. Dies ist darauf zurückzuführen, dass die Auskunftsbüros regelmäßig vertraglich umfangreichere Pflichten gegenüber dem Auskunftsuchenden übernehmen. Diese gesteigerte Verantwortung der Auskunftsbüros erhöht die Möglichkeit, dass durch Nichterfüllung einer dieser Pflichten eine faute begangen wird. Die Minderung des Haftungsrisikos der Banken wird nach dieser in der älteren französischen Literatur vertretenen Ansicht nicht durch eine Haftungsbeschränkung auf die faute lourde herbeigeführt, sondern durch die Begrenzung des Pflichtenumfangs der Banken bei der Auskunftserteilung, welcher auch die Möglichkeit der Begehung einer faute mindert. Handelt die Bank bei der Auskunftserteilung aber dennoch pflichtwidrig und fahrlässig, so haftet sie nach dieser Ansicht bereits bei faute légère und nicht erst bei faute lourde.[1042]

Im Ergebnis trifft die Bank nach beiden Ansichten eine Haftungsmilderung, da sie im Gegensatz zu den Auskunftsbüros unentgeltlich tätig wird und sich auch nicht wie die Auskunftsbüros auf die Erteilung von Auskünften spezialisiert hat. Die Haftungsmilderung wird lediglich durch unterschiedliche dogmatische Ansätze begründet.

Ob die Haftung der Banken in der Praxis im Vergleich zu den Auskunftsbüros aber wirklich gemindert ist, erscheint zweifelhaft. Denn auch ein Auskunftsbüro kann seine Haftung auf die faute lourde begrenzen, indem es dies in eine entsprechende vertragliche Klausel aufnimmt. Dies wird von den Auskunftsbüros regelmäßig vorgenommen. Das Haftungsrisiko der Banken wird dem Risiko der Auskunftsbüros somit allenfalls angeglichen, aber nicht zugunsten der Bank gemindert.

(3) Widersprüchlichkeit der Haftungsbeschränkung auf die faute lourde

Dass eine deliktische Haftung der Bank im Falle der unentgeltlichen Auskunftserteilung nur bei faute lourde vorliegen können soll wird von der älteren

---

[1041] Anm. *Mimin*, Cass. req. 21.6.1937, Dalloz 1938, I, 28, 29; CA Nancy, 3.7.1878, Recueil Sirey 1878, II, 249, 251, Anm. *May* (Bank-an-Bank-Auskunft).

[1042] Cass. req. 21.6.1937, Dalloz 1938 I, 28, Anm. *Mimin* 29.

französischen Literatur als atypisch („caractère anormal") bezeichnet.[1043] Dies sei nicht notwendig zur Begründung einer deliktsrechtlichen Haftung.[1044]

Im Deliktsrecht reicht, wie bereits dargelegt,[1045] grundsätzlich eine faute la plus légère für eine Haftung aus. Die Beschränkung der Haftung auf die faute lourde widerspricht dem. Warum Teile der älteren Rechtsprechung trotzdem die Haftung auf die faut lourde beschränken, wird damit erklärt, dass die faute lourde von besonderer Bedeutung bei der Vereinbarung einer Haftungsausschluss- oder Haftungsbeschränkungsklausel („clause d'exonération") oder bei der Vorhersehbarkeit eines Schadenseintritts ist.[1046] Sobald ein faute lourde vorliegt, kann die Schadensersatzleistung weder durch das Prinzip des vorhersehbaren Schadens (principe des dommages-intérêts prévus ou prévisible) noch durch eine Haftungsausschlussklausel beschränkt oder ausgeschlossen werden.[1047] Dies gilt aber nur im vertraglichen Haftungsbereich. Dass diese Grundsätze bei der deliktischen Haftung Berücksichtigung finden, erscheine widersprüchlich.

(a) Haftungsausschlussklausel

Insbesondere die von einem Auskunftsbüro dem Vertragspartner vorgeschriebenen Haftungsausschlussklauseln sind bereits in der älteren Rechtsprechung im Falle der faute lourde eines Auskunftsbüros für unwirksam erklärt worden.[1048]

Es wird aber nicht behauptet, dass die allgemeine ältere Rechtsprechung die Anwendung von Haftungsausschlussklauseln in jedem Fall der faute ausschließt. Die Haftung für faute légère kann vertraglich immer ausgeschlossen

---

[1043] *Becqué/Cabrillac*, Rev. trim. dr. com. 1955, 364, 365.

[1044] Anm. *Mimin*, Cass. req. 21.6.1937, Dalloz 1938 I, 28, 29.

[1045] Siehe oben S. 247.

[1046] Siehe oben S. 221 und 222.

[1047] Cass. req. 24.10.1932, Dalloz I 1932, 176, Anm. *Pilon*; Cass. civ. 15.3.1876, Dalloz 1876, I, 449 = Recueil Sirey 1876, I, 337, Anm. *Labbé*; Cass. civ. 31.12.1900, Dalloz 1903, I, 17, 2ème espèce, Anm. *Sarrut* = Recueil Sirey 1901, I, 401, Anm. *Perreau*; Cass. civ. 22.1.1923, Dalloz 1925, I, 191, 2ème espece; Cass. civ. 29.6.1932, Dalloz 1933, I, 49, 1er espece, Anm. *Josserand*; Cass. req. 5.6.1920, Dalloz 1920, I, 181; Cass. req., 27.11.1934, Dalloz 1935, hebdomanaire, 51; *Josserand*, Rz. 624, S. 395 f.; *Lalou*, Rz. 517; *Mazeaud/de Juglart*, Rz. 2523; *Mazeaud*, Dalloz 1933, chronique, 49.

[1048] CA Paris 22.12.1897, Dalloz 1900 II, 64; CA Lyon 16.2.1904, Dalloz 1904, V, 589; CA Paris 12.5.1920, Dalloz 1921 II, 39; Anm. *Hugueney*, Cass. req. 27.11.1911, Recueil Sirey, 1915, I, 113; *Lalou*, Rz. 560; Cass. req. 15.5.1923, Dalloz 1925, I, 15 = Recueil Sirey, 1924, I, 81, Anm. *Rousseau* (Societé classification de navire).

werden. Zwar wird die Rechtsprechung in diesem Punkt nicht immer als eindeutig in ihren Ausführungen angesehen: In einigen Entscheidungen wird ohne Einschränkung dogmatisch ein Haftungsausschluss bezüglich jeder faute ausgeschlossen. Bei der Subsumtion unter den Sachverhalt wird in den gleichen Entscheidungen aber ausführlich erörtert, ob in dem schädigenden Verhalten eine faute lourde zu erblicken ist. Damit wird das Vorliegen der faute lourde zur tatbestandlichen Voraussetzung einer deliktische Haftung gemacht [1049] Bei der konkreten Sachverhaltsprüfung kommen die Gerichte in den genannten Entscheidungen somit zu dem Ergebnis, dass nur das Vorliegen einer faute lourde die Anwendung der Haftungsausschlussklausel ausschließen kann, obwohl sie in den gleichen Entscheidungen grundsätzlich davon ausgegangen sind, dass auch für die faute légère eine Haftung nicht ausgeschlossen werden darf. Eine Abgrenzung zwischen faute légère und faute lourde wäre demnach nicht notwendig, da dogmatisch ein Haftungsausschluss bei faute generell als unwirksam angesehen wird. Der Auskunftsgeber kann auch bei faute légère eine Haftung nicht vertraglich ausschließen. Macht die Rechtsprechung die Haftung trotzdem in der Sachverhaltsprüfung vom Vorliegen einer faute lourde abhängig, so erscheint dies widersprüchlich.

Auch wenn die ältere französische Rechtsprechung in diesem Punkt nicht ganz eindeutig ist, so geht die ältere französische Literatur davon aus, dass sich ein Auskunftsbüro die Haftung wirksam nur für faute légère vertraglich ausschließen kann. Wie dies auch in anderen Bereichen vertraglicher Haftung möglich ist.[1050]

Die Feststellung, ob es sich bei einem Fehlverhalten um eine faute lourde handelt, ist damit immer dann von Interesse, wenn vertraglich eine haftungsbeschränkende oder -ausschließende Klausel vereinbart worden ist. Für den Fall der Bankauskunft hätte die Frage, ob eine faute lourde gegeben ist, daher nur dann Bedeutung, wenn die Bank wie ein pro-fessionelles Auskunftsbüro die Auskunft entgeltlich erteilen würde und in diesem Fall auch einer vertraglichen Haftung unterliegen würde. Bei Vorliegen einer faute lourde wäre die haftungsausschließende Klausel dann unwirksam.[1051] Ordnet man demgegenüber aber mit der älteren Rechtsprechung die Bank als unentgeltlichen Auskunftsgeber

---

[1049] Cass. civ. 31.12.1900, Dalloz 1903, I, 17, 2ème espèce, Anm. *Sarrut* = Recueil Sirey 1901, I, 401, Anm. *Perreau*; Cass. req. 27.11.1911, Dalloz 1913 I, 111; CA Paris 10.10.1929, Dalloz hebdomanaire 1929, 577.

[1050] Anm. *Labbé*, Cass. req. 27.11.1884, Cass. req. 18.6.1885, Cass. req. 24.4.1885, Cass. req. 28.4.1818, Recueil Sirey, 1885, IV, 25; Anm. *Ripert*, Cass. req. 27.7.1925, Dalloz 1926 I, 5; *Josserand*, Rz. 623, S. 395; *Lalou*, Rz. 512; *Légier* in: Rep. De droit civil, responsabilité contractuelle, Rz. 244 ff.

[1051] Anm. *Mimin*, Cass. req. 21.6.1937, Dalloz 1938, I, 28, 30.

und eine ihr zurechenbare faute deliktsrechtlich ein, dann ist eine Haftungsausschlussklausel in jedem Fall unwirksam. Kein Schädiger kann mit einem Geschädigten vereinbaren, dass er nicht für sein deliktsrechtlich relevantes Verhalten haftbar ist. Das Deliktsrecht ist unabdingbares Recht und unterliegt dem ordre public. Eine Haftungsausschlussklausel ist daher im Deliktsrecht immer unwirksam, unabhängig davon, ob eine faute lourde oder eine faute légère vorliegt.[1052]

(b) Prinzip des vorhersehbaren Schadens

Die faute lourde ist auch bei der Vorhersehbarkeit des Schadens von Bedeutung. Indem der Auskunftsnehmer z.B. die Höhe des Kredites nennt, den er bei positiver Auskunft über einen Geschäftspartner diesem gewähren will oder den Wert der Lieferung beziffert, die er an denjenigen liefern will, über den er die Kreditauskunft einholt, schätzt er im Vorhinein das Maximum des Vermögensschadens ein, den er bei falscher Auskunft oder bei Täuschung erleiden würde. Für den Auskunftsgeber ist diese Information deshalb so wichtig, weil er so das Maximum des möglicherweise von ihm an den Auskunftsnehmer zu leistenden Schadensersatzes einschätzen kann.[1053]

Daraus resultiert ein weiterer Vorteil zugunsten des Auskunftsbüros gegenüber der Bank. Im Bereich vertraglicher faute ist gemäß Art. 1150 Cc nur der bei Vertragsschluss vorhersehbare Schaden zu ersetzen.[1054] Da ein Auskunftsbüro aufgrund der entgeltlich erbrachten Auskunftsleistung für ein fehlerhaftes Verhalten vertraglich haftet, muss es gemäß Art. 1150 Cc nur für den bei Vertragsschluss vorhersehbaren Schaden aufkommen.[1055]

Von diesem Grundsatz wird allerdings eine wichtige Ausnahme gemacht. Wie auch bei der Haftungsausschlussklausel, welche im Falle einer faute lourde unwirksam ist, so verhindert die faute lourde ebenfalls die Anwendung der Haftungsbegrenzung auf den vorhersehbaren Schaden durch Art. 1150 Cc. Wenn dem Auskunftsgeber faute lourde vorzuwerfen ist, dann muss er auch den nicht

---

[1052] Anm. *Mimin*, Cass. req. 21.6.1937, Dalloz 1938, I, 28, 30; *Légier* in: Rep. De droit civil, responsabilité contractuelle, Rz. 246; *Lalou*, Rz. 506, 567; siehe auch oben allgemein zur Unwirksamkeit einer Haftungsbeschränkungsklausel im Deliktsecht S. 236.

[1053] Anm. *Mimin*, Cass. req. 21.6.1937, Dalloz 1938 I, 28, 30.

[1054] Siehe oben S. 221.

[1055] Cour de Besancon 24.2.1909, Dalloz, sommaires, 27; Anm. *Mimin*, Cass. req. 21.6.1937, Dalloz 1938 I, 28, 30.

vorhersehbaren Schaden ersetzen.[1056] Darin ist ein weiterer Grund zu sehen, warum in der Rechtsprechung derart großes Gewicht auf die Feststellung der faute lourde gelegt wird.

In diesem Zusammenhang ist jedoch darauf hinzuweisen, dass wenn eine faute im beruflichen Bereich begangen wird (faute professionel), diese im Allgemeinen als faute lourde qualifiziert wird. Wenn erst einmal vom Gericht anerkannt worden ist, dass einem „professionel“ eine faute zuzurechnen ist, dann wird diese einfach unproblematisch als faute lourde eingeordnet.[1057]

Das Prinzip der Vorhersehbarkeit des Schadens gemäß Art. 1150 Cc findet jedoch nur Anwendung bei vertraglicher Haftung. Im Falle einer deliktsrechtlichen Haftung muss der Schädiger unabhängig davon, ob er eine faute lourde oder légère begangen hat den ganzen, also auch den unvorhergesehenen oder unvorhersehbaren Schaden ersetzen.[1058]

Es erscheint widersprüchlich, wenn die ältere Rechtsprechung im Bereich der deliktsrechtlichen Auskunftshaftung der Frage, ob eine faute lourde des Schädigers vorliegt, immer wieder besondere Bedeutung beimisst. Diese Frage wäre nur erheblich, wenn auch im Deliktsrecht eine Haftungsbegrenzung auf die faute lourde durch eine Haftungsausschlussklausel oder das Prinzip des vorhersehbaren Schadens im Sinne des Art. 1150 Cc herbeigeführt werden könnte. Beide Möglichkeiten können eine Einschränkung der Haftung oder des Schadensersatzes aber nur im Bereich des Vertragsrechts verursachen.

[1056] Cass. req. 23.11.1897, Dalloz 1899, I, 547 f.; Cass. req. 27.3.1905, Dalloz 1905, I, 301 ff. (Verurteilung einer Bank wegen falscher Auskunftserteilung). Fehlverhalten wurde hier als vertragliche faute eingeordnet. Die Bank musste auch den unvorhersehbar bei einer dritten Person eingetretenen Schaden ersetzen; Cass. req. 24.10.1932, Dalloz 1932 I, 176 f., Anm. *Pilon*; Anm. *Mimin*, Cass. req. 21.6.1937, Dalloz 1938 I, 28, 30, 31.

[1057] Cass. req. 10.5.1909, Dalloz 1912, I, 16 (Kaufmann); CA Paris 9.3.1927, sous Cass. req. 19.6.1929, Dalloz 1930, I, 169, 172 Anm. *Minvielle* (Architekt); Cass. req. 5.6.1920, Dalloz 1920, I, 181; Cass. civ. 29.6.1932, Dalloz 1933, I, 49 (Reeder); CA Paris 13.1.1899, Dalloz 1899, II, 323 (Notar); Cass. civ. 11.1.1932, Dalloz 1932, hebdomanaire, 131; Cass. civ. 20.5.1936, Dalloz 1936, I, 88, Anm. *Josserand*, *Matter*, *Pilon* (Mediziner); CA Paris 16.12.1925, Dalloz 1926, hebdomanaire, 89 (Bank im Bereich des Scheckgeschäft); CA Paris 22.12.1897, Dalloz 1900, II, 64; CA Lyon, 16.2.1904, Dalloz 1904, V, 589; CA Paris 12.5.1920, Dalloz 1921 II, 39; Anm. *Hugueney*, Cass. req. 27.11.1911, Recueil Sirey, 1915, I, 113, (Auskunftsbüro); *Starck/Roland /Boyer*, Obligations, Bd. 2 , Rz. 1636 ff.

[1058] Cass. req. 14.12.1926, Dalloz 1927, I, 105, Anm *Josserand.*

bb) Aktuelle Rechtsprechung

(1) Eigeninteresse der Bank an der Auskunftserteilung

In der neueren Rechtsprechung hat sich in der haftungsrechtlichen Einordnung der falschen Auskunftserteilung im Bank-Kunden-Verhältnis ein Wandel vollzogen.[1059]

Auch wenn keine konkrete Bezahlung für die einzelne Auskunftserteilung erfolgt, so ist die Leistungserbringung für die Bank im Verhältnis zu ihrem Kunden doch niemals völlig ohne Interesse. Die Bank beabsichtigt vielmehr mit der Erbringung dieser Leistung ihren bestehenden Kundenstamm zu festigen und zu erweitern. Dies wird als ausreichend angesehen, um die Auskunftserteilung zumindest einer entgeltlichen Leistung gleichzusetzen.[1060]

Denn langfristig gesehen wahrt die Bank nur ihre eigenen wirtschaftlichen Interessen und verbessert ihre Konkurrenzsituation zu anderen Kreditinstituten. Demnach zielen alle Aktivitäten einer Bank auf eine Verbesserung ihrer wirtschaftlichen Position im Geld- bzw. Kreditgeschäft ab. In diesem Zusammenhang ist es unmöglich bestimmte Beziehungen zu den Kunden abzutrennen, welche im Rahmen typischer Bankleistungen erbracht werden und ihren haftungsrechtlichen Ursprung in der geschäftlichen, professionellen Tätigkeit der Bank haben.[1061]

Da die Entlohnung beim contrat de conseil, unter den auch der Auskunftsvertrag fällt, abhängig von der vertraglichen Vereinbarung und der Verkehrssitte in dem jeweiligen Berufszweig auf unterschiedliche Art und Weise erfolgen

---

[1059] *Vezian*, Rz. 350.

[1060] CA Rennes 21.5.1974, Rev. trim. dr. com. 1974, 566; CA Paris 6.2.1975, D.S. 1975, 319, Anm. *Vezian*; CA Paris 23.4.1976, J.C.P. 1978, I, 2902, Nr. 104, Anm *Gavalda/Stoufflet*; Cass. civ. 9.1.1978, Dalloz 1978, inf. rap., 308, Anm. *Vasseur*; *Gavalda/Stoufflet*, J.C.P. 1979, I, 2965, Nr. 108; CA Aix en provence 12.11.1976, Dalloz 1978, inf. rap., 228; Trib. gr. inst. Colmar 28.10.1977, Dalloz 1979, inf. rap., 363; CA Paris 26.3.1982, Rev. trim. dr. com. 1982, 276, Nr. 9, Anm. *Cabrillac/Teyssié* = J.C.P. 1982, IV, 361; Cass. com. 24.11.1983, Dalloz 1984, inf. rap., 306 f., Anm. *Vasseur* = Bull. civ. 1984, IV, 279 f., Nr. 322 (Revisionsentscheidung zu CA Paris 26.3.198); CA Versailles 25.4.1984, Rev. jur. com. 1986, 224, 225, Nr. 1131; *Vezian*, Rz. 350; *Rives-Lange/Contamine-Raynaud*, 748, Rz. 815; *Vasseur*, Banque 1983, 943, 951; *Delebecque*, JCl. Contrats Distribution, Fasc. 795, Contrat de renseignement, Rz. 69; *Grua*, 216, Rz. 225; *ders.*, JCl. civ., Art. 1382 à 1386, Banquier, Fasc. 335-4, Rz. 9; *Gavalda/Stoufflet*, Droit bancaire, Rz. 744; *Veaux*, JCl. Contrats Distribution, Fasc. 430, Contrats de conseil, Rz. 24.

[1061] CA Aix en provence 12.11.1976, Dalloz 1978, inf. rap., 228.

kann,[1062] wird teilweise die Tätigkeit der Bank auch direkt als eine entgeltliche angesehen. Danach erhält eine Bank eine Bezahlung grundsätzlich in Form einer Provision (commission).[1063] Dies stimmt mit der Sichtweise überein, dass die Bank im Rahmen ihrer vertraglichen Beziehungen zu ihren Kunden eine Vielzahl von Dienstleistungen erbringt, welche aber nicht alle einzeln und getrennt abgerechnet werden müssen, sondern auch im Zusammenhang mit einem umfassenderen Vertrag, für den ein Entgelt gezahlt wird, verrechnet werden können. Dieses Entgelt schließt dann auch die Bezahlung als Gegenleistung für die erteilte Auskunft mit ein.[1064]

Dies erinnert an den Bankvertrag des deutschen Rechts. Im französischen Recht ist der Begriff eines Bankvertrages im deutschen Sinn, welcher als Rahmenvertrag die einzelnen bankrechtlichen Geschäftsvorgänge abdeckt, offiziell zwar nicht gebräuchlich. Der Zusammenhalt der einzelnen Vorgänge durch einen „Bankvertrag" wird vielmehr als nicht offensichtlich aber versteckt vorhanden angesehen, wenn auch zumeist Geschäftsvorgang für Geschäftsvorgang von Kunde und Bank jeweils vertraglich vereinbart werden. Die Eröffnung eines Kontos bei einer Bank ist regelmäßig der Beginn der geschäftlichen Beziehung zwischen Bank und Kunde.[1065]

Es sind zwei Aspekte festzuhalten: Zum einen hat die Bank immer auch ein eigenes Interesse an der Auskunftserteilung. Dieses besteht darin, den Kundenkreis zu festigen und zu erweitern. Zum anderen erfolgt die Auskunftserteilung einer Bank an einen ihrer Kunden grundsätzlich anlässlich der zwischen ihnen bestehenden Geschäftsbeziehung. Der Verlauf dieser Geschäftsbeziehung ist zwangsläufig von Interesse für die auskunftserteilende Bank. Sie umfasst eine Vielzahl von Dienstleistungen, welche aber nicht alle direkt abgerechnet werden müssen, so dass eine allgemeine Entlohnung für einen die Auskunftserteilung mitumfassenden Vertrag als Entgelt für ausreichend angesehen wird.

(2) Vertragliche Haftung

Auch wenn die Auskunftsleistung der Bank daher nicht direkt bezahlt wird, haftet die Bank für eine fehlerhafte Information vertraglich. Denn bei der Auskunftserteilung handelt es sich um einen Service der Bank. Dieser besteht neben anderen Diensten, die die Bank aufgrund der geschäftlichen Beziehung zum

---

[1062] *Veaux*, JCl. Contrats Distribution, Fasc. 430, Contrats de conseil, Rz. 24.
[1063] *Simon/Cordier*, 218, Rz. 518.
[1064] *Savatier*, Dalloz 1972, Chr. XXIII, 139, Nr. 6.
[1065] *Vasseur*, 2.

Kunden erbringt. Die Erfüllung oder Verletzung dieser Verpflichtung muss daher auch dem vertraglichen Haftungssystem zugeordnet werden.[1066]

Der Vertrag kommt zustande, sobald der Kunde um Erteilung einer Auskunft ersucht und die Bank dem nachkommt und die gewünschte Information erteilt. Indem die Bank auf die Anfrage des Kunden antwortet, kommt ihr Wille zum Abschluss des Vertrages zum Ausdruck. Diese Willenserklärung trifft auf diejenige des Anfragenden. Damit ist der Vertrag geschlossen.[1067]

b) Faute

Die Haftung des Auskunftsgebers setzt voraus, dass die Information unrichtig ist. Aber nicht jede Unrichtigkeit zieht automatisch eine Haftung nach sich.[1068] Denn Rechtsprechung[1069] und Literatur[1070] gehen einhellig davon aus, dass die

[1066] CA Aix en provence 12.11.1976, Dalloz 1978, inf. rap., 228; CA Paris 2.2.1979, Dalloz 1980, inf. rap., 56; CA Paris 26.3.1982, Rev. trim. dr. com. 1982, 276, Nr. 9, Anm. *Cabrillac/Teyssié* = J.C.P. 1982, IV, 361; Cass. com. 24.11.1983, Dalloz 1984, inf. rap., 306 f., Anm. *Vasseur* = Bull. civ. 1984, IV, 279 f., Nr. 322 (Revisionsentscheidung zu CA Paris 26.3.198); CA Versailles 25.4.1984, Rev. jur. com. 1986, Nr. 1131, S. 224, 225 f.; CA Paris, 3.4.1987, Petites affiches 1987, Nr. 144, S. 13 = Rev. trim. dr. com. 1988, S. 272, Nr. 15, Anm. *Cabrillac/Teyssié*; *Vezian*, Rz. 350; *Rives-Lange/Contamine-Raynaud*, 747, Rz. 814; *Delebecque*, JCl. Contrats Distribution, Fasc. 795, Contrat de renseignement, Rz. 69 ff.; *Grua*, 211 f., Rz. 221 ff.; *ders.*, JCl. Civ., Art. 1382 à 1386, Banque, Fasc. 335-4, Rz. 8; *Gavalda/Stoufflet*, Droit bancaire, Rz. 744; *Veaux*, JCl. Contrats Distribution, Fasc. 430, Contrats de conseil, Rz. 47 ff.; *Becqué/Cabrillac*, Rev. trim. dr. com. 1955, 365, Nr. 6; *Bonneau*, Rz. 773; *Tourneau/Cadiet*, Rz. 4270 f.; *Tourneau*, 426, Rz. 1343; *Grelon*, 44, Rz. 104; *Routier*, 109, Rz. 127; *Simon/Cordier*, 218, Rz. 518; *Escarra/Rault*, 156, Rz. 281; *Dutilleul/Delebecque*, 603, Rz. 779; *Savatier*, Dalloz 1972, Chr. XXIII, 139, Nr. 6, 146, Nr. 22 B, 151, Nr. 40; *ders.* 107, Rz. 87; *Demogue*, Rz. 336.

[1067] *Savatier*, Dalloz 1972, Chr. XXIII, 139, Nr. 6; *Bonneau*, Rz. 773.

[1068] *Delebecque*, JCl. Contrats Distribution, Fasc. 795, Contrat de renseignement, Rz. 71f.

[1069] CA Lyon 27.10.1971, J.C.P. 1972, II, 17012, Anm. *Savatier* (Auskunftsbüro); Cass. com. 30.1.1974, Bull.civ., IV, Nr. 41, S. 31 = Rev. trim. dr. com. 1974, 566, Anm. *Cabrillac /Rives-Lange* (Auskunftsbüro); Cass. com. 22.4.1977, Dalloz 1977, inf. rap., 451, Anm. *Vasseur*; CA Paris 2.2.1979, Dalloz 1980, inf. rap., 56; CA Colmar 21.10.1981, Dalloz 1982, inf. rap., 242; Trib. com. Versailles 24.6.1981 Dalloz 1982, inf. rap., 242, Anm *Vasseur* = J.C.P. 1984, éd. C, II, 14152, Nr. 151, Anm. *Gavalda/Stoufflet*; CA Paris 26.3.1982, Rev. trim. dr. com. 1982, 276, Nr. 9, Anm. *Cabrillac/ Teyssié* = J.C.P. 1982, IV, 361; Cass. com. 24.11.1983, Dalloz 1984, inf. rap., 306 f., Anm. *Vasseur* = Bull. civ. 1984, IV, 279 f., Nr. 322 (Revisionsentscheidung zu CA Paris 26.3.198); CA Versailles 25.4.1984, Rev. jur. com. 1986, 224, 225, Nr. 1131; Cass. com., 12.12.1984 Gaz. Pal. 1985, I, 115; CA Paris 3.12.1986, Rev. trim. dr. com. 1987, 561, 562, Anm. *Cabrillac/Teyssié*; CA Paris 3.4.1987,

Pflicht zur richtigen Auskunftserteilung eine obligation de moyens und nicht eine obligation de résultat darstellt.

aa) obligation de moyens

(1) Begründung der obligation de moyens

Zur Begründung, dass eine obligation de moyens und keine obligation de résultat vorliegt, wird normalerweise der stillschweigende Wille der Vertragsparteien angeführt.[1071] Das Vorliegen einer obligation de moyens wird dann als mit dem Willen der Parteien übereinstimmend angesehen, wenn der Eintritt des vom Auskunftsnehmer gewünschten Erfolgs ungewiss ist[1072] oder wenn der Auskunftsgeber offensichtlich seinem Vertragspartner nicht garantieren kann, dass er den erwarteten Erfolg herbeiführen kann.[1073] Für die stillschweigende Vereinbarung der obligation de moyens spricht weiterhin, dass dem Auskunftsnehmer als Gläubiger eine aktive Rolle bei Ausführung des Vertrages bzw. bei Erreichung des von ihm erwünschten Ziel zukommt.[1074]

Wie der Kunde nach Erhalt der Kreditauskunft weiter verfahren will, liegt allein in seiner Entscheidungsgewalt. Ob er seine Entscheidung nach der Information richten will oder nicht, kann auch von weiteren, der Bank nicht bekannten Umständen abhängen. Der Auskunftsgeber kann sich also nach Erteilung der In-

---

Petites affiches 1987, 13, Nr. 144 = Rev. trim. dr. com. 1988, 272, Nr. 15, Anm. *Cabrillac /Teyssié*; CA Paris 19.6.1987, J.C.P. 1987, éd. E, 16910.

[1070] *Vezian*, Rz. 351; *Rives-Lange/Contamine-Raynaud*, 747, Rz. 814; *Delebecque*, JCl. Contrats Distribution, Fasc. 795, Contrat de renseignement, Rz. 71; *Grua*, 212., Rz. 221; *ders.*, JCl. Civ., Art. 1382 à 1386, Fasc. 335-1, Banquier, Rz. 3; *Gavalda/Stoufflet*, Droit bancaire, Rz. 744; *Veaux*, JCl. Contrats Distribution, Fasc. 430, Contrats de conseil, Rz. 107 ff.; *Becqué/Cabrillac*, Rev. trim. dr. com. 1955, 365, Nr. 6; *Bonneau*, Rz. 774; *Tourneau /Cadiet*, Rz. 4271; *Tourneau*, 427, Rz. 1344; *Grelon*, 44, Rz. 104; *Routier*, 109, Rz. 127; *Vasseur*, Banque 1983, 943, 949; *Dutilleul/Delebecque*, 603, Rz. 779; *Savatier*, Dalloz 1972, Chr. XXIII, 140, Nr. 9, 150, Rz. 34.

[1071] *Malaurie/Aynès*, Rz. 551 ff.; *Veaux*, JCl. Contrats Distribution, Fasc. 430, Contrats de conseil, Rz. 108.

[1072] *Veaux*, JCl. Contrats Distribution, Fasc. 430, Contrats de conseil, Rz. 108; *Grua*, 212, Rz. 221; *Tourneau/Cadiet*, Rz. 4271; *Grelon*, 45, Rz. 104.

[1073] *Veaux*, JCl. Contrats Distribution, Fasc. 430, Contrats de conseil, Rz. 108.

[1074] *Veaux*, JCl. Contrats Distribution, Fasc. 430, Contrats de conseil, Rz. 109; *Grelon*, 45, Rz. 104.

formation gar nicht sicher sein, ob das mit ihr beabsichtigte Ziel überhaupt erreicht wird.[1075]

Bei der Bankauskunft kann nur eine obligation de moyens als vereinbart angesehen werden. Denn von einer Bank kann nicht eine absolute Richtigkeit der Auskünfte erwartet werden, da ihre eigenen Quellen, die sie zur Beantwortung der Anfrage heranzieht und die auf der Meinung und Erfahrung anderer Personen basieren, nicht unfehlbar sind.[1076] Die Bank will offensichtlich nicht die perfekte Übereinstimmung der Information mit der Wirklichkeit garantieren, da dies aufgrund der unsicheren und sich ständig in Bewegung befindenden Materie, insbesondere im Bereich der Kreditauskünfte auch äußerst riskant wäre. Die Struktur eines Unternehmens und dessen Zahlungsfähigkeit kann sich nach außen durchaus solide darstellen und hinter dem ersten Erscheinungsbild verbirgt sich dann eine schwierige finanzielle Situation, die für einen Außenstehenden noch nicht einmal zu erahnen ist.[1077]

Darüber hinaus muss die Bank auch das ihr auferlegte Bankgeheimnis gegenüber ihrem Kunden wahren. Daher ist sie gehalten, die Auskunft allgemein zu formulieren.[1078]

Der an die Auskunft geknüpfte gewünschte Erfolg entzieht sich im Übrigen der Kontrolle der Bank. Der Anfragende macht bei einer Kreditauskunft von der Auskunft abhängig, ob er ein bestimmtes Geschäft, z.B. eine Kreditvergabe, mit der Person, über die die Auskunft erteilt worden ist, abschließen will. Fällt die Auskunft positiv aus, so ist es immer noch von der Entscheidung des Auskunftsnehmers abhängig, ob die Informationen als ausreichend erachtet werden, um die beabsichtigte Vermögensdisposition zu rechtfertigen.[1079] Dieses Argument ist aber insoweit eingeschränkt, als in der Praxis der Auskunftsnehmer, wie oben auf Seite 239 f. erläutert, in seiner Entscheidung nicht völlig unabhängig ist, sondern stark beeinflusst von dem Ergebnis der Auskunft. So wird er bei einer negativen Äußerung über die Zahlungsfähigkeit eines Unternehmens überwiegend von dem Abschluss des beabsichtigten Geschäfts absehen.

[1075] *Vasseur*, Banque 1983, 943, 949.
[1076] *Grua*, 212, Rz. 221; *Vezian*, 242, Rz. 351.
[1077] *Vezian*, 242, Rz. 351.
[1078] *Grua*, 212, Rz. 221; *Vezian*, 242, Rz. 351.
[1079] *Grelon*, 45, Rz. 104.

(2) Konsequenzen der obligation de moyens

Das Vorliegen einer obligation de moyens hat, wie bereits oben erläutert,[1080] Auswirkungen auf die Beweislast. Wenn den Auskunftsgeber die obligation de résultat trifft, dann haftet er alleine deshalb, weil der Auskunftsnehmer aufgrund der falschen Information das angestrebte Ziel nicht erreicht. Bei der obligation de moyens hat der Auskunftsnehmer demgegenüber zu beweisen, dass dem Auskunftsgeber faute zur Last zu legen ist, um ihn haftbar zu machen.[1081]

Der Beweis der faute kann, wie auch die Beweiserbringung bestimmter Tatsachen, auf alle zur Verfügung stehenden Mittel gestützt werden. Es reicht aus, dass der Richter die vorgebrachten Beweise als überzeugend ansieht.[1082]

Der Geschädigte ist nicht nur verpflichtet den Beweis der faute seines Vertragspartners zu erbringen, sondern auch den Beweis des erlittenen Schadens und der lien de causalité.[1083]

Insbesondere bei den Auskunftsverträgen hat die Rechtsprechung diese für den Auskunftsuchenden strenge Beweislastverteilung in zweifacher Hinsicht abgeschwächt.

(a) Beweisvermutung

Wird der erwartete Erfolg seitens des Auskunftsnehmers nicht erreicht, dann resultiert daraus zwar nicht automatisch der Beweis für eine mangelhafte Erfüllung der obligation de moyen. Aber der Nichteintritt des Erfolges kann ein Indiz neben anderen Umständen darstellen, welches mit einiger Wahrscheinlichkeit für eine faute des Schuldners sprechen kann. Dies kann bis zu einer Beweisvermutung der faute gehen.[1084]

[1080] Siehe oben S. 218 f.

[1081] Vgl. nur *Veaux*, JCl. Contrats Distribution, Fasc. 430, Contrats de conseil, Rz. 107, 110.

[1082] Cass. civ. 3e 15.1.1970, Bull.civ. 1970, III, Nr. 39 = J.C.P. 1970, éd G, II, 16320 (Aufnahme eines Telefongesprächs als Beweismittel zugelassen); *Veaux*, JCl. Contrats Distribution, Fasc. 430, Contrats de conseil, Rz. 110.

[1083] *Veaux*, JCl. Contrats Distribution, Fasc. 430, Rz. 111.

[1084] Cass. civ. 1re 21.12.1964, Bull. civ. 1964, I, Nr. 585 = J.C.P. 1965, II, 14005 (Beratungsvertrag zur Neuorganisation eines Unternehmens); CA Paris 2.4.1982, Gaz.Pal. 1982, I, sommaire, 185 (Beratungsvertrag im Informatikbereich); *Veaux*, JCl. Contrats Distribution, Fasc. 430, Contrats de conseil, Rz. 112

(b) Beweislastumkehr

Der im Zusammenhang mit Auskunftsverträgen zu erbringende Beweis der faute des Schuldners stellt sich häufig als Negativbeweis dar, wenn es um die Darlegung des Unvermögens oder Unterlassens des Schuldners geht. Die Erbringung eines solchen Negativbeweises ist für den Gläubiger nicht einfach. Die Rechtsprechung nimmt in diesem Fall zwar nicht grundsätzlich eine Beweislastumkehr vor. Aber wenn der Beweis der negativen Tatsache für den Gläubiger endgültig unerbringlich ist, dann legt die Rechtsprechung dem Schuldner die Beweislast der für ihn positiven Tatsache auf. Der Schuldner hat somit den Gegenbeweis zu erbringen, dass er die Leistung ordnungsgemäß erbracht hat und ihm damit keine faute zur Last zu legen ist. Dies wird ebenfalls als eine Art Beweisvermutung der faute angesehen, welche der Einschätzung des Richters unterliegt.[1085]

Auch in einem Bankauskunftsfall ist in diesem Sinne eine Beweislastumkehr vorgenommen worden. Ein Kunde hatte sich an seine Bank gewandt, um Informationen über die Zahlungsfähigkeit eines Geschäftsmannes einzuholen, mit dem er in geschäftliche Beziehungen eintreten wollte. Der Beweis, dass die Bank keinerlei ernsthafte Nachforschungen angestellt hatte, bevor sie ihm die Auskunft erteilt hat, war ihm nicht möglich, da er in die Vorgehensweise der Bank keinen Einblick hat. Daher wurde der Bank auferlegt, den Beweis dafür zu erbringen, dass sie in Kontakt mit einer vertrauenswürdigen Korrespondenzbank getreten ist. Dies war im konkreten Fall problematisch, weil sich die Bank auf eine rein telefonische Anfrage bei der anderen Bank beschränkt hat. Diese Beweisschwierigkeiten sollten aber zu Lasten der auskunftsgebenden ersten Bank gehen und nicht zu Lasten des Auskunftsnehmers.[1086]

bb) Pflichten des Auskunftsgebers

Die haftungsrechtliche Verantwortlichkeit der Bank kann in zweierlei Hinsicht gegeben sein. Es sind zwei grundsätzliche Arten von faute zu unterscheiden: Einerseits kann der Bank deshalb sorgfaltswidriges Handeln vorgeworfen werden, weil die von ihr durchgeführten Ermittlungen nicht ausreichend waren, um die vereinbarte Dienstleistung zu erbringen (obligation d'investigation). Eine faute kann aber auch darin gesehen werden, dass der Kunde in der falschen

---

[1085] *Veaux*, JCl. Contrats Distribution, Fasc. 430, Contrats de conseil, Rz. 113.

[1086] CA Paris 26.3.1982, Rev. trim. dr. com. 1982, 276, Nr. 9, Anm. *Cabrillac/Teyssié* = J.C.P. 1982, IV, 361; Cass. com. 24.11.1983, Dalloz 1984, inf. rap., 306 f., Anm. *Vasseur* = Bull.civ. 1984, IV, 279 f., Nr. 322 = Rev. trim. dr. civ. 1984, 517, Anm. *Huet* (Revisionsentscheidung zu CA Paris 26.3.198).

Gewissheit gewogen wird hinsichtlich des Vertrauens, welches er in die Auskunft legen kann (obligation de prudence/diligence).[1087]

Grundsätzlich haftet der Auskunftsgeber aber, wenn ihm faute légère hinsichtlich einer der beiden Pflichten vorzuwerfen ist.[1088]

(1) Ermittlungspflicht

Im Rahmen der obligation d'investigation verpflichtet sich der Auskunftsgeber, alle ihm zur Verfügung stehenden Mittel einzusetzen, um die Information so genau wie möglich zu erteilen. Er ist verpflichtet sorgfältig zu verfahren und im Rahmen des Möglichen auch die Informationen auf ihren Wahrheitsgehalt zu überprüfen. Er darf jedoch auch nicht mehr versprechen, als er zu leisten vermag. Eine faute des Auskunftsgebers liegt vor, wenn die erteilte Auskunft falsch ist und er nicht die notwendige Sorgfalt angewandt hat, um die richtige Information zu ermitteln und zu überprüfen.[1089]

Die Rechtsprechung geht in einem häufig wiederkehrenden Grundsatz davon aus, dass derjenige, der sich bereit erklärt hat, eine Auskunft zu geben, seinerseits dazu verpflichtet ist, sich zu informieren, um die Auskunft in Kenntnis der notwendigen tatsächlichen Grundlagen zu erteilen. („Celui qui a accepté de donner des renseignements a lui-même l'obligation de s'informer pour informer en connaissance de cause.")[1090]

Es ist jedoch sehr schwierig den Umfang der Nachforschungen zu bestimmen, welche die Bank durchführen soll. Denn in der Praxis wird dies von den

---

[1087] *Grua*, 211, Rz. 220; *Delebecque*, JCl. Contrats/Distribution, Fasc. 795, Contrat de renseignement, Rz. 43 ff., 59 ff.

[1088] *Rives-Lange/Contamine-Raynaud*, S. 748, Rz. 815; *Mazeaud/Tunc*, S. 568, Rz. 501, Fn. 1; *Savatier*, 107, Rz. 87; *Vezian*, 243, Rz. 354; Cass. civ. 9.6.1980, Rev. trim. dr. com. 1981, 195, 196 Nr. 15, Anm. *Cabrillac/Teyssié* = Bull. civ. 1980, IV, 195, Nr. 241.

[1089] *Vezian*, Rz. 351; *Rives-Lange/Contamine-Raynaud*, 747, Rz. 814; *Bonneau*, Rz. 774; *Vasseur*, Banque 1983, 943, 950; *Grua*, S. 212., Rz. 221; *ders.*, JCl. Civ., Art. 1382 à 1386, Fasc. 335-4, Banquier, Rz. 3; *Grelon*, 44, Rz. 104; *Savatier*, Dalloz 1972, Chr. XXIII, 150, Rz. 34; *Tourneau/Cadiet*, Rz. 4270; *Tourneau*, 427, Rz. 1344; *Gavalda/Stoufflet*, Droit bancaire, Rz. 744; CA Toulouse 16.2.1984, Dalloz 1985, inf. rap. 346; CA Versailles 2.4.1984, Rev. jur. com. 1986, 224, 226; CA Paris, 3.4.1987, Petites affiches 1987, 13, Nr. 144 = Rev. trim. dr. com. 1988, 272, Nr. 15, Anm. *Cabrillac/Teyssié*.

[1090] Cass. civ. 19.10.1994, Dalloz 1995, jurisprudence, 499, Anm. *Gavard-Gilles*; Cass. civ. 19.6.1996, Bull.civ. 1996, II, 97 f., Nr. 161 = Gaz. Pal. 1997, 1, jur. 64, Anm D. *Mazeaud* = Rev. trim. dr. civ. 1997, 144, Anm *Jourdain*; CA Paris 1.12.1998, Gaz.Pal. 1999, 1, sommaire, 347; in diesem Sinne auch CA Paris 3.4.1987, Petites affiches 1987, 13, Nr. 144 = Rev. trim. dr. com. 1988, 272, Nr. 15, Anm. *Cabrillac/Teyssié*.

Vertragsparteien zumeist nur sehr unzureichend bzw. gar nicht vertraglich festgehalten. Insbesondere wenn es sich um die Frage der Zahlungsfähigkeit bzw. Kreditwürdigkeit einer Person handelt. In diesem Fall kann man kaum bestimmen, wie weit eine ausreichende und vollständige Ermittlung zu gehen hat. Hier ergeben sich eine Vielzahl von Fragen: Reicht eine Auskunft aus zweiter Hand aus? Muss diese Auskunft auf ihren Wahrheitsgehalt überprüft werden? Handelt es sich bei der zu überprüfenden Person um eine Tochterunternehmen, erstrecken sich die Ermittlungen dann auch auf den Mutterkonzern?[1091]

Die Rechtsprechung versucht mitunter, den Umfang der Ermittlungspflichten anhand von verschiedenen Indizien festzumachen, wie z.B. die besondere Bedeutung der Auskunft aus der Sicht des Kunden, welche für eine umfangreichere Ermittlung sprechen soll.[1092]

Auf der anderen Seite können bestimmte Umstände auch eine eingeschränkte Überprüfung der Information durch die Bank rechtfertigen. Zeigen sich keine Unregelmäßigkeiten, welche das Misstrauen der Bank erweckt und weitere gezielte Nachforschungen der Bank nach sich gezogen hätten, so ist dies für eine begrenzte Informationspflicht anzuführen.[1093]

Das Problem der Bestimmung des Pflichtenumfangs wird von der Rechtsprechung teilweise auch umgangen, indem es in den Bereich der obligation de prudence (Sorgfaltspflicht) verlagert wird. Den Urteilsgründen lässt sich bisweilen entnehmen, dass die nicht ausreichende Ermittlung der Information nicht aus dem Grund sanktioniert wird, weil die Bank mit ihren Anstrengungen unterhalb des zuvor vereinbarten Pflichtenumfangs geblieben ist, sondern weil sie nachlässig gehandelt hat, als sie den Auskunftsuchenden an die Zuverlässigkeit der von ihr gezogenen Schlussfolgerung hat glauben lassen, obwohl diese sich lediglich auf einige wenige, unsichere Informationen stützte.[1094] Danach scheint es fast so, als ob die Bank den Umfang der sie treffenden Nachforschungs- und Überprüfungspflicht selbständig bestimmen kann, solange sie insoweit ihrer Sorgfaltspflicht nachkommt, den Kunden darüber zu unterrichten, welche

---

[1091] *Grua*, 212, Rz. 220; *Delebecque*, JCl. Contrats/Distribution, Fasc. 795, Contrat de renseignement, Rz. 61.

[1092] CA Paris 26.3.1982, Rev. trim. dr. com. 1982, 276, Nr. 9, Anm. *Cabrillac/Teyssié* = J.C.P. 1982, IV, 361; Cass. com. 24.11.1983, Dalloz 1984, inf. rap., 306 f., Anm. *Vasseur* = Bull. civ. 1984, IV, 279 f., Nr. 322 (Revisionsentscheidung zu CA Paris 26.3.198).

[1093] Trib. com. Versailles 24.6.1981, Dalloz 1982, inf. rap., 242, Anm *Vasseur*.

[1094] *Grua*, 213, Rz. 221; CA Paris 26.3.1982, Rev. trim. dr. com. 1982, 276, Nr. 9, Anm. *Cabrillac/Teyssié* = J.C.P. 1982, IV, 361; Cass. com. 24.11.1983, Dalloz 1984, inf. rap., 306 f., Anm. *Vasseur* = Bull. civ. 1984, IV, 279 f., Nr. 322 (Revisionsentscheidung zu CA Paris 26.3.198).

Glaubwürdigkeit und welches Vertrauen die Grundlagen ihrer Nachforschung verdienen.[1095]

(2) Obligation de prudence bzw. diligence

Die obligation de prudence/diligence verpflichtet den Auskunftsgeber ganz allgemein, die notwendigen Ermittlungen sorgfältig und nach Treu und Glauben durchzuführen. Falls die gewünschte Auskunft aber nicht vollständig ist oder bestimmten Vorbehalten unterliegt, weil die Bank z.B. nicht in der Lage ist, die Information auf ihren Wahrheitsgehalt zu überprüfen, so ist sie verpflichtet, diese Einschränkungen dem Auskunftsnehmer gegenüber zur Kenntnis zu bringen. Die Bank muss alle notwendigen, die Information betreffenden Vorbehalte dem Kunden mitteilen, damit kein falscher Eindruck hinsichtlich der Glaubwürdigkeit der Informationen entsteht. Der Auskunftsgeber muss insbesondere verhindern, dass aus der unvollständigen oder zweifelhaften Information falsche Schlussfolgerungen gezogen werden. Tut er dies nicht, haftet er für den daraus entstehenden Schaden.[1096]

cc) Entwicklung der Rechtsprechung von faute lourde zu faute légère

Wie bereits oben auf Seite 247 ff. angesprochen, gab es in der älteren Rechtsprechung, die aufgrund der Unentgeltlichkeit der Auskunft noch von einer deliktischen Haftung ausgegangen ist, im Falle der Bankauskunft an einen Kunden, zwei Tendenzen hinsichtlich der Frage, welche Anforderungen an den haftungsbegründenden Sorgfaltsverstoß zu stellen sind.

Im Prinzip wurde von den Gerichten eine Haftung der Banken für unentgeltliche Auskünfte nur bei dol oder faute lourde[1097] angenommen. Es bestand jedoch die Neigung, eine zu Schadensersatz verpflichtende Handlung bereits bei faute légère anzuerkennen.[1098] Dies entsprach auch der grundlegenden delikti-

---

[1095] *Grua*, 213, Rz. 221.

[1096] *Tourneau*, 427, Rz. 1344; *Vasseur*, Banque 1983, 943, 950; *Grua*, 213., Rz. 222; *ders.*, JCl. Civ., Art. 1382 à 1386, Fasc. 335-4, Banquier, Rz. 5; *Delebecque*, JCl. Contrats/Distribution, Fasc. 795, Contrat de renseignement, Rz. 59, 62; Cass. com. 6.10.1958, Bull. civ. 1958, III, 274, Nr. 326 = Rev. trim. dr. com. 1959, 464, Nr.4 (Bürgschaft); Cass. civ. 9.6.1980, Rev. trim. dr. com. 1981, 195, 196 Nr. 15, Anm. *Cabrillac/Teyssié* = Bull.civ. 1980, IV, 195, Nr. 241.

[1097] Siehe oben Fn. 1031.

[1098] *Escarra/Rault*, 157, Rz. 283; ausdrücklich: CA Nimes 16.12.1927, Dalloz 1928, hebdomaire, 234, 235; siehe Fn. 1025.

schen Haftungsregelung, wonach für faute très légère, légère, lourde und inexcusable einzustehen ist.

Diese Entwicklung hin zur Haftung für jede faute wurde kritisiert, weil sie die Banken gegenüber den Auskunftsbüros benachteilige. Mit der Haftungsbeschränkung auf die faute lourde sei eine Risikoangleichung zwischen Banken und Auskunftsbüros beabsichtigt. Ein Ungleichgewicht bestehe insofern, als die Auskunftsbüros regelmäßig ihre Leistung gegen Entgelt erbringen und weil die Auskunftserteilung gar nicht zum eigentlichen Aufgabenbereich der Banken gehöre. Die Bank habe daher auch nur darüber Auskunft zu geben, was sie weiß oder wissen müsste, ohne tiefergehende Nachforschungen zu betreiben. Trotz dieser Einschränkungen würde sie härter getroffen als ein Auskunftsbüro, wenn sie auch für faute légère einstehen müsste.[1099]

Diese Benachteiligung ergibt sich daraus, dass sie deliktisch haften und ihre Haftung daher nicht auf die faute lourde beschränken könnten, wie dies die Auskunftsbüro durch Aufnahme einer Haftungsbeschränkungsklausel in den Vertrag durchführen können, da sie vertraglich haften.

Aufgrund dieser vorgebrachten Bedenken gegen eine Haftung der Banken für faute wurde zumindest noch bis 1960 von der französischen Rechtsprechung immer wieder die faute lourde vorausgesetzt für eine Haftung.

Die Cour d'appel de Montpellier hat noch in einer Entscheidung vom 16.2.1960[1100] wie bereits in einer Entscheidung vom 14.1.1955[1101] darauf hingewiesen, dass die Bank im Gegensatz zum Auskunftsbüro durch die ihr ureigene, bankrechtliche Tätigkeit in ihrem Aufgabenbereich beschränkt sei. Im wirtschaftlichen Gesamtgefüge solle die Bank nicht für falsch erteilte Auskünfte im allgemeinen haften, sondern nur, wenn sie willentlich etwas verheimliche, eine bewusste Abänderung der Auskunft gegenüber der wirklichen Situation vorgenommen habe oder sie sich eine offensichtliche Nachlässigkeit hinsichtlich der Kontrolle der zusammengetragenen Auskünfte zu Schulden habe kommen lassen.[1102]

Dies heißt nichts anderes, als dass nur schwere Sorgfaltsverstöße wie dol oder faute lourde ein Schadensersatz begründendes Verhalten darstellen sollen.

[1099] *Escarra/Rault*, 157, Rz. 283.
[1100] CA Montpellier 16.2.1960, Rev. trim. dr. com. 1962, 451, Nr. 5.
[1101] Siehe Fn. 1033.
[1102] CA Montpellier 16.2.1960, Rev. trim. dr. com. 1962, 451, Nr. 5.

Seit dieser Entscheidung der Cour d'appel de Montpellier vom 16.2.1960 ist nach dem Ergebnis der gesichteten französischen Rechtsprechung das Erfordernis der faute lourde für eine Haftung fallengelassen worden. Vielmehr wird eine faute légère als ausreichend für eine Haftung angesehen.[1103] Dies hängt damit zusammen, dass auch die Bank für eine an einen ihrer Kunden erteilte falsche Auskunft vertraglich haftet und nicht mehr deliktisch. Sie kann daher ebenso wie ein Auskunftsbüro eine Haftungsbeschränkung auf die faute lourde vertraglich vereinbaren. In diesem Punkt besteht daher keine Benachteiligung der Bank gegenüber dem Auskunftsbüro mehr. Wegen des eingeschränkten Pflichtenumfangs einer Bank gegenüber einem Auskunftsbüro, kann die Bank ihre Pflichten von vornherein vertraglich beschränken.[1104]

dd) Sorgfaltsmaßstab

Es stellt sich die grundsätzlich Frage, welchen Sorgfaltsmaßstab der Auskunftsgeber bei der Erfüllung seiner Pflichten anzuwenden hat. Die Anforderungen, die an ihn gestellt werden, und die Anstrengungen, die er auf sich nehmen muss, um diese zu erfüllen, sind mangels ausdrücklicher vertraglicher Regelung zumeist nur an bestimmten Kriterien und äußeren Umständen zu ermitteln.[1105]

(1) Entgeltlichkeit

Wie bereits ausgeführt,[1106] erteilt die Bank die Auskunft überwiegend ohne konkrete Bezahlung dieser Leistung. Trotzdem wird die Auskunftserteilung als eine im weitesten Sinne entgeltliche Leistung eingeordnet, da die Bank immer auch ein eigenes Interesse an ihrer Ausführung hat. Dies hat zur Konsequenz, dass die Auskunft der Bank an einen eigenen Kunden als vertragliche Leistung eingeordnet wird und eine falsche Information die vertragliche Haftung nach sich zieht.

1103 Cass. com. 9.1.1978, Bull.civ. 1978, IV, 9 f., Nr. 12; Cass. civ. 9.6.1980, Rev. trim. dr. com. 1981, 195, 196 Nr. 15, Anm. *Cabrillac/Teyssié* = Bull. civ. 1980, IV, 195, Nr. 241; CA Versailles 25.4.1984, Rev. jur. com 1986, 224, 226, Nr. 1131; CA Paris 3.12.1986, Rev. trim. dr. com. 1987, 562, Nr. 29, Anm. *Cabrillac/Teyssié* = Dalloz 1987, sommaires, 302, Anm. *Vasseur*; CA Paris 30.9.1988, J.C.P. 1989, éd. E, 43, Nr. 18198.

1104 *Grua*, 216, Rz. 225.

1105 *Grua*, 212, Rz. 220; *Delebecque*, JCl. Contrats/Distribution, Fasc. 795, Contrat de renseignement, Rz. 61; *Vasseur*, Banque 1983, 943, 950 f., der darauf hinweist, dass die französischen Banken im Allgemeinen äußerst ungern und daher sehr selten schriftlich etwas festhalten.

1106 Siehe oben S. 256 f.

Wenn demnach die mangelnde direkte Entlohnung zwar nicht der Eröffnung des vertraglichen Haftungsregimes entgegen steht, so wird doch vertreten, dass sie sich auf den Haftungsmaßstab als solchen auswirken kann. Danach ist es grundsätzlich möglich, den notwendigen Sorgfaltsmaßstab nach der Höhe der Entlohnung zu richten.[1107] Die Genauigkeit, mit der der Auskunftsgeber bei der Ermittlung vorzugehen hat, könne bei einer nur mäßigen oder fehlenden Bezahlung nicht so weitgehend sein wie bei einer überdurchschnittlichen Entlohnung.[1108] Denn die Genauigkeit einer Information ist desto höher, je weitreichender die Nachforschungen gehen. Dies ist aber mit einem größeren Zeit- und Personalaufwand verbunden. Daran müsse auch eine höher Bezahlung geknüpft sein.

Die Bedeutung des Kriteriums der Höhe der Entlohnung sei aber nicht überzubewerten. Man kann nicht so weit gehen, dass ein Auskunftsgeber aufgrund eines äußerst geringfügigen oder ganz fehlenden Entgelts keinerlei Sorgfalt mehr auf die Auskunftserteilung verwenden muss.[1109] Die Unentgeltlichkeit der Auskunftserteilung kann die Bank nicht von ihrer haftungsrechtlichen Verantwortung befreien.[1110]

Grua lehnt diese Rechtsprechung ab. Er interpretiert sie allerdings auch in einem anderen Sinn. Die Gerichte wollten mit der Unentgeltlichkeit der Bankauskunft die Haftung als solche ausschließen und nicht nur den Haftungsmaßstab abändern. Ein derartiger Haftungsausschluss wird von Grua abgelehnt, da die Bank nicht völlig selbstlos handelt, sondern regelmäßig ein eigenes Interesse an ihrem Handeln hat.[1111]

1107 CA Lyon 27.10.1971, J.C.P. 1972, II, 17012, Anm. *Savatier* = Dalloz 1972, jurisprudence, 327, Anm. *Tendler*; CA Colmar 21.10.1981, Dalloz 1982, inf. rap., 243, Anm. *Vasseur*; CA Paris 26.3.1982, Rev. trim. dr. com. 1982, 276, Nr. 9, Anm. *Cabrillac/Teyssié* = J.C.P. 1982, IV, 361; Cass. com. 24.11.1983, Dalloz 1984, inf. rap., 306 f., Anm. *Vasseur* = Bull. civ. 1984, IV, 279 f., Nr. 322 (Revisionsentscheidung zu CA Paris 26.3.198); *Reboul*, 406, Rz. 593; 474, Rz. 700; *Vezian*, 242, Rz. 352; *Vasseur*, Banque 1983, 943, 951; *Savatier*, Dalloz 1972, Chronique XXIII, Nr. 32.

1108 *Reboul*, 406, Rz. 593; *Vasseur*, Banque 1983, 943, 951.

1109 *Reboul*, 406, Rz. 593; *Vezian*, 242, Rz. 352; *Savatier*, Dalloz 1972, Chronique XXIII, Nr. 32; *Vasseur*, Banque 1983, 943, 951.

1110 CA Paris 3.4.1987, Petites affiches 1987, 13, Nr. 144 = Rev. trim. dr. com. 1988, 272, Nr. 15, Anm. *Cabrillac/Teyssié*; *Vasseur*, Banque 1983, 943, 951.

1111 *Grua*, JCl. Civ., Art. 1382 à 1386, Fasc. 335-4, Banquier, Rz. 9.

Diesem Argument wird bekannter Weise von Rechtsprechung und Literatur zugestimmt. Es wird herangezogen, um eine vertragliche Haftung zu rechtfertigen.[1112]

Die Ansicht von *Grua* wird in gewisser Hinsicht durch ein weiteres Argument unterstützt, welches mit Art. 1992 al. 2 Cc zusammenhängt. Dieser sieht eine besondere Regelung für den Auftrag vor. Danach soll die aus der faute begründete Haftung zugunsten desjenigen, der ohne Bezahlung den Auftrag (mandat gratuit) ausführt, weniger streng gehandhabt werden als die Haftung desjenigen, der gegen Entgelt tätig wird. In diesem Sinne soll der Auftragnehmer, der sich ohne Entgelt verpflichtet, für einen anderen tätig zu werden, nur für faute lourde haften und derjenige, der gegen Entgelt tätig wird, auch für faute légère.[1113]

Zunächst könnte man meinen, diese Regelung sei auf die Bankauskunftsfälle übertragbar und spreche für eine Haftungsbeschränkung der Bank. In diesem Sinne hat sich eine beklagte Bank vor der Cour d'appel Aix en Provence auch auf Art. 1992 al. 2 Cc berufen, da sie keine konkrete Bezahlung für die Auskunftserteilung erhalten hatte. Dies wurde von dem Gericht mit der bereits bekannten Begründung zurückgewiesen, dass die Beziehung einer Bank zu ihrem Kunden niemals ohne Interesse seitens der Bank sei. Auch wenn einige bestimmte Dienstleistungen der Bank nicht direkt einzeln bezahlt werden, so fallen sie doch alle unter das umfassende Ziel der Bank, ihre Stellung im wirtschaftlichen Wettbewerb zu verbessern.[1114]

Daraus wird in der Kommentierung der weitergehende Schluss gezogen, dass die Bank aufgrund des globalen Charakters ihrer Tätigkeit niemals ein mandat gratuit für einen ihrer Kunden übernimmt.[1115] Noch weitergehend wird daraus der Grundsatz entwickelt, eine Geschäftsperson könne sich niemals auf Art. 1992 al.2 Cc berufen, weil sie immer in gewisser Weise ein eigenes Interesse an ihren Handlungen hat.[1116]

Bei näherem Hinsehen widerspricht die genannte Rechtsprechung[1117] aber diesen Ausführungen und der Ansicht *Grua's* gar nicht. Die Cour d'appel Colmar hat in einer Entscheidung vom 21.1.1981 zwar die Haftung einer Bank aus-

---

[1112] Siehe oben Fn. 1060.

[1113] *Simon/Cordier*, 218, Rz. 518.

[1114] CA Aix en provence 12.11.1976, Dalloz 1978, inf. rap., 228.

[1115] *Simon/Cordier*, 218, Rz. 518; Anm. *Vasseur* zu CA Aix en provence 12.11.1976, Dalloz 1978, inf. rap., 228.

[1116] Anm. *Vasseur* zu CA Aix en provence 12.11.1976, Dalloz 1978, inf. rap., 228.

[1117] Siehe Fn. 1107.

geschlossen, die eine falsche Auskunft einer Korrespondenzbank an ihren Kunden weitergeleitet hat. Zur Begründung hat sie auf die fehlende Bezahlung hingewiesen. Dies war jedoch nur ein Umstand, der zur Rechtfertigung der Ablehnung der Haftung der Bank herangezogen wurde. Daneben wurden einige weitere Kriterien genannt, auf denen der Schwerpunkt der Begründung für das klageabweisende Urteil lag.[1118] Insofern geht eine Interpretation dieses Urteils durch Grua, dass die mangelnde Bezahlung immer den Ausschluss der Bankhaftung rechtfertigen kann, fehl. Es kommt vielmehr auf die Umstände jedes Einzelfalles an, die aber wie im vorliegenden Fall im Zusammenspiel mehrerer entlastender Merkmale auch zu einer völligen Haftungsfreistellung der Bank führen kann.

Die Entscheidung der Cour d'appel Paris vom 26.3.1982 erscheint der genannten einseitigen Auslegung *Grua's* ebensowenig zugänglich. Hier hatte sich ein Kunde an seine Bank gewandt, um Kreditauskünfte über zwei Unternehmen einzuholen. Obwohl der Bank bekannt war, dass ihre Auskunft entscheidende Auswirkungen auf das Verhalten des Kunden haben würde, hat sie sich darauf beschränkt, ihrem Kunden unsichere Informationen zu geben, die sie von einem Erfüllungsgehilfen einer anderen Bank telefonisch übermittelt bekommen hatte. Die Auskunft wurde ausnahmsweise gegen besondere Bezahlung erteilt. Die Haftung der Bank wurde damit begründet, dass in Anbetracht ihrer Kenntnis von der Bedeutung, die der Auskunft aus der Sicht des Kunden zukam, und der konkreten Bezahlung der Einzelleistung, die Bank sich bei ihrer Nachforschung und Überprüfung der Information nicht auf eine bloß telefonische Auskunft hätte beschränken dürfen.[1119]

Dieser Entscheidung ist lediglich zu entnehmen, dass der Umstand einer besonderen Bezahlung einer Einzelleistung im Bank-Kunden-Geschäftsverkehr gemeinsam mit anderen Merkmalen geeignet ist, das Maß der anzuwendenden Sorgfalt höher anzusetzen. Dies gilt insbesondere, weil die Bankauskunft ganz überwiegend nicht konkret bezahlt wird bzw. in die globale Abrechnung zwischen Bank und Kunde mit einbezogen wird. Die für Bank-Kunden-Geschäfte untypische konkrete Bezahlung der Auskunftserteilung als Einzelleistung lässt darauf schließen, dass der Kunde von der Bank erwartete, dass sie mit besonderer Sorgfalt bei der Informationsermittlung vorgehen würde. Im Umkehrschluss ergibt sich daraus aber nicht, dass eine fehlende Bezahlung immer eine Haftung

---

[1118] CA Colmar 21.10.1981, Dalloz 1982, inf. rap. 243, Anm. *Vasseur*.

[1119] CA Paris 26.3.1982, Rev. trim. dr. com. 1982, 276, Nr. 9, Anm. *Cabrillac/Teyssié* = J.C.P. 1982, IV, 361; Cass. com. 24.11.1983, Dalloz 1984, inf. rap., 306 f., Anm. *Vasseur* = Bull. civ. 1984, IV, 279 f., Nr. 322 (Revisionsentscheidung zu CA Paris 26.3.198).

für eine fehlerhafte Auskunft entfallen ließe bzw. dass die Bank überhaupt keine Pflicht zu sorgfältigem Handeln treffen würde.

Grua räumt sogar selbst an anderer Stelle ein, dass die Nachforschungen einer Bank nicht immer mit der gleichen Intensität betrieben werden müssen, unabhängig davon, ob sie mit oder ohne konkrete Bezahlung tätig wird. Das Kriterium der Entgeltlichkeit dürfe aber nur bei der Pflicht zur sorgfältigen Ermittlung (obligation d'investigation) Berücksichtigung finden, nicht aber bei der obligation de prudence, welche durch die Unentgeltlichkeit der konkreten Leistung nicht gemindert werden dürfe.[1120]

Nichts anderes sagt aber insbesondere die Cour d'appel Paris in ihrer Entscheidung vom 26.3.1982.

Es bleibt festzuhalten, dass die Höhe der Bezahlung der Auskunft ein Umstand ist, der zur Bestimmung der an den Sorgfaltsmaßstab zu stellenden Anforderungen mit herangezogen werden kann. Innerhalb der Beziehung der Bank zu ihrem Kunden erscheint es jedoch nicht völlig unproblematisch überhaupt erst einmal festzustellen, wie hoch die Entlohnung tatsächlich einzuschätzen ist, da sie überwiegend nicht konkret für die jeweilig Leistung erfolgt, sondern allgemein für die umfassende Tätigkeit der Bank für ihren Kunden.

(2) Spezialisierung des Auskunftsgebers

Bei der Frage, welchen Sorgfaltsmaßstab der Auskunftsgeber anzuwenden hat, ist ein weiterer Gesichtspunkt von großer Bedeutung. Die zu wahrende Sorgfalt muss selbstverständlich der Spezialisierung, die der Auskunftsgeber in fachlicher Hinsicht, die Auskunft betreffend, aufweisen kann, sowie der moralischen Autorität, die ihm in diesem Bereich zuzuschreiben ist, Rechnung tragen.[1121] Die Nichterfüllung der vertraglichen Auskunftspflichten des Auskunftsgebers ist demnach strenger zu beurteilen, wenn er ein Fachmann ist.[1122] Welche Sorgfalt von dem Auskunftsgeber erwartet werden kann, hängt auch davon ab, inwieweit er in dem Bereich, über den Auskunft eingeholt wird, spezialisiert ist.

[1120] *Grua*, 216, Rz. 225, Fn. 3.

[1121] *Savatier*, Dalloz 1972, Chronique XXIII, Nr. 32; *Reboul*, 404, Rz. 593; *Simon/Cordier*, 218, Rz. 518; *Delebecque*, JCl. Contrats/Distribution, Fasc. 795, Contrat de renseignement, Rz. 59.

[1122] *Tourneau/Cadiet*, Rz. 4271.

Ein Bankier wird als Vermögensfachmann (professionel de l'argent) bezeichnet. Diese Bezeichnung geht aus der Definition der Geschäftstätigkeit der Bank im Allgemeinen hervor, welche Art. 1 des französischen Bankgesetzes vom 24.1.1984 beinhaltet. Danach sind Kreditinstitute juristische Personen, die als gewerblich Tätige Bankgeschäfte durchführen. Diese Bankgeschäfte beinhalten die Übernahme von Staatsanleihen, Kreditgeschäfte, sowie die Zurverfügungstellung von Zahlungsmitteln an Kunden oder deren Verwaltung.[1123]

Eine Vielzahl von Kunden vertrauen den Banken ihr Kapitalvermögen und ihr Einkommen an, damit die Bank es verwaltet, gewinnbringend anlegt oder ihnen die Geldmittel zur Verfügung stellt, die sie benötigen, durch Vermittlung eines Kredits. Im Laufe der Jahre hat dieses in Banken gesetzte Vertrauen entscheidend an Bedeutung gewonnen, insoweit als jedermann, seien es Privatpersonen oder Unternehmen, bis auf ganz wenige Ausnahmen, über ein Konto bei einer Bank verfügt. Die Bank ist daher der bevorzugte Ansprechpartner bei Fragen des vermögensrechtlichen Bereichs.[1124]

Diese berufliche Tätigkeit verleiht der Bank eine nicht unbeträchtliche Kenntnis und umfassendes Wissen. Sie ist also ein „sachant“ (Wissender), im Gegensatz zu den Kunden, welche ganz überwiegend, nicht notwendigerweise alle Geschäftsbereiche der Banken kennen und verstehen. Denn die geschäftliche Tätigkeit von Unternehmen, ja selbst die der privaten Verbraucher, ist durch immer mehr, äußerst komplexe, gesetzliche Bestimmungen reglementiert und darüber hinaus auch noch der Ungewissheit der wirtschaftlichen Entwicklung als solcher unterworfen. Es hat sich daher geradezu ein Labyrinth von Vorschriften und Möglichkeiten entwickelt, in dem sich nur noch ein ausgesprochener Spezialist zurecht finden kann. Damit die Kunden wirksam und ohne Beunruhigung geschäftlich handeln können, brauchen sie Informationen, welche die Banken ihnen aufgrund ihres Fachwissens geben können.[1125]

Bei Banken bzw. deren Mitarbeiter handelt es sich daher zweifellos um fachlich hoch spezialisierte Personen, von denen zu Recht ein hohes Maß an angewendeter Sorgfalt erwartet werden kann.

[1123] *Clément*, Rev. trim. dr. com. 1997, 203, 204, Rz. 2.

[1124] *Clément*, Rev. trim. dr. com. 1997, 203, 204, Rz. 2; *Bonneau*, Rz. 771; *Vezian*, Rz. 347; *Delebecque*, JCl. Contrats Distribution, Fasc. 795, Contrat de renseignement, Rz. 30 f.; *Grua*, Rz. 220;

[1125] *Clément*, Rev. trim. dr. com. 1997, 203, 204, Rz.2.

(3) Eigenschaft des Kunden

Für den zu erwartenden Sorgfaltsmaßstab ist nicht nur der Kenntnisstand des Auskunftsgebers, sondern auch der des Kunden von Bedeutung. Bei einem Kunden, der sich in dem Fachgebiet nicht auskennt und insoweit ein Laie (client profane) ist, muss der Auskunftsgeber ein höheres Maß an Sorgfalt anwenden, als wenn der Kunde selbst Fachmann (client professionnel) ist.[1126]

Dem Laien muss die Bank alle notwendigen Informationen selbst übermitteln. Sie kann sich nicht dadurch von ihrer Verpflichtung befreien, indem sie darauf verweist, dass der Kunde Zugang zu weiteren Informationsquellen habe.[1127]

Ist der Kunde selbst ein Fachmann, dann sind die Anforderungen, die an die seitens der Bank anzuwendende Sorgfalt zu stellen sind, geringer als bei einem Laien. Denn der Kunde kann sich aufgrund seiner Fachkenntnisse das notwendige Informationsmaterial selbst beschaffen und auch die notwendigen Schlussfolgerungen daraus ziehen. Der Sorgfaltsmaßstab kann aber nur herabgesetzt werden. Ein Mindestmaß an sorgfältigem Verhalten muss in jedem Fall beachtet werden.[1128] Dies gilt allerdings nur, wenn der Kunde gerade die Fachkenntnisse des Bankgeschäfts besitzt oder wenn seine berufliche Tätigkeit in direktem Bezug dazu steht. Es reicht nicht aus, dass es sich bei dem Kunden um einen erfahrenen Geschäftsmann handelt, der detaillierte Kenntnisse über die geschäftliche Situation seines Unternehmens besitzt, aber im Bereich des Bankgeschäfts über keine Spezialkenntnisse verfügt.[1129]

In den Fällen der Bankauskunft handelt es sich zwar ganz überwiegend um erfahrene Geschäftsleute. Die Auskunft über die Kreditwürdigkeit eines anderen Unternehmens ersuchen sie bei der Bank aber gerade aufgrund ihrer fehlenden Fachkenntnisse in diesem Bereich. Sie sind daher fast ausschließlich als Laien im Bankgeschäft einzuordnen. Der Sorgfaltsmaßstab der Banken ist ihnen gegenüber aus diesem Grund daher in der Regel nicht herabgesetzt.[1130]

[1126] *Reboul*, 406, Rz. 594; *Clément*, Rev. trim. dr. com. 1997, 203, 217, Rz. 29 ff.; *Savatier*, Dalloz 1972, Chronique XXIII, Nr. 31; *Tourneau*, Dalloz 1990, Chronique V, 21, 25; *Veaux*, JCl. Contrats Distribution, Fasc. 430, Contrats de conseil, Rz. 125, welcher diese Frage beim Mitverschulden des Auskunftsnehmers erörtert.

[1127] *Clément*, Rev. trim. dr. com. 1997, 203, 217, Rz. 30.

[1128] *Reboul*, 406, Rz. 594; *Clément*, Rev. trim. dr. com. 1997, 203, 217, Rz. 31.

[1129] *Reboul*, 406, Rz. 594; *Clément*, Rev. trim. dr. com. 1997, 203, 217, Rz. 31.

[1130] Diese Problematik stellt sich aber z. B., wenn ein erfahrener Geschäftsmann wegen der beabsichtigten Übernahme einer Gesellschaft um juristischen Rat ersucht. Aufgrund seiner beruflichen Tätigkeit kann er sich nicht haftungsbegründend darauf berufen, er sei nicht

(4) Bankgeheimnis

Der von der Bank anzuwendende Sorgfaltsmaßstab ist schließlich durch das von ihr zu beachtende Bankgeheimnis geprägt. Zur Ausübung der Bankgeschäfte verfügt die Bank über eine Vielzahl von Informationen, welche naturgemäß vertraulich zu behandeln sind; zum einen um das Privatleben der Kunden zu schützen und zum anderen um das Berufsgeheimnis zu wahren.[1131] Art. 57 Abs. 1 des Gesetzes vom 24. Januar 1984 sieht vor, dass „jede Person, die in irgendeiner Weise an der Geschäftsleitung oder -führung eines Kreditinstitutes mitwirkt oder welche von dieser angestellt ist, durch das Berufsgeheimnis gebunden ist, unter den Bedingungen des Art. 378 Code pénal und der darin vorgesehenen Strafe."[1132] Art. 378 Code pénal bedroht denjenigen mit Strafe, der ein Berufsgeheimnis verletzt. Er zählt zunächst bestimmte Berufe auf und erfasst im Folgenden mit einer Generalklausel diejenigen, denen aufgrund ihres Berufes regelmäßig Geheimnisse anvertraut werden.[1133]

Während die Einordnung der Banken als Träger eines Berufsgeheimnisses früher durch das öffentliche Interesse als geboten und die Pflicht zur Wahrung des Bankgeheimnisses als Ausfluss des Bankvertrages mit dem Kunden angesehen worden ist,[1134] ergibt sich dies heute direkt aus dem Gesetz, Art. 57 Abs. 1 des Gesetzes vom 24. Januar 1984.[1135]

Eine Bank, die ohne gerechtfertigten Grund das Bankgeheimnis verletzt, kann zivilrechtlich auf Schadensersatz in Anspruch genommen werden. Der Verletzte kann seine zivilrechtlichen Ansprüche gegen die Bank statt im Zivilprozess auch im Rahmen eines Strafverfahrens wegen Verletzung des Art. 378 Code pénal geltend machen.[1136]

In diesem Zusammenhang stellt sich die grundlegende Frage, inwieweit die Auskunftserteilung mit dem Bankgeheimnis zu vereinbaren ist, wenn die Person, über die informiert wird, nicht ausdrücklich ihr Einverständnis dazu gege-

---

über die für die Einkommenssteuer zu erwartenden Konsequenzen aufgeklärt worden. CA Paris 24.3.1988, Dalloz 1988, inf. rap., 123; *Reboul*, 406, Rz. 594.

1131 *Routier*, Rz. 103.

1132 *Routier*, Rz. 103.

1133 *Virassamy*, Rev. trim. dr. com. 1988, 179, 185, Rz. 7; *Sichtermann/Feuerborn/Kirchherr/Terdenge*, 456.

1134 *Sichtermann/Feuerborn/Kirchherr/Terdenge*, 456.

1135 *Virassamy*, Rev. trim. dr. com. 1988, 179, 186, Rz. 8.

1136 *Sichtermann/Feuerborn/Kirchherr/Terdenge*, 456.

ben hat, einen Dritten zu unterrichten.[1137] Hier ist zwischen der Auskunftserteilung an eine andere Bank und an eine Nicht-Bank zu unterscheiden.

(a) Auskunft zwischen Banken

Die Banken tauschen üblicherweise untereinander Informationen über die finanzielle Situation ihrer Kunden aus. Diese Verständigung über Finanzinformationen ist lediglich für den bankinternen Gebrauch bestimmt und daher streng vertraulich zu behandeln, soweit das Bankgeheimnis tangiert wird.[1138]

In der französischen Rechtsprechung ist anerkannt, dass es einer Bank nach einem im Bankgeschäft üblichen Brauch erlaubt ist, von einer anderen Bank Informationen über die allgemeine Stellung eines ihrer Kunden zu erhalten.[1139] Die Auskunft erhaltende Bank verpflichtet sich, sie Dritten nicht offenzulegen.[1140]

In diesem Sinne hat die Cour d'appel Colmar zugelassen, dass eine Bank an eine professionelle Organisation, die mit der Erstellung einer „schwarzen Liste" beauftragt war, die Mitteilung eines Wechselprotestes macht. Zur Begründung wies sie auf das besondere wirtschaftliche und kreditrechtliche Interesse hin, das die Bank zu beachten habe.[1141]

(b) Auskunft an Dritte

Wird eine Auskunft an eine Person erteilt, die nicht die Eigenschaft eines Kreditinstituts aufweist, dann erscheint ein Verstoß gegen das Bankgeheimnis naheliegender. In diesem Fall kann sich die auskunftsgebende Bank nicht rechtfertigend auf das Kreditinteresse oder darauf berufen, dass die auskunftserhaltende Person selbst dem Bankgeheimnis unterworfen ist, wie dies bei der Bank-an-Bank-Auskunft der Fall ist.[1142]

[1137] *Gavalda/Stoufflet*, Droit crédit, Rz. 625.
[1138] *Gavalda/Stoufflet*, Droit crédit, Rz. 626.
[1139] CA Paris 23.4.1976, Rev. trim. dr. com. 1977, 346 f., Nr. 9, Anm. *Cabrillac/Rives-Lange*; *Gavalda/Stoufflet*, Droit crédit, Rz. 626.
[1140] CA Colmar 24.3.1961, Rev. trim. dr. com. 1961, 895 f., Nr. 9, Anm. *Becqué /Cabrillac*.
[1141] CA Colmar 24.3.1961, Rev. trim. dr. com. 1961, 895 f., Nr. 9, Anm. *Becqué /Cabrillac*.
[1142] *Gavalda/Stoufflet*, Droit crédit, Rz. 627.

Die Geheimhaltungspflicht der Banken ist jedoch in gewisser Hinsicht abgeschwächt. Dies ist auch für den Kunden von Vorteil. So kann er seine Kreditwürdigkeit durch die besonders glaubwürdige Aussage einer Bank bestätigen lassen.[1143] Nach Rechtsprechung und Literatur darf eine Bank aufgrund wirtschaftlicher und beruflicher ständiger Übung auf eine Auskunftsanfrage antworten unter der Bedingung, dass sie sich dabei auf eine allgemeine Einschätzung der finanziellen Situation des Kunden beschränkt. Die Bank darf keine genauen Zahlenangaben, detaillierte Informationen zu einzelnen Zahlungsschwierigkeiten oder nicht allgemein zugängliche Angaben (domaine public) machen.[1144]

Zu den allgemeinen Angaben ist auch die Kreditfähigkeit (cote de crédit) des Kunden zu zählen. In diesem Zusammenhang werden gewöhnlicherweise Formulierungen wie „bon crédit" oder „mauvais crédit" bzw. „on signale de nombreux protêts" verwandt. Selbst wenn diese Angaben als allgemeine Informationen bezeichnet werden, die mehr oder weniger der domaine public zuzuordnen sind, so hat doch die Auskunft über die Kreditwürdigkeit bedeutend mehr Einfluss auf die Entscheidung des Auskunftsnehmers als z.B. die Angabe des Kapitalvermögens oder des Namens des Geschäftsführers einer Gesellschaft. Denn von der Frage, ob eine Person kreditwürdig ist (bon crédit) oder nicht (mauvais crédit), macht der Auskunftsnehmer regelmäßig eine sein Vermögen betreffende Entscheidung, wie z.B. die Lieferung an einen Kunden auf Kredit, abhängig.[1145]

Wann eine Bank das Bankgeheimnis zu beachten hat, hängt davon ab, ob es sich bei der Information um eine vertrauliche Angabe handelt, die unter das Bankgeheimnis fällt.[1146] Was als vertraulich einzuordnen ist, zu definieren, erscheint problematisch. In diesem Zusammenhang ist die Entwicklung der letzten zwanzig bis dreißig Jahre der Informationsmöglichkeiten auf den verschiedensten Gebieten zu berücksichtigen. Eine Vielzahl von Informationen, die früher als vertraulich eingestuft wurden, sind heutzutage der domaine public zuzuordnen. Dies ist dadurch zu erklären, dass Auskünfte über Wechselproteste und gesetzliche Pfandrechte, sowie Bilanzen, Betriebskonten, Gewinn- und Verlustrechnungen der societé anonyme (S.A./französische Aktiengesellschaft) und Insolvenzen, Vermögensauseinandersetzungen oder Verurteilungen legal über die Geschäftsstellen der Handelsgerichte von jedermann in Erfahrung gebracht

---

[1143] *Gavalda/Stoufflet*, Droit crédit, Rz. 627.

[1144] *Gavalda/Stoufflet*, Droit crédit, Rz. 627; *Piot*, Rev. jur. com. 1977, 349; *Vezian*, Rz. 379 ff.; *Rives-Lange/Contamine-Raynaud*, Rz. 155.

[1145] *Piot*, Rev. jur. com. 1977, 349, 349.

[1146] *Virassamy*, Rev. trim. dr. com. 1988, 179, 189, Rz. 11; *Piot*, Rev. jur. com. 1977, 349, 350.

werden können. Sie sind allgemein zugänglich. Werden diese Informationen an jeden Interessierten herausgegeben, dann können sie keinen vertraulichen Charakter haben.[1147] Wird eine Information durch Zugriff auf diverse öffentliche Quelle jedermann zugänglich gemacht, kann sie nicht als vertraulichen einzustufen sein.

Die Bank kann derartige frei zugängliche Informationen ohne Verletzung des Bankgeheimnisses weitergeben. Denn man kann ihr nicht vorwerfen, dass sie an einen Auskunftsuchenden die Informationen über ein Unternehmen weitergibt, die ohnehin jedem legal zur Verfügung stehen.[1148]

Der Vergleich mit dem Vorgehen von Auskunftsbüros erscheint hier naheliegend. Diese beschränken sich darauf, die einzelnen Informationen, welche in verschiedenen Zentralregistern o.ä. gesammelt und zugänglich gemacht werden, zusammenzutragen. Auf dieser Grundlage geben sie die subjektive Meinung des Auskunftsbüros (opinion de la place) wieder und teilen in Form einer allgemeinen Synthese die Beurteilung der Kreditwürdigkeit und der Seriosität des betreffenden Unternehmens mit. Sie führen lediglich die Tätigkeiten aus, denen ihre Kunden aus Zeit- und Kompetenzgründen nicht nachgehen können.[1149]

Es ist festzuhalten, dass das Bankgeheimnis nur bei wirklich vertraulichen Informationen zu beachten ist. Hinsichtlich der Weitergabe frei zugänglicher Informationen oder der Mitteilung in Form einer opinion de la place ist die Bank jedoch nicht durch das Bankgeheimnis gebunden. Da die Bank aber keine detaillierten Informationen über Kontostand oder einzelne Kontobewegungen usw. herausgeben darf, ist auch das Ausmaß der übernommenen Auskunftspflichten in dieser Hinsicht eingeschränkt.

ee) Einzelne Sorgfaltsverstöße

Zur besseren Anschauung sollen im Folgenden einzelne von der französischen Rechtsprechung als Sorgfaltsverstöße eingestufte Verhaltensweisen beispielhaft aufgeführt werden.

[1147] *Piot*, Rev. jur. com. 1977, 349, 350; *Virassamy*, Rev. trim. dr. com. 1988, 179, 189, Rz. 11; *Sichtermann/Feuerborn/Kirchherr/Terdenge*, 458; *Veaux*, JCl. Contrats Distribution, Fasc. 430, Contrats de conseil, Rz. 48.

[1148] *Piot*, Rev. jur. com. 1977, 349, 350; *Virassamy*, Rev. trim. dr. com. 1988, 179, 189, Rz. 11; *Sichtermann/Feuerborn/Kirchherr/Terdenge*, 458; *Veaux*, JCl. Contrats Distribution, Fasc. 430, Contrats de conseil, Rz. 48.

[1149] *Virassamy*, Rev. trim. dr. com. 1988, 179, 190, Rz. 12.

(1) Bank

In einem Fall wollte sich ein Lieferant von Baumaterial über die geschäftliche, finanzielle Situation eines Bauunternehmers bei dessen Bank erkundigen. Obwohl die Bank bereits ein Pfandrecht auf Grund und Boden des Bauunternehmers hatte eintragen lassen, hat sie gegenüber dessen Lieferant versichert, dass das Geschäft des Kunden gesund sei. Das Gericht hat festgestellt, dass eine solche Behauptung unter den gegebenen Bedingungen ein leichtfertiges Verhalten darstelle, welches die haftungsrechtliche Verantwortung der Bank nach sich ziehe.[1150] Hier ist der Sorgfaltsverstoß bereits als so schwerwiegend eingestuft worden, dass das Handeln der Bank als leichtfertig angesehen wurde.

Eine Bank haftet auch dann, wenn sie günstige Informationen über ein Unternehmen ereilt, ohne darauf hinzuweisen, dass das Unternehmen bisher als Gesellschaft weder gesetzlich gegründet noch ins Handelsregister eingetragen worden ist.[1151]

In einem bereits hervorgehobenen Fall[1152] hat eine Bank sich darauf beschränkt, ihrem Kunden Informationen zu geben, die sie nach ihren eigenen Aufzeichnungen im Wege eines einfachen telefonischen Kontaktes erfahren hatte, dessen Wortlaut und tatsächliche Vornahme sie nicht belegen konnte. Dieses Verhalten wurde im Hinblick auf die Kenntnis der Bank von der besonderen Bedeutung der Auskunft für den Kunden und die konkrete Bezahlung der Auskunftserteilung als offensichtlich fahrlässig und damit haftungsbegründend eingeordnet.[1153]

In einer anderen Entscheidung hat ein Unternehmen bei seiner Bank um Auskunft über die finanzielle Situation eines seiner Kunden angefragt. Die Bank hat ihm daraufhin unentgeltlich eine Mitteilung zukommen lassen, welche auf Informationen beruhte, die sie von ihrem Korrespondenten erhalten hatte, mit dem sie gewöhnlich zusammen arbeitete. Die Nachricht hatte folgenden Wortlaut: „1) Der Betroffene war bisher nicht Gegenstand einer ungünstigen Auskunftserteilung. 2) Er ist bisher seinen eingegangenen Verpflichtungen nachgekommen. 3) Er war Inhaber eines Kontos dieser Bankfiliale." Im Vertrauen auf diese Auskunft wurden Verträge geschlossen und Wechsel ausgegeben, welche unbezahlt blieben. Einige Monate später wurde das Konkursverfah-

---

[1150] CA Nîmes 11.1.1956, Rev. trim. dr. com. 1957, 691, 692, Nr. 8.

[1151] Cass. com. 15.1.1980, Bull. civ. IV, 14 ff., Nr. 18.

[1152] Siehe oben Fn. 1119.

[1153] CA Paris 26.3.1982, Rev. trim. dr. com. 1982, 276, Nr. 9, Anm. *Cabrillac/Teyssié* = J.C.P. 1982, IV, 361; Cass. com. 24.11.1983, Dalloz 1984, inf. rap., 306 f., Anm. *Vasseur* = Bull. civ. 1984, IV, 279 f., Nr. 322 (Revisionsentscheidung zu CA Paris 26.3.198).

ren über das Vermögen des betroffenen Schuldners eröffnet. Darüber hinaus hatte es den Anschein, als ob der Schuldner niemals ein Konto bei der in der Mitteilung genannten Bankfiliale gehabt hatte. Die Haftung der auskunftsgebenden Bank wurde damit begründet, dass sie die Möglichkeit gehabt hätte, die Auskunftserteilung abzulehnen. Wenn sie aber eine Zusage erteilt habe, dann sei sie verpflichtet, eine korrekte Auskunft zu erteilen, indem sie ihren Wahrheitsgehalt ausreichend überprüfe. Dies habe die Bank aber nicht getan. Sie habe vielmehr nicht einmal die geringste Vorsicht beachtet bei der Wahl ihres Korrespondenten und der Kontrolle der von ihm übermittelten Informationen. Zudem war sie nicht bereit, dessen Identität aufzudecken. Für diese tadelnswerte Leichtfertigkeit müsse die Bank daher vertraglich haften.[1154]

Die Haftung einer Bank wurde auch in einem Fall der Auskunftserteilung an das Unternehmen American Express France angenommen. Letzteres erkundigte sich bei der Bank nach der Kreditwürdigkeit einer Person, die nicht im Land ansässig war. Nachdem die Bank die betreffende Person als einen ihrer zuverlässigsten Kunden dargestellt hatte, stellte American Express France dem Betreffenden eine Kreditkarte aus. Nach Einzug der Kreditkarte wurde ein bedeutender Schuldensaldo festgestellt. Die Bank musste dafür haften, da sie faute begangen hatte, indem sie die tatsächliche Kreditwürdigkeit des Betreffenden nicht ausreichend kontrolliert hatte. Dieser war nämlich zahlungsunfähig und in den vorhergehenden Monaten in einen Finanzskandal verwickelt gewesen.[1155]

Eine Haftung der Bank wurde dagegen in folgendem Fall abgelehnt. Die Bank hatte einem ihrer Kunden eine günstige Auskunft über einen anderen ihrer Kunden erteilt. Das daraufhin von dem anfragenden Kunden gewährte Darlehen wurde jedoch von dem anderen Kunden, über den die Auskunft eingeholt worden war, nicht zurückgezahlt. Den Urteilsgründen nach hat die Bank weder wissentlich falsche Auskünfte erteilt, noch die Auskunft unzureichend auf ihren Wahrheitsgehalt hin überprüft. Sie hat vielmehr die Auskunft unter Vorbehalt erteilt, indem sie den Auskunftsnehmer dazu angeregt hat, die wirtschaftliche Situation des Betreffenden zu überprüfen. Aus diesem Grund wurde eine Haftung ausgeschlossen.[1156]

Die Banken sind bei einer Auskunft über einen ihrer Kunden, wie bereits dargestellt, durch das Bankgeheimnis gebunden. Sie sind daher gehindert, allzu

---

[1154] CA Paris 3.4.1987, Petites affiches 1987, 13, Nr. 144 = Rev. trim. dr. com. 1988, 272, Nr. 15, Anm. *Cabrillac/Teyssié*.

[1155] CA Paris 30.9.1988, J.C.P. 1989, éd. E, I, 43, Nr. 18198.

[1156] Cass. com 22.4.1977, Bull.civ. IV, Nr. 107 = Dalloz 1977, inf. rap. 451, Anm. *Vasseur*.

detaillierte Informationen über ihre Kunden herauszugeben. Es darf vielmehr nur die „opinion de la place“ bekannt gegeben werden, nicht aber der Kontostand oder welche genauen Kontobewegungen erfolgen. Die Rechtsprechung zeigt in dieser Hinsicht daher eine gewisse Nachsicht die Haftung betreffend.[1157]

Wenn die Bank aus der finanziellen Situation ihres Kunden selbst eine falsche Schlussfolgerung zieht, dabei aber gutgläubig ist, dann haftet sie nicht.[1158]

Ebensowenig ist sie haftungsrechtlich verantwortlich zu machen, wenn sie günstige Informationen über einen ihrer Kunden erteilt, bei dem der über das Konto abgewickelte Zahlungsverkehr niemals Anlass für eine Störung oder einen Zwischenfall gegeben hat.[1159]

(2) Auskunftsbüro

Die Haftung eines Auskunftsbüros wurde in folgendem Fall bejaht: Ein Warenlieferant wollte einem Geschäftspartner, mit dem er beabsichtigte eine länger andauernde Geschäftsbeziehung einzugehen, einen laufenden Überziehungskredit für die Bezahlung gelieferter Ware einräumen. Das Auskunftsbüro antwortete auf die Erkundigungen, die der Lieferant bei ihm über seinen Geschäftspartner einholte, er könne diesen Kredit ohne Einschränkungen gewähren.

Dabei war das Auskunftsbüro gar nicht in der Lage, diese Bestätigung vorzunehmen. Im Hinblick auf die Informationen über die betreffende Firma, über die das Auskunftsbüro selbst verfügte, hätte es sich zumindest zurückhaltender zeigen müssen. Denn die Auskunft wurde auf der Grundlage von dem Auskunftsbüro vorliegenden Dokumenten erteilt, die mindestens sechs Monate alt und äußerst kurz gefasst waren. Diese Informationen haben den Kunden im Vertrauen auf das Auskunftsbüro dazu gebracht, einem Unternehmen, welches sich bereits in finanziellen Schwierigkeiten befand und später in Konkurs gefallen ist, einen laufenden Kredit zu gewähren. Darüber hinaus hätte das Auskunftsbüro wissen müssen, dass die betrieblichen Einrichtungen des betreffenden Unternehmens bereits verpfändet waren. Dieses Verhalten wurde als faute lourde eingeordnet. Dem konnte das Auskunftsbüro auch nicht die geringe Bezahlung entgegensetzen, welche nach seiner Ansicht außer Verhältnis zu dem aufgrund des laufenden Überziehungskredits bestehenden hohen Risiko stand. Wenn die Bezahlung für die in Auftrag gegebene Informationsbeschaffung dem Auskunftsbüro nicht

---

[1157] *Veaux*, JCl. Contrats Distribution, Fasc. 430, Contrats de conseil, Rz. 48.
[1158] *Veaux*, JCl. Contrats Distribution, Fasc. 430, Contrats de conseil, Rz. 48.
[1159] Trib. com. Versailles 24.6.1981, Dalloz 1982, inf. rap., 242.

ausreichend erschien, um die finanzielle Situation des betreffenden Unternehmens in notwendiger, umfangreicher Weise zu untersuchen, dann hätte das Auskunftsbüro seinen Kunden auf diese Unsicherheit hinweisen müssen.[1160]

(3) Sonstige Fälle

In einem der Kreditauskunft ganz ähnlichen Bereich wurde die Haftung einer Bank ebenfalls bejaht. Hier hatte ein Kunde seiner Bank Schecks zur Einziehung auf sein Konto eingereicht. Die Bank hat es versäumt, den Kunden davon zu unterrichten, dass die Schecks nicht gedeckt waren. Hätte sie dies rechtzeitig getan, dann hätte der Kunde davon abgehalten werden können, weitere Lieferungen auf Kredit an den Aussteller der nicht gedeckten Schecks zu tätigen.[1161]

ff) Zwischenergebnis

Zusammenfassend lässt sich festhalten, dass der einzuhaltende Sorgfaltsmaßstab zwar durch in Rechtsprechung und Literatur herausgearbeitete Kriterien wie die Höhe des Entgelts, die fachliche Spezialisierung des Auskunftsgebers und -nehmers und die Beachtung des Bankgeheimnisses grundsätzlich vorgegeben sein kann. Wie die einzelnen Fallbeispiele aber gezeigt haben, handelt es sich bei diesen Kriterien immer nur um Anhaltspunkte, die der freien richterlichen Würdigung unterliegen. Im Einzelfall unterliegt die Einschätzung des Sorgfaltsmaßstabs daher allein dem Richter. Dies zeigt sich insbesondere in der Entscheidung über die Haftung des Auskunftsbüros.[1162] Hier wurde das seitens des Auskunftsbüros gegen eine Haftung vorgebrachte Argument der geringen Bezahlung nicht zugelassen, weil das Gericht es für notwendig erachtete, dass das Auskunftsbüro zuvor darauf hätte hinweisen müssen, dass es aufgrund der geringen Bezahlung einen geringeren Nachforschungsaufwand betreiben würde. Hier zeigt sich, dass der Richter im Wege der freien Würdigung des Einzelfalles die entwickelten Kriterien, wie z.B. die Höhe des Entgelts, auch mildern oder verschärfen kann.

1160 CA Lyon 27.10.1971, J.C.P. 1972, II, 17012, Anm. *Savatier* = Dalloz 1972, jurisprudence, 327, Anm. *Tendler*; Cass. com. 30.1.1974, Bull. civ., IV, 31 f., Nr. 41 (Revisionsentscheidung zu CA Lyon 27.10.1971).

1161 CA Angers 18.7.1951, J.C.P. 1951, II 6622 = Dalloz 1951, 691.

1162 Siehe oben S. 280 f.

c) Schaden

Grundsätzlich ist gemäß Art. 1149 Cc der entgangene Gewinn und der tatsächlich erlittene Schaden zu ersetzen. Die vertragliche Haftung ist jedoch gemäß Art. 1150 Cc auf den Ersatz des vorhersehbaren Schadens begrenzt.[1163]

In einer Entscheidung hatte ein Auskunftsbüro auf Anfragen eines Kunden eine falsche Kreditauskunft über ein Unternehmen erteilt. Die Auskunft bezog sich auf eine seitens des Kunden beabsichtigte Kreditgewährung an das betreffende Unternehmen in einer bestimmten Höhe. Der Kunde bewilligte dem Unternehmen einen über diese Summe hinausgehenden Kredit. Das Unternehmen wurde zahlungsunfähig. Die Cour de cassation hat dem klagenden Kunden nur einen Anspruch auf Schadensersatz in der zuvor festgelegten Höhe des Kredits zugesprochen. Zur Begründung wurde ausgeführt, der darüber hinausgehende Schaden, der aufgrund der dem Auskunftsbüro nicht bekannten höheren Kreditbewilligung seitens des Kunden entstanden ist, sei für das Auskunftsbüro nicht vorhersehbar gewesen. Denn das Auskunftsbüro hatte einen Höchstbetrag angegeben, welcher bei der Kreditbewilligung nicht überschritten werden sollte.[1164]

Der Auskunftsvertrag weist hinsichtlich der Schadensbestimmung daher keine Abweichungen zum allgemeinen Recht auf.[1165]

Es kann sich jedoch aufgrund besonderer Umstände eine Schadensersatzminderung ergeben, welche bis hin zu einem umfassenden Ausschluss von Schadensersatzleistungen gehen kann. Dies kann sich zum einen aus der Vereinbarung von Haftungsbeschränkungs- oder Haftungsausschlussklauseln und zum anderen aus einer schadensmitverursachenden faute des Geschädigten ergeben.

aa) Haftungsausschluss -, Haftungsbeschränkungsklauseln

Der Auskunftsgeber versucht häufig eine Schadensersatzleistung ganz oder teilweise auszuschließen, indem er eine Haftungsausschluss- oder Haftungsbeschränkungsklausel vereinbart. Im Einzelnen wird darauf hingewiesen, dass die Informationsvermittlung ohne vertragliche Verpflichtung, Schadenersatzpflicht oder Garantieübernahme bzw. unter Vorbehalt erteilt wird („sans engagement,

---

[1163] *Reboul*, 490, Rz. 717; *Veaux*, JCl. Contrats Distribution, Fasc. 430, Contrats de conseil, Rz. 120.

[1164] CA Lyon 27.10.1971, J.C.P. 1972, II, 17012, Anm. *Savatier* = Dalloz 1972, jurisprudence, 327, Anm. *Tendler*; Cass. com. 30.1.1974, Bull. civ. 1974, IV, 31 f., Nr. 41 (Revisionsentscheidung zu CA Lyon 27.10.1971).

[1165] Siehe oben S. 220 ff. und 231 ff.

ni responsabilité", „sans garantie, ni responsabilité", „sous toutes reserves").[1166] Die Banken nehmen eine derartige Klausel, gewöhnlich in ihre Werbeschreiben oder Tarife, bzw. in die Kontoeröffnungsbedingungen oder den Börsenauftrag auf.[1167] Wird ein schriftlicher Auskunftsvertrag geschlossen, wird die Haftungsfreizeichnung in den Vertrag mit aufgenommen, den die Banken vom Kunden unterzeichnen lassen. Bei diesem Vertrag handelt es sich um einen contrat d'adhésion.[1168]

Im Bereich des Art. 1382 Cc sind derartige Haftungsfreizeichnungsklauseln nicht gültig. Sie verstoßen gegen den ordre public, da das Deliktsrecht unabdingbares Recht ist. Vom Grundsatz her sind sie im vertraglichen Haftungsrecht, wenn auch mit gewissen Einschränkungen, wirksam.[1169]

Es ist zwischen zwei Arten von Klauseln zu unterscheiden: Die eigentlichen Haftungsfreizeichnungsklauseln, welche eine totale Befreiung von der Haftung und der daran geknüpften Schadensersatzpflicht im Falle der Nichterfüllung oder der mangelnden Ausführung der Vertragspflichten vorsehen (clauses de non-responsabilité) und solche Klauseln, die nicht im Falle der Nichterfüllung der Vertragspflichten die Haftung als solche ausschließen sondern, die die dem Auskunftsgeber auferlegten Pflichten selbst begrenzen bzw. mindern (clauses limitative de responsabilité).[1170]

(1) Clauses de non-responsabilité

(a) Grundsätzliche Zulässigkeit der clause de non-responsabilité

Der Grundsatz der Vertragsfreiheit erlaubt den Vertragsparteien, den Vertrag frei zu gestalten. Dies beinhaltet auch die Aufnahme von Haftungsbefreiungs-

---

[1166] *Delebecque*, JCl. Contrats/Distribution, Fasc. 795, Contrat de renseignement, Rz. 87.

[1167] *Simon/Cordier*, 219, Rz. 521.

[1168] *Scheerer*, FS Bärmann, 801, 819. Begriff und Ausdruck der Allgemeinen Geschäftsbedingungen sind im französischen Recht nicht bekannt und werden nicht verwendet. Die entsprechende Rechtserscheinung wird unter dem Gesichtspunkt „contrat d'adhesion" behandelt. Im Einzelnen dazu: *Schmitdt-Salzer*, AcP 167, 504 ff.

[1169] Cass. civ. 2e, 17.2.1955, Bull. civ. II, Nr. 100 = J.C.P. 1955, II, 8951, Anm. *Rodière* = Dalloz 1956, jurisprudence, 17, Anm. *Esmein*; *Veaux*, JCl. Contrats Distribution, Fasc. 430, Contrats de conseil, Rz. 121; *Reboul*, 503, Rz. 742, Fn. 165; *Vezian*, 245, Rz. 357; *Scheerer*, FS Bärmann, 801, 819, Fn. 109; *Hübner/Constantinesco*, 181.

[1170] *Vezian*, 245, Rz. 357; *Reboul*, 501 ff., Rz. 737 ff.; *Grua*, 216, Rz. 225; *Delebecque*, JCl. Contrats/Distribution, Fasc. 795, Contrat de renseignement, Rz. 89; *Vasseur*, Banque 1983, 943, 952, Rz. 17.

klauseln in den Vertrag. Allerdings unterliegt dies gewissen Einschränkungen.[1171]

Eine totale Freizeichnung ist unwirksam, weil sie unvereinbar ist mit der übernommenen Verpflichtung zur Auskunftserteilung. Die Auskunftserteilung als solche wäre für den Auskunftsnehmer ohne Wert. Es würde an der erforderlichen Glaubwürdigkeit der Information fehlen, wenn der Auskunftsgeber sich von jeglicher Haftung für eine falsche Auskunft frei zeichnen könnte. Um Auskunftserteilung wird deshalb ersucht, weil der Anfragende eine richtige und verwertbare Auskunft benötigt. Der Anfragende selbst kann oder will nicht selbst die notwendigen Recherchen und Nachprüfungen durchführen und wendet sich daher an einen, dem er in dieser Hinsicht vertraut. Im Ergebnis wäre daher der Auftrag der Bank, eine Auskunft zu erteilen, seiner Grundlage beraubt bei einer umfassenden Haftungsfreizeichnung. Würde darüber hinaus die Bank noch ein Entgelt verlangen, dann wäre dies die Erbringung einer nicht geschuldeten Leistung, welche einen der Bank nicht zustehenden übermäßigen Vorteil darstellen würde.[1172]

Derartige Haftungsausschlussklauseln könnten den Auskunftsgeber im übrigen dazu verleiten, nicht mit der notwendigen Sorgfalt vorzugehen und aus dieser Sorglosigkeit heraus eine faute zu begehen, da er nicht die daraus resultierenden Konsequenzen, wie den Ersatz des entstandenen Schadens, tragen muss.[1173]

(b) Einschränkungen der clauses de non-responsabilité

Die französische Rechtsprechung ist bei der Anerkennung derartiger Haftungsfreizeichnungsklauseln äußerst zurückhaltend. Eine solche Klausel kann den Auskunftsgeber nur von der Haftung für faute légère befreien, jedoch nicht bei faute lourde, dol bzw. vorsätzlichem Verhalten. Ist dem Auskunftsgeber faute lourde, dol oder vorsätzliches Verhalten vorzuwerfen, dann kann er sich nicht auf eine Haftungsausschlussklausel berufen, da sie in dem Fall als unwirksam angesehen wird.[1174]

[1171] *Lemaignan/Moreau*, JCl. Civ., Art. 1382 à 1386, Fasc. 376, Expert-Comptable, Rz. 7.

[1172] *Delebecque*, JCl. Contrats/Distribution, Fasc. 795, Contrat de renseignement, Rz. 88; *Vasseur*, Banque 1983, 943, 952, Rz. 17; *Reboul*, 503 f., Rz. 742; *Savatier*, Dalloz 1972, Chronique XXIII, Nr. 39.

[1173] *Reboul*, 503, Rz. 742.

[1174] *Vasseur*, Banque 1983, 943, 952, Rz. 17; *Grua*, 216, Rz. 225; *ders.*, JCl. Civ., Art. 1382 à 1386, Fasc. 335-4, Banquier, Rz. 10; *Reboul*, 504, Rz. 743; *Viney*, J.C.P., 1975, Doctrine, 2750, Rz. 53; *Veaux*, JCl., Contrats Distribution, Fasc. 430, Contrats de conseil, Rz.

Nach neuerer Rechtsprechung ist die Wirksamkeit einer Haftungsausschlussklausel aber nicht nur bei Vorliegen der faute lourde ausgeschlossen. Die Anwendbarkeit einer solchen Klausel kann vielmehr auch dann zu verneinen sein, wenn dadurch die wesentliche Erwartung, die der Kunde an den Vertrag stellt und die damit den Vertrag ausmacht, enttäuscht würde, bzw. die Nichterfüllung der vertraglichen Verpflichtung dem Vertragspartner jedes Interesse an einer weiteren Durchführung des Vertrages nehmen würde.[1175]

Bereits in einer Entscheidung vom 18.1.1984 hat die erste Zivilkammer der Cour de Cassation den Begriff der wesentlichen Vertragspflicht herangezogen, um die Wirksamkeit einer totalen Haftungsfreizeichnungsklausel zu verneinen. Dies war aber nicht die alleinige Begründung. Vielmehr wurde der bewährte Weg über die faute lourde beibehalten.[1176]

In einer Entscheidung vom 23.2.1994 hat wiederum die erste Zivilkammer der Cour de Cassation die Herleitung über die faute lourde fallengelassen, um die Begründung der Unwirksamkeit der Klausel zentral auf die Nichterfüllung der das Wesen des Vertrages ausmachenden Verpflichtung zu stützen.[1177] In dieser Entscheidung wurde die von einem Parkplatzpächter aufgestellte Klausel des Parkens auf eigene Gefahr für unwirksam erklärt. Die wesentliche vertragliche Verpflichtung des Parkplatzbetreibers sei es, dem Benutzer die ungestörte Möglichkeit zu geben, sein Fahrzeug auf einem dafür vorgesehenen Platz abzustellen. Im Falle der Überschwemmung dieses Parkplatzes könne er sich nicht von dieser Verpflichtung befreien.

Die Cour de cassation commerce hat sich in einer Entscheidung vom 22.10.1996 dieser Begründung angeschlossen. In dem zugrundeliegenden Sachverhalt hatte der Vertragspartner eines Beförderungsunternehmens diesem einen Brief zur Versendung übergeben, welcher den Empfänger am darauffolgenden Tag mittags erreichen sollte. Bei dem Brief handelte es sich um die Bewerbung bei einer öffentlichen Ausschreibung. Der Brief kam nicht rechtzeitig an. Der

---

121; *Lemaignan/Moreau*, JCl. Civ., Art. 1382 à 1386, Fasc. 376, Expert-Comptable, Rz. 7.; *Delebecque*, JCl. Contrats/Distribution, Fasc. 795, Contrat de renseignement, Rz. 87; *Rives-Lange/Contamine-Raynaud*, Rz. 815; *Simon/Cordier*, 220, Rz. 521; *Vezian*, 245, Rz. 357; *Neflin*, DB 1959, 1047, 1048; Cass. civ. 21.12.1964, J.C.P. 1965, II, 14005; Cass. com. 30.5.1967, Bull. civ. IV, Nr. 216; Cass. com. 24.11.1983, Bull. civ., IV, 279 f., Nr. 322; Cass. civ. 1er, 19.1.1982, J.C.P. 1984, éd G, II, 20215, Anm. *Chabas*; Cass. civ. 1er, 7.2.1989, Bull.civ. 1989, I, Nr. 73.

1175 *Reboul*, 505, Rz. 743.

1176 Cass. civ. 1re 18.1.1984, Rev. trim. dr. civ. 1984, 727, Anm. *Huet*.

1177 Cass. civ. 1re 23.2.1994, Bull. civ., I Nr. 76 = Dalloz 1995, 214, Anm. *Dion* = Rev. trim. dr. civ. 1994, 616, Anm. *Jourdain*.

Kunde begehrte nun von dem Beförderungsunternehmen den Ersatz des Schadens, der ihm dadurch entstanden ist, dass ihm die Möglichkeit genommen worden ist, sein Angebot zu unterbreiten. Die Cour d'appel hatte zunächst die vereinbarte Klausel, nach der die Haftung des Beförderungsunternehmens der Höhe nach auf das seitens des Vertragspartners gezahlte Entgelt beschränkt war, für anwendbar erklärt, da dem Beförderungsunternehmen weder dol noch faute lourde vorzuwerfen war. Die Cour de cassation hat diese Entscheidung aufgehoben. Zur Begründung wurde ausgeführt: Das Beförderungsunternehmen garantiere seinen Kunden als Spezialist des Express - Versands Zuverlässigkeit und Schnelligkeit. Es habe sich verpflichtet, innerhalb einer bestimmten Frist zu liefern. Wegen der Nichterfüllung dieser wesentlichen Vertragsverpflichtung müsse die vertragliche Haftungsbegrenzungsklausel, welche dem Umfang der übernommenen Verpflichtung widerspreche, als nicht bestehend angesehen werden.[1178]

Indem das Beförderungsunternehmen sich aufgrund der vereinbarten Haftungsbegrenzungsklausel lediglich zur Rückerstattung des gezahlten Beförderungsentgelts im Falle einer verspäteten Lieferung verpflichtete, handelte es der wesentlichen vertraglichen Verpflichtung der Schnelligkeit zuwider. Daher hatte der Vertragspartner das Recht, die versprochene Dienstleistung der schnellen Lieferung zu fordern. Denn aufgrund der besonderen Situation war es gerade diese Schnelligkeit, welche überhaupt den Grund für die Eingehung der vertraglichen Verpflichtung und die daran gebundene Zahlung des Entgelts darstellte. Wenn diese vertragliche Pflicht der besonderen Schnelligkeit nicht erfüllt wird, dann kann die Haftungsbeschränkungsklausel keine Wirksamkeit entfalten, weil die schnelle Lieferung eine wesentliche Verpflichtung darstellte. Das Beförderungsunternehmen würde dann das Entgelt erhalten, ohne eine Gegenleistung zu erbringen, weil gerade im Falle der Verspätung der Schadensersatz auf das erhaltene Entgelt beschränkt war.[1179]

Die Klauseln, die in diesen Entscheidungen untersucht werden, sind zwar keine clauses de non-responsabilité, sondern clauses limitatives de responsabilité. Sie beabsichtigen nicht die Herbeiführung eines totalen Haftungsausschlusses, sondern die Beschränkung der vertraglichen Pflichten. Dass eine Einschränkung der Vertragsklauseln vorzunehmen ist, wenn der wesentliche Inhalt des Vertrages durch sie bedroht ist, gilt aber erst Recht bei den Clauses de non-responsabilité. Denn diese greifen aufgrund der totalen Haftungsbefreiung viel weitgehender in das Vertragsgefüge ein als die Clauses limitatives de responsa-

---

[1178] Cass.com., 22.10.1996, Dalloz 1997, jurisprudence, 121 = RJDA 1997-1 Nr. 6.
[1179] *Larroumet*, Dalloz 1997, Chronique, 145.

bilité, bei denen sich eine Haftungsbefreiung nur für einzelne Pflichten ergibt, deren Erfüllung mit der Klausel ausgeschlossen wird.[1180]

Aufgrund der genannten Einschränkungen ist der Spielraum, der den Vertragsparteien bei der Gestaltung des Vertrages gelassen wird, stark eingeengt. Dies gilt um so mehr aufgrund der nach neuerer Rechtsprechung angenommenen Unwirksamkeit der Haftungsausschlussklauseln bei Nichterfüllung einer wesentlichen Vertragspflicht.

Die Vertragsfreiheit der Parteien muss aber das zugrunde zu legende Prinzip bleiben. In erster Linie bleibt es den Parteien überlassen, die vertraglichen Verpflichtungen zu bestimmen. Der Vertragsfreiheit sind jedoch Grenzen gesetzt, welche im einzelnen von der Rechtsprechung entwickelt werden. Gegenwärtig geht die Tendenz eher dahin, das Eingreifen des Richters in die vertragliche Gestaltung zu bevorzugen, als dies den Parteien zu überlassen.[1181] Die gleiche Entwicklung ist bei den clauses limitatives de responsabilité zu beobachten.

(2) Clauses limitatives de responsabilité

(a) Erscheinungsformen der clauses limitatives de responsabilité

Zu den clauses limitative de responsabilité ist z.B. auch eine Klausel zu zählen, die die Haftung auf dol und faute lourde beschränkt.[1182]

Eine Risikominderung kann der Auskunftsgeber aber nicht nur im Bereich der Beschränkung des Haftungsumfangs, sondern eher noch durch Begrenzung oder Minderung der vertraglichen Verpflichtungen als solcher erreichen.[1183] Dies kann z.B. durch den Hinweis darauf erfolgen, dass die zusammengetragenen Informationen lediglich auf einer schnellen und oberflächlichen Nachprüfung basieren und eine gründliche Überprüfung auf den Wahrheitsgehalt hin nicht durchgeführt worden ist oder dass die erteilte Auskunft im Hinblick auf die notwendige schnelle Überprüfung des Unternehmens bewertet werden muss

---

[1180] *Reboul*, 505, Rz. 743; *Delebecque*, JCl. Contrats/Distribution, Fasc. 795, Contrat de renseignement, Rz. 89 ff.

[1181] *Reboul*, 506 f., Rz. 744; *Delebecque*, Dalloz Affaires 1997, spéc. Nr. 15, 235, 238.

[1182] *Vasseur*, Banque 1983, 943, 952.

[1183] *Grua*, 216, Rz. 225; *Vasseur*, Banque 1983, 943, 952; *Delebecque*, JCl. Contrats/Distribution, Fasc. 795, Contrat de renseignement, Rz. 89; *Reboul*, 507, Rz. 747.

oder auch dass in die Betrachtung noch jenes Risiko oder jene unbekannte Größe mit einbezogen werden muss.[1184]

In diesem Sinne kann der Auskunftsgeber auch im Vorhinein seinem Vertragspartner deutlich machen, dass der geringe Betrag, der als Entgelt gezahlt wird, bzw. die ganz fehlende Bezahlung das Ausmaß der anzuwendenden Sorgfalt mindert, um damit sein eigenes Haftungsrisiko zu begrenzen.[1185]

In einer Entscheidung[1186] sind mehrere der genannten Aspekte von Bedeutung. Ein Auskunftsbüro hatte mit einem Kunden die Vereinbarung getroffen, über einen längeren Zeitraum Auskunft über die Verhältnisse einer bestimmten dritten Person zu erteilen. Als Entgelt wurde ein relativ geringer Betrag vereinbart. Das Auskunftsbüro wies den Kunden daraufhin, es übernehme nicht die Rolle einer „Kreditversicherung“ und erklärte weiterhin, es würden lediglich Informationen aus ihren „Archiven“ und die Meinung des Auskunftsbüros („opinion de la place“) übermittelt. Die anzuwendende Sorgfalt wäre ebenfalls begrenzt. *Tendler* interpretiert dies in seiner Anmerkung zu dieser Entscheidung so: Das Auskunftsbüro habe aufgrund der geringen Bezahlung die eigene vertragliche Verpflichtung darauf beschränkt, die Hinweise auf die Zahlungsfähigkeit der betreffenden Person zusammenzutragen, während es dem Kunden selbst oblag, diese Informationen zu kontrollieren und auszulegen. Trotz dieser vertraglichen Vorbehalte wurde die Haftung des Auskunftsbüros bejaht. Denn die übermittelten Informationen waren bereits sechs Monate alt, ohne dass sie in der Zwischenzeit aktualisiert worden waren. Insoweit hatte das Auskunftsbüro die Informationen nicht ausreichend kontrolliert.[1187]

Es hat zunächst den Anschein, dass das Gericht die vertragliche Begrenzung der Verpflichtungen nicht berücksichtigt hat, da demnach die Kontrolle dem Kunden oblegen hätte.[1188] Das Gericht führt jedoch weiter aus: Wenn die Vergütung des Kunden von dem Auskunftsbüro als nicht ausreichend angesehen worden wäre, um die beantragte Überprüfung in der notwendig vertiefenden

---

[1184] *Vasseur*, Banque 1983, 943, 952; *Delebecque*, JCl. Contrats/Distribution, Fasc. 795, Contrat de renseignement, Rz. 93; Cass. com., 6.10.1958, Rev. trim. dr. com. 1959, 464, Nr. 4 (Bürgschaft); CA Lyon, 27.10.1971, Dalloz 1972, 327, Anm. *Tendler*.

[1185] *Delebecque*, JCl. Contrats/Distribution, Fasc. 795, Contrat de renseignement, Rz. 92; *Vasseur*, Banque 1983, 943, 952; CA Lyon 27.10.1971, Dalloz 1972, 327, Anm. *Tendler*; siehe auch die Ausführungen auf S. 280 f. zu Trib. com. Versailles 24.6.1981, Dalloz 1982, inf. rap., 242.

[1186] CA Lyon 27.10.1971, Dalloz 1972, 327 ff., Anm. *Tendler*.

[1187] Anm. *Tendler*, CA Lyon 27.10.1971, Dalloz 1972, 327, 330.

[1188] *Delebecque*, JCl. Contrats/Distribution, Fasc. 795, Contrat de renseignement, Rz. 93.

Weise durchzuführen, dann hätte es seinem Kunden diese bestehende Ungewissheit mitteilen müssen.[1189]

Tendler fügt dem hinzu, dass die seitens des Auskunftsbüros erklärten Vorbehalte nach Treu und Glauben zu vervollständigen seien. Der Ausdruck „Archive" könne nur im Sinne von aktualisierten Archiven („archives tenues à jour) verstanden werden. Der Begriff „opinion de la place" sei nicht bloß im Sinne von „allgemeinem Gerede bzw. Stadtgespräch" („rumeur publique") zu interpretieren, sondern eher objektiv und näher an den tatsächlichen Gegebenheiten, die jeder selbst durch Heranziehung der verschiedenen öffentlichen Register in Erfahrung bringen könne.[1190]

Das Gericht hat die Möglichkeit der Begrenzung der vertraglichen Verpflichtungen durch spezielle Vorbehalte grundsätzlich anerkannt und sie im konkreten Fall auch nicht für unwirksam erklärt. Lediglich die Auslegung der gemachten Vorbehalte unter Heranziehung des Grundsatzes von Treu und Glauben führte letztendlich doch zu einer vertraglichen Haftung des Auskunftsbüros.

Es ist auch vorstellbar, dass die Bank, wie es in der notariellen Praxis üblich ist, bei abweichender Bewertung der Frage, ob die Auskunft ordnungsgemäß erteilt worden ist, von dem Auskunftsuchenden auf Anforderung ein schriftliches Anerkenntnis bekommt, in dem letzterer erklärt, dass er eine bestimmte Auskunft erhalten hat. Eine solche Erklärung wäre nicht als Haftungsausschlussklausel einzuordnen, sondern würde eine Haftung von vornherein verhindern, da der Auskunftsgeber nachweisen könnte, dass und in welchem Umfang, er die Auskunft erteilt hat.[1191]

Auch in finanzieller Hinsicht kann für den Fall einer vertraglichen Haftung der zu leistende Schadensersatz auf eine bestimmte Summe begrenzt werden. Dies kann als absoluter Wert oder in Prozentpunkten vereinbart werden.[1192]

(b) Einschränkung der clauses limitatives de responsabilité

Die clauses limitatives de responsabilité finden ebenfalls keine Anwendung, wenn dem Auskunftsgeber dol oder faute lourde vorzuwerfen ist.[1193] In diesem

[1189] CA Lyon 27.10.1971, Dalloz 1972, 327, Anm. *Tendler*.
[1190] Anm. *Tendler*, CA Lyon 27.10.1971, Dalloz 1972, 327, 331.
[1191] *Vasseur*, Banque 1983, 943, 952.
[1191] *Vasseur*, Banque 1983, 943, 952; *Tourneau*, Dalloz 1990, Chronique V, 21, 22.
[1192] *Reboul*, 509, Rz. 748; Cass. com. 22.10.1996, Dalloz 1997, jurisprudence, 121 = RJDA 1997-1 Nr. 6.

Sinne war in dem oben dargestellten Fall des Beförderungsunternehmens die Cour d'appel der Ansicht, dass die die Schadensersatzleistung beschränkende Klausel wirksam sei, weil das Beförderungsunternehmen keine faute lourde begangen hatte.[1194]

Auch für die clauses limitatives de responsabilité gilt im Übrigen, dass gewisse vertragliche Verpflichtungen existieren, die als zu wesentlich erachtet werden für das vertragliche Gleichgewicht, als dass die Vertragsparteien berechtigt sein könnten, den Schuldner dieser wesentlichen Verpflichtung im Falle ihrer Nichterfüllung von der Haftung zu befreien. Dazu gehört auch die obligation de conseil. Eine Bank kann mit ihrem Kunden nicht vereinbaren, dass sie im Falle der Erteilung einer falschen Auskunft nicht haftet. Hierbei handelt es sich gerade um die wesentliche Verpflichtung des Auskunftsvertrages. Gerade wegen dieser Verpflichtung, eine richtige Auskunft zu erhalten, schließt der Kunde den Vertrag mit der Bank und erbringt eine Gegenleistung.[1195]

Die neuere Rechtsprechung begründet dies damit, dass die clauses limitatives de responsabilité, die der übernommenen vertraglichen Verpflichtung widersprechen, als nicht bestehend angesehen werden, wenn eine Klausel direkt oder indirekt das an dem Vertrag bestehende Interesse beseitigt.[1196]

bb) Faute des Geschädigten

Die faute der Bank ist nicht immer die alleinige Ursache des Schadens. Daneben kann auch eine faute des Geschädigten bestehen. Dies hat zur Folge, dass die Bank als Schädigerin lediglich entsprechend dem Schaden verursachenden Teil der ihr zuzurechnenden faute haftet. Diese Begrenzung der Schadensersatzleistung aufgrund einer faute des Geschädigten kann nicht nur bei vertraglicher sondern auch bei deliktischer Haftung erfolgen, immer entsprechend den Regeln des zugrundeliegenden Haftungssystems.[1197]

Der Kunde verhält sich in diesem Sinne dann Schaden mitverursachend, wenn er sich in seinem weiteren Vorgehen nicht nach der erhaltenen Informati-

---

[1193] *Reboul*, 509, Rz. 749; *Delebecque*, JCl. Contrats/Distribution, Fasc. 795, Contrat de renseignement, Rz. 87.

[1194] Cass. com. 22.10.1996, Dalloz 1997, jurisprudence, 121 = RJDA 1997-1 Nr. 6.

[1195] *Reboul*, 509, Rz. 749; *Vezian*, 246, Rz. 357.

[1196] Siehe oben S. 284 f.; *Reboul*, 509, Rz. 749; *Delebecque*, JCl. Contrats/ Distribution, Fasc. 795, Contrat de renseignement, Rz. 89.

[1197] *Reboul*, 492, Rz. 721; *Veaux*, JCl., Contrats Distribution, Fasc. 430, Contrats de conseil, Rz. 124; *Grua*, JCl. Civ., Art. 1382 à 1386, Fasc. 335-4, Banquier, Rz. 7; *Vezian*, 244 f., Rz. 356.

on gerichtet, sondern diese vielmehr völlig oder teilweise außer Betracht gelassen hat.[1198] Richtet sich der Auskunftsnehmer in keiner Weise nach der erhaltenen Information, dann zögern die Gerichte zumeist nicht den Auskunftsgeber ganz von der vertraglichen Haftung freizusprechen.[1199] Richtet sich der Geschädigte nur teilweise nicht nach der erhaltenen Auskunft, dann wird die haftungsrechtliche Verantwortung zwischen Auskunftsgeber und Geschädigtem im Verhältnis der jeweiligen Schaden verursachenden faute verteilt. Demnach umfasst der zu leistende Schadensersatz auch nur den entsprechenden, vom Auskunftsgeber verursachten Teil, des erlittenen Schadens.[1200]

Eine faute des Geschädigten kann sich auch dadurch ergeben, dass dieser zu leichtfertig und arglos auf die erhaltene Information vertraut.[1201] In dem Sinne, dass er es z.B. versäumt, einzelne Informationen auf ihre Schlüssigkeit hin zu überprüfen und die erhaltene Auskunft mit anderen Informationsquellen zu vergleichen.[1202] Dies gilt insbesondere dann, wenn die Bank die Auskunft unter Vorbehalt erteilt und angeregt hat, der Auskunftsnehmer solle nochmals selbst die finanzielle Situation der betreffenden Person überprüfen.[1203]

1198 Aus diesem Grund lassen sich viele französische Notare von ihren Mandanten eine Haftungsbefreiung („décharge de responsabilité") unterzeichnen. Hierbei handelt es sich aber nicht um eine Haftungsausschlussklausel, sondern vielmehr um ein Anerkenntnis, die Auskunft erhalten zu haben („reconnaissance d'avis donné"), welches aber lediglich der Beweissicherung dient, dass die konkrete Auskunft erteilt wurde. Trib. civ. Fougéres 18.12.1957, J.C.P. 1958, II, 10645, Anm. *Espagno* (Notar); *Reboul*, 153, Rz. 180 (Notar), 492, Rz. 723 (faute des Geschädigten im Allgemeinen); *Veaux*, JCl. Contrats Distribution, Fasc. 430, Contrats de conseil, Rz. 124; *Grua*, JCl. Civ., Art. 1382 à 1386, Fasc. 335-4, Banquier, Rz. 7; *Savatier*, Dalloz 1972, Chronique XXIII, Nr. 39.

1199 Cass. civ. 3e 30.3.1989, Bull. civ. III, Nr. 75 = J.C.P. 1989, IV, 206). In diesem Fall befolgte der Geschädigte nicht die Hinweise eines Unternehmens für technische Überwachung von Gebäuden, obwohl diese unter die Herstellerhaftung der französischen Bauordnung fallen. *Reboul*, 492 f., Rz. 723; *Veaux*, JCl. Contrats Distribution, Fasc. 430, Contrats de conseil, Rz. 124.

1200 Cass. civ. 14.3.1979, Gaz. Pal. 1979, 2, 312. In diesem Fall hatte ein Planungs- und Konstruktionsbüro im Bereich des Immobilienbaus einem Bauherrn zwar den richtigen Rat erteilt, eine Qualitätswasserabdichtung zu verwenden, aber nicht auf deren absolute Notwendigkeit hingewiesen. Das Büro hatte den Bauherrn dann eine stärker am Markt vertretene Wasserabdichtung auswählen lassen, welche aber mangelhaft war. *Reboul*, 492 f., Rz. 721; *Veaux*, JCl. Contrats Distribution, Fasc. 430, Contrats de conseil, Rz. 124.

1201 *Reboul*, 493, Rz. 724; *Veaux*, JCl. Contrats Distribution, Fasc. 430, Contrats de conseil, Rz. 125; *Grua*, JCl. Civ., Art. 1382 à 1386, Fasc. 335-4, Banquier, Rz. 7; *Savatier*, Dalloz 1972, Chronique XXIII, Nr. 38.

1202 Trib. com. Seine 19.1.1953, Gaz. Pal. 1953, 1, 238.

1203 Cass. com. 22.4.1977, Dalloz 1977, inf. rap., 451, Anm. *Vasseur*; *Vezian*, 246, Rz. 356.

In einem Fall musste die Bank trotz eigener faute den Schaden nur zur Hälfte tragen, da dem geschädigten Auskunftsnehmer ebenfalls Leichtfertigkeit vorzuwerfen war, da er trotz der offensichtlichen Zahlungsschwierigkeiten seines Vertragspartners blind auf die falsche Bankauskunft vertraut hatte.[1204]

Eine die Schadensersatzleistung mindernde faute des Auskunftsnehmers wurde auch in einem Fall bejaht, in dem es um die Auskunftserteilung einer Bank an das Unternehmen American Express France ging. Die Bank hatte eine Person, mit der American Express France einen Kreditkartenvertrag abschließen wollte, als einen ihrer zuverlässigsten Kunden bezeichnet. Aufgrund dieser positiven Auskunft wurde dem Betreffenden eine Kreditkarte ausgestellt. Nach Einzug der Kreditkarte wurde ein bedeutender Schuldensaldo festgestellt. Die Bank hatte den erlittenen Schaden des Kreditkarteninstituts trotz eigener faute aber nur zur Hälfte zu ersetzen, da der Auskunftsnehmer selbst durch fahrlässiges Verhalten den Schaden mitverursacht hat. Denn der Kreditkartenempfänger war nicht ansässig in Frankreich, sondern wohnte dort nur bei einem Geschäftsfreund. Mit Erteilung der Kreditkarte ist American Express France daher von vornherein ein Risiko der Zahlungsunfähigkeit dieses Kunden bzw. der Nichtdurchsetzbarkeit bestehender Forderungen eingegangen. Darüber hinaus hätte das Kreditkarteninstitut durch Überprüfung seines Zentralregisters feststellen können, dass der Betreffende bereits als Karteninhaber Anlass zu einer nicht unbeträchtlichen Zahl überfälliger Forderungen gegeben hatte.[1205]

Bei der Frage, ob dem Geschädigten selbst faute vorzuwerfen ist, ist auch dessen Erfahrung im Geschäftsleben zu beachten. Ein Verhalten, das für einen erfahrenen Geschäftsmann eine faute beinhalten würde, muss für eine einfache Person, ohne besondere Kenntnisse, nicht unbedingt auch ein fahrlässiges Verhalten darstellen.[1206] Wenn z.B. ein erfahrener Geschäftsmann wegen der beabsichtigten Übernahme einer Gesellschaft um juristischen Rat ersucht, dann kann er sich aufgrund seiner beruflichen Tätigkeit nicht haftungsbegründend darauf berufen, er sei nicht über die für die Einkommenssteuer zu erwartenden Konse-

---

[1204] CA Nîmes 11.1.1956, Rev. trim. dr. com. 1957, 691, 692, Nr. 8. Da der Geschädigte nicht Kunde der auskunftsgebenden Bank war, ist die Haftung wohl nicht vertraglich einzuordnen. Auf welche dogmatische Grundlage die Haftung der Bank gestützt wird, geht aus dem Urteil des CA Nîmes jedoch nicht hervor. Für die Frage der Auswirkung der faute des Geschädigten ist dies aber ohne Bedeutung, da nach beiden Haftungssystemen eine Minderung der Schadensersatzleistung vorgenommen werden kann.

[1205] CA Paris 30.9.1988, J.C.P. 1989, éd. E, I, 43, Nr. 18198; siehe auch S. 279.

[1206] *Veaux*, JCl. Contrats Distribution, Fasc. 430, Contrats de conseil, Rz. 125; *Vezian*, 244, Rz. 356; *Savatier*, Dalloz 1972, Chronique XXIII, Nr. 38; *Reboul*, 493, Rz. 724.

quenzen aufgeklärt worden.[1207] Die Frage des beruflichen Sachverstandes des Auskunftsnehmers kann daher nicht nur bei der Feststellung des anzuwendenden Sorgfaltsmaßstabes[1208] von Bedeutung sein, sondern auch bei der Bestimmung der faute des Geschädigten.

d) Lien de causalité

Weitere Haftungsvoraussetzung ist, dass zwischen der faute des Auskunftsgebers und dem eingetretenen Schaden ein Kausalzusammenhang (lien de causalité) besteht. Anstelle des Begriffs „lien de causalité" wird von der Rechtsprechung teilweise die Verwendung des Ausdrucks „relation directe" (unmittelbare Beziehung) bevorzugt. Dies stimmt mit der überwiegenden Verwendung der Adäquanztheorie gegenüber der Äquivalenztheorie überein.[1209]

Die Kausalität im Sinne der Adäquanztheorie kann insoweit problematisch sein, als dem Geschädigten entgegengehalten werden könnte, dass er doch grundsätzlich frei in seinen Entscheidungen ist. Die Bank erteilt lediglich die gewünschten Auskünfte. Welche Schlussfolgerungen der Auskunftsuchende daraus für sein weiteres Handeln zieht, bleibt grundsätzlich ihm überlassen. Nur weil die Bank nicht nachweisen kann, dass sie mit der notwendigen Sorgfalt gehandelt hat, heißt das noch nicht, dass der Kunde die Entscheidung sonst nicht in der Form getroffen hätte. Ob ein Kausalzusammenhang besteht, hängt davon ab, inwieweit die fehlerhafte Auskunft Einfluss auf die Entscheidung des Kunden hatte.[1210]

Die Beantwortung dieser Frage bleibt der richterlichen Einschätzung überlassen.[1211] Sie hängt von verschiedenen Faktoren ab: Zu berücksichtigen ist die Möglichkeit der Verwirklichung eines Risikos, dem sich der Auskunftsnehmer bei faute des Auskunftsgebers aussetzt. Der Kunde ist desto mehr abhängig bzw. beeinflusst von der Auskunft, je mehr er auf die Auskunft angewiesen ist, um den Eintritt eines großen, drohenden Risikos zu vermeiden. Wenn gerade das Risiko sich aufgrund des Versagens des Auskunftsnehmers verwirklicht,

---

[1207] CA Paris 24.3.1988, Dalloz 1988, inf. rap., 123; *Reboul*, 406, Rz. 594; *Veaux*, JCl. Contrats Distribution, Fasc. 430, Contrats de conseil, Rz. 125.

[1208] Siehe oben S. 272 f.

[1209] Siehe oben S. 222 f.; *Reboul*, 194, Rz. 246.

[1210] *Vasseur*, Banque 1983, 943, 950, Rz. 14; *Savatier*, Dalloz 1972, Chronique XXIII, Nr. 38; *Vezian*, 242, Rz. 356; *Veaux*, JCl. Contrats Distribution, Fasc. 430, Contrats de conseil, Rz. 124; *Grua*, JCl. Civ., Art. 1382 à 1386, Fasc. 335-4, Banquier, Rz. 7. Die beiden Letzteren ordnen diese Frage allerdings beim Mitverschulden des Geschädigten ein.

[1211] *Reboul*, 194, Rz. 246; *Vezian*, 244, Rz. 356; *Savatier*, Dalloz 1972, Chronique XXIII, Nr. 38.

gegen das er den Kunden absichern sollte, dann ist die faute des Auskunftsgebers in der Regel als kausal für den Schaden anzusehen.[1212]

Von besonderer Bedeutung ist auch, inwieweit die Auskunft zur Vornahme einer bestimmten Handlung ermutigt. Wenn die Auskunft die finanziellen Verhältnisse der betreffenden Person ohne Vorbehalte als äußerst günstig dargestellt wird, dann wird sich der Auskunftsnehmer in hohem Maße darin bestärkt sehen, mit dieser Person, in deren Kreditwürdigkeit die Bank ein solch großes Vertrauen setzt, das beabsichtigte Geschäft einzugehen. In einem solchen Fall wäre die Kausalität in ausreichendem Maße dargelegt.[1213]

Wie bereits oben bei der Abgrenzung renseignement von conseil dargestellt,[1214] ist der Bank in der Regel bekannt, dass der Kunde eine bestimmte Handlung von der Kreditauskunft über eine bestimmte Person abhängig macht, nämlich ob er mit ihr geschäftlich in Beziehung treten oder bleiben will, z.B. in der Form der Warenlieferung auf Kredit. Wenn die Bank in Kenntnis dieser Umstände eine uneingeschränkt positive Auskunft über die Zahlungsfähigkeit der betreffenden Person gibt, muss ihr bewusst sein, dass ihr Kunde keine andere Wahl hat, als das Geschäft mit diesem solventen Geschäftspartner einzugehen. Aufgrund der günstigen Kreditauskunft besteht in seinen Augen kein Risiko, seinem Geschäftspartner z.B. einen Kredit zu gewähren. In diesem Fall müsste die Auskunftserteilung der Bank als adäquat kausal für die Vornahme der Handlung des Kunden und damit für den dadurch eingetretenen Schaden angesehen werden.

Anders kann es jedoch aussehen, wenn die Bank selbst Zweifel an der Vollständigkeit oder dem Wahrheitsgehalt der Auskunft zum Ausdruck gebracht hat. Ein vernünftiger Auskunftsnehmer dürfte sich dann nicht ohne weiteres in der Vornahme des beabsichtigten Geschäfts mit der betreffenden Person bestärkt fühlen. Die mitgeteilten Vorbehalte der Bank dürften ihn vielmehr dazu veranlassen, das Geschäft aufgrund des hohen Insolvenzrisikos des Geschäftspartners nicht vorzunehmen oder zumindest weitere Erkundigungen einzuziehen. Trifft der Kunde diese Vorsichtsmaßnahmen nicht, sondern geht er trotz des offensichtlich bestehenden Risikos das beabsichtigte Geschäft ein, welches einen finanziellen Schaden für ihn nach sich zieht, kann die Auskunft nicht als kausal dafür angesehen werden.

[1212] *Savatier*, Dalloz 1972, Chronique XXIII, Nr. 38; *Vezian*, 244, Rz. 256.
[1213] *Vezian*, 244, Rz. 256.
[1214] Siehe oben S. 238 f.

II. Auskunftserteilung an einen Nichtkunden der Bank

Auskünfte werden von der Bank aber nicht nur an ihre Kunden erteilt, sondern auch an Nichtkunden. Der Auskunftsuchende wendet sich an die Bank als Auskunftsgeber, ohne dass eine geschäftliche Beziehung zu dieser besteht oder beabsichtigt ist. Hierher gehören die Fälle, in denen ein Geld- oder Warenkreditgeber bei der von seinem Geschäftspartner als Referenz angegebenen Bank um eine Auskunft über dessen Vermögensverhältnisse, Geschäftsbetrieb und Kreditfähigkeit anfragt. Darunter fallen aber auch die Fälle der Wechsel- und Scheckanfragen bei einer Bank, ob ein Wechsel oder Scheck eingelöst werde.

Welche Haftungsgrundlage im Falle der unrichtigen Auskunftserteilung seitens einer Bank an einen Nichtkunden heranzuziehen ist, ist im französischen Recht streitig.

1) Vertrag

Ob eine vertragliche Haftung vorliegt, hängt nach teilweise vertretener Ansicht in der Literatur[1215] allein davon ab, ob eine rechtliche Bindung zwischen der Bank als Auskunftsgeberin und dem Auskunftsuchenden vor Schadenseintritt bestanden hat. Diese Bindung wird auch zwischen der Bank und einem Nichtkunden als bestehend angesehen, wenn dieser sich an die Bank wendet, um eine Auskunft zu erhalten. Indem die Bank auf die Anfrage des Nichtkunden antworte, bringe sie ihren Willen zum Ausdruck, eine rechtsverbindliche Verpflichtung eingehen zu wollen. Diese Willenserklärung treffe auf den zuvor seitens des Nichtkunden durch die Anfrage geäußerten Willen, eine richtige Auskunft zu erhalten. Die Existenz eines Vertrages sei damit unbestreitbar.[1216]

Auch bei der Auskunftserteilung an einen Nichtkunden komme ein Vertrag zustande. Ob die Auskunftserteilung gegen Entgelt oder ohne erfolge, sei ohne Bedeutung. Die Bank verfolge in jedem Fall auch ein eigenes Interesse an der Auskunftserteilung. Die Auskunftserteilung sei eine Dienstleistung der Bank wie jede andere und müsse daher auch der vertraglichen Systematik unterliegen.[1217]

[1215] *Rives-Lange/Contamine-Raynaud*, Rz. 814; *Bonneau*, 483, Rz. 773; *Delebecque*, JCl. Contrats/Distribution, Fasc. 795, Contrat de renseignement Rz. 69.

[1216] *Bonneau*, 483, Rz. 773.

[1217] *Delebecque*, JCl. Contrats/Distribution, Fasc. 795, Contrat de renseignement Rz. 69.

Wenn die Bank darüber hinaus den Nichtkunden auf die Anwendung einer Haftungsausschlussklausel hingewiesen habe, sei dies ein weiteres Argument, welches für eine vertragliche Haftung anzuführen sei.[1218] Denn eine solche Klausel kann wie dargelegt nur vertraglich vereinbart werden und entfaltet auch nur vertragliche Wirkungen aber keine deliktischen. Aus dem Hinweis auf eine solche Klausel kann daher der Rückschluss gezogen werden, dass eine vertragliche Bindung gewollt ist.

2) Delikt

Insbesondere von der französischen Rechtsprechung wird dagegen der Grundsatz vertreten, dass die Bank im Falle der unentgeltlichen Auskunftserteilung an einen Nichtkunden mangels vertraglicher Bindung deliktisch hafte.[1219]

Von Lorenz wird in seiner Untersuchung des französischen Rechts zu dieser Frage als typisches Beispiel für die deliktische Haftung aus Art. 1382 Cc im Bereich der Auskunftserteilung einer Bank an einen Nichtkunden ein Urteil der Cour de Cassation aus dem Jahre 1930 angeführt.[1220] In dieser Entscheidung ging es um eine auf Anfrage eines Nichtkunden erteilte Bankauskunft. Der Auskunftsuchende wollte an eine andere Person Waren auf Kredit liefern. Er erkundigte sich daher bei deren Bank nach ihrer Kreditwürdigkeit. In der Auskunft wurde der zukünftige Geschäftspartner des Auskunftsuchenden als ehrlicher und zuverlässiger Kunde bezeichnet, obwohl in Wahrheit Wechsel zu Protest gegangen waren, erhebliche Bankschulden bestanden und Betrügereien vorgekommen waren. Das Gericht bestätigte das Urteil der Vorinstanz, wonach die Bank gemäß Artt. 1382, 1383 Cc Schadensersatz zu leisten hatte an den Auskunftsuchenden. Zur Begründung wurde ausgeführt, die Bank berufe sich zu Unrecht auf das Bestehen einer (unentgeltlichen) Vertragsbeziehung. Eine solche habe nicht bestanden. Es handele sich deshalb auch nicht um die „inexé-

---

[1218] Rives-Lange/Contamine-Raynaud, Rz. 814; Bonneau, 483, Rz. 773.

[1219] *Vezian*, 241 f., Rz. 350; *Savatier*, Dalloz 1972, Chronique XXIII, Nr. 40; *Gavalda/Stoufflet*, Droit bancaire, 394, Rz. 744; *Veaux*, JCl. Contrats Distribution, Fasc. 430, Contrats de conseil, Rz. 104; *Lorenz*, FS Larenz, 575, 605 f.; *Scheerer*, FS Bärmann, 801, 817; *Lammel*, AcP (179) 1979, 337, 354; CA Nîmes 16.12.1927, Dalloz 1928, hebdomanaire, 234 f.; Cass. req. 2.12.1930, Dalloz 1931, hebdomanaire, 18 (Revisionsentscheidung zu CA Nîmes, 16.12.1927); Cass. civ. 9.6.1980, Rev. trim. dr. com. 1981, 195, 196 Nr. 15, Anm. *Cabrillac/Teyssié* = Bull.civ. 1980, IV, 195, Nr. 241; CA Paris 30.9.1988, J.C.P. 1989, éd. E, S. 43, Nr. 18198.

[1220] *Lorenz*, FS Larenz, 575, 605 f.; Cass. req. 2.12.1930, Dalloz 1931, hebdomanaire, 18 (Revisionsentscheidung zu CA Nîmes 16.12.1927).

cution d'une obligation" (Nichterfüllung einer Vertragspflicht), sondern um eine zurechenbare „simple faute quasi-délictuelle".[1221]

Diese Entscheidung kann nur mit Einschränkungen als Beispiel für eine Anwendung der deliktischen Haftung herangezogen werden. Wie bereits dargestellt,[1222] ist die ältere Rechtsprechung bei Bankauskünften grundsätzlich von einer deliktischen Haftung ausgegangen, auch bei Auskunftserteilungen an einen Kunden der Bank. Eine vertragliche Beziehung wurde wegen der von der Bank regelmäßig unentgeltlich erteilten Auskunft als nicht bestehend angesehen. Der Hinweis darauf, es handele sich bei der falschen Auskunftserteilung nicht um die Nichterfüllung einer Vertragspflicht, könnte ebenso bei der Auskunft der Bank an einen ihrer Kunden zur Begründung der deliktischen Haftung herangezogen werden.

Beispiele aus der französischen Rechtsprechung, wonach im Falle der falschen Auskunftserteilung der Bank an einen Nichtkunden eine deliktische Haftung befürwortet wird, sind erst in den jüngeren Urteilen zu suchen. Diese nehmen hinsichtlich der dogmatischen Haftungsgrundlage bereits eine Abgrenzung zwischen Kunden und Nichtkunden vor. Im einen Fall wird eine vertragliche und im anderen eine deliktische Haftung befürwortet.

In einer Entscheidung der Cour de cassation aus dem Jahre 1980 hatte ein italienisches Unternehmen bei der französischen Bank eines Geschäftspartners angefragt, ob ein Wechsel gedeckt sei. Der Wechsel war dem Auskunftsuchenden für eine von diesem an seinen Geschäftspartner getätigte Warenlieferung übergeben worden. Die Bank teilte daraufhin dem Anfragenden mit, dass sein Geschäftspartner ihr eine Zahlungsanweisung bezüglich des fraglichen Wechsels übergeben habe. Die Abwicklung der Zahlung würde durch Vermittlung einer anderen Bank erfolgen. Aufgrund dieser positiven Auskunft tätigte der Wechselinhaber eine weitere Warenlieferung an seinen Geschäftspartner. Dieser wurde insolvent. Ohne auch nur eine vertragliche Haftung in Erwägung zu ziehen, wurde die Bank gemäß Artt. 1382, 1383 ff. Cc verurteilt, an den Auskunftsuchenden Schadensersatz zu leisten.[1223]

Welche Haftungsgrundlage herangezogen wird, ist im Übrigen nicht immer genau feststellbar.[1224] Die Cour de cassation fordert zwar, dass jeder Tatrichter

[1221] CA Nîmes 16.12.1927, Dalloz 1928, hebdomanaire, 234, 235; Cass. req. 2.12.1930, Dalloz 1931, hebdomanaire, 18 (Revisionsentscheidung zu CA Nîmes 16.12.1927).

[1222] Siehe oben S. 246 f.

[1223] Cass. civ. 9.6.1980, Rev. trim. dr. com. 1981, 195, 196 Nr. 15, Anm. *Cabrillac/Teyssié* = Bull. civ. 1980, IV, 195, Nr. 241.

[1224] CA Paris 30.9.1988, J.C.P. 1989, éd. E, 43, Nr. 18198, siehe oben S. 292 f.

in seiner Entscheidung Ausführungen dazu zu machen hat, welche Haftungsgrundlage er zur Begründung heranzieht (Vertrag oder Delikt).[1225] Dies gilt aber nur für den „juge du fond" (Tatrichter/Richter erster Instanz). Die höheren französischen Gerichte sind dazu nicht verpflichtet. Sie verwenden vielmehr einen äußerst knappen Urteilsstil. Dies erschwert die Analyse der einschlägigen Entscheidungen auf dem hier behandelten Grenzgebiet vertraglichen und deliktischen Haftung.

III. Haftung beim Auskunftskontakt mit Beteiligung Dritter

Unter die Haftung beim Auskunftskontakt mit Beteiligung Dritter fallen insbesondere die Fälle, in denen eine Auskunftsanfrage an eine Bank gerichtet wird, die sich ihrerseits an eine Korrespondenzbank wendet, um die gewünschte Information zu erhalten.

In diesem Zusammenhang stellt sich die Frage, unter welchen Voraussetzungen welche der beteiligten Banken aufgrund welcher Haftungsgrundlage gegebenenfalls haften würde. Zu unterscheiden ist zwischen der Hausbank des Kunden und der Korrespondenzbank.

1) Schadensersatzansprüche des Kunden gegen seine Hausbank

Eine Klage des geschädigten Kunden gegen seine Bank ist auf vertragliche Haftungsgrundsätze zu stützen.[1226]

a) Faute durch mangelhafte Auswahl der Korrespondenzbank

Die übernommenen Vertragspflichten könnten aber aufgrund der Einschaltung der zweiten Bank eingeschränkt sein. Verpflichtet die Bank sich nicht persönlich, die vertragliche Pflicht zu erfüllen, sondern beschränkt sie sich auf eine Vermittlertätigkeit (rôle d'intermédiaire), indem sie ihrem Kunden nur zusagt, die Dienste einer anderen Bank zu verschaffen, dann kann sich eine faute auch nur aus der mangelnden Erfüllung der Vermittlertätigkeit ergeben. Der Bank

---

[1225] Cass. com. 15.5.1985, Bull. civ. 1985, IV, Nr. 158.

[1226] *Bonneau*, 484, Rz. 776; *Grua*, 215, Rz. 224; *Delebecque*, JCl. Contrats/Distribution, Fasc. 795, Contrat de renseignement, Rz. 98; siehe oben S. 241 ff.

kann daher lediglich „culpa in eligendo“, eine faute bei der Auswahl der Korrespondenzbank, vorgeworfen werden.[1227]

Dies stimmt mit der französischen Rechtsprechung überein.[1228] In diesem Sinne hat die Cour de cassation de commerce in einer Entscheidung vom 9.1.1978 das Urteil der Vorinstanz aufgehoben. Danach war eine Bank zu Schadensersatz verurteilt worden, obwohl diese lediglich die falsche Auskunft einer anderen Bank, an die sie sich gewandt hatte, übermittelt hatte. Die Cour de cassation de commerce führte zur Begründung an: Die erste Bank sei von ihrem Kunden lediglich damit beauftragt worden, über die zweite Bank die gewünschten Informationen zu beschaffen und an ihn zu übermitteln. Der Kunde habe seine Bank nicht damit beauftragt, selbst Nachforschungen anzustellen und die Kreditwürdigkeit der betreffenden Person zu überprüfen. Zudem sei die betreffende Person, über die die Auskunft eingeholt werden sollte, nicht Kunde der ersten Bank, sondern der Korrespondenzbank. Aus diesem Grund war die erste Bank auch beauftragt worden, sich direkt an die zweite Bank zu wenden. Da die erste Bank den Auftrag ordnungsgemäß erfüllt habe, sei ihr auch keine haftungsbegründende faute vorzuwerfen.[1229]

Auch die Cour d'appel de Colmar hat in einem Urteil vom 21.10.1981 in dieser Weise entschieden. Die Vorinstanz hatte eine Bank, die eine von ihrer Korrespondenzbank übermittelte Information an ihren Kunden weitergeleitet hat, vertraglich für den entstandenen Schaden für haftungsrechtlich verantwortlich erklärt. Die Cour d'appel de Colmar hatte demgegenüber die Haftung der Vertragsbank des Kunden aus folgenden Gründen abgelehnt: 1. Die Bank war nicht beauftragt worden, die Überprüfung der Kreditwürdigkeit des Betreffenden selbst vorzunehmen. 2. Die Bank hatte keine unfähige bzw. unbrauchbare Korrespondenzbank ausgewählt. 3. Sie hat die falsche Auskunft nicht wissentlich erteilt.[1230]

Auch die Cour d'appel de Paris hat in einer Entscheidung vom 3.4.1987 bei der Beurteilung der Haftung auf die bei der Wahl der Korrespondenzbank anzuwendende Sorgfalt abgestellt. Eine Bank hatte ihrem Kunden eine Auskunft

---

[1227] *Delebecque*, JCl. Contrats/Distribution, Fasc. 795, Contrat de renseignement, Rz. 98; *Grua*, 215, Rz. 224; *Rives-Lange/Contamine-Raynaud*, Rz. 815; *Bonneau*, 484, Rz. 776; *Gavalda/Stoufflet*, 394, Rz. 744.

[1228] Cass. com. 12.12.1984, Gaz.Pal. 1985, 115; Cass. com. 9.1.1978, Bull. civ. 1978, IV, 9 f., Nr. 12; CA Colmar 21.10.1981, Dalloz 1982, inf. rap., 243; Cass. com. 12.12.1984, Gaz. Pal. 1985, 115; CA Paris 3.4.1987, Rev. trim. dr. com. 1988, 272, Nr. 15, Anm. *Cabrillac/Teyssié*.

[1229] Cass. com. 9.1.1978, Bull. civ. 1978, IV, 9 f., Nr. 12.

[1230] CA Colmar 21.10.1981, Dalloz 1982, inf. rap., 243.

erteilt, welche sich auf Informationen ihrer Korrespondenzbank gründete, mit der sie in derartigen Fällen üblicherweise zusammenarbeitete. Die Bank des Kunden haftete für den diesem entstandenen Schaden. Zur Begründung stützte sich das Gericht u.a. darauf, dass die Bank nicht das notwendige Mindestmaß an Sorgfalt bei der Auswahl der Korrespondenzbank angewandt habe. Darüber hinaus habe sie nicht einmal die Identität der Korrespondenzbank offenbaren wollen.[1231]

b) Persönliche Verpflichtung der Bank zur Nachprüfung der übermittelten Information

Die Bank kann sich aber selbst vertraglich gegenüber ihrem Kunden verpflichten, die Information zu erteilen. So ging die Cour d'appel de Paris in der zuletzt genannten Entscheidung von Folgendem aus: Wenn die Bank sich bereit erklärt hat, die Auskunft zu erteilen, obwohl sie die Eingehung dieser Verpflichtung auch hätte verweigern können, dann sei sie gehalten, keine falschen Auskünfte zu erteilen und die notwendigen Nachprüfungen durchzuführen.[1232] Die Bank war daher auch verpflichtet, die ihr seitens ihrer Korrespondenzbank übermittelten Informationen auf ihren Wahrheitsgehalt hin zu überprüfen. Gleichzeitig musste sie aber auch die Korrespondenzbank sorgfältig auswählen. Die Einschaltung einer Korrespondenzbank zur Ermittlung der notwendigen Informationen kann also auch erfolgen, ohne dass die Nachforschungs- und Überprüfungspflichten direkt auf die Korrespondenzbank übertragen werden. In diesem Fall haftet die Bank nicht nur bei falscher Wahl der Korrespondenzbank, sondern auch wenn sie nicht alle ihr zur Verfügung stehenden Mittel zur Nachforschung und Kontrolle eingesetzt hat.

c) Haftung für fremdes Verschulden

Teilweise wird vertreten, der Bank sei auch ein Drittverschulden (fait d'autrui) der Korrespondenzbank zuzurechnen. Die Haftung der ersten Bank könnte nach dem allgemeinen Recht der vertraglichen Haftung für fremdes Verschulden (responsabilité contractuelle du fait d'autrui) gegeben sein, wenn die Korrespondenzbank sich faute habe zu Schulden kommen lassen. Dies wird damit begründet, dass die neuere Rechtsprechung, auch ohne bestehende gesetzliche Regelung, die Haftung eines Schuldners für die faute derjenigen Personen

---

[1231] CA Paris 3.4.1987, Rev. trim. dr. com. 1988, 272, Nr. 15, Anm. *Cabrillac/Teyssié*.
[1232] CA Paris 3.4.1987, Rev. trim. dr. com. 1988, 272, Nr. 15, Anm. *Cabrillac/Teyssié*.

bejahe, die dieser willentlich zur Erfüllung seiner vertraglichen Pflichten eingesetzt hat.[1233]

Bei diesem eingeschalteten Dritten könne es sich um einen Helfer handeln, der an der Erfüllung und Ausführung des Vertrages mitarbeitet nach den Anweisungen und unter Kontrolle des Schuldners, also ein Erfüllungsgehilfe, der dafür ein Entgelt erhalte oder aber auch unentgeltlich tätig werde. Der Dritte kann aber auch als Stellvertreter (substitut) einzuordnen sein. In diesem Fall erfüllt er die vertragliche Verpflichtung an Stelle des Schuldners.[1234]

Die überwiegende Meinung in Literatur lehnt die haftungsrechtliche Verantwortung der ersten Bank für eine faute der Korrespondenzbank jedoch ab.[1235]

Die Rechtsprechung ist ebenfalls übereinstimmend dieser Ansicht.[1236] Zwar hat die Cour d'appel de Versailles in einer Entscheidung vom 25.4.1984 darauf hingewiesen, dass die Bank ausnahmsweise für die faute der Korrespondenzbank haften kann, an die sie sich wegen der Auskunftsanfrage wendet. Wann ein derartiger besonderer Ausnahmefall gegeben sein soll, führt das Gericht allerdings nicht aus. Es wird vielmehr festgestellt, dass die Bank im zugrunde liegenden Fall nur für eine schlechte Wahl der Korrespondenzbank haften würde. Da in dieser Hinsicht aber kein Sorgfaltsverstoß der Bank festzustellen war, wurde eine Haftung abgelehnt.[1237]

Die Cour d`appel de Paris hat in einer Entscheidung vom 2.2.1979 im Übrigen allgemein ausgeführt, eine Bank, die ihrem Kunden eine Auskunft übermittelt, die sie von einer anderen Bank erhalten hat, könne aufgrund dieses Umstandes nicht haftbar gemacht werde.[1238]

In ähnlicher Weise lässt sich die Rechtsprechung auch im Übrigen ein. Die Frage der Zurechnung der faute der Korrespondenzbank wird nicht erörtert. Die faute der ersten Bank wird vielmehr immer davon abhängig gemacht, ob sie die Korrespondenzbank sorgfältig ausgewählt hat oder nicht. Der Umstand, dass die

---

[1233] *Grua*, 215, Rz. 224; *Tourneau*, 431, Rz. 1360.

[1234] *Tourneau*, 431, Rz. 1360.

[1235] *Rives-Lange/Contamine-Raynaud*, Rz. 815; *Bonneau*, 484, Rz. 776; *Gavalda/Stoufflet*, Droit bancaire, 394, Rz. 744.

[1236] CA Paris 2.2.1979, Dalloz 1980, inf. rap., 56, Anm. *Vasseur*; CA Paris 26.3.1982, Rev. trim. dr. com. 1982, 276, Nr. 9, Anm. *Cabrillac/Teyssié* = J.C.P. 1982, IV, 361; Cass. com. 24.11.1983, Dalloz 1984, inf. rap., 306 f., Anm. *Vasseur* = Bull. civ. 1984, IV, 279 f., Nr. 322 (Revisionsentscheidung zu CA Paris 26.3.1983); CA Versailles 25.4.1984, Rev. jur. com. 1986, Nr. 1131, S. 224, 226; Cass. com. 12.12.1984, Gaz. Pal. 1985, 115.

[1237] CA Versailles 25.4.1984, Rev. jur. com. 1986, 224, 226.

[1238] CA Paris 2.2.1979, Dalloz 1980, inf. rap., 56, Anm. *Vasseur*.

Korrespondenzbank faute begangen hat, wird von der Rechtsprechung bei der Beurteilung der Haftungsfrage der ersten Bank außer Betracht gelassen.

2) Schadensersatzansprüche des Kunden gegen die Korrespondenzbank

Es stellt sich nunmehr die problematische Frage, inwieweit die Korrespondenzbank für unrichtige Auskünfte gegenüber dem Auskunftsuchenden, mit dem sie direkt keinen Kontakt hat, haftbar gemacht werden kann.

a) Dritthaftung nach Vertragsrecht

Fraglich ist inwieweit das französische Vertragsrecht Drittwirkung entfaltet. Denkbar sind in diesem Zusammenhang ein stillschweigender Vertrag zugunsten Dritter (stipulation pour autrui tacite) oder eine action direct (Durchgriffshaftung). In jedem Fall stellt sich aber die Frage der Vereinbarkeit einer vertraglichen Dritthaftung mit dem Grundsatz der Relativität der Vertragsbeziehungen.

aa) Vereinbarkeit mit dem Grundsatz der Relativität der Vertragsbeziehungen

Das französische Recht geht in Art. 1165 Cc von dem Grundsatz aus, dass das Vertragsrecht Wirkungen nur zwischen den kontrahierenden Parteien entfalten kann. Die Gewährung eines vertraglichen Anspruchs für Nichtvertragparteien kann daher nur ausnahmsweise in Betracht kommen.

Der Grundsatz der Relativität der Vertragsbeziehungen geht auf den von den mittelalterlichen Glossatoren überlieferten Rechtssatz „res inter alios acta aliis neque nocere neque podesse podest" zurück.[1239] Unter dem im 19. Jahrhundert prägenden Gedanken der Willensfreiheit wurde die Vorschrift noch als selbstverständlich angesehen.[1240] Im 20. Jahrhundert wurde sie dagegen zunehmend als zu starr empfunden. Teilweise wurde sogar von „le prétendu principe de l'effet relatif des contrats" („der angebliche Grundsatz der Relativität der Vertragsbeziehungen") gesprochen.[1241]

Inhaltlich begrenzt Art. 1165 Cc die schuldrechtlich bindende Wirkung und hinsichtlich dinglicher Rechte die verfügende Wirkung auf die jeweiligen Vertragsparteien. Parteien sind dabei die Personen, in deren Namen der Vertrag geschlossen wurde, sowie diejenigen, die nachträglich durch Gesamtrechtsnach-

---

[1239] Vgl. *Terré/Simler/Lequette*, Rz. 460.
[1240] Vgl. *Terré/Simler/Lequette*, Rz. 460; *Ghestin/Jamin/Billiau*, Rz. 320 m.w.N.
[1241] *Savatier*, Rev. trim. dr. civ. 1934, 525 ff.

folge oder Vertragsübernahme die Stellung einer Partei übernehmen.[1242] Über diesen Kreis hinaus kann lediglich die rein tatsächliche Wirkung von Verträgen jedem Dritten entgegengehalten werden. Hier sind die vertraglichen Bindungen nicht berührt. Ausnahmsweise kann ein Dritter allerdings durch Parteivereinbarung, nämlich durch Abschluss eines Vertrages zugunsten Dritter nach Art. 1121 Cc, vertraglich berechtigt werden.

Problematischer erscheint die Frage, inwieweit Dritte auch ohne eine solche ausdrückliche Vereinbarung vertraglich berechtigt sein können. Unter den Dritten werden völlig Außenstehende (penitus extranei) von solchen Dritten unterschieden, die sich mehr oder weniger eng im Umfeld einer Vertragspartei befinden. Bei Letzteren wird teilweise eine Einbeziehung in die Vertragswirkungen befürwortet.

Nach einer neueren Auffassung sollen zudem alle diejenigen, die mit den Parteien eine Vertragsgruppe im weitesten Sinne bilden, vertragliche Ansprüche auch gegenüber den Personen, mit denen sie selbst nicht abgeschlossen haben, geltend machen können.

Die Begründung und Reichweite dieser Einbeziehung von Dritten, die einer Vertragspartei nahestehen, ist nach wie vor nicht abschließend geklärt.

bb) Stillschweigender Vertrag zugunsten Dritter

Eine sogenannte „stipulation pour autrui“ (Vertrag zugunsten Dritter) ist gesetzlich nur in zwei Fällen vorgesehen: Wenn die Leistung an den Dritten Bedingung für die Leistung des Versprechensempfängers ist und bei einer Schenkung unter Auflage.[1243]

Diese engen Grenzen des Code civil sind jedoch durch den französischen Gesetzgeber erweitert worden. Für die Lebensversicherung wurde diese Begrenzung mit Art. 56 des französischen VVG vom 13.7.1930 aufgehoben.[1244]

Nicht nur der Gesetzgeber sondern auch die französische Rechtsprechung hat im Hinblick auf den Schutz außerhalb des Vertrages stehender Dritter den vertraglichen Haftungsbereich erweitert. So profitiert der Empfänger der Ware beim Transportvertrag von den Vereinbarungen zwischen Versender und Transportunternehmer.[1245] Beim Personenbeförderungsvertrag wird stillschwei-

---

[1242] *Malaurie/Aynès*, Obligation Bd. 2, Rz. 399; *Ghestin/Jamin/Billiau*, 355, Rz. 347 ff.
[1243] *Hübner/Constantinesco*, 185.
[1244] *Hübner/Constantinesco*, 185, heute Art. L 132-1f Code des Assurances.
[1245] *Starck/Roland/Boyer*, Obligations, Bd. 2, Rz. 1317.

gend auch zugunsten bestimmter naher Angehöriger abgeschlossen. So wurde den unterhaltsberechtigten Hinterbliebenen eines getöteten Fahrgasts wahlweise ein unmittelbarer Vertragsanspruch gegen den Personenbeförderer gewährt.[1246] Auch der Vertrag zwischen Krankenhaus und Blutspendezentrum enthält eine Vereinbarung zugunsten der durch Transfusion zu behandelnden Patienten, die diesen die Reinheit des gelieferten Bluts garantiert.[1247]

Die Konstruktion eines derartigen Vertrages mit Schutzwirkung zugunsten Dritter ist in Frankreich jedoch eine eher seltene Ausnahme geblieben.[1248]

Lediglich eine Entscheidung der Cour d'appel de Paris vom 18.6.1957 deutet auf eine mögliche vertragliche Drittschutzwirkung im Falle eines Gutachtervertrages hin.[1249] Der Entscheidung lag folgender Sachverhalt zugrunde: Ein Briefmarkensammler wandte sich an einen Händler mit der Bitte, für ihn einen Verkäufer zu finden, mit der Absicht, von diesem wertvolle schweizer Briefmarken kaufen zu können. Der Briefmarkenhändler machte einen Verkäufer ausfindig, der bereit war, ein äußerst seltenes Stück seiner Sammlung, die aus dem Jahre 1843 stammende Double de Genève, zu veräußern. Der Händler beauftragte daraufhin im eigenen Namen einen Sachverständigen, die Briefmarke auf ihre Echtheit und ihren Zustand zu prüfen. Im Vertrauen auf die Richtigkeit des Gutachtens, in dem die Marke als „de belle présentation, authentique et non réparée" bezeichnet wurde, entschloss sich der Sammler zum Kauf von 300.000 FF. Als er die Marke einige Jahre später weiterveräußern wollte, stellte sich nach Einholung eines erneuten Gutachtens heraus, dass sie vor ihrem Ankauf restauriert worden war und nur einen Wert von 100.000 FF hatte. Da der Verkäufer der Marke unauffindbar war, klagte der Sammler gegen den Gutachter. Das Berufungsgericht sah den Vertrag zwischen dem Händler und dem Gutachter als eine stipulation pour autrui an und hielt einen vertraglichen Schadensersatzanspruch des Käufers für gegeben. Dieser Fall blieb jedoch im Bereich der vertraglichen Auskunftshaftung die Ausnahme.

Soweit ersichtlich, ist im Bankrecht nur eine Entscheidung ergangen, in der die Cour de cassation einem Drittgeschädigten mittels angenommenen Vertra-

---

[1246] *Starck/Roland/Boyer*, Obligations, Bd. 2, Rz. 1317-1319; *Malaurie/Aynès*, Rz. 223; *Hübner/Constantinesco*, 185; Cass. com., 19.6.1951, Dalloz 1951, jurisprudence, 717.

[1247] Vgl. Cass. civ. 2e 17.12.1954, Dalloz 1955, jurisprudence, 269; CA Paris 28.11.1991, Dalloz 1991, jurisprudence, 85 = J.C.P. 1992, II, 21797; CA Aix en provence 12.7.1993, Dalloz 1994, jurisprudence, 13.

[1248] Land, 150; *Hübner/Constantinesco*, 185.

[1249] CA Paris 18.6.1957, J.C.P. 1957, II, 10134, Anm. *Lindon.*

ges zugunsten Dritter vertragliche Ansprüche gegen ein Kreditinstitut einräumt. Dies betraf aber nicht einen Fall der Auskunftshaftung.[1250]

Da die stipulation pour autrui somit als Haftungsgrundlage für die Fälle der Bankauskünfte nicht in Betracht kommt, soll die Rechtsfigur der action directe näher auf ihre Möglichkeit der Herbeiführung einer vertraglichen Dritthaftung hin untersucht werden.

cc) Action directe

Fraglich ist, ob die action directe als allgemeines Institut zur Begründung vertraglichen Drittschutzes innerhalb von Vertragsgruppen im weitesten Sinne angesehen werden kann. Dann könnte auch die Haftung der Korrespondenzbank über die action directe als vertragliche eingeordnet werden. Denn wenn man von einer vertraglichen Bindung zwischen den beiden Banken ausgeht, dann könnte mittels der action directe eine direkte vertragliche Durchgriffshaftung des Auskunftsnehmers gegen die Korrespondenzbank als entfernteres Glied der Vertragskette gegeben sein.[1251]

(1) Begriff der action directe

Die action directe beinhaltet für den Geschädigten die Möglichkeit, seinen unmittelbaren Vertragspartner quasi zu überspringen, um ein entfernteres Glied der Kette vertraglich haftbar zu machen, mit dem er selbst nicht unmittelbar verbunden ist. Entgegen dem Wortlaut handelt es sich bei der action directe aber um einen materiellrechtlichen Anspruch und nicht um eine besondere Klageart.[1252] Mit Hilfe der action directe kann ein Gläubiger durchgriffsweise von dem Vertragspartner seines Schuldners Leistung verlangen, die der Dritte gegenüber dem Schuldner zu erbringen hat.[1253]

Ähnlich wie bei der action oblique nach Art. 1166 Cc, welche dem Gläubiger ermöglicht, die Rechte seines Schuldners wahrzunehmen, eröffnet die action directe dem Gläubiger den Zugriff auf das Vermögen eines Drittschuldners. Bei der action directe kann der Gläubiger im Gegensatz zur action oblique jedoch im eigenen Namen vorgehen. Während der Inhaber einer action oblique ledig-

---

[1250] Cass. com. 15.1.1985, Dalloz 1985, inf. rap., 344, Anm. *Vasseur*.

[1251] *Delebecque*, JCl. Contrats/Distribution, Fasc. 795, Contrat de renseignement, Rz. 100.

[1252] *Marty/Raynaud*/Jestaz, Rz. 156.

[1253] *Malaurie/Aynès*, Obligation Bd. 3, Rz. 88; *Ghestin/Jamin/Billiau*, Rz. 713; *Terré/Simler/Lequette*, Rz. 1090; *Izorche* in: Rép. de droit civil, action directe, Nr. 1; *Hübner/Constantinesco*, 185.

lich an Stelle seines Schuldners und in dessen Namen dessen Forderung gegen den Drittschuldner geltend machen kann.[1254] Der entscheidende Vorteil der action directe liegt daher darin, dass die betreffenden Rechte nicht den Weg durch das Vermögen des (Haupt-) Schuldners gehen und damit dem Zugriff anderer Gläubiger des Schuldners entzogen sind.[1255]

Die Erscheinungsformen der action directe sind im Übrigen sehr vielfältig. Von einem einheitlichen Rechtsinstitut mit fest umrissenen allgemeinen Voraussetzungen kann kaum gesprochen werden.[1256]

Die klassische Auffassung erkennt die action directe nur dann an, wenn sie gesetzlich vorgesehen ist.[1257] Andererseits wird in neuerer Zeit vertreten, dass das Gesetz im Bereich der action directe auf drei unterschiedliche Arten Wirkung zeigen könne: In bestimmten Fällen begründe das Gesetz selbst ausdrücklich die Rechtsgrundlage für eine action directe oder es ermögliche auf seiner Grundlage die Herleitung einer action directe im Wege der Auslegung oder es übernehme sie als eine in der Rechtsprechung entwickelte Konstruktion.[1258]

Da jedoch auch die gesetzlich geregelten Fälle der action directe zunächst von der Rechtsprechung entwickelt worden sind, bevor sie gesetzlich festgeschrieben wurden, erscheint es nicht gerechtfertigt, nur die gesetzlich verankerte action directe als solche anzuerkennen. Denn auch die im Code civil gefundenen Fälle der action directe sind nicht durch wörtliche Anwendung des Gesetzes, sondern erst durch Auslegung der jeweiligen Texte durch die Rechtsprechung entstanden.[1259]

Es erscheint angebracht, den Begriff der action directe légale im Sinne einer Kennzeichnung dafür zu verwenden, dass sie gegenwärtig gesetzlich verankert ist, im Gegensatz zu der von der Rechtsprechung entwickelten „normalen" action directe, welche nicht gesetzlich festgeschrieben ist.[1260]

Zu unterscheiden sind zwei Kategorien: Direktansprüche auf Zahlung (actions directes en paiement) und haftungsrechtliche Direktansprüche (actions di-

---

[1254] *Malaurie/Aynès*, Rz. 88; *Izorche* in: Rép. de droit civil, action directe Nr. 1.
[1255] *Terré/Simler/Lequette*, Rz. 1090; *Malaurie/Aynès*, Rz. 88; *Izorche* in: Rép. de droit civil, action directe, Rz. 1.
[1256] *Malaurie/Aynès*, Rz. 88; *Terré/Simler/Lequette*, Rz. 1093 f.
[1257] *Starck/Roland/Boyer*, Obligations, Bd. 3, Rz. 550; *Mazeaud/Chabas*, Rz. 806; *Cozian*, Rz. 100 ff.; *Marty/Raynaud/Jestaz*, Rz. 156 f.
[1258] *Izorche* in: Rép. de droit civil, action directe, Rz. 21.
[1259] *Ghestin/Jamin/Billiau*, Rz. 720.
[1260] *Izorche* in: Rép. de droit civil, action directe, Rz. 21.

rectes en responsabilité/en garantie).[1261] Die Direktansprüche auf Zahlung sind in der Regel auf gesetzliche Anordnungen zurückzuführen (Geschädigter gegen den Versicherer des Schädigers). Die haftungsrechtlichen Direktansprüche stellen dagegen im Wesentlichen eine Entwicklung der Rechtsprechung dar und sind nur vereinzelt einer gesetzlichen Regelung zugeführt worden. Letztere sind zumeist in den Fällen zu finden, wo mehrere Verträge mehr oder weniger eng aneinandergekettet sind (Endverbraucher gegen den ursprünglichen Verkäufer oder den Hersteller).[1262] Die haftungsrechtliche action directe wurde im Laufe des 19. Jahrhunderts anhand der Rechts- und Sachmängelhaftung des Kaufrechts entwickelt.[1263]

Für die vorliegende Untersuchung der Möglichkeit einer vertraglichen Direkthaftung der Korrespondenzbank gegenüber dem Auskunftsnehmer kommt allein die haftungsrechtliche action directe zur dogmatischen Begründung in Betracht. Sie allein ist von Interesse.

(2) Dogmatische Begründung

(a) Klassische Erklärungsversuche

Zur dogmatischen Begründung der haftungsrechtlichen action directe wurden verschiedene Erklärungsversuche herangezogen.[1264] Die klassischen Rechtfertigungen, wie etwa die sachenrechtliche Erklärung des Rechtsübergangs als Zubehör einer Sache (Obligation propter rem),[1265] sind jedoch, wie der Name schon sagt, nicht geeignet, eine Begründung für die vertragliche Dritthaftung der Korrespondenzbank zu liefern. Denn diese sachenrechtliche Erklärung beschränkt sich auf eine vertragliche Haftungsbegründung in kaufvertraglichen Ketten bzw. auf Fälle, in denen es um die rechtsgeschäftliche Eigentumsübertragung an einer Sache geht. Im Falle der Bankauskunft geht es dagegen um eine intellektuelle Leistungserbringung.

[1261] *Terré/Simler/Lequette*, Rz. 1093; *Izorche* in: Rép. de droit civil, action directe, Nr. 19 ff.

[1262] *Izorche* in: Rép. de droit civil, action directe, Nr. 19-21.

[1263] *Aubry/Rau*, § 355, 264 f.

[1264] Vgl. *Izorche* in: Rép. de droit civil, action directe, Nr. 28 ff.

[1265] Cass. civ. 3e, 8.2.1995, Bull. civ. 1995, III, Nr. 39; Cass. com., 17.5.1982, Bull. civ. 1982, IV, Nr. 182 = Dalloz 1983, inf. rap. 479, Anm. *Larroumet*; Cass. civ. 2e, 9.10.1979, Bull. civ. 1979, II, Nr. 241.

(b) Theorie der Vertragsgruppen

Nach der Theorie der Vertragsgruppen, welche Mitte der siebziger Jahre in der Literatur entwickelt wurde, ist demgegenüber eine Einbeziehung der Bankhaftungsfälle denkbar. Vertragliche Direktansprüche sollen nach einer grundlegenden Arbeit zur Theorie der Vertragsgruppen von *Teyssié* immer dann zulässig sein, wenn sie innerhalb von sogenannten Vertragsgruppen geltend gemacht werden. Allein das Bestehen einer solchen Gruppe soll rein objektiv vertragliche Beziehungen zwischen Parteien schaffen, die nicht unmittelbar miteinander in Kontakt stehen. Außerhalb solcher Vertragsgruppen soll demgegenüber die Anerkennung einer action directe einer gesetzlichen Grundlage bedürfen.[1266]

Zur Begründung wird auf die Weiterentwicklung des Begriffs des Vertrages hingewiesen. Der Grundsatz der Relativität des Vertrages gemäß Art. 1165 Cc baue auf der individualistischen Gesellschaft von 1804 auf. Dies wird jedoch als zu begrenzt angesehen in einer Welt, in der soziale Konzeptionen dominieren. Der Code civil sei auf die damalige Epoche zugeschnitten und habe nicht die Entwicklung der großen Industrie, der sich immer weiter ausdehnenden Zusammenschließung im wirtschaftlichen Bereich voraussehen und berücksichtigen können. Die individualistische Sichtweise sei daher nicht mehr mit den veränderten Gegebenheiten der Gegenwart in Einklang zu bringen.[1267] Die heutige wirtschaftliche Verflechtung und Arbeitsteilung erfordere oftmals den Abschluss einer Vielzahl von Verträgen, um ein angestrebtes Ziel zu erreichen. Aufgrund dieser Verknüpfung von Verträgen könne nicht jeder Vertrag isoliert betrachtet werden.[1268]

Eine Vertragsgruppe im Sinne der Theorie der Vertragsgruppen liege vor, wenn verschiedene Verträge sich entweder auf dasselbe Objekt bezögen[1269] oder aber einen gemeinsamen Zweck verfolgten.[1270]

Bei der Befassung mit demselben Objekt liege eine Vertragskette (chaîne de contrats) von hintereinander geschalteten und dadurch miteinander verbundenen Verträgen vor, wie z.B. bei der mehrfachen Weiterveräußerung einer Sache. Steht ein gemeinsamer Zweck im Vordergrund, dann handele es sich um eine Vertragsgesamtheit (ensemble contractuel), bei der eine Person mehrere rechtlich unabhängige Verträge mit verschiedenen Vertragspartnern schließt. Eine

---

1266 *Teyssié*, Rz. 578-582; in diesem Sinne auch: *Malaurie/Aynès*, (4. Auflage), Rz. 691 f., 874; *Viney* in: Mélanges Holleaux, 399 ff.; *Carbonnier*, 49 f., Rz. 20.

1267 *Teyssié*, Rz. 56-58.

1268 *Teyssié*, Rz. 15-20.

1269 *Teyssié*, Rz. 69.

1270 *Teyssié*, Rz. 174-177.

solche Vertragsgesamtheit ist z.B. gegeben bei der Errichtung eines Gebäudes durch verschiedene Unternehmer, mit denen jeweils einzelne Verträge abgeschlossen werden.

Auch bei Einschaltung eines Subunternehmers bzw. Unterauftragnehmers zur Ausführung einer Dienstleistung kann von einer Vertragsgruppe gesprochen werden. Die Zugehörigkeit zu dieser Vertragsgruppe würde dem Schadensersatzanspruch des Empfängers der Dienstleistung gegen den ausführenden Unterauftragnehmer einen vertraglichen Charakter verleihen.[1271]

In diese Fallgruppe der Einschaltung eines Subunternehmers (contrat de sous-traitance) wird auch die Konstellation eingeordnet, in der sich eine Bank an eine Korrespondenzbank wendet, um über diese die von ihrem Kunden gewünschte Information zu erhalten[1272] bzw. ganz allgemein die Einschaltung eines Dritten zur Durchführung eines Beratungs- oder Auskunftsvertrages.[1273]

Der Zweck der Ausdehnung des Vertragsrechts und des gleichzeitigen Ausschlusses des Deliktsrechts liegt darin, dass ein Vertragspartner nicht von einer gegen ihn gerichteten Geltendmachung von Ansprüchen unter anderen Voraussetzungen, als die er vorhersehen konnte, überrascht werden soll (prévisibilité contractuelle).[1274] Dieser Gedanke findet sich in Art. 1150 Cc wieder, welcher die Notwendigkeit der Vorhersehbarkeit des Schadens beinhaltet.

Es sei nicht gerechtfertigt, dass einem Vertragspartner, der davon ausgeht, dass im Falle einer Haftung die vertraglich vereinbarten Haftungsbegrenzungsklauseln und die gesetzlich vorgegebenen kurzen Verjährungsfristen des Vertragsrechts gelten, diese von ihm berücksichtigten haftungsrechtlichen Vorteile im Falle der Schädigung eines Dritten entzogen werden, da er dann deliktsrechtlich haftbar gemacht werde.[1275]

Dieser Aspekt der Vorhersehbarkeit sei für den Schuldner wie für den Gläubiger von Bedeutung. Ebenso wie der Schuldner Kenntnis davon haben müsse, welches Haftungsregime seiner Haftung zugrundeliegt, so könne auch der Gläubiger bei der Vorhersehbarkeit der Haftungsvoraussetzungen besser ein-

[1271] *Néret*, Nr. 378.
[1272] *Delebecque*, JCl. Contrats/Distribution, Fasc. 795, Contrat de renseignement Rz. 100.
[1273] *Reboul*, Rz. 629 ff. Dazu werden unten noch weitere Ausführungen erfolgen.
[1274] *Teyssié*, Nr. 582; *Durry*, Rev. trim. dr. civ. 1969, 773, 774.
[1275] *Durry*, Rev. trim. dr. civ. 1969, 773, 775.

schätzen, wie er sich im Falle der Nichterfüllung des Vertrages zu verhalten hat, um Schadensersatz zu erlangen.[1276]

Im Übrigen werde in den Fällen der Einschaltung eines Dritten in die Ausführung des Vertrages der Schaden immer durch die Schlecht- bzw. Nichterfüllung einer vertraglichen Verpflichtung herbeigeführt. Für die Regelung solcher Fälle sei das vertragliche Haftungsregime effektiver einzusetzen. Die bei der Erfüllung eines Vertrages entstandenen Schäden, die gerade die Folge der durch den Vertrag geschaffenen Situation sind, sollen daher allein vertraglich ersetzt werden können, unabhängig davon, ob eine Vertragspartei oder ein Dritter betroffen ist. Lediglich wenn der Schaden bei Gelegenheit der Vertragsausführung verursacht worden ist und bei einem Dritten eintritt, der in keinerlei Beziehung zu dem Vertrag stünde, sei es gerechtfertigt, von einem „Dritten" im eigentlichen Sinne zu sprechen.[1277]

Gegen die Anwendung von Deliktsrecht wird im Übrigen eingewandt, dass der Geschädigte sich beweisrechtlich sehrwohl, trotz der Anwendung von Deliktsrecht, den fremden Vertrag zu Nutzen machen könne.[1278] Denn nach ständiger Rechtsprechung kann ein Dritter, der infolge der Ausführung eines fremden Vertrages geschädigt wird, gegen die verursachende Vertragspartei einen deliktischen Anspruch geltend machen.[1279] Für den Nachweis der deliktischen faute wird in der Praxis zumeist der Hinweis auf die Vertragsverletzung innerhalb des fremden Vertrages als ausreichend angesehen.[1280] Ein Dritter, der zwar der Vertragsgruppe angehört, aber selbst nicht Vertragspartner ist, könnte damit eine günstigere Position als der unmittelbare Vertragspartner einnehmen, da er bei der Anwendung von Deliktsrecht zwar die für ihn ungünstigeren vertraglichen Haftungsregelungen umgehen könnte. Gleichzeitig könnte er sich auf das Bestehen der vertraglichen faute berufen.

Die Lehre von den Vertragsgruppen sieht sich jedoch auch Kritik ausgesetzt. Das grundlegende Argument der zunehmenden Komplexität der wirtschaftlichen Realität, aufgrunddessen die Notwendigkeit der Ausweitung des Vertragsrechts begründet sein soll, wird zurückgewiesen. Diese Entwicklung sei keine Besonderheit der gegenwärtigen Wirtschaftslage. Vielmehr sei diesem Umstand

---

[1276] *Durry*, Rev. trim. dr. civ. 1969, 773, 776.

[1277] *Durry*, Rev. trim. dr. civ. 1969, 773, 776; *Huet*, Nr. 734.

[1278] Vgl. *Viney* in: Mélanges Holleaux, 399, 407 f.

[1279] Cass. civ. 1e 24.10.1967, J.C.P. 1968, II, 15360, Anm. *Lindon*; Cass. civ. 2e 8.6.1979, Dalloz 1980, jurisprudence 563, Anm. *Espagnon*; Cass. com. 4.6.1991 Dalloz 1992, jurisprudence, 399, Anm. *Martin*; Cass. civ. 3e 5.2.1992, Bull. civ., 1992, III, 362-366.

[1280] Cass. civ. 1e 16.12.1992, Bull. civ. 1992, I, Nr. 316; *Viney* in: Responsabilité: conditions, Nr. 214; Jourdain, Rev. trim. dr. civ. 1993, 362-366.

in der Rechtsprechung bereits seit langer Zeit Rechnung getragen worden, indem dem Gläubiger ein deliktsrechtlicher „Direktanspruch“ gegen den Drittschuldner gewährt worden sei.[1281] Gegen das Argument der Zunahme der Komplexität der wirtschaftlichen Verhältnisse für die Theorie der Vertragsgruppen spreche auch, dass insbesondere im Bereich der Errichtung von Bauwerken es schon immer notwendig gewesen ist, die verschiedensten Handwerksunternehmen heranzuziehen.[1282] Vertragsgruppen bzw. die Problematik der Drei- bzw. Mehrpersonenverhältnisse gibt es daher nicht erst seit neuerer Zeit.

Auch das zweite Argument, welches für die Theorie der Vertragsgruppen angeführt wird, die Vorhersehbarkeit der Haftung, sei nicht überzeugend, da es allein zugunsten des Schuldners wirke.[1283] Dieser werde auf Kosten des Gläubigers im Namen der prévisibilité contractuelle begünstigt.[1284] Dies widerspreche, wie auch die grundsätzliche Hervorhebung des Vertragsrechts, einer Grundausrichtung des Haftungsrechts, den Geschädigten durch besonderen Schutz zu begünstigen. Denn die Anwendung des Vertragsrechts bevorteile den Verantwortlichen, der seine Haftung durch Vertragsklauseln beschränken könne.[1285]

Im Übrigen sei auch die angeblich objektive Ausrichtung der Konzeption der Vertragsgruppen nicht gegeben. Denn der Haftungsumfang richte sich nicht danach, was der Drittschuldner habe vorhersehen können müssen. Dies könnte dann rein objektiv erfolgen. Vielmehr müsse er danach bestimmt werden, was er rein tatsächlich in Übereinstimmung mit seinem Vertragspartner dem Hauptschuldner vorhergesehen und in einer Vertragsklausel festgehalten habe, so dass der Haftungsumfang aufgrund der Haftungsbegrenzungsklauseln vom Willen des Drittschuldners abhänge.[1286]

Der Ausweitung des Vertragsrechts innerhalb von Vertragsgruppen aufgrund rein objektiver Kriterien widerspreche auch, dass sich der Abschluss eines Vertrages grundsätzlich im Einklang mit Art. 1134 Cc auch auf subjektive Aspekte gründe. Das Vorliegen bestimmter objektiver Kriterien, wie die Zugehörigkeit

---

[1281] *Jamin*, Dalloz 1991, Chronique XLIX, 257, 261; Cass. req. 23.2.1897, Cass. req. 29.3.1897, Cass. req. 30.3.1897, D. S. 1898, I, 65, Anm. *Esmein*; Cass. civ. 22.7.1931, Dalloz 1931, hebdomanaire, 506.

[1282] *Jamin*, Dalloz 1991, Chronique XLIX, 257, 261.

[1283] *Karilla*, Gaz. Pal. 1992, I, doctrine, 18, 23.

[1284] *Jamin*, Dalloz 1991, Chronique XLIX, 257, 261.

[1285] *Conte*, Anm. zu CA Agen 7.12.1988, Gaz. Pal. 1988, II, 899, 901 f.

[1286] *Jamin*, Dalloz 1991, Chronique XLIX, 257, 261.

zu einer Gruppe, allein könne die Einbeziehung Dritter in den Vertrag nicht herbeiführen.[1287]

Zudem könne die Haftung trotz weiter Definition der Vertragsgruppe immer dann nicht vorhergesehen werden, wenn ein außenstehender Dritter, der nicht zur Vertragsgruppe gehört, geschädigt werde. Dieser Dritte könne in jedem Fall deliktsrechtlich vorgehen. Die Problematik der Vorhersehbarkeit des Haftungsumfangs würde daher lediglich verschoben auf die „wahren" Dritten und nicht umfassend gelöst. Eine absolute Vorhersehbarkeit der Haftung sei daher ohnehin nicht zu erreichen.[1288]

Weiterhin wird kritisiert, dass die Anforderungen des Art. 1165 Cc nicht wirklich beachtet würden.[1289] Allein das Bestehen einer Vertragsgruppe könne nicht vertragliche Beziehungen zwischen Parteien schaffen, die diese weder gewollt noch vorhergesehen haben.[1290]

Es handele sich daher bei der Theorie der Vertragsgruppen nicht um eine dogmatische Begründung. Die Gleichsetzung von Vertragsgruppen und ausschließlich vertraglicher Einzelbeziehungen stelle vielmehr eine bloße Behauptung dar.[1291] Der Begriff der „Vertragsgruppe" als solcher stelle bereits eine Interpretation der Wirklichkeit dar.[1292]

Als größter Schwachpunkt ist wohl die mangelnde Festlegung konkreter Kriterien zur Abgrenzung schützenswerter Dritter von anderen zu nennen. Auf jedes Mitglied einer Vertragsgruppe grundsätzlich die vertragliche Haftung anzuwenden, erscheint sehr weitgehend.[1293]

(3) Subunternehmervertrag

Von besonderem Interesse für die zugrundeliegende Untersuchung erscheint die Fallgestaltung der Einschaltung eines Subunternehmers. Grundsätzlich verpflichtet sich der Auskunftsgeber durch Abschluss eines Auskunftsvertrages

---

1287 *Ghestin/Jamin/Billiau*, Nr. 758; *Conte*, Anm. zu CA Agen 7.12.1988, Gaz. Pal. 1988, II, 899, 902.

1288 *Jamin*, Dalloz 1991, chronique XLIX,, 257, 262.

1289 *Ghestin/Jamin/Billiau*, Nr. 758; *Conte*, Anm. zu CA Agen 7.12.1988, Gaz. Pal. 1988, II, 899, 902.

1290 *Karilla*, Gaz. Pal. 1992, I, doctrine, 18, 23.

1291 *Mazeaud/Chabas*, Rz. 756.

1292 *Jamin*, Dalloz 1991, chronique XLIX, 257, 261.

1293 *Jourdain*, Dalloz 1992, chronique XXX, 149, 155 f.; *Larroumet*, J.C.P. 1991, I, 3531 Nr. 8.

selbst gegenüber seinem Kunden, die Leistung in Form einer Auskunftserteilung zu erbringen. Der Auskunftsgeber kann jedoch auch auf die Inanspruchnahme der Hilfe eines Dritten angewiesen sein, um die gewünschte Auskunft in Erfahrung zu bringen. Zu diesem Zweck kann er dann den Dritten als Unterauftragnehmer zur Ausführung des Vertrages heranziehen.[1294]

Die klassische Fallkonstellation, in der ein Subunternehmer mit der Ausführung eines Vertrages beauftragt wird, ist die folgende: Ein Bauherr beauftragt ein Bauunternehmen oder einen Architekten mit der Durchführung eines Bauvorhabens. Das Bauunternehmen oder der Architekt schaltet ein anderes Unternehmen, etwa ein Ingenieurbüro, welches auf ein bestimmtes Fachgebiet spezialisiert ist, als Subunternehmer zur Durchführung bestimmter Arbeiten ein.[1295]

(a) Dreiecksverhältnis

Der Abschluss eines Subunternehmervertrages begründet ein Dreiecksverhältnis zwischen dem Kunden, dem Hauptauftragnehmer und dem Unterauftragnehmer. Beim Subunternehmervertrag besteht die Besonderheit, dass er einen Zusatz zur Hauptvereinbarung darstellt, an die er geknüpft ist, ohne dass er immer die gleichen rechtlichen Wirkungen wie der Hauptvertrag zur Folge hat. Insbesondere muss bei Nichtigkeit des Hauptvertrages dies nicht auch notwendigerweise für den Subunternehmervertrag gelten.[1296] Hauptvertrag und Subunternehmervertrag sind daher grundsätzlich getrennt voneinander zu sehen.[1297]

(b) Gleichartigkeit der beiden Verträge

Bei Haupt- und Subunternehmervertrag muss es sich um die gleiche Vertragsart handeln. Wenn der Hauptvertrag ein Auskunftsvertrag ist, muss der Subunternehmervertrag ebenfalls die Erbringung einer intellektuellen Dienstleistung zum Gegenstand haben.[1298] Bei den Bankauskunftsfällen liegt die Gleichartigkeit der Verträge unproblematisch vor. Die erste Bank schaltet zur Ermittlung der notwendigen, von ihrem Kunden angefragten Informationen eine Korrespondenzbank ein. Dies stellt einen Vertragsschluss zwischen den Banken

---

[1294] *Reboul*, Rz. 629.

[1295] *Veaux*, JCl. Contrats Distribution, Fasc. 430, Nr. 68, 74; Cass. civ. 3e 28.2.1984, Bull. civ.1984, III, Nr. 51.

[1296] *Reboul*, Rz. 634.

[1297] *Reboul*, Rz. 640 f.

[1298] *Reboul*, 635.

dar.[1299] Dieser Vertrag hat wie auch der Auskunftsvertrag zwischen Kunde und erster Bank die Weitergabe von Informationen zum Inhalt.

(c) Trennung von Haupt- und Subunternehmervertrag

Der Unterauftragnehmer hat gegenüber seinem Vertragspartner dem Hauptauskunftsgeber die gleichen vertraglichen Verpflichtungen wie Letzterer gegenüber seinem Kunden, dem Auskunftsnehmer. Dem Kunden gegenüber ist der Subunternehmer aber vom Grundsatz her aufgrund der getrennten Verträge haftungsrechtlich nicht verantwortlich aus dem Vertrag mit dem Hauptauskunftsgeber. Der Unterauftragnehmer hat den Auftrag, der ihm seitens des Hauptauskunftsgebers aufgegeben wurde, unter den gleichen Bedingungen zu erfüllen und ihm obliegen die gleichen vertraglichen Verpflichtungen, wie sie dem Hauptauskunftsgeber seinem Kunden gegenüber auferlegt sind.[1300]

An dieser Stelle scheinen sich die Bankauskunftsfälle jedoch von den klassischen Subunternehmerfällen zu unterscheiden. Gerade bei der Einschaltung einer Korrespondenzbank trifft die erste Bank im Einzelfall zumeist nur eine eingeschränkte Auskunftsverpflichtung, wenn sie sich nicht persönlich verpflichtet, sondern lediglich eine Vermittlerrolle übernimmt. Sie haftet dann nur bei einer mangelhaften Auswahl der Korrespondenzbank, während letztere die umfassende Pflicht zur Nachforschung und Überprüfung der Information trifft.[1301] Die vertraglichen Verpflichtungen korrespondieren daher nicht unbedingt, sondern können auch auseinanderfallen.

Ob die Verträge die gleichen Verpflichtungen für die erste Bank und die Korrespondenzbank enthalten, hängt vom Einzelfall ab. Übernimmt die erste Bank persönlich die Pflicht, die übermittelte Information auf ihren Wahrheitsgehalt hin zu überprüfen,[1302] dann können die Pflichten beider Verträge identisch sein.

(d) Direktanspruch des Kunden gegen den Unterauftragnehmer

Dass der Subunternehmer dem Kunden gegenüber aufgrund der getrennten Verträge haftungsrechtlich grundsätzlich nicht verantwortlich ist, bedeutet aber nicht, dass der Kunde keine Klagemöglichkeit gegen den Unterauftragnehmer hat. Aber die Rechtsprechung ging in früheren Entscheidungen davon aus, dass dieser Anspruch des Kunden gegen den Unterauftragnehmer nicht vertraglicher

---

[1299] *Delebecque*, JCl. Contrats/Distribution, Fasc. 795, Contrat de renseignement, Rz. 100.
[1300] *Reboul*, 640.
[1301] Siehe oben S. 298.
[1302] Siehe oben S. 300.

Natur sein konnte, solange der zwischen dem Unterauftragnehmer und dem Hauptauskunftsgeber geschlossene Vertrag als völlig unabhängig von dem Vertrag zwischen Letzterem und dem Kunden eingestuft wurde. Der Kunde könne eine Klage gegen den Unterauftragnehmer daher nur auf Deliktsrecht stützen.[1303] Wenn man von einem deliktsrechtlichen Anspruch ausgeht, ist der Kunde im Verhältnis zum Unterauftragnehmer als Dritter anzusehen, der außerhalb des zwischen dem Subunternehmer und dem Hauptauskunftsgeber geschlossenen Vertrags steht.[1304]

Ein Abrücken von dieser eher klassischen deliktischen Lösung hin zu einer vertraglichen Haftung zeichnete sich erstmals in einer Entscheidung der Cour de cassation commerce vom 17.2.1987 ab.[1305] Dieser Weg wurde in darauf folgenden Entscheidungen weiter verfolgt und gefestigt.[1306] In einer Entscheidung der Assemblée plénière der Cour de cassation vom 12.7.1991 wurde die vertragliche Haftung jedoch wieder zurückgedrängt und das Deliktsrecht teilweise wieder zur Anwendung gebracht.[1307] Diese Entwicklung der Rechtsprechung soll nun im einzelnen dargestellt werden.

(4) Entwicklung in der Rechtsprechung

(a) Bevorzugung des Deliktsrechts

Die Rechtsprechung ging lange Zeit davon aus, dass innerhalb von Vertragsgruppen der Gläubiger gegen den Drittschuldner, mit dem er in keiner unmittelbaren vertraglichen Beziehung stand, nur einen deliktischen Anspruch geltend machen kann. Durch den Grundsatz der Relativität der Vertragsbeziehungen

---

[1303] Cass. civ 1re 9.3.1964, Bull. civ. 1964. I, Nr. 138; Cass. com. 8.12.1968, Bull. civ. 1968, IV, Nr. 366; Cass. civ. 3e 5.12.1972, Dalloz 1973, 401, Anm. *Mazeaud*; Cass. com. 17.2.1981, Bull. civ. 1981, IV, Nr. 87.

[1304] *Reboul*, Rz. 641.

[1305] Cass. com. 17.2.1987, Bull. civ. 1987, IV, Nr. 44 = J.C.P. 1987, II, 20892, Anm. *Dubois* = Dalloz 1987, jurisprudence, 543, Anm. *Jourdain*.

[1306] Cass. civ. 1re 8.3.1988, Bull. civ. 1988, I, Nr. 69 = J.C.P. 1988, II, 21070, Anm. *Jourdain* = Rev. trim. dr. civ. 1988, 551, Anm. *Rémy* = Rev. trim. dr. civ. 1988, 741, Anm. *Mestre* = Rev. trim. dr. civ. 1988, 761, Anm. *Jourdain*; CA Chambéry 18.1.1988, Dalloz 1988, jurisprudence 380, Anm. *Dubois* (Subunternehmervertrag beim Bauwerk).

[1307] Cass. ass. plén. 12.7.1991, Bull. civ., Nr. 5 = Dalloz 1991, 549, jurisprudence, Anm. *Ghestin* und sommaire, 321, Anm. *Aubert* = J.C.P. 1991, II, 21743, Anm. *Viney* = Contrat, conc., consom. 1991, comm. Nr. 200, Anm. *Leveneur* = Rev. trim. dr. civ. 1991, 750, Anm. *Jourdain* = Rev. trim. dr. civ. 1992, 90, Anm. *Mestre* = Rev. trim. dr. civ. 1992, 593, Anm. *Zenatti*.

nach Art. 1165 Cc sah sich die Rechtsprechung daran gehindert, eine vertragliche Haftung zu befürworten.[1308]

Auch bei der Einschaltung einer Korrespondenzbank durch die erste Bank zur Erteilung einer Bankauskunft an einen Kunden wird nach der „klassischen" Rechtsprechung dem Anspruch des Kunden gegen die Korrespondenzbank eine deliktische Natur zugesprochen.[1309]

(b) Vertragsrecht bei Subunternehmerverträgen

Eine Wende in der Rechtsprechung war erstmals in einer Entscheidung der Cour de cassation commerce vom 17.2.1987 zu beobachten.[1310] Der Entscheidung lag ein Sachverhalt zugrunde, der nicht im Zusammenhang mit Auskunfts- bzw. Beratungsverträgen stand: Eine polnische Werft wurde von einem französischen Unternehmen damit beauftragt, einen Fischtrawler zu bauen. Zur Durchführung der Arbeiten zog die Werft ein anderes polnisches Unternehmen als Subunternehmer hinzu. Nachdem der Trawler fertig gestellt worden war, erlitt er einen Sachschaden. Dieser beruhte auf einem versteckten Mangel an dem Motor, der von dem Subunternehmer eingebaut worden war. Da die mit der polnischen Werft vereinbarte Garantiefrist bereits abgelaufen war, wandte sich der französische Auftraggeber an den Subunternehmer. Die auf Art. 1382 Cc gestützte Klage wurde von der Cour d'appel Rouen zurückgewiesen. In der Kassationsinstanz wies der Kläger darauf hin, dass die Cour d'appel Art. 1382 Cc nicht richtig angewandt habe, weil sie den Auftraggeber im Verhältnis zum Subunternehmer nicht als Dritten im Sinne des Art. 1382 Cc angesehen habe. Darüber hinaus sei die Urteilsbegründung mangelhaft, weil das Gericht eine vertragliche Haftung nicht geprüft habe. Die Cour de cassation commerce bestätigte die Ablehnung eines deliktischen Anspruchs, ohne zu der Möglichkeit eines vertraglichen Direktanspruchs Stellung zu nehmen.

[1308] Cass. req. 23.2.1897, Sirey 1898, jurisprudence cour de cassation, 65, Anm. *Esmein*; Cass. req., 9.3.1936, Dalloz 1936, hebdomanaire, 233; Cass. req. 8.3.1937, Dalloz Périodique 1938, I, 76, Anm. *Savatier*; Cass. req. 7.10.1940, Dalloz 1940, hebdomanaire, 1940, 180; Cass. civ. 1er 9.3.1964, Bull. civ. 1964, I, Nr. 138; Cass. com. 22.1.1973, Bull. civ. 1973, IV, Nr. 28 (Auftraggeber gegen Subunternehmer beim Werkvertrag); Cass. civ. 5.12.1972, Dalloz 1973, jurisprudence, 401, Anm. *Mazeaud* (Bauherr gegen Verkäufer mangelhaften Baumaterials, dass durch den beauftragten Bauunternehmer eingebaut wurde).

[1309] Cass. com. 9.1.1978, Bull.civ. 1978, IV, Nr. 12; Cass. com. 12.12.1984, Gaz. Pal. 1985, I, 115.

[1310] Cass. com. 17.2.1987, Bull. civ. 1987, IV, Nr. 44 = J.C.P. 1987, II, 20892, Anm. *Dubois* = Dalloz 1987, jurisprudence, 543, 544 f., Anm. *Jourdain*.

Es stellt sich die Frage, wie die Ablehnung des deliktischen Anspruchs zu verstehen ist. Eine Interpretation könnte dahingehen, dass die Cour de cassation den vertraglichen Anspruch überhaupt nicht in Betracht gezogen hat, weil für sie nur eine deliktische Haftung in Frage kam, welche aber mangels Vorliegen der deliktischen faute abzulehnen war.[1311] Wenn man mit der Theorie der Relativität der vertraglichen faute[1312] davon ausginge, dass nicht jede Nicht- oder Schlechterfüllung einer vertraglichen Leistungspflicht auch automatisch eine deliktische faute gegenüber Dritten darstellt, dann könnte möglicherweise im vorliegenden Fall der versteckte Mangel des eingebauten Teils als mangelhafte vertragliche Leistungserbringung als nicht ausreichend für eine deliktische faute und damit eine deliktische Haftung angesehen werden.[1313] So dass aus diesem Grund die deliktische Haftung zwar im konkreten Fall auszuschließen gewesen wäre, die Cour de cassation aber möglicherweise grundsätzlich an der deliktischen Lösung festhalten wollte. Diese mögliche Erklärung wird jedoch mit der Begründung verworfen, dass es insoweit ausgereicht hätte, darauf hinzuweisen, dass der Mangel an dem von dem Subunternehmer hergestellten Teil nicht automatisch eine deliktische faute darstellt. Das Gericht ist jedoch darüber hinausgegangen, indem es anerkannt hat, dass der Mangel des eingebauten Teils nicht geeignet ist, um eine deliktsrechtliche Klage zu begründen. Die Cour de cassation sah den deliktsrechtlichen Weg als solchen demnach als versperrt an. Die Relativität der vertraglichen faute hat aber nicht die Unzulässigkeit der deliktsrechtlichen Klage zur Folge, sondern versperrt nur die Möglichkeit die Nichterfüllung des Vertrages als ausreichend für die deliktische faute anzusehen. Demnach ist diese Interpretation des Urteils unschlüssig.[1314]

Die andere Erklärung könnte darin zu suchen sein, dass das Gericht einen vertraglichen Direktanspruch gegen den Subunternehmer befürworten wollte. Wenn in dieser Entscheidung auch keine konkreten Äußerungen zu einer vertraglichen Haftung gemacht worden sind, so könnte ihr im Umkehrschluss aber entnommen werden, dass etwaige Ansprüche des Auftraggebers gegen den Subunternehmer vertraglicher Natur sein müssen.[1315] In diesem Fall wäre aus Gründen des Prinzips des non-cumul die gleichzeitige Anwendung des Delikts-

[1311] *Jourdain*, Anm. zu Cass. com. 17.2.1987, Dalloz 1987, jurisprudence, 543, 544.

[1312] In der Rechtsprechung bestehen zwei Tendenzen. Die Einen lehnen die Zulassung der vertraglichen faute als deliktische faute ab und die Anderen erkennen auch die Nichterfüllung des Vertrages gegenüber Dritten als eine deliktische faute an. Siehe hierzu mit umfassenden Rechtsprechungsnachweisen im Einzelnen: *Jourdain*, Anm. zu Cass. com. 17.2.1987 Dalloz 1987, jurisprudence, 543, 544.

[1313] *Jourdain*, Anm. zu Cass. com. 17.2.1987, Dalloz 1987, jurisprudence, 543, 544.

[1314] *Jourdain*, Anm. zu Cass. com. 17.2.1987, Dalloz 1987, jurisprudence, 543, 544.

[1315] *Dubois*, Anm. zu Cass.com. 17.2.1987, J.C.P. 1987, II, 20892; *Jourdain*, Anm. zu Cass. com. 17.2.1987, Dalloz 1987, jurisprudence, 543, 544 f.

rechts zur Begründung einer Haftung untersagt. Der Auftraggeber könnte seinen Anspruch daher nur deshalb nicht auf Deliktsrecht stützen, weil er über einen vertraglichen Direktanspruch gegen den Subunternehmer verfügt.[1316] Wenn dies aber die vom Gericht verfolgte Absicht gewesen ist, dann hätte es dies doch klarer zum Ausdruck bringen können.[1317] Die Zurückhaltung des Gerichts ist damit zu erklären, dass ihm eine Stellungnahme zu einem vertraglichen Anspruch nicht möglich gewesen ist. Es hätte sich dann erstmalig mit den Tatsachen, die einen vertraglichen Anspruch hätten ausfüllen können, befasst. Dies konnte das Gericht jedoch aus prozessualen Gründen nicht tun. Die Prüfung einer vertraglichen Haftung hätte die Feststellung und Bewertung von Tatsachen notwendig gemacht, die in der Tatsacheninstanz vor dem juge du fond noch nicht verhandelt worden sind. Dies ist gemäß Art. 619 NCPC untersagt.[1318]

Diese Unsicherheit hinsichtlich der Einordnung der Entscheidung vom 17.2.1987 wurde durch eine Entscheidung der ersten Zivilkammer der Cour de cassation vom 8.3.1988 mit der erforderlichen Klarheit in den Ausführungen beseitigt.[1319] Darin wurde dem Schadensersatzanspruch des Auftraggebers gegen einen Subunternehmer eine „notwendigerweise vertragliche Natur" zugesprochen: Ein Kunde hatte in einem Fotogeschäft Diapositive zur Vergrößerung abgegeben. Das Fotogeschäft hatte mit der Ausführung der Arbeit ein Entwicklungslabor beauftragt, bei dem das eingesandte Material verloren ging. Das Berufungsgericht verurteilte das unmittelbar verklagte Fotolabor zur Zahlung von Schadensersatz gemäß Art. 1382 Cc. Wie bereits in den Vorinstanzen, berief sich das Entwicklungslabor in der Revision darauf, dass lediglich eine vertragliche Haftung in Betracht komme, so dass die Haftungsbeschränkungen zu beachten seien, die sowohl in dem Vertrag zwischen Kunden und Fotogeschäft als auch in dem zwischen Fotogeschäft und Labor vereinbart worden waren. Die erste Zivilkammer der Cour de cassation sah dies ebenso und sprach dem Kunden einen vertraglichen Direktanspruch gegen das Labor zu, der allerdings durch die Haftungsklausel beschränkt war. Im Einzelnen führte das Gericht aus: „Wenn ein Schuldner einer vertraglichen Verpflichtung eine andere Person mit der Erfüllung dieser Verpflichtung beauftragt hat, dann hat der Gläubiger gegen letztere nur einen Anspruch, der notwendigerweise vertraglicher Natur ist und

---

[1316] *Jourdain*, Anm. zu Cass. com. 17.2.1987, Dalloz 1987, jurisprudence, 543, 545.

[1317] *Dubois*, Anm. zu Cass. com. 17.2.1987, J.C.P. 1987, II, 20892; *Jourdain*, Anm. zu Cass. com. 17.2.1987, Dalloz 1987, jurisprudence, 543, 545.

[1318] *Jourdain*, Anm. zu Cass. com. 17.2.1987, Dalloz 1987, jurisprudence, 543, 545.

[1319] Cass. civ. 1ère 8.3.1988, Bull. civ. 1988, I, Nr. 69, S. 46 = J.C.P. 1988, II, 21070, Anm. *Jourdain* = Rev. trim. dr. civ. 1988, 551, Anm. *Rémy* = Rev. trim. dr. civ. 1988, 741, Anm. *Mestre* = Rev. trim. dr. civ. 1988, 761, Anm. *Jourdain*.

den er innerhalb der Grenzen seiner Rechte und der Reichweite der Verbindlichkeiten des substituierten Schuldners direkt verfolgen kann."

Die allgemeinen Ausführungen dieser Grundsatzentscheidung sind auf alle Unterverträge (sous-contrats) übertragbar, bei denen der unmittelbare Vertragspartner zur Erbringung der gesamten oder eines Teils der versprochenen Dienstleistung einen Vertrag mit einem Dritten schließt.[1320]

Die vertragliche Lösung könnte demnach auf die Bankauskunftsfälle unter Einschaltung einer dritten Bank übertragbar sein. Die erste Bank schließt wie beim sous-contrat einen Vertrag mit einer Korrespondenzbank, um von ihr die seitens ihres Kunden gewünschten Informationen zu erhalten. Bei Anwendung der vertraglichen Direkthaftung könnte der Kunde die Korrespondenzbank unmittelbar vertraglich haftbar machen.[1321]

(c) Exkurs: double limite des vertraglichen Direktanspruchs

Der vertragliche Direktanspruch ist in zweifacher Hinsicht eingeschränkt (double limite): Zum einen durch die Regelungen des eigenen Vertrages zwischen Kunde und Hauptunternehmer und zum anderen durch die Klauseln des zwischen dem Hauptunternehmer und dem Subunternehmer abgeschlossenen Untervertrags. Mit anderen Worten, beide vertraglichen Regelungen, die zunächst unabhängig und jeweils in sich geschlossen nebeneinander stehen, öffnen sich und verbinden sich zu einer Einheit.[1322]

Die Begrenzung durch den Untervertrag wird als selbstverständlich angesehen, weil der verantwortliche Drittschuldner nur insoweit haftbar gemacht werden kann, wie es in dem von ihm geschlossenen Vertrag vorhergesehen ist. Da der Drittschuldner vertraglich aufgrund der Nichterfüllung einer vertraglichen Verpflichtung haftbar gemacht wird, kann er dem Anspruch des Geschädigten auch die vertraglichen Haftungsbegrenzungsklauseln entgegensetzen. Insoweit ergibt sich eine Abweichung von dem Grundsatz der Relativität der Vertragsbeziehungen in zweierlei Hinsicht. Zum einen könne der Geschädigte sich auf die Nichterfüllung vertraglicher Verpflichtungen des Drittschuldners gegenüber dem Hauptschuldner berufen und zum anderen müsse er sich die den Haftungs-

---

[1320] *Rémy*, Anm. zu Cass. civ. 1re 8.3.1988, Rev. trim. dr. civ. 1988, 547, 552; *Mestre*, Anm. zu Cass.civ. 1re 8.3.1988, Rev. trim. dr. civ. 1988, 732, 743; *Jourdain*, Anm. zu Cass. civ. 1re 8.3.1988, J.C.P. 1988, II, 21070, sub II 3.

[1321] *Delebecque*, JCl. Contrats/Distribution, Fasc. 795, Contrat de renseignement, Rz. 100; *Reboul*, 652 (Beratungsvertrag)

[1322] *Mestre*, Anm. zu Cass. civ. 1re 8.3.1988, Rev. trim. dr. civ. 1988, 732, 743.

umfang beschränkenden vertraglichen Vereinbarungen aus dem Untervertrag entgegenhalten lassen.[1323]

Warum der Anspruch des Auftraggebers auch durch die Regelungen des Hauptvertrages begrenzt sein soll, wird dagegen als schwierig zu begründen angesehen. Zur Erklärung könnte die Konstruktion einer Schuldübernahme (cession de dette) herangezogen werden. Indem der Hauptschuldner (Zedent) einen Drittschuldner zur Ausführung einschaltet, könnte er seine Schuld zur Erfüllung der vertraglichen Pflicht an diesen abtreten bzw. übertragen und indem der Gläubiger den Drittschuldner (Zessionar) verklagt, könnte er stillschweigend die Abtretung bzw. Schuldübernahme akzeptieren. Wenn der Drittschuldner aber die Schuld des Hauptschuldners übernimmt, dann muss er dem Gläubiger auch die Einwendungen entgegensetzten dürfen, die auch der Hauptschuldner hätte einwenden dürfen, insbesondere etwaige Haftungsbeschränkungsklauseln. Dieser Erklärung steht jedoch der schwerwiegende Einwand entgegen, dass das Rechtsgebilde der Schuldübernahme im französischen Recht nicht existiert. Wenn die Urteilsformulierung „débiteur substitué" (eingesetzter bzw. ausgetauschter Schuldner) auch vermuten lassen könnte.[1324]

Eher noch könnte die Situation dogmatisch als Vertretung eingeordnet werden. Eine solche wäre jedoch unvollständig, da der Hauptschuldner als Vollmachtgeber dem Gläubiger gegenüber trotz Abtretung weiterhin neben dem Drittschuldner als Vertreter haftungsrechtlich verantwortlich wäre. Auch die Konstruktion der Vereinbarung eines stillschweigenden Vertrages zugunsten Dritter erscheint künstlich, weil der Drittschuldner sich in dem Untervertrag in Wirklichkeit nur gegenüber seinem Vertragspartner dem Hauptschuldner verpflichtet und nicht gegenüber dem geschädigten Gläubiger.[1325]

Eine denkbare Erklärung könnte in einer Analogie zum Direktanspruch auf Zahlung (action directe en paiement) zu suchen sein, welche der Gesetzgeber ausnahmsweise für zulässig erklärt. Denn diese darf auch nur im Rahmen der zweifachen Begrenzung durch die beiden Verträge ausgeübt werden.[1326] Eine derartige Gleichsetzung des Direktanspruchs auf Zahlung und der vertraglichen Direkthaftung wäre aber rechtsmissbräuchlich. Erstere beabsichtigt eine Zahlungsvereinfachung und stellt ein tatsächliches Privileg für den Gläubiger dar,

---

[1323] *Jourdain*, Anm. zu Cass. civ. 1re 8.3.1988, J.C.P. 1988, II, 21070, sub II 3; *ders.*, Rev. trim. dr. civ. 1988, 760, 765.

[1324] *Jourdain*, Anm. zu Cass. civ. 1re 8.3.1988, J.C.P. 1988, II, 21070, sub II 3; *ders.*, Rev. trim. dr. civ. 1988, 760, 765.

[1325] *Jourdain*, Anm. zu Cass. civ. 1re 8.3.1988, J.C.P. 1988, II, 21070, sub II 3; *ders.*, Rev. trim. dr. civ. 1988, 760, 765.

[1326] *Cozian*, Rz. 321.

der auf diese Weise die Zahlungsunfähigkeit seines direkten Schuldners überwinden kann. Darin liegt der Ausnahmecharakter des Direktanspruchs auf Zahlung und seine ausschließlich gesetzliche Begründung. Demgegenüber handelt es sich bei der vertraglichen Direkthaftung um einen haftungsrechtlichen Direktanspruch (actions directes en responsabilité/garantie). Hier beansprucht der Geschädigte nicht die Begleichung einer Schuld durch einen Dritten, den Schuldner seines Schuldners, sondern die Durchsetzung des Rechts auf Schadensersatz gegen den für den Schaden Verantwortlichen. Der Geschädigte übt daher sein Recht gegen eine Person aus, die aufgrund der Tatsache der Nichterfüllung eines Vertrages sein persönlicher Schuldner geworden ist. Das Ausmaß dieses Rechts muss daher nicht notwendigerweise vom Haftungsumfang des direkten Vertragspartners des Geschädigten abhängen.[1327]

Die allein mögliche Erklärung für die Begrenzung durch den Hauptvertrag ist daher in dem Vorhandensein der Vertragsgruppe zu suchen, die beide Verträge, Haupt- und Untervertrag, umfasst.

Der Untervertrag ist innerhalb dieser Vertragsgruppe an den Hauptvertrag geknüpft. Er ist abgeschlossen worden, um den Hauptvertrag zu unterstützen. Ohne den Hauptvertrag gäbe es keinen Untervertrag. Letzterer ist überhaupt nur im Rahmen des Hauptvertrages und in Abhängigkeit zu diesem denkbar. Der Hauptvertrag gibt die Gestaltung des Untervertrags vor. Aufgrund dieser engen Verknüpfung sind daher auch die Grenzen des Hauptvertrages zu beachten.[1328]

Im Übrigen ergibt sich die Begrenzung durch den Hauptvertrag auch aus dem bonne-foi-Prinzip des Art. 1134 Abs. 3 Cc. Der Geschädigte darf danach billigerweise von dem Drittschuldner nicht mehr verlangen, als er selbst von seinem Vertragspartner verlangen kann. Der Geschädigte, der gegen den Drittschuldner vorgeht, soll nicht besser gestellt werden, als wenn er direkt gegen den unmittelbar mit ihm vertraglich verbundenen Schuldner agiert.[1329]

[1327] *Jourdain*, Anm. zu Cass. civ. 1re 8.3.1988, J.C.P. 1988, II, 21070, sub II 3; *ders*. Rev. trim. dr. civ. 1988, 760, 766.

[1328] *Jourdain*, Anm. zu Cass. civ. 1re 8.3.1988, J.C.P. 1988, II, 21070, sub II 3; *ders*., Rev. trim. dr. civ. 1988, 760, 766.

[1329] *Larroumet*, Anm. zu Cass. civ. 1re 21.6.1988, Dalloz 1989, jurisprudence, 5, 8; *Sonnenberger*, FS Steindorff, 777, 797.

(d) Vertragsrecht bei Vertragsgruppen im Allgemeinen

In einer weiteren Entscheidung vom 21.6.1988 bestätigte die erste Zivilkammer der Cour de cassation ihre Rechtsprechung zum vertraglichen Direktanspruch und ging sogar über die Entscheidung vom 8.3.1988 hinaus.[1330]

Folgender Sachverhalt war zur Entscheidung vorgelegt: Bei dem Versuch, ein Flugzeug auf einem der Pariser Flughäfen von der Passagierbrücke wegzubewegen, löste sich an dem von dem Flughafenbetreiber einer norwegischen Luftfahrtgesellschaft zur Verfügung gestellten Rangierfahrzeug die eingesetzte Rangierstange. Dadurch kam es zu einer Kollision des Flugzeugs mit dem Rangierfahrzeug, bei der das Flugzeug beschädigt wurde. Der Unfall beruhte auf dem Entweichen von Druckluft aus einem defekten Ventil, das in das Kupplungssystem für die Rangierstange des Fahrzeugs eingebaut worden war. Die Luftfahrtgesellschaft klagte gegen den Flughafenbetreiber, den Hersteller des schadhaften Ventils sowie das Unternehmen, das das Ventil eingebaut hatte, auf Schadensersatzleistung. Die Klage gegen den Flughafenbetreiber wurde wegen des Haftungsausschlusses, den er mit der Luftfahrtgesellschaft vereinbart hatte, als unbegründet zurückgewiesen. Der Hersteller und der Installateur des schadhaften Ventils wurden dagegen deliktsrechtlich für verantwortlich gehalten und zum Ersatz des entstandenen Schadens verurteilt. Da der Hersteller und der Installateur des Ventils mit dem Flughafenbetreiber durch einen sogenannten Hilfeleistungsvertrag den Flughafen betreffend („conventions d'assistances portuaires“) verbunden waren, seien sie mit Subunternehmern bzw. Zulieferunternehmen zu vergleichen.

Dem Urteil der Berufungsinstanz wollte sich die erste Zivilkammer der Cour de cassation nicht anschließen. Das Urteil wurde aufgehoben. Zur Begründung wurde darauf verwiesen, dass gegenüber dem Hersteller und dem Installateur nur eine vertragliche Haftung in Betracht komme: „In Vertragsgruppen werden die Schadensersatzklagen derjenigen, die nur deshalb einen Schaden erlitten haben, weil sie eine Beziehung zu dem ursprünglichen Vertrag hatten, notwendigerweise den Vorschriften über die vertragliche Haftung unterworfen.“[1331] Eine vertragliche Haftung innerhalb von Vertragsgruppen liegt danach immer dann vor, wenn der Schaden aufgrund der Nichterfüllung einer vertraglichen Verpflichtung entstanden ist. Damit hat sich die 1. Zivilkammer ausdrücklich auf

[1330] Cass. civ. 1re 21.6.1988, Bull. civ. 1988, I, Nr. 202 = J.C.P. 1988, II, 21125, Anm. *Jourdain* = Dalloz 1989, jurisprudence, 5, Anm. *Larroumet* = Dalloz 1989, sommaires, 232, Anm. *Aubert* = Rev. trim. dr. civ. 1988, 760, 762, Anm. *Jourdain* = Rev. trim. dr. civ. 1989, 74, Anm. *Mestre* = Rev. trim. dr. civ. 1989, 104, 107, Anm. *Rémy*.

[1331] Siehe vorhergehende Fn.

die Existenz einer Vertragsgruppe bezogen und den Anwendungsbereich der vertraglichen Direkthaftung darauf ausgedehnt.[1332] Die Ausdehnung der vertraglichen Haftung auf die in einer Vertragsgruppe zusammengeschlossenen Personen wurde damit begründet, dass der Schuldner die rechtlichen Konsequenzen voraussehen können muss, die sich aus der Nichterfüllung seiner vertraglichen Verpflichtungen ergeben. Die Konsequenzen müssten sich daher nach den vertraglichen Regeln richten. Der zwischen Flughafenbetreiber und Luftfahrtgesellschaft vereinbarte Haftungsausschluss hätte wegen der vertraglichen Natur des Direktanspruchs auch Wirkung auf den Schadensersatzanspruch der Luftfahrtgesellschaft gegen Hersteller und Installateur haben müssen.

Im Unterschied zur Entscheidung vom 8.3.1988 weitet diese Entscheidung die Anwendung des Vertragsrecht nicht nur auf Unterverträge aus. Es wird vielmehr jede Vertragsgruppe als ausreichend dafür angesehen, um zwischen nicht unmittelbar miteinander verbundenen Angehörigen einer Gruppe eine vertragliche Haftung zu begründen. Dies ist unabhängig davon, ob es sich dabei um gleichartige vertragliche Verbindungen handelt oder ob es um die Übertragung von Eigentum geht.[1333]

In der Entscheidung komme zum Ausdruck, dass das, was die Parteien vorhergesehen hätten, insbesondere die vertragliche Haftung, zu respektieren sei. Gleiches gelte für das Gleichgewicht des Vertrages, welche sich aus der vertraglichen Natur der Haftung ergebe.[1334]

Aufgrund dieser Rechtsprechung kann nicht allgemein von „dem Dritten" gesprochen werden, gegen den an sich kein vertraglicher Anspruch besteht. Der Begriff des Dritten ist vielmehr zu differenzieren. Wenn es sich um einen „am Vertrag interessierten Dritten" oder um einen „mit dem Hauptvertrag in Verbindung stehenden Dritten" handelt, dann ist er nicht wie ein „einfacher Dritter" zu behandeln, dessen Haftung deliktsrechtlich einzuordnen wäre. Dabei kann die Verbindung zum Hauptvertrag gesetzlich, vertraglich oder auch rein zufällig begründet sein.[1335]

[1332] *Jourdain*, Anm. zu Cass. civ. 1re 8.3.1988, Rev. trim. dr. civ. 1988, 760, 762; *ders.*, J.C.P. 1988, II, 21125.

[1333] *Jourdain*, Anm. zu Cass. civ. 1re 8.3.1988, Rev. trim. dr. civ. 1988, 760, 762; *ders.*, J.C.P. 1988, II, 21125, *Rémy*, Anm. zu Cass. civ. 1re 8.3.1988, Rev. trim. dr. civ. 1989, 104, 107 f.; *Reboul*, Rz. 642, Fn. 29.

[1334] *Jourdain*, Anm. zu Cass. civ. 1re 8.3.1988, Rev. trim. dr. civ. 1988, 760, 763; *ders.*, J.C.P. 1988, II, 21125.

[1335] *Reboul*, Rz. 642; Anm. *Delebecque*, Cass. civ. 1re 21.6.1988, J.C.P. 1988, éd E, II, 15294, Nr. 6.

Diese Rechtsprechung der ersten Zivilkammer der Cour de cassation bestätigt damit die Bestrebungen der Literatur, hin zu einer Ausweitung des vertraglichen Haftungsregimes.[1336]

In einer Entscheidung vom 22.6.1988 sprach sich demgegenüber die dritte Zivilkammer der Cour de cassation gegen einen vertraglichen Direktanspruch innerhalb von Vertragsgruppen aus.[1337] In dem zugrunde liegenden Sachverhalt ging es um einen klassischen Bauunternehmerfall. Ein Bauherr hatte ein Bauunternehmen mit der Erstellung eines Bauwerkes beauftragt. Zur Ausführung bestimmter, vertraglich gegenüber dem Bauherrn geschuldeter Arbeiten zog der Hauptunternehmer einen Subunternehmer heran. Die dritte Zivilkammer ging davon aus, dass der Bauherr einen Anspruch gegen den Subunternehmer nur auf Deliktsrecht stützen könne. Die Voraussetzungen eines deliktischen Anspruchs sah die Kammer im konkreten Fall als nicht erfüllt an. Auch einen vertraglichen Direktanspruch des Bauherrn gegen den Subunternehmer lehnte das Gericht ab. Zur Begründung wies es darauf hin, der Bauherr stehe außerhalb des zwischen Haupt- und Subunternehmer geschlossenen Vertrages. Der Bauherr könne sich daher nicht auf die für ihn im zugrundeliegenden Fall beweisrechtlich günstigeren Regelungen dieses Untervertrages stützen. Die Klage des Bauherrn gegen den Subunternehmer wurde somit abgewiesen.[1338]

Diese strenge Durchsetzung des Grundsatzes der Relativität der Vertragsbeziehungen bestätigte die dritte Zivilkammer in weiteren Entscheidungen.[1339] Die Rechtsprechung der dritten Zivilkammer der Cour de cassation ist die letzte Bastion des Widerstands gegen das Phänomen der Ausbreitung einer vertraglichen Haftungsbegründung („contractualisation“) im Bereich der Vertragsgruppen.[1340]

[1336] *Jourdain*, Anm. zu Cass. civ. 1re 8.3.1988, Rev. trim. dr. civ. 1988, 760, 763.

[1337] Cass. civ. 3e 22.6.1988, Bull. civ. 1988, III, Nr. 115 = J.C.P. 1988, II, 21125, Anm. *Jourdain* = Dalloz 1988, inf. rap. 200.

[1338] Cass. civ. 3e 22.6.1988, Bull. civ. 1988, III, Nr. 115 = J.C.P. 1988, II, 21125, Anm. *Jourdain* = Dalloz 1988, inf. rap. 200.

[1339] Cass. civ. 3e 13.12.1989, Bull. civ. 1989, III, Nr. 236 = Rev. trim. dr. civ. 1990, 287, Anm. Jourdain = Dalloz 1991, jurisprudence, 25, Anm. *Kullmann*; Cass. civ. 3e 28.3.1990, Dalloz 1991, jurisprudence, 25, Anm. *Kullmann*. Vgl. auch Cons. d'Etat 6.3.1987, Dalloz 1987, sommaire, 432; Cons. d'Etat 11.7.1988, Dalloz 1989, sommaire, 223 (Verweigerung jeglichen Anspruchs des Bauherrn gegen Subunternehmer).

[1340] *Jourdain*, Anm. zu Cass. civ. 1re 21.6.1988, J.C.P. 1988, 21125; *ders.*, Rev. trim. dr. civ. 1990, 287, 287.

Die erste Zivilkammer der Cour de cassation bestätigte dagegen ihre Rechtsprechung zum vertraglichen Direktanspruch auch in den folgenden Entscheidungen.[1341]

(e) Ablehnung der vertraglichen Haftung innerhalb von Vertragsgruppen

Die Abweichung der dritten von der ersten Zivilkammer der Cour de cassation in dieser Rechtsfrage wurde durch eine Entscheidung der Assemblée plénière der Cour de cassation vom 12.7.1991 zugunsten der dritten Zivilkammer entschieden.[1342]

Zur Entscheidung lag wiederum ein Bauunternehmerfall vor. Ein Bauherr hatte einen Bauunternehmer mit der Errichtung eines Wohnhauses beauftragt. Zur Ausführung verschiedener Klempnerarbeiten zog der Bauunternehmer einen Subunternehmer heran. Die Klempnerarbeiten wurden mehr als zehn Jahre nach ihrer Ausführung als mangelhaft erkannt. Der Bauherr verklagte Haupt- und Subunternehmer auf Schadensersatz.

Das Berufungsgericht wies die Klage zurück. Es sprach dem Bauherrn ausschließlich einen vertraglichen Direktanspruch gegen den Subunternehmer zu. Entsprechend der Entscheidung der ersten Zivilkammer der Cour de cassation sah das Berufungsgericht diesen Direktanspruch als durch die Regelungen des Haupt- und des Untervertrags begrenzt an. Dies gab sowohl dem Bau- wie dem Subunternehmer die Möglichkeit dem Anspruch des Bauherren den Einwand der Verjährung entgegenzusetzen. Denn für den Generalunternehmervertrag zwischen Bauherrn und Bauunternehmer, auf den sich auch der Subunternehmer berufen konnte, galt gemäß Art. 2270 Cc die zehnjährige Verjährungsfrist der „garantie décennale". Diese Verjährungsfrist war bereits abgelaufen. Der Bauherr legte dagegen Revision ein, die er mit dem Bestehen eines deliktischen Anspruchs gegen den Subunternehmer begründete. Der deliktsrechtliche Anspruch gemäß Art. 1382 Cc unterliegt zwar wie die „garantie décennale" einer zehnjährigen Verjährungsfrist. Während aber die Verjährungsfrist der „garantie décennale" mit Abnahme des Bauwerks beginnt, läuft die Verjährungsfrist des

[1341] Cass. civ. 1re 31.10.1989, J.C.P. 1990, II, 21568, Anm. *Quenaudon*. Dieser Rechtsprechung folgten auch die Instanzgerichte CA Chambéry 18.1.1988, Dalloz 1988, 380, Anm. *Dubois*; CA Paris 15.11.1988, J.C.P. 1989, II, 21251, Anm. *Larroumet*; CA Agen 7.12.1988, Gaz. Pal. 1989, II, 899, Anm. *Conte*.

[1342] Cass. ass. plén. 12.7.1991, Bull. civ. 1991, Nr. 5 = Dalloz 1991, jurisprudence, 549, Anm. *Ghestin* = Rev. trim. dr. civ. 1991, 750, Anm. *Jourdain* = Rev. trim. dr. civ. 1992, 90, Anm. *Mestre* = Rev. trim. dr. civ. 1992, 593, Anm. *Zenati*.

deliktischen Anspruchs erst mit Kenntnis des Schadens, so dass danach der Anspruch noch nicht verjährt wäre.

Die Assemblée plénière der Cour de cassation hob das Urteil der Berufungsinstanz auf und verwies an ein anderes Berufungsgericht zurück. Zur Begründung stützte sich das Gericht auf den Grundsatz der Relativität der Vertragsbeziehungen gemäß Art. 1165 Cc, wonach Verträge allein zwischen den Vertragsparteien Rechte und Pflichten erzeugen.

Demnach wird der Anspruch des Bauherrn gegen den Subunternehmer nunmehr erneut deliktsrechtlich eingeordnet. Der Subunternehmer konnte daher dem Anspruch des Bauherrn nicht den Einwand der Verjährung über die „garantie décennale“ engegensetzen, da diese nur im Vertragsrecht anwendbar ist.
Wichtigste und wohl auch beabsichtigte Konsequenz der Entscheidung der Assemblée plénière der Cour de cassation ist, dass mögliche Haftungsbeschränkungen aus dem Hauptvertrag keine Anwendung finden in dem Verhältnis zwischen Auftraggeber und Subunternehmer. Damit wird dem Grundsatz des ordre public Rechnung getragen, dem das Deliktsrecht untefällt. Danach sind deliktsrechtliche Ansprüche vertraglichen Beschränkungen nicht zugänglich, weil sie aufgrund des Grundsatzes der Relativität der Vertragsbeziehungen keine Anwendung finden.[1343]

Die Grundsatzentscheidung der Assemblée plénière der Cour de cassation gilt aber nicht nur für die Fallgruppe der sous-traitance im Baurecht, sondern ist auf alle Vertragsgruppen übertragbar. Die Theorie der Vertragsgruppen ist damit ausdrücklich als Rechtsgrund für eine Ausdehnung der vertraglichen Haftung zwischen Nichtvertragsparteien ausgeschlossen worden.[1344]

Die Übertragbarkeit der Ausführungen der Cour de cassation auf alle Fälle von Vertragsgruppen ergibt sich daraus, dass für die Lösung gerade nicht die Besonderheiten des Baurechts ausschlaggebend waren. Wäre dies der Fall gewesen, dann hätte die Entscheidung nicht auf Art. 1165 Cc gestützt werden müssen. Art. 2270 Cc hätte vielmehr ausgereicht, um die vertragliche Haftung

---

[1343] *Lemaignan/Moreau*, JCl. Civ., Expert-Comptable, Fasc. 376, Rz. 52; *Land*, 150 f.

[1344] *Reboul*, Rz. 643; *Karila*, Gaz. Pal. 1992, I, doctrine., 18, 22 f.; *Ghestin*, Anm. zu Cass. ass. plén. 12.7.1991, Dalloz 1991, jurisprudence, 549, 551, Nr. 4; *Witz/Wolter*, ZEuP 1993, 592, 597; *Larroumet*, J.C.P. 1991, I, 3531 Nr. 7; *Mourier*, 105, 121 f.

des Subunternehmers auszuschließen. Danach haften lediglich Architekten und Generalunternehmer vertraglich, nicht aber Subunternehmer.[1345]

Gegen die Möglichkeit eines Direktanspruchs, insbesondere des Bauherrn gegen den Subunternehmer, ist noch ein weiteres Argument anzuführen: Das Gesetz vom 31. Dezember 1975, welches den Subunternehmervertrag als solchen regelt, sieht vor, dass der Subunternehmer einen direkten Zahlungsanspruch gegen den Bauherrn hat, wenn der Bauherr den Subunternehmer akzeptiert hat. Diese Regelung wäre unnötig, wenn dem Bauherrn ein vertraglicher Direktanspruch gegen den Subunternehmer gewährt würde. In diesem Fall müsste der Subunternehmer selbstverständlich auch entsprechend vertraglich Zahlung verlangen dürfen, ohne dass es auf das Vorliegen der vom Gesetz vom 31. Dezember 1975 aufgestellten Voraussetzung der Akzeptanz des Subunternehmers ankäme.[1346]

Die Cour de cassation wollte demnach offensichtlich die grundsätzliche Unvereinbarkeit der Theorie der Vertragsgruppen mit der Relativität der Vertragsbeziehungen gemäß Art. 1165 Cc zum Ausdruck bringen. Sie wollte diese „in rechtlich, ästhetischer Hinsicht äußerst verführerische aber auch kühne Konstruktion als unpraktikabel verurteilen," weil die daraus resultierenden Konsequenzen als zu gefährlich im Bereich der vertraglichen Rechtsprechung sowie für die Rechtssicherheit angesehen wurden.[1347] Die Theorie der Vertragsgruppen war daher als zu allgemein und unpräzise zur Begründung vertragsähnlicher Rechtsbeziehungen zwischen verschiedenen Personen innerhalb einer Vertragsgruppe zu verwerfen. Ohne konkrete Kriterien zur Abgrenzung schutzwürdiger Dritter gegenüber der außerhalb dieses Schutzbereichs stehenden Allgemeinheit fehlt dem Konzept der Vertragsgruppen jede praktische Anwendbarkeit.[1348]

Die Anwendung eines vertraglichen Direktanspruchs geht im Übrigen zum Nachteil des Geschädigten, da dieser sich die Einwände aus dem Vertrag zwischen Haupt- und Drittschuldner entgegenhalten lassen muss, also auch vertrag-

---

[1345] *Karila*, Gaz. Pal. 1992, I, doctrine., 18, 22 f.; *Viney*, J.C.P. 1991, II, 21743, S. 357; *Larroumet*, J.C.P. 1991, I, 3531 Nr. 6; *Mourier*, 105, 121 f.

[1346] Art. 12 Gesetz Nr. 75-1334 vom 31. Dezember 1975 betreffend den Subunternehmervertrag; *Mourier*, 105, 123; *Reboul*, Rz. 646 ff; *Ghestin*, Anm. zu Cass. ass. plén. 12.7.1991, Dalloz 1991, jurisprudence, 549, 551.

[1347] *Ghestin*, Anm. zu Cass. ass. plén. 12.7.1991, Dalloz 1991, jurisprudence, 549, 551, Nr. 6; *Jamin*, Dalloz 1991, chronique 257, 261, Nr. 8.

[1348] *Jamin*, Dalloz 1991, chronique 257, 263, Nr. 11; *Ghestin*, Anm. zu Cass. ass. plén. 12.7.1991, Dalloz 1991, jurisprudence, 549, 554, Nr. 7; siehe auch *Kullmann*, Anm. zu Cass. civ. 3e 28.3.1990, Dalloz 1991, jurisprudence, 25, 27, Nr. 7.

liche Haftungsbegrenzungen.[1349] Grundsätzlich hat eine action directe zwar den Sinn, die Position des Geschädigten zu verbessern, indem ihm ein direkter Anspruch gegen den Schädiger, zugesprochen wird.[1350] Dies wird jedoch durch die Theorie der Vertragsgruppen in sein Gegenteil verkehrt, da dem vertraglichen Direktanspruch bestehende Haftungsbeschränkungsklauseln des Untervertrages entgegegehalten werden können. Diese müssen dem Geschädigten weder bekannt noch von ihm akzeptiert worden sein.[1351] Dies widerspreche der allgemeinen Rechtsprechung zur Wirksamkeit von Haftungsbeschränkungsklauseln gegenüber einem Dritten, wonach letzterer Kenntnis von der Klausel haben muss.[1352] Unter Berücksichtigung dieser Rechtsprechung könne die doppelte Begrenzung des vertraglichen Direktanspruchs innerhalb von Vertragsgruppen bei Unkenntnis des Geschädigten von der Klausel des Untervertrags an und für sich keine Wirksamkeit beanspruchen, da allein das Bestehen einer Vertragsgruppe ein Abweichen von diesem Grundsatz nicht rechtfertigen könne.[1353] Die Kammer für Handelssachen der Cour de cassation scheint in einer Entscheidung noch weiterzugehen, indem sie nicht nur voraussetzt, dass dem Dritten die Haftungsbeschränkungsklauseln bekannt sind, sondern auch dass er sie akzeptiert hat.[1354] Geht man aber davon aus, dass der Dritte die Haftungsbeschränkungsklauseln des Untervertrags kennen und ihnen zustimmen muss, dann stellt sich die Frage, ob darin nicht bereits eine Einigung zu sehen sein könnte. Bei Vorliegen einer vertraglichen Einigung würde sich das Problem der fehlenden vertraglichen Verbindung und der daraus resultierenden extensiven Auslegung des Begriffs der Vertragsparteien im Sinne des Art. 1165 Cc überhaupt nicht mehr stellen. Kennt der Geschädigte die Haftungsbeschränkungsklausel des Untervertrags und erklärt er sich mit ihrer Wirksamkeit einverstanden, dann bewilligt er in der Tat gleichzeitig die Einschaltung des Drittschuldners. In diesem Fall

---

[1349] *Jamin*, Dalloz 1991, chronique 257, 262 f., Nr. 9 f.; *Ghestin*, Anm. zu Cass. ass. plén. 12.7.1991, Dalloz 1991, jurisprudence, 549, 554, Nr. 18 ff. Siehe auch die oben auf S. 310 f. genannte Kritik in der Literatur .

[1350] *Ghestin*, Anm. zu Cass. ass. plén. 12.7.1991, Dalloz 1991, jurisprudence, 549, 554, Nr. 18.

[1351] *Kullmann*, Anm. zu Cass. civ. 3e 28.3.1990, Dalloz 1991, jurisprudence, 25, 29, Nr. 20.

[1352] Cass. civ. 19.5.1987, Bull. civ. 1987, I, Nr. 156.

[1353] *Kullmann*, Anm. zu Cass. civ. 3e 28.3.1990, Dalloz 1991, jurisprudence, 25, 29, Nr. 19; *Ghestin*, Anm. zu Cass. ass. plén. 12.7.1991, Dalloz 1991, jurisprudence, 549, 554, Nr. 18 f.

[1354] Cass. com. 15.7.1987, Bull. civ. 1987, IV, Nr. 199.

scheint der Geschädigte aber bereits Vertragspartei im strengen Sinne des Art. 1165 Cc zu sein.[1355]

Andererseits hat die Ablehnung der Theorie der Vertragsgruppen auch Nachteile. Der Ersatz des erlittenen Schadens unterliegt zwei verschiedenen Haftungsregimen. So fallen im Falle der Bankauskunft unter Einschaltung einer Korrespondenzbank die jeweiligen Ansprüche des geschädigten auskunftsuchenden Kunden auseinander. Gegen seine Hausbank kann der Kunde lediglich vertragliche Ansprüche geltend machen und gegen die Korrespondenzbank nur deliktische, obwohl der Schadenseintritt durch eine identische Situation herbeigeführt wurde.[1356]

Zur Aufhebung der Unterschiede, die sich aufgrund vertraglich vereinbarter Haftungsbeschränkungen ergeben können, wird in der französischen Literatur vorgeschlagen, hier auf die Anwendung des Grundsatzes vom non-cumul zu verzichten, wonach insbesondere eine Vermischung der vertraglichen und deliktischen Haftung durch Heranziehung der jeweils günstigeren Regelungen untersagt ist. Dann könnten Haftungsbeschränkungsklauseln auch im Bereich der deliktsrechtlichen Haftung als wirksam angesehen werden, wie dies bereits in einer Vielzahl anderer Länder praktiziert wird. Gleichzeitig wird dieser Weg aber als „wahre Revolution" bezeichnet, die in der französischen Rechtsvorstellung selbst in Anbetracht einer europäischen Harmonisierung nicht durchsetzbar erscheint.[1357]

dd) Zwischenergebnis

Es bleibt festzuhalten, dass die französische Rechtsprechung hinsichtlich einer Dritthaftung im Vertragsrecht äußerst strenge Maßstäbe anlegt. Im Bereich der Bankhaftung ist im Hinblick auf den Schutz außerhalb des Vertrages stehender Dritter der vertragliche Haftungsbereich durch die Annahme eines stillschweigenden Vertrags zugunsten Dritter gerade nicht erweitert worden.

[1355] *Kullmann*, Anm. zu Cass. civ. 3e 28.3.1990, Dalloz 1991, jurisprudence, 25, 29, Nr. 20.

[1356] *Reboul*, Rz. 643, der für den Beratungsvertrag allgemein darauf hinweist, dass gegen denselben Schädiger unter Umständen von verschiedenen Personen (direkter Vertragspartner/Dritter) unterschiedliche Haftungsregime (Vertrag oder Delikt) bemüht werden müssen zur Begründung eines Anspruchs, obwohl beide sich in einer vergleichbaren Situation befinden, so z. B. beim Gutachtervertrag, der gegenüber dem Auftraggeber vertraglich haftet und gegenüber demjenigen, dem der Auftraggeber das Gutachten vorlegen will, deliktisch.

[1357] *Ghestin*, Anm. zu Cass. ass. plén. 12.7.1991, Dalloz 1991, jurisprudence, 549, 556, Nr. 27; *Reboul*, Rz. 643.

Da Kunde, Hauptbank und Korrespondenzbank im Fall der Bankauskunft als Vertragsgruppe anzusehen sind, konnte zwar zunächst eine vertragliche Direkthaftung des Kunden gegen die Korrespondenzbank aufgrund der in den Jahren 1987/1988 ergangenen Rechtsprechung, welche die vertragliche Haftung innerhalb von Vertragsgruppen auch zwischen nicht unmittelbar miteinander verbundenen Personen ausdehnte, in Erwägung gezogen werden. Aufgrund der Entscheidung der Assemblée plénière der Cour de cassation aus dem Jahre 1991, welche sich ausdrücklich gegen die Theorie der Vertragsgruppen und für die strikte Beachtung des Grundsatzes der Relativität der Vertragsbeziehungen aussprach, ist diese Möglichkeit der Herleitung einer vertraglichen Dritthaftung jedoch endgültig zu verwerfen. In Betracht kommt nur eine deliktische Haftung.

b) Deliktshaftung

Ein direkter deliktischer Anspruch ist auch unter Berücksichtigung der Entscheidung der Assemblée plénière vom 12.7.1991 nicht ausgeschlossen. Art. 1165 Cc steht lediglich einem direkten vertraglichen aber nicht einem deliktischen Anspruch entgegen.[1358] Anderenfalls hätte die Assemblée plénière nicht das Berufungsurteil aufgehoben, sondern die ablehnende Entscheidung im Ergebnis bestätigt und lediglich die Begründung ausgetauscht. Indem die Cour de cassation die „garantie décennale“ als Einwand ausgeschlossen hat, weil es sich nicht um einen vertraglichen Anspruch handelt, ist sie stillschweigend davon ausgegangen, dass ein weiterer möglicher Anspruch besteht, bei dem es sich nur um einen deliktischen handeln konnte.[1359]

In diesem Sinne hat auch die erste Zivilkammer der Cour de cassation ihre Rechtsprechung dahingehend geändert, dass sie nunmehr den Anspruch des Bauherrn gegen den Subunternehmer deliktisch einordnet.[1360] Gleiches gilt für den Rückgriff eines Architekten gegen einen Subunternehmer, mit dem er selbst nicht unmittelbar abgeschlossen hat. Auch dieser Anspruch kann nur dem Deliktsrecht unterliegen.[1361]

[1358] *Jamin*, Dalloz 1991, chronique 257, 258, Nr. 3; *Viney*, J.C.P. 1991, II, 21743, 357. Für den Ausschluss auch des Deliktsrechts aber Cons. d'Etat 6.3.1987, Dalloz 1987, sommaire, 432, 2, Anm. *Terneyre*.

[1359] *Viney*, J.C.P. 1991, II, 21743, 357.

[1360] Cass. civ. 1re 23.6.1992, Bull. civ. 1992, I, Nr. 195 = Rev. trim. dr. civ. 1993, 131, Anm. *Jourdain*; Cass. civ. 1re 7.7.1992, Bull. civ. 1992, I, Nr. 221 = Rev. trim. dr. civ. 1993, 131, Anm. *Jourdain*.

[1361] Cass. civ. 1re 16.2.1994, Bull. civ. 1994, I, Nr. 71 = J.C.P. 1994, I, 3781, Nr. 11, Anm. *Jamin* = Dalloz 1994, sommaire. comm., Nr. 5, Anm. *Delebecque* .

Entsprechend wird in den Bankhaftungsfällen entschieden. Allerdings ist, soweit nach Durchsicht der vorliegenden Entscheidungen ersichtlich, eine vertragliche Direkthaftung hier niemals erwogen worden. Die französische Rechtsprechung hat in dem Fall, der Einschaltung einer Korrespondenzbank durch die Hausbank, den Anspruch des Kunden gegen die Korrespondenzbank immer auf Deliktsrecht gestützt.[1362] Denn zwischen dem anfragenden Kunden und der Korrespondenzbank bestehe keinerlei vertragliche Bindung.[1363]

Auch in der französischen Literatur wird einhellig der Anspruch des Kunden der Hauptbank gegen die Korrespondenzbank auf Delikt gestützt.[1364]

Wichtigste Konsequenz der deliktischen Haftung ist, dass mögliche Haftungsbeschränkungen keine Anwendung finden, weil das Deliktsrecht insgesamt zum ordre public gezählt wird und daher vertraglichen Beschränkungen nicht zugänglich ist bzw. weil sie aufgrund des Grundsatzes der Relativität der Vertragsbeziehungen keine Anwendung finden.[1365]

Gemäß Art. 1382 f. Cc hat der Schädiger, sofern er eine faute begangen und damit schuldhaft gehandelt hat, jeden daraus entstandenen Schaden zu ersetzen. Dies umfasst auch den reinen Vermögensschaden. Es kommt daher nicht darauf an, dass ein bestimmtes Rechtsgut oder Recht verletzt oder nur das Vermögen als solches beeinträchtigt worden ist. Haftungsvoraussetzungen des Art. 1382 Cc bilden wiederum faute, dommage und lien de causalité.

Im Folgenden soll auf diese drei Haftungsvoraussetzungen eingegangen und aufgezeigt werden, inwieweit der Dritthaftung für unrichtige Auskünfte hierdurch Grenzen gezogen werden. Diese Haftungsvoraussetzungen stimmen mit denen der vertraglichen Haftung überein. Sie sind bereits bei der Frage der Haftung einer Bank gegenüber ihrem Kunden dargestellt worden. Es reicht an dieser Stelle aus, auf die Besonderheiten der deliktischen Dritthaftung einzugehen.

[1362] CA Rennes 21.5.1974, Banque, 1974, 848, Anm. *Martin* = Rev. trim. dr. com. 1974, 566; Cass. com. 9.1.1978, Bull. civ. 1978, IV, Nr. 12, 10; Cass. civ. 9.6.1980, Rev. trim. dr. com. 1981, 195, 196 Nr. 15, Anm. *Cabrillac/Teyssié* = Bull. civ. 1980, IV, 195, Nr. 241; Cass. com. 12.12.1984, Gaz. Pal. 1985, 115; CA Versailles 25.4.1984, Rev. jur. com. 1986, Nr. 1131, 224, 226; Anm. *Gérard*, CA Paris, 6.7.1990, *Gérard*, Banque et droit, 11.

[1363] *Veaux*, JCl. Contrats Distribution, Fasc. 430, Contrats de conseil, Rz. 48.

[1364] *Bonneau*, Rz. 776; *Gavalda/Stoufflet*, Droit bancaire, Rz. 744; *Vezian*, Rz. 350; *Savatier*, Dalloz 1972, Chronique XXIII, Nr.40; *Rives-Lange/Contamine-Raynaud*, Rz. 815, Fn. 3; *Simon/Cordier*, Rz. 523. Für die Wirtschaftsprüferdritthaftung ebenso: *Lemaignan/Moreau*, JCl. Civ., Expert-Comptable, Fasc. 376, Rz. 52; *Land*, 150.

[1365] Siehe oben S. 283 ff. *Lemaignan/Moreau*, JCl. Civ., Expert-Comptable, Fasc. 376, Rz. 52; *Land*, 150 f.

aa) Faute

Entscheidende Bedeutung für die Frage der haftungsrechtlichen Verantwortlichkeit der Korrespondenzbank kommt dem Merkmal der faute zu. Die faute stellt die entscheidende Begrenzung einer uferlosen Ausweitung von Schadensersatzansprüchen dar.

(1) Responsabilité du fait personnel

Bei der deliktischen Haftung findet eine ähnliche Unterscheidung statt wie bei der vertraglichen zwischen obligation de résultat und obligation de moyens. Im Deliktsrecht basiert dies allerdings auf anderen Kriterien. Hier ist zwischen der Haftung für eigenes Handeln (responsabilité du fait personnel) und der Haftung für durch Sachen verursachte Schäden, die sog. Sachhalterhaftung (responsabilité du fait des choses) zu unterscheiden. Im ersten Fall hat gemäß Artt. 1382, 1383 Cc grundsätzlich der Geschädigte die faute des Schuldners zu beweisen. Die Beweislastverteilung ist demnach mit der der obligation de moyens zu vergleichen.[1366] Im zweiten Fall der Sachhalterhaftung kann der Geschädigte seinen Anspruch auf Art. 1384 Cc stützen. Ein Nachweis der faute des Sachhalters ist hier nicht erforderlich. Es handelt sich um eine Risikohaftung, bei der lediglich die Einwirkung der Sache, cause génératrice der Schädigung, darzulegen ist. Hinsichtlich der Beweislastverteilung führen Art. 1384 Abs. 1 Cc und die vertragliche obligation de résultat praktisch zu den gleichen Ergebnissen.[1367]

Für den Kläger wäre es demnach günstiger zur Haftungsbegründung Art. 1384 Abs. 1 Cc heranzuziehen, da er dann nicht die faute des Schädigers beweisen müsste. Im Bereich der Auskunfts- bzw. Beratungshaftung greift aber ganz überwiegend die Haftung für persönliches Handeln ein, da eine intellektuelle Leistung erbracht wird und nicht eine körperliche, eine Sache betreffend. Die Haftung gemäß Art. 1384 Abs. 1 Cc ist dagegen bei der Bauwerkkonstruktion zugrundezulegen, wenn aufgrund falscher Beratung ein mangelhaftes Bauwerk errichtet wird, welches dann bei einem Dritten, z.B. einem angrenzenden Nachbarn, einen Schaden verursacht.[1368]

[1366] *Le Tourneau*, Rz. 1290; *Damman*, Rz. 32; *Veaux*, JCl. Contrats Distribution, Fasc. 430, Contrats de conseil, Rz. 118.

[1367] Siehe vorhergehende Fn.

[1368] *Veaux*, JCl. Contrats Distribution, Fasc. 430, Contrats de conseil, Rz. 119.

(2) Sorgfaltspflichtverstoß

Grundsätzlich muss für die Anerkennung einer faute ein comportement défectueux vorliegen. Bei der responsabilité du fait personnel handelt es sich hier um einen Sorgfaltspflichtverstoß. Pflichtwidrig ist jedes Verhalten, das von dem eines Menschen von durchschnittlicher Sorgfalt und Einsichtskraft in gleicher Lage abweicht. Unerheblich ist in diesem Zusammenhang, ob sich der Schädiger so verhalten hat, wie man es von ihm aufgrund seiner persönlichen Eigenschaften, Kenntnisse und Fähigkeiten erwarten konnte. Es wird vielmehr darauf abgestellt, wie sich eine ordentliche und sorgfältige Person, der im Code civil verschiedentlich erwähnte bon père de famille, verhalten hätte.[1369]

Der anzulegende Maßstab ist abstrakter Natur mit individualisierenden Einschlägen.[1370] Im Falle der Bankauskunft tritt aufgrund der Relativität der culpa in abstracto an die Stelle des allgemeinen Begriffs des bon père de famille der berufsbezogene Begriffe des bon professionel.[1371] Mit diesen Kurzformeln werden sowohl die Fähigkeitsanforderungen umschrieben, nach denen der Schädiger sich beurteilen lassen muss, als auch die Regeln, nach denen er sich zu verhalten hat. Für die Frage des Ausmaßes der Pflicht zur sorgfältigen Auskunftserteilung wird auf die jeweils nach der Berufsausübung zu erwartenden Spezialkenntnisse abgestellt. Auch der sich daraus ergebende Sorgfaltsmaßstab ist von diesem Fachwissen abhängig.[1372]

(3) Darstellung der Rechtsprechung

Die ältere französische Rechtsprechung bejaht zumeist nur in den wirklich gravierenden Fällen unrichtiger Bankauskunft, wie bei der wissentlich falschen Auskunftserteilung, die Deliktshaftung.[1373] Andererseits wird für die Annahme einer deliktischen Haftung das Vorliegen eines groben und schweren Fehlverhaltens, welches absolut unentschuldbar ist, nicht als erforderlich angesehen.[1374] Hier kommt die bereits oben auf Seite 247 ff. erwähnte Spaltung der älteren Rechtsprechung in zwei Lager zum Tragen. Einerseits wurde für eine delikts-

---

[1369] *Terré/Simler/Lequette*, Rz. 698; *Starck/Roland/Boyer*, Obligations Bd. 1, Rz. 307; *Malaurie/Aynès*, Rz. 54 f; *Mazeaud/Chabas*, Rz. 448; *Tunc* in: Rép. de droit civil, responsabilité (en général), Rz. 70. Siehe auch allgemein dazu oben S. 228.

[1370] *Terré/Simler/Lequette*, Rz. 698; *Starck/Roland/Boyer*, Obligations Bd. 1, Rz. 307 ff.; *Malaurie/Aynès*, Rz. 54 f; *Mazeaud/Chabas*, Rz. 449.

[1371] *Mazeaud/Chabas*, Rz. 449.

[1372] *Lammel*, AcP (179) 1979, 337, 354; Cass. civ. 9.6.1980, Rev. trim. dr. com. 1981, 195, 196 Nr. 15, Anm. *Cabrillac/Teyssié* = Bull. civ. 1980, IV, 195, Nr. 241.

[1373] Cass. req. 21.6.1937, Dalloz 1938, I, 28.

[1374] CA Nimes 16.12.1927, Dalloz, hebdomaire 1928, 234, 235.

rechtliche Haftung eine faute lourde des Schädigers vorausgesetzt. Andererseits wurde bereits die faute légère als ausreichend für eine Haftung angesehen.

In der neueren französischen Rechtsprechung werden die Anforderungen der deliktischen Haftung im Falle falscher Bankauskünfte nicht mehr so hoch angesetzt, wie dies teilweise in der älteren Rechtsprechung der Fall war. Wird eine unrichtige Auskunft erteilt, dann hat die Bank regelmäßig haftungsrechtlich dafür einzustehen. Auch das seitens der Bank zu beachtende Bankgeheimnis ermächtigt die Bank nicht, über ihren Kunden zu dessen Gunsten eine falsche Auskunft zu erteilen.[1375]

In einer Entscheidung der Cour de cassation commerce vom 9.6.1980 wurde unter ausdrücklichem Hinweis auf die hervorgehobene wirtschaftliche und öffentliche Rolle der Bank als Vermittlerin von Krediten und das besondere Vertrauen, welches in die von ihr gemachten Aussagen gelegt wird, betont, dass sie auch gegenüber dritten Personen dazu verpflichtet ist, eine Auskunft mit der notwendigen Sorgfalt zu erteilen.

Diesen Sorgfaltsanforderungen kommt sie nicht nach, wenn die von ihr gemachten Aussagen ungenau bzw. unrichtig oder nicht ausreichend überlegt und differenziert sind. Dies kann insbesondere dann problematisch sein, wenn ein Dritter ohne Vorbehalte volles Vertrauen in die Richtigkeit der Information setzt und sich dadurch dazu angeregt sehen muss, mit dem Kunden der Bank, über den die Auskunft erteilt wird, einen Vertrag abzuschließen. Dann ist die Bank dem Dritten gegenüber deliktsrechtlich für den entstandenen Schaden verantwortlich. Indem die Bank in dem konkreten Fall der dritten Person, welche mit ihrem Kunden in geschäftliche Beziehungen eintreten wollte, in einem übermittelten Schriftstück nicht die notwendigen Vorbehalte und Differenzierungen mitgeteilt hat, hat sie den Anschein der Kreditwürdigkeit ihres Kunden erweckt. Durch diese faute hat die Bank den Dritten dazu gebracht, eine erneute Lieferung auf Kredit an ihren Kunden zu tätigen.[1376] In dieser Entscheidung sind die an die Auskunftserteilung zu stellenden Sorgfaltsanforderungen erhöht worden. Es reicht danach nicht nur aus, eine korrekte Information weiterzugeben. Vielmehr muss die Information die notwendigen Einzelheiten und Vorbehalte beinhalten.

Dies wird in der zugrundeliegenden Anmerkung als zu weitgehende Sorgfaltsanforderung angesehen. Der Auskunftsgeber hafte zwar auch für faute

---

[1375] Cass. com. 9.1.1978, Bull. civ. 1978, IV, Nr. 12, 12.

[1376] Cass. civ. 9.6.1980, Rev. trim. dr. com. 1981, 195, 196 Nr. 15, Anm. *Cabrillac/Teyssié* = Bull. civ. 1980, IV, 195, Nr. 241.

légère. Dies beinhalte aber nicht die Verpflichtung, der Auskunft besondere Details oder Vorbehalte hinzuzufügen, um das Misstrauen des Auskunftsnehmers zu wecken. Ausreichend für ein sorgfaltsgemäßes Verhalten sei die Richtigkeit der Auskunft.[1377]

Interessant erscheint in diesem Zusammenhang auch ein Fall aus einem anderen Bereich, in dem eine Auskunft durch einen Vertreter des „Bureau Veritas“, das Schiffe registriert und klassifiziert, erteilt wurde. Der Käufer eines Seeschiffes hatte von dem Verkäufer verlangt, dass ihm eine Klassifikation des Schiffes vorgelegt werde. Das beklagte Büro bescheinigte gegenüber dem Verkäufer, dass dieses Schiff in eine bestimmte günstige Bewertungskategorie einzuordnen sei. Es sei in einem guten Zustand und benötige nur geringfügige Instandsetzungen. Aufgrund der günstigen Beurteilung, die dem Käufer vorgelegt wurde, erwarb dieser das Schiff. Danach entdeckte er schwere Defekte am Schiffsrumpf, die die Seeuntüchtigkeit bedeuteten. Der Vertreter des Beklagten hatte zwar im Verlaufe der geführten Verhandlungen auch mit dem Erwerber des Schiffes Kontakt. Dies wurde aber nicht als ausreichend angesehen, um eine vertragliche Verbindung zwischen den Parteien anzunehmen. Die Haftung des Büros gegenüber dem Käufer wurde auf Deliktsrecht gestützt.[1378] Trotz dieser deliktsrechtlichen Einordnung des Falles wurde es für notwendig erachtet, auf die Wirkungslosigkeit der Haftungsfreizeichnung aufgrund der bestehenden faute lourde hinzuweisen, obwohl im Deliktsrecht eine derartige Klausel ohnehin auch bei faute légère unwirksam ist.[1379]

bb) Schaden

Hinsichtlich der Voraussetzung des Schadens kann auf die obigen allgemeinen Ausführungen auf Seite 231 ff. verwiesen werden. Im deliktischen Auskunftshaftungsrecht ergeben sich keine Besonderheit gegenüber dem allgemeinen Deliktsrecht. Die allgemeinen Voraussetzungen, dass es sich um einen Schaden handeln muss, der sicher eingetreten (certain), gegenwärtig (actuel), direkt (direct) und der Höhe nach bestimmt (déterminé) ist sowie auf der Verletzung eines rechtlich geschützten Interesses beruht, sind im Bereich der Dritthaftung für unrichtige Auskünfte, die einen Vermögensschaden verursacht haben, in der Regel unproblematisch gegeben.

[1377] *Cabrillac/Teyssié*, Rev. trim. dr. com. 1981, 195, 196 Nr. 15.

[1378] Cass. req. 15.5.1923, Dalloz 1925, I, 15 f., Anm. *Mimin*.

[1379] Cass. req. 15.5.1923, Dalloz 1925, I, 15 f., Anm. *Mimin*; zu diesem Widerspruch eingehend oben auf S. 251 ff.

Bei der deliktischen Haftung steht der Geschädigte jedoch günstiger da als bei der vertraglichen. Zum Einen kommt, wie bereits erwähnt, Haftungsbeschränkungsklauseln keine Wirksamkeit zu, und zum Anderen erfolgt auch keine Begrenzung auf den vorhersehbaren Schaden gemäß Art. 1150 Cc. Im Übrigen gilt selbstverständlich auch im Deliktsrecht, dass der Schadensumfang durch faute des Geschädigten in der Art eines Mitverschuldens gemindert sein kann.[1380]

cc) Lien de causalité

Bei der lien de causalité ergibt sich die Problematik, dass der Schaden unmittelbar durch die falsche Auskunftserteilung herbeigeführt worden sein sollte. An dieser Umittelbarkeit könnte es fehlen, weil der Geschädigte die schadensbegründende Vermögensverfügung selbst vornimmt. Zu dieser Problematik wird auf die innerhalb des Vertragsrechts gemachten Ausführungen verwiesen.[1381]

[1380] Siehe oben S. 290 ff.
[1381] Siehe oben S. 293 ff.

Dritter Teil

Vergleich des deutschen und französischen Rechts

In diesem Kapitel sollen die im deutschen und französischen Recht herausgearbeiteten Ergebnisse gegenübergestellt werden. Zunächst wird ein Blick auf die allgemeinen Haftungsvoraussetzungen zu werfen sein, um im Anschluss die dogmatischen Haftungslösungen der falschen Auskunftserteilung zu vergleichen. Abschließend sollen unter Heranziehung der französischen Sichtweise auf die Problematik die haftungsbegründenden Voraussetzungen zusammenfassend dargestellt werden.

A. Grundlagen der Auskunftshaftung

Die Grundlagen der Auskunftshaftung stimmen weitestgehend überein. Es ist ausreichend, an dieser Stelle nur noch einige wichtige Punkte nochmals hervorzuheben.

I. Fehlerhaftigkeit der Auskunft und Sorgfaltspflicht des Auskunftsgebenden

Die Fehlerhaftigkeit der Auskunft ist nach beiden Rechtsordnungen nicht nach starr festgelegten Voraussetzungen zu bestimmen und nicht schon dann gegeben, wenn die Information objektiv unrichtig ist. Es kommt vielmehr auf die bestehenden Sorgfaltspflichten des Auskunftsgebers an. Hier sind Nachforschungspflichten und solche Pflichten zu unterschieden, die an die Formulierung der Auskunft nach außen gestellt werden. Da in Deutschland und Frankreich der Umfang der Nachforschungspflichten in der Praxis zumeist nicht ausreichend festgelegt wird, versucht die Rechtsprechung beider Länder diesen Maßstab anhand äußerer Umstände zu bestimmen. Während aber in Frankreich im Einzelfall abhängig von verschiedenen Indizien die Recherchepflicht durch die Rechtsprechung sehr stark ausgeweitet werden kann,[1382] ist sie nach deut-

[1382] Siehe oben S. 263 ff.

scher Rechtsprechung begrenzt auf den subjektiven, berufstypischen Erkenntnishorizont, das heißt den tatsächlichen Informationsstand der Bank.[1383]

II. Vorhersehbarkeit des Schadens

Im französischen Recht ergibt sich hinsichtlich des Schadensersatzumfangs die Besonderheit, dass gemäß Art. 1150 Cc vertraglich nur der vorhersehbare Schaden ersatzfähig ist. Wird eine Auskunft wegen einer beabsichtigten Krediterteilung des Auskunftsnehmers an denjenigen, über den die Auskunft erteilt wird, erbeten, dann haftet die Bank nur in der genannten Höhe des Kredits. Im deutschen Recht ist dies zwar nicht gesetzlich ausdrücklich geregelt. Die Rechtsprechung kommt aber aufgrund der von ihr aufgestellten Kriterien für die Auskunftshaftung zu dem gleichen Ergebnis. Zum Einen gilt, dass die Bank nur haftet, wenn ihr bewusst war, dass die Auskunft für den Auskunftsnehmer in der erwähnten Weise bedeutsam war.[1384] Dies umfasst auch, dass die Bank Schadensersatz nur in der Höhe der angegebenen Vermögensdisposition zu leisten hat. Dieses geschützte Geschäftsrisiko legt der Anfragende durch die Angabe des Verwendungsfalles fest.[1385] Zum anderen kann die Bank bei der Bonitätsbescheinigung ihre Haftung auch durch eine der Auskunft beigefügte Zweckbestimmung in gegenständlicher Hinsicht auf ein bestimmtes Projekt beziehen, etwa einen Darlehens- oder Finanzierungsvorgang.[1386] In diesem Fall muss die Bank nur Schadensersatz in der Höhe leisten, in der die Beteiligung des auskunftsnehmenden Dritten an dem Projekt vorgesehen war.

III. Mitverschulden

Die Frage des Mitverschuldens ist im französischen Recht keine Frage der nachträglichen Schadensminderung. Sie wird vielmehr unmittelbar bei der Schadensbegründung im Rahmen der faute berücksichtigt. In der deutschen und französischen Rechtsprechung wird ein Mitverschulden des Auskunftsnehmers unter den gleichen Bedingungen bejaht, etwa wenn dieser sich in blindem Vertrauen auf eine Auskunft verlässt, ohne „zwischen den Zeilen zu lesen".[1387] Gleiches gilt wenn die Bank die Auskunft unter Vorbehalt erteilt hat.[1388] Übereinstimmung herrscht auch darin, dass bei Vorliegen qualifizierter Fachkennt-

---

[1383] Siehe oben S. 30 f.
[1384] Siehe oben S. 91.
[1385] Siehe oben S. 33. Dies ist im deutschen Recht eine Frage der Kausalität.
[1386] *Berger*, ZBB 2001 , 238, 247. Siehe dazu auch oben S. 93 ff.
[1387] Siehe oben S. 36.
[1388] Siehe oben S. 291.

nisse dem Auskunftsnehmer leichter ein Mitverschulden zuzurechnen ist, als wenn er auf diesem Gebiet ein Laie ist.[1389]

IV. Keine Zurechnung einer fehlerhaften Auskunftserteilung der Korrespondenzbank

Im deutschen Recht erfolgt mangels Gehilfentätigkeit der Korrespondenzbank i.S.d. § 278 BGB keine Zurechnung der fehlerhaften Auskunftserteilung gegenüber der auskunftsweiterleitenden Hausbank des Auskunftsnehmers. Gibt die Bank sich als bloße Vermittlerin der Auskunft zu erkennen, so haftet sie nur für eigenes Verschulden durch mangelnde Sorgfalt bei der Auswahl des Informanten und falsche Weitergabe der Auskunft.[1390] Die französische Rechtsprechung ordnet diese Problematik unter die Frage der bestehenden faute der Hausbank ein. Hier kommt sie zu dem gleichen Ergebnis, dass der Bank, soweit sie sich auf eine Vermittlertätigkeit beschränkt, nur faute bei der Auswahl der Korrespondenzbank vorgeworfen werden kann. Eigene Nachforschungen hat sie dagegen nicht anzustellen. Es sei denn, sie hat sich vertraglich dazu ausdrücklich verpflichtet.[1391]

V. Haftungsbeschränkungsklauseln

Die Haftung kann nach deutscher und französischer Rechtsprechung grundsätzlich nur auf grobe Fahrlässigkeit bzw. faute lourde oder Vorsatz beschränkt werden. Ein umfassender Haftungsausschluss auch für einfache Fahrlässigkeit bzw. faute légère ist dagegen unwirksam.

Im Übrigen werden bestimmte sogenannte Kardinalspflichten des Vertrages als zu wesentlich betrachtet, als dass für den Fall der Nichterfüllung eine Haftungsbefreiung vereinbart werden dürfte. Denn die Nichterfüllung solcher wesentlicher Verpflichtungen würde regelmäßig die Erreichung des Vertragszweckes gefährden. Zu diesen wesentlichen Verpflichtungen muss auch die Pflicht zur sorgfältigen Auskunftserteilung bzw. die obligation de conseil gezählt werden. Im Ergebnis kann eine Bank daher nicht mit ihrem Kunden vereinbaren, dass sie im Falle der Erteilung einer falschen Auskunft nicht haftet.[1392]

[1389] Siehe oben S. 37 und 292 (unter Hinweis auf S. 273 f.).
[1390] Siehe oben S. 85 f.
[1391] Siehe oben S. 298 ff.
[1392] Siehe oben S. 39 f. und 289 f.

VI. Verjährung

Hinsichtlich des Verjährungsrechts haben sich im Zuge der Modernisierung des Schuldrechts im deutschen Recht starke Veränderungen ergeben, die vom französischen Verjährungsrecht abweichen. Gemäß § 195 BGB gilt für vertragliche, vertragsähnliche und für deliktische Ansprüche eine dreijährige Regelverjährung. Sie beginnt mit Ende des Jahres, in dem der Gläubiger von den anspruchsbegründenden Umständen Kenntnis erlangt oder ohne grobe Fahrlässigkeit hätte Kenntnis erlangen müssen.[1393] Im französischen Recht ist demgegenüber gemäß Art. 2262 Cc eine dreißigjährige Verjährungsfrist vorgesehen, welche aber für Handelsgeschäfte gemäß Art. 189 bis C.com. auf zehn Jahre verkürzt ist. Im Deliktsrecht gilt ebenfalls eine zehnjährige Frist.[1394]

VII. Beweislast

Im französischen Recht wird die obligation de conseil als obligation de moyen eingeordnet. Als Konsequenz hat grundsätzlich der Auskunftsnehmer die faute des Auskunftsgebers zu beweisen. Vom Grundsatz her gilt dies auch im deutschen Recht.

Der Nichteintritt des Erfolges kann nach französischer Rechtsprechung aber als Indiz für die bestehende faute des Schuldners angesehen werden und bis zu einer Beweisvermutung führen. Eine Beweislastumkehr wird von der französischen Rechtsprechung auch dann angenommen, wenn der Beweis der negativen Tatsache, das Unvermögen oder Unterlassen erforderlicher Nachforschungen des Schuldners, endgültig unerbringlich ist.[1395] Ganz ähnlich wird im deutschen Recht das Verschulden der auskunftsgebenden Bank gemäß § 282 BGB vermutet. Die Bank hat daher nachzuweisen, dass der falschen Auskunftserteilung kein schuldhaftes Verhalten zugrundelag.[1396]

B. Vergleich der dogmatischen Haftungsgrundlagen

Die Frage der Haftungsbegründung im Falle falscher Auskunftserteilung einer Bank ist in den Rechtsordnungen und der Rechtsprechung Frankreichs und Deutschlands teilweise ähnlich aber – insbesondere bei den Fällen der Aus-

[1393] Siehe oben S. 41 ff.
[1394] Siehe oben S. 236.
[1395] Siehe oben S. 262 f.
[1396] Siehe oben S. 34 f.

kunftserteilung ohne unmittelbaren Kontakt – auch unterschiedlich gelöst worden.

Im Allgemeinen hat sich der zu Beginn gewonnene Eindruck einer deutlichen Tendenz der deutschen Rechtsprechung hin zum Vertragsrecht und der französischen zum Deliktsrecht bestätigt. Die einzelnen Lösungen sollen kurz anhand der Fallgruppen nochmals zusammengefasst werden.

I. Fallgruppe 1

Erteilt eine Bank eine falsche Auskunft an einen ihrer Kunden, so haftet sie vertraglich für den daraus entstandenen Schaden. Dies ist ständige französische Rechtsprechung, welche die Haftung von der Erbringung eines Entgelts abhängig macht. Bis zum Jahre 1955 hatte die französische Rechtsprechung die Haftung dagegen deliktsrechtlich begründet, da die Auskunftserteilung einer Bank mangels konkreter Bezahlung als unentgeltlich eingeordnet wurde.[1397] Die neue französische Rechtsprechung geht jedoch davon aus, dass die Leistungserbringung der Bank gegenüber ihrem Kunden niemals völlig ohne Eigeninteresse ist, da sie dadurch ihren bestehenden Kundenstamm festigen und erweitern will. Alle Aktivitäten einer Bank zielen daher auf eine Verbesserung ihrer wirtschaftlichen Position im Kreditgeschäft ab.[1398] In der französischen Literatur wird die Tätigkeit der Bank teilweise auch als eine unmittelbar entgeltliche angesehen. Die einzelnen Dienstleistungen seien nicht im Einzelnen abzurechnen. Das Entgelt, das für den die verschiedenen Leistungen umfassenden allgemeinen Vertrag gezahlt wird, beinhalte vielmehr auch die Entlohnung für die Einzelleistung der Auskunft.[1399]

Diese Sichtweise der französischen Rechtsprechung und Literatur spricht gegen das Argument – welches teilweise in der deutschen Literatur angeführt wird – die Unentgeltlichkeit der Auskunftserteilung stehe einem Rechtsbindungswillen entgegen.[1400] Die französische Rechtsprechung kann damit für die Richtigkeit der Haftungsherleitung der deutschen Rechtsprechung aus stillschweigendem Auskunftsvertrag angeführt werden. Ist die Leistung der Bank im Grunde als eine entgeltliche anzusehen, weil die Bank selbst Nutzen aus ihrer Erbringung zieht, dann erhält das Kreditinstitut indirekt auch eine Haftungsprämie für das von ihr übernommene Haftungsrisiko.

[1397] Siehe oben S. 246 ff.
[1398] Siehe oben S. 256 ff.
[1399] Siehe oben S. 256 ff.
[1400] Siehe oben S. 218 ff.

Der Vertrag kommt auf die gleiche Weise wie der stillschweigende Auskunftsvertrag im deutschen Recht zustande. Der Kunde ersucht um Erteilung einer Auskunft und bringt so seinen Willen zum Abschluss des Vertrages zum Ausdruck. Die Bank nimmt dieses Angebot zum Vertragsabschluss an, indem sie die gewünschte Auskunft erteilt.[1401]

Schon an dieser Stelle ist in Deutschland eine Diskussion über die Fiktion des stillschweigenden Auskunftsvertrages aufgeworfen worden, obwohl hier ein unmittelbarer Auskunftskontakt und eine Geschäftsbeziehung zwischen Bank und Kunde besteht. Die französische Rechtsprechung und Literatur problematisiert die vertragliche Haftung dagegen in dieser Fallgruppe nicht. Nachdem die Frage der Entgeltlichkeit der Auskunftserteilung positiv bejaht worden ist, besteht in Frankreich offensichtlich kein Zweifel daran, dass hier aufgrund der geschäftlichen Bindung und des direkten Auskunftskontaktes von einer vertraglichen Haftung ausgegangen werden muss. Das Prinzip des non-cumul schließt einen Rückgriff auf das Deliktsrecht aus.

II. Fallgruppe 2

Problematischer stellt sich die Haftungsfrage bei der Erteilung einer Auskunft durch eine Bank an einen Nichtkunden dar. Die deutsche Rechtsprechung geht wiederum von einem stillschweigenden Auskunftsvertrag aus. Teile der deutschen Literatur befürworten die vertragsähnliche Haftung, welche ihre dogmatische Grundlage nunmehr in § 311 Abs. 2 S. 2 letzter HS. BGB findet.

Die französische Rechtsprechung unterwirft die Bank der deliktischen Haftung. Als entscheidend wird angesehen, ob es sich um einen Kunden oder Nichtkunden handelt. Bei der Auskunftserteilung an einen Nichtkunden wird eine vertragliche Haftung noch nicht einmal in Erwägung gezogen oder überhaupt geprüft. Haftungsgrundlage sind ausschließlich Artt. 1382, 1383 Cc.

Die französische Literatur nimmt dagegen teilweise eine für einen Vertrag ausreichende rechtliche Bindung auch dann an, wenn der Nichtkunde sich an die Bank wendet, um eine Auskunft zu erhalten und die Bank durch die Beantwortung der Anfrage des Kunden ihren Willen zum Ausdruck bringt, eine rechtsverbindliche Verpflichtung eingehen zu wollen. Hier wird daher weniger auf die zur Bank bestehende allgemeine geschäftliche Verbindung abgestellt, als vielmehr auf den unmittelbaren Auskunftskontakt, der auch einmalig sein kann, um ein Vertragsverhältnis zustandekommen zu lassen.

[1401] Siehe oben S. 258 und 74 ff.

Hier zeigen sich die systematischen Unterschiede zwischen dem deutschen und französischen Recht. Für die französische Rechtsprechung besteht nicht unmittelbar die Notwendigkeit die vertragliche Haftung zu erweitern, da nach der deliktischen Generalklausel der Artt. 1382, 1383 Cc auch reine Vermögensschäden ersatzfähig sind.

III. Fallgruppe 3

Die besondere Schwierigkeit liegt bei der Bank-an-Bank-Auskunft im Kundeninteresse darin, dass kein direkter Kontakt zwischen auskunftsgebender Korrespondenzbank und dem Auskunftsnehmer besteht. Die Beteiligten treffen an und für sich nicht in einer Art und Weise zusammen, dass sie, wenn auch nur stillschweigend, die für einen Vertragsschluss notwendigen Willenserklärungen austauschen könnten.

Im französischen Recht steht einer vertraglichen Dritthaftung der gemäß Art. 1165 Cc bestehende Grundsatz der Relativität der Vertragsbeziehungen entgegen. Danach entfaltet das Vertragsrecht nur zwischen den kontrahierenden Parteien Wirkung, etwa dem Auskunftsnehmer und seiner die Auskunft übermittelnden Hausbank. Eine Einbeziehung Dritter in den Vertrag kann nur ausnahmsweise erfolgen. Die vertragliche Direkthaftung im Wege einer stipulation pour autrui nach Art. 1121 Cc wird aber für den Fall der Bankauskünfte nicht in Erwägung gezogen.

Zeitweilig hat die französische Rechtsprechung einen vertraglichen Drittschutz allgemein innerhalb von Vertragsgruppen im Wege der action directe befürwortet.[1402] In der französischen Literatur wurde als Vertragsgruppe in diesem Sinne auch der Fall eingeordnet, in dem sich eine Bank an eine Korrespondenzbank wendet, um über diese eine von ihrem Kunden angefragte Information zu erhalten.[1403] Die französische Rechtsprechung hat die Bankauskunftsfälle dagegen trotz der ergangenen Entscheidungen zum vertraglichen Drittschutz innerhalb von Vertragsgruppen durchgängig deliktsrechtlich eingeordnet.[1404]

Die Frage, ob es sich bei Bankauskunftsfällen mit Drittbeteiligung um Vertragsgruppen im genannten Sinne handelt, musste von der französischen Rechtsprechung jedoch nicht beantwortet werden, da die vertragliche Direkthaftung innerhalb von Vertragsgruppen durch eine Entscheidung der Assemblée pléni-

---

[1402] Siehe oben S. 322 ff.

[1403] *Delebecque*, JCl. Contrats/Distribution, Fasc. 795, Contrat de renseignement, Rz. 100; *Reboul*, Rz. 629 ff.

[1404] Siehe oben S. 330 f.

ère der Cour de cassation im Jahre 1991 wegen des Grundsatzes der Relativität der Vertragsbeziehungen gemäß Art. 1165 Cc ausdrücklich abgelehnt wurde[1405].

Aus dieser Entwicklung der französischen Rechtsprechung nunmehr für das deutsche Recht den Schluss zu ziehen, eine deliktische Generalklausel ähnlich dem französischen Recht, wonach auch Vermögensschäden ersatzfähig wären, auch im deutschen Recht zu etablieren, erschiene aber zu simpel. Dies würde die Gründe außer Acht lassen, die erst in der französischen Literatur und dann in der französischen Rechtsprechung die Bestrebungen hin zu einer Ausweitung der vertraglichen Haftung („contractualisation") ausgelöst haben.

Die französische Rechtsprechung hat sich nicht aus dogmatischen, sondern vielmehr aus Gründen der mangelnden praktischen Umsetzbarkeit gegen die Theorie der Vertragsgruppen entschieden. Die Rechtssicherheit sei dabei nicht gewährleistet, da sie keine konkreten Kriterien zur Abgrenzung schutzwürdiger Dritter gegenüber der außerhalb dieses Schutzbereiches stehenden Allgemeinheit vorgibt.[1406]

In dogmatischer Hinsicht spricht demgegenüber Einiges für einen vertraglichen Direktanspruch eines geschädigten Dritten innerhalb einer Vertragsgruppe, dem die französische Rechtsprechung nichts entgegensetzen wollte oder konnte. Wird ein Dritter in die Ausführung eines Vertrages eingeschaltet, so tritt der Schaden immer durch die Schlecht- bzw. Nichterfüllung einer vertraglichen Verpflichtung ein. Nach dem französischen Haftungssystem kann aber aufgrund der Weite der deliktischen Generalklausel die Nichterfüllung eines gegenüber einer Person bestehenden Vertrages gegenüber einer dritten Person eine deliktische faute begründen. So bejaht die französische Rechtsprechung bei den Bankauskunftsfällen eine deliktische Haftung der Korrespondenzbank gegenüber dem Auskunftsuchenden, weil sie eine vertragliche oder zumindest vertragsähnliche Pflicht zu sorgfältiger Auskunftserteilung gegenüber der vermittelnden Hausbank des Auskunftsuchenden nicht bzw. schlecht erfüllt hat.

Wenn Schadensursache aber regelmäßig die Nichterfüllung einer vertraglichen Verpflichtung ist, dann erscheint das vertragliche Haftungsregime tatsächlich wirksamer zur Regelung dieser Fälle. Tritt ein Schaden bei der Erfüllung eines Vertrages ein, dann ergibt er sich gerade aus der durch den Vertrag entstandenen Situation. Diese Nähe der Fälle der Auskunftshaftung mit Drittbeteiligung zum Vertragsrecht lassen dessen Anwendung auch gegenüber der dritten Person gerechtfertigt erscheinen.

[1405] Siehe oben S. 325 ff.
[1406] Siehe oben S. 327.

Die Nähe zum Vertragsrecht wird auch dadurch deutlich, dass sich der Dritte, der aufgrund der Durchführung des fremden Vertrages geschädigt wird, für den Nachweis der deliktischen faute des Schädigers auf dessen Vertragsverletzung innerhalb des fremden Vertrages stützen kann.[1407]

Aus der Tendenz hin zu einer contractualisation, die in der französischen Rechtsprechung bestand und in der französischen Literatur noch immer vorhanden ist, und der dargestellten Nähe der deliktsrechtlichen Lösung zum Vertragsrecht wird deutlich, dass im französischen Recht die Fälle der Vertragsgruppen, zu denen auch die Bankhaftungsfälle gezählt werden können, nicht unbedingt als typischerweise deliktsrechtliche Konstellationen angesehen werden. Aufgrund der sich aus Art. 1165 Cc ergebenden eingeschränkten Anwendung des vertraglichen Haftungsregimes im französischen Recht fallen sie aber aus diesem engen Haftungsrahmen heraus und werden vom Deliktsrecht aufgefangen. Das Deliktsrecht erscheint in diesem Zusammenhang fast als Notlösung. Im Vergleich zum deutschen Recht ist damit die Auskunftshaftung auch im französischen Recht nicht aufgrund der Natur der Sache deliktsrechtlicher Art. Es ist vielmehr eine Nähe zum Vertragsrecht auszumachen.

Da auch in Frankreich die Einordnung der Fälle der Vertragsgruppen gewissen Zweifeln unterliegt und in der Vergangenheit auch in der Rechtsprechung kontrovers diskutiert wurde, kann die Einführung einer deliktischen Haftung für Vermögensschäden im deutschen Recht nicht zu befürworten sein.

Diese Einordnungsprobleme im französischen Recht sollten im deutschen Recht vermieden werden. Es erscheint ratsam, sich eher einer vertragsrechtlichen bzw. vertragsähnlichen Lösung der Bankauskunftsfälle mit Drittbeteiligung zuzuwenden.

C. Ergebnisse

An dieser Stelle sollen die Ergebnisse der Arbeit zu einem Lösungsvorschlag für die Frage, wie die Haftung von Banken für falsche Auskunftserteilung im deutschen Recht dogmatisch einzuordnen ist, zusammengefasst werden. Gleichzeitig sollen die einzelnen Haftungskriterien, welche als tatbestandliche Voraussetzungen dienen könnten, nochmals dargestellt werden.

[1407] Siehe oben S. 310.

I. Dogmatische Begründung der Auskunftshaftung im deutschen Recht

Wie anhand des Vergleichs zum französischen Recht soeben dargelegt, erscheint eine dogmatische Haftungsbegründung der Auskunftshaftung im deutschen Recht über Vertrag oder eine vertragsähnliche Sonderverbindung vorzugswürdig.

Gegen eine generelle Anwendung des Deliktsrechts auf die Auskunftshaftung im deutschen Recht kann auch angeführt werden, dass eine deliktische Generalklausel allgemein die Tendenz hin zu einer Haftungsausdehnung aufweist. Es ist daher einiger Begründungsaufwand notwendig, um die deliktsrechtliche Haftung einzugrenzen. Ist die Grenze zum Ersatz fahrlässig verursachter primärer Vermögensschäden aber erst einmal überschritten, wird es um so schwieriger diese Haftungsbeschränkung im Einzelfall zu begründen.[1408]

Eine vertragliche Auskunftshaftung wird demgegenüber dogmatisch durch die zur Abgrenzung einer bloßen Gefälligkeit von einem Rechtsbindungswillen herangezogene allgemeine Rechtsgeschäftslehre gestützt. Danach kommt es darauf an, ob das Verhalten des Auskunftsgebers vom objektiven Empfängerhorizont her so verstanden werden kann, dass er in dem Bewusstsein gehandelt hat, durch sein Verhalten rechtserheblich bzw. rechtsgeschäftlich tätig zu werden. Dann wird ein stillschweigend geschlossener Auskunftsvertrag zu bejahen sein.

In diesem Zusammenhang kann auch die Zugehörigkeit des Auskunftsgebers zu einem bestimmten Beruf Berücksichtigung finden. Wird eine Auskunft bei Ausübung eines vermögenssorgenden Berufs, etwa durch eine Bank, erteilt, dann spricht dies von dem objektiven Empfängerhorizont her für das Bestehen eines Rechtsbindungswillens. Auch nach französischem Recht werden an Fachleute höhere Sorgfaltsanforderungen bei der Ausführung ihrer beruflichen Tätigkeit gestellt.[1409] Dies führt im Ergebnis zu einer Haftungsverschärfung für Fachleute wie Banken. Im Unterschied zur Lehre von der Berufshaftung ist die Zugehörigkeit zu einem bestimmten Beruf aber nicht das einzige entscheidende Kriterium der Haftung, sondern ein objektives Indiz, welches für einen bestehenden Rechtsbindungswillen spricht.

Im Verhältnis des stillschweigenden Auskunftsvertrags zur Haftung aus § 311 Abs. 2 und 3 BGB ergibt sich Folgendes: Grundsätzlich eröffnet § 311 Abs. 2 und 3 BGB lediglich die Möglichkeit einer Haftungsherleitung über eine

---

[1408] *Müller*, 318.

[1409] Siehe oben S. 271 ff.

vertragsähnliche Sonderverbindung. Wird aber das Vorliegen eines stillschweigenden Auskunftsvertrages bejaht, so schließt dies die Anwendung des § 311 Abs. 2 bzw. 3 BGB aus.[1410] Die Rechtsprechung nimmt bisher in allen genannten Fallgruppen einen stillschweigenden Auskunftsvertrag an. Sie hat die vertragliche Haftung im Falle der zweckgerichteten Ausgabe von Bonitätsbescheinigungen an interessierte Dritte darüber hinaus auf ganze Gruppen dritter Auskunftsnehmer erweitert. Demnach bestand vor Einführung des § 311 Abs. 2 und 3 BGB die Tendenz in der Rechtsprechung die Haftung aus stillschweigendem Auskunftsvertrag sogar noch von dem einzelnen Dritten auf ganze Gruppen Dritter auszudehnen. Es ist daher kaum zu erwarten, dass die Rechtsprechung nunmehr die Existenz eines stillschweigenden Auskunftsvertrages ganz verneinen wird. Dies gilt insbesondere für die gefestigte vertragliche Haftungsbegründung in den gängigen Haftungsfällen, in denen immer nur ein Auskunftsnehmer als Kunde oder Dritter als Schadensersatzberechtigter in Betracht kommt.

Nach der hier vertretenen Ansicht, wonach sich der erforderliche Rechtsbindungswillen auch objektiv herleiten lässt, handelt es sich bei dem stillschweigenden Auskunftsvertrag um eine dogmatisch gerechtfertigte und sinnvolle Grundlage zur Haftungsherleitung in den Auskunftsfällen. Danach ergibt sich für die Rechtsprechung keine Notwendigkeit von ihrem bisherigen Standpunkt abzuweichen und auf § 311 Abs. 2 bzw. 3 BGB zurückzugreifen. Dies gilt aber nicht nur in dogmatischer, sondern auch in praktischer Hinsicht. Denn § 311 Abs. 2 und 3 BGB geben allenfalls im Ansatz tatbestandliche Voraussetzungen vor, die zudem so allgemein gehalten sind, dass eine Konkretisierung durch die Rechtsprechung weiterhin notwendig wäre. Es müssten also nach wie vor die von der Rechtsprechung entwickelten Haftungsvoraussetzungen herangezogen werden. Auch in der praktischen Anwendung im Einzelfall ergebe sich daher keine Erleichterung durch § 311 Abs. 2 bzw. 3 BGB.

§ 311 Abs. 3 S. 2 BGB könnte jedoch in den Fällen der Ausgabe zweckgebundener Bonitätsbescheinigungen seitens der Bank an eine Gruppe ihr unbekannter Dritter als Haftungsgrundlage geeignet sein. Denn in diesem Bereich erfährt die seitens der Rechtsprechung durchgeführte Ausweitung des stillschweigenden Auskunftsvertrages ein zweifelhaftes Ausmaß. Die Bank weiß nicht, an wen die Information weitergeleitet wird. Sie kann den anspruchsberechtigten Empfängerkreis nur durch die Zweckbestimmung der Bonitätsbescheinigung eingrenzen. Gegenüber der dieser Gruppe angehörigen Auskunftsnehmer, an die die Auskunft zur Finanzierung bzw. Absicherung bestimmter Projekte gerichtet ist, soll aber durch Verwendung der in der Bescheinigung enthaltenen Information eine vertragliche Bindung entstehen. Teilweise wurde die Bonitätsbeschei-

---

[1410] Siehe oben S. 55 ff., 142 ff., 211 ff.

nigung daher in der Literatur schon als Auskunft an den, den es angeht angesehen.[1411] Dies erscheint zwar als zu weitgehend. Trotzdem ist es dogmatisch bedenklich, aufgrund der Zurkenntnisbringung der einzelnen Bonitätsbescheinigung durch die Bank und deren mehrfacher Verwendung durch die vom Zweck der Bescheinigung her angesprochenen verschiedenen Auskunftsnehmer gleich eine Vielzahl von Verträgen als zustandegekommen anzusehen. Denn dass die Bank sich vertraglich gegenüber allen ihr unbekannten Auskunftsnehmern binden und bei Unrichtigkeit der Auskunft Schadensersatz leisten will, steht das aufgrund der unkontrollierbaren Weitergabe vervielfältigte Haftungsrisiko der Bank entgegen. Dieses Risiko ist die Schadenssumme betreffend weitaus höher als bei den regulären Auskunftsfällen, bei denen regelmäßig nur ein Auskunftsnehmer eine vermögenswirksame Handlung von der Information abhängig macht. Dogmatisch lässt sich aufgrund der Problematik des zweifelhaften Rechtsbindungswillens eine Haftung vertraglich daher nicht begründen.

Gleichwohl erscheint es gerechtfertigt, die Bank für einen durch sie aufgrund einer falschen Bonitätsbescheinigung herbeigeführten Schaden haftbar zu machen. Denn sie hat dieses gesteigerte Haftungsrisiko eigenverantwortlich herbeigeführt. Sie hat aktiv die Bescheinigung in Umlauf gebracht mit dem Ziel, bestimmte, für sie interessante Personen zu einer finanziellen Transaktion, wie eine Darlehensgewährung oder eine Bürgschaftsübernahme, zu motivieren. Bei den sonstigen Kreditauskunftsfällen tritt dagegen der Verwender der Auskunft selbst an die Bank heran und bittet um Erteilung einer Kreditauskunft. Als Haftungsgrundlage ist in diesen Fällen daher § 311 Abs. 3 Satz 2 BGB bzw. bei dessen enger Auslegung Satz 1 heranzuziehen, da es sich hier weniger um einen Vertrag als um eine rechtsgeschäftsähnliche Sonderverbindung handelt.

Schließlich ist noch anzumerken, dass die von der Rechtsprechung neben dem stillschweigenden Auskunftsvertrag in den Auskunftsfällen mit Drittbeteiligung favorisierte Haftung aus § 826 BGB einzugrenzen ist auf die im eigentlichen Sinne vorsätzliche sittenwidrige Schädigung.[1412]

Der Vertrag mit Schutzwirkung zugunsten Dritter ist aufgrund der genannten Schwierigkeiten[1413] nicht als dogmatische Begründung Bankhaftung heranzuziehen. Dem entspricht auch die gegenwärtige Praxis der Rechtsprechung in den

---

[1411] Siehe oben S. 95.

[1412] So auch *Müller*, 326; *Breinersdorfer*, 177; aA Staudinger-*Jagmann*, § 328 Rz. 166, wonach über die Voraussetzungen von § 311 Abs. 3 S. 2 BGB hinaus eine Sachwalterhaftung auch dann auf der Grundlage des § 826 BGB in Betracht kommt, wenn zwar kein besonderes Vertrauen für sich in Anspruch genommen, aber mit Schädigungsvorsatz agiert wurde (Mitarbeiter eines Anlageberatungsunternehmens).

[1413] Siehe oben S. 127 ff.

Bankauskunftsfällen, welche diese haftungsrechtliche Konstruktion zugunsten der Annahme eines direkten stillschweigenden Vertrages zwischen Korrespondenzbank und auskunftsuchenden Kunden der Hausbank so gut wie aufgegeben hat.[1414]

II. Konkretisierung der Haftungsvoraussetzungen

An dieser Stelle sollen die konkreten Kriterien zusammengefasst werden, die für eine Haftung bei falscher Auskunftserteilung angeführt werden können. Hier ergibt sich die Besonderheit, dass die verschiedenen Haftungskriterien sowohl für das Zustandekommen eines stillschweigenden Auskunftsvertrages, als auch für die Frage des Bestehens einer vertragsähnlichen Sonderverbindung i. S. d § 311 Abs. 2 und 3 BGB und letztlich auch für eine Haftung aus § 826 BGB von Bedeutung sind. Denn allen Haftungsmöglichkeiten liegen ähnliche Sachverhaltskonstellationen zugrunde. Die Interessenlage der Beteiligten Personen weist daher starke Übereinstimmungen auf, so dass zur Haftungsbegründung auf vergleichbare Voraussetzungen abgestellt werden kann.[1415]

Auch bei der gesetzlich geregelten Haftung aus einer vertragsähnlichen Soderverbindung gemäß § 311 Abs. 2 bzw. 3 BGB bedarf es einer Konkretisierung der Haftungsvoraussetzungen. Denn § 311 Abs. 2 bzw. 3 BGB kann lediglich den dogmatischen Anknüpfungspunkt für eine Begründung der Auskunftshaftung geben. Die tatbestandlichen Voraussetzungen sind dagegen entweder sehr allgemein gefasst, wie in § 311 Abs. 3 S. 2 BGB, oder fehlen ganz, wie in § 311 Abs. 3 S. 1 BGB.

Eine Entwicklung möglicher Haftungskriterien ist sowohl für die Frage des Zustandekommens eines stillschweigenden Auskunftsvertrages, als auch bei § 311 Abs. 2 bzw. 3 BGB notwendig. Letztere Haftungskonstruktion ist nach hier vertretener Ansicht aber nur in dem Ausnahmefall der zweckgerichteten Auskunft zu verwenden.

Zur Entwicklung möglicher Haftungskriterien sei als Ansatzpunkt nochmals die von der Rechtsprechung entwickelte Formel erwähnt, wonach die Auskunft für den Empfänger erkennbar von erheblicher Bedeutung sein und er sie zur Grundlage wesentlicher Vermögensverfügungen machen muss.[1416]

1414 Siehe oben S. 126 ff.
1415 Siehe oben S. 125, 161.
1416 Siehe oben S. 47.

Die Hervorhebung der Bedeutung der geplanten Vermögensverfügung des Aukunftsempfängers soll zum Ausdruck bringen, dass sich der Adressat auf die Auskunft verlässt und im Vertrauen auf deren Richtigkeit wichtige vermögensrechtliche Entscheidungen trifft. Dies allein kann den Adressaten aber noch nicht aus der Masse der deliktisch geschützten Rechtsgutsinhaber herausheben, um die Annahme einer vertraglichen bzw. vertragsähnlichen Sonderverbindung zwischen Schädiger und Geschädigtem zu rechtfertigen.[1417]

Eine weitere Eingrenzung der Haftung erscheint geboten. Ein stillschweigender Auskunftsvertrag wird von der Rechtsprechung vor Allem dann angenommen, wenn der Auskunftsgeber für die Erteilung der Auskunft besonders sachkundig ist.

Auch in der Literatur wird insbesondere in der Lehre von der Vertrauenshaftung dem Aspekt der Sachkunde Rechnung getragen. Der Auskunftsgeber muss danach das in ihn gesetzte Vertrauen durch zuvor von ihm ausgehende Vertrauenswerbung aufgrund besonderer Sachkunde veranlasst haben. Dies kann durch eine besondere Seriösitätsgewähr des Auskunftsgebers erfolgen. Bei der Bank wird dies durch das hohe Niveau der Ausbildung der Mitarbeiter bezogen auf das Bankgewerbe gewährleistet.[1418] Diese Stellung der Bank wird als „Informationsgarant" bezeichnet, welche auch durch die Selbstdarstellung in der Werbung gefestigt wird.[1419] Das Vertrauen des Auskunftsempfängers allein ist daher nicht entscheidend. Dieses Vertrauen muss auch gerechtfertigt sein. Es kommt daher auf den objektiven Tatbestand an, der durch die Vertrauenswerbung des Auskunftsgebers begründet wird und der das Vertrauendürfen des Auskunftsnehmers rechtfertigt.[1420]

Dass die Sachkunde der Bank ein besonders bedeutsames Kriterium für die Frage der Haftung für falsche Auskunftserteilung darstellt, ergibt sich auch aus dem französischen Recht. Hier werden an den einschlägig fachkundigen Auskunftsgeber erhöhte Sorgfaltsanforderungen gestellt. Eine Haftung wird hier also bei schon geringeren Sorgfaltsverstößen bejaht.

[1417] *Berger*, ZBB 2001, 238, 243.

[1418] Siehe oben S. 176 f.

[1419] *Berger*, ZBB 2001, 238, 243, welcher auf eine Anzeige der Deutschen Bank hinweist, die im Sommer 2001 erschien. Darin stellte die Deutsche Bank ausschließlich auf die Güte der von ihr vermittelten Finanzinformationen ab: „Um meine Investment-Chancen zu maximieren, brauchte ich beste Informationen... Informationen zum Thema Investments gibt es viele. Entscheidend ist es Zugang zu den Richtigen zu haben. ... Treffen Sie... mit fundiertem Wissen die besseren Investment-Entscheidungen."

[1420] *Canaris*, Vertrauenshaftung, 491 ff.; *Grunewald*, JZ 1982, 627, 630; *Berger*, ZBB 2001, 238, 243.

Von großer Bedeutung ist darüber hinaus die Schutzwürdigkeit des Dritten. Dies setzt nach der Rechtsprechung voraus, dass die Auskunft (allgemein) bzw. (auch) für den Dritten bestimmt war und dem Auskunftsgeber bewusst gewesen sein muss, dass sie für weite Kreise bedeutsam sein wird. Teilweise verlangt die Rechtsprechung, den Kreis der Haftungsberechtigten noch mehr einschränkend, dass die Auskunft für jenen, also konkret für den Dritten, bestimmt und der Auskunftsgeber sich bewusst war, dass die Auskunft für diesen in der erwähnten Weise bedeutsam werde. Danach haftet der Auskunftsgeber nur, wenn er die notwendigen Kenntnisse über die Person erhält, die von der Information eine wichtige Vermögensdisposition abhängig macht, um sie annähernd eingrenzen und die wirtschaftliche Bedeutung der von ihr abhängigen vermögensrechtlichen Entscheidung abschätzen und damit das Haftungsrisiko überschaubar halten zu können.[1421]

In der Literatur wird die Frage der Ausdehnung des Kreises schutzwürdiger Dritter unter dem Stichwort „Gerichtetheit der Auskunft" behandelt. Als ausreichend für die Richtungsbedürfigkeit der Auskunft wird ganz Allgemein nicht die Kenntnis von der Person des Dritten, sondern des ins Auge gefassten Projekts, bei dessen Umsetzung die Auskunft Verwendung finden soll, angesehen, weil sich das Haftungsrisiko des Auskunftsgebers nach dem Projekt richtete. Der Geschädigte sei bereits dann als Adressat der Auskunft und damit haftungsrechtlich als geschützt anzusehen, wenn die Auskunft im Rahmen des wirtschaftlichen Projekts Verwendung finden würde, auf das die Auskunft ihrem Sinn und Zweck nach abgezielt habe.[1422]

Auch in der Rechtsprechung wird das Kriterium der Projektbezogenheit sinngemäß benutzt, allerdings unter Verwendung des Begriffs Zweckbestimmung. Die Rechtsprechung zieht das Kriterium der Zweckbestimmung der Auskunft nur in den Fällen heran, in denen die Bank sich selbst an ihr unbekannte dritte Personen wendet, indem sie eine schriftliche Kreditbescheinigung diesen zur Kenntnis gelangen lässt, um sie zu einer Vermögensverfügung in Form einer Investition zu veranlassen. Hier wird zur Eingrenzung des Kreises möglicher Anspruchsberechtigter die Zweckbestimmung der Auskunft als ausreichend erachtet. Eine solche wird von der Bank der erteilten Auskunft beigemessen, indem sie sich an einen ganz bestimmt umgrenzten Interessenkreis wendet, der sich regelmäßig aus privaten Geldgebern zusammensetzt, die an ei-

[1421] Siehe oben S. 91 f.

[1422] Siehe oben S. 180 f.

ner Darlehensgewährung für ein bestimmtes zu finanzierendes Projekt interessiert sind.[1423]

In keinem Fall darf der Auskunftsempfänger die Information bloß zufällig entgegennehmen. Die Verwendung muss vielmehr bewusst auf die auskunftsgebende Bank bezogen sein.[1424]

Danach besteht zwischen der auskunftsgebenden Bank und dem geschädigten Dritten unter folgenden Voraussetzungen ein die Annahme eines Vertrages oder eines gesetzlichen Schuldverhältnisses rechtfertigende haftungsrechtliche Sonderverbindung:

Die Bank tritt nach außen im geschäftlichen Verkehr als Informationsgarant auf, der aufgrund seiner besonderen Seriosität und Kompetenz im kreditrechtlichen Bereich das seitens des geschädigten Auskunftsnehmers in ihn gesetzte Vertrauen rechtfertigt und selbst hervorgerufen hat.

Die Bank erteilt die Auskunft vor dem Hintergrund, dass der Auskunftsempfänger im Vertrauen auf die Richtigkeit der Information wichtige vermögensrechtliche Entscheidungen trifft.

Schadensersatzberechtigt sind nur solche Personen, für die die Auskunft zumindest auch bestimmt war.

Geht der Auskunftskontakt von der Bank aus, reicht es aus, dass die Auskunft nach ihrer Zweckbestimmung den Geschädigten einbezogen hat.

III. Fallkonstellationen der Bankhaftung

Eine Haftung der Bank kann daher insbesondere in folgenden Fallkonstellationen in Betracht kommen.

1) Unmittelbarer Auskunftskontakt

Die genannten Haftungskriterien sind unproblematisch in den Fällen der unmittelbaren Auskunftserteilung einer Bank an einen ihrer Kunden oder einen Nichtkunden bzw. eine andere Bank als erfüllt anzusehen. Der Auskunftsnehmer ist der Bank aufgrund des direkten Kontaktes bekannt. Die Auskunft ist daher unmittelbar für diesen bestimmt. Die Bank weiß auch regelmäßig, dass der

---

[1423] Siehe oben S. 93 ff.

[1424] Siehe oben S. 184.

Verwender von der Auskunft eine vermögensrechtliche Entscheidung abhängig macht.

Aus den genannten Gründen ist der stillschweigende Auskunftsvertrag hier als Haftungsgrundlage vorzuziehen.

2) Dritter als Auskunftsadressat

Aufgrund der oben entwickelten Haftungskriterien liegt eine Haftung in den Bankauskunftsfällen mit Drittbeteiligung regelmäßig dann vor, wenn die Hausbank eines Kunden an eine Korrespondenzbank herantritt, welche die seitens des Kunden gewünschten Informationen erteilt. In diesem Fall geht der Auskunftskontakt von dem Kunden aus. Der Korrespondenzbank muss zum Zeitpunkt der Auskunftserteilung bekannt sein, dass die Auskunft zumindest auch für den Dritten bestimmt ist, der die Information zur Grundlage einer Vermögensverfügung machen will. Diese Haftungsvoraussetzung ist immer dann als gegeben anzusehen, wenn die Hausbank der Korrespondenzbank angezeigt hat, dass die Anfrage im Kundeninteresse erfolgt. Der Dritte muss der Korrespondenzbank nicht persönlich oder namentlich bekannt sein. Es reicht aus, dass die Hausbank die Auskunft für einen ganz bestimmten Kunden einholt, welcher die Information für eine bestimmte Vermögensverfügung benötigt und dass dieser konkrete Dritte die Auskunft auch in der angekündigten Weise verwendet.

Auch in dieser Fallgruppe kann die Haftung auf einen stillschweigenden Auskunftsvertrag gestützt werden.

3) Zweckbestimmung der Auskunft

Die letzte Fallgruppe umfasst die Konstellationen, in denen der Auskunftskontakt von der Bank ausgeht. Die Auskunft wird hier im Zusammenhang mit bestimmten Projekten, wie z.B. umfassenden Darlehens- oder Finanzierungsvorgängen in Form einer schriftlichen Bonitätsbescheinigung erteilt. Diese Bescheinigung enthält eine Zweckbestimmung, in der Art, dass sich eine Haftung nur auf solche Dritte erstreckt, die in der betreffenden Transaktion eine typischerweise, d.h. abstrakt bestehende, vermögensbezogene Rolle oder Funktion haben, etwa als Investor (Anlageinteressent), Bürge, Kreditgeber oder Versicherer.[1425] In diesem Fall kann sich die Haftung der Bank auch auf mehrere Dritte erstrecken. Dies liegt dann vor, wenn mehrere Personen im Hinblick auf den Zweck der Bescheinigung bestimmungsgemäß mit ihr in Berührung kommen

---

[1425] *Berger*, ZBB 2001, 238, 247.

und aufgrund der Verwertung der darin enthaltenen Information einen Schaden erleiden.

Dieses im Gegensatz zur ersten und zweiten Fallkonstellation erhöhte, personell vervielfältigte Haftungsrisiko rechtfertigt sich durch die aktive Stellung der Bank, welche mit der Veröffentlichung einer Auskunft über die Kreditwürdigkeit eines bestimmten Finanzierungsprojektes die Interessen ihrer Kunden und aber auch eigene Interessen verfolgt.[1426]

Die Zweckbestimmung kann sich aber nicht nur in personeller Hinsicht auswirken, sondern auch in gegenständlicher. Wenn die Auskunft nach ihrem Sinn und Zweck nur einen Einzelaspekt eines bestimmten Projekts betrifft, dann deckt die Gewährübernahme der Bank nur solche Schäden ab, die gerade diesbezüglich eintreten können.[1427]

Das in dieser Fallgruppe bestehende erhöhte Haftungsrisiko durch die mögliche Haftung der Bank gegenüber einer Gruppe dritter Personen lässt es nicht gerechtfertigt erscheinen, einen Rechtsbindungswillen der Bank zum Abschluss einer Vielzahl von Auskunftsverträgen anzunehmen. Eine Haftung ist daher auf eine vertragsähnliche Sonderverbindung i. S. d. § 311 Abs. 3 BGB zu gründen.

[1426] Siehe oben S. 96.

[1427] *Berger*, ZBB 2001, 238, 247.

Literaturverzeichnis

Amann, Hermann / *Brambring*, Günter / *Hertel*, Christian: Die Schuldrechtsreform in der Vertragspraxis, Handbuch für Notare und Vertragsjuristen mit Gestaltungshinweisen und Formulierungsbeispielen, München 2002 (zit.: Amann/Brambring/Hertel-*Bearb.*).

Alternativkommentar: Kommentar zum bürgerlichen Gesetzbuch, Hrsg.: Rudolf Wassermann, Band 1, Allgemeiner Teil, §§ 1-240, Neuwied 1987 (zit.: AK-*Bearb.*).

Alternativkommentar: Kommentar zum bürgerlichen Gesetzbuch, Hrsg.: Rudolf Wassermann, Band 3, Besonderes Schuldrecht, §§ 433-853, Neuwied 1979 (zit.: AK-*Bearb.*).

Assmann, Heinz-Dieter: Prospekthaftung als Haftung für die Verletzung kapitalmarktbezogener Informationspflichten nach deutschem und US-amerikanischem Recht, Köln Berlin Bonn München 1985.

Aubry, C. / *Rau*, C.: Cours de Droit civil francais d'après l'ouvrage allemand de Zachariae, Band 3, 3. Auflage, Paris 1856.

Ballerstedt, Kurt: Zur Haftung für culpa in contrahendo bei Geschäftsabschluß durch Stellvertreter, Archiv für die civilistische Praxis 151 (1950/1951), 501-531 (zit.: *Ballerstedt*, AcP 151 [1950/1951]).

Bar, Christian von: Unentgeltliche Investitionsempfehlungen im Wandel der Wirtschaftsverfassungen Deutschlands und Englands, Zeitschrift für ausländisches und internationales Privatrecht 44 (1980), 455-486 (zit.: *v. Bar*, RabelsZ 44 (1980).

Bar, Christian von: Verkehrspflichten, Richterliche Gefahrsteuerungsgebote im deutschen Deliktsrecht, Köln Berlin Bonn München 1980 (zit.: *v. Bar*, Verkehrspflichten).

Bar, Christian von: Vertrauenshaftung ohne Vertrauen – Zur Prospekthaftung bei der Publikums-KG in der Rechtsprechung des BGH, Zeitschrift für Unternehmens- und Gesellschaftsrecht (zit.: *v. Bar*, ZGR 1983, 476-512).

Bar, Christian von: Gutachten und Vorschläge zur Überarbeitung des Schuldrechts, Band II, Hrsg. Bundesminister der Justiz, Köln 1991, 1681 ff. (zit.: *v. Bar*, Gutachten).

Bar, Christian von: Gemeineuropäisches Deliktsrecht, Erster Band, Die Kernbereiche des Deliktsrechts, seine Angleichung in Europa und seine Einbettung in die Gesamtrechtsordnungen, München 1996 (zit.: *v. Bar*, Deliktsrecht).

Baumbach, Adolf / *Hopt*, Klaus J.: Handelsgesetzbuch, 31. Auflage München 2003.

Becqué, Jacques / *Cabrillac*, Henry: Anmerkung zu CA Montpellier, 14.1.1955, Revue trimestrielle de droit commercial 1955, 352-357 (zit.: Anm. *Becqué/ Cabrillac*, Rev. trim. dr. com. 1955).

Becqué, Jacques / *Cabrillac*, Henry: Anmerkung zu CA Colmar, 24.3.1961, Revue trimestrielle de droit commercial 1961, 890-897 (zit: *Becqué/ Cabrillac*, Rev. trim. dr. com. 1961, 890-897).

Berger, Klaus, Peter: Haftung für unrichtige Bankauskunft, Zeitschrift für Bankrecht und Bankwirtschaft, 2001, 238-251 (zit.: *Berger*, ZBB 2001, 238).

Bohrer, Michael: Die Haftung des Dispositionsgaranten. Ein Beitrag zur Lehre von der negativen Vertrauenshaftung, Ebelsbach 1980, Diss. München 1978/79.

Bonneau, Thierry: Droit bancaire, 2. Auflage, Paris 1996.

Breinersdorfer, Stefan: Die Haftung der Banken für Kreditauskünfte gegenüber dem Verwender, Berlin, 1991, Diss. Mainz 1990.

Breinersdorfer, Stefan: Zur Dritthaftung der Banken bei Erteilung einer fehlerhaften Kreditauskunft, Zeitschrift für Wirtschafts- und Bankrecht, Wertpapiermitteilungen 1991, 977-980 (zit.: *Breinersdorfer*, WM 1991, 977).

Breinersdorfer, Stefan: Das Haftungsverhältnis zwischen den Banken bei der Bank-zu-Bankauskunft im Kundeninteresse, Zeitschrift für Wirtschafts- und Bankrecht, Wertpapiermitteilungen, 1992, 1557-1596 (zit.: *Breinersdorfer*, WM 1992, 1557).

Bruchner, Helmut / *Stützle,* Rudolf: Leitfaden zu Bankgeheimnis und Bankauskunft, Frankfurt am Main 1998.

Brüggemeier, Gert: Gesellschaftliche Schadensverteilung und Deliktsrecht, Archiv für die civilistische Praxis 182 (1982), 385-452 (zit.: *Brüggemeier*, AcP 182 [1982], 385).

Brüggemeier, Gert: Deliktsrecht, Ein Hand- und Lehrbuch, Baden-Baden 1986.

Brox, Hans: Allgemeiner Teil des BGB, 28. Auflage, Köln Berlin Bonn München 2004.

Büdenbender, Ulrich: Wechselwirkungen zwischen Vorteilsausgleichung und Drittschadensliquidation, Juristen-Zeitung 1995, 920, 925 (zit.: *Büdenbender*, JZ 1995, 920).

Caemmerer, Ernst von: Das Problem des Drittschadensersatzes, Zeitschrift für das gesamte Handels- und Wirtschaftsrecht 127 (1965), 241 ff. (zit: *v. Caemmerer*, ZHR 127 [1965], 241).

Cabrillac, Michel / *Rives-Lange*, Jean-Louis: Anmerkung zu Cass. com. 30.1.1974, Revue trimestrielle de droit commercial 1974, 556-567 (zit.: *Cabrillac/Rives-Lange*, Rev. trim. dr. com. 1974, 556).

Cabrillac, Michel / *Rives-Lange*, Jean-Louis: Anmerkung zu Cass. civ. 9.6.1980, Revue trimestrielle de droit commercial 1981, 103-126 (zit.: *Cabrillac/Rives-Lange*, Rev. trim. dr. com. 1981, 103).

Cabrillac, Michel / *Teyssié*, Bernard: Anmerkung zu CA Paris 26.3.1982, Revue trimestrielle de droit commercial 1982, 268-285 (zit.: *Cabrillac/Teyssié*, Rev. trim. dr. com. 1982, 268).

Cabrillac, Henry / *Teyssié*, Bernard: Anmerkung zu CA Paris 3.12.1986, Revue trimestrielle de droit commercial 1987, 561 ff. (zit.: *Cabrillac/Teyssié*, Rev. trim. dr. com. 1987, 561).

Cabrillac, Henry/*Teyssié*, Bernard: Anmerkung zu CA Paris 3.4.1987, Revue trimestrielle de droit commercial 1988, 543-562 (zit.: *Cabrillac/Teyssié*, Rev. trim. dr. com. 1988, 543).

Canaris, Claus-Wilhelm: Die Vertrauenshaftung im deutschen Privatrecht, München 1971, (zit.: *Canaris*, Vertrauenshaftung).

Canaris, Claus-Wilhelm: Schutzgesetze – Verkehrspflichten – Schutzpflichten in: Festschrift für Karl Larenz zum 80. Geburtstag, München 1983, 27-110 (zit.: *Canaris*, 2. FS Larenz).

Canaris, Claus-Wilhelm: Bankvertragsrecht, 3. Auflage, Berlin New York 1988 (zit.: *Canaris*, Bankvertragsrecht).

Canaris, Claus-Wilhelm: Schutzwirkungen zugunsten Dritter bei „Gegenläufigkeit" der Interessen, Juristen-Zeitung 1995, 441-446 (zit.: *Canaris*, JZ 1995, 441).

Canaris, Claus-Wilhelm: Die Reichweite der Expertenhaftung gegenüber Dritten, Zeitschrift für das gesamte Handels- und Wirtschaftsrecht 163 (1999), 206-245 (zit.: *Canaris*, ZHR 163 (1999), 206).

Canaris, Claus-Wilhelm: Die Schadensersatzpflicht der Kreditinstitute für eine unrichtige Finanzierungsbestätigung als Fall der Vertrauenshaftung in: Festschrift für Herbert Schimansky, Köln 1999, 43-66 (zit.: *Canaris*, FS Schimansky).

Canaris, Claus-Wilhelm: Die Vertrauenshaftung im Lichte der Rechtsprechung des Bundesgerichtshofs, 50 Jahre Bundesgerichtsgerichtshof, Festgabe aus der Wissenschaft, Band I, Bürgerliches Recht, 2000, 129-197 (zit.: *Canaris*, FS BGH).

Canaris, Claus-Wilhelm: Die Reform des Rechts der Leistungsstörungen, Juristen-Zeitung 2001, 499 ff. (zit.: *Canaris*: JZ 2001, 499).

Capitant, Henri / *Terré,* Francois/*Lequette,* Yves: Les grands arrêts de la jurisprudence civile, 10. Auflage, Paris 1994.

Carbonnier, Jean: Droit civil, Band 4, Les Obligations, 19. Auflage, Paris 1995.

Claussen, Carsten Peter: Bank- und Börsenrecht, München 1996.

Clément, Jean-Francois: Le banquier, vecteur d´informations, Revue trimestrielle de droit commercial 1997, 203-221 (zit.: *Clément*, Rev. trim. dr. com. 1997, 203).

Conte, Philippe: Stichwort „Responsabilité du fait personnel" in: Dalloz, Encyclopédia juridique, Repertoire de droit civil, Band IX, Hrsg.: Jean-Luc Aubert, Loseblatt-sammlung, Stand: 31.8.1992 (zit.: *Conte* in: Rep. de droit civil, responsabilité du fait personnel).

Conte, Philippe: Anmerkung zu CA Agen, 7.12.1988, Gazette du Palais, 1988, II, 899 ff. (zit.: *Conte*, Gaz. Pal. 1988, II, 899).

Cozian, Maurice: L´action directe, Paris 1969.

Dagognet, Revue du Banque, 1991, 609 (zit.: *Dagognet*, Rev. Banque 1991, 609).

Damm, Reinhard: Entwicklungstendenzen der Expertenhaftung, Juristen-Zeitung 1991, 373-385 (zit.: *Damm*, JZ 1991, 373).

Damman, Reinhard: Die Einbeziehung Dritter in die Schutzwirkung eines Vertrages: eine Studie des französischen Rechts im Lichte einer rechtsvergleichenden Betrachtung des deutschen Rechts, München 1990.

Dauner-Lieb, Barbara / *Arnold*, Arnd / *Dötsch*, Wolfgang / *Kitz*, Volker: Fälle zum neuen Schuldrecht, Heidelberg 2002.

Dauner-Lieb, Barbara / *Heidel*, Thomas / *Lepa*, Manfred / *Ring*, Gerhard: Anwaltkommentar Schuldrecht, Erläuterungen der Neuregelungen zum Verjährungsrecht, Schuldrecht, Schadensersatzrecht und Mietrecht, Bonn 2002 (zit.: Dauner-Lieb/Heidel/Lepa/Ring-*Bearb.*, Schuldrecht).

Dauner-Lieb, Barbara / *Heidel*, Thomas / *Lepa*, Manfred / *Ring*, Gerhard: Das neue Schuldrecht in der anwaltlichen Praxis, Verjährungsrecht, Leistungsstörungsrecht, Kaufrecht, Werkvertragsrecht, Schadensersatzrecht, Mietrecht, Bonn 2002 (zit.: Dauner-Lieb/Heidel/Lepa-*Bearb.*, Schuldrecht in der anwaltlichen Praxis).

Dauner-Lieb, Barbara / *Konzen*, Horst / *Schmidt*, Karsten (Hrsg.), Das neue Schuldrecht in der Praxis Akzente – Brennpunkte – Ausblick, Köln Berlin Bonn München 2003.

Delebecque, Philippe: Contrat de renseignement, Fasc. 795, Juris-Classeur Contrats/Distribution, Loseblattsammlung, Stand 1991 (zit.: *Delebecque*, JCl. Contrats/Distribution, Fasc. 795, Contrat de renseignement).

Delebecque, Philippe: Que rest-t-il du principe de validité des clauses de responsabilité?, Dalloz Affaires 1997, spéc. Nr. 15, 235 ff. (zit.: *Delebecque*, Dalloz Affaires 1997, spéc. Nr. 15, 235).

Delebecque, Philippe: Anmerkung zu Cass. civ. 1re, 21.6.1988, Juris-Classeur périodique (semaine juridique), édition entreprise 1988, éd E, II, 15294 (zit.: Anm. *Delebecque*, J.C.P. éd E, II, 15294).

Demogue, René: Traité des obligation en général, Band VI, Paris 1923.

Dickes, Claus: Der Vertrag mit Schutzwirkung für Dritte in den Fällen der Auskunftshaftung, Diss. Mainz 1992.

Dirichs, Joachim: Die Haftung der Banken für Rat und Auskunft, dargestellt an den Beispielen des Anlagerats und der Kreditauskunft, Diss. Münster 1976.

Dirichs, Joachim: Die Haftung für die Erteilung einer falschen Kreditauskunft bei Mitwirkung zweier Banken, Zeitschrift für Wirtschafts- und Bankrecht, Wertpapiermitteilungen 1976, 1078-1081 (zit.: *Dirichs*, WM 1976, 1078).

Dubois, Philippe: Anmerkung zu Cass. com. 17.2.1987, Juris-Classeur périodique, 1987, II, 20892 (zit.: Anm. *Dubois*, J.C.P. 1987, II, 20892).

Durry, Georges: Responsabilité civile (1), Revue trimestrielle de droit civil, 1969, 772-792 (zit.: *Durry*, Rev. trim. dr. civ. 1969, 772).

Collart Dutilleul, Francois / *Delebecque*, Philippe: Contrats civils et commerciaux, 4. Auflage, Paris 1998.

Ebke, Werner F. / *Fechtrup*, Benedikt: Anmerkung zu BGH Urt. v. 19.3.1986, Juristen-Zeitung 1986, 1111-1116 (zit.: *Ebke/Fechtrup*, JZ 1986, 1111).

Ebke, Werner F. / *Scheel*, Hansjörg: Die Haftung des Wirtschaftsprüfers für fahrlässig verursachte Vermögensschäden Dritter, Zeitschrift für Wirtschafts- und Bankrecht, Wertpapiermitteilungen 1991, 389-398 (zit.: *Ebke/Scheel*, WM 1991, 389).

Eckebrecht, Marc: Vertrag mit Schutzwirkung für Dritte – Die Auswirkungen der Schuldrechtsreform, Monatsschrift für Deutsches Recht 2002, 425-428 (zit.: *Eckebrecht*, MDR 2002, 425).

Ehmann, Horst / *Sutschet*, Holger: Modernisiertes Schuldrecht – Lehrbuch der Grundsätze des neuen Rechts und seiner Besonderheiten, München 2002.

Enneccerus, Ludwig / *Lehmann,* Heinrich: Recht der Schuldverhältnisse, 15. Auflage, Tübingen 1958.

Erman, Walter: Kommentar zum Bürgerlichen Gesetzbuch, 11. Auflage, Münster 2004. (zit.: Erman-*Bearb.*)

Escarra, Edouard / *Rault*, Jean: Principes de droit commercial, Band 6, Paris 1936.

Esser, Josef: Schuldrecht, 1. Band, Allgemeiner Teil, 4. Auflage, Karlsruhe 1970.

Ferid, Murad: Das französische Zivilrecht, Band 1, Fankfurt a. M., Berlin 1971.

Ferid, Murad / *Sonnenberger*, Hans Jürgen: Das französische Zivilrecht, Band 2, Schuldrecht: Die einzelnen Schuldverhältnisse, Sachenrecht, 2. Auflage Heidelberg 1986.

Fikentscher, Wolfgang, Schuldrecht, 9. Auflage, Berlin New York 1997.

Fischer, Reinfried / *Klanten*, Thomas: Bankrecht, 3. Auflage, Köln 2000.

Fleischer, Holger: Vorvertragliche Pflichten im Schnittfeld von Schuldrechtsreform und Gemeinschaftsprivatrecht – dargestellt am Beispiel der Informationspflichten in: *Schulze*, Reiner / *Schulte-Nölke*, Hans (Hrsg.), Die Schuldrechtsreform vor dem Hintergrund des Gemeinschaftsrechts, Tübingen 2001, 243-267 (zit.: *Fleischer* in: Schulze/Schulte-Nölke, 243).

Flume, Werner: Allgemeiner Teil des Bürgerlichen Rechts, Band 2, Das Rechtsgeschäft, 3. Auflage, Berlin Heidelberg New York 1979.

Frotz, Gerhard: Die rechtsdogmatische Einordnung der Haftung für culpa in contrahendo, in: Faistenberger, Christoph / Mayrhofer, Heinrich (Hrsg.), Privatrechtliche Beiträge, Gedenkschrift Franz Gschnitzer, Aalen 1969, 163-180 (zit.: *Frotz*, FS Gschnitzer).

Gaede: Berthold, Die Haftung der Banken für Kreditauskünfte, Diss. Köln 1970.

Gavalda, Christian / *Stoufflet*, Jean: Droit bancaire, Institutions – Comptes – Opération – Services, 4. Auflage, Paris 1999 (zit: *Gavalda/Stoufflet*, Droit bancaire).

Gavalda, Christian / *Stoufflet*, Jean: Droit du crédit, Band 1, Les institutions, Paris 1990 (zit.: *Gavalda/Stoufflet*, Droit crédit).

Gavalda, Christian / *Stoufflet*, Jean: Chronique de droit bancaire, Juris-Classeur périodique 1979, I, 2965 (zit.: *Gavalda/Stoufflet*, J.C.P. 1979, I, 2965).

Gavalda, Christian / *Stoufflet*, Jean: Anmerkung zu CA Paris 23.4.1976, Chronique de droit bancaire, Juris-Classeur périodique 1978, I, 2902 (zit.: *Gavalda/Stoufflet*, J.C.P. 1978, I, 2902).

Gavalda, Christian / *Stoufflet*, Jean: Anmerkung zu Trib. com. Versailles 24.6.1981, Chronique de droit bancaire, Juris-Classeur périodique 1984, éd. C, II, 14152 (zit.: *Gavalda/Stoufflet*, J.C.P. 1984, éd. C, II, 14152).

Gérard, Y., La responsabilité du banquier, Banque et droit, Nr. spécial „Evolutions jurisprudentielles 1990", 11 ff. (zit.: *Gérard*, Banque et droit. 1990, 11).

Gernhuber, Joachim: Das Schuldverhältnis, Begründung und Änderung, Pflichten und Strukturen, Drittwirkungen, Band 8 der Reihe: Handbuch des Schuldrechts in Einzeldarstellungen, Tübingen 1989.

Ghestin, Jacques: Anmerkung zu Cass. ass. plén., 12.7.1991, Dalloz 1991, jurisprudence, 549-556 (zit.: *Ghestin*, Anm. zu Cass. ass. plén., 12.7.1991, Dalloz 1991, jurisprudence, 549).

Ghestin, Jacques / *Jamin*, Christophe / *Billiau*, Marc: Traité du droit civil, Les effets du contrat, 2. Auflage, Paris 1994.

Gotthardt, Peter: Frankreich in: v. Bar, Christian (Hrsg.), Deliktsrecht in Europa, Landesberichte Frankreich, Griechenland, München 1993, 1-77 (zit.: *Gotthartd* in: v. Bar, Deliktsrecht in Europa).

Grelon, Bernard: Les entreprises de services, Paris 1978.

Grillet / Vayssée, C.: Anmerkung zu CA Rouen 30.6.1851, Dalloz 1853 II, 154 (zit.: Anm. *Grillet/Vaysse*, CA Rouen 30.6.1851, Dalloz 1853 II, 154).

Grua, Francois: Contrats Bancaires, Bd. 1 Contrats de services, Paris 1990.

Grua, Francois: Banquier, Fasc. 335-4, Art. 1382 à 1386, Juris-Classeur, Responsabilité civil, Loseblattsammlung, Stand 1998 (zit.: Grua JCl. Art. 1382 à 1386, Banquier, Fasc. 335-4).

Grunewald, Barbara: Zur Haftung von Fachleuten im Zivilrechtsverkehr, Juristen-Zeitung 1982, 627-632 (zit.: *Grunewald*, JZ 1982, 627).

Grunewald, Barbara: Zur Haftung des Experten für seine Expertise gegenüber Dritten, Archiv für die civilistische Praxis 187 (1987), 285-308 (*Grunewald*, AcP 187 [1987], 285).

Grunewald, Barbara: Die Haftung des Abschlußprüfers gegenüber Dritten, Zeitschrift für Unternehmens- und Gesellschaftsrecht, 1999, 583-600 (zit.: *Grunewald*, ZGR 1999, 583).

Haas, Lothar / *Medicus*, Dieter / *Rolland*, Walter / *Schäfer*, Carsten / *Wendtland*, Holger: Das neue Schuldrecht, München 2002 (zit.: Haas/Medicus/Rolland/Schäfer/Wendtland- *Bearb*.).

Hadding, Walther: Drittschadensliquidation und „Schutzwirkung für Dritte" im bargeldlosen Zahlungsverkehr in: Festschrift Winfried Werner, Berlin New York 1984, 165 ff.

Haferkamp, Hans-Peter: Der Vertrag mit Schutzwirkung für Dritte nach der Schuldrechtsreform – ein Auslaufmodell? in: Dauner-Lieb, Barbara / Konzen, Horst / Schmidt, Karsten (Hrsg.), Das neue Schuldrecht in der Praxis Akzente – Brennpunkte – Ausblick, Köln Berlin Bonn München 2003, 171-181 (zit.: *Haferkamp* in: Dauner-Lieb/Konzen/K. Schmidt, 171).

Hagen, Horst: Die Drittschadensliquidation im Wandel der Rechtsdogmatik, Frankfurt a. M. 1971.

Hartmann, Haymo: Haftung für Vermögensschäden im Zusammenhang mit der Heraus-gabe von Prospekten über Abschreibungsgesellschaften, Diss. Passau 1989.

Häuser, Franz: Giroverhältnis, in: Gutachten und Vorschläge zur Überarbeitung des Schuldrechts, 2. Band, Köln 1981, 1317-1426.

Heck, Philipp: Grundriß des Schuldrechts, Tübingen 1929.

Henssler, Martin / *Graf v. Westphalen*, Friedrich: Praxis der Schuldrechtsreform, 2. Auflage Recklinghausen 2003 (zit.: Henssler/Graf v. Westphalen-*Bearb*.).

Herrmann, Harald: Die Sachwalterhaftung vermögenssorgender Berufe, Juristen-Zeitung 1983, 422-430 (zit: *Herrmann*, JZ 1983, 422).

Heymann, Ernst / *Horn*, Norbert: Handelsgesetzbuch, Band 4, Berlin New York 1997.

Hirte, Heribert: Berufshaftung, München 1996.

Hohenlohe-Oehringen, Peter Prinz zu: Die Rechtsprechung zur Auskunftshaftung, Der Betriebs-Berater, 1986, 894-895 (zit.: *Hohenlohe-Oehringen*, BB 1986, 894).

Hohloch, Gerhard: „Vertrauenshaftung" – Beginn einer Konkretisierung?, Neue Juristische Wochenschrift 1979, 2369-2374 (zit.: *Hohloch*, NJW 1979, 2369).

Honsell, Heinrich: Die Haftung für Gutachten und Auskunft unter besonderer Berücksichtigung von Drittinteressen in: Festschrift für Dieter Medicus: Zum 70. Geburtstag, Köln 1999, 211 - 233 (*Honsell*, FS Medicus).

Honsell, Heinrich: Probleme der Haftung für Auskunft und Gutachten, Juristische Schulung 1976, 621-629 (zit.: *Honsell*, JuS 1976, 621).

Honsell, Heinrich: Anmerkung zum Urteil des BGH vom 23.1.1985 – IV a ZR 66/83, Juristen-Zeitung 1985, 952-954 (zit.: *Honsell*, JZ 1985, 952).

Hopt, Klaus J.: Der Kapitalanlegerschutz im Recht der Banken,1975.

Hopt, Klaus J.: Nichtvertragliche Haftung außerhalb von Schadens- und Bereicherungsausgleich, Archiv für civilistische Praxis 183 (1983), 608-724 (zit.: *Hopt*, AcP 183 [1983], 608).

Hopt, Klaus J.: Die Haftung des Wirtschaftsprüfers Rechtsprobleme zu § 323 HGB (§ 168 AktG a. F.) und zur Prospekt- und Auskunftshaftung in: Festschrift für Klemens Pleyer zum 65. Geburtstag, Köln Berlin Bonn München 1986, 341 ff. (zit.: *Hopt*, FS Pleyer).

Hopt, Klaus J.: Funktion, Dogmatik und Reichweite der Aufklärungs-, Warn- und Beratungspflichten der Kreditinstitute in: Festschrift für Joachim Gernhuber zum 70 Geburtstag, Tübingen 1993, 169-189 (zit.: *Hopt*, FS Gernhuber).

Huber, Konrad: Verkehrspflichten zum Schutz fremden Vermögens in: Festschrift für Ernst von Caemmerer zum 70. Geburtstag, Tübingen 1978, 359-388 (zit.: *Huber*, FS v. Caemmerer).

Huber, Peter / *Faust*, Florian: Schuldrechtsmodernisierung, München 2002.

Hübner, Heinz: Zurechnung statt Fiktion einer Willenserklärung in: Festschrift Hans Carl Nipperdey zum 70. Geburtstag, Band I, München Berlin 1965, 373-400 (zit.: *Hübner* H., FS Nipperdey).

Hübner, Ulrich / *Constantinesco*, Vlad: Einführung in das französische Recht, 4. Auflage, München 2001.

Hübner, Ulrich: Das deutsche und das französische Recht der außervertraglichen Haftung aus der Sicht eines deutschen Juristen in: Ebenroth, Carsten / Rouger, Michel, (Hrsg.), Die außervertraglichen unternehmerischen Verhaltenspflichten zum Schutze fremden Vermögens, Heidelberg 1993, 42 ff. (zit.: *Hübner* in: Ebenroth/Rouger, 42).

Huet, Jérôme: Responsabilité contractuelle et responsabilité délictuelle, thèse, Paris 1978.

Huet, Jérôme: Anmerkung zu Cass. com. 24.11.1983, Revue trimestrielle du droit civil 1984, 504-522 (zit.: *Huet*, Rev. trim. dr. civ. 1984, 504).

Huet, Jérôme: Anmerkung zu Cass. civ. 12.12.1984, Revue trimestrielle du droit civil 1986, 759-784 (zit.: *Huet*, Rev. trim. dr. civ. 1986, 759).

Hugueney, Louis : Anmerkung zu Cass. req. 27.11.1911, Recueil Sirey, 1915, I, 113-115 (zit.: *Hugueney*, Anm. zu Cass. req. 27.11.1911, Recueil Sirey, 1915, I, 113).

Izorche, Marie-Laure: Stichwort „action directe" in: Dalloz, Encyclopédie juridique, Répertoire de droit civil, Band I, Hrsg.: Jean-Luc Aubert, Loseblattsammlung, Stand 1996 (zit.: *Izorche*, Rép. de droit civil, action directe).

Jamin, Christophe: Une restauration de l'effet relatif du contrat, Dalloz 1991, Chronique XLIX, 257-264 (zit.: *Jamin*, Dalloz 1991, Chronique XLIX).

Jauernig, Othmar: Bürgerliches Gesetzbuch, 11. Auflage, München 2004 (zit.: Jauernig-*Bearb.*).

Josserand, Louis: Cours de droit civil positif francais, Band 2, Théorie générale des obligations, 3. Auflage, Paris 1939.

Jost, Fritz: Vertragslose Auskunfts- und Beratungshaftung, Baden-Baden 1991.

Jourdain, Patrice: Anmerkung zu Cass. com. 17.2.1987, Dalloz 1987, jurisprudence, 543-545 (zit.: : *Jourdain*, Anm. zu Cass. com. 17.2.1987 Dalloz 1987, jurisprudence, 543).

Jourdain, Patrice: Anmerkung zu Cass. civ. 1re, 8.3.1988, Revue trimestrielle droit civil 1988, 760-791 (zit.: Anm. *Jourdain*, Rev. trim. dr. civ. 1988, 760.

Jourdain, Patrice: Anmerkung zu Cass. civ. 1re, 8.3.1988, Juris-Classeur périodique (semaine juridique) 1988, II, 21070 (zit.: *Jourdain*, Anm. zu Cass. civ. 1re 8.3.1988, J.C.P. 1988, II, 21070).

Jourdain, Patrice: Anmerkung zu Cass. civ. 1e, 21.6.1988, Juris-Classeur périodique
(semaine juridique) 1988, 21125 (zit.: *Jourdain*, Anm. zu Cass. civ. 1re 21.6.1988, J.C.P. 1988, 21125).

Jourdain, Patrice: Anmerkung zu Cass. civ. 1e, 21.6.1988, Revue trimestrielle droit civil 1990, 287-298 (zit.: Anm. *Jourdain*, Rev. trim. dr. civ. 1990, 287).

Jourdain, Patrice: La nature de la responsabilité civile dans les chaînes de contrats après l'arrêt d'Assemblée plénière du 12 juillet 1991, Dalloz 1992, Chronique XXX, 149-156 (zit.: *Jourdain*, Dalloz 1992, Chronique XXX, 149).

Karilla, Jean-Pierre: L'action directe du maître de l'ouvrage à l'encontre du sous-traitant est nécessairement de nature délictuelle, Gazette du Palais 1992, 1, doctrine 18-24 (zit.: *Karilla*, Gaz. Pal. 1992, 1, doctrine 18).

Kirchherr, Roland / *Stützle*, Rudolf: Aktuelle Probleme aus der Rechtsprechung und Rechtspraxis zu Bankgeheimnis und Bankauskunft, 2. Auflage, Köln 1983.

Köndgen, Johannes: Selbstbindung ohne Vertrag, Tübingen 1981.

Köndgen, Johannes: Neue Entwicklungen im Bankhaftungsrecht, Köln 1987 (zit.: *Köndgen*, Bankhaftungsrecht).

Köndgen, Johannes: Die Positivierung der *culpa in contrahendo* als Frage der Gesetzgebungsmethodik in: *Schulze*, Reiner / *Schulte-Nölke*, Hans (Hrsg.), Die Schuldrechtsreform vor dem Hintergrund des Gemeinschaftsrechts, Tübingen 2001, 232-242 (zit.: *Köndgen* in: Schulze/Schulte-Nölke, 232).

Kötz, Hein: Deliktsrecht, 9. Auflage, Neuwied 2001.

Koziol, Helmut, Delikt, Verletzung von Schuldverhältnissen und Zwischenbereich, Juristische Blätter 1994, 209-223 (zit.: *Koziol*, JBl 1994, 209).

Krebs, Peter: Sonderverbindung und außerdeliktische Schutzpflichten, München 2000.

Kullmann, Jérôme: Cass. civ. 3e 28.3.1990, Dalloz 1991, jurisprudence, 25-32 (zit.: *Kullmann*, Anm. zu Cass. civ. 3e 28.3.1990, Dalloz 1991, jurisprudence, 25).

Kümpel, Siegfried: Bank- und Kapitalmarktrecht, 2. Auflage, 2000.

Labbé, J.E.: Anmerkung zu Cass. req. 27.11.1884, Cass. req. 18.6.1885; Cass. req. 25.4.1885, Recueil Sirey, 1885, IV, 25-29 (zit.: Anm. *Labbé*, Cass. req. 27.11.1884, Cass. req. 18.6.1885, Cass. req. 24.4.1885, Cass. req. 28.4.1818, Recueil Sirey, 1885, IV, 25).

Lalou, Henri: Traité pratique de la responsabilité civile, 6. Aufl., Paris 1962.

Lammel, Siegbert: Zur Auskunftshaftung, Archiv für civilistische Praxis 179 (1979), 337-366 (zit.: *Lammel*, AcP 179 (1979), 337).

Land, Volker: Wirtschaftsprüferhaftung gegenüber Dritten in Deutschland, England und Frankreich, Frankfurt am Main 1996.

Lang, Arno: Die Rechtsprechung des Bundesgerichtshofes zur Dritthaftung der Wirtschaftsprüfer und anderer Sachverständiger, Zeitschrift für Wirtschafts- und Bankrecht, Wertpapiermitteilungen 1988, 1001-1008 (zit.: *Lang*, WM 1988, 1001).

Larenz, Karl / *Canaris*, Claus-Wilhelm: Lehrbuch des Schuldrechts, 2. Band, Besonderer Teil, 2. Halbband, 13. Auflage 1994.

Larroumet, Christian: L'effet relatif des contrats et la négation de léxistance d'une action en responsabilité nécessairement contractuelle dans les ensembles contractuels, Juris-Classeur périodique (semaine juridique) 1991, I, 3531 (zit.: *Larroumet*, J.C.P. 1991, I, 3531).

Larroumet, Christian: Obligation essentielle et clause limitative de responsabilité, Recueil Dalloz 1997, Chronique, 145-146 (zit.: *Larroumet*, Dalloz 1997, Chronique).

Larroumet, Christian: Anmerkung zu Cass. civ. 1re 21.6.1988, Dalloz 1989, jurisprudence, 5 ff. (zit.: *Larroumet*, Anm. zu Cass. civ. 1re 21.6.1988, Dalloz 1989, jurisprudence, 5).

Légier, Gérard: Stichwort «responsabilité contractuelle» in: Dalloz, Encyclopédie juridique, Répertoire de droit civil, Band IX, Hrsg.: Pierre Raynaud, Jean-Luc Aubert, Loseblattsammlung, Stand 2000 (zit.: *Légier* in: Rép. de droit civil, responsabilité contractuelle).

Lemaignan, Alain / *Moreau*, Dominique: Juris-Classeur, Responsabilité civile, Art. 1382 à 1386, Fasc. 376, Expert-comptable, Loseblattsammlung Stand 1993 (zit.: *Lemaignan/ Moreau*, JCl. Civ. Art. 1382 à 1386, Expert-comptable).

Littbarski, Sigurd: Strenge Haftung des Sachverständigen – Sicherheit für den Auftraggeber?, Zeitschrift für Wirtschaftsrecht und Insolvenzpraxis, 1996, 812-816 (zit. *Littbarski*, ZIP 1996, 812).

Loges, Rainer: Die Begründung neuer Erklärungspflichten und der Gedanke des Vertrauensschutzes, Diss. Göttingen 1990.

Lorenz, Stephan / *Riehm*, Thomas: Lehrbuch zum neuen Schuldrecht, München 2002.

Lorenz, Werner: Das Problem der Haftung für primäre Vermögensschäden bei der Erteilung einer unrichtigen Auskunft, Festschrift für Karl Larenz zum 70. Geburtstag, München 1973, 575-620 (*Lorenz*, 1. FS Larenz).

Malaurie, Philippe / *Aynès,* Laurent: Cour de droit civil, Les obligations, 10. Auflage, Paris 1999/2000.

Malaurie, Philippe / *Aynès,* Laurent: Cour de droit civil, Les obligations, Band 2, Contrats Quasi-contrat, 11. Auflage, Paris 2001 (zit.: *Malaurie/Aynès*, Obligation Bd. 2).

Malaurie, Philippe / *Aynès,* Laurent: Cour de droit civil, Les obligations, Band 3, Le régime général, 11. Auflage, Paris 2001 (zit.: *Malaurie/Aynès*, Obligation Bd. 3).

Malaurie, Philippe / *Aynès,* Laurent: Cour de droit civil, Les obligations, 4. Auflage, Paris 1992 (zit.: *Malaurie/Aynès*, 4. Auflage).

Mansel, Heinz-Peter: Immaterialität, Ubiquität und Paradoxität der Information und des Produkthaftungsgesetz: The medium is no longer the message, in: Festschrift Rolf A. Schütze, München 1999, 485-501 (zit.: *Mansel*, FS Schütze, 485).

Mansel, Heinz-Peter: Reziprozität und Utilität als Auslegungselement bei konkludentem Vertragsschluß – am Beispiel unentgeltlicher Informationsgewährung, in: Gedächtnisschrift Alexander Lüderitz, München 2000, 487-513 (zit.: *Mansel*, GS Lüderitz, 487).

Mansel, Heinz-Peter: Eigen- und Fremdverantwortung im Haftungsrecht – Zu den außer-juristischen Triebkräften der Haftungsverschärfung, in: Festschrift Dieter Henrich, Bielefeld 2000, 425-442 (zit.: *Mansel*, FS Henrich, 425).

Mansel, Heinz-Peter; Informationshaftungsrechtliche Verkehrspflichten im Rahmen des § 823 Abs. 1 BGB in: Festschrift Werner Lorenz, München 2001, 215-227 (zit.: *Mansel*, FS Lorenz, 215).

Marty, Gabriel / *Raynaud,* Pierre: Droit civil, Les obligations, Band 1, Les sources, 2. Auflage, Paris 1988.

Marty, Gabriel / *Raynaud,* Pierre / *Jestaz*, Philippe: Droit civil, Les obligations, Band 2, le rêgime, Paris 1989.

Mayer-Maly, Theo: Das Bewußtsein der Sittenwidrigkeit, Karlsruhe 1971.

Mazeaud, Henri und Léon / *Tunc,* André: Traité théorique et pratique de la responsabilité civile délictuelle et contractuelle, Bd. 1, 6. Auflage, Paris 1965.

Mazeaud, Henri, Léon und Jean / *Chabas,* Francois: Lecons de droit civil, Band II/1, Obligations, théorie générale, 8. Auflage, Paris 1991.

Mazeaud, Henri, Léon und Jean / *de Juglart*, Michel: Lecon de droit civil, Band III/2, Principaux de contrats, Vente, échange, 6. Auflage, Paris 1984.

Mazeaud, Léon: L´assimilation de la faute lourde au dol, Dalloz 1933, Chronique, 49.

Medicus, Dieter: Bürgerliches Recht, 20. Auflage 2004.

Mertens, Hans-Joachim: Deliktsrecht und Sonderprivatrecht, Archiv für civilistische Praxis 178 (1978), 227-262 (zit.: *Mertens*, AcP 178 [1978], 227).

Mestre, Jacques: Anmerkung zu Cass. civ. 1re, 8.3.1988, Revue trimestrielle de droit civil 1988, 732-760 (zit.: *Mestre*, Rev. trim. dr. civ. 1988, 732).

Michel, Antje: Die Bankauskunft, Diss. jur. Marburg 2000.

Mimin, Pierre: Anmerkung zu Cass. req., 21.6.1937, Dalloz 1938, I, 28-31 (zit.: Anm. *Mimin*, Cass. req., 21.6.1937, Dalloz 1938 I, 28).

Möschel, Wernhard: Dogmatische Strukturen des bargeldlosen Zahlungsverkehrs, Archiv für civilistische Praxis 186 (1986), 187-236 (zit.: *Möschel*, AcP 186 [1986], 187).

Motulsky, Henri: Die Zurechenbarkeit des Kausalzusammenhangs im französischen Schadensersatzrecht, Zeitschrift für ausländisches und internationales Privatrecht 25 (1960), 242-260 (zit.: *Motulsky*, RabelsZ 25 [1960], 242).

Mourier, Régis: Conclusion prises devant l´Assemblée plénière, Rapport de la Cour de Cassation 1991 (La documentation francaise), Paris 1992.

Müller, Fredy: Auskunftshaftung nach deutschem und englischem Recht, Berlin 1995, Diss. jur. Freiburg 1994.

Münchener Kommentar zum Bürgerlichen Gesetzbuch: Band 1, Allgemeiner Teil, §§ 1-240, 4. Auflage München 2001 (zit.: MüKo-*Bearb.*).

Münchener Kommentar zum Bürgerlichen Gesetzbuch: Band 2, Schuldrecht Allgemeiner Teil, §§ 241-432, 4. Auflage München 2001 (zit.: MüKo-*Bearb.*).

Münchener Kommentar zum Bürgerlichen Gesetzbuch: Band 4 Besonderer Teil II, §§ 607-704, 3. Auflage München 1997 (zit.: MüKo-*Bearb.*).

Münchener Kommentar zum Bürgerlichen Gesetzbuch: Band 5 Schuldrecht Besonderer Teil III §§ 705-853, 4. Auflage, München 2004 (zit.: MüKo-*Bearb.*).

Münchener Kommentar zum Handelsgesetzbuch: Band 5 viertes Buch Handelsgeschäfte Erster Abschnitt Allgemeine Vorschriften §§ 343-372, München 2001 (zit.: MüKo-*Bearb.*).

Musielak, Hans Joachim: Haftung für Rat, Auskunft und Gutachten, Berlin New York 1974.

Musielak, Hans Joachim: Die Bankauskunft nach dem Recht der Bundesrepublik Deutschland in: Hadding, Walter/Schneider, Uwe (Hrsg.), Bankge-heimnis und Bankauskunft in der Bundesrepublik Deutschland und in ausländischen Rechtsordnungen, 1986. (zit.: *Musielak* in: Hadding/ Schneider).

Musielak, Hans Joachim: Die „gefestigte Rechtsprechung" des Bundesgerichtshofs zum Zustandekommen eines Auskunftsvertrages mit einer Bank, Zeitschrift für Wirtschafts- und Bankrecht, Wertpapiermitteilungen 1999, 1593-1644 (zit.: *Musielak*, WM 1999, 1593).

Müssig, Peter: Falsche Auskunftserteilung und Haftung, Neue Juristische Wochenschrift 1989, 1697-1704 (zit.: *Müssig*, NJW 1989, 1697).

Nann, Werner: Wirtschaftsprüferhaftung, Geltendes Recht und Reformüberlegungen, Frankfurt u.a. 1985.

Néret, Jean: Le sous-contrat, Paris 1979.

Nirk, Rudolf: Vertrauenshaftung Dritter bei Vertragsdurchführung? in: Festschrift für Fritz Hauß zum 70. Geburtstag, Karsruhe 1978, 267-285 (zit.: *Nirk*, FS Hauß, 267).

Nobbe, Gert: Neue höchstrichterliche Rechtsprechung zum Bankrecht, 6. Auflage 1995.

Olzen, Dirk / *Wank*, Rolf: Die Schuldrechtsreform – Eine Einführung, Köln Berlin Bonn München 2002.

Palandt, Otto: Bürgerliches Gesetzbuch, 65. Auflage, München 2005 (zit.: Palandt-*Bearb.*).

Palandt, Otto: Gesetz zur Modernisierung des Schuldrechts, Ergänzungsband zu Palandt, Bürgerliches Gesetzbuch, 61. Auflage, München 2002 (zit.: Palandt-*Bearb.*, SchMoG).

Peters, Frank: Zum Problem der Drittschadensliquidation, Archiv für civilistische Praxis 180 (1980), 329-372 (zit.: *Peters*, AcP 180 [1980], 329).

Philipowski, Rüdiger: Die Geschäftsverbindung – Tatsachen und rechtliche Bedeutung, Heidelberg 1963.

Picker, Eduard: Positive Forderungsverletzung und culpa in contrahendo - Zur Problematik der Haftungen „zwischen" Vertrag und Delikt, Archiv für civilistische Praxis 183 (1983), 369-524 (zit.: *Picker*, AcP 183 [1983], 369).

Picker, Eduard: Vertragliche und deliktische Schadensersatzhaftung, Überlegungen zu einer Neustrukturierung der Haftungssysteme, Juristen-Zeitung 1987, 1041-1058 (zit.: *Picker*, JZ 1987, 1041).

Picker, Eduard: Gutachterhaftung – Außervertragliche Einstandspflichten als innergesetzliche Rechtsfortbildung, Festschrift für Dieter Medicus: Zum 70 Geburtstag, Köln 1999, 397-447 (zit.: *Picker*, FS Medicus, 397).

Pikart, Heinz: Die neuere Rechtsprechung des Bundesgerichtshofs zur Haftung für Ratschläge und Auskünfte, Zeitschrift für Wirtschafts- und Bankrecht, Wertpapiermit-teilungen 1966, 698-705 (zit.: *Pikart*, WM 1966, 698).

Piot, Jacques: Les renseignements bancaires et le secret professionel, Revue de jurisprudence commercial (Journal des agréés) 1977, Numéro special, Rôle et responsabilité des banques, 349 ff (zit.: *Piot*, Rev. jur. com. 1977, 349).

Planiol, Marcel: Études sur la responsabilité civile, Première étude du fondement de la responsabilité préliminaires, Revue critique de législation et de jurisprudence. 1905, 277-292 (zit.: *Planiol*, Rev. crit. leg. Juris 1905, 277).

Reboul, Nadège: Les contrats de conseil, d'Aix-Marseille 1999.

Rémy, Philippe: Anmerkung zu Cass. civ. 1re 8.3.1988, Revue trimestrielle de droit civil 1988, 547-553, (zit.: *Rémy*, Rev. trim. dr. civ. 1988, 547).

Rémy, Philippe: Anmerkung zu Cass. civ. 1re 21.6.1988, Revue trimestrielle de droit civil 1989, 104-111 (zit.: *Rémy*, Rev. trim. dr. civ. 1989, 104).

RGRK: Reichsgerichtsrätekommentar, Großkommentar der Praxis, Kommentar zum Bürgerlichen Gesetzbuch, Band II, 1. Teil, §§ 241-413, 12. Auflage, Berlin New York 1976. (zit.: RGRK-*Bearb.*).

RGRK: Reichsgerichtsrätekommentar, Großkommentar der Praxis, Kommentar zum Bürgerlichen Gesetzbuch, Band II, 4. Teil, §§ 631-811, 12. Auflage, Berlin New York 1978. (zit.: RGRK-*Bearb.*).

RGRK: Reichsgerichtsrätekommentar, Großkommentar der Praxis, Kommentar zum Bürgerlichen Gesetzbuch, Band II, 5. Teil, §§ 812-831, 12. Auflage, Berlin New York 1989 (zit.: RGRK-*Bearb.*).

RGRK: Reichsgerichtsrätekommentar, Großkommentar der Praxis, Kommentar zum Handelsgesetzbuch, 3. Band, §§ 343-372, 2. Auflage, Berlin 1963 (zit.: RGRK-*Bearb.*).

Rieble, Volker: Die Kodifikation der culpa in contrahendo in: Dauner-Lieb, Barbara / Konzen, Horst / Schmidt, Karsten (Hrsg.), Das neue Schuldrecht in der Praxis Akzente – Brennpunkte – Ausblick, Köln Berlin Bonn München 2003, 137-157 (zit.: *Rieble* in: Dauner-Lieb/Konzen/K. Schmidt, 137).

Ripert, Georges : Anmerkung zu Cass. req. 27.7.1925, Dalloz 1926 I, 5 (zit.: *Ripert*, Anm. zu Cass. req. 27.7.1925, Dalloz 1926 I, 5).

Rives-Lange, Jean-Louis / *Contamine-Raynaud*, Monique: Droit bancaire, 6. Auflage, Paris 1995.

Routier, Richard: La responsabilité du banquier, Paris 1997.

Rümker, Dietrich: Vertrauenshaftung- ein Strukturprinzip des Bankvertragsrechts?, Zeitschrift für das gesamte Handels- und Wirtschaftsrecht 147 (1983), 27-42 (zit.: *Rümker*, ZHR 147 [1983], 27).

Savatier, René: Les contrats de conseil professionel en droit privé, Recueil Dalloz Sirey, Chronique XXIII, Paris 1972 (zit.: *Savatier*, Dalloz 1972, Chr. XXIII).

Savatier, René: Traité de la responsabilité civile en droit francais, Band I, Les sources de la responsabilité civile, 2. Auflage, Paris 1951.

Savatier, René: Le prétendu principe de l'effet relatif des contrats, Revue trimestrielle de droit civil 1934, 525-545 (zit.: *Savatier*, Rev. trim. dr. civ. 1934, 525).

Scheerer, Hans-Peter: Probleme der Haftung der Kreditinstitute für die Erteilung von Auskünften in Deutschland und Frankreich unter besonderer Berücksichtigung der Haftungsfreizeichnungsklauseln in: Festschrift für Johannes Bärmann zum 70. Geburtstag, München 1975, 801-821 (zit.: *Scheerer*, FS Bärmann, 801).

Schiemann, Gottfried: Wandlungen der Berufshaftung in: Festschrift Gernhuber zum 70. Geburtstag, Tübingen 1993, 386- 406 (zit.: *Schiemann*, FS Gernhuber, 386).

Schimansky, Herbert / *Bunte*, Herrmann-Josef / *Lwowski,* Hans-Jürgen, Bankrechts-Handbuch Band I, 2. Auflage, München 2001 (zit.: Schimansky/ Bunte/Lwowski-*Bearb.*).

Schimmel, Roland / *Buhlmann*, Dirk (Hrsg.): Frankfurter Handbuch zum neuen Schuldrecht, Neuwied 2002.

Schlegelberg, Franz: Handelsgesetzbuch, Band IV, §§ 343-372, 5. Auflage, München 1976 (zit.: Schlegelberg-*Bearb.*).

Schlenke Reinhard: Allgemeine Geschäftsbedingungen der Banken und AGB Gesetz, Berlin 1984.

Schmidt, Karsten: Handelsrecht, 5. Auflage, Köln 1999.

Schmidt-Salzer, Joachim: die „contrat d'adhesion“ und die sogenannte Unterwerfung unter Allgemeine Geschäftsbedingungen, Archiv für civilistische Praxis (167) 1967, 504-514 (zit.: *Schmidt-Salzer*, AcP [167] 1967, 504).

Schmitz, Erich: Dritthaftung aus culpa in contrahendo, Berlin 1980, Diss. Köln 1979.

Schmitz, Bernhard: Die Vertragshaftung des Wirtschaftsprüfers und Steuerberaters gegenüber Dritten, Der Betrieb 1989, 1909-1915 (zit.: *Schmitz*, DB 1989, 1909).

Schneider, Hannes: Reichweite der Expertenhaftung gegenüber Dritten, Zeitschrift für das gesamte Handels- und Wirtschaftsrecht 163 (1999), 246-237 (zit.: *Schneider*, ZHR 163 [1999], 246).

Schulze, Reiner / *Schulze-Nölke*, Hans (Hrsg.), Die Schuldrechtsreform vor dem Hintergrund des Gemeinschaftsrechts, Tübingen 2001.

Schumacher, Jörg / *Lada*, Valeska: Culpa in contrahendo und Sachverständigenhaftung nach neuem Schuldrecht, Zeitschrift für das gesamte Schuldrecht 2002, 450-465 (zit.: *Schumacher/Lada*, ZGS, 2002, 450).

Sichtermann, S. / *Feuerborn,* S. / *Kirchherr,* R. / *Terdenge,* R.: Bankgeheimnis und Bankauskunft, 3. Auflage, Frankfurt a. M. 1984.

Simon, P. / *Cordier*, R.: Précis de droit commercial et contentieux bancaire, Paris 1978.

Singer, Reinhard: Vertrauenshaftung beim Abbruch von Vertragsverhandlungen in: Beiträge für Claus-Wilhelm Canaris zum 65. Geburtstag, Kontinuität im Wandel der Rechtsordnung, (Hrsg. seine Schüler), München 2002, 135-157 (zit.: *Singer* in: Beiträge für Canaris zum 65. Geburtstag, 135).

Soergel, Hans Theodor: Kommentar zum Bürgerlichen Gesetzbuch, Band 2, Allgemeiner Teil 2, §§ 104-240, 13. Auflage, Stuttgart Berlin Köln 1999 (zit.: Soergel-*Bearb.*).

Soergel, Hans Theodor: Kommentar zum Bürgerlichen Gesetzbuch, Band 3, Schuldrecht I, §§ 241-432, 12. Auflage, Stuttgart Berlin Köln 1990 (zit.: Soergel-*Bearb.*).

Soergel, Hans Theodor: Kommentar zum Bürgerlichen Gesetzbuch, Band 4/2, Schuldrecht III/2, §§ 651a-704, 12. Auflage, Stuttgart Berlin Köln 1999 (zit.: Soergel-*Bearb.*).

Soergel, Hans Theodor: Kommentar zum Bürgerlichen Gesetzbuch, Band 5/2, Schuldrecht IV/2, §§ 823-853, 12. Auflage, Stuttgart Berlin Köln 1998 (zit.: Soergel-*Bearb.*).

Sonnenberger, Hans Jürgen / *Autexier*, Christian: Einführung in das französische Recht, 3. Auflage, Heidelberg 2000.

Sonnenberger, Hans Jürgen: Neue Wege der Produzentenhaftung im französischen Recht, Festschrift für Ernst Steindorff, Berlin / New York 1990, 777-798 (zit.: *Sonnenberger*, FS Steindorff).

Spitzenverbände des Kreditgewerbes: Bankgeheimnis und Bankauskunft in der Praxis, 1988.

Starck, Boris / *Roland,* Henri / *Boyer,* Laurent: Obligations, Responsabilité délictuelle, Band 1, 4. Auflage, Paris 1991 (zit.: *Starck/Roland/Boyer,* Obligations, Bd. 1).

Starck, Boris / *Roland,* Henri / *Boyer,* Laurent: Obligations, Contrat, Band 2, 5. Auflage, Paris 1995 (zit.: *Starck/Roland/Boyer*, Obligations, Bd. 2).

Starck, Boris / *Roland,* Henri / *Boyer,* Laurent: Obligations, Régime général, Band 3, 4. Auflage, Paris 1992 (zit.: *Starck/Roland/Boyer,* Obligations, Bd. 3).

Staudinger, J. von: Kommentar zum Bürgerlichen Gesetzbuch, Zweites Buch Recht der Schuldverhältnisse, §§ 328-359, Neubearbeitung 2004 (zit.: Staudinger-*Bearb.*).

Staudinger, J. von: Kommentar zum Bürgerlichen Gesetzbuch, Zweites Buch Recht der Schuldverhältnisse, §§ 652-704, 13. Bearbeitung, Berlin 1995 (zit.: Staudinger-*Bearb.*).

Staudinger, J. von: Kommentar zum Bürgerlichen Gesetzbuch, Zweites Buch Recht der Schuldverhältnisse, §§ 823-825, 13. Bearbeitung, Berlin 1999 (zit.: Staudinger-*Bearb.*).

Staudinger, J. von: Kommentar zum Bürgerlichen Gesetzbuch, Zweites Buch Recht der Schuldverhältnisse, §§ 826-829, Neubearbeitung 2003 (zit.: Staudinger-*Bearb.*).

Stoll, Hans: Vertrauensschutz bei einseitigen Leistungsversprechen in: Festschrift für Werner Flume zum 70. Geburtstag, Köln 1978, Band. 1, 741-773 (zit.: *Stoll*, FS Flume).

Strauch, Dieter: Rechtsgrundlagen der Haftung für Rat, Auskunft und Gutachten, Juristische Schulung 1992, 897-902 (zit.: *Strauch*, JuS 1992, 897).

Teichmann, Arndt, Strukturveränderungen im Recht der Leistungsstörungen nach dem Regierungsentwurf eines Schuldrechtsmodernisierungsgesetzes, Der Betriebs-Berater 2001, 1485 ff. (zit.: *Teichmann*, BB 2001, 1485).

Tendler, Roland, CA Lyon 27.10.1971, Dalloz 1972, 327-331 (zit.: *Tendler*, Anm. zu CA Lyon 27.10.1971, Dalloz 1972, 327).

Terré, Francois / *Simler,* Philippe / *Lequette,* Yves: Droit civil, Les Obligations, 7. Auflage, Paris 1999.

Teyssié, Bernard: Les groupes de contrats, Paris 1975.

Thomas, Heinz/*Putzo*, Hans: Kommentar zur Zivilprozeßordnung, 26. Auflage, München 2004.

Tourneau, Philippe le / *Cadiet*, Loic: Droit de la responsabilité et des contrats, 2. Auflage, Paris 2000/2001.

Tourneau, Philippe le: La responsabilité civile, 3. Auflage, Paris 1982.

Tourneau, Philippe le: Les professionels ont-ils du coeur?, Dalloz 1990, Chronique V, 21-26 (zit.: *Tourneau*, Dalloz 1990, Chronique V, 21).

Tourneau, Philippe le: De l'allégement de l'obligation de renseignements ou de conseil, Dalloz, Chronique XIX, 101-104 (zit.: *Tourneau*, Dalloz, Chronique XIX, 101).

Tunc, André: Stichwort «responsabilité (en général)» in: Dalloz, Encyclopédie juridique, Répertoire de droit civil, Band IX, Hrsg.: Pierre Raynaud, Jean-Luc Aubert, Loseblattsammlung, Stand 2000 (zit.: *Tunc* in: Rép. de droit civil, responsabilité [en général]).

Vasseur, Michel: Droit et economie bancaires, Les operation de banque, Fasc. I, 4. Auflage, Paris 1987-1988.

Vasseur, Michel: Des responsabilités encourues par le banquier à raison des informations, avis et conseils dispensés à ses clients, Banque 1983, 943 (zit.: *Vasseur*, Banque 1983, 943).

Vasseur, Michel: Anmerkung zu CA Aix en provence 12.11.1976, Dalloz 1978, inf. rap., 228 (zit.: *Vasseur*, Anm. zu CA Aix en provence 12.11.1976, Dalloz 1978, inf. rap., 228).

Veaux, Daniel: Contrats de conseil, Fasc. 430, Juris Classeur Contrats Distribution, Paris 1992 (zit.: *Veaux*, JCl. Contrats Distribution, Fasc. 430, Contrats de conseil).

Vezian, Jack: La responsabilité du banquier en droit privé francais, 3. Auflage, Paris 1983.

Viney, Geneviève: Traité de droit civil, Band IV, Les Obligations, La responsabilité, condition, Paris 1982 (zit.: *Viney*, condition).

Viney, Geneviève: La responsabilité des entreprises prestataires de conseils, Juris-Classeur Périodique, La Semaine juridique 1975, Doctrine, 2750 (zit.: *Viney*, J.C.P. 1975, Doctrine, 2750).

Viney, Geneviève: L'action en responsabilité entre participants à une chaîne de contrats, in: Mélanges dédiés à Dominique Holleaux, Hrsg.: Philippe Jestaz, Jean-Francois Pillebout, Paris 1990, 399-424 (zit.: *Viney* in: Mélanges Holleaux).

Virassamy, Georges J.: Les limites à l'information sur les affaires d'une entreprise, Revue trimestrielle droit commercial 1988, 179-217. (zit.: *Virassamy*, Rev. trim. dr. com. 1988, 179).

Wiegand, Annette: Die „Sachwalterhaftung“ als richterliche Rechtsfortbildung, Diss. Göttingen 1990.

Witz, Claude / *Wolter*, Gerhard: Vertragliche oder deliktische Haftung im Rahmen von „Vertragsgruppen“ (groupes de contrats) in Frankreich? Anmerkung zur Entscheidung der Cour de Cassation (Ass. Plén.) vom 12.7.1991, Zeitschrift für Europäisches Privatrecht 1993, 594-598 (zit.: *Witz/Wolter*, ZeuP 1993, 594).

Wolf, Manfred / *Horn*, Norbert / *Lindacher*, Walter: Gesetz zur Regelung des Rechts der Allgemeinen Geschäftsbedingungen, 4. Auflage, München 1999 (zit.: Wolf/Horn/Lindacher-*Bearb*.).

Zugehör, Horst: Beraterhaftung nach der Schuldrechtsreform, Rechtsanwälte, Steuerberater, Wirtschaftsprüfer, Recklinghausen 2002.

Zweigert, Konrad / *Kötz*, Hein: Einführung in die Rechtsvergleichung auf dem Gebiete des Privatrechts, Band 1: Grundlagen, 3. Auflage, Tübingen 1999.

STUDIEN ZUM VERGLEICHENDEN UND INTERNATIONALEN RECHT

Herausgeber: Bernd von Hoffmann, Erik Jayme und Heinz-Peter Mansel

Band 1 Ferdinand Henke: Die Datenschutzkonvention des Europarates. 1986.

Band 2 Peter Czermak: Der express trust im internationalen Privatrecht. 1986.

Band 3 Peter Kindler: Der Ausgleichsanspruch des Handelsvertreters im deutsch-italienischen Warenverkehr. Eine rechtsvergleichende und kollisionsrechtliche Untersuchung. 1987.

Band 4 Wilhelm Denzer: Stellung und Bedeutung des Engineers in den FIDIC-Bauvertragsbedingungen. 1988.

Band 5 Marijan-Maximilian Lederer: Die internationale Enteignung von Mitgliedschaftsrechten unter besonderer Berücksichtigung der französischen Enteignungen 1982. 1989.

Band 6 Rainer Esser: Klagen gegen ausländische Staaten. 1990.

Band 7 Chang Jae-Ok: Auf dem Weg zu einer Materialisierung des Immateriellen? Personen-, Persönlichkeitsschutz und Geldersatz des immateriellen Schadens in rechtsvergleichender Hinsicht am Beispiel des koreanischen und japanischen Zivilrechts unter besonderer Berücksichtigung des deutschen Rechts. 1990.

Band 8 Paul-Frank Weise: Lex mercatoria. Materielles Recht vor der internationalen Handelsschiedsgerichtbarkeit.1990.

Band 9 Werner Born: Der Auftrittsvertrag für Musikgruppen im Bereich der Rock- und Popmusik. 1990.

Band 10 Ralf Erich Jürgens: IPR und Verfassung in Italien und in der Bundesrepublik Deutschland. 1990.

Band 11 Rainer Gildeggen: Internationale Schieds- und Schiedsverfahrensvereinbarungen in Allgemeinen Geschäftsbedingungen vor deutschen Gerichten. 1991.

Band 12 Klaus Grabinski: Die kollisionsrechtliche Behandlung des Durchgriffs bei rechtlich verselbständigten Unternehmen in privater oder öffentlicher Hand. 1991.

Band 13 Dieter Stummel: Konkurs und Integration. Konventionsrechtliche Wege zur Bewältigung grenzüberschreitender Insolvenzverfahren. 1991.

Band 14 Joachim Güntzer: Die Rechtsstellung des Geschäftsführers im spanischen Aktienrecht. Die Neuregelung des spanischen Aktienrechts nach dem Beitritt Spaniens zur EG. 1991.

Band 15 Sabine Isenburg-Epple: Die Berücksichtigung ausländischer Rechtshängigkeit nach dem Europäischen Gerichtsstands- und Vollstreckungsübereinkommen vom 27.9.1968. Untersuchungen zum Anwendungsbereich von Art. 21 EuGVÜ unter schwerpunktmäßiger Behandlung der Frage nach der Bestimmung eines europäischen Streitgegenstandsbegriffs. 1992.

Band 16 Ulrich Nickl: Die Qualifikation der culpa in contrahendo im Internationalen Privatrecht. 1992.

Band 17 Theo Rauh: Leistungserschwerungen im Schuldvertrag. Eine rechtsvergleichende Untersuchung des englischen, US-amerikanischen, französischen und deutschen Rechts unter besonderer Berücksichtigung der gerichtlichen Praxis. 1992.

Band 18 Bernadette Chaussade-Klein: Vorvertragliche "obligation de renseignements" im französischen Recht. 1992.

Band 19 Josef Sievers: Verbraucherschutz gegen unlautere Vertragsbedingungen im französischen Recht. Vom Code civil zum "Code de la consommation" – die Entstehung eines Sonderprivatrechts für Verbraucher. 1993.

Band 20 Achim Schäfer: Grenzüberschreitende Kreditsicherung an Grundstücken, unter besonderer Berücksichtigung des deutschen und italienischen Rechts. 1993.

Band 21 Eugenio Hernández-Breton: Internationale Gerichtsstandsklauseln in Allgemeinen Geschäftsbedingungen. Unter besonderer Berücksichtigung des deutsch-südamerikanischen Rechtsverkehrs (dargestellt am Beispiel Argentinien, Brasilien und Venezuela). 1993.

Band 22 Ingo Reng: Unterhaltsansprüche aufgrund nichtehelicher Lebensgemeinschaft – Internationales Privatrecht und ausländisches materielles Recht. 1994.

Band 23 Stefanie Roloff: Die Geltendmachung ausländischer öffentlicher Ansprüche im Inland. 1994.

Band 24 Katharina Ludwig: Der Vertragsschluß nach UN-Kaufrecht im Spannungsverhältnis von Common Law und Civil Law. Dargestellt auf der Grundlage der Rechtsordnungen Englands und Deutschlands. 1994.

Band 25 Malte Diesselhorst: Mehrparteienschiedsverfahren. Internationale Schiedsverfahren unter Beteiligung von mehr als zwei Parteien. 1994.

Band 26 Manfred Kost: Konsensprobleme im internationalen Schuldvertragsrecht. 1995.

Band 27 Wolff-Heinrich Fleischer: Das italienische Wettbewerbsrecht und die Probleme des selektiven Parfümvertriebs unter Berücksichtigung der Rechtslage in Frankreich und Deutschland. 1995.

Band 28 Angelika Fuchs: Lateinamerikanische Devisenkontrollen in der internationalen Schuldenkrise und Art. VIII Abschn. 2 b) IWF-Abkommen. 1995.

Band 29 Jacques Matthias Aull: Der Geltungsanspruch des EuGVÜ: "Binnensachverhalte" und Internationales Zivilverfahrensrecht in der Europäischen Union. Zur Auslegung von Art. 17 Abs. 1 S. 1 EuGVÜ. 1996.

Band 30 Hartmut Ost: EVÜ und fact doctrine. Konflikte zwischen europäischer IPR-Vereinheitlichung und der Stellung ausländischen Rechts im angelsächsischen Zivilprozeß. 1996.

Band 31 Stefan Wagner: Die Testierfähigkeit im Internationalen Privatrecht. 1996.

Band 32 Wolfgang Jakob Hau: Positive Kompetenzkonflikte im Internationalen Zivilprozeßrecht. Überlegungen zur Bewältigung von *multi-fora disputes*. 1996.

Band 33 Markus Schütz: UN-Kaufrecht und *Culpa in contrahendo*. 1996.

Band 34 Volker Geyrhalter: Das Lösungsrecht des gutgläubigen Erwerbers. Ein "vergessener" Kompromiß und die Auswirkungen auf das heutige deutsche Recht unter besonderer Berücksichtigung des internationalen Sachenrechts. 1996.

Band 35 Andreas Kramer: Abwicklungsstörungen bei Kaufverträgen. Die Lieferung vertragswidriger Sachen im deutschen und italienischen Recht. 1996.

Band 36 Petra Krings: Erfüllungsmodalitäten im internationalen Schuldvertragsrecht. 1997.

Band 37 Tonja Gaibler: Der rechtsgeschäftliche Irrtum im französischen Recht. 1997.

Band 38 Dirk Otto: Rechtsspaltung im indischen Erbrecht. Bedeutung und Auswirkungen auf deutsch-indische Nachlaßfälle. 1997.

Band 39 Gregor W. Decku: Zwischen Vertrag und Delikt. Grenzfälle vertraglicher und deliktischer Haftung dargestellt am Beispiel der Berufs- und Expertenhaftung zum Schutze des Vermögens Dritter im deutschen und englischen Recht. 1997.

Band 40 Ulrike Höpping: Auswirkungen der Warenverkehrsfreiheit auf das IPR unter besonderer Berücksichtigung des Internationalen Produkthaftungsrechts und des Internationalen Vertragsrechts. 1997.

Band 41 Andreas Bartosch: Die vermögensrechtlichen Beziehungen der Ehegatten bei bestehender Ehe im englischen Recht – Eigentum, Besitz, Schuldvertrag. 1997.

Band 42 Helene Boriths Müller: Die Umsetzung der europäischen Übereinkommen von Rom und Brüssel in das Recht der Mitgliedstaaten. Dargestellt am Beispiel Deutschlands und Dänemarks. 1997.

Band 43 Bernd von Hoffmann / Myong-Chang Hwang (eds.): The Public Concept of Land Ownership. Reports and Discussions of a German-Korean Symposium held in Seoul on October 7-9, 1996. 1997.

Band 44 Oliver Heeder: Fraus legis. Eine rechtsvergleichende Untersuchung über den Vorbehalt der Gesetzesumgehung in Deutschland, Österreich, der Schweiz, Frankreich und Belgien unter besonderer Berücksichtigung des Internationalen Privatrechts. 1998.

Band 45 Heinrich Schütt: Deliktstyp und Internationales Privatrecht. Dargestellt an grenzüberschreitenden Problemen der Arzthaftung. 1998.

Band 46 Axel Steiner: Die stillschweigende Rechtswahl im Prozeß im System der subjektiven Anknüpfungen im deutschen Internationalen Privatrecht. 1998.

Band 47 Martina Schulz: Der Eigentumsvorbehalt in europäischen Rechtsordnungen. Rechtsvergleichende Untersuchung des deutschen, englischen und französischen Rechts unter besonderer Berücksichtigung von Erweiterungen und Verlängerungen. 1998.

Band 48 Karin Dreher: Die Rechtswahl im internationalen Erbrecht. Unter besonderer Berücksichtigung des italienischen IPR-Reformgesetzes N. 218 vom 31. Mai 1995. 1999.

Band 49 Giuliano Gabrielli: Das Verhältnis zwischen der Anfechtung wegen Eigenschaftsirrtums und den Gewährleistungsansprüchen im deutschen, österreichischen und italienischen Recht. 1999.

Band 50 Bernd von Hoffmann / Myong-Chan Hwang (eds.): Developments in Land Law. Reports and Discussions of a German-Korean Symposium held in Berlin and Trier on July 21-24, 1997. 1999.

Band 51 Volker Heidbüchel: Das UNCITRAL-Übereinkommen über unabhängige Garantien und Standby Letters of Credit. Vergleiche mit den Richtlinien der Internationalen Handelskammer, dem deutschen, englischen und US-amerikanischen Recht. 1999.

Band 52 Jan Christoph Nordmeyer: Pflichtteilsansprüche und Wiedervereinigung. Eine systematische Analyse der Ausgleichsansprüche nach BGB-Pflichtteilsrecht unter besonderer Berücksichtigung der durch den Wiedervereinigungsprozeß eingetretenen Wertveränderungen. 1999.

Band 53 Bettina Linder: Vertragsabschluß beim grenzüberschreitenden Verbraucherleasing. 1999.

Band 54 Almontasser Fetih: Die zivilrechtliche Haftung bei Vertragsverhandlungen. Eine rechtsvergleichende Studie zum deutschen, französischen, ägyptischen und islamischen Recht. 2000.

Band 55 Sona Rajani: Die Geltung und Anwendung des Gemeinschaftsrechts im Vereinigten Königreich von Großbritannien und Nordirland. Der Grundsatz der Parlamentssouveränität im Wandel. 2000.

Band 56 Joachim Kayser: Gegenmaßnahmen im Außenwirtschaftsrecht und das System des europäischen Kollisionsrechts. Eine Analyse der EU-Abwehrverordnung gegen die Auswirkungen extraterritorialer Rechtserstreckung eines Drittlandes. 2001.

Band 57 Albrecht Conrad: Qualifikationsfragen des Trust im Europäischen Zivilprozeßrecht. 2001.

Band 58 Bernd Borgmann: Die Entsendung von Arbeitnehmern in der Europäischen Gemeinschaft. Wechselwirkungen zwischen Kollisionsrecht, Grundfreiheiten und Spezialgesetzen. 2001.

Band 59 Aleksandar Jaksic: Arbitration and Human Rights. 2002.

Band 60 Islamisches und arabisches Recht als Problem der Rechtsanwendung. Symposium zu Ehren von Professor Emeritus Dr. iur. Omaia Elwan. Veranstaltet vom Institut für ausländisches und internationales Privat- und Wirtschaftsrecht der Universität Heidelberg und der Gesellschaft für Arabisches und Islamisches Recht e.V. Herausgegeben von Herbert Kronke, Gert Reinhart und Nika Witteborg. 2001.

Band 61 Patrick Fiedler: Stabilisierungsklauseln und materielle Verweisung im internationalen Vertragsrecht. 2001.

Band 62 Werner Mangold: Die Abtretung im Europäischen Kollisionsrecht. Unter besonderer Berücksichtigung des spanischen Rechts. 2001.

Band 63 Eike Dirk Eschenfelder: Beweiserhebung im Ausland und ihre Verwertung im inländischen Zivilprozess. Zur Bedeutung des US-amerikanischen discovery-Verfahrens für das deutsche Erkenntnisverfahren. 2002.

Band 64 Bernd Ehle: Wege zu einer Kohärenz der Rechtsquellen im Europäischen Kollisionsrecht der Verbraucherverträge. 2002.

Band 65 Heiko Lehmkuhl: Das Nacherfüllungsrecht des Verkäufers im UN-Kaufrecht. 2002.

Band 66 Jochen Nikolaus Schlotter: Erbrechtliche Probleme in der Société Privée Européenne. IPR-Harmonisierung im einheitlichen Europäischen Rechtsraum. 2002.

Band 67 Konrad Ost: Doppelrelevante Tatsachen im Internationalen Zivilverfahrensrecht. Zur Prüfung der internationalen Zuständigkeit bei den Gerichtsständen des Erfüllungsortes und der unerlaubten Handlung. 2002.

Band 68 Tobias Bosch: Die Durchbrechungen des Gesamtstatuts im internationalen Ehegüterrecht. Unter besonderer Berücksichtigung deutsch-französischer Rechtsfälle. 2002.

Band 69 Ursula Philipp: Form im amerikanischen Erbrecht. Zwischen Formalismus und harmless error. 2002.

Band 70 Christian Stefan Wolf: Der Begriff der wesentlich engeren Verbindung im Internationalen Sachenrecht. 2002.

Band 71 André Fomferek: Der Schutz des Vermögens Minderjähriger. Ein Vergleich des deutschen und des englischen Rechts unter Berücksichtigung des schottischen und irischen Rechts. 2002.

Band 72 nicht erschienen

Band 73 Markus Dreißigacker: Sprachenfreiheit im Verbrauchervertragsrecht. Der Verbraucher im Spannungsfeld zwischen kultureller Identität und Privatautonomie. 2002.

Band 74 Vassiliki Myller-Igknay: Auskunftsansprüche im griechischen Zivilrecht. Auswirkungen im deutsch-griechischen Rechtsverkehr sowie im deutschen internationalen Privat- und Verfahrensrecht. 2003

Band 75 Stefan Bruinier: Der Einfluss der Grundfreiheiten auf das Internationale Privatrecht. 2003.

Band 76 Nika Witteborg: Das gemeinsame Sorgerecht nichtverheirateter Eltern. Eine Untersuchung im soziologischen, rechtsgeschichtlichen, verfassungsrechtlichen, rechtsvergleichenden und internationalen Kontext. 2003.

Band 77 Peter Stankewitsch: Entscheidungsnormen im IPR als Wirksamkeitsvoraussetzungen der Rechtswahl. 2003.

Band 78 Jan Wilhelm Ritter: Euro-Einführung und IPR unter besonderer Berücksichtigung nachehelicher Unterhaltsverträge. Eine Untersuchung mit Blick auf das deutsche, französische und schweizerische Recht. 2003.

Band 79 Wolf Richard Herkner: Die Grenzen der Rechtswahl im internationalen Deliktsrecht. 2003.

Band 80 Ira Ditandy: Internationale Zuständigkeit. Neuregelung durch die LOPJ 1985. Vergleich mit dem europäischen Vorbild und Auswirkungen auf das spanische internationale Zivilverfahrensrecht. 2003.

Band 81 Andrea Verena Schefold: Werbung im Internet und das deutsche Internationale Privatrecht. 2004.

Band 82 Klaus Herkenrath: Die Umsetzung der Richtlinie 93/13/EWG über missbräuliche Klauseln in Verbraucherverträgen in Deutschland, dem Vereinigten Königreich, Frankreich und Italien. Auswirkungen nationaler Umsetzungstechniken auf dem Harmonisierungserfolg. 2003.

Band 83 Alexander Thünken: Das kollisionsrechtliche Herkunftslandprinzip. 2003.

Band 84 Barbara v. Daumiller: Die Rechtswahl im italienischen internationalen Erbrecht: und ihre Auswirkungen im deutsch-italienischen Rechtsverkehr. 2003.

Band 85 Robert Mödl: Macht, Verantwortlichkeit und Zurechnung im Konzern. Eine rechtsvergleichende Untersuchung auf der Grundlage des deutschen, spanischen und US-amerikanischen Rechts. 2003.

Band 86 Ursula Kerpen: Das Internationale Privatrecht der Persönlichkeitsrechtsverletzungen. Eine Untersuchung auf rechtsvergleichender Grundlage. 2003.

Band 87 Barbara Ploeckl: Umgangsrechtsstreitigkeiten im deutsch-französischen Rechtsverkehr. Bestehende internationale und nationale Regelungen und der geplante *europäische Besuchstitel*. 2003.

Band 88 Katrin Wannemacher: Die Außenkompetenzen der EG im Bereich des Internationalen Zivilverfahrensrechts. Der räumliche Anwendungsbereich des Art. 65 EGV am Beispiel der EuGVO und der EheVO. 2003.

Band 89 Maren B. Eilinghoff: Das Kollisionsrecht der ungerechtfertigten Bereicherung nach dem IPR-Reformgesetz von 1999. 2004.

Band 90 Patrick Niehr: Die zivilprozessuale Dokumentenvorlegung im deutsch-englischen Rechtshilfeverkehr nach der deutschen und der englischen Prozessrechtsreform. 2004.

Band 91 Anna Christina Gördes: Internationale Zuständigkeit, Anerkennung und Vollstreckung von Entscheidungen über die elterliche Verantwortung. Die VO(EG) Nr. 1347/2000, ihre geplanten Änderungen und das Verhältnis beider zum Minderjährigen- und Kinderschutzabkommen. 2004.

Band 92 Martin Rädler: Rechtsbehelfe des Käufers eines Unternehmens oder einer unternehmerischen Beteiligung gegen den Verkäufer im deutschen und französischen Recht. 2004.

Band 93 Marc-Yngve Dietrich: Rechtsstellung und Beteiligung der Gläubiger im französischen Insolvenzverfahren. 2004.

Band 94 Katia Niemann: Die rechtsgeschäftliche und organschaftliche Stellvertretung und deren kollisionsrechtliche Einordnung. Deutschland und England im Vergleich. 2004.

Band 95 Daniel Ludwig: Neuregelungen des deutschen Internationalen Insolvenzverfahrensrechts. Eine Untersuchung unter vergleichender Heranziehung der Europäischen Insolvenzverordnung. 2004.

Band 96 Cordelia Faulenbach: Der gemeinschaftsrechtliche Vorbehalt im europäischen Wettbewerbsrecht. Die Herkunftslandanknüpfung der E-Commerce-Richtlinie unter dem Einfluss der Grundfreiheiten. 2004.

Band 97 Ulf Dörner: Der Vertragsgerichtsstand nach dem Protokoll von Buenos Aires. 2004.

Band 98 Martin Schmidhuber: Verhaltenskodizes im nationalen und grenzüberschreitenden elektronischen Geschäftsverkehr. Zur Frage der Integration der Selbstregulierung durch Private in die staatliche Rechtsordnung. 2004.

Band 99 Florian Kienle: Die fehlerhafte Banküberweisung im internationalen Rechtsverkehr. Unter besonderer Berücksichtigung des Artikels 4A US Uniform Commercial Code. 2004.

Band 100 Thomas Alexander Brandt: Die Adoption durch eingetragene Lebenspartner im internationalen Privat- und Verfahrensrecht. 2004.

Band 101 Florian Pulkowski: Subunternehmer und Internationales Privatrecht. Der Subunternehmer als Quasi-Verbraucher im Europäischen Kollisionsrecht. 2004.

Band 102 Ulrich Becker: Grundrechtsschutz bei der Anerkennung und Vollstreckbarerklärung im europäischen Zivilverfahrensrecht. Bestimmung der Grenzen für die Einführung eines europäischen Vollstreckungstitels. 2004.

Band 103 Thomas Badelt: Aufrechnung und internationale Zuständigkeit unter besonderer Berücksichtigung des deutsch-spanischen Rechtsverkehrs. 2005.

Band 104 Florian D. Wagner: Vorvertragliche Aufklärungspflichten im internationalen Franchising. Zur Harmonisierung von Delikts- und Vertragsstatut im internationalen Privatrecht unter besonderer Berücksichtigung der Franchise-Gesetzgebung des US-Bundesstaates Kalifornien. 2005.

Band 105 Vera Heine: Die Umsetzung der *EG-Richtlinie über missbräuchliche Klauseln in Verbraucherverträgen* im englischen und deutschen Recht. 2005.

Band 106 Alexander Franz: Überregionale Effektentransaktionen und anwendbares Recht. Eine kollisionsrechtliche Untersuchung unter besonderer Berücksichtigung der Vorschrift des § 17 a DepotG. 2005.

Band 107 Hanna-Maria Uhlenbrock: Gesetzliche Regelungen für nichteheliche Lebensgemeinschaften in Deutschland und Frankreich. Ein Vergleich des Unterhaltsrechts bei der eingetragenen Lebenspartnerschaft und beim Pacte civil de Solidarité. 2005.

Band 108 Katrin Stieß: Anknüpfungen im internationalen Urheberrecht unter Berücksichtigung der neuen Informationstechnologien. 2005.

Band 109 Hendrik Otto: Der gesetzliche Abschlussprüfer im italienischen Recht. Eine rechtsvergleichende Untersuchung unter besonderer Berücksichtigung der zivilrechtlichen Haftung. 2005.

Band 110 Frauke Stuphorn: Bankhaftung für Kreditauskünfte im deutschen und französischen Recht. 2005.

Band 111 Nina Fürer: Die zivilrechtliche Haftung für Raucherschäden. 2005.

www.peterlang.de

Peter Lang · Europäischer Verlag der Wissenschaften

Karen Schlüter

Kenntnisbeweis und Bankenhaftung

Ein Beitrag zum Recht der Unternehmenshaftung

Frankfurt am Main, Berlin, Bern, Bruxelles, New York, Oxford, Wien, 2004.
XIV, 167 S.
Europäische Hochschulschriften: Reihe 2, Rechtswissenschaft. Bd. 3884
ISBN 3-631-52384-X · br. € 39.–*

Der Nachweis der positiven Kenntnis von bestimmten Umständen bereitet der beweisbelasteten Partei besondere Schwierigkeiten, wenn der Prozeßgegner ein Unternehmen ist, in dessen Organisationsstruktur die Partei keinen Einblick hat. Dies wird am Beispiel der Bankenhaftung für überlegenes Wissen dargestellt. Hier kann allein eine Beweislastumkehr die Beweisprobleme lösen. Orientierung für die Begründung der neuen Beweislastregel bietet die Rechtsprechung zur deliktischen Produzentenhaftung. Der allgemeine Rechtsgedanke einer Beweislastverteilung nach Gefahrenbereichen bietet auch hier die Grundlage für eine Beweislastumkehr. Ihre Legitimation findet diese durch ein Zusammenspiel verschiedener Aspekte, wie zum Beispiel dem Grundsatz der Waffengleichheit und dem Ausmaß des Schadens.

Aus dem Inhalt: Die positive Kenntnis als Grundlage einer Schadensersatzpflicht · Die Instrumente der Beweiserleichterung und ihr Nutzen für den Kenntnisbeweis · Die Umkehr der Beweislast bezüglich der positiven Kenntnis

Frankfurt am Main · Berlin · Bern · Bruxelles · New York · Oxford · Wien
Auslieferung: Verlag Peter Lang AG
Moosstr. 1, CH-2542 Pieterlen
Telefax 00 41 (0) 32 / 376 17 27

FSC
www.fsc.org
MIX
Papier | Fördert gute Waldnutzung
FSC® C083411

Kolibri 360 GmbH
Ferdinand-Jühlke-Straße 7
99095 Erfurt, Deutschland
produktsicherheit@kolibri360.de

Druck:
CPI Druckdienstleistungen GmbH
im Auftrag der
Kolibri 360 GmbH
Ferdinand-Jühlke-Str. 7
99095 Erfurt